1587

만력 15년, 아무일도 없었던 해

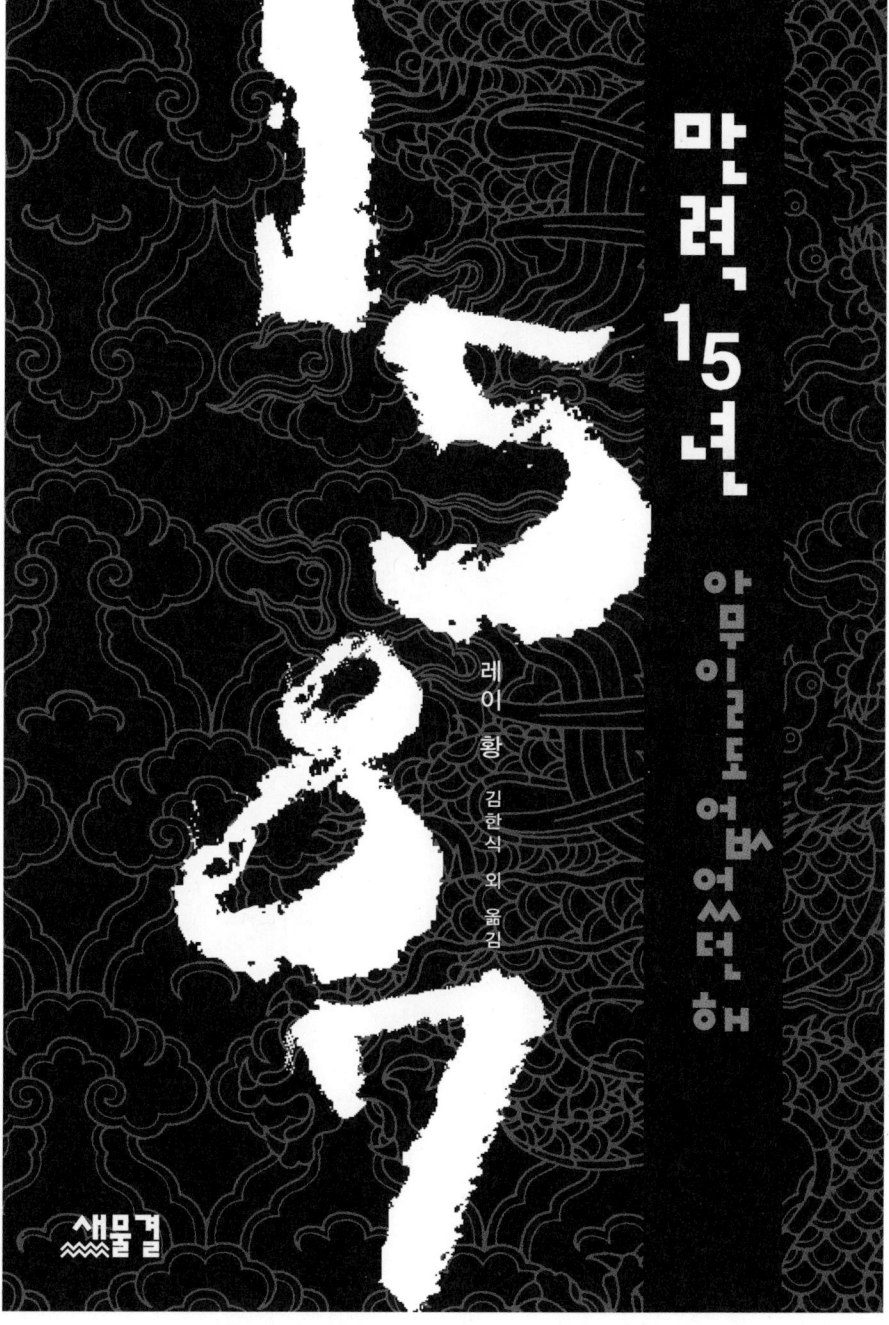

1587, A year of no significance (萬曆十五年) by Ray Huang
ⓒ Jefferson Huang, 1981
Korean copyright ⓒ Saemulgyul Publishing House, 2004
All rights reserved.

This Korean edition was published by arrangement with Jefferson Huang through Bestun Korea Agency Co., Seoul.

1587, 만력 15년 아무 일도 없었던 해

지은이 레이 황 | 옮긴이 김한식 외 | 편집 이병무
펴낸이 조형준 | 펴낸곳 새물결
1판 1쇄 2004년 9월20일 | 등록 서울 제15-52호(1989.11.9)
주소 서울특별시 은평구 연서로 37가길 6 1층
전화 (편집부) 02-3141-8696
E-mail : saemulgyul@gmail.com, efa_korea@daum.net
ISBN : 89-5559-131-4 (03910)

이 책의 저작권은 베스툰 코리아 에이전시를 통해 저작권자와 독점 계약한 새물결출판사에 있습니다. 신저작권법에 의해 한국 내에서 보호를 받는 저작물이므로 무단 전재와 복제를 금합니다.

차례

1장 만력제 9

　　오조(午朝) 사건 9 | 번잡한 의례 13 | 어린 황제 만력 23
　　원보(元輔)와 대반(大伴) 32 | 탄핵과 반격 42 | 후궁의 여성들 50
　　붕괴하는 우상 58 | 고공의 유저(遺著) 64 | 슬픈 옥좌 71

2장 수보 신시행 75

　　경연(經筵) 75 | 수보의 지위 85 | 관인화양(官人花樣) 90
　　관료주의의 구조 95 | 장거정을 회고하다 101 | 실각의 위기 113
　　피할 수 없는 파탄 118

3장 장거정 없는 시대 125

　　군신간의 충돌 125 | 신시행 탄핵 134 | 입태자 논쟁 139
　　요언(謠言)과 요서(妖書) 145 | 절조와 교훈 148 | 자금성의 죄수 155
　　종조부 정덕제 159

4장 산 조종(祖宗) 189

　　신시행의 공과(功過) 189 | 황하의 치수 193 | 대 몽골 정책 197

입태자와 책비 202 | 동창 금의위 205 | 요순의 군주 210
천자의 경우 214 | 능묘 참배 217 | 정릉의 조영 223

5장 해서 ─ 괴팍한 모범 관료 229

논쟁의 초점 229 | 부정을 불허함 232 | 임기응변의 진퇴 239
남직예에서 240 | 농촌의 사회 구조 247
화폐 제도의 여러 문제들 251 | 법의 정신 257 | 우울한 나날들 264
최후의 근무 267

6장 척계광 ─ 고독한 장군 273

무관(武官)의 처지 273 | 명군(明軍)의 실태 280 | 횡행하는 왜구 285
척가군의 성립 291 | 명장의 한계 296 | 척계광의 현실주의 299
수도 방위 304 | 장거정과 척계광 307 | 몽골과의 전쟁 312
영광과 비애 316

7장 이탁오 ─ 자기 모순의 철학자 327

비관적인 철학 327 | 한 집안의 주인 330 | 친족의 방해 334
경정향 형제와의 교제 337 | 영원한 주제 343 | 공자의 인(仁) 346
주희를 거쳐 349 | 왕양명의 지행합일설 354 | 철학을 방랑하다 358
유학의 속박 364 | 여제자 373 | 이리하여 만력 15년 381

저자의 말 385

부록

『1587, 만력 15년 아무 일도 없었던 해』와 나의 '대역사관' 397
중국 현대의 장기 혁명 423

허드슨 강변에서 읽어보는 중국 역사 457
도희성(陶希聖) 독후기(讀後記) — 군주 집권제의 말로 475

옮긴이 후기 503
명대사 연표 509
참고문헌 511
주 516

일러두기

1. 이 책은 레이 황의 『萬曆十五年』(中華書局, 1986)을 우리 말로 옮긴 것이다.
2. 고유명사의 한자 표기는 편의상 한글음 표기를 따랐다.
3. 원서의 각주는 모두 미주로 처리하여 책의 말미에 실었다.
4. 옮긴이 주는 가능한 한 본문 안에서 [ ] 속에 넣어 처리하였으며, 내용이 긴 경우에는 *로 표시하여 각주 처리하였다.

1장 만력제

오조(午朝) 사건

1587년 — 중국에서는 명나라 만력 15년, 간지로는 정해(丁亥)년이다. 당시 세상은 평안하여 한 해 내내 특기할 만한 큰 사건은 아무것도 없었다. 그 해는 기후가 좀 불순하여 여름에 북경에 비가 적게 왔고, 5, 6월에는 질병이 만연했으며, 산동 지방에서는 가뭄으로 고생을 했으나 남직예(南直隸)에서는 오히려 비가 많이 와서 홍수를 당하였고, 가을에 이르러 산서 지방에서는 지진이 발생하는 등의 사건이 있었다. 그렇다 하더라도, 이런 사소한 재해는 명의 넓은 영토를 고려해보았을 때 해마다 피하기 어려운 일들이었다. 작은 사건이 큰 재난으로 비화되지 않는 한 대국적 차원에서 아무 문제가 되지 않았다. 결국 역사상 만력 15년, 즉 1587년은 실로 평범한 한 해였다.

그럼에도 불구하고 『1587, 만력 15년 아무 일도 없었던 해』라는 제목을 택하여 이와 같은 전문적인 책을 쓰려고 하는 이유는 무엇인가?

　1587년은 유럽 역사에서 스페인의 무적함대가 영국을 향해 총공격을 개시하기 바로 1년 전에 해당한다. 이 해에 명 조정에서는 역사학자들이 가볍게 보아 넘기기 쉬운 몇 가지 사건이 발생했다. 그것들은 표면상으로는 사소한 일회성 사건처럼 보이지만, 실제로는 이전부터 있어온 큰 사건들의 응어리였고, 이후의 파란을 야기하는 계기가 되는 것이었다. 이 일련의 사건 속에서 전개된 인간관계는 역사상 중요한 문제라고 하기에 충분한 것이었다.
　표면상으로 보면 사소한 것이기 때문에 이야기도 작은 사건에서부터 시작하는 것이 좋을 것 같다.
　만력 15년 3월 2일, 북경 성내 가로변의 얼음이나 눈은 아직 녹지 않고 있었다. 그렇게 추운 날씨는 아니었으나, 나뭇가지의 움은 아직 돋지 않았고 바깥 활동을 시작하기에는 아직 원만하지 못한 때였다. 그런데 주요 거리가 사람들의 왕래로 분주하던 이날 점심 무렵, 황제가 오조(午朝)의 대전[大典, 국가의 큰 의례]을 실시하니 문무백관은 지체 없이 곧장 궁성으로 달려오라는 통지가 있었다. 가마를 탄 고급 관료들은 그래도 가마 안에서 의관을 정제할 시간이 있었으나, 육부(六部)의 관청으로부터 황성까지 1.5킬로미터가 넘는 길을 도보로 걸어온 하급 관리들의 경우에는 숨 고를 틈도 없었고 외관을 단정하게 갖추릴 여유도 없었다.
　대명문(大明門) 앞을 지키고 있던 금위군(禁衛軍)은 사전에 아무런 연락을 받지 못했다. 그렇지만 의관을 갖춘 수많은 관리들이 조회에 참여하기 위해서 몰려오는 것을 보고 대전이 열리는 것이 확실하다고 생각하고는 아무 의심도 갖지 않았다.
　대명문을 들어서면 바로 황성이었다. 단문(端門)과 오문 앞은 조용하였고 성루의 위아래 어디에도 조회가 있는 징후가 없었으며, 또 걸상은 물론 점호를 취할 어사나 어전시위 '대한장군(大漢將軍)'의 모습도 보이지 않았기 때문에, 모인 문무백관들은 모두 의아해하면서 오조에 관한 소식이 오보가 아닌가 수군거렸다.

근시(近侍)인 한 환관이 황제가 오조를 소집하지 않았다고 확인해 주자 비로소 모였던 관리들은 해산했다. 소동은 진정되었으나 이 황당한 오조 사건은 이후 잡담거리나 논란거리가 되지 않을 수 없었다. 이 근거 없는 소식의 근원은 어디였을까? 수천이나 되는 관리가 모두 감쪽같이 속았다는 것은 정말로 불가사의한 일이라 아니할 수 없었다.1)

이 희극 같은 사건에 대해 만력제는 처음에는 일소에 부치려 했다. 그러나 곧 이것이 조정의 체면을 손상시킨 사건이란 점에 생각이 미치자 그냥 지나칠 수 없다는 결론을 내렸다. 관리들이 이 문제를 논의하고 있는 동안에 성지(聖旨)가 문서 담당 환관을 통해 이미 내각에 도착해 있었다. 그 내용은 대략 다음과 같은 것이었다.

> 금일 낮에 있었던 사건은 실로 예부(禮部) 및 홍로시(鴻臚寺)의 직무와 관계되는 사건이다. 예부는 의전을 준비하고, 홍로시는 그것의 시행을 감독한다. 이 두 관청은 오조의 대전이 이미 수년간 시행되지 않았고, 또 의전의 준비가 갖추어지지 않은 상태에서 백관들을 갑자기 소집해서는 안 된다는 사실을 잘 알고 있을 것이다. 또 설사 어떤 관청의 실수로 와전되었다 하더라도 초기에 즉각 저지했어야 할 것이다. 사태가 이 지경에 이르도록 한 것은 두 관청의 분명한 직무 유기에 해당된다. 따라서 상서(尚書), 시랑(侍郞) 이하 각 관리들에 대해 2개월의 감봉 조치를 취하고, 아울러 이번 사건을 일으킨 당사자를 철저히 색출하여

상주하도록 하라.

예부는 조사 끝에 아무런 성과도 없이, 당시 사건은 그저 사람들의 입에서 입으로 전해진 것으로서 최초의 발설자가 누구인지 찾을 수가 없다는 내용의 보고서를 올릴 수밖에 없었다. 그러자 황제는 이 어리석은 관리들을 훈계하는 뜻으로 감봉의 범위를 애초의 예부와 홍로시에서 중앙 관리로까지 확대시켰다.

직무를 다하지 못한 점, 상주의 언사가 불경했던 점 등에 대하여 황제가 분노하여 관리 몇 사람을 감봉 처분한 것은 당연한 처사였다고 할 수도 있다. 그러나 이와 같이 모든 중앙 관리에게 벌을 내린 조치는 실로 유례없는 지나친 처분이었다. 명조 관리들의 봉급은 본래부터 얼마 되지 않았고, 더욱이 경사[京師, 수도]의 고급 관료들의 호화스러운 생활은 결코 법이 정한 적은 봉급으로 유지될 수 있는 것이 아니었다. 예를 들면 각부 상서의 관품은 정2품이었으나, 1년 봉급이 겨우 은 152냥이었다. 그들의 주 수입은 지방관들이 보내오는 예물로, 각 성의 독무(督撫)들이 보내는 사례금이나 예물 가운데는 연봉의 10배에 상당하는 것이 종종 있었다.2)

이와 같은 사정을 잘 알고 있던 천자가 감봉 처분이라는 벌을 내린 것은 그야말로 관리들의 생활이 정부가 제공하는 봉급으로 영위되고 있지 않다는 사실을 고려하여 내린 가벼운 처분이라고 생각할 수도 있다. 그러나 다수의 하급 관리들의 경우에는 사정이 달라서 2개월의 감봉 처분은 가정의 지출에 영향을 끼쳐 생활을 옹색하게 만들 수도 있는 일이었다.

번잡한 의례

전통 관념에 의하면 황제의 의견은 언제나 절대 공정한 것이고, 성지가 내려지면 어떤 비판도 허용되지 않았다. 이 사건에 만력제가 격노한 것도 당연한 일로 간주되었다. 왜냐하면, 조정의 정무는 비록 복잡해져갔으나 그 요점은 언제나 의례와 인사에 있다는 것을 모두가 깊이 인식하고 있었기 때문이다.

의례 하나만 하더라도 그것은 존비의 등급을 분명히 하고 국가의 체제를 유지시키는 것이었다. 중국 제국은 문관으로써 억만의 농민을 관리하는 국가였는데, 이들 소수의 문관들이 갖가지 많은 문제를 모두 조정에 제시하고 검토하는 것은 거의 불가능했다. 그래서 중국의 선조들은 의례를 중시하여 대소 관리들로 하여금 관습에 따라 일을 처리하며 상하 서열을 유지할 수 있게 하고, 이로써 전국에 모범을 보이려 했던 것이다. 따라서 전 조정이 소란을 떨며 낭패한 모습을 보이는 것은 진정 피하지 않으면 안 되는 일이었다.

만력제 또한 각종 의례에 정통한 군주였다. 1587년 3월 황제는 23세를 지나 24세에 들어서고 있었고, 황제가 된 지 15년이 다 되어가고 있었다. 그는 8세가 되던 해 겨울에 아버지 융경제(隆慶帝)가 자신을 위해 성인이 되었음을 선포하는 관례(冠禮)와 식전(式典)을 베풀어 주던 일을 생생하게 기억하고 있었다.

당시 그는 궁전 앞에 특별히 마련된 장막 안으로 인도되어 의례의 규정에 따라 매번 의관속대(衣冠束帶)를 갈아입고 대전의 군신들 앞에 세 번 모습을 드러내었다. 옥규(玉圭)를 손에 들고 장막을 나와 인도에 따라 예를 행하고, 특별히 준비된 잔으로 술을 마셨다. 절차마다 참석한 모든 예관(禮官)의 창도(唱導)와 음악이 따라 나왔고, 시간은 반나절이나 소요되었다. 다음날 다시 그는 인도를 받으며 궁전 앞에서 백관들로부터 극히 장중한 축하를 받았다.3)

몇 달 뒤에 융경제가 사망했다. 이제 겨우 9세였던 황태자는 상복을 입고 신하들을 접견해야 했다. 전통적인 '권진(勸進)'의 방식에 따라 모든 관리들은 정중하게 황태자의 등극을 간청했다. 황태자는 처음 두 번의 요청은 거절하였다. 거절의 이유는 부황(父皇)이 이제 막 붕어하여 비탄을 억누를 길이 없어 개인의 명성이나 지위 등에 대해서는 생각이 없다는 것이었다. 세번째의 요청이 있자 사직의 보존을 걱정하는 대신들의 뜻을 받아들이지 않을 수 없다는 취지로 수락의 뜻을 밝혔다. 사양과 수락의 이런 과정은 일사불란하여 마치 예행연습이라도 한 것처럼 진행되었다.

옥좌에 오른 후 황제는 각종 의례를 규정에 따라 처리했다. 과거 15년 동안 그는 하늘의 뜻을 받들고 조묘(祖廟)에 제사를 지내고 원단(元旦)과 단오를 축하했다. 외국 사절이나 은퇴한 원로 관리, 특히 종묘에 공을 세운 자, 기로[耆老, 나이 많은 향촌 지도자] 등을 접견했다. 또 군대를 열병하고 전기(戰旗)를 수여하며, 전쟁에서 승리한 후에는 '헌부[獻孚, 포로를 바치는 것]'를 받았다.

이 헌부 의식은 극히 엄숙하여 보는 이의 가슴을 서늘하게 했다. 황제의 자리는 오문 성루 위였고, 황제는 거기에 설치되어 있는 의자에 앉아 화강암을 깐 아래 광장에서 벌어지고 있는 일 하나하나를 처음부터 끝까지 내려다보았다. 좌우에는 작위를 받은 고급 관료들이 도열하고, 대한장군이라는 건장한 체격의 수많은 어전시위가 서 있었다. 광장의 수많은 관리들이 주시하고 있는 가운데, 포로들이 끌려 나왔다. 손과 발을 족쇄로 채우고, 둥근 구멍이 뚫린 붉은 천을 머리에서부터 씌워 가슴과 배를 덮어 가리고, 점호가 있으면 오문을 향해 무릎을 꿇리었다. 이때 형부상서(刑部尙書)가 잔걸음으로 나와 서서 큰 소리로 포로들이 하늘의 뜻을 어기고 인륜을 어지럽히는 죄를 지었다고 죄상을 나열하였다. 읽기가 끝나면 형부상서는 이 죄인들을 법에 따라 형장으로 보내 참수하고 대중에게 공개하게 해달라고 황제에게 요청했다. 황제는 이를 허락하여 끌고 가라는 명령을 내렸다. 천자의 명령은 가까이 있는 고급 문무관 2인에게 전달되었고, 그것은 다시 4인, 8인, 16인, 32인의 순으로 전해졌다. 마지막으로 대한장군 320인이 숨을 한껏 들이마신 후 목청을 가다듬어 큰 소리로 "끌고 나가" 하고 외쳤다. 그 소리는 기와지붕을 진동시킬 정도로 우렁차서 듣는 사람들의 얼굴색이 변했다.4)

매년 음력 11월에 황제는 다음 해의 달력을 인수하여 정식으로 전국에 공포하는 의식을 행했다. 모든 신민들은 그것을 천문(天文)과 절령(節令)의 근거로 삼아, 파종 시기, 친척·친우의 적절한 방문 시기 등을 알 수 있게 되었다. '실록(實錄)'처럼 한림원에서 편찬한 저서들에 대한 봉정식도 있는데, 향과 음악이 울려 퍼지는 가운데 정중하게 황제에게 바쳐졌다. 이렇게 황제가 인수하여 열람을 거친 모든 책은 '흠정(欽定)'이 되고 전국 유일의 기준이 되었다.5)

또 황제는 엄숙한 의식하에 형제·숙질에게 '왕'의 칭호를 수여하고, 부인들을 '왕비'에 봉하며 자녀들의 혼인을 허가했다. 그러나 의식 가운데 가장 장중했던 것은 적모(嫡母)인 융경제의 황후 진(陳)씨에게 '인성황태후(仁聖皇太后)'의 존호를 내리고, 생모인 융경제의 황귀비 이(李)씨에게 '자성태후(慈聖太后)'의 존호를 내리는 의식이었다.

자성태후가 극히 커다란 영향력을 가질 수 있었던 것은 그녀만이 만력제에게 참사랑을 베풀 수 있는 유일한 존재이기 때문이었다.6) 그러나 만력제가 제위에 오르자 황실의 관습이 태후와 황제 사이에 거리를 만들어, 모자간의 자연스러운 교류도 극히 불편해졌다.

예를 들면 만력제가 자성태후의 거처를 개수하도록 명령을 내렸는데, 공사가 끝난 후 황태후가 표한 감사의 뜻은 애정 어린 말로 자연스럽게 전달된 것이 아니었다. 그것은 학사(學士)로 하여금 황제의 지극한 효심을 상찬하는 내용의 글을 짓게 하여 그것을 꿇어앉은 황제에게 낭독하는 방식으로 전달되었다. 이 문장은 전국 신민의 모범으로서 감화의 지극한 뜻을 표한 문장이었기 때문에 명조의 중요한 문건으로 취급되었다. 또 한번은 만력제가 태후를 위해 궁성 안에서 인형극을 공연하게 했는데, 그때도 황제는 궁전 앞에 꿇어앉아 어머니가 도착하여 가마에서 내리는 것을 기다리지 않으면 안 되었다.

그러나 어머니에 대한 만력제의 애정은 매우 깊은 것이었다. 오랜 세월이 지난 후 만력제가 조정에 나타나는 일이 더욱 적어졌을 때조차도 매년 11월 자성태후의 탄생일에는 어김없이 황극문(皇極門)에 모습을 나타내어 백관들의 축하를 받았다.

이 일이 있기 얼마 전 만력제가 사랑하는 여인인 정(鄭)씨를 황귀비로 책봉할 때, 미리 의식의 절차를 공포하여 각각 관계 기관이 필요한 준비를 갖추게 하였다. 이 통지가 전해지자 급사중(給事中) 하나가 상소하여 이의를 제기했다. 관례상 제1황자의 생모인 공비(恭妃) 왕씨에 대한 책봉이 먼저 있어야 되고 덕비(德妃) 정씨는 제3황자의 생모이기 때문에 당연히 그 뒤로 미루어야 한다는 이유에서였다. 이 이의 제기는 황제를 약간 불쾌하게 하기는 했으나, 책봉 의식의 추진에는 영향을 주지 못했다.7) 그러나 이 사소한 우발적인 사건은 생각지도 않게 정국에 심대한 영향을 주는 정치 투쟁의 계기가 되어 이후 수십 년 동안 황제와 신하 사이의 갈등을 초래했고, 더 나아가 명나라 전체의 운명에 영향을 끼치게 되었다.

각종 의식에 참가한 황제는 의관을 여러 차례 갈아입어야 했으며, 심지어는 하루에도 몇 번씩 갈아입어야 하는 경우도 있었다. 왕관 가운데는 금실로 된 희귀한 장식으로 치장한 것이 있었는데, 그것은 유럽의 금속제 왕관과는 달랐다. 황제가 가장 엄숙한 의식에서 사용하는 왕관은 '면(冕)'이라는 것으로, 모양은 유럽의 학자들이 쓰는 '납작한 사각모'와 흡사했다. 그러나 '면' 상단부의 천으로 된 평평한 부분은 정방형이 아니고 장방형이며, 앞뒤 양면에는 구슬을 꿰어 만든 12가닥의 주렴(珠簾)이 달려 있었다. 이 주렴이라는 것이 재미있다. 그것들은 황제의 눈앞과 머리 뒤에서 흔들거려 심히 불편했다. 그럼에도 불구하고 이처럼 주렴을 장식한 목적은 황제로 하여금 경솔한 행동을 멀리하고, 단정하고 장중한 자세를 유지하도록 하기 위한 것이었다. '면'과 함께 입는 복장은 화려한 자수로 장식된 흑색의 상의와 황색의 밑치마로, 치마 앞에는 명주실로 짠 아름다운 끈이 허리띠에 묶여 밑으로 늘어뜨려져 있었다. 그리고 신과 버선은 모두 붉은색이었다.

한 단계 급이 낮은 의식에서 황제는 붉은 '피변복(皮弁服)'을 착용했다. '피변복'은 황제의 군복이었다. 모자는 오늘날 운동선수들이 사용하는 희고 갸름한 모양의 둥근 헬멧과 상당히 비슷하고, 목 아래로 끈이 매달려 있어 당시 무장이나 병사들이 사용하던 투구와 크게 다를 바 없었다. 다만 장병용 투구는 천으로 만들어 안에 철편을 넣고 바깥에 철로 된 정(釘)을 박아놓은 것이었지만, 황제의 피변은 가죽끈을 엮어 만들고 바깥에 철정 대신 보석으로 장식했다.

흔히 황제의 복장 하면 우리는 황색의 용포(龍袍)를 생각한다. 그러나 황색의 용포는 명나라 때에는 일반적으로 의식에서만 사용되었고, 의식에 참석하지 않을 때의 황제의 평상복은 푸른색이나 검은 빛깔

의 용포에 녹색의 깃을 두른 것이었다.8)

황제는 전국의 신민에게는 권위의 상징이었고, 그 행동은 당연히 상징성을 띤 것이 많았다. 해마다 선농단(先農壇) 부근에서 '친경(親耕)'을 행하는 것이 대표적인 예였다.9) 이 행사는 마치 연극을 공연하는 것과 같았다. '친경'을 실시하기 전에 관청에서는 교방사[敎方司, 가무를 가르치는 관청] 안에서 배우를 선발하여 풍신(風神), 뇌신(雷神), 운신(雲神), 우신(雨神) 등으로 분장시키고, 대흥(大興)·완평(宛平) 두 현에서 농민 약 2백 명을 동원하여 조연으로 출연시켰다. 이 연극은 막이 열리면 각각 맡은 역할에 따라 2명이 소를 끌고 노인 2명이 쟁기를 들며, 그 외 농민들은 거름 삼태기와 분뇨통을 비롯한 여러 가지 농기구를 들고 농사짓는 흉내를 내었다. 그리고 배우들은 시골 농부들로 분장하여 큰 소리로 태평가를 불렀다.

황제 자신은 물론 보통의 농기구를 사용하지 않았다. 그가 사용하는 쟁기는 옻칠을 하고 그 위에 용의 조각이 금빛으로 장식된 것이었다. 황제는 왼손으로는 채찍을 들고 오른손으로는 쟁기를 잡고 노인 2명의 도움을 받아 논 한가운데를 세 번 밟음으로써 '친경' 의식을 끝내었다. 친경이 끝나면 황제는 천막 안에 앉아서 호부상서(戶部尚書)를 주무로 하여 각 관리들이 정해진 역할에 따라 행사를 진행하는 모습을 지켜보았다. 순천부윤(順天府尹)은 북경 최고의 지방 장관으로 씨앗을 뿌리는 임무를 맡았다. 씨앗을 뿌리고 흙덮기를 마치고 나면 교방사의 배우가 즉시 황제에게 오곡을 헌상하여 폐하의 노고로 많은 수확을 거두게 되었음을 칭송하였다. 백관들은 황제를 향해 큰 소리로 만세를 부르며 열렬히 축하하였다.

그러나 황제가 참가하는 의식 모두가 이와 같이 재미있고 편안한 것은 아니었다. 오히려 마음을 다잡아 분발하지 않으면 참기 어려운 것도 있었다. 예를 들면 매일 아침 일찍 실시되는 조회는 원기 왕성한 정치가라 할지라도 한결같이 계속하기가 쉽지 않았다. 그래서 조회를 귀찮게 여기는 경향은 이미 만력제가 등극하기 수대 전부터 내려왔기 때문에, 아침 일찍 실시하는 조회 의식은 아주 간소화되어 있었다. 하지만 만력제는 이 간소화된 의식조차도 부담스럽게 느꼈다.

이른 아침 조회에 참가하기 전, 중앙의 모든 관리와 북경 지역의 지방관들은 하늘이 밝아오기 전에 궁성문 앞에서 기다리지 않으면 안 되었다. 종소리와 큰북 소리가 울려 퍼지는 가운데 궁문이 서서히 열리면 관리들은 궁문을 들어서서 문관은 동쪽에 열을 지어 서쪽을 향하고 무관은 서에서 동을 향하여 대열을 갖추었다. 질서 유지의 책임을 지고 있던 어사가 점호를 시작했다. 또 기침을 하거나 가래를 뱉는 사람부터 상아홀을 땅에 떨어뜨리는 등 행동이 안정되지 못하고 예의에 어긋난 행동을 한 관리들은 이름이 기록되어 후에 처벌을 받았다.

모든 것이 정돈된 다음 황제가 등림(登臨)했다. 회초리 소리가 울리고 백관들은 찬례관(贊禮官)의 호령에 맞추어 몸을 돌려 의례에 따라 황제에게 고두[叩頭, 무릎 꿇고 머리를 조아리는 행위] 했다. 홍로시의 관리가 퇴직하거나 각 성에 새로 임명된 관리의 성명을 큰 소리로 부르면 호명된 자들은 또다시 황제를 향하여 예를 행하고 그 은혜에 감사의 뜻을 표했다. 그후 4품 이상의 관리는 줄지어 대전으로 들어가 각기 관계 부문의 책임자들이 황제에게 정무를 보고하고 지시를 청했다. 황제는 문제를 제시하기도 하고 필요한 회답을 내리기도 했다. 이 조회 행사는 해가 돋을 무렵에 시작하여 해가 완전히 떠오를 무렵 끝이 났다. 매일 행사는 동일했으며 예외는 극히 적었다.10)

명나라를 창업한 초기의 황제들은 정치에 힘써 아침 조회(早朝) 외에도 오조(午朝)나 만조(晚朝)를 실시했다. 각 부는 185종의 사안을 반드시 황제에게 상주하도록 규정되어 있었다. 다만 제6대 정통제(正統帝)가 제위에 올랐을 때만은 황제의 나이가 겨우 9세로 어렸기 때문에 새로운 규정을 만들어, 조회에서는 8건만을 제한하여 보고하고, 또 하루 전에 서면으로 어전에 보고하도록 하였다. 이때부터 이른 아침에 실시되는 조회는 점차 알맹이가 없는 형식으로 흐르기 시작했다.[11]

그러나 15세기 말에 이르러서도 조회라는 의식이 중단되는 일은 거의 없었고, 비나 눈이 내리는 경우에도 계속되었다. 다만 황제의 깊고 넓은 은혜로 관리들은 조복 위에 우의를 걸치는 것이 허용되었다. 1477년에는 또한 관리들에게 우산을 하나씩 가지고 궁성 안으로 들어올 수 있도록 허락하는 조치가 있었다. 또 때로 황제는 나이가 많은 대신을 동정하여 조회를 쉬도록 허락하기도 했다. 그러나 이것도 쉽게 베풀지 않는 예외적인 은전에 속했다.

이처럼 나날이 반복되는 번잡한 의식은 관리들에게 매우 귀찮은 일이었을 뿐만 아니라 황제 또한 피할 수 없는 것이었다. 황제가 참석하지 않으면 이 의식은 있을 필요가 없었기 때문이다. 1498년 황제였던 홍치제(弘治帝)가 대학사들에게 조회를 하루 쉴 수 있도록 간청한 적도 있었다. 전날 밤 궁성 내에 화재가 발생하여 밤새도록 한숨도 자지 못하여 정신이 몽롱한 상태에 있다는 이유에서였다. 대학사들은 협의 끝에 홍치제의 요청을 받아들여 그날 하루 조회를 쉬도록 했다.[12] 이외에 근친이나 대신이 죽었을 때에는 관례에 따라 2~3일 조회를 쉬어 애도의 뜻을 표하도록 했다. 그러나 그와 같은 성질의 폐조[廢朝, 조회를 쉬는 일]에서 정작 쉬는 사람은 황제 한 사람에 그치고, 관리들은 여전히 오문에 나가 대전을 향해 규정된 예를 표하지 않으면 안 되었다.

최초로 이 전통을 깨뜨린 인물이 제10대 정덕제(正德帝), 즉 만력제의 작은할아버지뻘 되는 인물이었다. 정덕제는 개성이 대단히 강하여 황제의 직책에 관해 군신들이 가지고 있던 전통적인 관념을 거부하고, 자신의 독자적인 의견을 주장했다. 그는 제위에 있으면서 때때로 북경을 떠나 수개월 혹은 심하면 1년씩이나 궁성을 비웠다. 북경에 머물고 있는 동안에도 그는 기존 규례를 깨뜨리고 새로운 관례를 만들었고, 때로는 심야에 야간 조회를 열어 조회가 끝난 후 대연회를 베풀어 날이 샐 때까지 즐기기도 했다.13)

이런 상식을 벗어난 행동 때문에 신하들은 근본적으로 그와 함께 일해나가기가 어려웠다. 게다가 그는 성실한 관리들 대신 자신이 총애하는 무관이나 환관들을 크게 등용했다. 그는 중요한 행정 책임을 지고 있던 내각조차도 새로운 소식을 전달하는 기관 정도로 보았다. 모든 것이 이와 같았기 때문에 많은 대관들이 그의 행동을 터무니없다고 여겼으며, 그와 같은 행동이 계속될 경우 그 결과를 예측하기 힘들다고 여기고 있었다.

다행히도 정덕제는 1521년에 사망했지만, 그의 뒤를 이을 후사가 없었다. 그래서 대신들과 황태후의 협의 끝에 만력제의 조부가 다음 황위 계승자로 결정되었다. 그가 바로 가정제(嘉靖帝)였다. 방계의 황실 후손이 제위를 이은 것은 명나라 역사상 최초의 일이었다. 대신들은 이 기회를 이용하여 정덕제의 총신들을 숙청하고 악행이 극에 달했던 몇몇을 처형했다.

가정제는 즉위 후 전반 20년 동안은 정치에 전념했다고 할 수 있다. 그는 학문을 좋아했으며 스스로의 판단으로 의례를 고치기도 했다. 그러나 중반 이후에는 신하들의 실망을 샀다. 그는 각종 의례를 행하는 데 흥미를 잃어갔고, 불로장생을 원하여 단(壇)을 쌓아놓고 단약(丹藥)을 만드는 일에 몰두했다. 그리고 자금성을 나와 이궁(離宮)인 별장에서 거주했다. 특히 불행스러운 일은 이와 같은 통치가 45년간이나 지속되었다는 것이다. 명나라 역사상 만력제 다음으로 긴 통치기간이었다.

만력제의 부친인 융경제(隆慶帝)는 명조의 역사에 있어서 가장 평범하고 무능한 황제에 속했다. 그의 치세는 5년 반에 지나지 않았는데, 처음 얼마 동안은 이른 아침 조회를 잘 지켰다. 그러나 그 자신 규정에 관해서는 조금도 알지 못했으며 조회에 임할 때는 인형이나 다름없어서 언제나 대학사로 하여금 관리들의 상주에 회답하도록 했다. 그리고 말년에는 이 형식적인 조례조차 아예 중지시키고 말았다.14)

1572년 만력제가 즉위한 후 조회 의식은 절충된 형식으로 변했다. 대학사 장거정(張居正)의 고안으로 10일 가운데 3일, 6일, 9일에 조회를 열고 다른 날에는 조회를 여는 대신 젊은 황제가 성현의 가르침을 학습하는 데 전념하도록 했다.15) 이와 같은 규정을 따른 지 15년이 지나면서 황제의 지시에 의해 폐조되는 횟수가 점점 더 많아졌다. 그와 함께 그 외의 의식, 예를 들어 각종의 제례 의식 같은 행사에도 황제가 직접 임석하지 않고 관리로 하여금 대행하게 하는 경우가 있었다.

사실상 만력제가 가진 아침 조회도 규정대로 시행했다고는 하더라도 전대에 비하면 대폭 간소화된 것이었다. 우선 정전(正殿)이 조회의 장소가 되는 일이 적어지고 또 통상 조회 참가자들이 오문을 통하지 않고 선치문(宣治門)에 모였으며, 준마나 코끼리 등의 의장도 일절 없었다. 그리고 어전에서의 상주도 이미 형식으로 흐르고 있었다. 상주의 내용은 모두 이미 서면으로 전달되어 있었기 때문에, 그 가운데 전체 관리에게 알려야 할 사항만을 골라 조회에서 다시 읽는 식으로 변질되어 있었다.

어린 황제 만력

만력제가 즉위했을 때 신하들은 그의 고상한 풍모에 깊은 인상을 받았다. 단전으로부터 흘러나오는 무겁게 가라앉은 그의 목소리는 힘찼으며 또한 간드러진 여음도 있었다.16) 여러 정황으로 보아 그가 조숙한 군주였던 것은 틀림없다. 그는 "5세 때 책을 읽을 수 있게 되었다"고 스스로 말한 적이 있었다. 그것은 중국식 나이였기 때문에 실제 연령은 겨우 3세 내지 4세 정도였다.17) 그러나 치세 초기에는 너무 어렸기 때문에 조회에 임할 때 의복의 소매 안에서 사전에 다른 사람에 의해 작성된 쪽지를 꺼내어 그것을 보면서 지시를 요청하는 관리들의 상주에 회답했다. 그는 물론 읽으면서도 그 쪽지에 적힌 글의 내용을 완전히 이해하지는 못하고 있었으며 황제의 직책을 의례적으로 수행하고 있는 것에 지나지 않았다.

그가 황제인 이상 세상의 어느 누구도 그와 대등한 지위에 있을 수 없었다. 두 사람의 황태후 외에 그가 존경하는 인물이 두 사람 있었는데, 한 사람은 장거정 선생이고 또 한 사람은 '대반(大伴)' 풍보(馮保)였다. 이는 물론 황태후의 영향을 받은 것이었다. 장거정과 풍보는 서로 손을 잡고 이후 정치 판국에 상당한 영향력을 발휘했다. 당시 열 살도 안 된 어린 만력제가 이와 같은 사실을 이해할 수 없었을 것은 당연하다.

그에게 있어서 장거정은 영원한 지혜의 상징이었다. 장거정은 미목이 수려하고 턱수염을 길게 기르고 있었으며, 기분이 날 때는 기분을 내기도 했지만 포복(袍服)은 매일 금방 새로 지은 것처럼 결을 깔끔하게 하고 있었다. 그리고 그 마음 씀씀이도 그의 풍모와 일치하고 있었다. 그가 한번 입을 열면 문제의 핵심을 찌르지 않는 것이 없었고, 말 또한 간결 정확하여 의문의 여지를 남기지 않았다. 흡사 "그 사람은 말이 없지만, 한번 입을 열면 반드시 정곡을 찌른다"18)라고 하는 중국의 옛말에 적합한 인물 같았다.

만력제와 그의 두 황태후는 장거정에게 특별한 경의를 표하여 '원보(元輔) 장거정 선생'이라 불렀는데 그 유래를 말하자면 길다. 융경제가 세상을 떠날 당시의 '수규(首揆)' 즉 수석내각대학사는 고공(高拱)이었다. 고공은 선제의 원로 중신임을 자처하고 새 황제를 중히 여기지 않았다. 새 황제는 일이 있을 때마다 사람을 보내어 고공의 의견을 물었다. 그러나 그는 왕의 사자에게 아무런 거리낌도 없이 "너희가 성지를 받들었다고 하나, 나의 눈에는 열 살도 채 안 된 어린아이로밖에 보이지 않는다. 설마 나더러 그 풋내기가 정말로 천하대사를 경영할 수 있다고 믿으라는 것은 아니겠지"라고 말하기도 했다. 그의 안중에는 천자가 어린아이에 지나지 않았고 두 사람의 태후들은 아녀자에 불과했던 것이다. 이와 같이 오만불손하고 횡포에 가까운 행동거지는 신하 된 자의 신분에 합당한 자세가 아니었다.

장거정은 고공을 타도하기 위한 계책을 만들어 건의했다. 1572년 여름 어느 날 관리들이 황제의 지시를 받고 궁문에 모여들었다. 환관 한 사람의 손에는 황색의 종이 문서가 들려 있었다. 그것은 두 황태후의 명령이었고 새 황제의 성지이기도 했다. 황색의 문서가 다 읽혀졌을 때 전례대로 무릎을 꿇고 앉아 있던 고공은 뜻밖의 내용에 대경

실색했다. 자신을 삭탈관직(削奪官職)하여 그날로 궁성 밖 원적지로 귀환시킨다는 내용의 성지였기 때문이다. 그는 이후 원적지로 귀환당해 그곳 지방관의 감시하에 일생 동안 그곳을 벗어날 수가 없었다. 장거정은 위기를 맞은 황실의 안녕을 보존한 공로자로서 고공의 지위를 대신하게 되었다.[19]

장거정은 수반으로서의 지위를 갖는 외에 만력제의 교육도 담당했다. 5인의 강학 선생, 2인의 서예 선생, 그리고 1인의 시독(侍讀) 모두 장거정에 의해 선발되었다. 그는 또한 스스로 주석서를 편찬·교정하여 만력제의 교과서를 만들고, 기회가 있을 때마다 직접 자신이 강의하는 등 만력제의 교육 전반을 책임졌다.

만력제가 학습하는 장소는 문화전(文華殿)이었다. 1572년 가을 이래 매일 계속된 학습의 내용은 세 종류였다. 경서와 서예 그리고 역사였다.[20] 경서에 대한 학습이 끝나면 수업을 마친 선생은 휴게실로 가서 휴식을 취할 수 있었으나, 황제 자신은 쉴 수 없었다. '대반 풍보나 혹은 다른 환관이 그날 백관들이 상주한 내용을 가지고 와 살펴보게 했기 때문이었다. 이들 상주문은 이미 다른 대학사의 검토를 거친 것으로 묵필(墨筆)로 쓴 표의[票擬, 상주문에 대해 황제가 내릴 비답의 초안을 작성한 것]가 적혀 있는 것들이었다. 풍보를 비롯한 환관들의 도움으로 황제는 주필[朱筆, 붉은 먹]로 비답(批答)을 썼다.

낮에 수업이 끝나면 황제는 문화전에서 점심을 먹었다. 오후 시간 대부분은 자유 시간이었으나, 역시 오전의 학습 내용을 복습하라는 분부를 받아 경서 암기·글쓰기 연습 등을 하였다. 어린 황제는 이런 분부를 조금도 흘려듣지 않았다. 다음날 학습받은 경서나 역사에 관한 내용을 암송하게 되어 있기 때문이었다. 복습이 충분하여 암송이 거침없이 나오면 장거정 선생으로부터 칭찬을 받았다. 그러나 더듬거리거나 잘못 암송하였을 경우에는 선생인 장거정으로부터 감당하기 어려운 심한 질책을 받아야 했다.

만력제는 1578년 혼례를 올리기 전까지 자성태후와 함께 건청궁(乾淸宮)에 거주했다. 태후는 황제가 황제의 책무에 충실한가 어떤가, 학업에 성실하게 임하고 있는가 등에 관심을 갖는 것은 물론 그 밖의 세세한 일까지 세심하게 지시하는 것을 잊지 않았다.

풍보는 만력제가 황자로 있을 때부터 만력제의 반려로서 안아주고 보살피며 성심껏 양육해온 만력제의 가장 친한 사람 가운데 한 사람이었다. 그리하여 후에 '대반'이라고까지 불리게 된 환관이었다. 풍보는 사례태감(司禮太監)으로 승진 발탁되어 환관 가운데 가장 높은 지위에 오르게 되었다. 그는 항상 황제에 관한 일을 포함한 궁정 내외의 모든 상황을 자성태후에게 보고하였다. 자성태후는 그를 통해 거의 모든 일을 파악하고 있었고, 그래서 만력제는 자성태후를 무서워했다. 자성태후는 자식의 교육에 관해서 극히 엄했기 때문에, '대반'이 자신에게 불리한 보고라도 자성태후에게 올려 분노를 사게 되면 황제는 오랫동안 꿇어앉아 있는 벌을 받게 되어 있었다. 때로는 몇 시간 동안 벌 받기도 하였다.[21]

이와 같은 엄격한 지도 아래서 만력제의 학습은 끊임없이 진보하였다. 그리고 그와 같은 교육의 결과 황제 된 자의 가장 주요한 책무는 경천법조(敬天法祖) 즉 하늘을 경외하고 선조의 모범을 따르는 것이라고 생각하고 있었다. 아래 사례를 보면 이와 같은 반복 학습이 황제에게 어떤 영향을 끼쳤는지 알 수 있다.

그가 제위에 오른 지 채 4개월도 안 되었을 때, 객성[客星, 홀연히 나타났다 사라졌다 하는 별로서 신성이나 변성을 일컬음]이 각도[閣道, 북두칠성 중의 하나]에 나타났다. 작은 술잔 크기의 빛나는 별이었다.

오늘날 소위 'Anno 1572'라고 불리는 이 초신성(超新星, Supernova)의 출현은 당시 사람들에게는 하늘의 재앙을 예고하는 경고로 받아들여졌다. 장거정 선생의 지도 아래 만력제는 자신의 일체의 생각, 말, 행동 등을 반성하고 교정하여 하늘의 진노를 풀려 했다.22) 이 '성변(星變)'은 2년 동안이나 계속되었다. 그래서 그는 그후에도 상당히 오랜 기간 동안 검약과 근면한 생활을 유지했고 정무에 정진하여 이 흉조를 길조로 변화시키려는 노력을 계속했다.

학습의 진보 가운데서도 서예에 있어서의 발달이 한층 두드러졌다. 자성태후와 풍보 두 사람 모두 서예를 좋아하여 황제의 이와 같은 진보를 늘 격려했다. 만력제는 겨우 10세에 1척(尺) 이상이나 되는 큰 글을 쓸 수 있었다고 한다. 또 어느 때는 장거정을 비롯한 대학사들 앞에서 붓을 잡고 글 쓰는 장면을 연출하고 다 쓴 글을 대신들에게 하사하기도 했다. 장거정도 대은에 감사하며 받았는데, 다음날 그는 황제에게 아래와 같이 상주했다.

폐하의 글 솜씨는 크게 진보되었습니다. 따라서 이제부터는 서예에 너무 많은 정력을 소모하지 않는 것이 좋겠습니다. 서예란 아무래도 말절(末節)의 소기(小技)일 수밖에 없기 때문입니다. 옛날부터 성군은 덕행으로써 천하를 다스려온바, 예술에 정통하다고 해서 만백성에 이익 되는 바는 없었습니다. 한나라의 성제(成帝), 양(梁)나라의 원제(元帝), 진(陳)의 후왕(後王), 송(宋)의 휘종(徽宗) 및 영종(寧宗) 등이 모두 음악가·화가·시인·사인(詞人)으로서 유명했습니다만, 모두 예술에만 지나치게 침잠하여 조정을 올바로 다스리지 못했고 심지어는 망국의 참화를 불러오기까지 했습니다.

이런 충정이 넘치는 간언에 황제는 다만 따를 뿐이었다. 1578년 이후 일과에서 서예가 제외되었고 경사(經史)만이 남게 되었다.23)

　　물자의 절약도 궁중에서 시작되었다. 과거 1세기 동안 1월 15일의 상원절(上元節)에는 각 궁전 어디에서나 불꽃을 장치한 산거[山車, 축제 때 사용하는 장식 수레]를 꺼내고 새 등을 달기도 하여 그 휘황찬란함은 대낮을 방불케 했다. 이런 사치스런 행사도 장거정의 건의에 따라 폐지되었다. 만력제는 어머니를 위하여 궁실을 개수하여 효행의 뜻을 보이려 했으나, 장거정은 각 궁전은 이미 충분히 아름답고 호화스러우므로 더이상의 치장은 불필요하다고 건의했다. 그는 또한 만력제가 궁중의 여자들이 보석이나 노리개를 즐긴다는 사실에 관심을 가지고 있는 것을 못마땅해 했다. 그래서 임금 된 자의 관심은 항상 백성들의 의식(衣食)에 있어야 하며, 보석이나 노리개는 주린 배를 채워주거나 언 몸을 녹여줄 수는 없는 것이므로 폐하께서 관심을 보이실 만한 가치가 있는 것이 못 된다고 지적했다.24)

　　명나라의 궁정 지출은 이전의 왕조에 비해 너무나 방대했다. 자금성의 부지는 3/4㎢로서 궁전의 지붕은 유리 기와로 덮여 있었다. 또 전후좌우에는 무수한 주문(朱門)과 회랑이 있으며 궁전의 계단은 어디나 한백옥(漢白玉)의 돌로 만들어져 있어서 실로 초호화판이었다. 황성 안에는 수많은 가로(街路)와 인공 호수가 있어서 승마나 뱃놀이 등의 유흥 장소로 사용되기도 했다. 건물로서는 황실의 별장 외에 사원이나 고급 환관들의 주택 등이 있었다. 황실 부속 기관인 고병방(烤餠坊), 조주방(造酒坊), 첨식방(甛食坊), 병주방(兵胄坊), 마방(馬坊), 인쇄소, 서고 등이 여기에 집중되어 있어서, 황실이 필요로 하는 것은 어떤 것도 외부의 손을 빌릴 필요가 없었다. 모든 창고, 사묘(寺廟), 작업장 등은 전임 환관을 두어 관리하였는데, 총 24개의 기관이 있었기 때문에 24감(二十四監)이라 했다.25) 만력 초에는 환관의 수가 2만을 넘었고 그 수는 계속 늘어나고 있었다. 환관의 우두머리는 문무관리의 수장과 대등한 지위가 되었다. 궁녀의 수는 적어도 3천 명 이상이었다. 이들이 사망했을 때 관으로 사용하기 위해 준비된 목재만도 2천 명을 한꺼번에 감당할 수 있는 양이었다.26)

명나라를 건설한 태조는 "천하에 왕토가 아닌 것이 없으니, 황실의 지출을 황실 직속의 장원 수입만으로 감당할 필요가 없다"고 선언하였다. 궁정에서 필요로 하는 물품은 전국에서 거두어들인 대량의 현물세로 감당하였는데 그 가운데는 나무, 금속 등의 각종 재료가 포함되어 있었으며 견직물이나 도자기 등의 완제품도 포함되어 있었다. 이와 같이 황실의 지출은 전혀 제한을 받지 않았지만, 반대로 관리들은 극도의 검약을 원칙으로 하지 않으면 안 되었고 환관이나 궁녀들도 마찬가지였다. 결국 명나라의 관리나 환관의 법정 급료는 누구 할 것 없이 극히 미미했다.

이러한 불공평함이 그리 오래 지속될 수는 없었다. 16세기 초에 이미 대부분의 고위 관료나 환관들은 초호화 생활을 하고 있었다. 특히 고위 환관은 일반 사람들의 선망의 대상이 되고 있었다. 그들은 황성 내에 훌륭한 저택을 갖추고 있었을 뿐만 아니라, 전통적 관습에 따라 마음이 맞는 궁녀와 부부처럼 동거하기도 했다.27) 그들에게 자녀는 없었으나 대신 자신을 받들어주는 많은 양자나 조카들이 있었기 때문에 조금도 쓸쓸하지 않았다. 또한 권세를 이용하여 재물을 모으는 것은 너무나 손쉬운 일이었다.

일반 환관들에게도 규정 외의 수입이 있었다. 황실의 각 창고를 관리하고 있다는 사실 자체가 그들의 축재 수단이었다. 각 지방에서 보내는 황실 전용의 물품은 엄격한 검사를 거치게 되어 있었다. 그 검사에서 기준에 합당한 품질을 갖추고 있다는 것을 인정받아야 비로소 창고로 보내어져 보관되었다. 검사에 합격하지 못하면 접수가 거부되었고 그 물품을 수송해 온 관원들은 장기간 북경에 체류하지 않으면 안 되었다. 그런데 소위 품질이란 것도 어떤 객관적인 판정 기준이 있는 것이 아니어서, 환관과 중개자가 마음대로 결정할 수 있는 것이었다. 따라서 현물을 수송해 온 관원이 이와 같은 사정을 잘 이해하고 있는 경우에는 중개자를 통해 환관에게 뇌물을 보내고 합격 판정을 받는 것이 보통이었다. 물론 중개자는 그 사이에서 얼마의 구전을 취하게 된다.

다시 말하면 뇌물을 사용하면 낮은 품질의 현물도 고급품으로 바뀔 수 있었던 것이다. 그래서 황성 안에서 사용하는 물품의 경우 황족이 직접 사용하는 것 외에는 오히려 질이 떨어지는 저질품인 경우가 많았다. 이와 같은 비리의 가장 큰 피해자는 북경을 경비하는 사병들이었다. 환관이 관리하고 있는 사병들의 의복용 천들이 극히 조잡했기 때문이다.

만력제 시대에 가장 영향력이 컸던 창고 중개자는 이위(李偉)라는 자로, 무청백(武淸伯)에 봉해져 있었다. 그는 자성태후의 부친, 곧 만력제의 외조부였다. 조악한 면포가 그를 통해 창고에 들어가기도 하고 나가기도 했다. 이것들이 병사들에게 지급되었을 때, 수많은 원망과 지탄의 소리가 터져 나왔음은 물론이다.

만력제는 백관들의 고발을 접하고, 직접 이 조악한 면포를 자성태후에게 보였다. 자성태후는 부끄러움을 감추지 못하며 노하여 국법에 따라 처벌하라고 명했다. 이때 대학사 장거정이 정치적 수완을 발휘하여 태후 일가의 체면을 세워줄 수 있는 중재안을 제시하며 전면에 나섰다. 즉 이위를 법정에 세우는 대신 궁문 밖으로 소환하여 질책을 하고 다시는 죄를 범하지 않겠다는 서약을 받는다는 것이었다. 이 사건은 이와 같이 일단락되었는데, 장거정은 이 사건을 계기로 풍보와 협력하여 창고를 관리하는 환관들을 대폭 경질하고, 이와 같이 구전을 뜯는 악습을 근절시키겠다고 천명했다.28)

결국 만력제 즉위 초 10년, 즉 1572년부터 1582년까지는 만사가 기력을 되찾고 활기가 넘치던 번영의 기간이었다. 북방의 '노환(虜患)'도 발생하지 않았으며 동남의 '왜구(倭寇)'들도 근절되어 잠잠했다. 오랜 태평성대의 결과로 국고도 날로 충실해져갔다. 이와 같은 예기치 않은 성과는 물론 내각대학사 장거정의 공적이라 하지 않을 수 없었다. 따라서 장거정이 경미한 복통이라도 느끼면 황제가 초탕면(椒湯麵)을 친히 만들어 먹게 했다는 것도 무리는 아니었다.

자성태후도 장거정의 말이라면 어떤 경우라도 듣고 따랐다. 그녀는 원래 신불(神佛)을 신봉하는 독실한 신도였다. 한번은 자신이 저축한 재물로 탁주(涿州)에 낭랑묘(娘娘廟)를 수축하려 했는데, 장거정이 그 재물을 북경성 밖의 다리 수축에 사용할 것을 권하자 그의 말을 따랐다. 또 만력제가 홍진을 앓은 후 완치되었을 때, 태후는 제단을 설치하고 보살의 가호에 감사하려 했는데, 그때에도 장거정이 반대하자 그만두었다. 또 가을의 대대적인 사형 집행에 앞서 대사면을 내릴 것을 몇 번이나 생각했지만, 역시 장거정이 그때마다 반대했기 때문에 자신의 뜻을 거두었다.29)

장거정이 취한 이와 같은 행동들은 모두 옳은 것이었지만, 그 엄격한 태도가 오히려 훗날 그에게 화가 되었다.

원보(元輔)와 대반(大伴)

평일, 황제는 하루에 20~30건에 달하는 상주문을 읽고 그 내용에 따라 지시를 내려야 했다. 이 상주문은 모두 한 장의 긴 종이에 작성되어 있었다. 이 종이는 왼쪽에서 오른쪽으로 접혀졌는데, 4엽(葉), 8엽, 12엽 등 여러 가지로서 '접(摺)'이라고 약칭되었다. 상주의 종류는 대단히 많았고 또 그 양식, 문자의 대소, 매 엽에 들어 있는 글자의 수 그리고 문장의 어조 등이 모두 각기 달랐다. 그러나 개괄하면 크게 두 종류로 나눌 수 있다.

하나는 각 관청이 관청의 이름으로 상주하는 것으로서 '제본(題本)'이라는 것이었다. 제본은 통정사(通政司)를 통해 궁중에 전달되었고, 부본(副本)은 육과급사중(六科給事中)의 집무실 즉 육과랑방(六科廊房)으로 보내졌다. 제본의 내용은 통상 공적인 사무에 관한 것으로서 논란을 일으키는 일이 드물었다.

다른 하나는 중앙관이 개인적으로 올리는 상주문으로서 '주본(奏本)'이라는 것이었다. 주본의 내용은 십중팔구 상주자의 본래 업무 밖의 일이었다. 예를 들면 예부의 관리가 군정을 논한다든가, 병부의 관리가 의례를 비판한다든가 하는 등의 내용이었다. 개인적인 비평이거나 건의이기 때문에, 사전에 상관에게 알릴 필요도 없고 따로 부본을 준비할 필요도 없었다. 상주자 스스로 나아가 회극문(會極門)에 신고하면 문을 관리하는 태감이 그것을 접수했다. 절차가 이와 같았기 때문에, 육과랑방에 넘겨주어 필사시켜 공포하라는 황제의 지시가 있기 전에는 어느 누구도 주본의 내용을 알 수 없었다. 관리들의 세계를 뒤흔드는 상주문들은 주로 이와 같은 주본이었다.30)

즉위 초의 만력제는 장거정이나 다른 대학사가 작성한 '표의'를 대반 풍보의 지도 아래 붉은 묵, 즉 주필로 베껴 씀으로써 상주의 검토와 지시라는 직무를 다했다. 그 가운데는 매우 간단한 것들도 있어서 예를 들면 '여의[如擬, 그대로 하라]' '지도료[知道了, 알았다]' 등과 같이 글씨 연습하는 것과 같은 것도 있었다. 더구나 전통적으로 황제 자신은 다만 몇 건에 대해서만 직접 비답을 쓰고, 나머지는 사례감의 주필태감(朱筆太監)이 주필을 대행하고 있었다. 이 주필은 황제의 권위를 상징하는 것으로서, 주필을 자의로 쓰는 경우 그것은 '교조(矯詔)'에 해당하여 극형에 처해질 수 있는 커다란 범죄 행위였다.

그러나 통상적인 지시라 하더라도 열 살도 채 안 된 만력제가 그 의미를 모두 이해했다고 할 수는 없을 것이다. 예를 들어 '지도료(知道了)'라고 한다면 그것은 실제로는 '상주한 건의를 아직 받아들인 것은 아니지만, 건의한 사람을 꾸짖을 필요는 없다'라는 것을 의미했다. 이와 같은 이면의 의미는 어느 정도 나이가 들어서야만 이해할 수 있는 것이었다.

중요한 관리의 임명, 즉 인사의 대권도 다른 사람이 대행하도록 내버려둘 수 있는 것이 아니었다. 인사에 관한 결정을 내릴 때는 언제나, 장거정 선생과 이부(吏部)가 논의하여 후보자 몇 명의 명단을 작성하여 제출하면, 황제가 그 가운데 한 사람을 낙점하는 형식을 취했다.

만력제는 어렸으나 명단의 첫머리에 제시된 사람이 후보자 가운데 가장 적합한 사람으로 추천되고 있다는 사실을 알고 있었다. 그래서 주필로 그 인물의 이름에 동그라미를 그려줌으로써 지고한 황제의 권위를 나타내 보일 수 있었다. 그는 즉위 이래 '만력제 자신이 고귀한 천자가 된 것은 천명에 의한 것이다. 천명을 오랫동안 유지할 수 있는가의 여부는 인화(人和)에 달려 있다. 인민이 평안과 생업을 유지하도록 하기 위해서는 우선 신중하게 각 직책에 합당한 인재를 선발해야 하는데, 이와 같은 인재의 선발을 위해서는 다시 장거정 선생에게 의지하지 않으면 안 된다'고 교육을 받아왔다.

이런 상황은 장거정이 실제 관리들에 관한 인사 임면권을 쥐고 있었음을 의미하는 것이었고, 당연히 불만의 원인이 되었다. 만력제가 12세 되던 해에 장거정을 탄핵하는 상소가 몇 차례 있었다. 어떤 사람은 장거정이 자의적으로 상벌을 결정하고 관리의 임면을 국익을 전제로 하지 않고 개인적인 감정에 따라 결정하고 있다고 비판하였다. 또 어떤 이는 더욱 신랄하게 비판하여 이르기를, 이와 같은 상황에 대해 황제 자신이 직접 책임을 져야 한다고 했다. 그는 계속해서 "즉위한 지 3년 동안 [황제가] 아첨꾼들을 믿고 그들의 장막으로 눈이 어두워져, 충직하고 근면한 관리들을 가혹하게 대하고 우대하지 않으니, 이는 관대한 마음으로 사람을 대하는 태도라 할 수가 없다. 이러고서는 하늘의 가호를 받지 못할 것이 분명하다"고 했다.

명나라에는 전통이 하나 있었다. 즉 기절[氣節, 기개와 절조가 있는 인물]로 자부하는 대신은 비판이나 공격을 받게 되면 황제가 공적인 태도를 표명하기 전에 스스로 현직에서 물러나 고향으로 돌아갈 것을 신청하여, 자신이 결코 애매모호한 자세를 취하지 않는다는 것과 또한 봉록만을 축내는 자가 아니라는 것을 보여야 한다는 것이었다.

장거정도 직·간접의 공격을 받자 즉각 황제에게 사표를 제출하면서, 자신의 옳고 그름을 떠나 자신이 황제로 하여금 세론에 접하지 못하게 하는 장애물이라는 비판이 있는 이상, 장거정 자신이 황제를 위해 할 수 있는 역할이 없어졌으며, 따라서 더이상 머물러 있을 필요가 없게 되었다고 했다.[31]

만력제는 물론 장거정의 요청에 동의하지 않았다. 그는 장거정과 대반 풍보에게 그 상주자를 처벌해야 할 것이라는 언급을 했다. 이에 장거정은 배알하여 상소하기를 "폐하를 위하여 봉직할 때 상벌이 이루어지는 것은 누구도 피할 수가 없습니다. 잘못이 있는 관리는 반드시 그 품격을 강등시켜야 하고, 또 직무에 충실한 관리는 반드시 발탁하여 써야만 하는데, 이것이 상벌입니다. 이 상벌 외에 달리 그들을 다스릴 방법이 있겠습니까?"라고 했다.

장거정의 이 강개에 넘친 충고와 풍보의 지원이 황제의 결심을 이끌어냈다. 그래서 황제는 다음과 같이 명령을 내렸다. "장거정을 비판 공격한 첫번째 관리의 관직을 박탈하여 서인으로 만들라. 두번째 공격자의 경우에는 짐의 뜻을 이미 알고 있었음에도 불구하고 자기 주장을 고집하였으니, 이는 임금을 멸시하는 행동이라 하지 않을 수 없다. 오문 밖으로 끌어내 포복(袍服)을 덮어 입힌 채 정장[廷杖, 곤장] 1백 대를 치라."

정장은 명나라 문신들에게 내리는 표준적인 형벌이었다. 정장을 받으면 많은 사람이 그 자리에서 죽게 되고 요행히 살아남은 자들도 보기에 영원히 지울 수 없는 상처를 남기게 되었다. 이때 장거정은, 관용을 베풀어 앞의 관리들에 대한 체벌을 면하여 주고, 변경지로 추방하여 그곳의 지방관으로 하여금 감시하여 교정하도록 할 것을 요청했다. 이러한 아량은 만력제를 크게 감동시켰다. 무단히 자신을 공격한 사람을 대신하여 그 죄를 감해줄 것을 청하는 그의 행동은 분명히 개인적인 은원(恩怨)에 얽매이지 않는 옛 재상들의 풍격을 보여주는 행동이었던 것이다.

그러나 만력제는 조야에 권세를 떨치고 있는 장거정의 무단 정치가 이미 상당한 정도에 이르렀다는 사실을 알지 못하고 있었다. 즉 장거정이 불만족스럽게 여기고 있는 인물들에 대해서는 장거정 자신이 직접 나서지 않아도, 이미 내외의 다른 관리들이 나서서 그들을 궁지로 몰아넣어 장거정의 환심을 사려 하고 있었던 것이다. 과연 수년 후 만력제는 장형을 면한 그 관리의 유형지에서의 죽음에 의심스러운 점이 많다는 사실을 알게 되었다. 이와 같은 논쟁을 거치면서 또 나이를 먹어가면서 그리고 사서를 통해 전대의 교훈을 익히면서 만력제는 점차로 문제의 핵심을 파악하게 되었다.

명나라의 군주 제도는 역대 왕조와는 조금 다른 바가 있었다.32) 이전의 왕조에서는 군주가 어릴 경우 반드시 그 숙부나 종형 등이 황제를 대신하여 섭정을 행했는데, 명조는 이와 같은 제도를 허용하지 않았다. 규정에 따르면 황태자를 제외한 모든 황실 친족들, 즉 황제의 숙부, 형제, 적·서의 모든 황자들 및 그 자손들은 모두 성년이 되기가 무섭게 수도를 떠나 외지의 봉지로 가야 했다. 이를 '지국(之國)'이라 했는데 이는 바로 '번지(藩地)로 간다'는 의미였다. 각 성에 가 있는 번왕(藩王)들은 광대한 왕부(王府)를 제공받고 극진한 대접을 받았으나, 지방 정치에는 관여할 수 없었다. 게다가 황제의 동의가 없으면 소재지를 떠날 수도 없었다. 추방 혹은 구금과 비슷한 이 제도는 황실이 방계의 간섭을 받지 않도록 한다는 것이 그 목적이었다.

이와 유사한 제도로서 황태후가 가족을 끌어들여 정치에 간섭하는 것을 금하는 것이 있었다. 후비(后妃)는 양가(良家)에서 선발되기는 했지만, 대부분이 명망 있는 큰 가문 출신은 아니었다. 만력제의 경우를 예로 들어보더라도, 외조부 이위(李偉)는 생활 형편이 어려웠고 딸이 후비로 책봉되고 나서야 비로소 백작의 봉호를 받은 사람이었다. 백작이 되었다 하더라도 그는 군대의 일개 무관에 지나지 않았고 조정에서 시행하는 각종 의례에서 앞자리를 차지한다는 것 외에는 아무런 특권이 없었으며, 급료 또한 극히 적어서 가정의 생활비도 충당하지 못할 정도였다. 이위가 지방에서 올라오는 공물을 궁성의 창고에 수납하는 과정에서 중개인 역할을 하다가 물의를 일으킨 것도 원인이 바로 여기에 있었다. 그에게는 한 명의 아들이 있었는데, 곧 자성태후의 동생이었으나 신분이 환관이었다.33)

명조는 개국 초에 승상의 직을 두었다. 그러나 태조 홍무제(洪武帝)가 전후 세 사람의 승상을 모두 살해한 이후에는 승상을 두지 않았으며, 홍무제는 그후로 승상제를 부활하자고 건의하는 자가 있으면 그 일족을 모두 처형하라는 명을 내렸다. 시대가 흘러 내각대학사가 어느 정도 승상의 직권을 행사하게 되었지만, 제도상으로는 매우 불명확한 것이었다.

대학사는 원래 문학시종(文學侍從)의 신하였다. 전시(殿試)에서 남다른 재능을 보여 좋은 성적으로 등과하면 한림원(翰林院)에 들어가 많은 서적을 접하며 자신의 학문적 성취를 심화시킬 수 있었다. 한림원의 학사들 가운데 우수한 자들은 몇 차례의 승진과 전임을 거치면서 대학사에 임명되고 문연각(文淵閣)에서 봉직하게 되었다. 그 직책은 황제를 대리하여 조칙이나 고명(誥命)을 기초하고 비답(批答)의 글을 다듬는 등의 일이었다. 문연각은 황제의 문서를 담당하는 기관이었기 때문에 황제와는 가장 가까운 기관이었다. 그리고 승상을 두지 않는 상황 속에서 정무의 처리상 필요성이 증대되어 결국 대학사는 형식상으로는 행정 책임자가 아니었지만, 황제의 비서로서 고문의 역할을 행하게 되었다.34)

만력제의 조부 가정제 이전에는 내각대학사가 3~6인이었다. 그 가운데 한 사람이 황제의 특별한 신임을 받아 자문에 응하는 일은 자주 있었지만, 그 사람이 다른 대학사보다 지위가 높은 것은 아니었다. 그러나 가정제 이후부터 상황의 변화가 나타나서, 장거정은 수보(首

輔) 혹은 원보라고 불려지게 되었고 다른 대학사들은 그의 추천을 받아 임명되었다. 황제의 성지 작성에서도 그들 대학사의 직책은 원보가 하는 일을 보조하는 것이라고 분명하게 규정되어 있었다.35) 이처럼 대학사 가운데 주·부의 구분이 분명해져 이후 조신 간의 복잡한 분규를 일으키기에 이르렀다.

이와 같이 각신(閣臣)에게 직무를 대행시키는 명조의 제도는 명초에 정권을 확고하게 하기 위해 고심 끝에 만들어낸 구상에서 비롯된 것으로서, 황제의 권력을 분할하지 않으며 또 타인이 그 권력을 대신할 수 없도록 하는 것이 목적이었다. 모든 권력이 황제 개인으로 수렴되는 이 고도의 집권적인 체제는 명조를 통해 시종일관한 것이었다. 이론상으로 보면 황제의 대권은 다른 사람의 손에 넘어갈 수가 없었다. 그러나 이론과 실제는 일치하는 것이 아니었다.

9세의 만력제가 조정에 나가 군주로서의 대권을 독단하고 국가의 대사를 스스로 결정하는 등의 역할을 수행할 수 있으리라 어떻게 기대할 수 있겠는가? 몇 년이 지난 후 만력제는 당시의 상황을 회고하면서, 자신은 대반 풍보의 지도에 따라 장거정 선생에게 고했고, 또 원보 장거정의 표의를 대반 풍보의 건의에 따라 주비에 써넣었을 뿐이라고 생생하게 회상하고 있다. 어린 만력제로서는 장거정과 풍보 두 사람은 없어서는 안 되는 인물이었다. 그러나 그 당시 유년 시절에는 내각대학사와 사례태감 두 사람의 이와 같은 밀접한 협조 관계가 나중에 조정에 얼마만큼의 복잡한 문제를 야기하게 될지 전혀 예측할 수 없었음은 물론이다.

일반적으로 사람들은 명대의 환관은 궁중의 천역(賤役)에 불과하며 정치에 관여하게 된 것은 후대 우둔한 황제 시절에 나타난 기현상에 불과하다고 생각하지만, 사실은 전혀 다르다. 적지 않은 환관들이 생활의 곤란을 겪는 가난한 집안 출신이거나 혹은 무뢰배로서 스스로 거세하고 내정에 들어왔던 것은 사실이다. 그러나 그렇다고 모든 환관들이 무능한 무리들이며 아첨으로 황제의 총애를 얻어 권력을 농단하게 되었다고 생각한다면 그것은 사실과 다르다. 창업의 군주인 홍무제 때 이미 환관이 황제를 대신하여 외국에 파견되어 그 국왕을 초무[招撫, 가까이 불러 위로함]하는 등 환관의 정치 참여가 허용되기도 했었다. 또 환관을 국내 각지에 파견하여 세수 상황을 조사하도록 한 일도 적지 않았다.36)

명 중엽 이후 환관이 황제의 개인 비서로서 자리를 잡는 것은 이미 피할 수 없는 추세였다. 황제는 매일 수십 건의 상주문을 접하는데, 이들 상주문은 문장이 길고 지루하며, 내용 또한 언제나 유가의 전통적 관념이나 용어를 사용하여 표현한 것이었다. 그래서 황제가 문제의 요지와 참 의미를 정확하게 파악하는 것이 쉬운 일이 아니었다. 거기에다 많은 전문적인 용어·인명·지명 등이 뒤섞여 있었다.

그래서 황제는 사례감 가운데서 5~6명의 환관을 차출하여 '병필태감(秉筆太監)'으로 임명하여 각각의 제본이나 주본을 자세하게 검토하게 하고 그들로 하여금 요점을 파악하여 구두로 보고하게 했다. 병필태감이 이들 상주문을 읽고 검토하는 데에는 대단한 인내심과 시간이 요구되었다. 교대로 임무를 담당하였으나 때로는 밤 새워 읽고 나서야 겨우 다음날 어전에서 상주문의 내용에 관해 정확히 설명할 수 있는 경우도 있었다. 이들의 보고를 들은 후 황제는 대부분의 상주문에 대해 그 단락의 중요한 일부분을 읽거나 혹은 언급된 인명이나 지명 등에만 관심을 보이는 것으로 그치는 것이 보통이었다.37)

황제를 거친 상주문은 통상 문연각으로 이송되어 내각대학사에게 읽힌 후 내각대학사들이 작성한 표의를 바탕으로 지시가 내려졌다.

이론적으로는 황제가 대학사의 표의를 완전히 무시하고 스스로의 의지대로 지시를 내릴 수 있었다. 그러나 그와 같은 일은 흔하지 않았다. 왜냐하면 그것은 대학사에 대한 황제의 불신임을 의미하는 것으로서, 이런 경우 해당 대학사는 사직해야 했기 때문이다. 명조의 전통에 따르면 정국의 안정을 유지하기 위해 특별한 사고가 없는 한 대학사는 가벼이 전임되지 않았다. 그리고 그와 같은 일은 될 수 있는 한 없어야 했다. 현명한 황제들은 대학사의 표의에 자신의 의도를 표현하도록 하여 문제를 일으키지 않도록 할 수 있었다. 이런 미묘한 관계도 병필태감의 내부적 협조 없이는 이루어질 수 없었다.

　글자 하나 모르면서 황제의 총애와 신임만으로 환관이 되어 어전의 사례태감이 된 자도 명조 역사에서 전혀 없지는 않았지만, 그 수는 극히 적었다. 일반적으로 병필태감은 높은 교육 수준을 갖춘 자들이었다. 10세 전에 재능을 인정받아 궁중의 '내서당(內書堂)' 즉 특설 환관 학교에 입학하여 교육을 받은 자들이 대부분이었다. 그리고 '내서당'의 교사는 모두 한림원의 한림이었으므로 환관들이 여기서 받는 교육은 바깥 명가의 자제가 받는 교육과 다를 바가 없었다. 졸업 후의 단계적 승진에 있어서도 승진의 근거가 되는 기준은 문관들의 사도(仕途)와 비슷했다. 특별히 우수한 병필태감의 경우에는 문장의 수준이 대학사가 작성한 문장을 윤색할 수 있는 정도였다. 따라서 그들이 '병필'이라 불려지고 어전에서 위에서 말한 바와 같은 중요한 지위를 차지한 것은 결코 요행만은 아니었다.

　그들은 고급 문관과 같이 비색(緋色)의 포복을 착용하여 청색 포복을 입은 하급 환관과의 구분을 분명히 하였다. 또한 황성의 대로에서 말을 타고 궁성 내에서는 가마를 탈 수 있었는데, 이는 모두 신하 된 자로서 얻을 수 있는 최고의 대우였다. 그들의 위광이나 권세는 육부의 상서를 능가하는 것이었다. 그러나 이러한 혁혁한 권위 또한 별도 규정의 제한을 받았는데, 즉 그들은 황성을 벗어날 수 없었다. 이들 환관들은 관료 조직과는 별개로서, 황제의 뜻에 의해서만 임면되고 또 황제에 대해서만 직접적으로 책임을 졌다.

이 병필태감 제도와 관련 규정들이 바르게 시행되기만 하면, 황제는 문신과 환관 사이의 균형을 유지시켜주는 조정자로서 상호 협력과 견제의 효과를 거둘 수가 있었다. 그러나 상황은 그렇게 전개되지 않았다.

수십 년 전에 유근(劉瑾)과 같이 조야에 권력을 휘두르며 악행을 자행한 태감이 출현하기도 했지만, 이 당시 풍보는 장거정과 밀접한 관계를 유지하고 있었을 뿐만 아니라 자신을 제어할 수 있는 유일한 존재인 황제가 아직 어렸기 때문에, 절호의 기회를 맞이하여 지금까지의 '무명의 영웅'과는 다른 환관이 될 수 있었던 것이다. 물론 어린 황제 만력제는 대반 풍보가 권력을 농단하여 장차 왕조를 몰락의 구렁텅이로 몰아넣게 되리라고는 꿈에도 생각하지 못했다.

풍보의 인상은 온화하다거나 혹은 사려 깊은 학자풍이라거나 한 것은 아니었지만, 그에게는 독서와 서예를 즐기고 비파를 타고 바둑을 즐겨 두는 등 군자로서의 품격이 있었다. 그가 사례태감으로 임명되는 데에도 약간의 곡절이 있었다. 가정제 때에 이미 그는 병필태감의 한 사람이었고, 융경제 때에는 동창(東廠)의 책임자로 파견되었다. 동창은 금의위(錦衣衛)를 관리하는 특무 기관으로 황제의 '눈과 귀'였다. 그리고 관례에 따른다면 동창의 관리자는 반드시 사례태감으로 승진했다. 그러나 그는 대학사였던 고공과 사이가 좋지 못하여 태감 가운데 최고위직인 사례태감으로 승진할 수가 없었다. 만력제가 고공을 추방하고 나서야 비로소 태후로부터 사례태감의 직책을 제수받을

수 있었다.38)

탄핵과 반격

1577년 가을, 조정에는 또 하나 큰 문제가 발생했다. 이 무렵 대학사 장거정의 부친이 호광(湖廣)의 강릉(江陵)에서 사망했다. 규정에 의하면 장거정은 사직을 하고 고향으로 돌아가 복상[服喪, 상복을 입음]하여 '사서(四書)'에서 말하는 부모 3년상의 원칙을 준수해야 했다.39)

장거정은 관례대로 부친의 죽음을 보고했는데, 이는 만력제를 크게 불안하게 했다. 황제는 당시 이미 15세였으나, 국가의 대사와 어전 교육에 있어서는 여전히 원보 장거정의 도움을 절실히 필요로 하고 있었다. 게다가 과거에도 막중한 임무 때문에 직을 그만두게 할 수 없는 관리에게 '탈정[奪情, 부모 자식 간의 정을 빼앗는다는 의미]'의 명령을 내려 부모의 상을 지키지 못하게 한 전례가 있었다.

그래서 황제는 두 사람의 황태후와 의논하여 선례에 따라 장거정을 위류[慰留, 위로하고 머물게 함]하기로 결정했다. 대반 풍보의 협력을 얻어 황제는 간청 반 명령 반으로 장거정에게 현직에 머물면서 복상할 것을 요구했다. 장거정은 그럴 수 없다면서 두 번 세 번 계속 사직을 요청했지만, 허가를 얻지 못했다. 최후의 주비에서 황제는 장거정을 위류하는 것은 태후의 명이라고 했다. 이들 문서는 문연각과 궁중 사이를 오갔는데, 두 건물 사이의 거리는 1킬로미터 남짓에 불과했지만, 재미있게도 상주문과 주비 모두 오문의 육과랑방에 보내져 공포되어 대소의 관료들이 모두 원문을 읽고 모든 진상을 알 수 있도록 조치되었다.40)

그러나 관리들의 반응은 뜻밖이었다. 그들은 부친상을 위해 사직을 요청한 장거정의 뜻이 진정한 것이었다고 믿지 않았다. 나아가 '탈정'이 진실로 황실의 주도하에 이루어진 제안이었는가에 대해서도 의심하였다. 한림원에서 명조의 역사를 기술하는 책임을 맡고 있던 편수(編修)들은 심한 당혹감을 느끼지 않을 수 없었다. 왜냐하면 그들은 '명조는 경서에 기록된 성현들의 가르침에 따라 일을 처리한다'는 정신이 자신들이 남긴 기록 가운데서 체현되도록 하는 것이 자신들의 책무이며, 그와 같은 정신이 사라지면 조정이 결코 백성들을 관리할 수 없다는 사실을 깨닫고 있었기 때문이었다.

이 광대한 제국을 통치함에 있어서 전적으로 엄격한 형법에 의지할 수만은 없었다. 통치의 비결은 오히려 윤리 도덕의 힘을 이용하여 신분이 낮은 자로 하여금 신분이 높은 자에게 복종하도록 하고, 여자를 남자에 종속시키고, 교육받지 못한 우민들로 하여금 책을 읽어 글을 아는 자들을 모범으로 삼게 하는 데 있었다. 그리고 이 모든 것은 조정이 스스로 실천함으로써 천하에 모범을 보이는 것을 필요로 했다.

거의 민간 출신인 한림들은 법치에는 일정한 한계가 있으므로 사람들에게 '충효'의 대절[大節, 굳은 절개]을 이해시켜 자연스럽게 법이 지켜지게 하는 것이 옳다고 여기고 있었다. 그런데 황제의 스승 된 자가 이 원칙을 깨뜨리고 부모에 대한 3년상을 지키지 않는다고 한다면, 어떻게 백성들이 기꺼이 이들을 따르겠는가.

수십 명의 한림원 관리들은 만력제 몰래 이부상서 장한(張瀚)에게 가서 자신들과 함께 장거정의 사저를 방문하여 직접 대면하고 충고의 말을 전할 것을 요청했다. 즉 위장의 허울을 벗고 사직하여 복상함이 옳다고 충고해야 된다는 것이었다. 그들은 장거정이 자신들의 의견을 따라 27개월의 복상을 다하여 잃어버린 관리들의 신뢰를 회복하는 것이 그 개인의 장래를 위해서도 필요한 일이라고 생각하고 있었다.

그러나 설득은 효과가 없었다. 장거정은 그들에게 황제의 성지는 나로 하여금 북경에 머물러 있을 것을 명하고 있으며, 제군이 내게 사직을 강요하는 것은 나를 해치기 위한 것이 아닌가 하고 되받았다.

이부상서 장한은 당시까지만 해도 장거정의 측근으로 간주되고 있었다. 그는 장거정에 의해 파격적으로 요직에 발탁되었으며, 재임 중에는 문연각의 지시만을 받고 있었다. 그러나 그는 이날 사저에서의 충고 사건에 가담한 후 곧 탄핵을 받았다. 그를 탄핵하는 상주문은, 원보와의 충돌에 관해서는 일언반구도 없이 다른 사소한 사건들을 들어 그의 사직을 요청하는 내용으로 되어 있었다.

그러나 이 탄핵 사건은 관리들을 더욱 분노케 했다. 왜냐하면 이 사건을 통해 조정의 규찰관인 110명의 감찰어사(監察御使)와 52명의 급사중(給事中)이 모두 장거정파 인물이고 이들은 장거정에게 비판적인 인물들만을 규탄하며 이와 같은 편파적인 행태는 전혀 세론을 개의치 않고 행해지고 있다는 사실을 다시 한 번 확인했기 때문이었다.

그들의 분노는 그들로 하여금 만력 황제에게 직접 장거정을 탄핵하는 또다른 방법을 채택하게 했다. 엄격히 말하면, 한림편수의 지위에서 황제에게 직접 상주를 올리는 것은 직권을 벗어난 행위였고 반격을 받을 가능성도 매우 높았다. 그러나 그들은 공맹(孔孟)의 가르침과 역사의 흥망성쇠에 대한 연구를 통해, 인륜을 어지럽히는 허위와 횡포에 정면으로 대응하여 그것을 간(諫)하지 않으면, 반드시 명 왕조의 안위에 영향이 있게 될 것이라고 생각하고 있었다.

게다가 명조에서는 집단적으로 황제에게 상소를 올린 선례가 있었다. 지위가 낮은 자들이 올린 상주문은 보통 처음에는 완곡한 표현으로 올려지다가 이어지는 상주문에서 점점 격렬한 표현이 사용되었다. 당연히 황제는 이에 격노하고 상주자들을 처벌하려 했다. 그러나 고위 관료들은 그것이 공론이라는 사실을 감지하고 황제에게 관용을 요청하고, 문제에 관해 자신들의 공정한 의견을 제시하지 않을 수 없었다. 이렇게 되어 조정 전체가 논쟁에 휘말려들게 되면, 설사 항의 자체가 실패하더라도 그것이 여론을 움직이고 사기를 앙양시켰다는 점에서 탄핵의 목적은 이미 달성된 것이라 할 수 있었다. 그들 가운데 일부가 설사 희생된다 하더라도, 그들의 행위는 정의로운 행위로 역사에 기록될 것이었다.

장거정에 대한 탄핵은 다음과 같이 진행되었다. 먼저 두 사람의 한림이 평범한 어조로 다음과 같은 내용의 상주문을 올렸다. 즉 부친상을 당한 슬픔 때문에 장거정의 판단력이 평소처럼 그렇게 면밀하지가 못할 것이다. 무리하게 '탈정'을 행하여 유임시키는 것은 자식 된 자의 자연스러운 정리에 어긋날 뿐만 아니라, 국사의 처리에 있어서도 이전처럼 깔끔하고 타당한 처리를 기대하기가 어렵다. 따라서 고향으로 돌아가 3년상을 치를 수 있도록 허락함이 최상이라고 여겨진다. 공·사적으로 예의에 어긋남이 없도록 청하여 마지않는다는 등이었다.

이어 다시 형부의 관리 두 사람이 격한 어조의 상주문을 올렸다. 즉 장거정이 녹위(祿位)에 연연하여 복상을 경시하는 것은 부모의 은혜를 자신의 명리보다 가볍게 여기는 것이다. 만약 황제가 그에 미혹된다면, 조정에 대한 좋지 못한 인상을 남기게 될 것이다. 따라서 황상께서 장거정을 강제로라도 고향으로 돌아가게 하여 문을 닫아걸고 근신하게 하기를 간청한다. 그렇게 함으로써만이 비로소 인심과 사기를 회복시킬 수 있을 것이라는 등의 내용이었다.

장거정은 탄핵을 받자, 관례에 따라 공적이든 사적이든 일체의 왕래를 단절하고 집에서 조용히 처분을 기다렸다. 그러나 그는 암암리에 풍보와 내각을 대리하는 이보[二輔, 서열 제2위의 내각대학사인데 당시에는 여조양呂調陽이었다]에게 자신의 뜻을 전했다. 어떤 내용이 오고 갔는지 그 사정을 지금은 정확히 알 수가 없지만, 결과는 황제의 엄한 주비가 있었고 탄핵한 관리들은 모두 엄한 처벌을 받은 것으로 기록은 전하고 있다. 그들의 죄명은 수보에 도전했다는 것이 아니라 황제를 경시했다는 것이었다.

성지가 내려지자 금의위는 네 사람을 체포하여 오문 밖으로 끌어냈다. 두 사람의 한림은 각각 정장(廷杖) 60을 받았을 뿐 아니라 '삭적(削籍)'되어 문관의 신분을 박탈당하고 서민으로 강등되었다. 다른 두 명의 관리는 그 언사가 한층 경솔하였다 하여 '정장 20이 추가되었으며, 변방 지방으로 유배시켜 종신토록 고역(苦役)에 처하도록 했다.

형 집행자들은 이들 관리들의 범죄 내용을 잘 알고 있었기 때문에 더욱 힘을 가하여 쳤다. 십 수 회의 정장을 받자 죄인의 엉덩이는 피부가 터져 속살이 헤져 나오고 피와 살이 사방으로 튀었다. 형을 받은 자 가운데 한 사람은 혼수상태에 빠졌다가 소생했는데 모두가 기적이라고 했다. 또 한 사람은 형을 받고 회복되면서 엉덩이의 형태가 변하여 한 쪽은 크고 한 쪽은 조그맣게 되었다. 형 집행이 끝나자 금의위는 초주검이 된 죄인들을 두꺼운 천으로 싸서 궁문 밖으로 끌어내서는 가족에게 인도하여 치료하도록 했다. 관리들 가운데는 이들 형 받은 자들의 집을 위문차 방문한 사람들도 있었는데, 모두 동창의 밀정에게 발각되어 기록되었고 일부는 소환되어 공모 여부를 심문받

기도 했다.41)

　황제의 반응이 이와 같이 신속하고 과감할 줄은 장거정 반대파들도 미처 예상하지 못했다. 황제는 계속하여 칙서를 내렸다. 그 내용은 "장거정을 탄핵하는 자들은 '충효'라는 이름을 빌려 자신들의 대역무도함을 은폐시키고 있지만 그들의 목적은, 짐이 아직 어리다고 경시한 나머지 짐의 보필을 축출하고 짐을 고립무원의 상태에 빠지게 하여 국정을 마음대로 하려는 데 있을 것이다. 이번에는 장형(杖刑)을 가하여 경고의 뜻을 보이는 데 그치지만, 이후 뻔뻔스럽게 완고한 저항을 계속하는 자가 있으면 더욱 엄히 다스리겠다"는 것이었다.

　이와 같이 단호한 표현은 장거정의 타도를 기도하는 관리들에게는 반역죄를 씌우겠다는 내용에 가까운 것이었으므로 항변의 여지가 없었다. 이 협박은 즉각적으로 효과를 보았다. 추원표(鄒元標)라는 이름을 지닌 한 진사(進士)가 탄핵의 상소를 올린 것 외에는 장거정의 불충 불효를 논하는 자가 다시는 없었다. 일은 여기서 결말이 났다. 최소한 이후 5년 동안에는 원보를 탄핵하고 '탈정'을 비난하는 자가 없었다. 앞에 언급된 추원표는 위의 단호한 칙서가 백관에게 전달되기 전에 작성된 상주문이었다고 하여 은전이 베풀어져 정장을 받고 귀주(貴州)로 유배되는 것으로 끝이 났다. 이 인물은 이후에도 파란을 불러일으키지만, 그 일에 대해서는 여기서는 더이상 언급하지 않겠다.

　장거정은 금포(錦袍) 대신 목면포(木綿袍)를 입고 옥대(玉帶) 대신 소뿔로 만들어진 허리띠를 매었다. 이와 같은 상복을 입고 평시처럼 문연각에서 사무를 처리했던 것이다. 황제는 그의 의견을 받아들여 봉급 지급을 중지시켰으나, 대신 궁중에 명하여 땔감·기름·소금 등 일용품을 공급하게 하고 광록시(光綠寺)로 하여금 주연을 마련토록 하여 특별한 배려와 우대를 나타내었다.

　장거정을 제거하려 했던 관리들은 대량으로 사직하고 떠나갔다. 그들은 건강이나 가정 형편 등을 구실로 휴가나 사직을 요청했다. 당시 북경의 거리에는 불온 문서가 나돌기도 했는데, 내용은 장거정의 모반 기도를 폭로하는 것이었다. 동창 소속의 관원들이 그 문서의 인쇄자를 수사했으나 찾지 못했고, 다만 문서들을 압수하여 파기하는 것으로 끝을 내었다. 그리고 황제에게는 보고하지 않은 채 다른 문제들이 발생하지 않도록 단속하는 데 주력했다.

　다음 해 즉 1578년 장거정은 홍포옥대(紅袍玉帶)를 걸치고 황제의 혼례식에 참가했다. 식이 끝나자 그는 다시 포포각대(布袍角帶)로 갈아입고 고향으로 돌아가 부친의 장례를 치렀다. 양력 4월 중순에 북경을 떠나 7월 중순에 돌아왔으니 장장 3개월이 걸린 셈이다. 그러나 수도를 떠나 있던 기간에도 그는 중요한 정무를 처리했다. 중요한 문서는 모두 황제가 특별히 조마[투馬, 파발마]를 준비하여 수도로부터 1천 킬로미터나 떨어진 강릉의 장거정 자택으로 보내 그에게 처리를 부탁했기 때문이었다.

　당시 장거정의 여행의 호화스러움과 그 기세 등이 금의위의 정보망에 포착되었음은 물론이다. 그러나 금의위의 주관자는 풍보였다. 따라서 그는 적당히 얼버무려 어전에 보고했다. 당시 원보가 탄 가마는 32인의 가마꾼이 메는 가마였고, 내부는 침실과 객실이 분리되어 있었으며, 거기에다가 두 사람의 사동(使童)을 부리고 있었다. 사람들은 나중에야 비로소 이러한 사실을 알게 되었다. 또 그의 호위대 중 사람들의 이목을 끈 것은 조총 부대였다. 이들은 총병(總兵) 척계광(戚繼光)이 파견한 병사들로서 당시로서는 최첨단의 화기를 소지한 군사였다. 장거정이 각지를 통과할 때는 어디서나 지방관이 교외까지 나와서 그를 맞이했다. 뿐만 아니라 지방의 번왕들도 관례를 깨뜨리고 저택에서 나와 전송하는 등의 예를 표했다.

대열이 하남의 신정현(新鄭縣)에 이르자, 장거정은 강제로 은퇴당해 고향에 머물고 있던 고공을 만났다. 그러나 두 사람의 만남은 꿈처럼 지나갔다. 장거정은 서로 간의 증오심을 버리고 호의적인 관계를 회복해보려 애썼고, 하얗게 센 자신의 귀밑머리를 가리키며 고공에 대한 끝없는 감회를 드러냈다. 고공은 당시 병들고 노쇠하여 있었고 수개월 후에는 세상을 떠났다. 그러나 장거정과 고공의 불화는 이 만남으로 해소되기는커녕, 그들이 죽은 뒤에도 지엽적인 문제를 야기하여 비극적인 결과를 낳았다. 당시 장거정이 이를 예상할 수 없었음은 물론이다.42)

1578년을 전후하여 젊은 황제의 장거정에 대한 신뢰는 최고에 달했다. 이 유례없는 정의(情誼)의 표시는 장거정이 수도를 떠나기에 앞서 있었던 둘 사이의 대화에 잘 나타나고 있다. 장 선생이, 자기가 지난번에 공격을 받은 것은 조정의 일에 전념하다가 다른 일들을 돌아볼 겨를이 없어서 다른 사람들의 원한을 사고 비방의 대상이 된 데 원인이 있다고 상주하자, 만력제는 장 선생의 충성심이 하늘에 닿아 있음을 잘 알고 있다고 대답했다. 말을 마치고 둘은 서로 감격하여 눈물을 흘렸다.

장거정이 고향에 돌아가 부친의 장례를 치른 3개월간의 이별은 그들의 생애에 있었던 유일한 이별이었기 때문에 특별히 길게 느껴졌다. 원보가 수도에 돌아오자 만력제는 기쁘기도 했을 뿐만 아니라 안심이 되기도 했다. 그리고 그에 대한 신뢰는 더욱 깊어졌다.

이해 가을 장거정의 모친인 조(趙)씨가 대운하를 거슬러 북경에 도착했다. 그녀는 곧 궁중으로 초청되어 두 사람의 태후와 만났는데, 국례(國禮) 대신 가례(家禮)를 취해도 좋다는 은전을 입었으며, 또한 각종의 진귀한 선물을 하사받았다.43) 이와 같은 신임과 영예를 누린 장거정 모자는 황실의 정의라는 것은 세속과는 다르며 상호간의 마음 씀씀이로부터 시작되는 세속의 우의와 같은 영속성을 지닐 수 없다는 사실을 모르고 있었다. 사실, 그들로서는 알 길이 없었던 것이다.

후궁의 여성들

1578년에 있었던 황제의 혼례는 그다지 사람들을 흥분시킬 만한 대사건이 못 되었다. 당시 황제는 겨우 14세, 황후는 13세였다. 황후인 왕(王)씨는 평민의 딸로서 만력제와의 결혼은 전적으로 모친인 자성태후의 바람에 의해서 이루어진 것이었다. 자성태후는 손자 보기를 간절히 기다렸으며, 빠르면 빠를수록 또 많으면 많을수록 좋다는 입장이었다. 일단 황후가 책립되고 나면, 황제가 다른 비빈을 두어도 법에 어긋나지 않았고, 그녀들은 황제의 아이를 낳아 기를 수가 있었다.

황후 왕씨는 불행한 여성으로서 후에 효단황후(孝端皇后)라는 시호를 받게 된다. 그녀는 궁정 내의 모든 존경과 영예를 누렸으나, 여염의 처가 누리는 재미를 알지는 못했다. 실제로 황후는 제도의 일종의 부속품에 불과했다. 전통적인 관습에 따라 그녀는 황제의 적모인 인성태후를 봉양할 의무 혹은 권리를 지니고 있었다. 예를 들면 태후가 가마에서 내릴 때 도움을 준다든가 혹은 황제가 따로 들인 비빈들을 거느리고 조문에 참배한다든가 하는 일들이었다. 황후 왕씨는 이와 같은 예절을 빠짐없이 착실하게 수행했기 때문에 효단이라 불리게 된 것이었다. 그러나 그녀는 사람들에게 다른 기억도 남겼는데, 그것

은 그녀가 궁녀들에게 매질을 자주 했고, 그의 매에 맞아 죽은 궁녀도 많았다는 것이다.44)

만력제는 당시 황후에게 관심이 없었을 뿐 아니라, 그 외의 비빈들에 대해서도 흥미를 느끼지 못했다. 그의 생활에서 주요한 지위를 점하게 될 여성은 몇 년 후에야 해후하게 되어 있었던 것이다. 이 당시 만력제는 생의 허무함과 초조함을 느끼고 있었다. 궁정은 물론 훌륭했지만, 단조로웠다. 자금성은 그림, 조각, 그외의 호화로운 장식들로 가득 채워져 있었으나 동일한 건물들과 끊임없이 반복되는 같은 일과의 연속으로 꾸며질 수밖에 없었다. 특정한 때가 되면 어김없이 수백 수천의 환관과 궁녀들이 피구[皮裘, 가죽옷]를 비단옷으로 갈아입거나 박견[薄絹, 올 고운 비단]으로 바꿔 입기도 하고, 또 시간표에 따라 꽃을 따뜻한 방에서 꺼내놓기도 하고 혹은 도랑에서 낙엽을 깨끗이 쓸어내기도 했다. 그러나 이들 어느 것도 정신세계의 공허와 쓸쓸함을 메울 수가 없었다. 고정된 리듬에 의해 흘러가는 시간 속에서, 영혼을 뒤흔들 만한 사건은 많지 않았고, 또 사람을 들뜨게 할 뜻밖의 사건도 적었다. 이러한 냉랭한 분위기가 감돌고 있어서 천자 또한 거기에서 벗어나기가 쉽지 않았던 것이다.

혼례를 치른 뒤, 젊은 황제는 태후의 감독에서 벗어날 수가 있었다. 이 혼례가 그에게 무료함을 가져다준 동시에 이 단조로움과 공허함을 깨뜨릴 수 있는 절호의 기회도 제공했던 것이다. 그는 보다 재미있는 생활을 맛볼 수 있게 되었다. 그것은 다음과 같이 시작되었다.

손해(孫海)라는 이름을 지닌 한 환관이 황제를 황성의 별장인 '서내(西內)'로 안내하여 하룻밤의 향연을 열었다. 거기에는 호석교(湖石橋), 보탑(寶塔) 등이 아름다운 풍경을 이루고 있었다. 라마 사찰 옆에는 사육한 하얀 학이 천 마리도 넘게 그 사이를 날아다니고 있었다.

그래서 성현의 교의와 태후의 엄격한 가르침 속에서 성장한 황제에게는 흡사 신선이 산다는 봉래산(蓬萊山)의 선경에 와 있는 듯한 생각이 들 지경이었다.

신천지가 열리자, 만력제는 자금성의 생활에 대해 하루하루 싫증을 느끼게 되었다. '서내'의 밤놀이는 그의 생활에서 빼놓을 수 없는 일부가 되었다. 그는 소매가 꽉 조이는 의복에 허리에는 보도를 차고 환관들에 둘러싸인 채 항상 취한 모습으로 원 내외를 비틀거렸다.

1580년 만력제는 17세가 되었다. 그해 어느 날 밤, 향연의 흥이 고조되자 그는 두 사람의 궁녀에게 그녀들이 모르는 어떤 노래를 부르라고 명했다. 궁녀들이 부르지 못한다고 응답하자, 황제는 즉각 용안에 노기를 띠면서, 성지를 거역하는 죄를 범했으니 이들의 목을 베는 것이 마땅하다고 명을 내렸다. 결국 목을 베이는 상징으로 이 두 사람은 긴 머리카락을 잘리었다. 그리고 이때 황제의 행동에 대하여 간한 시종이 있었는데 이 사람도 매를 맞았다. 모든 과정이 한바탕의 시끄러운 연극과 같았다.

이 소식은 대반 풍보를 통하여 태후에게 전달되었다. 태후는 크게 슬퍼하면서 황제에 대한 감독과 교육이 충분치 못했던 자신을 책했다. 그리고는 비녀와 반지를 빼며, 덕을 상실한 군주를 폐하고 황제의 동생인 노왕(潞王)으로 대신케 하겠다고 조묘(祖廟)에 보고하려 했다. 젊은 황제는 꿇어앉아 황태후에게 용서를 빌었다. 황태후는 황제가 한 시간 이상을 꿇어앉아 용서를 빈 후에야 그에게 반성의 기회를 주겠다고 답하고, 장거정 선생과 의논하여 잘못을 고치는 적절한 방안을 찾으라고 명했다.

훌륭한 스승인 원보 장거정은 황제 스스로 책임을 지고 잘못을 반성하라고 충고했다. 황제를 오도한 환관에게는 병부에 출두하여 처분을 기다리라고 명했다. 풍보와의 협의를 거쳐 장거정은 황제의 근시들, 특히 젊은 사건 주도자들을 대량으로 파면했다. 나아가 그는 황제의 사생활에 대해서도 도움을 주겠다고 하면서, 매일 네 사람의 한림을 파견하여 황제의 휴식 시간에 시문이나 서화로써 황제의 마음을 달래려 했다.45)

그러나 장거정이 아무리 두뇌가 명석하고 재주가 뛰어났다지만, 황제의 사생활 중 간섭할 수 없는 부분이 있었다. 그것은 황제의 성생활이었다. 황궁의 수천 명의 궁녀는 모두 황제 한 사람의 소유였고, 황제와 궁녀들 사이에 발생한 어떤 관계도 모두 정당한 것으로 법에도 합당한 것이었다. 법이 정하는 바에 따르면, 천자는 황후 한 사람, 귀비(貴妃)를 통상 한 사람 그리고 다수의 비빈(妃嬪)을 둘 수 있었다. 정덕제가 죽었을 때 후사가 없었던 까닭에 조종 내외는 모두 황제가 많은 비빈을 거느리고 후사를 많이 두기를 고대하고 있었다. 만력제가 하루에 아홉 사람의 빈을 책봉한 것도 장거정의 지지하에 이루어졌다.46)

궁녀들은 모두 북경 내외의 양민 출신이었다. 여러 차례의 선발 과정을 거친 소녀들은 여자 가마꾼들이 메는 가마에 실려 궁문을 들어서게 되는데, 이후 일생 동안 다시는 궁문을 나서기 어려웠다.47) 이들의 나이는 아홉 살부터 열네 살 사이였는데, 그 용모나 생활 등은 흔히 문인묵객의 소재가 되었다. 그러나 그들의 용모는 보통 단정하다고 할 수 있을 뿐이었고 사람들의 이목을 집중시키는 뛰어난 미모가 선택의 기준이 되지는 않았다.

그들의 생활은 동정을 금할 수 없는 그러한 것이었다. 황궁의 진짜 남성은 황제 한 사람에 지나지 않았다. 가끔은 자성태후처럼 황제의 후의를 입어 높은 지위에 오를 수 있는 기회를 잡기도 하지만, 극히 드문 일이었음에 틀림없다. 대다수의 궁녀는 하녀 생활로 청춘을 보내게 되고, 중년 이후에는 어느 환관에게 점 찍히든가(이를 '답응答應'이라 한다), 혹은 자금성의 서북부로 보내져 잡용으로 쓰이며 노후를 보내든가 하게 된다. 이와 같이 슬픈 일생을 거쳐 늙고 병들어 세상을 떠나게 되는 경우에도 가족이 그 유체를 인도해 갈 수가 없었다. 그녀들의 유체는 화장되어 표식 없는 분묘에 매장되었다.48)

1581년 그 희귀한 행운을 잡은 여인이 있었다. 이해 겨울 자성태후의 측근인 한 궁녀가 우연히 황제의 눈에 띄어 그의 관심을 끌었다. 이 젊은 궁녀가 바로 뒷날 효정낭랑(孝靖娘娘)이라 불리게 된 여성으로서 만력제는 공비 왕씨라 불렀다. 그녀는 만력제와 관계 후 곧 임신했다. 만력제가 처음에는 모후에게 알리고 싶어하지 않았기 때문에 1582년 양력 3월 하루에 아홉 명의 빈이 책봉되었을 때에도 그 사이에 끼지 못했다. 뒷날 태후가 이를 알게 되었을 때 태후는 화를 내기는커녕 손자를 안을 수 있게 되었다는 기대로 크게 기뻐했다.

왕씨는 8월에 아들을 낳았는데, 아들을 낳기 전인 7월에 공비로 책봉되어 법에 어긋나지 않도록 처리되었다. 태어난 아들은 상락(常洛)이라 이름 지어졌다. 바로 만력제의 장남인 셈이다. 당시 궁정 내외에는 즐거움이 넘쳐흘러 전국에 감세와 은사의 조직이 내려지고 또 명조와 우호 관계에 있던 조선 국왕에게 특사를 파견하여 알리는 등 온통 축제 분위기였다.49) 그러나 공식 문서상에 나타난 상락의 신분은 제1황자에 불과했고 태자의 신분은 아니었다. 태자나 '왕'은 정식의 의식을 거쳐 장중하게 책봉되어야 했기 때문이다.

1582년은 다사다난한 한 해였다고 할 수 있다. 조정에서는 또다시 대사건이 발생했다. 원보 장거정이 이 성대한 경사를 보지 못하고 돌연 사망한 것이다. 장거정의 병은 처음에는 그저 가벼운 복통 정도였기 때문에 의사도 양약(凉藥)으로 설사를 시켜버리면 나을 것이라고 여기는 정도였다. 그러나 예상과는 달리 병은 중해지고 급기야 세상을 떠나버리게 되었던 것이다. 당시 장거정은 전국의 부세(賦稅)를 정리하는 일에 정력을 쏟고 있었고, 또 1580년 말에는 만력제의 이름으로 전국적인 경지 측량을 추진하고 있었다. 측량 결과는 아직 통계로 제출되지 않고 있었다. 결국 그는 뜻을 이루지 못한 채 세상을 떠났던 것이다.

사망할 당시 그의 나이는 향년 57세였다. 그같이 정력적이고 활동적이던 인물의 갑작스러운 사망은 많은 사람들에게 충격과 슬픔을 동시에 가져다주었지만, 어떤 사람들에게는 즐거운 소식이었다. 그는 죽기 9일 전에 태사(太師)의 칭호를 받았다. 이는 문신으로서 받을 수 있는 최고의 관함으로서 명조 2백 년 역사상 생전에 그런 영예를 누린 자가 없었다. 그러나 그는 곧 사망했기 때문에, 자신의 새로운 영예를 이용하여 권위를 높일 수 있는 기회를 갖지는 못했다.50)

여기서 잠시 장거정을 잃은 만력제의 슬픔은 제쳐두고, 만력제의 여성 관계에 대해 언급해보기로 하자. 아홉 명의 빈 가운데 훗날 황귀비에 봉해지는 숙빈(淑嬪) 정(鄭)씨가 있었다. 당시 만력제는 18세였는데, 이 14세의 소녀에게만 뜻을 두고 있었다. 그녀가 만력제의 생활 속으로 뛰어들자, 곧 공비 왕씨는 시들해졌다. 더욱이 심상치 않았던 것은 두 사람의 열애가 평생 동안 지속되었고, 이로 인해 명조가 극히 중대한 위기에 처하게 된다는 사실이었다.

그렇다고 그 열애라는 것이 황제의 침실을 독점하는 그런 것은 아니었다. 만력제에게는 여덟 명의 아들과 열 명의 딸이 있었는데, 그들을 낳은 여성은 모두 여덟 명이었다.51) 정씨가 황제의 환심을 산 것은 미모 때문만은 아니었다. 그녀는 총명 기민하고 의지가 굳었으며 독서를 즐겨하여 황제의 정서적 욕구를 만족시켜주었다. 용모에만 의지했더라면 황제의 총애가 그렇게 오랫동안 지속되지는 못했을 것이다.

장거정이 세상을 뜨자 곧 만력제는 한림학사의 속박에서 벗어날 수 있었다. 그리고 황자가 태어나자 자성태후도 더이상 그의 생활에 간섭하지 않았다. 그러나 이때에는 황제도 이제 성인이 되어 젊은 환관과 바보 같은 소동을 벌이지는 않게 되었고 독서를 즐겨했다. 그는 대학사에 명하여 명조 선조들의 '실록'에서 열독할 수 있도록 부본을 초록하게 하고 또 환관에게 명하여 시가, 논의, 의약, 희곡, 소설 등을 포함한 신간 서적들을 북경의 시중에서 구입하도록 했다.52)

정씨는 만력제와 같이 독서에 취미를 가지고 있어서 만력제에게 이래저래 도움이 되었다고 한다. 이와 같은 정신적인 일체감은 황제로 하여금 그녀를 자신의 신변에서 떼어놓을 수 없는 존재로 느끼게 했다. 그녀는 아주 적절한 시점에 등장하여 그의 정신적인 허점을 메워주었다고 할 수 있다. 그녀는 매우 재치 있고 총명했기 때문에 운명이 자신을 위해 마련한 시기를 재빠르게 이해하고 거기서 현실을 파악하여 최대한의 능동성을 발휘함으로써 자신의 목적을 달성할 수 있었다. 그녀는, 만력제가 고귀한 천자이며 사해를 자신의 소유라 일컫는 재부를 지니고 있지만 실제로는 유약하며 또 그를 보호하거나 동정해줄 사람이 없다는 사실을 정확히 파악했던 것이다. 그의 모후조차도 의식·무의식적으로 그를 그저 임무를 수행하는 하나의 기계로 간주하고 있어서, 황제도 피와 살을 지니고 있으며 분노할 수도 슬퍼할 수도 있는 인간이라는 사실을 간과하고 있었다.

이러한 이해를 바탕으로 그녀는 한 사람의 처로서 해야 할 역할을 잘 인식하고 있었던 것이다. 다른 비빈은 황제에 대하여 극히 순종적이었으나, 마음 깊은 곳에서는 거리를 두고 경계심을 풀지 않고 있었다. 그녀만이 조금도 양보 없이 대담하게 황제를 조롱하거나 조소를 보내기도 하고 동시에 그가 호소해 오는 괴로움에 귀를 기울이고 황제가 자신감을 잃지 않도록 격려했다. 신분은 명목상으로는 희첩(姬妾)에 불과했지만, 그녀는 정신적으로 자신을 희첩으로 여기지 않고 있었으며 만력제 또한 이와 같은 정신적인 교류의 힘을 진실로 깨닫고 있었다. 환관들이 비밀리에 전하는 말에 따르면, 황제와 정씨 두 사람이 함께 '서내' 사원의 신불에 예배하거나 기도하는 일도 있었다고 한다. 그녀는 만력제의 우유부단한 성격에 대해 아무 두려움 없이 "폐하, 당신이란 분은 정말 할멈 같습니다"53)라고 응석조로 비판하기도 했다. 만력제는 이 말을 듣고 자신의 유약한 인상을 불식시키리라 결심했다 한다.

이렇듯 부산했던 1582년 그는 정치에 힘쓰며 일련의 중요한 국가대사, 특히 인사에 관한 처리를 직접 결정했다.54)

아마 이때 황제가 궁정 극단이 연출한 <화악사환기(華岳賜環記)>를 관람했던 것 같다. 그 연극의 내용 가운데 국군(國君)이 개탄하며 『좌전(左傳)』에 나오는 "정치는 영(寧)씨로부터 시작되고 과인(寡人)의 차지는 제(祭)밖에 없다"라는 구절을 부르짖는 장면이 있었다. 이 말은 중요한 정치는 모두 영씨가 처리하고 국군인 자신은 겨우 제사와 같은 의식만을 주재하고 있다는 의미였다. 그날 만력제와 함께 연극을 관람했던 사람들은 모두 그의 반응을 볼 수 있었는데, 무대 밑의 황제가 무대 위의 국군과 함께 불쾌해하고 있다는 사실을 알 수 있었다.55)

그러나 어떻게 해야 대권을 한손에 장악한 명실상부한 군주가 될 수 있을까? 만력제로서는 먼저 장거정의 영향력으로부터 자신의 조정을 떼어내야만 했다. 장거정의 몸은 이미 이 세상을 떠났지만, 그의 그림자는 여전히 조정을 덮고 있었다. 조정 안의 문무백관들은 장거정에 대한 태도에 따라 두 개의 파벌로 나뉘어 있었다. 장거정을 옹호하는 파와 반대하는 파였다. 옹호하는 파의 관리들은 과거에 장거정이 발탁한 관리들로서, '탈정'을 통해서라도 장거정을 유임시켜야 된다고 주장했고, 장거정 태사가 병석에 누워 있을 때는 공공연하게 그의 완쾌를 기원하였다. 반대파는 장거정을 교활한 대악당, 거짓 군자, 독재자 등으로 비난하고 있었다.

1582년 황제 본인이 과거의 모든 사건에 관하여 아직 철저하게 파악하지 못하고 있는 상태에서, 조정의 시계추는 이미 반장거정파 쪽으로 유리하게 기울고 있었다. 장거정에 이어 수보가 된 장사유(張四維)는 '대장[大張, 장거정]'에 의해 발탁된 인물이었지만, 황제의 외조부 무청백(武淸伯) 이위(李偉)와 사이가 좋았고, 대반 풍보와는 거리가 있었다. 황제는 이와 같은 사정을 모르고 있었다. 더욱이 장사유가 장거정에 대한 반감을 이용하여 자신의 지위를 공고히 하려 하고 있다는 사실은 더욱 알 길이 없었다.56)

붕괴하는 우상

큰 바람도 부초의 이파리와 같은 작은 곳에서부터 불기 시작한다. 죽은 태사 장거정에 대한 탄핵은 어떤 한 사건에서부터 시작되었다. 황제가 다음과 같은 조칙을 내렸다.

이전에 전국의 토지를 측량함에 있어서 많은 불법 행위가 있었는데,

주로 각지에서 토지 소유자에게 경지 면적을 부풀려 보고하도록 강요한 행위였다. 거짓으로 경지 면적을 늘려 보고하기도 하고 또 가옥이나 분묘 등을 경지 면적에 포함시켜 보고하기도 했는데, 지방관들이 자신의 업적을 높이려 한 데서 연유한 일들이었다. 폐해가 이와 같이 심각했음에 비추어, 그 측량은 실사구시에 입각한 세수의 근거로 삼을 수 없다.57)

젊은 황제는 자신의 날카로운 통찰력을 이용하여 일대 인정(仁政)을 펼쳐 천하 백성에게 소생의 기회를 부여해야겠다고 생각한 것이다. 그러나 만력제가 생각하지 못한 것은, 이 조칙에 직접 장거정의 이름이 거론되지는 않았지만, 이것이 공포되자 일찍이 장거정의 지시에 따라 엄격히 측량을 실시해온 지방관은 모두 망신(妄臣)으로 지탄받게 되고, 측량에 성실히 임하지 않고 태만히 한 지방관은 토지 소유자로부터 진실로 백성을 위하는 관리라고 칭찬을 받게 되어버렸다는 사실이다. 장거정에 반대하는 운동은 여기서부터 서막이 시작된다.

엄격하게 측량에 임해온 다수의 관리가 탄핵을 받았다. 그들은 대부분이 직·간접으로 태사 장거정과 관계가 있는 인물들이었다. 그들의 악행이 그렇게 대담하게 자행될 수 있었던 것은 장거정이 배후에 있었기 때문이라고 할 만한 근거가 있었던 셈이다. 이 운동은 천천히 그러나 꾸준히 계속 널리 퍼져나갔다. 그리고 이 운동에 가담하고 있는 자들도 '탈정'을 간언할 당시와 지금은 상황이 크게 다름을 확인하고서는 사실을 폭로하여 세론을 형성하면서 장거정을 악랄한 엉터리 인물로 몰고 갔다.

1582년 말 장거정이 세상을 뜨고 겨우 반 년 만에 "관의 뚜껑을 덮고 인물에 대한 세론이 정해지게 되었다". 그의 죄상은, 군주를 기만하고 백성에게는 폐해를 끼쳤으며, 뇌물을 받고 관위나 작위를 매매하였으며 사인(私人)을 임용하였고 노복(奴僕)이 관리에게 모욕을 주어도 그냥 두었다는 것에 그치지 않았다. 도당을 형성하여 사리(私利)를 꾀하고 조정의 대권을 장악하려 기도하는 등 그 음모를 다 헤아릴 수 없을 정도라는 것이었다.58)

이런 이유로 젊은 황제는 장거정에 대한 신임이야말로 불행한 역사적 오류였다고 느끼게 되었다. 장거정은 언행이 일치하지 않았다. 입만 열면 검약을 부르짖었으나 그의 사생활은 호화스러움으로 가득 차 있었음이 그 증거였다. 그는 많은 보물, 서화 명품 등을 수집하고 있었고 또 절세의 미녀들에 둘러싸여 지냈다. 이들은 모두 뇌물로 바쳐진 것들이었다.59)

이와 같은 사실들을 알게 되자 만력제는 매우 슬퍼했다. 그는 10년 동안 제왕의 자리에 있었으나 궁녀들에게 선물을 하사할 선물비가 없을 정도로 제약을 받고 있어서 항상 장부에 기록해두었다가 돈이 생길 때까지 기다리지 않으면 안 되었다.60) 또 자신의 외조부는 수입이 부족하여 국가의 물품 납입에 관계하여 이득을 취하다가 공중의 면전에서 질책을 받아야만 했다. 그러는 동안에 검약의 제창자, 자칭 성현 장거정은 반대로 실리를 독점하고 있었던 것이다.

1582년 겨울부터 1583년 봄까지 수개월 동안 황제는 정서적인 혼란에 빠졌다. 대학사 장사유는 수궁(壽宮), 즉 황제 자신의 능묘를 미리 건설하자고 제안하여 장거정 사건으로 불쾌해진 황제의 감정을 달래려 했다.61) 1583년 봄에 3년에 한 번씩 실시되는 회시(會試)가 있었다. 전통에 따라 황제는 자신의 이름으로 친히 전시(殿試)를 주재했는데, 그 책문의 제목은 5백 자나 되었다. 그는 이 시험에 참가한 거인(擧人)들에게 물었다.

　왜 나라를 잘 다스리기 위해서 온 힘을 다 기울여야 할 관리들이 점점 부패하고, 법령의 이완이 심해지고 있는가? 황제 자신에게 백성을 위해 어진 정치를 베풀겠다는 사랑의 마음이 부족하기 때문인가? 그렇지 않으면 자신이 우유부단하기 때문인가?

　이와 같이 신랄한 시험 문제는 황제 자신이 지시하지 않는 이상 신하가 자의로 제출할 수 있는 것이 아니었다.62)
　만력제에게 확실히 우유부단하다는 결점이 있었다고 한다면 그 정신(廷臣)에게는 역으로 과단성이 있었다 할 수 있을까? 장거정 숙청 운동은 계속 진전되었고 진상도 분명하게 모습을 드러냈다. 이 수개월 사이에, 이미 고인이 된 태사의 심기를 건드려 죄를 받았던 관리들은 거의 복귀하게 되었다. 서민으로 강등된 자는 복직되었고 변경에 사병으로 유배된 자들도 불러들여졌다. 이들이 받은 처분이 합당한 것이었는지의 여부는 고려되지 않았다.63)
　그러나 숙청 운동 동안에 아직 커다란 장애가 남아 있었다. 그것은 사례태감 풍보였다. 그는 장거정과 잘 통했고 당시 아직 동창의 금의위 특무를 장악하고 있어서, 이 인물을 제거하지 않으면 그 후환은 헤아리기 어려운 것이었다. 그래서 풍보의 부하 가운데 두 사람의 사례감이 직접 황제에게 다음과 같이 고발했다.

　황제 폐하의 측근 가운데 풍보가 가장 교활합니다. 이자는 청렴을 가장하고 있습니다만, 받아들인 뇌물은 억만을 헤아립니다. 그는 장거정이 죽던 날에는 스스로 장거정의 집으로 가서 진주를 꿰어 만든 발다섯 폭과 야명주(夜明珠) 아홉 개를 탈취했을 정도입니다. 그것들은 모두 값으로 헤아리기 어려운 보물들입니다.64) 황제 폐하께서는 그들의 죄상을 공포하고 가산을 기록하여 몰수하여야 할 것입니다.

그리고 두 사람은 계속해서 풍보가 물러나면 사례태감과 동창의 직을 그들이 대신 맡아야 한다는 말 이외에는 하고 싶은 모든 말을 다 했다.

그러나 황제는 망설였다. 황제는 그 환관에게 "만약 대반이 찾아와 언쟁이라도 시작하면 어떻게 하는가"라고 물었다. 환관은 미소를 지으며 "황제 폐하, 그런 일은 있을 수 없습니다. 황제 폐하의 명이 떨어지는 순간 그는 떠나지 않으면 안 되게 되어 있습니다"라고 응답했다.65)

그리하여 계획대로 황제의 조칙이 내려지고 풍보에게는 12개 항의 죄목이 가해졌는데, 군주를 기만하고 국가를 좀먹어 본래 극형에 처해져야 옳으나 잠시 작은 공로가 있음을 고려하여 관대히 처분하는 바 남경으로 가서 자숙하라는 내용이었다. 대반은 이후 남은 여생을 남경의 효릉(孝陵)에 연금되어 있다가 죽은 뒤에는 효릉 부근에 매장되었다. 그리고 재산은 모두 몰수되었다.

법적으로 보면 황제는 천하의 모든 것을 소유한 주인이기 때문에 개인이 가지고 있는 재산은 황제의 은전과 상사(賞賜)의 결과에 지나지 않았다. 황실의 은전이 풍보에게서 떠나면 가택 수색을 통해 압수하는 것은 당연한 것이고 다른 어떤 해석도 불필요했다. 몰수된 재산은 소문만큼 그렇게 놀라운 정도는 아니었지만, 대단한 것이었음에는 틀림없다. 만력제는 이 사실에 웃기도 하고 노하기도 했다. 마침 동생인 노왕(潞王)의 결혼이 곧 임박해 있어서 이들 귀한 재물들은 그 사용처를 맞이했다. 그러나 한 사람의 환관이 이 정도의 재물을 소유할 수 있었다는 것은 천자의 대권이 얼마나 땅에 떨어져 있었는가를 말해주고 있었다.66)

이로 유추했을 때 장거정의 재산도 몰수하는 것이 옳았다. 그의 죄는 풍보보다 크고 많았기 때문이었다. 그러나 만력제는 잠시 결단을 망설였다. 장거정에 이르면 여러 가지 복잡한 기억이 떠올랐기 때문이다. 그래서 풍보가 추방된 뒤 한 어사가 장거정이 지은 14개 항목의 대죄를 계속 상주했으나 황제는 주비로 다음과 같이 회답했을 뿐이다. 장거정은 주군을 기만하고 백성들에게 해를 입히는 등 심히 배은망덕한 바가 있었다. 그러나 "그는 짐이 나이 어릴 때 보살피고 10년 보필한 공이 있으며, 또 이미 세상을 떠났으니 잠시 여유를 갖고 깊이 연구해보지 않고서는 그 전말을 다 알 수가 없다".67)

그러나 2년 후인 1584년 만력제는 태도를 바꾸어 장거정의 가산을 몰수했다. 이 변화에는 두 가지의 요인이 작용했던 것 같다. 그 하나는 정씨의 작용이었고 두번째는 자성태후의 간섭이었다. 정씨는 1583년 숙빈(淑嬪)에서 덕비(德妃)로 승격했다. 1584년에는 다시 귀비로 올라가는 등 황제 생활의 중심이 되어가고 있었다.68) 조신들의 눈에 그녀는 안분(安分)하여 자기를 지키는 일개 부인으로는 보이지 않았고, 만력제의 여러 중대한 시책에 그녀가 간여하지 않았다고 말하기 어려웠다. 당시 그녀만큼 커다란 영향력을 발휘할 수 있는 사람은 없었기 때문이다. 그야말로 그녀의 영향하에 비로소 황제의 심지가 급격히 강해졌는지도 모른다.

자성태후의 일족과 장거정 사이의 악감정은 이미 전술한 바 있다. 장거정이 살아 있을 때 자성태후의 아버지 무청백은 질책과 감시를 받고 있었으며 언행에 항상 신중해야 했다. 하지만 장거정이 죽고 나자 상황이 일변했다. 3개월 후 무청백은 발탁되어 무청후(武淸侯)가 되었고 조정 전체의 경향은 장거정에 대한 반대의 기운이 만연하여 그에게 유리하게 돌아가고 있었다. 그가 어떻게 이 유리한 형세를 이용하여 자성태후에게 그의 생각을 표시했는지는 다른 사람으로서는 또한 알 수 없는 일이었다.69)

여기에서 서술한 두 가지 요인 이외에, 고공의 유저(遺著)가 나타나 이것이 장거정 문제에 대한 철저한 해결에 중요한 변수가 되었다.

고공의 유저(遺著)

고공은 생전에 암암리에 무청백 이위와 손을 잡고 있었다. 그는 자신에게 씌워진 죄상이 '조작'이며 모두 장거정과 풍보 두 사람의 계략에 의해 만들어진 것이라는 사실을 이위를 통해서 완곡하게 황실에 고하려 했다. 당시 이위는 자신의 몸도 가누기 힘든 상황이었다. 그래서 고공의 소원은 실현되지 못했다. 이제 장거정은 죽어 세력을 잃었지만, 황제가 아직 감정을 끊는 단호한 태도를 보이지 않고 있었다. 이때 고공의 유저인 『병탑유언(病榻遺言)』이 때맞춰 간행되어 빛을 보게 되었다. 이 책을 통해 그는 장거정과 풍보의 죄상을 하나하나 들춰내고 자기에게 씌워진 무고를 밝히려 하였다. 그는 크게 두 문제를 언급하고 있다.70)

첫째, 고공은 융경제가 붕어하기 전에 이미 풍보의 부정을 간파하고 있어서 그를 배척하려는 뜻을 갖고 있었다. "풍보는 일관되게 관작을 팔아왔다. 가장 참을 수 없었던 것은 1572년 황태자가 백관을 접견했을 때 풍보가 황태자에게 손을 빌려드리고 있다는 이유로 보좌 옆을 물러서 있지 않은 사건이었다. 백관이 황태자를 향해 고두(叩頭)한 것이 환관 풍보를 향해 고두하는 것과 같이 되었다. 이런 자세는 그의 흉악한 본성을 잘 나타내고 있다"는 것이었다. 그리고 이 책은 이어 고공 자신이 풍보를 제거하려고 생각하고 있을 때 풍보가 선수를 쳐 악랄한 수단으로 장거정과 공모하고 황태후를 속여 의지[懿旨, 황태후나 황후의 명령]를 받아내어 자신을 축출했다고 하고 있다. 저자 고공은 당시 "황제의 나이 겨우 9세다"라고 말한 것은 인정했다. 그러나 어떤 불경한 언어도 사용하지 않았으며, 단지 새 황제가 이런 환관들에게 오도될까 걱정하여 "정덕제가 14세에 제위에 오른 상황과 비슷하다"고 했을 뿐이라 했다. 그런데 장거정과 풍보 두 사람은 이 말을 고의로 왜곡하여 자신을 처벌하는 근거로 삼았다는 것이다.71)

두번째는 왕대신(王大臣) 사건에 관한 것이었다. 1573년 양력 2월 20일, 즉 만력제가 즉위하고 고공이 추방된 지 반 년 후의 일로서, 그날 아침 환관을 가장한 한 사나이가 궁문 앞에서 위사에게 체포되었다. 심문에서 이 사나이는 이름을 왕대신이라 밝히고, 이전에는 남의 집에서 하인으로 일했지만 체포될 당시에는 주인이 없다고 공술했다. 아무런 관련도 없는 이러한 사나이가 엄중한 금단의 궁문에 나타나 체포되고 심문받는 일은 과거에도 한두 번 있었지만, 왕대신의 경우에는 궁극적인 목적이 무엇이었는지 끝내 밝혀지지 않았다.

『병탑유언』의 저자인 고공은, 왕대신이 총병 척계광 휘하의 사람이라고 단호하게 주장하고 있다. 척계광은 당시 장거정에게 발탁되어 거침없는 출세의 가도를 달리고 있었다. 만약 고공의 말대로 왕대신이 척계광의 사람이었다면 장거정에게는 대단히 귀찮은 문제가 발생한 것이 아니겠는가? 풍보 일당은 작전을 바꾸어 수세에서 공세로 전환하기로 작정하고 고공을 사지에 몰아넣는 도구로 왕대신을 이용하기로 했다. 그래서 풍보는 두 자루의 예리한 단검을 왕대신의 의복 안에 넣고, 고공이 금상황제를 모살하기 위해 자신을 파견했다고 공술하도록 하였다. 그리고 그에게 무죄 방면뿐만 아니라 거액의 보상을 주겠다고 약속했다. 장거정은 이 사건을 담당하고 있는 문관에게 압력을 넣어 신속하게 사건을 종결하도록 하고 고공을 사형에 처하여 입을 막으려 했다.72)

그러나 풍보와 장거정의 계획은 뜻대로 되지 않았다. 심문을 담당한 문관이 이 음모에 가담하려 하지 않았기 때문이다. 또 왕대신도 황제 모살을 공술할 경우 무죄로 풀려나고 더구나 보상을 받게 되는 등의 반가운 일이 있을 리 없다는 사실을 잘 알고 있었다. 그래서 동창에서의 첫번째 조사에서 공술을 뒤엎고 풍보의 지시와 계략을 폭로했다. 이렇게 되자 풍보는 곤란에 빠지게 되었다. 이에 독약을 탄 술을 강제로 왕대신에게 먹여 성대(聲帶)를 못쓰게 만들어버렸다. 이틀 후 공개 심문에서 범인은 아무것도 말할 수가 없었다. 결국 진실은 규명되지 않은 채 왕대신은 사형이 확정되어 처형되었으며, 장거정과 풍보 두 음모자는 아무런 영향도 받지 않게 되었다.

황제는 이런 내용을 사건 발생 후 10년 만에 듣게 된 것이다. 황제는 이 이야기가 사실인지를 판단할 수는 없었지만, 적어도 전혀 근거 없는 것은 아니라고 생각했다. 왜냐하면 10년 전 한 환관이 그에게 궁성 내에 행패를 부리면서 침입하려 한 나쁜 놈이 있다고 한 보고를 어렴풋이 기억하고 있었고, 또 이와 같은 반역의 사건은 신중히 처리하지 않으면 안 된다고 몇 번이고 충고조로 보고한 장거정의 보고서가 문서로 남아 있었기 때문이었다.

만력제는 크게 의심하여 즉시 관계 관원에게 왕대신을 조사한 당안(檔案)을 어전에 가져오도록 명하여 읽기 시작했다. 그러나 아무런 결론도 얻지 못하였다. 심문 기록에는 왕대신이 허리춤에 두 자루의 단검을 지니고 있었다는 사실만이 기록되어 있을 뿐 상세한 사정은 기록되어 있지 않았기 때문이었다. 이 사건은 왕대신이 조사받은 후 1573년 양력 3월 25일 처형됨으로써 결말이 난 것으로 되어 있었다.

이 중대한 사건이 이와 같이 유야무야 처리되었다는 사실은 당시 이미 성인이 되어 있던 황제를 크게 불만스럽게 했다. 그는 관리를 파견하여 철저히 사건의 전모를 추적 조사하라고 명을 내리기는 했으나, 대학사 신시행(申時行)의 권고를 받아들여 곧 조사를 중지시켰다. 신시행은 말하기를, 사건이 발생한 지 이미 10년이 경과했고, 풍보 이외에 본 건과 관련된 주요 인물은 모두 이 세상을 떠났기 때문에 설령 재조사를 실시한다 하더라도 진실이 규명될 가능성은 극히 희박하다고 했다. 그는 오히려 아무런 이득도 없이 적지 않은 사람들이 영문도 모르고 말려들어 불안을 야기할 것이 틀림없다고 했다.

고공은 생전에 권모술수가 능했던 것으로 조정 관리들 사이에 알려져 있었다. 이 『병탑유언』이 정말로 그의 손에 의해 저작되었는지의 여부도 아직 규명되지 않았다. 설령 그의 저작 혹은 구술이었다 하더라도 그 속의 내용이 진실한 것인지에 관해서는 판단을 내리기가 쉽지 않다. 그러나 당시 많은 사람들이 이 책에 기록된 내용이 진실이며 허위가 아니라고 확신하고 있었다는 점은 여러 가지 증거로 확인할 수 있다. 유감인 것은 이 책이 출판되었을 때, 사실을 입증할 수 있는 거의 모든 사람들이 사망하여 세상에 존재하지 않았다는 점이다.

책 내용의 신뢰성이야 어떻든 간에, 적어도 그 출판이 조야에 지대한 영향을 끼쳤으며 장거정 사건의 최종 처리에 강력한 촉진제가 되었던 것은 분명하다. 이후 장거정에 대한 기억 가운데 겨우 남아 있던 한 가닥의 경애심조차 황제의 가슴속에서 완전히 지워져버리고 말았다. 그와 그의 모후는 그 동안 장거정이 시행한 일이나 혹은 시도한 일들이 황위의 안위를 걱정하는 충성심에서 나온 것이라고 믿어왔다. 그러나 이제 장거정은 야비한 동기에서 친구를 팔고 영달을 구했을 뿐이며 음모와 술책으로 얼룩진 인물에 불과한 것으로 간주하게 된 것이다.

더욱 심각한 문제가 계속 폭로되었다. 즉 장거정이 모반을 일으켜 제위를 찬탈하려는 야심을 가지고 있었으며, 총병 척계광의 정예 부대가 그 정변의 주력이라는 소문이었다. 이러한 이야기를 하는 사람은 두 건의 사실을 근거로 들었다. 하나는, 어느 해 응천부[應天府, 남경]의 향시(鄕試)에서 시험관이 "순(舜)도 역시 우(禹)에게 왕위를 넘겨주다"라는 제목의 문제를 출제했는데, 결국 황위는 덕이 있는 자의 것으로서 순임금과 우임금 사이에서와 같은 선양(禪讓)을 실행해야 된다는 뜻이라는 것이다. 또한 이와 같은 엄청난 악의를 숨기고 있는 과거 시험 제목은, 장거정에 대해서는 즉위를 권유하고 천하에 대해서는 세론을 형성하기 위한 것이라는 것이었다. 두번째로는, 장거정은 언제나 추종자들에게 둘러싸여 있었는데, 그들은 장거정에게는 인주(人主)의 풍격이 있다고 아첨했으며, 이에 대해 장거정은 웃으며 아무 말도 하지 않았다는 것이다. 이 두 가지 근거 가운데 전자는 설령 그것이 제3자가 말한 그대로라고 하더라도 그 잘못을 직접 장거정에게 돌릴 수는 없는 사안이다. 후자 또한 교만하고 분수에 넘치는 자세이기는 하지만 그런대로 용인될 만한 것이었다.

만력제가 용서할 수 없었던 것은, 장거정이 다른 사람들로부터 오늘날의 이윤(伊尹)이라고 추켜올려졌을 때에도 가만히 있었다는 사실이었다. 이윤은 은(殷)나라의 현명한 재상으로서 탕왕(湯王)을 도와 천하를 도모한 인물이었다. 탕왕이 죽자 탕왕의 손자인 태갑(太甲)을 보필했으나, 태갑이 무도해지자 그를 폐하고 자신이 정무를 대신했다. 3년 후 태갑이 뉘우치자 이윤은 그제서야 그를 은의 군주로 허락했다. 만력제는 10년 동안 거의 매일 장거정과 함께 지냈기 때문에 장거정에 관해 어느 정도 이해하고 있었다. 그는 장거정에게 진정으로 모반을 일으켜 제위를 찬탈할 야심이 있었다고 믿지는 않았다. 그러나 장거정이 스승과 원보의 신분으로서 언제나 황제에게 압력을 가하고 있었던 것은 사실인데, 그야말로 과거 이윤의 행위와 유사한 것이 아니었던가? 장거정이 이윤이라면 황제 자신은 무도한 태갑이 되어버리고 마는 것이 아닌가?

장거정과 그의 유족의 처리에 관하여 만력제는 1583년 여름이 오기 전에 이미 장거정의 세 아들의 관직을 박탈하고 장거정 본인이 생전에 받은 태사의 직위를 박탈해버렸다. 상황은 계속 진행되어 어느 적당한 선에서 사건이 종결될 기미가 보이지 않았다. 또 1년이 지나 1584년 양력 5월, 이번에는 요왕(遼王)의 왕비가 장거정을 고발해 왔다. "장거정이 생전에 개인적인 원한 때문에 천자의 총명을 가려 요왕을 폐하고 저택을 탈취했으니 당연히 가산을 몰수해야 한다"는 것이었다. 이때 만력제는 장거정이 황실을 범하여 사복을 채우려 한 것은 진실로 용서할 수 없는 죄라고 보고 그 의견에 따를 것을 결심했다.73)

그러나 장거정의 사후 2년이 지난 시점에서 재산을 몰수하는 것은 기술상 여러 가지 복잡한 정황을 야기했다. 명조의 관습에 의하면 몰수할 재산은 당연히 장거정 사후의 모든 재산이어야 하고 따라서 2년간 가족이 써버리거나 옮긴 물건이나 돈을 추적하여 압수하는, 소위

'추장(追臟)'을 행하지 않으면 안 되었던 것이다. 그러나 압수되어야 할 재산의 양을 정확히 계산할 확실한 근거가 없었기 때문에 '정리[情理, 맥락]'로 대강 계산하지 않을 수 없었다.74)

장거정이 생전에 검약했다는 이야기는 전혀 없었다. 따라서 '추장'을 담당한 관리가 감싸주려는 생각이 있었다 하더라도 그 숫자를 낮게 계산할 수는 없는 일이었다. 장거정의 동생이나 아들들은 원적(原籍)이었던 강릉에 연금되어 있었는데, 몰수된 각종의 재산은 거의 은(銀) 10만 냥 이상이었다. 하지만 이 숫자는 미리 계산한 것과 전혀 들어맞지 않았다. 그래서 '추장'을 집행한 관리는 장거정의 장남인 경수(敬修)에게 혹독한 고문을 가했다. 장경수는 아직 은 30만 냥이 여러 곳에 맡겨져 있다고 공술했다. 그는 공술한 그날 밤 목을 매어 자살하고 수일 후에는 장씨가의 한 노복도 이어 자살했다.75)

몰수된 재산은 110대의 수레에 실어 궁문으로 옮겨 왔다. 그 가운데는 4매의 어필(御筆)이 포함되어 있었는데, 그것도 당시 황제가 하사한 것으로서 장거정을 충신이라고 칭찬한 커다란 글씨였다. 재산 가운데 주목할 만한 가치가 있는 진귀한 물품은 없었다. 만력제 자신이 이것들을 보았는지, 본 후의 반응은 어떠하였는지 등 어느 것도 사서(史書)에는 기록되어 있지 않다.

이 몰수 조치를 저지할 수 있는 사람은 단 한 사람 자성태후뿐이었다. 그러나 그녀는 그렇게 하지 않았다. 그녀는 부친인 무청후 이위의 죽음으로 슬픔에 잠겨 있어서 이를 문제로 삼을 기분이 아니었는지도 모른다. 이위는 사후 국공(國公)에 봉해졌고 장남이 그 작위를 세습하도록 허락받았다. 만약 장거정이 있었더라면 명조 역사상 전례 없는 이와 같은 특별한 영광의 수여는 결코 불가능했을 것이다. 그는 틀림없이 조정의 작위는 아끼고 소중히 해야 한다는 명목으로 반대

했을 것이다. 이 한 가지 사실만으로도 자성태후 역시 장거정에 대해 호감이 있을 수 없었을 것이다.76)

가택 수사와 재산 몰수 후 두 사람이 장거정의 노모에게 특별히 은정을 베풀어주십사 하는 청원을 제출했다. 만력제는 한편으로는 한 채의 저택과 1천 무(畝)의 경지를 마련하여 그녀를 부양케 허락하고, 한편으로는 이 두 사람의 신청자를 꾸중하였다. 대학사 신시행은 조용하게 계고장을 받았고, 형부상서 반계순(潘季馴)은 장씨가의 참상을 과장하였다 하여 해직되어 평민으로 강등되었다.77)

사태가 이렇게 진전된 이상 만력제는 이미 후퇴할 수 없었다. 이 2년간의 모든 조치에 관해 천하의 신민에게도 설명할 필요가 있었다. 장거정이 모반을 일으켜 제위를 찬탈하려 했다고 하는 주장은 첫째, 증거가 불충분하고 둘째, 황실에 득 되는 것도 없었다. 그리하여 가택 수색을 한 4개월 뒤, 즉 1584년 양력 9월에야 정식으로 모든 죄목을 공포할 수 있었다. 즉 "친번(親藩)을 무단히 멸시하고, 왕분부제(王墳府弟)를 침탈하였으며, 언관을 억압하여 짐의 총명을 흐렸고 권력을 독점하여 정치를 혼란케 하였다"는 것이었다. 관에서 시신을 꺼내어 공개 처형함이 마땅하지만, 다년간에 걸친 그의 노고를 감안하여 은정을 베풀어 관대히 조처한다고 했다. 그 동생과 두 아들은 변방으로 보내 영원히 병역을 담당케 했다.

슬픈 옥좌

원보 장거정이 사후 숙청되고 대반 풍보가 수도에서 추방되자 황제는 비로소 정부의 실권을 장악하게 되었다. 그러나 얼마 되지 않아 그는 장거정과 풍보로부터 벗어난 후 얻은 자주권 역시 여러 가지 구속을 받고 있다는 사실, 즉 설령 천자가 귀한 신분이라 해도 결국 제도상의 존재에 불과하다는 사실을 알아차렸다. 장거정을 쓰러뜨림으로써 실제 이득을 얻는 자는 그 자신이 아니라는 것을 점차 알게 된 것이다.

장거정을 쓰러뜨린 인물들은 두 부류로 분류될 수 있다. 한 부류는 강직하고 착실하며 동시에 완고하고 고집이 센 인물들이었다. 장거정 사건이 결론을 맺게 되자 그들은 곧바로 공격의 목표를 황제에게로 돌렸다. 간언이라는 이름하에 그들은 황제에게 사치하고 나태하며 개인의 향락을 지상으로 여기고, 덕비 정씨를 총애하여 공비 왕씨를 냉대하고 있다는 등의 비판을 가했다. 결국 그들은 무리하게 황제를 자신들이 설정한 규범 속으로 끌어넣으려 했고 그의 개성이 자유로이 발전하는 것을 용납하지 않았다.

또 한 부류의 인물들은 권력이나 이익의 쟁탈 그것이 목적이었다. 그들은 스스로 도덕군자로 자부하며, 자신들이야말로 도덕적 안목과 힘을 갖추고 있어서 장거정과 풍보 두 사람의 본질을 폭로할 수 있었다고 자랑하고 다녔다. 그리고 장거정과 풍보가 탄핵된 후 대량으로 공석이 된 관직에 자신들과 자신들의 친인척을 앉혔다.

1587년이 되었을 때 황제의 나이는 약관 24세였으나 제위에 오른 지 벌써 15년이 지나고 있었다. 그로서는 이 15년이 특별히 길게 느껴졌다. 왜냐하면 이 기간 동안, 그가 대처해야 했던 많은 사건들과 의식들이 변함없이 반복되었기 때문이었다. 1년 전 그의 사랑하는 정씨가 황자 상순(常洵)을 낳았지만 별다른 위로가 되지 못했다. 황제의 측근에 있는 사람들은 황제가 점점 생활의 단조로움과 피로를 심하게 느끼고 있다는 사실을 알 수 있었다. 그 전 해에 그가 전시(殿試)를 주재했을 때 시험 문제가 "무위(無爲)로써 다스린다"였다. 또 생활에 대한 권태는 이미 내면의 세계에서 뛰쳐나와 행동으로 나타나기 시작하고 있었다.78)

그러나 만력제가 통치한 기간은 명조의 어느 황제보다 길었다. 이후 더욱 많은 일들이 그의 치세 동안에 일어나게 되는데, 1587년 즉 만력 15년은 그 사건들의 하나의 계기에 불과했다.

이해 양력 7월, 바로 원보 장거정이 세상을 뜨고 5주년이 되는 때 깊은 궁궐 속에 단좌한 황제의 가슴속에는 지난날의 사건들이 새삼스레 떠올라 왔다. 그는 공부(工部)에 상유를 내려 수도에 있던 장거정의 저택을 몰수하여 관에 귀속시킨 후 어떻게 처리했는가, 팔아치웠는가 그렇지 않으면 다른 사람에게 임대해주었는가, 만약 다른 사람에게 임대되었다면 누구에게 임대되었는가 등에 대해 있는 그대로 조사하여 보고하도록 명을 내렸다.

공부의 회답은 기록에는 보이지 않는다.79) 아마 사관은 이 상유를 기재하는 것으로 당시 황제의 미묘하고 복잡했던 감정을 표현할 수 있다고 생각하고, 주택의 매도나 대여 등과 같은 일은 국가의 대사로서 중요성을 지닌 것이 아니므로 자질구레한 수사적인 표현을 빌려 기록할 필요가 없다고 생각했으리라.

2장 수보 신시행

경연(經筵)

대학사 신시행은 문화전 가까이에 올 때마다 저절로 숨 막힐 듯한 부담을 느꼈는데, 그것은 일종의 도덕적인 부담이었다.

문화전은 자금성의 동쪽에 있었고, 여기에서 황제가 학문을 닦았다. 1574년 만력제는 겨우 10세 때 이미 크기가 가로 세로로 1척씩이나 되는 글자를 쓸 수 있었다. '책난진선(責難陳善)' 넉 자를 쓰고서, 그 자리에서 신 선생에게 하사했다.1) 그것은 자신의 잘못을 훈계해주고 또 유익한 의견을 제시해달라고 선생에게 요청하는 글이었다.

이 네 글자가 그만큼 깊은 의미를 지니고 있고, 필체도 힘찼기 때문에 신시행은 이 같은 하사품을 비할 데 없는 영광으로 받아들였다. 그러나 13년 후 신시행은 자신이 진력해온 바가 생각만큼 효과를 거두지 못하자 불안을 느끼기 시작했다. '만력의 치(萬曆之治)'를 이루겠다는 빛나는 이상이 물거품이 되는 것은 아닐까 하는 것이었다.

신시행은 황제의 5인 몽사[蒙師, 초등 교육 담당] 중 한 사람은 아니었지만 그가 맡은 수업이 가장 많았고 가르친 기간도 길었다.2) 수보가 된 뒤에도 계속 황제의 학문과 경연[經筵, 황제에게 경서를 강하는 것]을 책임지고 있었다. 이 때문에 황제는 항상 그를 '경(卿)'이라 부르지 않고 '선생'이라고 불렀으며, 신 선생에 대한 예물 하사를 한 달도 거르지 않았다. 이 예물은 경우에 따라서는 잉어 두 마리, 비파 한 개, 접는 부채 하나, 창포 몇 줄기 등과 같이 경제적인 가치는 없고 그저 황제의 관심을 표시하는 정도의 것도 있었지만, 보수의 의미를 포함한 경제적으로 가치 있는 예물도 있었다. 은 수십 냥, 약간의 채단(彩緞) 등이 그것이었다.3) 그러나 어느 쪽이든 그것은 분명 최고의 영예에 속했고, 사관들도 잊지 않고 반드시 사서에 기재하고 있다.

황제의 선생이 되는 것은 매우 어려워서 '위극인신[位極人臣, 신하로서 최고의 지위에 오름]'을 위한 중요한 단계이기도 했다. 물론 황제의 스승이라고 해서 반드시 최고의 관위에 오르는 것은 아니지만, 최고의 지위는 선생 가운데서 선발되는 것이 보통이었다. 황제의 경연을 맡는 것 자체가 당연히 정치, 학술, 도덕의 모든 방면에서 특출하다는 것을 의미했기 때문이다. 강관(講官)은 뛰어난 공적을 남기는 실천가는 아닐지 몰라도, 적어도 국사를 철저히 이해한 사상가라는 점은 모두가 인정했다.

전통적인 관례에 따르면 황제는 황태자가 되는 동시에 학문을 시작하여, 한림원 학사들로부터 교육을 받는 것으로 되어 있었다. 이것을 "동궁이 각에 나가 강학한다(東宮出閣講學)"고 표현했다. 황제가 되고 나면, 날마다 독서를 계속하는 외에도 경연이라는 별도 형식의 강의에도 출석해야 했다. 경연은 기후가 온화한 봄과 가을에 매월 세 번 행해졌다. 모든 육부상서, 좌우도어사(左右都御史), 내각대학사, 작위를 가진 조신과 훈신 친척 등이 모두 참석할 뿐만 아니라, 급사중(給事中), 어사 등도 청강의 대열에 들었다.4)

경연은 일반적으로 조회를 마친 후에 거행되었다. 황제가 우선 대한장군 20인의 호위를 받으며 행차했다. 이 전아한 장소에서는 대한장군도 금과(金瓜) 등의 필수적인 무기는 휴대하지만 갑주를 벗고 포복을 입었다. 황제는 문화전에서 남향으로 자리를 잡고 백관의 입실을 명령한 뒤 의식을 좇아 예를 행했다. 여기에서 홍로시의 관료가 황제 앞에 황제 전용의 문궤(文几)를 두고 몇 발자국 떨어진 곳에 강관을 위해서도 따로 탁자 하나를 두었다. 청강에 출석한 관료는 열을 지어 들어와, 문궤 양측에 나누어 나란히 섰다.

경연은 다른 모든 의식 절차와 마찬가지로 시청각적인 대칭과 균형을 필요로 했다. 문궤 위에는 전날에 해서(楷書)로 정서한 교재가 준비되어 있었다. 찬례관의 호명에 따라 홍포(紅袍)를 입은 강관 두 사람과 남포(藍袍)를 입은 전서관(展書官) 두 사람이 대열로부터 앞으로 나왔다. 그들은 모두 한림원의 엘리트들이었다. 강관은 황제를 마주 보고, 전서관은 문궤의 양측에 동서로 마주 보고 섰다. 이어서 강관이 고두하고 나면, 좌측의 전서관은 무릎을 꿇고 문궤에 다가가『어용서본강의(御用書本講義)』를 펼쳐 동척(銅尺)으로 눌렀다. 그 사이 황제 앞으로 나와 있던 좌측의 강관이 중앙에 서서 강의를 시작하였다. 강의가 끝나면 교재는 원래대로 덮고 강관 및 전서관은 원래 자신의 위치로 물러나며, 이번에는 우측의 동료가 책무를 수행했다. 좌측의 강관이 강의하는 것은 사서(四書)이고 우측의 강관이 강의하는 것은 역사였다.

이 절차가 진행되는 대부분의 시간 동안 손짓 몸짓으로 얘기할 수 있는 것은 강관뿐, 뒤의 사람들은 오로지 조용히 듣고 있어야 되는데,

황제라 할지라도 예외는 아니었다. 만약의 경우 황제가 위엄 있는 태도를 흩트리고 다리를 꼬기라도 한다면, 강관은 즉각 강의를 멈추고 "인군(人君) 된 자로서 불경스러워서야 되겠는가"라는 구절을 낭송하였다. 이 같은 질책은 임금이 즉각 자신의 잘못을 깨닫고 태도를 고쳐 자세를 바르게 할 때까지 되풀이되었으며 결코 묵인되는 법이 없었다.5)

이 같은 필요 이상으로 거창한 형식적인 행사가 당시에는 국가에서 없어서는 안 되는 중요한 제도였다. 경연의 주안점은 경전의 참뜻을 파헤치고 역사의 교훈을 지적하는 것에 있었지만, 궁극적으로는 현실로 귀착되어, 과거의 가르침을 현재에 응용하는 것이 목적이었다. 강관은 직무에 걸맞게 이 임무를 완수해야 했다. 만약 장구(章句)를 나열하는 것만으로 임시 변통을 한다든지 교묘한 언사로 아첨하거나 하면, 아마도 퇴직당하게 될 터였다. 과거 몇몇 강관이 이런 이유로 파면되기도 했다.6)

황제에게 직접 성현의 도를 얘기할 때, 강관은 지극히 완곡한 말투로 존엄을 훼손치 않는 범위 내에서 황제에게 필요한 충고를 줄 수 있었다. 황제는 경연에서 질문을 하거나 자신의 다른 관점을 얘기할 수는 있었지만, 강관을 힐문하거나 질책하는 것은 실례에 해당했다. 가령 강관이 준비 부족으로 전후 조리가 맞지 않아 황제가 불만스럽게 생각했다 하더라도, 그 자리에서 노골적으로 지적하는 것은 허용되지 않았으며, 다만 후에 간접적으로 언급할 수밖에 없었다.7) 임무를 수행할 때 강관이 받는 이러한 특별대우야말로 긴 역사의 산물이었다. 경전을 멀리하고 무도했던 정덕제조차도 이 특별대우를 폐지하진 않았다. 이 별난 황제는 자신에 대한 강관의 간접적인 비판이 반복되자 따로 교묘한 방법으로 보복했다. 즉 "일거에 높은 곳으로 발탁하는 것(一脚踢到樓上)"이었는데, 이렇게 충성을 다한 강관들은 항상 승진했지만 새 부임지는 십중팔구 변경이었다.8)

당시 신시행은 강관이 아닌 경연의 책임자로서 전반적인 계획을 관리하고 있었다. 그의 집무소는 오문 안에 있는 문연각으로서, 집무 중의 황제와 수보는 1킬로미터도 떨어져 있지 않았다. 하지만 이 1킬로미터는 세계에서 가장 긴 1킬로미터이기도 했다. 그것은 침전과 문연각 사이의 여러 겹으로 둘러싸인 성벽이나 몇 층계나 오르내리는 돌계단 때문이 아니라, 조회와 강독을 제외하고는 황제가 대학사를 만나는 일이 드물었기 때문이다. 그들 간의 왕래는 거의 모두 문서로 행해졌다. 이따금 황제가 환관을 보내어 구두로 성지(聖旨)를 전달하기도 하고 직접 대학사를 불러서 국정을 자문하는 일도 있었지만, 신시행의 수보 재임 중에는 거의 전무하다시피 해서 1년에 평균 한 번 정도에 지나지 않았다. 더구나 황제가 직접 문연각에 임한다든지 하는 것은 명조 역사에서는 이미 160년 전 옛날 일이었다.

문연각은 그 정청(正廳)에 공자상이 모셔져 있었고, 정청 양옆에는 사무실 4칸이 있었다. 그 외에 다락방도 있었는데, 서적이나 공문서를 보관하는 곳이었다. 문연각 앞 멀지 않은 곳에 동서로 늘어선 2열의 단층 건물이 있었는데, 여기서는 서기들이 문서를 필사하는 일을 했다. 이들 건물은 거대한 제국의 중추로서는 너무 허술한 것 같은 느낌이 들지만, 건국 당시에 비하면 그것도 장족의 발전을 이룬 것이었다. 창설 시 문연각은 말 그대로 하나의 정자로서 황제의 어전문묵(御前文墨)을 담당하는 관리들이 접견을 기다리는 대기실이었다. 후에 사무실을 확충해서 문서나 서적을 늘리고 하급 관리를 보좌로 두어 대규모화되었지만 그 성질은 여전히 한마디로 설명할 수 있는 것이 아니었다. 그것은 황제와 문관 집단의 연락 장소 같은 곳이기도 했고,

각 부(部)·원(院) 이상의 관청 같은 곳이기도 했다. 때로는 황제의 자문실(諮問室) 같은 기관이기도 했고, 또는 분쟁을 조정하는 초월적 기관이기도 했다.9)

요컨대 문연각이 하는 일은 추상적인 원칙을 실제 문제에 적용시키는 것인데, 역으로 실제 문제를 추상화하는 것이라 할 수도 있다. 예컨대 황제의 비준을 거친 인사이동이 있을 때 문연각이 그 이유를 발표하지만, 도덕적 명분론으로 실제의 이해관계를 덮어버리는 것이 상례였다. 명조의 법령은 구체적인 문제의 시비를 판단하는 기준이 결여되어 있었기 때문에, 분쟁을 심판할 때에도 경전에서 추상적인 도덕적 명목을 인용해 근거로 삼을 수밖에 없었다.

문연각의 수보 신시행이 경연에 대해서 다른 사람 이상의 특별한 열의를 진심으로 지니고 있었다고 볼 수는 없을 것이다. 강의 시간은 길었고, 전례도 지나치게 매너리즘에 빠져 있었다. 이 같은 의식에 참가하기 위해서 그는 새벽 일찍 일어나야 했고 지루하고 따분한 시간을 참아야 했다. 경학과 역사의 강의가 끝나면 문궤는 절차에 따라 정리되고 참례자는 줄줄이 퇴장했다. 주홍색으로 칠한 회랑에서 어좌를 향해 판에 박은 듯한 고두를 끝내고 나야 비로소 기다리던 경연의 '연(筵)'이 열렸다. 연이란 좌순문난방(左順門暖房) 안에 차려진 술과 음식을 의미했다. 이 주연은 광록시가 준비했고 각 관리는 계급이나 직무에 따라 자리에 앉게 되지만, 그중 강관과 전서관 및 강의 내용을 기록하는 관리 등은 동급 관료들의 윗자리에 앉았다.

수석대학사이면서 경연의 책임자였던 신시행에게는 모든 행사를 원만하게 진행시켜야 하는 책임이 있었다. 만약 황제가 따분해하거나, 혹은 강관의 실언이나 다른 관리들의 실례가 있기라도 하면 그가 모든 책임을 떠맡았다. 어떤 때는 신시행 자신도 회의를 느껴, 무엇 때문에 자신 한 사람만이 경연이 부단히 계속되도록 노력해야 하는 가, 다른 사람처럼 이 힘든 행사를 싫어하고 있는 것은 아닌가 하고 자문하곤 했다. 이치로 따지자면 경연에 대한 그의 반감은 다른 사람 못지않을 것이었다. 왜냐하면 그는 현재 황제의 강관으로 취임하기 전, 이미 선대 융경제의 강관으로도 근무했기 때문이다. 그는 문화전 앞의 화강암 돌층계 앞에서 하도 많이 고개를 조아려, 이제는 돌 한 장 한 장의 특징을 다 기억할 정도였던 것이다. 강연의 진절머리 나는 점들을 그는 다른 누구보다 더욱 많이 체험하고 있었다.

하지만 수보 신시행은 직무에 충실했고, 변함없이 착실하게 이 전통적인 행사를 준비했다. 이른 아침의 조회 즉 조조(早朝) 문제에 관해서도, 그는 동일한 자세를 취해 중단할 수 없다고 고집했다. 조조는 원래 힘든 일인 데다, 찬 바람이 휘몰아치는 한겨울에는 특히 힘들었다.10) 1년 전 겨울 신시행은 관료들이 조회 때에 아무개의 흰 얼굴이 동상으로 새빨갛게 되었다느니, 아무개는 빨갛다 못해 얼굴이 새까맣게 되었다느니 하며 서로 놀리는 것을 들었다.11) 신시행은 이런 형편 속에서 조회를 계속할 것을 고집할 경우, 조정에서 미움의 대상이 되리라는 점을 잘 알고 있었다.

1587년 만력 15년 신시행은 52세가 되었다. 그렇지만 그는 자신이 연령 이상으로 노쇠했음을 느끼고 있었다. 수년 전부터 머리에는 흰 머리카락이 섞여 있었고12) 이제 수보로서, 지위가 신하로서는 이를 데까지 이르렀으며 또 장거정 사건으로 받은 교훈도 있었는데, 그가 왜 융통성 없이 만사를 형편 따라 처리하려 하지 않았던 것일까?

그 사정도 말하자면 길다. 명조의 통치에서 의례가 지닌 역할의 중요성은 대체로 이미 말한 대로다. 황제는 홀로 천하에 군림하고 최고의 권위를 갖고 있었지만, 그것은 모두 하늘의 뜻이 그에게 돌아감으로써 주어진 것이었다. 그러나 그 하늘의 뜻은 억만 신민의 신념을 통하여 체현되어야 했다. 황제와 그 대신들이 항상 엄숙하고 화려한 형식을 갖추어 갖가지 의례를 행하는 것도, 황제에게 하늘의 뜻이 있다는 이 같은 믿음을 강고하게 하기 위해서였다. 셀 수 없을 만큼 수많은 고두는 절대적 존재로서 황제의 의미를 한층 강화하지만, 다른 한편 황제 스스로 각종 의례를 거행함으로써 그 또한 하늘의 지배를 받고 있다는 사실, 즉 전통적인 도덕의 지배를 받고 있다는 사실을 명백히 했다.

유가 경전의 가르침은 간단하고 쉬울수록 착실히 공부해야 했으며, 또 거듭 듣고 배움으로써 모두가 이지(理智)에 따라 행동할 수 있도록 해야 했다. 조회는 엄동·혹서일수록 심신 단련의 효과를 올릴 수 있었다. 황제의 친경(親耕)에 상징성이 없는 것은 아니었지만 상징이 반드시 허위인 것도 아니었다. 전례에 참가한 모든 사람이 이 같은 상징을 믿고 행동하여 그것의 실현을 촉진시키려 노력한다면 이 또한 무언가 장대한 힘이 될 수 있었다. 그리고 한 달에 3번 있는 경연은 그 목적이 더욱 확실했다. 그것은 황제와 대신이 굳은 의지를 갖고 경전과 역사서 가운데서 가장 효과적인 방안을 찾고 구하여, 그것으로써 '대동의 치(大同之治)'에 도달하려는 것이었다.

이와 같은 의미를 깊이 이해하고 있던 신시행은 자괴감을 느끼지 않을 수 없었다. 자신이 심혈을 기울인 일이 기대한 효과를 낳지 못하고 있다는 것이 사실로 증명되었기 때문이다.

1586년 초가을, 23세의 황제는 유지(諭旨)를 내렸다. 이른 아침 기상한 뒤 돌연 현기증을 느껴서 조회와 강연 그리고 일강[日講, 낮 강의]을 중지하고 싶다고 한 것이었다. 게다가 중지라고 하는 것이 기한이 없었다. 12개월 후 이 현기증은 공교롭게도 또다시 조회 시간에 때맞춰 일어났다.13) 더욱 당혹스러운 것은 황제가 심신이 불쾌하다고 하소연한다는 전언이 있은 지 얼마 안 되어 어느 환관이 황제가 자금성 내에서 말을 타고 있다고 전해 온 것이었다. 이어 황제가 말을 타다가 이마를 다쳤기 때문에 조정 신하에게 보이고 싶어하지 않는다는 누군가의 해명이 있었다.14)

이런 소식이 전해지자, 예부의 어느 관리가 상주문을 올렸다. 황제가 육체를 보존하고 천자로서의 직책을 유념하는 것이야말로 가장 중요한 일이라고 충고하는 내용이었다. 하지만 막 한바탕 소동이 수습된 참에 황제는 또다시 조회에 임할 수 없다는 내용의 유지를 보냈다. 그 자신의 말로는, 열이 있는 듯하여 해열제를 먹었더니 다리에 냉병이 와서 두드러기가 돋았고, 그래서 긁었더니 보행이 어려울 정도가 되었다는 것이었다. 하지만 같은 시각, 궁정 내에서는 황제가 과음을 했다느니, 밤놀이가 지나쳤다느니, 비빈과의 왕래가 지나쳤다느니 하는 종류의 소문이 퍼지고 있었다.15)

이런 일들은 당연히 신시행의 가슴을 아프게 했다. 그는 친구에게 편지로 자신이 어찌할 도리가 없는 입장에 있다고 호소하고, 자신의 무능을 책망하는 시도 적었다.

> 왕사[王師, 임금의 군대]는 아직 강거[康居, 서역 지방의 한 나라]의 승전을 올리지 못하고,
> 농호(農扈)는 아무도 풍년을 점치지 못하는데,
> 곤직[袞職, 임금의 직책, 곧 천자]에 스스로 조금도 도움이 되지 못함을 부끄러워하나니,
> 이제 마땅히 투로[投老, 연로하여 사직함]하고, 귀전[歸田, 벼슬을 그만두고 농사를 지음]해야 할까 보다16)

뜻은 군대가 싸움에서 승리하지 못하고 농민이 풍년의 행운을 입지 못하고 있는데, 이는 자신이 높은 자리에 있으면서도 국사에 아무런 공헌을 하지 못하고 있기 때문이므로, 관직을 물러나 고향에 돌아가야겠다고 하는 것이었다. 하지만 신시행은 쉽게 실망하는 사람은 아니었다. 이런 불평을 토로하고서도, 다시 떨치고 일어나 수보로서의 직책을 계속 수행했다. 그는 해서체로 꼼꼼히 적어 올린 상주문에서, 황제가 사직을 중히 여기어 옥체를 보존해주기를 바라지만 경연을 언제까지나 중지할 수는 없으며, 태조 홍무제는 70세에도 경연을 계속했다고 간하였다. 동시에 친구에게 보낸 편지에서도

　　상하[임금과 신하]가 막혀서 통하지 않고, 조정 안팎이 따로 놀고 있다. 자고로 국가가 이같이 되고서도 능히 오래도록 다스려지고 평안한 적은 아직 없었다.17)

라고 시국의 위기를 지적했다.

　신시행은 현실 감각이 풍부한 사람으로 신하로서의 길을 잘 분별하고 있었다. 황제가 다리가 가려워서 곤란하다고 하면, 수석대학사는 그대로 믿지 않으면 안 되었다. 더욱이 황제가 자신의 어려움을 이처럼 상세하게 호소했다는 사실은 아직 가능성이 있다는 것을 의미한다고 보았다. 따라서 황제의 병세가 호전되면, 머지않아 조회와 경연이 다시 행해질 수 있을 것이었다. 때마침 새로운 강관과 전서관도 임명되어 황제가 출석하기만 하면 경연은 즉시 속행될 수 있었다. 게다가 만약 황제가 일찍 일어나는 것을 싫어한다면, 조회와 경연 시간을 조금 늦추어도 상관없다고까지 그는 생각하고 있었다. 이 같은 문제는 어느 것이나 융통성을 발휘할 수 있는 부류에 속했다.18)

수보의 지위

신시행의 수보 임명은 뜻하지 않은 운명의 장난처럼 찾아왔다. 1582년 장거정이 죽은 뒤 장사유가 그 자리를 이어받았다. 하지만 1년도 채 못 되어 불행하게도 두번째 장 각로의 부친 또한 세상을 떠났다. 당연히 시기적으로 또다시 탈정을 할 수는 없어서, 장사유는 부득이 휴직하고 복상을 했다. 이 휴직 기간 중 신시행이 수보를 대행했다. 그리고 장사유가 마침내 탈상하려고 하던 시점에서 갑자기 병에 걸려 그대로 앓아 누워버렸다.[19] 일찍이 신시행보다 자질도 뛰어나고 신망도 두터웠던 대학사 마자강(馬自强)이나 여조양(呂調陽)도 병사하고, 이리하여 운명은 자격이 가장 모자라는 대학사 신시행에게 수보의 자리를 넘겨주었다.

1587년, 신시행이 수보에 임명된 지 이미 4년이 넘고 있었다. 스스로는 "나이보다 늙어 보인다"고 얘기하고 있지만 사실 정력은 왕성했다. 그의 부모는 이미 세상을 떠났기 때문에 복상의 염려도 없었다. 인품은 온후하며 조심스러웠고 몇몇 전임자들처럼 거만하지도 않았다. 왕세정(王世貞)은 자신의 저서 『내각수보전(內閣首輔傳)』에서 신시행을 "마음이 너그럽고 온화해서 사람을 사귀는 데 까다롭거나 거만하지 않다"고 묘사했는데, 흉중에 깊은 생각을 품고 있지만 위험한 다리를 건너지 않고 남의 눈에 띄고 싶어하지 않는다는 뜻이었다.[20] 이 평가는 얼핏 존경의 뜻을 보이는 듯하지만 그 가운데 비판의 뜻이 숨어 있었다. 하지만 신시행의 온후함과 겸허함이 오히려 늘 그를 정치의 거친 파도에 휩쓸리게 했다. 그는 후에 분쟁에 말려들면서 진퇴유곡에 빠져, 열한 번이나 사표를 제출하고 나서야 사직을 허락받게 되었다.

신시행은 장거정의 추천을 받아 입각했다. 표면상, 이 점이 그에게 크게 장애가 되지는 않았다. 왜냐하면 1582년 전후 중추부에서 요직에 취임한 자는 거의 전부가 장거정의 사람이었기 때문이다. 게다가 신시행은 장사유와는 달랐다. 그는 자신의 재능으로 장거정의 신임을 얻은 것이지 아첨하여 자리를 얻은 것이 아니었다. 장거정이 죽은 후 그는 장거정의 잘못을 인정했지만, 그것에 편승해서 전임자의 과실을 과장함으로써 집권의 밑천으로 삼으려 하지는 않았다. 그 같은 차이점은 동료들도 잘 알고 있었고, 황제도 이해하고 있었다.

신시행은 다른 많은 대학사들과 마찬가지로 교육과 문서를 관장하는 부서 출신이었다. 1562년 그는 전시에 합격한 299명의 진사 가운데 제1위, 즉 장원으로 합격하였고, 관례에 따라 한림원 수찬(修撰)을 제수받았다.[21] 그후 15년 동안 한림원에 재직하여 관직이 시독(侍讀)에 이르면서 병부시랑 및 예부시랑으로 승진하였고, 승진 후 불과 7개월 만에 대학사에 임명되었다. 그는 장거정이나 고공과 마찬가지로 북경 이외의 관직에 나간 적이 없었다.

한 사람의 인간이 경사(經史)에 정통하고 문장에 능하면 어전에서 황제의 고문이 될 조건을 갖추었다고 할 수 있는가? 학술에 조예가 깊은 것으로 대정치가가 될 수 있다고 할 수 있는가? 25년 전 한림원 수찬인 서시행(徐時行, 당시 그는 아직 신申씨 성을 사용하지 않고 외조부의 서徐씨 성을 이어받은 채였다)도 이 같은 문제에 의문을 느낀 적이 있었다. 하지만 오늘날 대학사 신시행은 이미 의혹을 풀고 그 미묘한 의미를 이해하고 있었다. 그것은 명조의 체제가 중앙 집권을 실시하고, 도덕을 정신적인 지주로 삼고 있으며, 공문서를 제국의 관리 방법으로 채택하고 있기 때문이라는 것이었다.

오랜 기간의 한림원 생활이 이 문제에 대한 신시행의 이해를 한층 심화시켰다. 한림원의 관리는 황제를 대신해 고칙[誥勅, 황제가 토지나 작위를 내리는 명령문]을 작성했다. 고칙을 받는 자는 대체로 효자 현손이나 원대한 식견을 지녔던 부모, 또는 가까운 이웃을 구제하고 지방의 백성을 지도하는 성인 군자였다. 문묵과 교육을 주관하는 관료도 임금의 직책은 인민들로 하여금 풍년 때에 의식(衣食)이 풍족하도록 해주고, 흉년이 들었을 때 산과 계곡에 겹겹의 시체가 쌓이지 않도록 하는 것이라고 황제에게 거듭 간언하였다. 또한 그들은 삼대[三代, 고대의 하夏·은殷·주周] 이래의 왕도가 지금에 이르러서도 적용된다는 것, 즉 훌륭한 정부는 유능한 인재를 선임하고 사회적으로는 성실과 조화를 제창하지 않으면 안 된다는 것 등을 권면했다. 결론적으로 도덕은 지상(至上)의 것으로서 행정의 지침일 뿐 아니라, 행정을 대체할 수도 있다는 것이었다.

구체적인 실무 문제들, 예컨대 어떤 오랑캐의 추장을 보호할 것인가 숙청할 것인가에 대한 현실적 판단, 황하의 수로를 남으로 옮길 것인가 북으로 옮길 것인가에 따른 이해득실, 변방의 차마(茶馬) 무역의 환산율 조정 등은 물론 중요한 문제였지만, 그것은 각지의 총독 순무의 권한에 속하는 것으로 그들이 의견을 제시해야 하는 것이었다. 명조의 전통에 따라 모든 건의는 황제의 비준을 주청(奏請)하지 않으면 안 되었지만, 이때 각지의 총독과 순무는 이미 적절한 인사를 통해 백성의 기대에 합당한 자로 선택되었을 것이므로 그들의 의견이 최상의 방책일 것임은 틀림없고, 따라서 모든 주청 또한 반드시 비준을 받게 되어 있었다. 결국 실무 문제와 도덕 문제는 역시 불가분의 관계로 되어버리는 것이었다.

한림학사는 윤리 도덕의 훈도를 받는 것 외에 직무 집행 기간 동안 각종 공문서를 자세히 연구할 수 있는 여건을 부여받았다. 이것은 실무 능력을 높이는 지름길이었다. 1578년 대학사에 임명되기 전, 신시행은 가정과 융경 양조의 실록 및 『대명회전(大明會典)』의 수찬에 참여했다.22) 이 같은 편찬 작업은 수년 이래의 모든 문서를 재배열해 검토하는 작업이었기 때문에, 실로 내각대학사를 훈육하는 가장 좋은 방법이었다. 현재의 수보 신시행은 동료로부터 한결같이 "노성[老成, 경험을 쌓아 원숙함]하다"고 칭찬을 받고 있었다. 노성함은 그의 실제 연령과는 관계가 없었다. 그는 52세로서 삼보(三輔)인 왕석작(王錫爵)보다는 1세, 차보(次輔)인 허국(許國)보다는 8세나 젊었다. 그의 노성함은 오랜 기간 각종의 인사를 처리해온 경험에 의한 것이었다.

 이런 경험을 통해 그는 명조에 하나의 특징이 있다는 것을 잘 알고 있었다. 즉 어떤 정책이 실시될 수 있는가의 여부, 실시 후 성공할 것인가의 여부는 전적으로 그 정책과 모든 문관의 공동 습관이 서로 어울려 부합되는가의 여부에 달려 있었다. 그렇지 않으면 이론으로 아무리 완전해도 사상누각에 지나지 않았다.

 명조는 무공(武功)을 존중하지 않았고, 사회를 개조해 생활 정도를 높이려고 하는 큰 희망도 없었다. 그 주된 의도는 다수의 인민이 기근에 고생하지 않도록 하는 것, 즉 사서(四書)의 "여민[黎民, 백성들]이 주리고 떨지 않는다"고 하는 낮은 수준 속에서 평온을 유지해가려는 것뿐이었다. 이 목표를 어떻게 수행할 것인가? 직접 농민과 협력하는 따위는 생각할 수 없었다. 그들은 피지배자이고 교양이 없으며 사물에 대한 이해의 정도가 낮아서 서로 얘기할 수 있는 공통의 화제도 없었다. 각지의 신사(紳士)와 협력하는 것도 큰 효과를 거둘 수 없었다. 그들은 널리 흩어져 있는 데다가 지역적으로 이해가 서로 달라, 문자로 연락을 취한다 하더라도 접촉하는 데 커다란 한계가 있었기 때문이다. 실행 가능한 것으로서 남아 있는 유일한 방법은 문관 전체와 협력해서 대처하는 것이었다.

그들의 동의를 얻지 못한다면 무엇을 해도 벽에 부딪히게 될 것이었다. 예컨대 1587년 산동성에서 3천 명의 농민이 기근으로 자포자기의 상태에 빠져 무리를 만들어 도적이 된 사건이 있었다. 각지의 백련교도들도 크게 증가했다.[23] 다급한 상황 전개가 사람들을 불안에 떨게 했다. 하지만 떨고 있는 것만으로 문제가 해결될 리 없었다. 문제 해결의 관건은 역시 문관 전체가 협력하고, 상호간의 신뢰를 통해 일치단결함으로써 큰 힘을 만들어내는 데에 있었다. 그렇게 하지 않으면, 어떻게 다양한 조건을 가진 전국 1천1백 개를 넘는 현(縣)에 조정의 훈령 하나를 내려 보냄으로써 각 지현(知縣)들로 하여금 적절히 대처하게 만들 수 있었겠는가? 따라서 몇 번이나 말했듯이, 집정의 비결은 역시 추상적 방침을 주로 하는 것, 도덕을 일체 사업의 기반으로 하는 것일 수밖에 없었다. 조정의 최대 임무는 문관끼리의 신뢰와 협조를 촉구하는 것이었다. 이것은 사기를 고무하고 정신적인 힘을 발휘하는 것이기도 했다.

수보 신시행으로서는 설령 국운이 막다른 골목에 다다랐다 하더라도 정부에서 시행할 정책들의 실효성 여부를 상식을 동원하여 판단하지 않으면 안 되었다. 만약 각 부(部)·원(院)·시(寺)의 문관들이 몇 개월씩 황제를 배알하지 못한다면, 그들로서는 황제가 그럼에도 불구하고 각종 상황을 충분히 파악하고 있다고 믿기는 어려울 것이다. 이런 생각이 일단 들기 시작하면 그들은 황제가 옳고 그름, 선과 악의 판단을 이미 도외시하고 있는 것은 아닌가 의심하게 될 것이다. 믿음을 상실하고 이어 의심이 생기게 되면 그들에게서 충성을 바라는 것은 매우 어려운 일이 되어버린다. 즉 사서(四書)의 첫머리에 나오는 '성의(誠意)'가 이 지경에 이르면 이미 지탱될 수 없게 되어버리는 것이다. 이런 상황이야말로 소위 "임금과 신하가 막혀서 통하지 않고, 조정 안팎이 따로 놀고 있다"는 상황인 것이다. 이런 상태가 계속되면, 자포자기 상태에 빠져 폭동으로 치닫는 농민은 3천 정도가 아닐 것이고, 백련교도도 점점 증가해갈 수밖에 없을 것이었다.

문관 전체를 움직이기 위하여 신시행은 먼저 자신의 성의를 나타내지 않으면 안 되었다.24) 그는 대타협자라 할 수 있고 극단적으로 말하면 원칙을 희생시킨 정치가로 비판될 수도 있겠지만, 자기 나름대로 조정과 절충의 원칙을 계속 지키고 있었다. 그는 국가가 문제 해결을 위해 문관을 설치했으나, 국가의 최대 문제 또한 바로 문관이라는 사실을 분명하게 꿰뚫어 보고 있었다. 묘한 것은 장거정처럼 명민한 두뇌와 경력을 지닌 사람도 이 기본적인 간단한 사실을 간과하고 있었다는 점이다.

관인화양(官人花樣)

명조 역사에서는 초창기인 홍무·영락 2대 외에는 문관이 무관을 억누르고 절대적 우위에 서 있었다.25) 다수 무관은 문묵에 어둡고 정치의식이 결여되어 있었다. 그들은 순수 실무 요원에 속했다. 고급 무관이라고 해도 정책 결정 때에 의견을 내기에는 역부족이었고, 드물게 의견을 제출하는 경우가 있더라도 문관이 이를 중히 여기는 예는 결코 없었다.

신시행이 수보로 근무하고 있던 시기 전국 문관의 총수는 약 2만이었는데 그중 중앙관은 약 10분의 1을 점하고 있었다.26) 그들이 조회에 모이면 눈까지 어지러워질 정도였다. 조회의 예복은 견직물이었고, 4품 이상의 관리는 홍색, 5품 이하의 관리는 남색이었다. 조회 때 쓰는 관은 엷은 비단으로 만들어진 것으로 양옆에는 깃이 하나씩 장식되어 있었다. 그들이 신는 신발은 검은색이었는데 바닥은 흰 옻으로 칠해져 있었다. 허리띠[腰帶]는 꽉 매지 않고 느슨하게 두르기만 했으며, 옥이나 무소뿔[犀角], 금, 은 등을 네모지게 깎아서 아로새겨 넣었기 때문에 햇빛에 끊임없이 반짝였다.

관리의 등급은 '문관화양(文官花樣)'으로 표시되었다. 이것이 서양인이 말하는 'mandarin square'였다. 문관의 무늬는 항상 2마리의 새가 자수되어 있었는데, 새의 품격과 자태가 계급의 높이에 따라 달랐다. 예컨대 1품관의 무늬는 선학(仙鶴)이 구름 속으로 날아오르고 있는 모습이었다. 3품관의 무늬는 공작인데 한 마리는 땅에 내려서 있고 한 마리는 하늘을 날고 있었다. 9품관에 이르면, 두 마리의 자고새(鷓鴣)가 함께 풀숲에서 모이를 찾는 문양이었다. 무관의 포복은 형태나 색깔에서 문관의 무늬와 비슷하였지만, 새가 아닌 맹수를 사용해서 계급을 나타내어, 순서대로 하면 사자, 호랑이, 표범, 곰 등이 새겨졌다. 이 밖에 감찰관은 '풍헌관(風憲官)'이라고 해서, 문관이지만 새 무늬로 등급을 나타내지 않고 해치[獬豸, 소와 비슷하게 생긴 전설상의 동물]를 수놓았다. 이것은 전설상의 맹수로서 선악을 분별할 수 있어서 선인에게는 전혀 해를 끼치지 않지만 악인이 접근하면 달려들어 찢어버린다고 전해졌다. 그리고 환관을 포함한 극소수의 문·무관은 황제로부터 이무기나 날치, 남두성[南斗星, 남방 말斗처럼 생긴 여섯 별]과 견우성 등의 형상을 자수한 포복을 특별히 하사받을 수 있었다. 그것은 다른 무늬보다 고귀한 것으로, 이를 받는 것은 특별한 영예였다.27) 신시행은 1585년에 만력제로부터 이무기 무늬가 그려진 포복을 하사받았다.

문관은 절대 다수가 과거 출신이었다. 최하급 시험 합격자를 생원(生員)이라 했다. 생원은 3년에 한 번 있는 향시에 응시할 수 있었고, 합격자는 거인(擧人)이라 불렸다. 거인은 북경에서 회시, 전시를 치르고, 이에 합격하면 진사라 지칭되었다. 거인은 9품의 관직, 진사는 7품의 관직을 제수받을 수 있었다. 이외에 감생(監生), 공생(貢生) 등의 명칭도 있는데, 이들도 모두 일정한 경로를 거쳐 관직을 얻을 수 있었다. 요컨대 과거 제도는 각종의 시험 방법으로 인재를 선발한 것으로서, 되풀이되는 시험에 전국의 독서인이 모여, 수험자 총수는 1백만 이상에 달했다. 그중 문리에 통달한 자가 이를 통해 벼슬길에 올랐다.28)

과거 제도의 중요성은 사회 풍조에도 반영되었다. 독서인이라 하더라도 입사(入仕)하지 못하면 대개의 경우 자신의 능력을 발휘할 기회가 없었고, 가정과 가문에 명예를 가져다줄 수도 없었다. 따라서 한 사람이 진학하고 과거에 합격한다고 하는 것은 표면적으로는 개인의 능력과 노력의 결실로 보일지 모르지만, 실은 성공의 배경에는 항상 의식을 절약한 부조(父祖), 자신을 희생한 홀어머니, 고생을 견뎌낸 현처가 있었다. 무수한 제문과 묘비가 그것을 증명하고 있다. 이런 문장은 대부분 자식이나 지아비가 쓴 것이다. 그중에서 어머니나 아내의 도움을 칭송하는 것들은 문장의 애절함이 사람의 심금을 울리고, 내용도 가히 믿을 만하다고 생각된다. 황제가 신하에게 내리는 고명(誥命)도 이 심정적인 요구에 알맞게 응답하고 있다.

영전의 은사는 대체로 아내 및 3대 전까지의 조상을 포함했다.29) 설사 고명을 받은 조상이 이미 세상을 떠났다 해도 수여에는 지장이 없었다. 이전의 묘비를 제거하고 그 대신 새로운 명예를 새겨 넣은 묘비를 세우면 되었다. 화가는 살아 있는 자의 구술을 기초로 해서 죽은 사람의 생전 모습을 그렸지만, 입은 포복은 당사자가 평생 본 적이 없는 것일 수도 있었다. 이처럼 조상을 표창하는 것은 자손에 대한 편달과 격려가 되었다. 이들의 고명은 백 대 뒤에도 전해져서 후세의 모범이 될 수 있었다. 따라서 자신의 은명(恩命)을 선대에게 양여하는 것은 실로 일거양득인 셈이었다. 수보 신시행은 그 내막을 잘 이해하고 있어서, 얼마 전 이보인 허국을 대신하여, 허국 본인이 받아야 할 승진 대신 그와 동등한 명예로 그의 죽은 처와 양친을 표창하게 해달라는 요청을 올리기도 했다.30)

이러한 사회 배경을 기초로 해서, 문관은 자연히 하나의 공통된 사상을 가진 집단을 형성했다. 중앙관이 문관 중에서도 엘리트였던 것은 물론 두말할 나위가 없다. 그들은 예외 없이 어릴 때부터 사서(四書)를 숙독하고 있었다. 그리고 송대의 대유학자 주희(朱熹)의 주석이 조정에 의해 정설로 인정받으면서, 그들도 일찍부터 전면적으로 그 훈도를 받고 있었다. 이 때문에 일체 사물을 대하는 견해도 역시 일치했다. 그들은 모두, 정치를 한다는 것은 인민애물(仁民愛物)의 마음으로부터 생기는 것이고, 그것은 또한 동정심과 자애로운 마음이라고 알고 있었다. 교양 있는 사람은 자기 자신에게 생활상의 욕구가 있고 가족, 부모, 자식에 대한 애정이 있다는 사실을 알고 있었다. 이런 자기 자신을 돌이켜 타인을 미루어 헤아리면, 다른 사람에게도 그 같은 욕구나 감정이 있다는 점에 생각이 미치지 않을 수 없었다. 따라서 그는 가능하면 다른 사람들이 자신들의 수요를 충당하고 자신들의 정감을 표현할 수 있도록 하지 않을 수 없게 되었던 것이다.

천하의 큰 도리는 모두 인지상정으로 미루어 헤아릴 수 있다. 가장 엄격한 규범조차도 인정과 도리에 따른 예외적인 경우를 인정한다. 예컨대 형수를 대할 때는 경애하는 동시에 거리를 유지하지 않으면 안 되지만, 형수가 물에 빠지면 거리를 유지하고 있을 때가 아니라 손으로 형수를 끌어 올려야 되는 것이다. 이 원칙과 예외가 옛사람이 말한 경[經, 원칙·규범]과 권[權, 임시 변통]이다. 이 관계를 문관들도 손바닥을 들여다보듯 잘 알고 있었다.

그들은 도리에 통달한 교양인이었기 때문에, 성현의 도에 어긋나지 않는 유머 감각을 갖고 있었다. 유머를 즐기는 취미는 그들이 홍로시 예관(禮官)을 얘깃거리로 할 때 아낌없이 발휘되었다. 그들이 말한 "원씨는 울고 왕씨는 노래하며, 강씨는 맵고 이씨는 쓰다(元哭王唱, 姜辣李苦)"라는 표현은 이들 찬례관들의 기괴한 음성을 정확하게 묘사한 것이었다.31) 의식이 진행될 때는 모두 엄숙한 자세를 취하고 있었지만, 퇴출 후에는 언제나 포복절도할 이야깃거리가 그들 사이에 오고 갔다. 예컨대 찬례관이 "돌아"라고 호령하면서 정작 자신은 도는 것을 잊고 돌지 않았다든지, 찬례관이 꿇으라고 호령하기도 전에 무신이 미리 무릎을 꿇었다든지 하는 것이었다.32)

2천을 헤아리는 중앙관 모두가 이미 언급한 것 같은 품덕을 갖출 수 있었고, 그를 통해 강고한 집단을 형성하고 있었던가? 만약 사정이 정말로 그랬다면, 그들은 문관 가운데 엘리트로서 다른 문관들을 감화시켰을 것이고, 후자도 응당 풍기를 변화시키는 능력을 갖추어 전국 1천1백 남짓한 현의 민간 풍속에서 교활하고 완고한 습성은 없애고 순박하고 온후한 풍속이 확산되게 했어야 했다. 명조의 형법 중에서 신체를 난도질하는 능지처참 같은 놀랄 만한 형벌도 모두 일찍이 폐지되었어야 할 터였다. 그렇게도 많은 해치복을 입은 문관들이 다른 관료들을 감시할 필요도 전혀 없고, 황제도 진노하여 백관을 매로 때릴 필요가 없었을 것이다. 이상과 현실은 흔히 부합되지 않는 법이다. 그렇지 않았다면, 신시행은 집무 시에 기분이 크게 좋았을 것이고, 다음에 서술하는 것 같은 일도 일어나지 않았을 것이다.

관료주의의 구조

　수보 신시행은 성의(誠意)를 제창하고 있었지만, 이상과 현실의 차이에 대해서는 잘 알고 있었다. 그는 사람이 입 밖으로 내뱉어 공인하는 이상을 '양(陽)'이라고 부르고 타인에게 말할 수 없는 사욕은 '음(陰)'이라고 불렀다. 음과 양을 조화시키는 것은 복잡한 일이다. 그래서 그는 자신이 기대하는 것은 "불초자에게는 오직 무서움이 무엇인지 알게 하고, 현자에게는 의지할 곳이 있게 함"일 뿐이라고 공언했다.33) 이처럼 그리 높지 않은 목표에 도달하는 것조차 이미 쉬운 일이 아니었기 때문에, 목표를 높이는 것은 실사구시(實事求是)가 아니었다.

　문관들의 은밀한 사욕을 없앤다는 것은 불가능했다. 왜냐하면 사회 전체가 벼슬하는 것이 부자가 되는 길이라고 생각하고 있었기 때문이다. 누군가가 진사에 합격하면 즉시 접근하여 오는 사람이 있어, 전답을 사들이고 고리대를 놓는 방법, 소송에 영향력을 행사하는 방법, 권세를 바탕으로 규정 외의 수입을 올리는 방법 등의 지혜를 빌려주는 세태가 적지 않은 소설이나 필기[筆記, 개인적으로 기록한 글] 등에 모두 적혀 있었다.34) 북경의 고리대업자 중에는 항상 쪼들리던 중앙관에게 돈을 빌려주었다가 돈을 빌려 쓴 사람이 지방관에 임명되면 바로 임지로 따라가는 자들도 있었다. 그리하여 빌려준 돈과 원금만큼 불어난 이자까지 챙길 수 있었다.35) 지방관은 민정과 재정 일체를 장악하고 있었기 때문에 치부할 기회도 매우 많았다.

그런데 관료들이 바로 이러한 사회 풍조에 어느 정도 굴복하는가 에는 개인차가 있었다. 대다수는 그들 사대부 계급의 생활 수준을 유 지하기 위해 거의 비합법에 가까운 다소의 규정 외 수입을 얻어서 부 족한 봉급을 메우는 것은 오점이 되지 않는다고 여기고 있었다. 그러 나 일신의 이익을 탐하는 추한 행위로 사람들을 분노케 하는 악명 높 은 관리들도 상당수 있었다. 그런가 하면 구차히 다른 사람의 재물을 탐내지 않고 극단적인 청렴결백을 자부하는 인물들도 일부 있었다. 이와 같이 절대적 도덕관을 대표하는 인물이 괴짜 남경도어사(南京都 御使) 해서(海瑞)였다. 이 세 가지로 요약되는 관념의 차이가 곧 문관 들 사이의 관계를 원만치 못하게 하는 한 원인이었다.

중추부에 대한 통제도 관료들의 나쁜 습성 때문에 제약을 받고 있 었다. 이것은 중앙 집권 체제로서는 피할 수 없는 현상이었다. 중앙은 수많은 지방 현(縣)들의 실정을 직접 파악할 수 없었고 오직 지방관의 보고에만 의존했다. 우선 이 보고서가 지방에서 중앙까지 도착하는 데 1개월이 걸렸다. 작성자는 실정을 서술하면서 걸핏하면 전래된 화 려한 문장을 둘러대는 습성을 따를 뿐, 실지 조사 등은 하지도 않았 으며 1백 년이 넘도록 수정된 적이 없는 통계 자료를 인용했다.36) 따 라서 중앙의 각 기관은 엉터리 잡동사니를 바탕으로 행정 관리 방법 을 찾아내야만 했다.

이 방법은 '책임'이란 두 글자로 귀결되었다. 어떤 지역에서 문제 가 일어나면, 부나 현의 지사는 당연히 책임을 면할 수 없었다. 예를 들어 죽음을 두려워 않는 3천의 무리가 도당을 만들어 도적질을 했다 치자. 그러면 해당 지방관이 검거되는 것은 필연적이었다. 해당 지방 관은 우유부단하고 결단력과 판단력을 결여하여 사태를 수습할 수 없었다고 추궁받게 되었다. 하지만 때로는 반대로, 경솔하게 서둘러

악당 무리를 과도하게 추궁함으로써 폭동으로 비화시켰다는 죄명을 받아 비판받기도 했다.

일반적으로 이러한 사건이 일어나면, 중앙이 깊이 조사할 수 있는가의 여부는 이미 문제의 핵심이 아니었고, 상부에서는 어쨌든 지방관에게 죄를 뒤집어씌우기만을 능사로 하였다. 면밀한 조사는 많은 노력이 요구되는 일이었는데, 만약 피고가 증거를 제출하면서 사건이 그의 부임 전부터 시작되었다든가, 과실이 인근 부나 현 혹은 상층부의 잘못된 지시에 있었다든가 하면서 자기 변호를 하게 되면, 판결을 내릴 수가 없을 것이기 때문이었다. 판결이 내려지지 않고 책임이 애매하게 되면, 문관 기구 전체의 규율이 무너지고, 뒷날 상벌 기준이 없어질 것은 필연적 사실이었다.

이 때문에 중국의 행정은 체제 안정을 중시했을 뿐, 개별 인간이나 사건의 절대적 공평성은 염두에 두지 않았다. 소수를 희생시키는 것이 바로 대국을 유지하는 방법이었다. 인사 고과의 조례도 여기에 착안하고 있었다. 규정에 의하면, 4품 이하 지방관은 3년 임기가 끝나면 상경해서 황제에게 직무 보고를 하고, 황제 및 관계 부처에서 그들의 행정 성적의 우열을 사정받아야 했다. 하지만 전국에는 1천1백여 개의 현이 있어서, 아무리 유능한 인사 관료라도 그들의 구체적인 성적을 자세하게 알 수 없었으므로 대략 한두 가지를 고려할 수밖에 없었다. 어느 지방관이 관할하는 지역이 평온하고 세수에 큰 부족이 없으면, 그 지역의 민풍(民風)은 순박 온후해서 완악하지 않으며 그 지방관은 훌륭한 관리로서 경솔하거나 재간이 부족하거나 하지 않은 것으로 되었다.

중앙관은 6년에 한 번 '경찰(京察)'이라 하는 근무 평가를 받았다. 경찰도 실제 능력과 성적에 의거하기는 곤란하여, 대체로 그가 행한 일들이 적절하다고 말할 수 있는가 어떤가를 평가하여 고과했다.37) 중앙관은 이 심사에 전전긍긍했다. 한두 가지라도 좋지 못한 평가를 받으면, 인생 설계가 순식간에 수포로 돌아가버릴 것이기 때문이었다. 명조 역사상에는 2천 명 남짓한 문관이 퇴직이나 강등을 당한 엄격한 심사도 몇 차례 있었다. 집정자의 입장에서는 이렇게 하지 않으면 조정 인사의 신구 교체가 불가능했지만, 심사를 받는 문관에게는 이와 같은 대규모 인사 조처가 간담을 서늘케 하는 것이 아닐 수 없었다. 그들은 그 안에서 안전을 보장받기 위해 갖은 수단을 동원하여 서로를 비호했다.

그들은 여러 종류의 사회관계를 통해서도 소집단을 형성하고 있었다. 같은 성(省)이나 현 출신자는 '향의(鄕誼)'가 되었고, 같은 해에 거인이나 진사에 합격한 사람들은 '연의(年誼)'가 되었다. 같은 해 합격한 거인이나 진사는 학교 동창과 같아서, 원칙적으로 서로 보살펴줄 의무가 있었고, 당시의 시험관은 당연히 평생의 은사가 되었다. 부부 쌍방의 친척 일동을 포함한 혼인관계는 '인의(姻誼)'가 되었다. 이 같은 여러 가지 '의(誼)'는 문관 집단 내에 파벌을 만드는 요인의 하나였다. 배후 후원자이기도 한 각 파벌의 중요 인물에게는 신인을 선발하여야 하는 의무가 있었다. 그들은 자신이 발탁한 신진들의 개인적인 문제 해결에 도움을 주기도 하고, 실책을 무마해주기도 했다. 발탁되거나 도움을 받은 사람은 당연히 후원자에게 일생 변하지 않는 충성을 다하지 않을 수 없었다.

신시행은 수보로서 당연히 이러한 추세의 위험성을 느끼고 있었다. 문관은 명의상 각 부(部)·원(院)·시(寺)에 편성되어 각자 공적인 조직에 소속되어 있었지만, 음으로는 사적인 파벌의 일원이기도 했다. 신시행은 언젠가 친구에게 보낸 편지에서 이 문제를 언급하면서 이와 같은 '공과 사', '양과 음'의 구별에 대해 개탄한 적이 있었다.

하지만 그에게 어떤 방법이 있었겠는가? 그 자신도 장거정의 보살핌을 받았기 때문에 오늘날의 지위에 오르게 된 것이 아닌가. 신시행은 이상주의자가 아니었으므로 인간의 약점은 완전하게 피할 도리가 없다는 사실을 잘 알고 있었다. 장거정 사건도 이미 지난 일이 되었고, 그의 현재 임무는 젊은 황제가 나라를 다스리는 대과업에 힘닿는 한 도움을 주는 것이었으며, 긴급한 당면 과제는 문관 상호간의 신뢰를 강화하는 것이었다. 각자의 음을 파헤치는 것보다는, 그 양을 부추겨주는 쪽이 나았다. 그가 이상을 포기하고 타협을 앞세우는 정치가로 비쳐졌던 것은 바로 이런 이유 때문이었다. 하지만 훨씬 현실적이고 실무적인 인물들도 있어서, 그들은 모든 윤리 도덕은 전부 탁상공론이며, 잘 보아주어도 이상과 명분에 불과하다고 생각하고 있었다. 이런 사고방식에 대해서는 신시행도 동의할 수 없었다. 이상과 명분은 허위와는 다른 것으로, 사람은 그것을 출발점으로 하여 자신의 성의를 발전시킬 수 있기 때문이었다.

설령 명조가 윤리 도덕의 확장을 치국의 기준으로 삼아 그 효과가 이상과 같지 못했다 하더라도, 그보다 좋은 별다른 방법이 없었다. 만약 이런 관념이나 원칙이 없었다면 정부는 무엇에 근거해 존립할 수 있었을까? '사서'에 언급된 '정심성의(正心誠意)', '인민애물(仁民愛物)', '수익즉수원(嫂溺卽手援)' 등과 같은 원칙을 포기한다면, 어떻게 2천여 명의 중앙관이 동일한 관점에서 일을 처리하게 할 수 있을까? 또한 어떻게 1만 8천 명의 지방관을 일치 협력시키고, 이유 없는 벌을 받고서도 여전히 '한없는 황제의 은혜'를 예찬하도록 할 수 있었겠는가? 전국 약 1백만 인의 지식인을 교육하는 기준으로서 이보다 나은 것이 또 있을 수 있었을까? 그들의 조상, 홀어머니, 현처를 표창하는 데 이것말고 더 나은 기준이 있었겠는가? 개인의 사사로운 생각은 장소와 때에 따라 변하는 것이며, 영구 불변한 것은 윤리 도덕뿐이다. 옛 성현이 '사서'를 썼을 때도, 주희가 '사서'에 주석을 붙였을 때도, 그리고 지금도 여전히 그것은 변함이 없다. 그래서 이 가르침이 후대의 모범으로서, 경연에서 강관에 의해 강론되고 묘표(墓標)에 새겨지기도 했던 것이다.

이러한 윤리 교육이 효과를 거둔 예로 앞에서 언급한 추원표의 경우를 들 수 있다. 추원표는 1577년 26세의 나이에 진사에 합격했다. 당시 그는 아직 어떤 관직도 갖지 않았으나, 성현의 가르침을 바탕으로 하여, 장거정이 퇴직하여 복상하지 않은 것은 수치를 모르는 일이라고 지적하는 상주서를 올렸다. 이 한 통의 상주서 때문에 그는 오문 밖에서 정장에 처해졌고 진사의 지위는 박탈되었으며 사병으로 강등되어 귀주(貴州)의 벽촌으로 유배되었다.

추원표는 그로부터 5년 뒤인 1583년이 되어서야 마침내 오명을 벗고 북경으로 귀환하여 급사중에 임명되었고, 감찰 관리로서 해치를 자수한 포복을 입을 수 있었다. 부임하자마자 그는 마음을 깨끗이 하지도 욕심을 버리지도 못한다고 만력제를 직설적으로 비판했다. 황제는 상주문에 '지도료(知道了)'의 3자를 주서하고, 그의 체면을 보아 이 무례한 문구를 추궁하지 않고 끝냈다. 하지만 추원표는 특별히 눈감아주었음을 고려치 않고, 곧 두번째 상소를 올렸다. 서면에 사용된 언사는 전보다도 한층 거리낌이 없어서, 거짓말을 일삼으며 과오가 있어도 뉘우치지 않는다고 만력제를 비난했다. 뿐만 아니라 그는 "남의 입에 오르내리고 싶지 않으면 나쁜 짓 하지 말라(欲人勿聞, 莫若勿爲)"라는 속담을 인용해서, 황제가 겉만 번지르르하고 군주다운 풍모가 없다고 질책하였다. 그러자 만력제도 격노하여 이 배은망덕한 간

관을 다시 정장에 처하려 하였다.38)

일개 종7품의 하급 문관이, 과거에 정부에 공헌한 것이라고는 장거정을 탄핵한 것뿐인데도, 지금 이 같은 도덕적 권위를 갖고 직접 황제까지 비판할 수 있었던 것은 어디에 근거한 것일까? 만력제의 입장에서 본다면, 추원표를 위시한 간언자들은 황제에게 충성을 다하는 것이 아니라 사리사욕을 좇아 소위 '임금을 헐뜯어 정직함을 팔고(訕君賣直)' 있는 것이었다.39) 또한 이런 사람들은 정직을 상품으로 삼고, 심할 때는 예사로 군주를 비방하며 그것을 밑천삼아 자신이 정직하다고 과시한다고 여겨졌다.

이 같은 견해에 사실상 근거가 없는 것은 아니었다. 일부 문관은 경서에 정통해서, 백세 후에까지 명성을 남길 말을 잘 알고 있었다. 그들은 문제점을 하나 찾아내어 어전에서 불경죄를 지어 오늘 형벌을 받는다 하더라도, 훗날 역사서에 자신의 이름을 드높일 수 있으면 그것으로 좋다고 생각했다. 이는 충신열사의 명예가 의심의 여지 없이 귀한 상품이라는 것을 말해주고 있다. 그렇지 않다면 어찌해서 많은 사람들이 이렇게 비싼 대가를 치르고, 천신만고 끝에 획득한 진사의 신분은 물론, 심지어 생명까지 버렸겠는가. 이 같은 생각을 갖고 있는 이런 부류의 인물들이 존재하고 있는 이상, 내각 수보는 현실을 받아들이면서도 이상을 버릴 수 없었던 것이다.

장거정을 회고하다

신시행은 중재자가 되기로 결심했다. 그의 성의는 일부 문관에게는 존중되었지만, 모든 사람에게 이해될 수는 없었다. 때로는 장거정의 하수인이라 비판받기도 했고, '수미양단(首尾兩端)', 즉 사건이 일어나면 허둥댈 뿐, 결단력이 부족하다고 비난받기도 했다.40) 하지만 신시행은 이러한 비난 때문에 자신의 방식을 바꾸지는 않았다. 아마 다른 인물이 그의 지위에 앉았다면 보다 단도직입적이고 강경한 방법을 취했을지도 모른다. 신시행의 온화함은 반은 천성적인 것이었고, 반은 전임자이자 후원자였던 인물로부터 얻은 교훈 때문이었다. 장거정은 죽은 후 탄핵되어 가산은 몰수되고 자제들은 유배되었다. 그것을 경험하고도 장거정의 방식을 모방했다면 최소한 그는 생각이 없는 자라 하지 않을 수 없을 것이다. 현재 그는 장거정이 남긴 문연각의 집무용 책상에 앉아 있었으니, 당연히 장거정의 왕년의 기개를 잊을 수 없었다. 일세를 풍미한 이 수보가 신시행을 문생 겸 부하로 삼았던 것은 부인할 수 없는 사실이었다. 하지만 그럼에도 신시행은 겸허하게 지내고 있었기 때문에 성장의 기회를 얻었고, 마침내는 장거정의 후계자가 되었던 것이다.

그의 전임자이면서 후원자였던 장거정은 매우 총명한 인물이었다. 그는 세세한 일까지 기억했을 뿐 아니라 각종 직무의 핵심을 잘 파악하고 있었다. 융경제 사후 거의 모든 신하들이 고공은 싫어했지만 장거정에 대해서는 호감을 보였다.41) 심지어는 그가 수보의 지위를 얻기 위해 거물 환관 풍보와 손을 잡으면서까지 자성태후의 총애를 획득한 경위도 동료들의 양해를 얻을 수 있었다. 1572년 그가 문연각의 주인(내각대학사)이 되었을 때는, 확실히 순풍에 돛을 단 격이었다. 하지만 10년 후에는 지위도 명예도 잃고, 역사상 일대 비극의 주인공이 되고 말았다. 신시행은 이 비극의 내용을 충분히 이해하고 있었다. 장거정의 근본적인 잘못은 지나친 자신감으로 겸허하지 않았다는 것과, 사실에 대해서는 양보가 필요했는데 그것을 인정하지 않으려 했던 데 있었다. 신시행은 평소 타인의 결점을 왈가왈부하는 것을 좋아하지 않았다. 더구나 자신을 발탁해준 사람에 대해 멋대로 비판을 가할리가 없었다. 그는 단지 비극의 내막으로부터 교훈을 얻을 뿐이었다.

장거정의 10년간의 신정(新政)은 문관 기구의 기풍 쇄신에 중점이 두어졌다. 관료 제도는 주위 환경의 여러 폐단들 때문에 사무의 처리에 조리가 없었다. 장거정은 힘써 기풍을 진작시켰지만, 요구가 너무 지나쳐 여기저기서 반감을 사게 되었다. 생전에는 권세를 이용해서 비판자를 억제할 수 있었지만, 그가 죽자 심혈을 기울이던 사업도 물거품이 되고 말았다.

행정 효율의 제고는 일종의 수단이었고, 장거정이 목표로 한 것은 부국 강병이었다. 재정 관리 또한 본래 그의 전문 분야였지만, 이 전문 분야에 바로 실패의 싹이 감춰져 있었다. 여기에는 많은 복잡한 사정이 있어서 제3자가 쉽게 이해할 수 있는 문제는 아니었다.

이 복잡성은 우선 세수(稅收)에서 나타났다. 명조 1천1백여 개의 현은 표면상 모두 평등한 행정 단위로 보이지만, 실제 각 현의 세량(稅糧) 총액은 크게 차이가 있었다. 각종 사정을 감안하여 총액이 일단 결정되면 관행으로 굳어져 개정되지 않았다. 부유한 현인 경우, 세량 총액은 족히 가난한 현의 3백~5백 배나 되기도 했다.42)

당시 지현들은 자신의 관할 구역을 상세히 살피면 믿기 어려운 사실을 더욱 많이 발견할 수 있었다. 이는 소위 제도라는 것이 왕왕 이상에 지나지 않는다는 사실을 확인해주는 것이었다. 예컨대 공식적으로 사용되는 도량형과 민간에서 사용되는 도량형은 대소의 차이가 있었다. 또 많은 현에서는 몇 세기 동안이나 체계적인 경지 측량을 하지 않아, 그 사이에 경지가 증가한 곳도 있고 감소한 곳도 있었으며, 심지어 지형이 변해버린 곳조차 있었다. 그래서 과거에 정한 세량

액은 이미 현실과는 크게 동떨어져 있는 것이었다. 토지 소유권 문제에서도, 몇 번씩이나 반복된 저당으로 인한 소유권 변동으로 누가 참 소유주인지 알 수 없게 된 경우도 있었다.

어떤 현은 세액이 너무 낮아 얼핏 보면 세액을 올려야만 하고, 적어도 이 같은 현에서는 연체가 다시는 없었을 것처럼 보이기도 한다. 하지만 실제로는 원래 세액이 낮아서 적지 않은 농민이 지주로 올려져 있기는 하지만, 이들 지주 가운데 많은 수가 자작농 내지 반(半)자작농으로 언제나 기아선상에 헤매고 있기도 했다. 따라서 이들의 생활은 농촌의 부유한 대지주나 도시 거주 지주와 동일하게 이야기할 수 있는 것이 아니었다. 바꾸어 말하면, 낮은 세의 혜택은 이미 그 지역 사람들에게는 당연한 것으로 받아들여져 생활의 불가결한 일부가 되어 있었기 때문에, 세량 체납의 문제는 현 전체의 세액이 낮다고 해서 없어지는 것이 아니었다.

세량이 비교적 무거운 현에서 책정된 양대로 창고를 채우는 것은 더욱 있을 수 없었다. 보통 세수가 일정액에 달하면, 예컨대 어느 현에서 이미 세액의 60%를 징수했다고 하면, 나머지 40%를 징수하는 것은 지극히 어려웠다. 부유한 지주라 하더라도 가난한 자작농 행세를 하면서, 누가 뭐라 하건 말건 세량을 납부하려 하지 않았기 때문이다. 그들은 이런저런 방법으로 지연하면서 세량을 체납하는 호주(戶主)에게 지현이 손쓸 방도가 없다는 것을 오랜 세월의 경험으로 알고 있었다. 지난 세금이 청산되지 않을 경우 대개 신세(新稅)에 지장이 초래되기 때문에, 당국은 여러 가지 명분으로 미수분을 눈감아줄 수밖에 없었다. 결국은 체납해서 떼어먹는 것을 권장하는 꼴이 되었던 것이다.

지현은 세를 체납한 호주에 대해서 달리 어쩌지 못하고, 그저 몇 사람쯤 끌고 와서 관청 앞에서 매질하는 것으로 다른 미납자에게 본보기로 삼을 수밖에 없었다. 하지만 미납자 측에서도 다른 대응 방법이 있었다. 그들은 관리에게 뇌물을 주고 거지들을 고용하여 대신 매를 맞게 하는 방법을 사용하기도 했다. 이를 '천인대장(倩人代杖)'이라고 했다.43) 종래 '어미지향[魚米之鄕, 수산물과 쌀이 풍부한 비옥한 고장]'이라 불리었던 남직예(南直隸) 소주부(蘇州府)가 이런 문제를 가진 전형적인 지역이었다. 신시행은 소주 오현(吳縣)에서 태어나 성장했기 때문에 이런 상황에 익숙해져 있었다. 장거정도 물론 이런 오랜 폐해를 잘 알고 있었다. 그는 한 편지에서 소주는 세량을 떼어먹기로 유명하며 사람은 무례하기 짝이 없어서, '귀국(鬼國)'이라 부를 수 있을 정도라고 적고 있다.44)

백성이 내는 세량에는 규정된 액수 외에도 '상례(常例)'라는 것이 있었는데, 각 지방관이 관행적으로 사취하던 추가분이었다. 지현이 이런 형편이었으므로 이하 촌장, 이장, 갑수(甲首)*는 말할 것도 없었다. 지방관은 세량을 거둘 때 세액이 규정대로 걷혔는지의 여부는 제쳐두고 보통 상례를 먼저 징수했다.45)

장거정은 수보로 있으면서, 각 부·현에 세수를 규정대로 전액 납부하라고 황제의 이름으로 엄하게 명령을 내린 바 있다. 이 전례 없는 거대한 압력은 모든 문관이 평생토록 잊을 수 없는 것이었다. 장거정을 비판한 자들은, 그가 북경과 각지의 창고 안에 비축된 대량의 은을 못 본 척하며 이런 식으로 재물을 긁어모으려 한다면, 그것은 지방관들을 핍박하여 백성들을 고문하고 때려죽이게 하는 결과를 낳

---

* 이갑제는 명대의 부역제도로서, 110호를 1리(里)로 하고, 그 가운데서 재산과 정(丁)이 가장 많은 10호를 이장호, 그리고 나머지 100호는 갑수호로 편성하여, 매년 돌아가면서 한 명의 이장과 10명의 갑수로 하여금 수세와 관련된 역을 담당하게 했다.

을 것이라고 말했다. 이러한 비판은 지나치게 과장된 면도 없지 않지만, 장거정과 정부가 일관해서 내세우고 있던 관대함의 정신에 상반되는 것도 사실이었고, 통상 향촌의 기로(耆老)나 신사를 매개로 한 '간접 통제'의 형식과도 일치하지 않는 것이었다. 이 간접 통제 방식은 행정 효율은 극히 낮았으나 현실적 필요에 부응하였고, 당국의 통제가 수많은 농민들에게 미치지 못한다는 난제를 해결해주고 있었다.

장거정에게는 또 하나의 착오가 있었다. 그것은 문관 집단의 이중성을 경시한 것이었다. 특권을 이용하여 연고자를 발탁하거나 지주와 고리대업자의 이익에 도움을 주는 관료들은 본래 많았다. 그러나 '사서'를 바탕으로 하여 문관 집단이 표방하고 있는 주장들이 완전히 공허한 것만은 아니었다. 성의로 이끌어가면, 추원표 같은 책임감이 강한 젊은이가 보신이나 영달을 돌아보지 않고 '인민애물(仁民愛物)'의 가르침에 목숨을 걸 수도 있었다. 이러한 자기 희생의 정신은, 유사시에 북방 유목민의 침입을 격퇴하는 것도, 고생 끝에 황하의 무너진 제방을 복구하는 것도 가능하게 했다. 그들은 늘 만력제를 비판했지만, 그 동기가 반드시 '명예를 구하여 정직함을 파는' 것에 있지는 않았다. 그들은 자기 희생이란 것도 황제의 동의와 협력이 없을 경우, 억만 백성을 행복하게 할 수가 없다는 사실 또한 잘 알고 있었다. 그들이 장거정을 공격한 것도, 그들이 보기에 장거정의 조치는 옛날 성현의 가르침을 떠나 공(功)을 서두르고 이(利)를 좇으며 위대한 정신 대신 세속적인 행정 효율을 우선한 것으로서, 결국 막다른 길에 몰려 자신의 연고자를 임용하는 것이 고작이기 때문이었다.

객관적 조건으로 보아 장거정이 자신과 연줄이 있는 사람들을 채용한 것은 피할 수 없는 일이었다. 중국은 광대한 국토에 교통 통신도 매우 낙후되어 있었기 때문에 어떤 유능한 내각이라도 각각의 지방관을 빠짐없이 파악하여 통제할 수는 없었다. 장거정은 개혁에 전념했지만, 10년의 '전정(專政)'에도 불구하고 각지의 세액은 조정되지 않았고, 지방 정부는 여전히 농촌을 관리할 수가 없었으며, 관리의 낮은 보수도 옛날 그대로였다. 결국 이 개혁도 부분적인 조정에 지나지 않았고 체제상의 변혁은 아니었다.

　장거정 본인은 조금도 소홀함 없이 집무에 전념했다. 정부의 장부를 직접 눈으로 살펴보고, 변경 경비군의 병력과 군마의 수를 조사하고, 위법 행위를 한 관리의 체포를 명했으며, 각종 보고서의 서식을 만들거나 보고 기한을 규정하기까지 했다. 그가 임명한 총독이나 상서 개개인은 모두 유능하고 명민했지만, 그들의 성실함에는 역시 한계가 있었다. 왜냐하면 그들 자신은 제쳐놓고라도, 관할하의 하급 기관이 여전히 여러 가지 불합리한 조건 아래 있어서, 권모술수를 떠나서는 이들 고급 관료의 재능도 아무런 쓸모가 없었기 때문이다. 그런 권모술수는 아무래도 성실과는 상반되는 것이었다.46)

　명목상 장거정은 분명히 황제의 고문에 지나지 않았다. 따라서 그에게 정책 결정권이나 인사 임명권이 있을 까닭이 없었다. 그는 자신의 계획을 관철시키는 방법으로, 늘 사적으로 심복의 순무나 총독에게 서신을 보내 이러이러하게 상주하라고 주문했고, 자신은 내각대학사의 신분으로서 그것을 허가하는 표의(票擬)를 기초했다. 때로는 심복의 마음을 끌어내기 위해, 승진을 넌지시 암시하는 편지를 보내기도 했다. 이 같은 방식은 실제로는 자신을 중심으로 한 별도의 특수한 행정 조직을 구성하여 그를 통해 본래 행정기구의 불완전함을 보충하려는 것이었다. 이는 다른 사람들의 눈에는 법을 사물화(私物化)한 것에 다름 아니었다. 기개가 있다고 자부하는 사람들은 권력을 추종한다는 비난을 면하기 위해 더욱 그에게 머리를 숙이려 하지 않았다.

 장거정이 취한 모든 조치들은 이 대제국의 지나친 중앙 집권화가 어떤 폐단을 낳는지를 철저하게 드러내었다. 하급 행정 단위 사이에 쌓여 있는 많은 현실적인 문제가 해결되지 않고서는 행정 효율의 증진이란 느슨하고 제한적일 수밖에 없었다. 억지로 효율을 올리려다 이런 한계를 넘어설 경우, 행정 계통 내부에 불안이 조성되고 문관 집단 전체가 과도한 압력으로 분열되는 결과를 낳을 뿐이었다. 그리고 일단 분규가 발생하면, 실제 문제는 더이상 실제적인 문제가 아닌 도덕적인 문제로 변할 가능성이 높았다.

 장거정이 문관 집단을 버리고 혼자 모든 일을 다 할 수는 없었으므로, 그의 행동에 일관성이 결여될 것은 당연했다. 예를 하나 들면, 그의 사치스러운 물질생활이 꽤 논란거리가 되던 수년 전, 나이 어린 만력제는 장 선생이 주택을 개축해 누각을 한 칸 증축하고 황제 친필의 편액을 걸고 싶어한다는 이야기를 전해 들었다. 그래서 황제는 직접 명령을 내려, 내고(內庫)에서 은 1천 냥을 보조금으로 염출시켰다.47) 소년 황제는 선생의 관봉이 충분치 않다고 생각했기 때문이었다. 하지만 장거정 사후 비로소 만력제는 북경의 장거정 저택의 개축 비용이 은 1만 냥이나 되었다는 사실을 들었다. 더욱 놀랄 일은 북경에 있는 장거정 저택의 개축이 끝나자마자, 호광(湖廣)의 강릉에도 같은 규모의 장거정 저택이 생겨났다는 것이었다. 그 일의 주관자가 농(龐)씨 성을 가진 금의위의 한 무관이었으므로, 건축 비용의 출처가 관고였음은 말할 필요도 없었다. 장거정은 그 경위를 알고서 변명의 여지가 없다고 말하기는 했지만, 이런 소인배들의 뇌물을 엄격하게 거절하지는 않았던 것이다. 바로 뒤이어 호광의 지방관이 공금을 부정 유출해서 도합 3칸의 석방(石坊)을 세우고 장거정의 공적을 찬양했다.

　다음으로 장거정은 역참 제도의 정리를 자신의 일대 업적으로 만들고자 했다. 당시 정부가 설치한 각 역참은 전례대로 왕래하는 관리에게 거마(車馬)와 숙식의 편의를 제공하고 있었다. 그는 이 일에 심혈을 기울여, 진정한 공무 출장이 아니면 역참을 이용할 수 없도록 했다. 역참을 이용하여 가족 여행을 하거나 공무를 빙자하여 사적으로 역참을 이용하려 한 자는 색출하여 엄벌에 처했다. 하지만 장거정이 부리는 사람이나, 심지어 장거정의 친구가 부리는 사람들은 지방관에게 거마나 선박뿐 아니라 짐꾼까지도 거리낌 없이 요구할 수 있었다. 장거정은 다른 관료에게는 절약에 힘쓰도록 요구하면서도 자신은 몸소 모범을 보이지 않았던 것이다. 그것은 물론 약점 잡히는 원인이 되지 않을 수 없었다.

　전술한 상황은 부하들이 몰래 한 일이라고 발뺌할 수 있을지도 모른다. 하지만 그는 사적인 편지에서 수차 그의 심복 문관이 현금이나 토지를 포함한 귀중한 예물을 보내어 온 것에 대해 언급하고 있다. 따라서 그에게는 자기 변명의 여지가 없었고, 그에게 호의적인 사람들 또한 이 부분에 대해서는 침묵할 수밖에 없었다.[48] 그는 자신의 사치와 타인의 절약은 각기 다른 지위와 신분에 상응한 것이라고 할지 모른다. 하지만 그의 정적들에게 이것은 바로 언행 불일치의 명백한 증거였고, 일반인들의 눈에도 적어도 분명 도덕적 오점이었다. 만력제가 원보(元輔) 선생에 대해 존경심을 상실한 것 또한 여기서 말미암았다. 왜냐하면 역모를 꾸며 왕위를 찬탈하려 했다는 죄목은 심각한 것이긴 하더라도 믿기 어려운 것이었던 반면, 이러한 도덕적 지탄은 분명한 사실이었기 때문이다.

　장거정은 최후 수년간 비판자에 대해서, 특히 저명한 문인에 대해서 매우 민감한 반응을 보였다. 이런 명사들은 평생 화려한 문장으로 사람을 속이는 재주밖에 없는 주제에 그의 현실주의적 방식에 결코 호감을 갖지 않고 있었다. 따라서 그 역시 이런 무리를 원수처럼 여기고 있었다. 신시행이 만약 자신의 전임자 겸 후원자인 장거정에 대해 평가할 기회가 있었다면, 이런 사람들에 대한 장거정의 태도는 지나친 것이었고 신시행 자신도 그로 인해 곤욕을 치렀다고 지적했을 것이다. 이들의 눈에 신시행은 항상 장거정의 측근으로만 비쳐지고 있었기 때문이다.

 냉정하게 볼 때 장거정은 일반 문인 관료에 대해서 확실히 지나친 편견을 갖고 있어 관대함을 잃고 있었다. 이들 전문 문인들은 "배움에 뛰어나면 즉시 벼슬을 한다"라는 원칙에 근거하여, 자신들의 시나 문장이 높은 봉급과 지위를 보장해주는 밑천이라고 생각하고 있었다. 장거정으로서는 설령 행정 능력이 없다는 이유로 그들을 배척한다 하더라도, 그들을 자극하지 않는 비교적 온건한 방법으로 경원(敬遠)해둘 수도 있었다.

 예컨대 왕세정(王世貞)은 명조에서 첫 손가락 꼽히는 산문의 대가로서 장거정과 같은 해에 진사에 합격했으므로 친밀한 교제가 있어야 했지만 실제로는 그렇지 못했다. 왕세정은 상서가 되고 싶은 한마음으로, 몇 번이나 적극적으로 장거정에게 호의를 표하고 그의 양친에게 송덕문을 쓰기도 하며 많은 선물을 했다. 그중에는 매우 귀중한 옛사람의 글도 있었다. 하지만 장거정은 인정에 얽매이기는커녕 왕세정에게 "재주 있는 이가 조심해야 하는 것은 고금의 진리입니다. 오간[吳干, 춘추 시대 오나라의 명검을 만든 장인]의 월구[越鉤, 무기의 일종]라 하더라도 함부로 사용하면 반드시 부러지게 마련입니다. 갑(匣)으로 그것을 보관해야 그 날카로움이 보전될 것입니다"라는 내용이 담긴 편지를 보내고 있다.49) 전반의 두 구절은 겉치레 인사였고, 뒷부분은 왕세정을 기껏 상자에 넣어 정교한 아름다움을 감상할 수 있을 뿐이지 실전에는 도움이 되지 않는 약하고 쓸모없는 무기에 비유한 것이었다. 왕세정은 당연히 이 굴욕을 잊지 않았고, 후에 동기를 위하여 『장공거정전(張公居正傳)』을 쓸 때 '눈에는 눈, 이에는 이'라는 말을 실천하듯 행간에 빈정거림을 잔뜩 담아놓았다. 거기서 신시행에 관하여 언급할 때에도 경멸의 어조가 완연했다.

또 한 사람, 문단의 거두 왕도곤(汪道昆)도 바로 장거정의 동기로서 병부시랑에 이르렀는데, 그가 사용한 변방 군비에 관한 감찰관의 상세한 조사에서 장부상 부실이 있다는 사실이 드러났다. 그런데도 왕도곤이 제출한 결산 보고서는 유려한 산문으로 쓰여 있었다. 장거정은 이 일에 매우 불만을 느껴 편지로 "지란(芝蘭)을 길에서 마주치면 호미질을 하지 않을 수 없다"고 냉정하게 꾸짖었다.50) 시랑에게는 지란의 아름다움이 있지만 사람들이 왕래하는 길에 무성해 있으면 대로의 감독격인 장거정으로서는 이 아름다운 꽃을 큰맘 먹고 잘라내지 않을 수 없다는 것이었다. 이 편지를 받은 후 왕도곤은 퇴직하지 않을 수 없었다.

이상 두 건은 장거정이 문인들을 자극한 대표적 사례이다. 이것은 그가 비록 수보였지만, 문관 집단에게 또다른 이중성이 있음을 충분히 인식하지 못했다는 것을 말해준다. 그의 집정기에 문인 관료들은 명목상으로는 여전히 인민의 공복이었지만 실제로는 이미 명조의 출중한 인물을 망라하고 있는 권력의 근원이었고, 이 큰 제국의 실질적인 주인이기도 했다. 장거정은 구태의연하게도 여전히 문관 집단을 행정의 도구로 생각하고 있었고, 그중에서 가장 인망을 모으고 있는 인물들을 존경하지 않았기 때문에 고립 상태에 빠지고 말았다. 사면

초가가 되어서야 그는 겨우 이를 깨닫고 불경의 "불구덩이 속에 들어가서 청량한 문을 얻는 것과 같다"51)라는 구절로 정신적 위안을 삼았다. 맹렬하게 타오르는 불꽃 속에서 평상심을 취하는 경지에 이른다는 것은 곧 그가 현실적으로는 수보의 지위에 있지만, 사실상 이미 순교자로 자처하고 있었음을 의미한다.

그러나 신시행은 순교자가 될 마음은 없었다. 그는 전임자의 자리에 앉아서, 장거정이 과거 각종의 잘못을 피할 수 있었다면 희생도 없었을 것이라고 생각하고 있었다. 신시행은 분명히 기억하고 있었다. 만력 초년은 모두가 아직 장거정을 존경하며 흠모하던 시기였다. 그러나 그들은 이 수보에게 예전의 규칙을 버리고 새로운 행정 계통을 세우는 것을 바라지 않았다. 그들 마음속의 대정치가는 응당 개인의 명망으로 각종 극단을 조화시켜야 했다. 일반적으로는 흔들리지 않는 확실한 태도로 공무에 임하지 않으면 안 되지만, 이 기준은 일정 한도까지밖에 통용되지 않았다. 사태가 한도를 넘어서면 각 사람의 잘못을 용서해주지 않으면 안 되었다. 수보의 최대 역할은 재능이 있든 없든 다양한 인재가 정부 안에서 그 장점을 발휘할 수 있도록 해주는 것에 있었다. 그들을 감화시키고 지도하는 것이 신시행이 말하는 '성의'였다.52)

문관 전원을 그만두게 하고 대신 다른 조직과 다른 원칙을 세우지 않는 한, 수보가 된 사람은 그들과 협력하고 그들의 공동 의사에 기초해서 집무를 할 수밖에 없었다. 신시행은, 공복이면서도 사실상의 주인이고, 양이 있으면 음도 있다는 문관들의 이중적 성격을 소홀히 하지 않았다. 그는 그 안의 모순을 적절히 처리하지 않으면 안 되었다. 시대 추세가 신시행에게 중재인이 되라고 요구하고 있었기 때문에 그는 그 역할을 받아들였던 것이다. 다른 사람이 '눈치만 살피는 기회주의적 태도(首尾兩端)'라 비판해도 웃으며 슬쩍 받아 넘기면 그만이었다.

실각의 위기

신시행이 중재인이 될 각오를 한 것이 이와 같은 이론과 경험에서 말미암았던 것은 사실이지만, 개인적인 이해관계와도 관련이 있었다.

그는 수보로 취임한 최초의 2년간 몇 번이나 폭풍우와도 같은 큰 혼란을 겪었다. 당시 장거정의 측근으로 간주되었던 인물들은 모두 자신의 결백을 보이려고 기를 쓰고 있었다. 신시행은 성실한 인격자로 평판이 나 있기는 했지만 장거정과의 친밀한 관계도 일찍이 널리 알려져 있었다. 현 황제의 스승이라고 해서 이런 사실이 벌충되지는 않았다. 이때 만력제는 이미 19세 정도로, 인중과 턱에 드문드문 수염이 생겨나 있는 버젓한 어른이 되어 있었다. 그리고 지금까지 우롱거리가 되었지만 이제부터는 독자성을 분명히 하겠다고 다짐하고 있었다. 황제에게 일할 의욕이 생겼다는 것은 물론 좋은 일이었지만 그의 의욕은 신하들에 대한 의심에서 비롯된 것이었다. 이 때문에 좌우 대신의 직무상 위험성도 더욱 증가하게 되었다.

신시행도 분명히 목격한 바이지만, 그의 전임 수보 8인 가운데 최후까지 무사히 근무를 마쳤다고 할 수 있는 자는 이춘방(李春芳)과 장사유뿐이었다. 그 외 적란(翟鑾), 하언(夏言), 엄숭(嚴嵩), 서계(徐階), 고공, 장거정 등 6인은 연금되거나 형사 처벌을 받았고, 혹은 사후에 추궁되기도 했다.[53] 표면상 그 모든 처분이 황제의 뜻에 따른 것으로 보이지만 실제로는 모두 문관 집단의 분쟁으로부터 생겨난 것이었다.

수보들은 정책상 다수의 반대에 부딪히기도 하고, 또는 너무 강한 개성으로 질투와 적의를 초래하기도 했다. 기술적인 논쟁들은 일단 발생하면 곧 도덕적 문제로 비화되었고, 승자와 패자 역시 지극히 선한 자와 극악무도한 자로 각각 구분되었다.

1583년 여름부터 1585년 여름까지 신시행은 정치적인 검은 굴레가 자신에게 씌워져서 하루하루 죄어 들어오는 것 같은 기분을 느꼈다. 그를 반대하는 이들 대부분은 젊은 중앙관들이었고, 신시행에 대한 황제의 본심도 아직 확실하게 파악되지 않고 있었기 때문에 쉽게 일을 벌일 수는 없었다. 하지만 공격은 서서히 시작되고 있었다.

그들은 먼저 다음과 같은 질문을 던졌다. "장거정의 아들 4명 가운데 3명이 진사에 합격했고, 그중 2명이 한림원에 들어갔다. 신시행은 회시(會試) 당일 주재관 중 한 사람이었는데, 이 일이 그와 관계가 없었다는 말인가." 이 질문이 신시행을 곤란하게 하지 못하자, 그들은 계속해서 앞으로 대학사의 자제는 일률적으로 회시에 참가할 수 없도록 하자고 의견을 내었다. 이 주장의 화살은 명백히 신시행의 장남 신용무(申用懋)를 겨냥하고 있었다. 게다가 연이어 그들은 이부상서 양외(楊巍)를 탄핵했다. 그가 내각의 눈치를 살펴 인사를 행했다는 것이었다. 그 말의 진의는 수보가 직권 남용을 하고 있다는 뜻이었다.

이 두 차례의 공격은 조금도 효과가 없었다. 하지만 그들은 예부상서 서학모(徐學謨)를 탄핵하는 데는 성공하여 서학모는 관직에서 쫓겨났다. 탄핵자들이 내건 표면적 이유는 서학모가 황제의 능묘 조영지를 선정할 때 풍수지리 전문가에게 널리 의견을 구하지 않았고, 그 때문에 적합한 장소를 바르게 선택할 수 없었다고 하는 것이었다. 하지만 진짜 이유는 그가 전부터 장거정의 연고자로 여겨지고 있었고, 게다가 최근에 딸을 신시행의 차남 신용가(申用嘉)에게 출가시킨 데

있었다.54)

　이런 공격은 오랜 숙고를 거친 후에 정해진 수순에 따라 진행되었다. 전반적인 방식은 '가죽을 벗겨내어 뼈를 드러내는(去皮見骨)' 방식이었다고 할 수 있다. 즉 공격 측은 예컨대 경서 한 구절의 해석, 서투른 재담조의 풍자, 익명의 선전 전단의 내용, 시험 문제의 부당함 등과 같은 사소한 일로부터 시작했다. 때로는 상주문을 올려 원한 사건을 취급해도 좋고, 이름도 없는 말단 관리의 사소한 가정 일을 탄핵하는 것도 좋고, 또는 수리(水利)나 말총 등을 논하면서 본론으로 접근할 수도 있었다. 이런 사소한 일들을 이용하여 공공의 이목을 끌고 문관들의 참여를 이끌어낸 후 시간이 흐르면 사소한 일들이 쌓여 큰 사건으로 발전되고 지엽적인 문제가 그럴듯한 도덕 문제로 전환되었다. 절차를 말하면, 일이 진행되고 있을 때는 전후의 보조가 부드럽게 연결되도록 해야 했다. 제1보가 효과를 거두기 전에는 결코 경솔하게 제2보를 내딛지 말아야 하며, 그리고 처음에 나서 싸우는 인물로는 우선 무명의 말단을 내세우고, 거물은 기회가 무르익을 때까지 기다려야 했다. 이러한 방법은 정계에 오랫동안 몸담아온 사람이라면 누구든지 일찍부터 알고 있었다. 그들은 부평초의 끄트머리를 보고 대폭풍이 오는 것을 예측할 수 있었던 것이다.

　이러한 방식의 용의주도한 공격을 받아 신시행은 실각할 위기에 봉착했다. 게다가 고계우(高啓愚) 사건으로 그는 점점 벼랑 끝에 몰리게 되었다. 하지만 의외로 그는 이 공격을 끝까지 견뎌냈다. 이 위기 가운데서 휘청거리면서도 실각하지 않았고 오히려 다시금 기반을 굳건히 다졌던 것이다. 이것은 신시행의 경력에 있어 일대 승리였고, 그의 정치적 입지를 한층 확고하게 했다.

　고계우는 한림원 출신으로 남경과 북경의 국자감제주(國子監祭酒)

에 임명되었는데 오늘날의 국립대학 학장에 해당한다. 신시행의 추천에 의해서 그는 예부우시랑의 신분으로 황제의 경연 강관에 임명되었다. 과거의 예로 보아 그가 대학사에 임명되는 것은 이제 시간 문제였다. 신시행과 마찬가지로 그도 미래의 수보가 될 터였다. 그러나 고계우의 운명은 이를 외면했다. 엘리트 코스를 계속 나아가고 있던 중 돌연 검거되었던 것이다. 수년 전 그는 응천부의 향시를 주재하면서, "순도 역시 우에게 왕위를 넘겨주다"라는 시험 문제를 냈다. 그때 이것은 선양을 주장하는 것으로서 장거정에게 왕위를 계승받을 만한 공적이 있다고 말한 것이며, 덕이 있는 자가 천하의 임금이 되어야 한다는 것을 전제로 한다면 그것은 결국 장거정에게 제위에 오르라고 권하고 있는 것이 된다는 뜻으로 받아들여졌다. 이러한 공격은 음험하고 악랄했다. 왜냐하면 황제의 심리적인 급소를 목표로 한 것이었기 때문이다. 고계우는 신시행이 발탁한 인물이었기 때문에 그가 이같이 무거운 죄를 뒤집어쓰면 신시행이 반드시 정면에 나서서 고계우를 변호할 것이고, 그렇게 되면 쉽게 신시행을 실각시킬 수 있을 것이라고 공격자들은 예상했다.

생각한 대로 계략은 들어맞아 사건이 일어나자 신시행은 고계우의 변호에 나섰다. 공격 측은 원래의 계획대로 신시행을 탄핵했다. 예상한 것과 같이 신시행은 관직을 떠나 칩거하며 처분을 기다리게 되었고, 이보 허국이 정무를 대행했다. 허국이 다시 신시행을 변호했기 때문에 그도 수일 내에 탄핵되어 마찬가지로 칩거하며 처분을 기다리게 되었다.

단지 공격 측이 예상치 못했던 것은 이 대소동이 만력제를 오랫동안 생각에 잠기게 했다는 점이다. 만력제는 여러 행적을 서로 연결시켜 점차 이 검거와 탄핵의 진정한 의미를 깨달았던 것이다. 왜 '보황당(保皇黨)' 무리들은 애초에 고계우가 선양을 주제로 시험 문제를 출제했을 때는 아무 말도 하지 않다가, 장거정이 실각한 지금에 와서야 이러쿵저러쿵 다시 문제삼는 것일까? 아무래도 그들에게는 따로 속셈이 있는 듯했다. 보황당의 상당수가 삼보 왕석작(王錫爵)이 주관한 회시의 출신자들이었다. 만약 신시행과 허국이 실각하면 왕석작을 받들어 올려 수보의 지위에 앉게 하는 것이 가능한 셈이다. 일은 잘 진행되지 않았다. 왕석작이 충분히 명철한 지혜와 냉정함을 보여 이같이 추대되는 것을 받아들이지 않았을 뿐 아니라, 거꾸로 만력제에게 수보 신시행을 두고 "마음에 욕심이 없고 조용하여 중용을 취하고, 국체를 중시하고 인재를 아긴다"라고 칭찬하는 상주문을 올렸던 것이다.

이에 황제는 마음을 결정하고 신시행과 허국을 모두 유임시켰다. 황제의 특사인 환관이 두 사람의 각로 댁으로 찾아가, 출사하여 집무하도록 요청했다. 공격 측은 이 때문에 두 번 다시는 입을 뗄 수 없게 되었다. 하지만 문관 사이의 균형을 유지하기 위해서도 감찰관의 충성심을 계속 장려하기 위해서도, 수보를 공격한 인물들을 너무 심하게 처벌할 수는 없었다. 수개월 뒤 소동이 수습되고 나서 만력제는 그중 가장 과격했던 인물들을 각각 3계급 강등시키고, 처음으로 고계우를 탄핵한 어사는 외성(外省)으로 좌천시켰다. 고계우가 사건의 발단이 된 사실에 대해서는, 처분을 가볍게 한다 하더라도 전혀 과실이 없었다고 할 수는 없었기 때문에, '적절치 않은 출제'의 죄명으로 문관의 신분 및 이전에 하사한 선조에 대한 고명을 박탈했다.

장거정 사건의 여파는 여기에 이르러 완전히 종결됐다. 고인이 된 태사(太師)의 직함은 이미 박탈되었고 가산도 몰수된 상태였다. 아들의 진사 한림의 명예도 말소된 상태였다. 이제는 장거정과 연계하여 거론하는 것이 황제를 자극할 수 없었다. 이제부터 조정 내 문관들은 상대를 계속해서 공격하기 위해서라면 따로 새로운 명분을 찾아내어 문장을 작성하지 않으면 안 되었고, 다시는 장거정의 분에 넘치는 사치라든가 제위에의 야망 등을 문제삼을 수 없게 되었다.

피할 수 없는 파탄

이 사건이 완전히 종결되고 나서야 신시행은 겨우 차분하게 사태의 진상을 연구할 기회를 갖게 되었다. 그에 반대한 사람들 중에 장거정 아들이 어떻게 한림원에 등용되었는지, 황제 능묘의 풍수가 좋은지 어떤지 정말로 마음에 두고 있던 사람은 적었던 것 같다. 더구나 이 문제를 핑계삼아 수보를 추대함으로써 출세할 수 있는 자는 그렇게 많지 않았다. 주의해야 할 것은 바로 장거정 자신이 다른 이의 신경을 거슬리게 하는 하나의 주제라는 점이었다. 그의 이름을 들먹이는 것만으로도 금세 많은 사람이 격분했다. 그런 까닭에 반대자는 별로 힘들이지 않고도 장거정에 대한 문관들 사이의 반감을 이용하여 그와 가까웠던 인물들, 즉 시랑 겸 강관 고계우, 예부상서인 서학모 그리고 신시행 본인을 배척할 수 있었던 것이다.

왜 장거정은 그다지도 다른 사람의 원한을 많이 샀던 것일까? 원인은 그가 모든 문관을 그 자신의 엄격한 감시하에 두었고, 게다가 개인적인 판단으로 승진시키거나 좌천시키거나 해서 그들의 안정감을 심각하게 위협한 데 있었다. 이들 관료들 사이의 관계는 복잡해서, 모두가 후원자와 후원해주어야 할 후배가 있었다. 또한 복잡하게 얽힌 가족관계, 사회관계를 갖고 있지 않는 이는 한 사람도 없었다. 이 때문에 한 사람의 원한을 사면 한 집단의 원한을 사게 되고, 한 집단의 원한을 사면 전국의 원한을 사게 되었다. 그의 동기인 왕세정이 장거정의 극단적인 방식은 전국 지식인과 대립한 것이라고 말한 것은 이를 잘 표현한 것이다.55)

장거정은 해치라는 동물도 잘못 사용했다. 감찰관은 세론을 모으고 현실과 이상을 조정하고 공익과 사리의 절충점을 찾아내는 도구인데도, 원보 장 선생은 이들을 이용해서 자신의 정책을 추진했다. 어사와 급사중은 그에게 방해가 되는 인물을 검거할 뿐, 그의 행정은 규탄하지 않았다. 상황이 이렇다 보니 그들은 특무 경찰과 다를 바가 없었다. 이렇게 해서 장거정은 독재자의 지위를 갖지 않고서도 독재자의 수완을 부렸던 것이다. 그의 집정기에 형성된 이 같은 폭넓은 공포나 원한이 없었다면, 그후의 반장거정 운동도 이 정도로 반향을 일으키지는 않았을 것이고, 운동원이 이 정도 힘을 내어서 이 정도 파문을 일으킬 수도 없었을 것이다.

1585년 만력제는 장거정 사건을 역사로서 취급하려고 결심했다. 신시행도 이 같은 정치적 파란이 다시금 명조의 상하 기구를 흔들지 못하게 하리라 결심하고, 장거정이 제정한 근무 평정법을 폐지하자고 황제에게 요청했다. 이 근무 평정법은 전국 각 부·현을 효과적으로 감독하기 위하여 각과 급사중이 소정의 시기에 각 지방관의 행정 성적을 기재할 것을 규정하고 있었다. 그 기준은 세금의 부족분을 채워 넣었는지의 여부, 도적 떼를 제대로 체포했는가의 여부 등이었다. 관리는 이전 사건이 미해결인 동안에는 승진이나 퇴직이 허락되지 않았고, 심할 경우에는 이미 퇴직했거나 병으로 요양 중인 관리까지 소환하여 심문하고 답을 요구했다.

현직 수보인 신시행은 이 같은 방법은 공평성을 잃고 있다고 생각했다. 왜냐하면 세수가 액면대로 징수될 수 있는지의 여부에는 다양한 원인이 작용할 수 있고, 지현이나 지부의 능력과 집무 의욕에만 달린 문제가 아니었기 때문이다. 도적의 체포 또한 오히려 우연한 기회에 이루어지는 경우가 많았다. 만약 상관이 무리인 줄 알면서도 끝까지 부하를 닦달하고 부하가 또 포졸들에게 신속한 체포를 재촉하면, 자백을 강요하기 위하여 고문이 자행될 것이고 그로 인해 무고하게 고통받는 자가 많아질 것이었다. 이것도 공명정대한 명조에는 있을 수 없는 일이었다. 만력제는 신시행의 의견을 다 듣고 나서 머리를 끄덕였다.56) 이렇게 해서 장거정 시대에 유일하게 체계성을 가졌던 조례도 여기에서 철폐되었다.

넓은 도량을 보이기 위하여, 신시행은 자신을 탄핵한 관료를 심하게 추궁하지 않았고, 게다가 그 가운데 몇 사람에 대해서는 승진을 진언하기까지 했다. 더욱이 그는 놀랍게도 추원표를 위하여 진언을 했다. 추원표라는 인물은 황제의 진노를 샀을 뿐 아니라 반신시행파가 신시행의 사돈인 서학모를 제거하는 데 일조한 인물이었다. 만력제는 본래 추원표를 엄벌에 처하고 싶었지만, 신시행이 직접 관여하자 마침내 정장을 면제하고 제적 처분만으로 끝을 맺었다. 하지만 추원표가 파면된 후에도 신시행은 그가 다시 복직할 수 있도록 조처하고 있다.

1587년 다시 경찰의 해가 돌아왔다. 이것은 대정치가로서 그의 성의를 공표할 수 있는 절호의 기회였다. 경찰은 6년에 한 번씩 행해졌고 모든 중앙관이 심사를 받았다. 각지의 순무도 도찰원어사(都察院御史)의 직함을 갖고 있었기 때문에 중앙관과 동렬의 심사 대상이었다. 그의 전임자가 세운 1581년의 원칙과는 반대로 신시행은 인사의 안정에 힘을 기울였다. 정부가 대·소 관료를 각자의 지위에 안정시킨다고 하는 통지가 즉시 전해졌다. 사람들은 이에 대해 기뻐했다. 경찰의 결과 진사 출신의 관리 중 33인만이 강등 혹은 파면되었고,[57] 게다가 이 33인 가운데는 이부, 도찰원, 한림원 등과 같이 전통적 주요 부서에 속하는 관리가 한 명도 없었다. 이 같은 온건한 조치는 문관 집단의 기분을 진정시켰고, 수보 자신의 지위도 안정시켰다. 사람들은 그를 가리켜 신중하고 노회한 데다가 옛날 군자의 풍격이 있다고 제각기 높이 칭찬했다.

그와 만력제와의 관계도 점차 좋아졌다. 대략 말한다면 이미 협조의 단계를 넘어 친밀함으로 발전하고 있었다. 만력제가 총애하는 정씨를 황귀비로 봉할 때, 그는 정사(正使)의 한 사람으로 위촉되었다. 신시행은 또한 대욕산(大峪山)에서 행해지고 있는 만력제의 능묘 조영 공사의 총감독으로 파견되었는데 이미 여러 차례나 현장을 순시하고 있었다. 한 번은 혹한, 한 번은 혹서 때였다. 1587년 그는 모든 것이 순조롭게 진행되고 있다고 보고했다. 만력제는 대단히 기분이 좋아져, 신 수보에게 능묘 참관 시에 의상을 새로 맞추어 입도록 쌍희(雙喜)의 글자를 수놓은 비단 옷감을 한 필 하사했다.

황제로부터 이미 두터운 신임을 얻은 신시행은 더욱 탁월한 설득력으로 황제에게 완곡하게 진언할 수 있었다. 금중내조(禁中內操), 즉 궁성 내에서 환관으로 편성된 군대의 훈련을 그치게 할 것, 또 다시는 마음대로 궁성을 나가 순시하지 말 것, 특무 담당의 환관 장경(張鯨)을 단속할 것 등이 그것이었다. 이 일들은 만약 신시행이 적당한 방법으로 수습하지 않았다면 황제와 관료들 간에 대립을 낳았을 것이다. 왜냐하면 이 부분에 관해서 문관들은 그들 나름의 완고한 사고방식을 갖고 있었고, 만일 그들이 도덕이란 명목으로 어전에서 간언하기라도 한다면, 언쟁 끝에 만력제는 억지로 심술을 부려 자기의 뜻을 관철하려 할 수도 있었기 때문이다. 신 각로는 사태를 미연에 방지함으로써 중재와 조정이라는 직무를 확실하게 수행했다.

신시행에 반대하는 자들은 변함없이 그를 향해 타협자라는 둥, 눈앞의 이익에만 사로잡혀 원칙을 방기했다는 둥 비난하고 있었다. 신시행에게는 당연히 그 나름의 답변 방법이 있었다. 그는 다음과 같이 표명했다. 만약 관료들 상호간의 신뢰를 회복하지 않으면 어떻게 그들에게 충분하게 일을 시키며, 황제를 위하여 전향적인 정치를 행하게 할 수 있을 것인가라고.

중국처럼 거대한 제국은 수많은 문제를 안고 있게 마련이어서, 국가 통제에 빈틈이 생기는 것은 필연적이었다. 장거정은 규율을 바로잡는 일을 자신의 임무로 자처하고 실제 모든 사람들에게 허점이 생기지 않도록 하라고 강력하게 요구했다. 이에 반해 신시행은 관대한 방법으로 사람을 다스렸고 성실하라고 권했다. 결국 각자가 자발적으로 최선을 다해 빈틈을 메워줄 것을 기대한 것이다. 이 같은 신시행의 입장에 근거가 없는 것은 아니지만, 이후 4년에 걸친 문연각에서의 집정 기록으로 미루어 판단해보면 성공의 희망은 미미했던 것으로 보인다.

성의를 널리 미치게 하기 위해 사용할 수 있는 방법은 끊임없이 의식(儀式)을 행하고 '사서'나 그외 경사(經史)를 강의하는 것이었지만, 이 시기 신시행은 이미 만력제로 하여금 그가 주최해야 할 의식에 참석하도록 설득할 수 없는 지경에 이르러 있었다. 경연도 오랫동안 연기된 채였다. 신 선생은 마음속으로 분명히 알고 있었다. 장거정 사건이 있고 나서부터, 황제는 각종의 밀고나 논쟁 혹은 그에 대한 답변에 흥미를 잃고 모든 것에 대해 회의적인 자세를 보이고 있었다. 왜냐하면 그는 어릴 적부터 "임금 된 자는 실없는 소리를 않는다(王者無

戲言)"라고 배웠기 때문이었다. 임금 된 자는 모든 일에 진지해야 하고 측근의 얘기를 일언반구라도 믿지 않으면 안 된다는 것이었다. 하지만 지금 본즉 모든 사람이 다 말과 행동이 같지 않았다. 그러니 그가 모든 것을 의심한다고 해서 그것이 어찌 이상한 일이겠는가. 황제가 사용한 "임금을 기만하고 관직을 매매한다"는 표현은 거의 모든 일에 표리가 있다는 사실을 그가 이미 알고 있음을 의미하는 단서일 것이다. 그는 조정 대신이 자기에게 요·순과 같은 명군이 되라고 요구하는 말에는 반대하지 않았다. 왜냐하면 이것은 '사서'의 규범이요 조상의 훈시이기도 하여, 반론할 여지가 없는 것이었기 때문이다. 하지만 그처럼 예민한 인물이, 이 같은 요구를 신하들이 자신에게 씌운 멍에라고 마음속 깊은 곳에서 생각하고 있지 않았다고 누가 보증할 수 있겠는가?

황제는 성의를 보이지 않아 신시행을 불안하게 했다. 하지만 신시행에게는 더이상의 방법이 없었다. 신념을 갖고 사태가 호전되기를 관망할 수밖에 없었다. 하지만 무정한 세월이 도대체 얼마나 더 신시행으로 하여금 안배하고 기다리도록 허락해줄 것인가? 1587년 만력 15년 가을, 그가 수보가 된 지 4년 반이 지났고, 이후 다시 4년간 계속 문연각의 장으로 있게 된다. 수보로 운명지어진 모든 시간이 어느덧 흘러 지나고 나면, 태부겸태자태사좌주국중극전대학사(太傅兼太子太師左柱國中極殿大學士) 신시행이 아무리 문연각에 머물기를 원해도 단 하루도 더는 허락되지 않을 때가 오게 될 것이었다.

3장 장거정 없는 시대

군신간의 충돌

장거정이 죽음으로써 이 거대한 제국은 중심을 잃고 비틀거리더니 마침내는 실족하여 심연으로 떨어지고 있었다. 제국이 서서히 '국법의 위기'로 빠져들고 있었던 것이다. 이 위기는 처음에는 아직 사람들에게 이해되기 어려웠고, 시간이 지나 정치적인 상황이 악화되고서야 비로소 진상이 분명하게 드러났다. 그러나 이미 정상적인 걸음걸이를 회복할 기회는 사라지고 다시는 돌이킬 수가 없었다.[1]

황제의 신분으로서 신하를 대상으로 장기적인 태업을 행한 것은 만력제가 역사상 유일한 예일 것이다. 그것은 일종의 보복 심리에서 유발된 것이었다. 제3황자 상순(常洵)을 제1황자 상락(常洛) 대신 태자로 책봉하려는 소위 폐장입유(廢長立幼)를 문관들이 허용하지 않았는데, 그것이 원인이었다. 그의 이 바람은 실현될 수가 없었고, 사랑하는 정 귀비는 급기야 우울해지고 기쁨을 잃어버리게 된 것이었다.

또다른 원인은, 장거정 사건 이후 만력제가 다른 사람들도 자신처럼 일신에 '음'과 '양'이라는 이중성을 지니고 있다는 사실을 알았기 때문이었다. '양'이 있으면 '음'도 있고, 도덕 윤리가 있으면 사리사욕도 있으며, 이 '음'이라는 것은 결코 인간의 능력으로 없앨 수 있는 것이 아니라는 것이었다. 그래서 그는 신하에게 자신의 주장을 받아들이라고 강요하지도 않았고, 신하의 의견에 반대하지도 않았다. 다만 그 모든 것을 무관심한 채 방치하고 있었다. 그의 이러한 태업이 성지의 형식을 빌려 공공연하게 선포되지는 않았지만, 다른 사람들이 보기에는 불을 보듯 명확한 것이었다.

황제는 완강한 의지로 신하들과 지구전을 펼칠 결심을 하여, 신하가 상순을 태자로 삼는 것을 허용하지 않자 자신도 상락을 태자로 세우지 않았다. 심지어는 제1황자에게 관례(冠禮)를 거행하게 하지 않아, 한림원 관원에게 보내어 교육시키는 것도 불가능하게 했다. 쌍방의 이와 같은 대치는 장장 10년을 끌었다.

그러나 만력제는 여론의 강력한 압력을 받아 자신의 뜻을 단념하지 않을 수 없었다. 이것은 그에게는 원한이 사무치는 굴복이었다. 제1황자가 태자로 책봉되고 제3황자는 복왕(福王)으로 봉해져 하남의 봉지로 보내졌다. 이로 인해 황제의 마음에는 영원히 지워지지 않는 상처가 남게 되었고, 신하들도 황제로 하여금 자신들의 뜻에 맞춰 임무를 수행하게 하는 기회를 영원히 상실하게 되었다. 황제는 여전히 황제였지만, 문관들을 기쁘게 할 수 있는 일은 어느 것도 하려 하지 않았다. 이와 같은 상태가 다시 20년 동안 계속되었다.

법으로 규정된 각종의 의식은 변함없이 거행되었지만, 황제는 이제 출석하지 않고 있었다. 고위 관직에 결원이 생겨도 공석 그대로 두고 보충하지 않아, 극소수의 몇몇 예외를 제외하고는 문관들이 최상층까지 승임할 수 있는 희망이 없어졌다. 신하들로부터 항의의 상주가 부단히 제출되었지만, 그는 답변조차 하지 않았다. 그 까닭은, 그가 그 상주문에 주비를 가하면 그것이 격렬한 반박의 내용이건 냉정한 변명의 글이건, 이들 주비는 상주와 함께 급사중의 집무실로 보내어져 전사(轉寫)·공포되게 되어 있었는데, 이렇게 될 경우 항의자들의 의도대로 되어 그들로 하여금 매명의 목적을 달성케 하고 황제 자신은 도량이 좁은 자가 되어버릴 것이기 때문이었다. 황제는 이와 같은 사실을 잘 알고 있었던 것이다. 따라서 가장 좋은 대처 방법은 이들 가증스러운 주본[奏本, 상주문]을 잡아두는 것, 즉 궁정 내에 묵혀두고 주비를 가하지 않는 것이었다.

이렇게 되자 양심적인 관원들은 자신들의 임무를 수행할 방법이 없음을 깨닫게 되고, 사표를 제출할 수밖에 없었다. 만력제는 이들의 사표에 대해서 언제나 같은 태도로 대처했는데, 전례를 따라 만류하지도 않았고 사직을 수리하지도 않았다. 어떤 관리는 분노한 나머지 관을 쓴 채 곧장 떠나기도 했는데, 이부는 그들을 체포하여 문책할 것을 건의했지만 만력제는 마찬가지로 상대하지 않았다. 만력제 후기에는 어떤 문관이 스스로 직을 떠나게 되면 그 자리에 인원이 보충되지 않았기 때문에, 그것은 하나의 관등(官等)이 폐지되는 것을 의미했다.

황제와 신하들은 시서(詩書)를 숙독하고 있어서, 경전사적(經典史籍)이 무도한 임금에 대해서 신하가 반란을 일으켜도 좋다고 하고 있다는 것을 알고 있었다. 그러나 그 무도라는 것은 하의 걸(桀)왕, 은의 주(紂)왕처럼 신하나 백성을 극단적으로 잔혹하게 취급하는 정도가 되어야 했다. 현재의 만력제가 이런 정도였던 것은 결코 아니었고, 게다가 상술한 성격의 문건을 처리하지 않는 것 이외에는, 다른 상주문에 대해서는 상례대로 주비를 가하고 있었다. 즉 황제는 태업으로 자신의 직책을 방기하는 데 있어서 선택적이었던 것인데, 자신 스스로 도가의 '무위이치[無爲而治, 무위로써 다스리다]'의 가르침을 따르고 있는 중이라고 당당하게 큰소리칠 수도 있는 것이었다. 이와 같은 상황에서는 신하들도 경전으로부터 반란을 일으켜도 좋다든지 하는 어떤 지침을 찾아낼 수 없었다. 그래서 불만, 심지어는 격분의 감정이 계속 확대되어갔지만, '주독부[誅毒夫, 독부를 주살한다]' 혹은 '청군측[淸君側, 임금의 측근을 깨끗이 한다]'의 내전(內戰)으로까지 발전하지는 않았다.

그러나 황제가 직책을 방기했다고 해서 정부가 마비된 것은 결코 아니었다. 문관 집단에는 오랜 기간에 걸쳐 형성된 자동 제어 장치가 있었다. 축(丑), 진(辰), 미(未), 술(戌)의 해가 되면 변함없이 북경에서 회시와 전시가 실시되었고, 또 중앙·지방관에 대한 정기적인 고과도 폐지되지 않고 있었다. 중·하급 문관의 파견이나 승진은 추첨으로 결정되었다. 이부에서 후보 인원의 명부를 작성하면, 본적지의 지방관이 될 수 없다든가 부자 형제 간에 상·하급의 관리가 될 수 없다든가 하는 원칙을 제외하고는, 관직 임용은 실제와는 아무런 관계가 없는 한 조각의 대나무 제비에 의한 것이었지, 도덕성이나 재능 등에 의해 결정되지 않았다. 이와 같은 연례적인 사무에 대해서는 황제도 의례적으로 비준하고 있었다. 그러나 그것도 대부분은 사례감(司禮監)의 병필태감(秉筆太監)이 대신 주비했다.

재위 48년째 되던 해에 만력제는 조용히 세상을 떠났다. 그는 자신이 직접 설계에 참여한 정릉(定陵)에 매장되어 효단황후와 효정황후 즉 공비 왕씨 사이에 안치되었다. 그가 총애했던 귀비 정씨는 이후 10년을 더 살았다. 그녀는 나라의 요물로 여겨지고 있어서 어느 누구의 동정도 얻을 수가 없었다. 이 10년 동안 그녀는 자금성 내의 한 적막한 냉궁(冷宮)에 거주하며 사랑하는 아들 복왕과 영원히 헤어져 있어야 했다.

복왕 자신도 재앙을 잉태하고 있었는데, 생전에 만력제가 그에게 4백만 무(畝)에 달하는 장전(莊田)을 하사했다는 것이다. 그러나 이 숫자는 극도로 과장된 것이었고 대부분의 전지가 은으로 환산하여 그 액이 매년 2만 냥을 넘지 못하고 있었지만, 사람들의 미움이 집중되었기 때문에 아무도 감히 그를 위해 변명해주려 하지 않았다.2)

그런데 이상한 일은, 만력제가 황위 계승 문제를 다 해결하고 죽었음에도 불구하고 과거 태자 책봉 지연에 대한 책임을 둘러싼 논쟁이, 문제가 해결되지 않고 있던 때보다도 더욱 심각해지고 있었던 점이다. 과거의 문제가 들추어질 때마다 많은 조정 대신들이 말려들게 되었고, 설전에 이어 문필 논쟁으로 이어졌다.

이 당시 조정의 문신들은 이미 몇 개의 파벌로 갈라져 있었는데, 수많은 신・구의 원한들을 청산하지 않으면 안 되었다. 그러나 격렬한 논쟁은 늘 사소한 일에서부터 시작되었다. 만력제 몇 십 년 동안의 통치는 이미 문관 집단에 수습할 수 없는 손상을 입혀놓고 있었다.

황제는 한 나라의 주인으로서 전심전력으로 문관 집단의 평형을 유지시키지 않으면 안 되었다. 그러나 이 일은 쉬운 일이 아니었다. 공정성과 부단한 노고 이외에도 비범한 두뇌와 재능이 요구되었다. 문관의 이중적 성격에 대처하기 위해서는 물질적인 보수를 주어 그들로 하여금 나아가 일하게 하는 것도 필요했고, 그들의 정신적 역량을 동원하여 그들로 하여금 윤리 도덕적 관념 위에서 국정에 충성을 다하게 하는 것도 필요했다.

이 두 가지 목표는 출발점이 이미 서로 달랐고, 뿐만 아니라 목표를 달성하기 위해서 황제가 사용할 수 있는 수단 또한 극히 제한적이었다. 즉 인사의 승진이나 강등, 의식의 거행 등과 같은 범위를 벗어나지 못하고 있었다. 게다가 만력제가 행한 행동은 바로 이 모든 것들을 위배하는 것이었다. 그는 고의로 문관과 협력하지 않고 관리를 보충하지 않았는데, 이와 같은 행동은 문관들에게서 최고의 명예와 지위를 박탈하는 행위나 다름없었다. 문관들로서는 혼신을 다하여 절제하며 나라에 봉사하여 그 대가로 물질적인 보수를 획득하는 것이 당연한 일이었는데, 이렇게 되자 승진하여 재산을 모은다든지 혹은 가명(家名)을 높여 조상에게 영광을 돌리는 등의 모든 것이 수포로 돌아갔고 그들 일생에 걸쳤던 희망을 체념하지 않으면 안 되었다. 뿐만이 아니었다. 만력제는 윤리 도덕을 허위 가식으로 간주하고 전혀 마음을 쏟지 않았다. 공맹의 도를 불변의 진리라고 믿는 많은 문관들은 사태가 이렇게 되자 자신들의 일편단심이 이미 아무 의미도 없는 어리석은 충성으로 변해버렸음을 감지하게 되었다.

표면적인 안정은 일반적으로 실제와 다른 것이게 마련이다. 문관 집단은 응당 있어야 할 일치단결의 자세를 보이지 못하였고, 오히려 무수한 이해 충돌이 집중되어 하나의 폭발성을 띤 집단으로 변해 있었다. 만력제 재위 48년 중 특히 후기가 되면 대신들은 이미 중앙 정부가 전 국면을 주도할 수 있는 능력을 상실했다는 사실과 그 결과 소극적으로 모양만 갖추어 국면에 대응할 수밖에 없다는 사실을 간파하고 있었다.

이와 같은 분위기는 전염병처럼 삽시간에 문관들 사이에 확산되어, 충실하게 직무를 수행하는 자들에게는 신념을 상실하는 계기가 되었고, 부패한 관리들에게는 이용 가능한 절호의 기회를 제공했다. 이 우울한 정세는 확산되면 될수록 더욱 심각해져 왕조 전체를 붕괴 직전까지 몰아갔다. 제국이 이나마 유지될 수 있었던 것은 실은 대안이 아직 발견되고 있지 않았기 때문이었다. 중국과 같이 방대하고 역사가 긴 제국은 불리한 조건 속에서도 관성의 작용만으로도 얼마간은 존속될 수 있었다.

이런 분위기가 사람들을 비관적으로 만들었을 것은 당연했다. 후에 동림당(東林黨)이라 불리게 될 일부 문관들이 이 위기를 어떻게든 만회하려 노력했다. 그들의 이상은, 정신적인 영도력만은 황제의 옥좌 밖에도 수립할 수 있다는 것이었다. 그들은 어릴 때부터 '사서'와 주희의 주석들을 숙독하고 있어서, 교양을 갖춘 군자는 결코 소극적으로 물러서거나 혹은 직책을 방기해서는 안 되며, 끊임없이 노력 분투해야 한다고 확신하고 있었다. 이들 군자로 자처하는 인물들은 조정에서나 재야에서나 자신의 덕망을 내세우면서, 자신들과 어울리지 않는 자를 소인이라고 배격하고 있었다. 얼마 후 이 일파 중 약간 명이 이부(吏部)와 도찰원(都察院)의 관원으로 임명되어 백관의 사찰과 탄핵을 담당했다. 그들은 정기 고과에서 자신들의 눈에 의욕이 없고 부진하다고 보인 관리들을 과감하게 정리 면직시켰다.

이 도덕 진작 운동은, 표방한 뜻은 물론 훌륭했지만, 황제의 지원이 없었기 때문에 성공할 수 없으리라는 것은 이미 예기된 사실이었다. 황제도 신이 아닌 인간이었기 때문에, 그의 의지가 비록 성지라 불려지고 있기는 해도 그 판단이 진실로 범인들의 판단보다 우수한 것은 아니었다. 그가 모든 일에 있어서 우수하다고 하는 신비적인 힘은 전통이 부여한 것으로서, 이지(理智)의 범위를 넘어 종교적 색채를 띠고서야 비로소 그의 결단이 인간 최고의 권위를 가질 수가 있었다. 만약 어떤 결단이 황제 자신에게서 나온 것이고 망령된 무리들의 조종에 의해 나온 것이 아니라는 사실이 인정될 경우, 그것이 비록 공정성을 잃고 있다 하더라도 관리들은 그에 절대 복종하지 않으면 안 되었다.

동림당은 물론 이와 같은 절대적 권위를 갖출 수가 없었다. 더구나 당시 2만 명에 달하는 금포(錦袍)를 걸친 문관들이 한결같이 선악을 판단하는 기준을 상실하고 있던 이와 같은 상황에서, 불과 수십 명의 스스로 품격을 갖추었다고 자칭하는 관리들이 모두가 승인할 수 있는 기준을 만들어낸다고 하는 것은 불가능한 일이었다. 이 수십 명의 관원들은 모든 힘을 기울여 제3자도 인정할 수 있는 도덕 윤리를 다시 세우려 했지만, 결과는 뜻대로 되지 않았다. 그들을 반대하는 인물들도 마찬가지로 나름의 사람 다스리는 법(治人之道)을 사용하고 있었던 것이다. 다시 말하면, 그들 또한 도덕 윤리를 표방하여 자신들의 집단을 조직하고 대항의 수단으로 삼고 있었던 것이다.

만력제의 죽음은 마지막 남은 완충 요소의 상실을 의미했다. 이렇게 되자 서로 시기하고 있던 작은 집단들은 공개적으로 상호 비방하기 시작했다. 그리고 아래와 같은 일련의 문제가 제기되었다: "당초 선제(先帝)가 계승자 문제를 미루어놓고 결정하지 않고 있을 때, 중앙 요직에 앉아 있던 사람들은 왜 떨치고 일어나 직언하지 않았는가? 왕석작(王錫爵)은 수보로서 뜻밖에도 선제가 제기한 '삼왕병봉(三王幷封)'의 주장, 즉 제1황자 상락, 제3황자 상순, 제5황자 상호(常浩)를 상하 구분 없이 함께 왕으로 봉하겠다는 주장에 동의했는데, 도대체 그 의도는 어디에 있었는가? 대신들이 기개 없이 영합하지 않았더라면 선제가 어찌 국본(國本) 문제를 그렇게 오랫동안 지연시켜 수습키 어려운 결과를 초래할 수 있었겠는가? 정 귀비가 제1황자를 모해하려는 음모가 있었다는 설이 있는데, 어찌하여 철저히 조사 규명하지 않았는가?"

이들 문제는 해답 도출을 위해 참조할 수 있는 법률상의 절차를 갖춘 것은 아니었지만 감정적으로 강렬한 선동성을 띠고 있었다. 문제를 제기한 사람 자신도 반드시 사실을 규명해야겠다는 결심을 지니고 있던 것이 아니었고, 그저 이들 문제를 고발의 구실로 삼아 상대방을 궁지로 몰아넣고 당쟁에서 주도권을 잡아보겠다는 것이었다.

명조의 제도는 말하자면 이와 같은 당쟁에 대한 대비책이 매우 취약했다. 사법 제도는 극히 간단하여 분쟁을 판단하는 근거로 삼기에는 부족했다. 기술적인 문제가 결정을 위해 황제에게 보내어지더라도, 그것은 보통 도덕적인 문제로 바뀌어 지선(至善) 혹은 극악(極惡)이라는 식으로 결론지어졌다. 구체적으로 이와 같은 상황에서는, 모든 문관들이 '사서'의 가르침을 따르고, 충후(忠厚)한 도(道)로 사람을 대하고, 사심을 억제하여 타인의 이익을 존중하고, 큰 일은 작게 하고 작은 일은 없는 듯이 만들 때만이, 조정은 상하 모두 한 마음으로 힘을 합칠 수 있었다. 만약 관리들이 유가 경전 중의 말을 구호로 삼아 자신을 군자라 칭하고 다른 사람을 소인이라 칭하며, 도덕이라는 허울 아래 이권 다툼을 벌인다면, 그것은 바로 원칙 전체를 파괴하는 것이 된다. 이렇게 되면 문관 집단은 분해되기 시작하고, 나아가 제국도 통치를 계속할 방법이 없게 된다.

이와 같은 사실이 1620년 만력제가 대육산에 매장되는 순간이 되어서야 명백해진 것은 아니었다. 이미 1587년에 신시행은 "자고로 국가가 이같이 되고서도 능히 오래도록 다스려지고 평안한 적은 아직 없었다"라고 표현하여 이와 같은 사실을 분명하게 이야기하고 있었던 것이다.

신시행 탄핵

그러나 그 당시에도 신시행은 여론에 영향을 줄 만한 역량이 없었고, 이후 그의 영향력은 더욱 약해졌다. 그가 수보로 있던 때에 황위 계승 문제가 발생했고, 그래서 많은 사람들은 이 긴요한 몇 년 동안에 하필이면 이와 같이 무능한 인물이 문연각의 수뇌로 있게 되었던가 하고 한탄을 금치 못했다.

1591년 신시행이 퇴직을 강요받고 있을 때 이미 그는 여론의 동정을 잃고 있었다. 그 원인은 1년 전인 1590년으로 거슬러 올라간다. 이해 초 제1황자 상락은 만 7세가 되었는데, 중국식으로 계산하면 이미 9세였다. 그때까지도 그는 각(閣)에 나가 강학에 참여하지 못하고 있었다. 많은 조정 대신들이 이와 같은 사실에 대하여 불안을 느끼고 있었는데, 성인이 되고 나서 문관들과 정상적인 교제가 불가능하게 되는 것은 아닌가 하고 우려했던 것이다. 그러나 각에 나와 강학에 참여하기 위해서는 태자라는 지위가 필요했다. 그렇지 않으면 어떤 이유로도 명분이 서지 않았다. 문제가 급박해지자 중앙의 모든 관리들이 일제히 문연각의 네 대학사에게 압력을 가하여, 그들의 명망을 이용하여 만력제에게 상락의 태자 책립을 촉구하도록 요구하였다. 그래서 신시행을 필두로 하는 4인의 대학사는 만력제에게 사표를 제출했는데, 그 이유로 자신들로서는 백관들에게 설명할 방법이 없다는 것을 들었다.3) 황제도 당연히 그 사표를 수리할 수는 없었다. 왜냐하면 그들이 가버리고 나면 어느 누구도 감히 정면에서 공격을 받아 넘겨야 하는 이 직위를 맡으려 하지 않을 것이었기 때문이다.

이에 황제는, 자신은 장자를 버려두고 어린 동생을 세울 생각은 없지만 신하의 강요를 받을 수는 없다고 선언했다. 그는 말하기를 만약

1년 동안 다시금 조정 대신들이 입태자의 건으로 자신을 혼란스럽게 하지 않는다면 다음 해인 1592년에 상락을 태자로 세울 것이되, 누구라도 이 문제를 다시 거론하면 입태자의 건은 연기되게 될 것이라고 했다. 이 타협적인 조건 아래 각 대학사는 비로소 문연각으로 되돌아와 집무를 계속했다.

이 1년 동안 신하들은 만력제의 의견을 존중하여 다시는 입태자를 재촉하지 않았다. 그러나 모두 다 마음이 무거웠다. 게다가 신시행이 이미 황제가 제공한 이익에 유혹되어, 자신의 명망을 이용하여 중앙 관들을 이끌고 그들로 하여금 상순을 옹호하게 하고 있다는 의심을 품는 사람도 많았다. 특히 1591년 봄 만력제는 신시행에게 태사의 직함을 제수하려 했는데, 이 직함은 문관 최고의 직함으로 장거정조차도 죽음에 임박하고서야 받은 영예였다. 신시행은 고사했다. 만력제는 또 신시행에게 백작의 봉록(俸祿)을 하사하겠다고 제의했는데, 이 또한 전례 없는 것이었다. 신시행은 또다시 자신은 이와 같은 은사를 받아들일 수 있는 공덕을 쌓지 못했다고 매우 공손하게 사양했다.

이와 같은 제의는 모두 실현되지 않았지만 이로 인해 신시행은 답답함을 느끼고 있었다.4) 이런 종류의 특별한 총애는 다른 사람들의 선망과 질투를 유발시켜 그가 황제와 백관 사이를 연결하는 자신의 직무를 수행하는 데 곤란을 증대시켰다. 신시행이 비록 온후함을 장기로 한다고 알려져 있기는 했지만, 관리들은 신하로서 최고의 지위에 오른 이 수보가 또다시 태자를 옹립하는 새로운 공을 세우는 것을 원하지 않았다.

바로 이때 그는 다시 여론의 공격 대상이 되었다. 이해 양력 9월 복건첨사(福建僉事) 이관(李琯)이 수보를 탄핵했다. 신시행이 주관하고 있는 대욕산 능묘 조성 공사에 문제가 생겼는데, 그의 정보에 의하면 지반에서 물이 솟아나고 있다는 것이었다.5) 수천 리나 떨어진 곳에 있는 이 지방관은 자신의 앞길을 포기해야 할지도 모르는 위험을 무릅쓰고 수보를 탄핵했는데, 목적은 바로 신시행에게 공개적으로 경고를 보내는 것이었다. 즉 비록 황제의 깊은 신임을 얻고 있지만 만약 당신이 전체 문관에 대한 책임을 지지 않는다면 문관 집단도 당신의 지위를 흔들어놓을 수 있는 충분한 힘이 있다는 뜻이었다.

이 의견서를 올린 관원은 후에 파직되어 서민으로 떨어졌다. 그러나 문관들로서는 이와 같은 희생이 무의미한 것만은 아니었다. 이 사람은 이미 널리 충신이라는 명성을 얻었고, 자신의 계산이 정확하다면 언젠가는 복직되고 승진하게 될 것이라고 예상하고 있었다.

양력 10월 공부의 어느 관원이, 황제가 허락한 태자 책립의 기한이 목전에 임박하자 태자 책봉 의례에 필요한 경비를 자신이 책임지고 준비해야 한다고 여기고는, 예산을 편성하여 황제의 비준을 요청하였다. 황제의 주비는 전체 문관들을 어이없게 하였다. 주비의 내용은, "짐은 이미 신하들이 1년 안에는 짐에게 입태자의 건을 재촉하는 것을 허락하지 않는다는 것을 밝혔었다. 그런데 이 공부 관원은 예산을 편성한다는 명목을 빌려 실질적으로는 입태자를 재촉하고 있다. 이는 바로 짐의 명령을 위반한 것이다. 따라서 짐은 이미 발표한 바대로 입태자의 건을 연기하겠다"는 것이었다.6)

이렇게 고의적으로 꼬투리를 잡고 늘어지자, 신하들은 우려를 금치 못하며, 황제 된 자가 이렇게 성의가 없고서야 앞으로 어떻게 위신을 유지할 수 있으며 국가를 통치할 수 있겠는가 하고 생각했다. 그래서 그들은 연명(聯名)으로 황제에게 앞의 주비를 철회해줄 것을 주청했고, 아울러 다가오는 봄에 태자를 세우겠다고 한 황제 자신의 약속을 지킬 것을 희망했다. 그때 마침 수보 신시행은 병중이었기 때문에 내각대학사의 연명 주청은 이보(二輔)인 허국이 붓을 들어 작성했다. 그러나 그는 평상시처럼 이 상주문의 서명자로서 신시행을 첫머리에 적었다.

이 대규모 항의는 황제를 크게 분노케 했다. 신시행은 황제의 반응을 알고 즉시 해명서를 올려, 내각대학사의 연명 상주에 자신의 이름이 올라 있지만 자신은 사전에 이 일을 알지 못했다고 설명했다. 고립 상태에 빠져 있던 황제는 친히 주비를 내려 자신에 대한 신 선생의 깊은 충성에 감사를 표했다. 본래 대학사의 해명서는 비밀 문서로서, 황제가 본 후 다시 본인에게 되돌려주고 공개하지 않는 것이 상례였기 때문에, 이 사태는 여기서 수습될 수도 있었다. 그러나 이 해명서는 허국의 손에 들어가게 되었고 허국은 조금의 거리낌도 없이 급사중에게 보내어 베껴 공포하게 했다. 신시행은 즉시 급사중에게서 원본을 회수하고 공포되지 않도록 조치했지만, 그 내용은 이미 문관들 사이에 널리 알려지게 되었고, 또 이미 각과(科)로 보내져 베껴진 문건을 탈취하는 것 또한 국법에 위배되는 것이었다.

이 중대한 위반에 대해 당직 급사중은 신시행을 탄핵하지 않을 수 없었다. 탄핵의 언사는 심히 엄중했는데, 말하기를 "말을 숨겨 동료를 팔고, 비밀히 글을 올려 임금을 오도하고 있습니다. 앞에서는 군중들의 태자 책립을 청하는 의견에 따르는 척하면서, 뒤에서는 그 일을 연기시켜 내교(內交)의 계책으로 삼고 있습니다"라고 하고, 이어서 "폐하께서는 언제나 관대하셔서 그를 주살하지 않는다 하더라도, 고묘(高廟)의 신령(神靈)들은 그를 음계에서 죽일 것이 틀림없습니다"라고 했다. 즉 신시행은 두말할 것도 없이 이중적인 인간으로 동료를 팔아먹고 임금을 잘못 인도하는 소인이라서 황제가 처벌하지 않더라도 홍무제의 신령이 그를 주살하리라는 것이었다.[7]

만력제는 처음에는 사태의 심각성을 알지 못하고 있었다. 그는 칙명을 내려 이 급사중을 강등시켜 외성으로 전보시켰고, 신시행으로 하여금 계속 직무를 담당케 했다. 신시행은 황제의 명령에 따라 내각에 다시 나왔지만, 문관들의 감정은 이미 불과 같이 달아 있었다. 분노를 주체하지 못한 이들은 하나씩 하나씩 계속해서 신시행을 탄핵하는 글을 올렸다. 신시행이 이와 같은 도덕상의 비난을 막을 방법이 없었던 것은 분명했고, 그의 위신은 이미 완전히 땅에 떨어졌으며, 또 동료들의 신임을 얻을 수 있는 방법도 없었다. 사태가 이렇게 분명해지자 그에게는 사직하는 것 말고는 다른 길이 없었다. 이런 상황 아래서는 황제의 만류 또한 전혀 도움이 되지 못했다. 이번에도 다시 그가 자리에 연연하여 떠나지 않게 되면 그는 필시 제2의 장거정이 될 것이 분명했다.

만력제는 신 선생의 사직을 인준하기 전에 필요한 조치를 취하여 자신의 권위를 다시 세워놓지 않으면 안 되었다. 신시행을 탄핵하여 소동을 일으킨 급사중을 파직시켜 서민으로 강등하는 중벌을 내렸다. 이렇게 한 까닭은, 이 급사중이 문관들의 칭찬의 대상이 되었고, 또 그를 처벌하라는 황제의 명령을 철회하라고 문관들이 요구했기 때문이었다. 황제는 여기서 비록 신하들이 싫어하는 한 대관(大官)을 만류할 수 있는 방법은 없지만 그들이 좋아하는 한 소관(小官)을 배척할 수 있는 능력은 가지고 있다는 것을 보여주어야 했던 것이다.

그 다음은 이보 허국이 당할 차례였다. 오랫동안 그는 신시행과 표면상으로는 마음을 맞추어 협력해온 듯이 보였으나 이 한 사건으로 그가 신시행을 시기하고 있었다는 사실이 드러나게 되었다. 그는 고의로 신시행의 비밀 해명서를 공개했는데, 이는 그의 인품이 결코 충후하지 못하다는 사실을 말해주는 것으로서, 이런 사람이 어전의 요직을 맡아서는 안 될 일이었다. 그래서 허국 또한 탄핵을 받게 되고 황제도 그를 회적조양[回籍調養, 직을 그만두고 고향으로 돌아가 쉼] 하도록 지시했다. 그리고 이틀 후 비로소 황제는 신시행의 사직을 받아들였다.

이 비극적인 충돌의 승리자는 없었다. 입태자라는 이 한 사건이 결국 많은 풍파를 일으켜 두 명의 대학사를 연달아 사직하게 했다. 이렇게 되자 이제는 가장 격렬했던 사람조차도 곧바로 다시 이 문제를 제기할 수는 없었다. 잘못하면 일이 막다른 골목으로 내달아 수습할 수 없게 될까 우려되었기 때문이었다. 만력제 자신도 아무리 정 귀비와 상순을 총애한다 하더라도 폐장입유를 조정 대신들이 결코 받아들이지 않을 것이며, 만약 공개적으로 자신의 주장을 고집한다면 최후에는 필시 대규모의 유혈 사태가 발생할 것이고 이는 그가 받들고 있는 불교의 가르침과도 어긋날 뿐만 아니라, 유혈 사태 이후에 일이 반드시 자신이 원하는 대로 될 것도 아니라는 것을 분명히 알게 되었다. 쌍방의 이와 같은 고려 때문에 잠시 교착 상태가 이어졌다.

입태자 논쟁

입태자 문제를 처리하는 가운데 만력제는 많은 착오를 범했다. 그 시작이 바로 정씨를 황귀비로 책봉하여 황후의 아래 그리고 다른 비빈들의 위에 둔 것이었다. 자식은 그 어미를 따라 귀해지는 것으로서 상순이 상락을 넘어 황태자로 책봉되는 것은 이치에 맞고 조리가 서는 일이었다. 그러나 절대 다수의 문신들은 이것이야말로 형을 두고 동생을 내세우는 것으로서 인륜에 부합되지 않는다고 보았다.

만력제 자신도 마찬가지로 자신의 의도를 공개할 만한 충분한 이유를 찾지 못하고서, 이런저런 구실을 붙여 문제를 연기시키기에 급급했다. 첫번째 구실은 상락이 각종의 전례를 익히게 하기에는 아직 너무 어리다는 것이었고, 두번째 구실은 바로 앞에서 말한 입태자와 같은 조정의 대사는 황제의 직권에 속하는 것으로서 어떤 사람도 끼어들거나 압력을 가하는 것을 허용할 수 없다는 것이었다. 조정 대신들과 논쟁을 벌이고 있을 때 그는 또한 세 아들을 동시에 왕으로 봉하고 황태자는 책립하지 않겠다는 안을 돌연히 내놓았다. 신료들이 이 방안을 받아들이지 않자, 그는 세번째의 구실을 찾아내었다. 즉 "황후가 아직 젊으니 자식을 잉태할 가능성이 있다. 만약 황후가 아들을 낳게 된다면, 물론 입태자 문제는 논의를 벌일 필요도 없게 된다"는 것이었다. 이와 같이 이런저런 구실을 늘어놓는다는 사실 자체가 바로 황제에게 신용이 결여되어 있다는 것을 의미했고, 또한 기백도 없다는 것을 폭로하는 것이었다. 그렇기 때문에 관원들의 항의도 결코 그칠 수 없었던 것이다.8)

이와 같은 교착 상태가 바로 본장 초두에 말한 '국법의 위기'였다고 보아야 할 것이다. 왜냐하면 교착 상태를 해소할 수 없었던 원인이 법률에 있는 것이 아니었기 때문이다. 법률 문제는 끝내 제기되지 않았는데, 만약 황제가 폐장입유를 반드시 실행해야겠다고 생각하고 있었다면 근거로 삼을 만한 명분을 찾지 못할 바도 아니었다. 예를 들어 명조 제국이 진정으로 법치를 실행할 수 있었고, 황위 계승 문제를 하나의 독립적인 법정으로 하여금 판결하게 할 수 있었다면, 그리하여 황제가 율사에게 위탁하여 성문법이든 불문법이든 법에 근거하여 자신의 의도를 변호케 하였다고 한다면, 그가 승리했을 가능성이 매우 높았을 것이다.

첫째, 상락이 태어나면서부터 황위 계승권을 소유한 것이 아니었고, 그의 여러 동생들 또한 마찬가지로 그와 같은 권리를 소유하고 있지 못했다. 황제의 아들들은 책봉을 받기 전에는 전혀 어떤 명의도 가질 수가 없었기 때문이다. 그렇지 않다면 특별히 봉태자(封太子) 혹은 봉왕(封王)의 전례를 거행할 필요가 없었을 것이다.

둘째, 장자를 세우고 동생들을 세우지 않는 것은 다만 전통적인 관습에 지나지 않는 것으로 강제성을 띤 법규는 아니었다. 이와 같은 사실은 영락제(永樂帝)의 등극으로 더욱 분명해졌다. 영락제는 홍무제의 제4자의 신분으로 청군측(淸君側)의 명분을 내세워 조카인 건문제(建文帝)를 밀어내고 제위를 탈취하였고, 자신의 둘째, 셋째 형들이 자신보다 황위 계승에서 우선권이 있다고 전혀 생각하지 않았다. 따라서 2백 년이 지난 지금에 와서 황위 계승에서 출생 순서를 고집한다면 그것은 바로 영락제의 합법성을 부정하는 것이나 다름없었다.9)

셋째, 홍무제가 정한 규정에 따를 것 같으면 적자가 황위 계승에서 우선권을 지니게 되는데, 그것은 황자의 지위는 그 생모의 지위에 의해 결정된다는 것을 의미했다. 출생 순서는 그 다음 숙고 대상이었다. 상락의 생모는 공비(恭妃)였고, 상순의 생모는 황귀비였다. 따라서 황자의 지위는 그 생모의 지위에 따라 정해진다고 하는 전술한 원칙의 조훈(祖訓)을 두고서도 협의할 수 있는 그런 것이었다.

넷째, 만약 만력제가 굳이 상순을 황태자로 삼지 않으면 안 되었다고 한다면, 효단황후를 폐하고 정씨를 황후로 삼아 상순으로 하여금 명실상부한 적자의 지위에 오르도록 할 수도 있었다. 명조의 역사상에는 선덕(宣德), 경태(景泰), 성화(成化), 가정(嘉靖) 등의 4황제 때에 황후를 폐한 전례가 있었지만, 이로 인해 정치 파란이 발생한 적은 없었다.10)

무엇 때문에 만력제는 이 문제와 관련하여 강경한 입장을 취하지 않았던가. 가령 자신의 주장을 단호하게 공개적으로 선포하고, 한마디로 입태자라는 대계(大計)는 자신의 권한에 속하며 제3자가 간섭하는 것을 허락하지 않겠다고 못을 박아놓고, 나아가 자신의 의도대로 일이 되지 않으면 퇴위하겠다고 위협을 한다든지 했다면, 사실상 이에 대응할 별 묘책이 없었을 것이다. 이렇게 하지 못한 것은 명조가 법률로써 천하 백성을 다스리는 국가가 아니라 '사서'의 윤리를 통치 원리로 삼은 국가였기 때문이라고 할 수 있을 것이다.

'아버지 된 자로서 자식을 편애해서는 안 되고, 형 된 자는 아우를 이끌고 사랑으로 감싸주어야 하는 의무를 지니며, 남자가 여인을 총애하여 장유의 질서를 바꾸는 잘못을 범해서는 안 된다는 등의 사실을 황제 이하 모든 백성들이 알고 있었다. 바로 이와 같은 원칙을 천하의 모든 사람들이 보편적으로 인정하고 있을 때 비로소 이 제국은 정신적으로 하나의 강령을 공유할 수 있었고, 상하는 한 마음이 될 수 있었으며, 또한 오랜 기간의 안정된 통치를 이룩할 수 있었다. 이런 상황에서 법률 조문이 국가를 통치하는 근거로 조금이라도 이용되게 된다면, 명조 입국의 근본에 문제가 생기게 되고, 1천 남짓의 현령들도 백성의 부모 된 관리로서의 신분으로 치하의 수많은 서민들을 관리하기가 힘들게 되는 것이다. 따라서 장자 대신 아우를 황태자로 세우려고 한 만력제의 기도는 비록 법률상으로 타협의 여지가 많았지만, 전통 관념을 견지하는 신료들의 눈에는 애초부터 삼강오륜에 합치되지 않는 것이었다.

신료들로서는 법률을 적용할 때는 성현의 가르침을 따르지 않아도 된다는 등의 말을 들어본 일이 없었고, 그점은 황제라 할지라도 인정하지 않을 수 없었다. 이와 같은 도덕과 여론의 강력한 압력하에서,

황제는 공개적인 장소에서는 마음에 있는 말을 바로 할 수 없어서 장자 대신 아우를 황태자로 세우겠다는 의도가 전혀 없다고 부인했다.

가슴에 품은 소원은 이루어지기 어려웠고, 게다가 그것을 명확히 말할 방법도 없었으며, 동시에 은밀히 의견을 나눌 수 있는 조언자도 없었기 때문에 그는 고독한 군주가 되어버렸다. 그는 내각대학사를 자신의 편으로 끌어들이고 싶었지만, 그런 바람을 공공연히 입 밖에 꺼낼 수는 없었다. 현실은 희망과는 달라서 역대 수보들은 모두 다 자신을 신하들의 대변자로 자처하며, 황제가 장유유서의 질서를 따라 상락을 태자로 세워줄 것을 부단히 촉구했다. 이 요구가 효과가 없게 되면 그들은 그에 대한 책임을 지고 사직할 뿐이었다. 이와 같은 일이 계속되자 황제는 수보가 바뀔 때마다 완전히 다른 개성의 소유자와 접하게 되고, 또 각기 다른 방식의 촉구에 대응해야 했다. 그 결과 쥐어짜낸 입태자 연기의 이유들은 서로 일치하지 않았고, 또 그 결과 사람들은 더욱 분명하게 황제가 불성실하다고 느끼게 되었던 것이다.

그는 형세가 자신에게 불리하게 돌아가고 있음에도 불구하고 여전히 희망을 포기하지 않았다. 그러자 신하들은 이리저리 추측하게 되었다. "도대체 황제가 이처럼 고집을 부리는 것은 정씨의 핍박 때문은 아닌가? 아니면 문제 해결을 연기하여 황후가 자연스럽게 죽기를 기다리고 있는 것인가? 효단황후의 건강에 문제가 많다고들 하는데, 만일 황후가 죽기라도 한다면 황귀비 정씨가 순서에 따라 황후가 될 것이고, 그렇게 되면 어떤 사람도 반대할 근거를 찾아내지 못하게 될 것이다." 그러나 뜻밖에도 효단황후는 사태가 그렇게 진전되도록 허락하지 않았다. 그녀는 몸에 병을 지닌 채 연명하여, 황제가 사망하기 겨우 4개월 전에 세상을 떠났다. 그때는 이미 만력제도 중의(衆意)를 거부하기가 어려워 굴복하고 난 후로서 상락이 황태자가 된 지 이미

20년이 경과하고 있었다.

전술한 문제를 분석함에 있어서 배제할 수 없는 요소가 하나 있다. 그것은, 비록 만력제가 등극하여 선조들이 앉았던 동일한 보좌 위에 앉아 있었지만, 그의 직책과 권한은 전대의 그것들과는 달랐다는 점이다. 선대의 황제들은 말과 행동 하나하나가 신하들의 공경을 받아 절대적인 도덕적 표준이 되었음에 반해, 그는 신하들의 교육을 받고 성장했다. 그의 책임 범위는 이런 문신들에 의해 정해진 것이었다. 게다가 그는 자신의 감정을 극도로 억제해야 했다. 이와 같은 차이점은 형식적으로 분명치 않아 보이지만 실질적으로는 뚜렷한 것이었다. 개국의 군주는 명조를 창건하면서 동시에 행정 기구로서 문관 제도를 설립했다. 그러나 후대에는 관료기구가 이미 완전하게 확립되어 있었고, 이들 문관들은 평범한 개성의 군주가 천명(天命)을 대표하며 자신들 간의 대립이 해결되지 않는 상황이 되었을 때만 나서서 강제적인 중재를 행하기를 바라고 있었다. 그들은 이 수성(守成)의 군주에게 일상생활과의 단절을 요구했고, 그럼으로써 중재 시에 개인적인 호감이나 편애를 개입시켜 분규를 더욱 심화시키는 사태가 발생하지 않기를 요구했다.

솔직하게 표현한다면 최상의 황제는 주관이 하나도 없는 황제였고, 또 그래야만 천명을 더욱 잘 대표할 수 있었던 것이다. 이와 같은 관계는 이미 만력제의 증숙조인 홍치제가 예를 보인 바 있었다. 홍치제가 겸허하고 온화하게 문신들의 의견을 잘 받아들이면 받아들일수록 문신들은 더욱 그를 덕이 있는 밝은 군주라 칭송했다.

이렇게 되면 황제는 더이상 실질적으로 국사를 처리하는 사람이 아니었다. 그는 국사 처리를 위한 권위 있는 하나의 상징에 불과했다. 그는 드러나지 않는 가운데 지선(至善)을 몸에 소유하고 있는 사람이어야 했다. 감정이나 개성의 진공 상태를 유지하면서 일상적으로 각종의 의례를 연습하여 추상적인 윤리 관념을 증강시키고 있다면, 그가 바로 전술한 요구 사항과 부합되는 황제였다.

문관들은 이미 상당 기간 동안 강력한 세력을 형성하여, 보좌에 앉은 황제에게 정무를 처리할 때 황제 개인의 의견을 버릴 것을 강요했다. 황제는 이 세력을 제어할 수 있는 방법이 없었는데, 그것은 그의 권위가 백관들이 행하는 의례적인 예절에서 나오는 것으로서 실제적인 통제력은 극히 미약했기 때문이었다. 명목상 그는 천자였지만 실제적으로는 조정 대신들의 통제를 받고 있었다. 만력제는 총명하게도 이와 같은 진상을 파악하고 있어서 상순을 태자로 세우려는 자신의 계획이 성공을 거둘 수 없다는 사실을 분명히 알고 있었다. 그래서 그는 의기소침해져 사실상의 조종자들인 이들 관료 집단을 점점 멀리하게 되었고 장기적인 태업이라는 소극적인 대항 방법을 취하게 되었던 것이다.

요언(謠言)과 요서(妖書)

1587년 이후 내외 정세는 전혀 안정을 유지하지 못했다. 양응룡(楊應龍)이 서남방(西南方)에서 반란을 일으켰고, 보바이(哱拜)가 영하(寧夏)에서 모반을 일으켰으며, 일본의 관백(關白) 도요토미 히데요시(豊臣秀吉)는 조선을 침략했고 동북 지방의 누르하치(奴爾哈赤)가 백두산과 흑룡강 사이에서 일어나 하나의 세력을 형성하고 있었다. 그러나 이와 같은 내외의 군사 문제 어느 것도 태자 책봉 문제만큼 조정 대신들의 관심과 논란을 불러일으키지는 못했다.

2만 명에 달하는 이들 문관들이 가장 관심을 집중시키고 있던 것은 현 황제가 세상을 떠난 후 누가 그의 뒤를 이어 옥좌에 등극하느냐 하는 문제였다. 상락이 태자로 책봉되었고 상순이 하남의 봉지로 떠난 후임에도 불구하고, 상황의 변화는 없었다. 교활한 귀비 정씨가 주야로 황제 가까이 있는 한 누가 감히 상황 변화가 없으리라 보장할 수 있겠는가?11) 그래서 충정에 넘친 어떤 신하는 결연하게 자신의 뜻을 밝혀 황제에게 호색하지 말 것을 요청했는데, 예로부터 미인은 사람을 유혹하여 올바르지 못한 일을 하게 하는 한 요인이었다는 것이다.12)

이어서 요언(謠言)이 무성해졌다. 어떤 것은 궁전 안에 이미 각종의 음모가 일어나고 있다고 아주 사실적으로 묘사하고 있었다. 궁중에서 목각 인형이 발견되었다는 소문도 있었다. 사람들은 일반적으로 영험한 무당이 7일마다 이 인형에 침을 하나씩 꽂으면 그 인형과 닮은 사람은 결국 골수까지 병이 침투하여 백약(百藥)이 소용없게 된다고 믿고 있었다. 귀비 정씨가 정말로 이와 같은 방법으로 상락의 명을 끊어놓으려 했던 것일까? 황제와 황후의 인형도 발견되었다는 소문은 사람들을 더욱 불안케 했다.

이런 불안한 분위기 속에 또다시 기괴한 사건이 하나 발생했다. 심리(沈鯉)라는 한 대학사가 문연각의 대문 옆에 관리가 지켜야 할 10개 항의 계율을 적은 나무판을 세우고, 매일 출근할 때 그 나무판 앞에 서서 낮은 목소리로 그것을 읽으며 무언가 중얼중얼했다. 오래지 않아 궁중 내에 심(沈) 각로에 관한 뜬소문이 퍼졌다. 그가 이상한 글자를 적은 나무패 앞에서 저주의 주문을 외고 있다는 것이었다. 황제는 크게 놀라 그 나무판을 가져오게 했는데, 그것을 보고 난 황제는 즉시 환관들이 제멋대로 말을 지어내어 문제를 일으키고 있다고 질책

했다.13)

소문들 가운데는 역사에 기록된 것도 있다. 예를 들면 공비 왕씨는 연상의 여인이었고, 만력제와 처음 만났을 때 이미 청춘기를 지나고 있었으며, 또한 한쪽 눈의 시력을 잃어버려 황제의 총애를 계속 받을 수가 없었다는 것이다. 또 하나는 만력제가 병이 깊어져 앞으로 다시 일어나지 못할 것이라고 생각하고 있을 때, 어느 날 정신이 들고 보니 자신이 공비 왕씨의 팔에 안겨 있었고 왕씨의 얼굴에 눈물 흔적이 마르지도 않은 것을 보게 되었는데, 귀비 정씨는 그림자도 보이지 않았다는 내용이었다.14) 그리고 또 하나의 고사(故事)는 상락의 조모 자성태후에 관한 것이었다. 그녀는 황제의 폐장입유의 계획에 반대했고, 그래서 이 문제만을 주제로 황제와 다음과 같은 대화를 나누었다는 것이다.15)

황태후: "황제가 정말로 이와 같은 일을 하려 한다면, 앞으로 신하들과 백성들에게는 무어라 설명하려 합니까?"
황제: "쉽지요. 그가 일개 궁녀의 아들이라고 설명하면 되지요."
황태후: "황제는 부디 자신도 일개 궁녀의 아들이었다는 사실을 잊지 마시오."

이와 같은 근거 없는 고사들은 당시 입에서 입으로 구전되었을 뿐만 아니라 목판으로 인쇄되어 출간되기도 했다. 왕씨가 만력제와 처음 만났을 때의 나이에 관한 문제는 4세기나 더 지나 정릉이 발굴되고서야 비로소 분명해졌는데, 묘지(墓志)에 그녀의 출생 연월이 분명하게 기록되어 있었기 때문이다. 기록에 따르면 만력제와 처음 만날 당시 그녀는 16세를 갓 넘기고 있었고 만력제는 18세였다.

목판 인쇄의 발달은 이들 서적들을 크게 유행하게 만들었을 뿐만 아니라, 익명의 전단이나 혹은 가명의 소책자들의 계속적인 출현을 가능케 했다. 이와 같은 전단이나 소책자들이 북경 성내의 긴장된 분위기를 더욱 고조시켜, 정도는 다르지만 모든 사람들로 하여금 이 대통 계승 문제의 와중에 말려들게 했다. 소위 요서(妖書)에 속하는 한 전단은 공공연하게 태자가 곧 폐위되고 복왕이 북경으로 모셔져 동궁으로 책립될 것이라고 하고, 심지어 이 음모에 참여한 사람과 그 계획 전부를 밝히고 있었다.16) 황제는 동창의 금의위에게 요서의 작자를 엄밀히 조사하여 색출해내라고 지시했다. 이 사건은 전체 도성을 진동시켰는데, 전단에 이름이 오른 사람들은 말할 것도 없고 사건과는 아무런 관련이 없는 사람들도 극도의 공포에 사로잡히게 되었다.

절조와 교훈

문관 집단과 관련하여 이야기하자면, 상락과 상순의 대립은 문관들 사이에 이미 존재하고 있던 대립에 감정적인 색채를 더한 것에 지나지 않았다. 다시 말하면 정 귀비가 없었고 또 동림당이 없었다 하더라도, 문관 집단 사이에 파인 골과 대립은 이미 상당히 심각한 상태에 도달해 있었던 것이다. 이와 같은 갈등의 근원을 추적해보면, 명조 창건 당초까지 거슬러 올라간다.

역사가들은 거의 대부분 명조가 시서(詩書)를 정치의 근본으로 삼은 정도에서 이전의 왕조를 훨씬 넘고 있다는 사실에 크게 주의를 기울이지 않았던 것으로 보인다. 시서를 근본으로 한 정치는 개국 초에는 객관적인 실현 가능성이 엿보였다. 홍무제는 각 성(省)의 지주와 명문 가문에 타격을 가하여, 전체 제국을 중·소 지주와 자영농을 위주로 하는 사회로 만들려 했다.17) 또 조정은 거듭 명령을 내려 절검과 질박함을 숭상하게 했고, 문관들에게 인민의 공복이 될 것을 요구했다. 이와 같은 분위기 아래서는 사람들의 마음속의 물질적 욕구와 입으로 표현하는 도덕적 기준 사이에 아직 그렇게 커다란 간격이 있는 것은 아니었고, 적어도 정치상의 장애가 될 정도는 아니었다.

장거정이 수보가 되었을 때 명조는 건국한 지 이미 2백 년이 지나고 있었다. 당시의 상황은 개국 초의 이상이나 기풍과는 이미 거리가 너무 멀어져 있었다. 이치로 말하자면 많은 문제들이 응당 조직상의 원칙들에 따라 해결되어야 했지만, 실제로는 해결 방법이 없어서 국부적 인사 조정으로 대신되고 있었다.

이와 같은 갖가지 폐단의 근원은 재정 정책에 있었다. 개국 초에 정부는 각종 제도를 정하였는데, 근거가 된 원칙은 '사서'의 가르침이었다. 그 가르침에 따르면 관원들의 생활방식은 간결 소박해야 했다. 이 만고불변의 진리를 기초로 하여 조직된 문관 집단은 방대하기 짝이 없는 조직으로서, 그 중앙 통제 방식에는 중심도 탄력성도 결여되어 있었으며 형세의 변화에 따른 조정 능력의 결여는 더욱 말할 것도 없었다. 그리고 교통 통신, 통계 분석, 조사 연구, 금융 관리, 생산 발전 등과 같은 각종 기술적인 능력은 더욱 불충분했다. 그 필연적인 결과로서, 정부는 왕왕 민간 경제의 발전이나 쇠퇴를 정확히 파악하지 못했고, 그로 인해 세수(稅收)나 예산 편성이 경제 상황을 좇아 증감될 수가 없었다.

재정상의 경직성과 혼란, 적절한 통제의 결여, 그리고 비현실적으로 적은 관원들의 봉록 등으로 인해18) 관원들이 규정액 이외의 수입을 구하는 것은 불가피했다. 앞에서 언급한 상례라는 것은 일종의 보편적 관행이었다. 즉 규정 세액 이외에 부가세를 거두어들였는데, 은으로 징수할 때에는 한 냥(兩)에 몇 푼(分) 몇 리(厘)를 부가하여 화모(火耗)라 불렀고, 현물을 징수할 때에도 몇 필(匹) 몇 두(斗)를 더 거두어들여 모미(耗米), 양견(樣絹)이라 불렀다. 이 외에 가령 지현과 같은 지방관의 경우, 가족 생활비, 손님 접대비, 상사에게 보내는 예물 등이 모두 그 지방의 부담으로 되었다.[19] 합법적이라고 할 수도 있고 불법적이라고 할 수도 있는 이런 수입에 대하여 중앙은 묵인하면서도 공개적으로 인정하지는 않았다. 이 수입은 각 지방 사이에 기준이 없었다. 부유한 현에서는 세수에 몇 푼만을 더하여도 지현의 호주머니를 두둑하게 할 수 있었음에 반해, 가난한 현에서는 같은 수량을 징수하더라도 극히 포학한 학정이 될 수 있었기 때문이다. 이와 같은 상황에서는 소위 절조(節操)라는 것이 아무 실제적인 의의를 가질 수가 없었다.

더욱 판단하기 어려운 것이 중앙관의 절조였다. 그들에게는 상례를 징수할 기회가 없었고, 전적으로 각성의 지방관이 예물로 보내어 오는 '진첩[津貼, 재물로써 다른 사람의 부족함을 도와주는 것]'에 의지하고 있었다. 은이 계속해서 북경으로 유입되었는데, 특히 지방관에 대한 고과가 있는 해에는 그 양이 더욱 많았다. 기인 해서(海瑞)가 이를 두고 "중앙관이 조세를 거두어들이는 해"라고 불렀던 것도 별 무리가 아니었다.[20] 심사를 담당하는 자가 이미 심사 대상자의 진첩을 받고서 어떻게 공정한 처리를 이야기할 수 있었겠는가?

이와 같은 재정 상황에 더하여, 문관 체제에서 안타까운 것은 각급의 지방관들이 한결같이 환경의 변화에 대처할 수 있는 실제적 능력을 갖추고 있지 못했다는 점이다. 그들에게는 하급의 관원들을 완전히 통제할 수 있는 능력이 없었다. 왜냐하면 각자가 스스로 상례를 거두어들이고 있어 하급의 관원도 재정권을 지니고 있었으며, 인사권 또한 북경에 집중되어 있어서 상급 관원은 하급 관원의 인사 문제를 직접 처리할 수 있는 권한이 없었고 다만 건의를 올릴 수 있을 뿐이었기 때문이다.

체제상의 치밀함이 부족하였기 때문에, 문관 집단들은 더욱 정신적인 힘으로 조직의 결점을 보완하지 않으면 안 되었다. 이와 같은 현상은 명조의 역사 기록을 통해서도 입증된다. 이들 공맹의 추종자들은 필요한 경우에는 자신의 희생을 무릅쓰고 임무를 완수할 수도 있었다. 어떤 문관은 한 번도 군사 훈련을 받지 않았음에도 불구하고, 급히 끌어 모은 민병을 이끌고 고립된 성을 굳게 지키다가 최후에는 살신성인했다. 또 어떤 문관은 찌는 듯한 무더위와 질병을 개의치 않고 백성들과 같이 먹고 자며 홍수의 위협하에서 붕괴될 위기에 놓인 제방을 구하기도 했다. 이와 같은 좋은 점들은 물론 무시되어서는 안 되겠지만, 이러한 행동은 특별한 경우였고 다분히 개인적인 요소도 곁들여져 있었다. 게다가 보통 긴급한 상황과 함께 나타났다. 고도의 행정 효율을 지닌 정부가 체제적·기술적 면밀함을 갖추고 있었다면, 긴급한 상황을 맞을 때마다 도덕 관념을 부적삼아 위기를 넘기지는 않았을 것이다. 좀더 정확히 말한다면 도덕 관념에 의지하는 것은 이미 좋은 현상이 아니었고, 조직 기구가 시대를 거스른 탓에 복잡한 사회 속에서 새로운 전기를 이룩하지 못한 결과였다.

이와 같은 상황은 타파되지 못했고 문관들의 이중성은 더욱 뚜렷해졌는데, 그것은 역시 정신과 물질의 분리였다. 이들 경전과 사서를 숙독한 인물들은 한편으로는 인의(仁義)와 도덕을 앞다투어 표방하며, 치국평천하(治國平天下)의 포부를 펼쳐 국가를 위해 봉사하고, 자신의 희생을 자랑스레 여겼다. 그러나 다른 한편, 체제상의 많은 빈틈이 그만큼 강렬하게 문관들을 유혹하고 있었다. 양과 음의 간격이 더욱 멀어져서 모두가 동의할 수 있는 타협점을 찾는 것이 점점 힘들어졌다.

유능하고 노련한 장거정도 이 문제를 해결할 수 없었다. 그는 10년간 수보로 일하고 난 후에야 비로소 문제를 분명하게 볼 수 있게 되었다. 그의 일련의 개혁 조치들은 문관들로 하여금 거대한 압력을 느끼게 했을 뿐 성공을 거둘 수는 없었고, 또한 그의 사후 청산되어버리는 운명을 맞았다. 신시행으로서는 목표를 낮추어 잡을 수밖에 없었다. 그가 말한 "불초자에게는 오직 무서움이 무엇인지 알게 하고, 현자에게는 의지할 곳이 있게 한다"는 것은 바로 음양 양 극단의 조화를 지향하고 있는 신시행의 방침을 잘 표현해주고 있다. 그는 불법을 조장하려는 뜻을 지닌 것은 물론 아니었지만, 그렇다고 청렴을 엄격하게 강요하지도 않았다. 1587년 경찰의 기준을 완화시켰던 일은 이와 같은 의도의 구체적 표현이었다. 그가 보기에 이미 형수는 물에 빠졌고, 따라서 평상시와 같이 멀리서 존경만을 표할 상황이 아니며 손을 내밀어 구하지 않으면 안 되었다.[21]

그러나 기준을 낮추었음에도 불구하고 신시행도 목표를 달성하지 못했다. 공명정대함을 체현하는 것이 자신들의 사명이라 여기고 있는 일단의 소장 신진들은 '사서'가 가르치는 윤리관을 견지하며 1587년의 경찰 방식에 커다란 불만을 표시했다. 그중 한 사람이 고헌성(顧憲成)이었다. 그가 제출한 탄핵의 글은 매우 날카로웠다. 그는 뜻을 같이하는 사람들과 함께 능력이나 절조가 부족한 관원을 적발해내려 하였고, 신시행이 고심하며 꿰맨 상처를 거리낌 없이 다시 찢어버렸다. 신시행은 그를 외성으로 전보시킴으로써 이에 대응했다.[22]

따라서 태자 책봉 문제가 아직 중앙관에 대한 일반적인 압력으로 작용하고 있지 않던 때에도 이미 그들 내부의 관계는 극히 긴장된 상태에 와 있었던 것이다. 장거정의 강압적인 명령은 이미 실패했고, 신시행의 조화·절충도 마찬가지로 성공을 거두지 못하고 있었다. 북경의 2천 명 남짓의 문관들 사이에는 윤리 도덕과 현실생활에 대한 각기 다른 태도가 존재했고, 이들은 서로 적대하고 멸시하고 있었다. 어떤 이는 빈한한 집안에서 태어나 관리가 되는 것을 재산을 모으는 치부의 기회로 보고 있었고, 반면에 어떤 이는 풍요로운 집안에서 태어나 관리로서의 수입에 의지하여 생활을 유지할 필요가 없었기 때문에 자연히 그와 같은 태도에 대해 동의하거나 허용할 수 없었다. '사서'의 원칙에 대해서도 어떤 이는 그저 내용 없는 문장 정도로 간주하여 직업상의 상투어로 이용하고 있는 반면, 어떤 사람들은 조금도 소홀히 하지 않고 힘써 실천하고 있었다. 이 외에 이 양쪽 진영을 왔다 갔다 하는 사람도 있었고, 인간관계를 좇아 대립적인 양 진영의 어느 한 편에 가담하는 사람도 있었다.

 문관들 사이의 충돌은 비록 추상적인 원칙을 둘러싸고 시작되었다 하더라도, 감정적인 격동을 완화시키지 못하는 것이 보통이었다. 어떤 사람이 주변의 다른 한 사람을 인격 없는 사람이라고 간주할 수 있듯이, 그 상대방도 마찬가지로 이 사람에 대하여 거드름 피우며 성현의 도를 앞세워 자신의 무능력을 감추고 있는 자라고 볼 수 있는 것이었다. 그리고 당장에 더욱 중요했던 것은 황태자 책봉 문제가 결코 추상적인 원칙의 문제가 아니라 문관들의 영욕과 생사가 걸린 현실 문제라는 점이었다. 왜냐하면 대체로 황위 계승권을 둘러싸고 대립이 발생하여 한바탕의 잔혹한 충돌을 거친 후 승리자가 황제의 보좌에 등극하게 되면, 곧 구오지존[九五之尊, 군주의 지위를 말함.『역경(易經)』의 "九五 飛龍在天"에서 따옴]은 필연적으로 천명(天命)과 도덕성

을 갖추게 됨으로써, 대립관계에 있던 상대방을 선황의 진의를 위조
했다고 탄핵하거나 혹은 그 무도함을 폭로하는 일이 발생하게 되어
있기 때문이었다. 이런 여론 조작은 자신의 승리를 정당화하기 위한
작업이었다. 그를 추대한 자들은 상대방에게 각종의 잔혹한 수단을
가할 것을 요청했는데, 그래야만 순역(順逆)이 분명해질 수 있기 때문
이었다. 즉 자신들은 아름다운 이름을 후세에 남기고 정적들은 악명
을 남기도록, 명확히 구분해야 한다는 것이었다. 이와 같은 상황은 명
조 역사에서 전에도 이미 두 차례 이상 발생했었다.

잘 알려진 대로 명조의 세번째 황제인 영락제는 무력을 이용하여
조카 건문제의 황위를 탈취했다. 그는 '정난(靖難)의 변'을 일으킬 때,
홍무제는 본래 자신에게 제위를 물려주려 했는데 건문제가 제위 계
승에 관한 조서를 위조했다는 식의 논리를 날조해내었다. 그리고 정
변에 성공한 후 그는 자신을 추대하기를 거절한 조정 대신들과 그 가
속들을 대량으로 살육했다.23)

제6대 황제인 정통제(正統帝)는 몽골 오이라트와의 전쟁에서 패하
여 포로가 되었다. 조정 대신들은 황태후와 상의한 후 그의 배다른
동생을 황제로 재빨리 옹립하였는데, 그가 곧 경태제(景泰帝)였다. 이
는 오이라트가 포로가 된 정통제를 이용하여 협상에서 유리한 위치
에 서는 것을 막기 위한 방책이었다. 결국 오이라트는 도모할 만한
이익이 없게 되어 정통제를 북경으로 돌려보낼 수밖에 없었다. 한 국
가에 동시에 두 황제가 존재할 수는 없었기 때문에 정통제는 태상황
(太上皇)이라 칭해졌다. 그는 표면상으로는 남궁(南宮)에서 유유자적
세월을 보내고 있었으나, 사실은 연금되어 있었던 것이다. 7년 후 태
상황을 복위시키려는 탈문복벽[奪門復辟, 서유정徐有貞 등이 병을 일으
켜 담을 헐고 문을 점령하여 제위를 회복케 한 것을 일컬음]이 성공하고

연호는 천순(天順)으로 바뀌었다. 일이 성공을 거두자 경태제를 옹립했던 신료들은 잔혹한 처벌을 받았는데 경태제 밑에서 공로가 컸던 병부상서 우겸(于謙)은 서시(西市)에서 살육되었다.24)

1587년은 표면적으로는 아무 일 없이 조용했지만, 이미 많은 문관들은 태자 책봉의 문제가 합리적으로 해결되지 못할 경우 역사의 아픈 교훈이 다시 자신들의 신상에 재연될 수도 있음을 예감하고 있었다. 오늘 무의식중에 행하는 말 한마디나 행동 하나하나가 장래 큰 화근이 될 수 있었다. 그러나 근신하고 조심하여 입을 닫고 말을 하지 않는다 하더라도 후에는 역모에 가담한 것으로 취급될 수도 있는 것이어서 그것이 반드시 좋은 보신(保身)의 방법이 되는 것도 아니었다. 그러나 모든 사람들이 이와 같은 위험을 두려워하는 것은 아니었다. 어떤 사람은 이 위험을 자신의 강직성을 표현할 수 있는 좋은 기회로 보았다. 비록 이로 인해 희생이 된다 하더라도 죽음으로써 정의를 수호했다는 명성을 후세에 남길 수 있기 때문이었다. 그래서 그들은 재삼 재사 상주문을 올리는 외에도 매우 선동적인 내용의 소책자나 전단을 인쇄하여 북경성을 들끓게 만들곤 했다.

자금성의 죄수

재위 후반기가 되자 만력제도 자신이 역사의 비난을 피할 수 없다는 사실을 분명하게 깨닫게 되었다. 신하들과의 관계가 좋지 않았고, 동시에 책임감 없는 군주였다는 사실이 이미 분명해져 있었다. 적극적으로 활동하는 군주가 될 마음은 없었고 현실 또한 피할 수 없는 것이어서, 그가 할 수 있는 일이라고는 소극적인 무위(無爲)밖에 없었다. 그러나 다른 한편 그는 총명하고 예민한 사람이었기 때문에 신하들의 도구가 되는 것 또한 감내할 수가 없었다. 그래서 그는 소극적이기는 했지만 계속 완강하게 자신의 성격을 지켜나갔다.

만력제는 신분은 천자였으나 다른 관점에서 보면 자금성에 갇힌 죄수나 다름없었다. 그의 권력은 피동적인 측면이 많았다.25) 그는 자신이 싫어하는 관원을 파직시키거나 조사·처벌할 수는 있었지만, 좋아하는 관원을 발탁하여 승진시키기는 힘들었다. 그래서 심복 한 사람을 두기도 어려웠다. 대신들이 올리는 상주문을 결재했고 또 법률 규정을 초월한 권한도 있었지만, 법률을 제정할 수 있는 힘은 없었다. 관료들 사이에 충돌이 발생하면 당연히 그가 나서서 결말을 지어주어야 했지만, 제도를 개혁하여 충돌의 발생을 막을 능력은 없었다. 게다가 그의 결정은 권위를 점차 상실해가고 있었는데, 그 이유는 신하들이 그를 무사안일한 게으른 군주로 간주하고 있었기 때문이었다. 변경 지방의 군사 문제는 필히 황제에게 보고하도록 되어 있기는 했지만 황제가 직접 장병들을 통솔할 수 없었음은 물론, 평상시 군의 정비도 불가능했다. 또한 궁문 밖을 나서는 것조차 극히 어려웠으니 도성(都城)을 떠나 각 성을 순시한다는 것은 더욱 상상할 수 없었다. 한 점의 선택권도 없는데, 황제의 지위가 무슨 신이 났을까?

신료들은 황제가 권력이 아닌 덕행으로 국가에 공헌하기를 기대했다. 그러나 덕행이란 무엇을 의미하였던가? 장거정이 살아 있을 때, 황제는 수보이자 스승인 그의 통제하에서 도덕과 지혜의 추상적 상징으로서의 역할을 수행했다. 소위 덕행이란 대부분 각종 의례 가운데서 체현되었는데, 그는 이 지루하고 단조로운 의식을 참아내려 노력해야 했다. 어쩌면 황제의 이런 고통은 사람들에게 이해되었을지도 모른다. 그러나 황제의 가장 깊은 괴로움이 무정한 의례 밖의 어떤 것에 있다는 사실을 이해하는 사람은 거의 없었다. 제위란 일종의 사회 제도이지만, 황제 주익균(朱翊鈞)은 피와 육체를 지닌 개인이었다. 일단 제위에 오르고 나면 그의 언행 일체가 도덕적 규범에 부합해야 했다. 그러나 도덕 규범에 대한 해석은 문관들의 소관 사항이었다. 신하들은 양 외에 음을 지닐 수도 있지만, 황제에게는 그것이 허용되지 않았다. 황제에 대한 구속은 한정이 없어서, 개성을 표출시키는 것이면 무엇이든 도덕의 규범을 벗어난 것으로 비난받을 수 있었다.26)

황제의 생모인 자성태후가 세상을 뜨자, 예부에서는 즉시 장례 의식을 정중하게 하기로 결정했다. 복상은 27일간으로 하며 전체 신민(臣民)이 복상하고 모자에 백포(白布)를 두르도록 선포했다. 전체 중앙 관들은 일제히 상복을 착용하고 조화(朝靴) 대신 초혜[草鞋, 짚신]을 신고, 사모[紗帽, 군주나 신분 높은 사람들이 착용한 망사 모자]의 양 날개를 제거하고 대신 어깨까지 드리워지는 두 가닥의 백포를 늘어뜨렸다. 크고 작은 사원들에서는 3만 번의 종소리가 밤낮없이 울려 퍼졌다. 3일 동안 4품 이상의 관원과 그 부인들은 조를 나누어 대열을 이루고 자녕궁(慈寧宮)으로 나아가서 의례상의 호곡(號哭)을 행했다. 15차에 걸쳐 호곡을 행하였는데, 모든 참여 인원이 행동을 통일하여 동시에 호곡을 시작하고 동시에 멈추었다. 마치 교향곡을 연주하는 것 같았다.27)

자성태후에 대한 애도가 이같이 장엄했던 것은 결코 그녀 개인에 대한 깊고 광범한 슬픔에서 말미암은 것이 아니었다. 그녀는 그저 하나의 형식상의 대표자였고, 그녀의 장례식은 모든 백성을 길러주신 어머니의 은혜를 기리는 것을 상징하며, 또한 황실에 대한 충성의 표현이었다. 이들 관원들과 그 부인들이 호곡을 끝낸 후 각자의 가정으로 돌아가면 틀림없이 이 정중한 장례식에 감명을 받아 연장자를 더욱 극진히 모실 것이며, 그렇게 되면 전국의 풍속이 더욱 후덕해질 것이라는 것이 일반적인 생각이었다.

그러나 만력제는 이미 오래 전에 이와 같은 믿음을 상실하고 있었다. 의식 전례는 훨씬 더 많은 의식 전례를 낳게 되어 있을 뿐이고, 황제는 나라의 본보기로서 수많은 의식에 자신의 모든 정력을 다 쏟아 부어 성의를 표현해야만 했다. 그는 이미 이 모든 것을 꿰뚫어 보고 있었다. 지금까지 생활하면서 이미 그는 과다한 정력을 소비해버렸고, 이제는 일일이 응대할 기분도 아니었다. 그래서 그는 "요즈음 가끔 습독(濕毒)으로 고생을 하고 있으며 약을 썼지만 치유되지 않아 거동이 편치 못하다"라는 이유를 붙여 여러 사람들 앞에서 행하는 번잡한 허례들을 피하곤 했다.28) 그러나 이 같은 행위가 반드시 황제에게 효성이 부족했음을 말해주는 것은 아니었다. 당일 북경에 거류하고 있던 외국 선교사의 기록에 의하면, 황태후를 입관할 때 만력제가 친히 모든 세부 절차를 준비했다고 한다.29)

전통에 규정된 천자의 직책이 버려진 채 오랜 시간이 흐르자, 만력제의 나태함에 관한 평가가 분분하게 되었다. 어떤 사학자는 그의 게으름은 선천적인 것이었다고 하기도 하고 또 어떤 사학자는 그가 아편에 중독되었던 것은 아닌가 의심하기도 한다. 그러나 이들 사학자들은 아래와 같은 사소한 사실들을 소홀히 취급하고 있다. 즉 만력제가 전례에 참석하는 번거로움으로부터 도피하고서도, 더욱 무료한 방법으로 시간을 보내고 있었다는 사실이다. 날씨가 맑고 화창하여 흥이 나면, 그는 환관들과 희희낙락 척은[擲銀, 은전 던지기 놀이]을 즐겼다. 황제 자신이 노름판의 물주가 되고, 환관들은 은전을 땅 위에 그려놓은 네모나 동그라미를 향해 던져서 그림 안에 은전이 들어가면 두 배 혹은 세 배의 상을 받았고 그림 밖으로 나간 것은 몰수되었

다.30)

이 사소한 장면은 활동적인 한 인물이 충만한 정력을 지니고 있으면서도 그것을 적극적으로 창조적인 활동에 이용하지 못하고 있는 모습을 잘 묘사해주고 있다. 황제의 이런 고민이 바로 역사의 비극이었다.

종조부 정덕제

정말 수성의 군주는 이와 같이 경직된 제도를 개조하거나 혹은 황제의 직권을 고치고, 나아가 제국을 개조할 수는 없는 것일까? 전적으로 그러했던 것은 아닌 것 같다. 만력 이전, 그의 숙조(叔祖) 정덕제가 일찍이 이와 같은 개혁을 시도한 적이 있었다. 두 황제 사이의 간격은 약 반 세기밖에 되지 않아, 정덕제의 일들이 만력제에게 전혀 영향을 주지 않았을 리는 없다.

정덕제는 1505년에 즉위했는데 나이가 겨우 14세에 불과했다. 그는 보통 사람과는 다른 담력과 많은 호기심, 풍부한 상상력을 지니고 있었다. 이와 같은 사람이 수성의 군주가 되었으니, 운명의 장난이라 아니할 수 없었다. 정덕제는 전통에 굴복하지 않고 자기 나름의 방식으로 생을 즐겼다. 그리고 그 행함에 있어서도 전혀 신료들의 비판으로 동요되는 일이 없었다. 어쩌면 이들 책벌레들을 다루는 것이 바로 자신의 오락거리였을지도 모른다.31)

정덕제는 즉위한 지 2년도 채 안 되어 자금성 밖으로 나갔고, 그리고 다시는 궁정 내부의 엄격한 규율의 제한을 받지 않았다. 그가 새로 지은 거처는 표방(豹房)이라 불리었는데, 황성 중의 탁 터진 곳에 위치하고 있었고, 그 속에는 숙소, 사냥터 및 서양의 클럽 비슷한 것들이 있었다. 이후 그는 환관, 창우[倡優, 배우, 연예인], 라마승 및 이역(異域)의 술사 등으로 둘러싸이게 되었다.32) 어쩌다 흥이 나면 가끔 조회나 경연에 참여하기도 했다. 그러나 그보다는 사냥에 더 많이 몰두했다. 한번은 자신이 직접 호랑이를 훈련시키다가 호랑이에게 부상을 당했는데, 다행히 측근 강빈(江彬)의 구원으로 간신히 화를 모면하기도 했다.33)

강빈이 정덕제에게 신임을 받은 까닭은 그가 담이 크고 민첩했기 때문이었다. 그의 몸에는 화살에 맞아 생긴 상처가 세 군데 있었는데, 그 가운데 하나는 귀뿌리까지 길게 뺨에 나 있었다. 1512년 황제와의 면담을 거친 후 그는 곧 황제의 총애를 받게 되었고, 황제를 그림자처럼 따랐다. 정덕제는 이미 이전부터 황성 안에서 연병(練兵)을 실시하고 있었는데, 강빈과 같은 용맹한 군관을 시종으로 얻으면서 조련 활동은 더욱 빈번해지고 정례화되었다. 사병들은 두 개의 진영으로 나누어졌는데, 그 가운데 환관들로 조직된 사병 진영*을 황제가 직접 지휘했고, 강빈이 변경에서 엄선한 장사들로 구성된 다른 한 진영을 지휘했다. 부대의 복장 또한 다른 부대와 달리했다. 선명한 갑옷 위에 노란색의 천을 어깨 부분에 목도리처럼 두르고 차양 모자 위에는 백조의 깃을 달게 하여 사병들의 위풍과 산뜻한 분위기를 더해주었다.34)

정덕제는 온종일 연병에 분주했고, 밤에는 표방에서 각양각색의 인물들과 어울려 즐겼다. 조정에서 벌어지는 문관들과 환관들 사이의 충돌에 대해서는 그저 방임의 자세를 취했다. 그가 보기에 이들의 충

---

* 영어판에 의하면 기마 궁수였다.

돌은 피할 수 없는 것이었고, 게다가 이와 같은 일을 처리하는 것은 그의 취향에도 맞지 않았고 그럴 능력도 없었다.35)

1517년에 매우 모험적인 일이 있었다. 당시 타타르의 왕자 바옌 멍케(伯顔猛可)가 자주 변경을 침입하곤 했는데, 또다시 5만의 기병을 이끌고 침범해 들어와 명의 관병을 포위했던 것이다. 황제는 친정(親征)을 준비했다. 이를 계기로 삼아 실제로 전쟁을 체험하고 동시에 몇 년간 실시한 군사 훈련의 효과를 시험해보고자 한 것이다.36) 문관들은 이 놀라운 움직임에 대해 온 힘을 다해 반대했다. 먼저 장성(長城)을 시찰한 어사 한 명이 그가 관(關) 밖으로 나서는 것에 반대했다. 그러나 이런 일은 매우 손쉽게 처리될 수 있는 것이어서, 즉시 이 어사를 해직시키고 환관으로 하여금 그를 대신하게 했다. 그는 출관(出關) 후에도 같은 방법을 이용하여 문관은 아무도 관 밖으로 나서지 못하게 했다. 결국 4개월 남짓 북경의 신료들은 거의 완전히 황제와의 연락이 끊긴 상태로 있었다. 북경을 출발하는 전령은 아주 많은 주본(奏本)을 가지고 갔으나, 되갖고 온 비답(批答)은 극히 소수였다.

황제가 승리를 거두고 돌아왔을 때 희극적인 장면이 하나 연출되었다. 그는 사전에 환관에게 명령을 내려 창고를 열고 비단을 꺼내어 백관들에게 하사하도록 했다. 그리고 만 하루 동안에 새 조복을 지어 입고 자신을 맞이하게 했다. 너무나 갑작스러운 일이었기 때문에 문무 관원의 흉장이 서로 뒤죽박죽이 되어 있었다. 본래 공이 있는 대신에게 상으로 내렸던 날치, 이무기 등의 무늬가 있는 특별한 조복 또한 대충 분배되었다. 관원들이 쓴 모자의 모양 또한 가관이었는데 이는 황제가 친히 고안한 것이었다. 황제를 맞는 의식 또한 상세한 규정을 마련하거나 예행연습을 하는 등의 사전 준비를 행할 겨를이 없었다. 큰길 양옆으로는 황제가 친정하여 거둔 위대한 승리를 칭송하는 내용을 적은 깃발들을 내걸었는데, 여기서도 문제가 발생했다. 정덕제가 자신을 [황제라는 칭호 대신] "위무대장군 주수(威武大將軍 朱壽)"라고 칭하는 바람에 관원들은 윗부분은 지시대로 쓰면 되었으나 아랫부분에는 차마 신하로서 서명할 수가 없었다. 그리고 공교롭게도 그날은 날씨가 좋지 않아 하루 종일 진눈깨비가 흩날렸다. 백관들은 밤늦게까지 목을 빼고 기다리고 나서야 많은 화파[火把, 야간에 길을 밝히기 위해 대나무로 만든 것]와 시종의 호위 속에서 갈색의 말을 탄 황제가 도착하는 것을 볼 수 있었다. 황제는 성문 앞에서 말을 내려 수보가 올리는 술을 받아 단숨에 마신 후 곧바로 표방으로 말을 몰아가서는 휴식을 취해버렸다. 백관들은 질퍽거리는 거리에서 낭패한 표정을 지으며 어쩔 줄을 몰라 했다.37)

황제는 노획한 무기와 장비를 궁문 앞에 진열시켜 전승(戰勝)의 증거로 삼았다. 궁중의 은작국(銀作局)은 이번 불후의 공을 기념하는 은패를 제작하고 그 위에 각종 색을 입혔다. 그러나 그의 흥은 조정 대신들을 전혀 고무시키지 못했다. 한림원의 전체 관원들이 그를 축하하기를 거절했고, 어떤 감찰관은 직책을 다하지 못했다고 자신을 책하며 사직하고 고향으로 돌아갈 수 있도록 해달라고 요구하기도 했다.38) 비록 친정으로 인해 전방 관군에 대한 포위가 풀렸고 정덕제 재위 기간 내내 타타르 왕의 침입은 두 번 다시 없었지만, 회의적인 태도를 고수하던 문관들은 이 승리를 결코 인정하려 들지 않았다. 그들 문관들은 명군의 사상자가 6백 명에 달했음에 비해 타타르의 전사자는 16명에 지나지 않았다는 사실을 강조했다.39)

1518년 가을 정덕제는 대학사에게 위무대장군 주수에게 다시 북방의 변방 순시를 명령하는 조칙을 초의(草擬)하라고 요구했다.40) 4명의 대학사 모두 이 명령을 거부했다. 그 가운데 한 사람은 땅에 엎

드려 눈물을 흘리며 말하기를 자신에게 죽음을 내린다 하더라도 그와 같은 불충 불의를 행할 수는 없다고 했다. 정덕제는 대학사들의 항의를 무시한 채, 일체를 본래 계획한 대로 진행시켰다. 원정 도중에 그는 칙령을 내려 자신을 진국공(鎭國公)에 봉하고 1년의 봉미(俸米)를 5천 석으로 하였다. 5개월 후 그는 또다시 자신을 태사로 봉했다. 이렇게 되자 그는 자기 수하의 최고의 문관이 되어 대학사 위에 위치하게 되었다.41)

제2차 친정에서는 타타르족이 내내 접촉을 회피했기 때문에 대규모의 수색 작업에도 불구하고 적의 종적을 찾지 못하고, 빈손으로 돌아올 수밖에 없었다. 정덕제는 1519년 봄에 수도로 돌아왔다. 이 9개월 사이 조정 대신들의 항의는 처음에는 수십을 헤아리다가 나중에는 수백에 달했다. 조정 대신들은 도성에 주인이 없으면 변란이 발생하기 쉽다고 간절하게 상주했다. 두 사람의 대학사는 항의하여 묻기를, "황제가 황제의 지위를 버려두고 스스로 낮추어 공작(公爵)이 되면, 관례대로 앞의 3대를 추봉(追封)할 경우 3대에 걸친 선황도 마찬가지로 낮추는 것이 되지 않겠습니까?"라고 했다. 수보의 항의는 더욱 솔직하여, "도대체 위무대장군 주수가 누구입니까? 만약 그와 같은 사람이 존재하지 않는다면, 성지(聖旨)를 위조한 것이므로 마땅히 법에 따라 처형해야 할 것입니다"라고 했다.42)

이와 같은 모든 간언과 항의에 대해서 정덕제는 여전히 주의를 기울이지 않았다. 그의 성격은 자유분방하기 짝이 없었으며 자신감 또한 충만했다. 따라서 그는 작은 예절에 구애되지 않았고, 그것은 이들 책벌레들의 관념과는 거리가 먼 것이었다. 결국 문관과 황제 사이에는 이미 조화란 있을 수가 없었다.

황제는 신하들과 함께 어울려 술 마시고 놀기를 좋아했다. 가령 한 여인이 마음에 들면 그는 그 여인이 과거에 창기(娼妓)였든 이미 결혼을 했든 혹은 임신 중이든 어느 것도 가리지 않았다. 순시 도중 신하와의 관계에 있어서 상하를 분명히 하지 않아 순무가 마련한 연회에서 황제의 좌석에 젓가락이 준비되지 않은 경우도 있었다. 사정을 알고 신료들이 어찌할 바를 몰라 했지만, 그는 하나의 우스개 정도로 여길 뿐이었다. 또 황제를 상징하기 위해 장식된 거여(車輿)를 버리고 일반 민간용의 커다란 수레 위에 다른 사람과 함께 비비적거리며 타고 간 적도 여러 차례 있었다.

조모의 장례식 때 그는 지상에 흙탕물이 가득 찬 것을 보고 영을 내려 신하들에게 고두를 면제시켜주었다. 그러나 그의 호의는 전혀 조정 대신들에게 좋게 받아들여지지 않았다. 흙탕물 속에서 고두를 행하여 황실에 대한 자신의 충성심을 보일 수 있는 기회를 박탈당한 어떤 한림원 수찬은 사후에 상주문을 올려 강력하게 항의했다. 그것은 공자와 맹자의 교훈을 인용하여 황제에게 효도를 변론하는 내용이었다. 이 상주문은 즉시 널리 전해졌고, 그 주인공인 서분(舒芬)은 역사책에 기록되어 이름을 떨치게 되었다.43)

정덕제에게 대장군의 재질이 있었는지 어땠는지는 지금은 판단할 길이 없다. 왜냐하면 그는 친정할 때에 문관들의 참여를 허용하지 않았고 무관들은 전황을 기록할 수가 없었기 때문이다. 그러나 1517년 제1차 원정 때 그가 직접 전선까지 나아갔다는 사실, 그리고 1518년 겨울에 다시 직접 서북 변방으로 갔다가 마침 큰 눈을 맞게 되었는데, 따르던 사람들이 위축되고 피곤해했지만 황제 자신만은 꿋꿋하게 무기를 잡고 말 위에서 자세를 유지했으며 안락한 교자를 한사코 타지 않으려 했다는 것 등은 사실로 확인된다.44)

그러나 이와 같은 일들은 보기 드문 장점으로 인정되어야 했음에도 불구하고 문관들의 관점에서는 전혀 이해할 수 없는 것이었다. 황제가 무엇 때문에 임금으로서의 지위를 버리고 자신을 낮추어 일개의 무식한 무관의 지위를 취하려는 것일까? 그러나 그들이 당혹스러워하고 분노한 진정한 원인은 황제가 자신들이 노심초사 구축한 정치 체제를 붕괴시키고 있다는 데 있었다. 이 체제는 선학·자고·해치 등의 흉장, 무수한 의례와 고두 그리고 '사서' 가운데서 인용한 글귀들 등을 바탕으로 구성된 것이었다. 정덕제는 말로 명확하게 표현하지는 않지만, 실제 행동을 통하여 그것들을 전면적으로 부정하고 있었다.

따라서 1519년 또다시 정덕제가 '무위대장군'이라는 칭호로 남방 각 성 순시를 준비하자 문관들은 더이상 참을 수가 없었다. 전체 감찰관들이 연명하여 중지할 것을 간언하고 권했다. 황제가 과거처럼 응대하지 않자, 그들은 오문 밖에 대열을 갖추고 꿇어앉아 응답을 요구했다. 이 사건이 종결되기도 전에 다른 관원들이 이어서 상주문을 올렸다. 이름은 간조[諫阻, 간하여 저지함]였지만 실제로는 논쟁과 집단적 시위의 성격을 지니고 있었다. 황제는 크게 진노하였고 강빈의 건의를 받아들여, 꿇어앉아 간조하며 떠나지 않은 관료들 146명을 각각 정장 30에 처했다. 그 가운데 11명이 그 자리에서 맞아 숨지거나 혹은 후에 상처가 악화되어 숨졌다. 대학사들은 모두 사건의 책임을 지고 사직했으나 황제는 온지(溫旨)로 만류했다.45)

이와 같은 소동이 발생하자 남순의 준비는 몇 개월 연기되었다가 가을이 되어서야 이루어졌다. 이번 여행은 북방 순시와는 달라서 군사상의 의미는 전혀 없었고 오로지 유람을 위한 것이었다. 강남의 수려한 경치에 빠진 정덕제는 돌아갈 것을 잊고 있었다. 그러나 즐거움이 극에 달하면 비극이 생기는 법, 낚시를 즐기던 중 황제의 배가 전복되었다. 비록 구조되기는 했지만 황제의 건강은 좋아지지 않았다.[46] 1520년 말에 북경으로 돌아온 후 1521년 초에 표방에서 병사했다. 그에게는 후사가 없었기 때문에 신하들과 황태후가 상의하여 만력제의 조부를 맞아들여 대통을 잇게 하였다. 그가 바로 가정(嘉靖) 황제였다.

정덕제는 힘들이지 않고 신하들을 농락함으로써 자신이 분명하게 신하들보다는 한 수 높아야 한다는 것을 나타내었다. 그렇게 될 수 있었던 까닭은, 표면상으로는 황제가 전통에 의해 부여된 권위를 소유하고 있어서 하고 싶은 일은 무엇이든 할 수가 있었기 때문이다. 그러나 실제 사정은 전혀 그렇게 간단한 것이 아니었다.

황제에 대한 백관들의 절대적인 복종은, 조건적이지는 않다 하더라도 목적이 전혀 없는 것도 결코 아니었다. 군주 전제는 본래 관료 제도와 상호 보완적인 관계를 통해서 성립되었다. 이 방대한 조직 가운데서 하급 관원들은 반드시 사실에 부합된다고만은 할 수 없는 수많은 보고서들을 계통을 통하여 중앙 정부에 올렸는데, 수량이 엄청났을 뿐만 아니라 내용 또한 복잡하여 중앙 정부가 취하는 모든 조처들이 사리에 합당할 것을 기대하는 것은 당연히 불가능했다. 옥좌에 가만히 앉아 있는 황제는 권능에 있어서 종교적 색채를 지녔다. 그 신비스러움은 불합리한 것을 합리적인 것으로 바꿀 수 있는 데에 있었다. 바꾸어 말하면 황제의 조치가 설사 일마다 합리적일 수는 없다 하더라도, 백관들이 머리를 숙여 겸허하게 받아들이기만 하면 불합리도 합리가 될 수 있었다. 그러나 정덕제는 이와 같은 신비한 힘을 배양하기보다는 오히려 장수로서의 자신의 능력을 표현하려 했으니 어찌 자신에 대한 신하들의 절대 복종이라는 대전제를 파괴한 것이 아니었겠는가?

정덕제는 '무위대장군'이라 자칭함으로써, 황제로서의 자기와 활력이 넘치는 젊은이로서의 자기를 별개로 분리하려 했다. 말할 나위도 없이 신하들은 그의 이런 사고방식을 받아들일 수가 없었다. 명조는 영토가 넓고 인구도 많았기 때문에, 다만 바엔 몽케를 물리치기 위해서라면 군대의 힘을 동원함으로써 목적을 달성할 수가 있었을 것이다. 문제는 만약 '무위대장군 주수'가 정덕제가 아니었다면, 무슨 방법으로 몇 개의 변진을 드나들며 모든 군대를 지휘할 수 있었으며 충분한 보급을 유지할 수 있었겠는가 하는 점이었다. 역으로 말하면, 만약 전선의 지휘관으로 임명된 장군이 이와 같은 행동의 자유를 가지고 있었다면, 비록 전쟁에서 승리하여 외적을 물리쳤다 하더라도 명의 내정에 커다란 영향을 끼치지 않을 수가 있었겠는가 하는 것이었다.

사실상 명조의 기구 조직상에는 고급 장교가 이와 같은 자유를 가지는 것이 허용되지 않았다. 각 변진의 총병관(總兵官)은 반드시 그 지방 문관의 감독을 받아 지정된 지역에서 활동하게 되어 있었다.47) 그렇게 단속하지 않을 경우 당조(唐朝)의 번진(藩鎭)과 같은 것이 다시 출현하여 중대한 화근이 될 가능성이 있기 때문이었다. 앞에서 거듭 설명했듯이 명조는 윤리 도덕을 근본으로 삼고 문관 집단을 기둥으로 하여 세워진 국가였고, 일체의 행정 기술은 균형 속에서 현상을 유지하기 위해 생겨난 것이었다. 다른 무관들은 말할 것도 없고 설령 황제가 친히 대군을 통솔하는 경우라 하더라도, 그 역동성을 전제로 할 경우 조만간 국가의 인사, 행정, 세수, 보급 등 각 항의 제도에 문제를 일으킬 수 있었다.

정덕제가 일생 동안 이 정도까지 독자적인 삶을 살 수 있었던 데에는 그 나름의 몇 가지 특수한 이유가 있었다. 그의 생애에는 가족관계라는 것이 거의 없었다. 그의 어머니가 그에게 미친 영향은 극히 미약했고, 궁중의 비빈 가운데서도 그의 관심을 끌 수 있는 사람은 하나도 없었다. 그가 등극했을 때 3명의 대학사 모두 문장과 도덕성으로는 이름이 높았으나 실제 정치 문제를 해결할 수 있는 능력은 없었다.48) 한편으로는 매일같이 조화와 절충의 원리하에 절차에 따라 일상적인 업무 처리를 하는 조정을 지켜보면서, 또다른 한편으로는 매우 자극적인 비고[鼙鼓, 전쟁 시 마상에서 치는 북], 정기[旌旗, 군대 안에서 사용하는 기], 금과철마[金戈鐵馬, 군사를 비유하는 표현] 등을 목도했을 때, 천성적으로 활동적인 이 젊은 황제가 더 생각할 것도 없이 후자를 선택할 것은 당연했다. 정덕제는 자신의 개성을 발휘하기를 원했고, 제국의 제도는 개성의 수축을 원했다. 자존심 때문이었는지 허영심 때문이었는지, 정덕제는 자신의 황제로서의 지위를 이용하여 전통에 대항했다. 이 대항에서 그가 우위를 점하도록 도움을 준 자들은 과거 체육과 군사 방면에 관심을 갖도록 유도했던 환관과 군관들이었다. 그들은 도성의 군대와 특무 기관을 장악하고서 자신들에 반대하는 문관들을 대량으로 척결했다. 그들은 황제가 제멋대로 행동하도록 부추겼고, 또 그를 통해 자신들의 행동 반경을 넓혀나갔다.

    정덕제의 행동은 후대의 황제들에게 이익이 되지 못했다. 오히려 그로 인해 후대 황제들은 더욱 많은 구속을 받아야 했다. 간신을 중용하고, 사사로이 궁성 밖으로 나가고, 자신을 장군이라 칭하는 등의 일들은 문관들이 반대할 사이도 없이 순식간에 전개되었다. 문관들은 그가 임금으로서의 위엄을 상실했다고 여기고 있었지만 어찌할 도리가 없었다. 하여튼 천자는 천자이고, 그 신비한 권력은 하늘이 부여한 것이기 때문이었다. 그러나 그들의 절대적 복종도 완전히 맹목적이거나 무제한적인 것은 아니었다. 정덕제의 통치 기간 동안 전후 두 차례에 걸쳐 친왕들의 반란이 있었는데, 천하에 공포한 모반의 이유는 황제가 무도하여 조종(祖宗)이 제정한 국법을 위배했다는 것이었다. 현대적인 용어를 빌린다면, 헌법을 파괴했다는 것이었다.

이 두 차례의 모반은 모두 성공을 거두지 못했는데, 군사상의 준비 불충분이 하나의 원인이었고, 또다른 하나는 정덕제가 모든 사람들로부터 배척되어 고립 상태에 빠져 있다고 본 그들의 판단으로, 이는 현실을 제대로 파악한 것이 아니었다. 그러나 그들이 그와 같은 판단을 내리고, 단판 승부의 도박에 자신을 비롯한 가족의 생명을 주저없이 걸었고, 게다가 1차 실패 후 다시 제2차의 시도가 있었다는 것은 정덕제가 조종의 법을 위배함으로써 황제로서의 자격에 상당한 문제가 발생한 것이 사실이었음을 말해주고 있다. 만약 그가 그와 같이 30세도 채우지 못한 채 죽지 않고 그런 행위를 장기간 계속했다면, 결과가 결국 어떻게 되었을까?

그는 죽은 후 무종(武宗)이라는 시호를 받았다. 그런데 이 무종이라는 시호는 전통적으로 겉으로는 높이면서 실제로는 깎아내리는 그런 시호였다. 당시 그의 측근 강빈은 도성의 군대를 여전히 장악하고 있었다. 그래서 문관들은 회의를 소집했다고 속이고 그를 궁 안으로 불러들여 일거에 그를 체포해버렸다. 결국 그 자신은 능지처사(凌遲處死)되고, 가속은 몰수되어 노비가 되었다. 공포된 죄상은, 황제를 유혹하여 나쁜 일을 하게 했을 뿐만 아니라, 백성들의 재산을 강탈하고, 처녀와 과부를 욕보이는 등 악행이 넘쳤다고 하는 것이었다.[49]

현 황제 만력제가 등극한 1572년은 풍운아 정덕제가 세상을 떠난 지 이미 51년이 경과한 시점이었다. 그럼에도 불구하고 정덕제가 일생 동안 보였던 행위는 여전히 사람들의 기억 속에서 사라지지 않고 있었다. 정덕제의 그와 같은 행위가 문관들의 무방비에서 말미암았다는 교훈은 바로 역사상의 거울이 되었다. 문관들은 조정의 대권을 다시는 일개 젊은이의 손에 방치하여 임의로 사용하게 하는 일이 발생하지 않도록 하리라 결심했고, 모든 수단을 동원하여 황제를 자신들이 받들고 있는 규범 속으로 끌어들이려 했다. 문관들은 황제로 하여금 어릴 때부터 한림의 교육을 받게 했고, 그의 가정생활 및 사생활에 주의를 기울였으며, 특히 그가 무관이나 환관들로부터 나쁜 영향을 받지 않도록 힘썼다. 후에 온 성을 떠들썩하게 했던 태자 책봉의 문제도 실은 그를 규범 속으로 밀어넣는 하나의 항목이었고, 목적은 그로 하여금 '황위의 계승은 국본(國本)의 문제이고, 그래서 필수적으로 여러 사람의 공인을 받아야 하며, 한 개인의 감정에 따라 마음대로 전통에 반하는 결정을 내려서는 안 된다'는 사실을 알게 하려는 데 있었다.

만력제에게는 작은할아버지 정덕제와 같은 용기와 적극성 그리고 쾌락을 추구하는 취향 등이 없었다. 그는 어린 시절부터 자유의 의미를 체험하지 못했고, 또 자신의 능력으로 신하의 존경을 획득하지도 못했다. 따라서 그는 당연히 신하들을 향해서 분명한 주장을 할 수가 없었다. 그는 정덕제에 관한 기록을 읽은 적이 있어, 문관 집단은 의견이 일치되기만 하면 매우 강력한 집단이 된다는 사실을 잘 알고 있었다. 이미 강한 기백을 결여하고 있는 데다가, 이와 같이 고립무원의 상태에 빠지자 황제는 다시 신하들에게 굴복할 수밖에 없었다. 그러나 그는 그 모든 것을 수용하고 너그러이 사람들을 대할 수 있는 관대한 황제가 아니었다. 그래서 그는 자존심에 손상을 입자 보복의 수단을 강구했다. 황제로서의 권위를 회복하는 것에 목적이 있는 것이 아닌, 순전한 화풀이였다. 화풀이의 대상도 자신의 권위를 침범한 사람들만은 아니었고 무고한 제3자도 있었다. 그리고 오랜 경험을 통해

그는 가장 효과적인 무기는 소극적으로 저항하는 것, 즉 노자가 말하는 무위임을 발견하게 되었다.50)

이런 식으로 모든 것이 진행되자, 황제는 시간을 보낼 수 있는 적절한 소일거리를 찾지 못하게 되고 겨우 환관들의 은전 던지기 놀이를 구경하는 것으로 만족해야 했다. 그의 소극적인 태업은 명조를 심연으로 밀어넣고 있었다. 현재의 위기는 이와 같이 엄중하여, 황위 계승의 문제가 어떻게 해결되든, 잃어버린 문관 집단의 균형은 이미 회복되기 어려웠다.

수보 신시행을 포함하여 황제를 가까이서 접하는 소수의 인물들만이, 다른 환경이었다면 만력제의 성격과 행위가 지금과는 크게 달랐을 것이라는 사실을 알고 있었다.51) 만력제는 어릴 적부터 조숙하였고, 황태후와 장거정의 교육을 받아 생활의 목표를 지니고 있었다. 당시 그는 신료들의 부패를 우려하여, 자필 조서를 작성하여 관원들 상호간의 예물 수수를 금지했다. 각종의 전례에도 깊은 관심을 보여 조조에 결석하는 관원의 수가 지나치게 많자 그 까닭이 무엇인지를 묻기도 하고, 또 예관의 동작이 숙달되지 못한 것을 보고는 불쾌감을 표하기도 했다.52) 후에 그의 나태함이 세상 사람들의 비난의 대상이 되자, 신료들 어느 누구도 통치에 대한 그의 초기의 열정을 기억하지 못했다. 황제는 대학사에게 명을 내려 각 조(朝) 실록의 초록을 가져오게 하여 읽었으며, 또 늘 역사상에 나타난 치란(治亂)과 흥망(興亡)의 문제를 내각학사와 토론하곤 했다.53) 심지어 찌는 듯이 무더운 여름날에도 친히 관병들의 활쏘기 대회를 관전했는데, 당시 그를 대동했던 환관들 몇몇은 무더위로 졸도하기까지 했다.54) 그러나 상황이 이렇게 변하자, 과거의 일들은 모두 잊혀져갔다.

황제가 이처럼 크게 변해버린 것은 언제부터일까? 아무도 이 질문에 정확한 답을 제시할 수는 없을 것이다. 다만 황위 계승 문제와 그 밖의 일련의 문제들이 발생하여 황제가 크게 불쾌감을 느꼈던 1587년 정해년 즉 만력 15년이 하나의 획기가 될 수 있을 것이다. 본서 서두에서 말한 바대로 이 1년은 표면상으로는 중대한 동요가 전혀 없었던 시기였을지도 모른다. 그러나 실은 명조의 역사에 있어서 특별히 중요한 의미를 지닌 시점이었다.

만력제 주익균(재위 1572~1620)의 공식 초상화

만력제의 후궁 왕씨의 공식 초상화. 만력제의 장자 황자 상락의 어머니이다.

16세기에 낭만적인 사랑이 유행했다는 사실을 보여주는 당시의 목판화.

문관화양은 가슴에 붙이는 것으로서 관료 체제에서 각 문관들의 지위, 즉 관품을 나타내고 있다. 두 마리의 학이 구름 위로 날아오르는 모습의 위 그림은 최고위 관품을 나타내고, 한 쌍의 자고새가 풀에서 모이를 찾고 있는 아래 그림은 최하위의 관품을 나타낸다.

황제의 스승이자 내각의 수보로서 '강경파'였던 장거정의 초상화.

장거정의 후계자로 '유화파'인 신시행의 초상화.

만력제의 종조부인 정덕제의 초상. 정덕제는 암행 순행을 즐겼고 군사적 모험에 탐닉했다.

용의 깃발을 들고 있는 황제의 무장 호위병.

당시 희곡의 표지에 판화로 찍힌 정덕제의 모습으로서 손에 꽃을 들고 있는 한가로운 신사로 묘사되고 있다.

대규모 수리 작업을 묘사하고 있는 19세기의 석판화. 홍수는 명조 정부가 수세기에 걸쳐 직면했던 지속적인 문제였다.

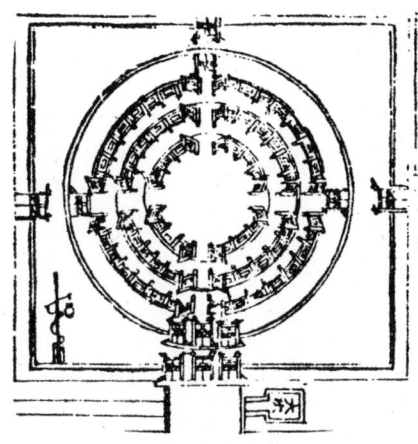

만력제가 1585년 5월 16일 기우제를 지내기 위해 찾았던 천단의 평면도 판화.

구름 형상의 장식을 갖춘 석재의 홍예문. 최근의 사진으로서 3개의 다른 면에 3개의 홍예문이 나란히 서 있는 모습을 보여주고 있다.

만력제의 능인 정릉 입구에 세워진 건물로서 돌비석이 보인다.
아래 왼편: 묘실의 내부. 아래 오른편: 돌문의 틀.

기념비적 관료이자 엄격한 도덕가였던 해서의 초상화.

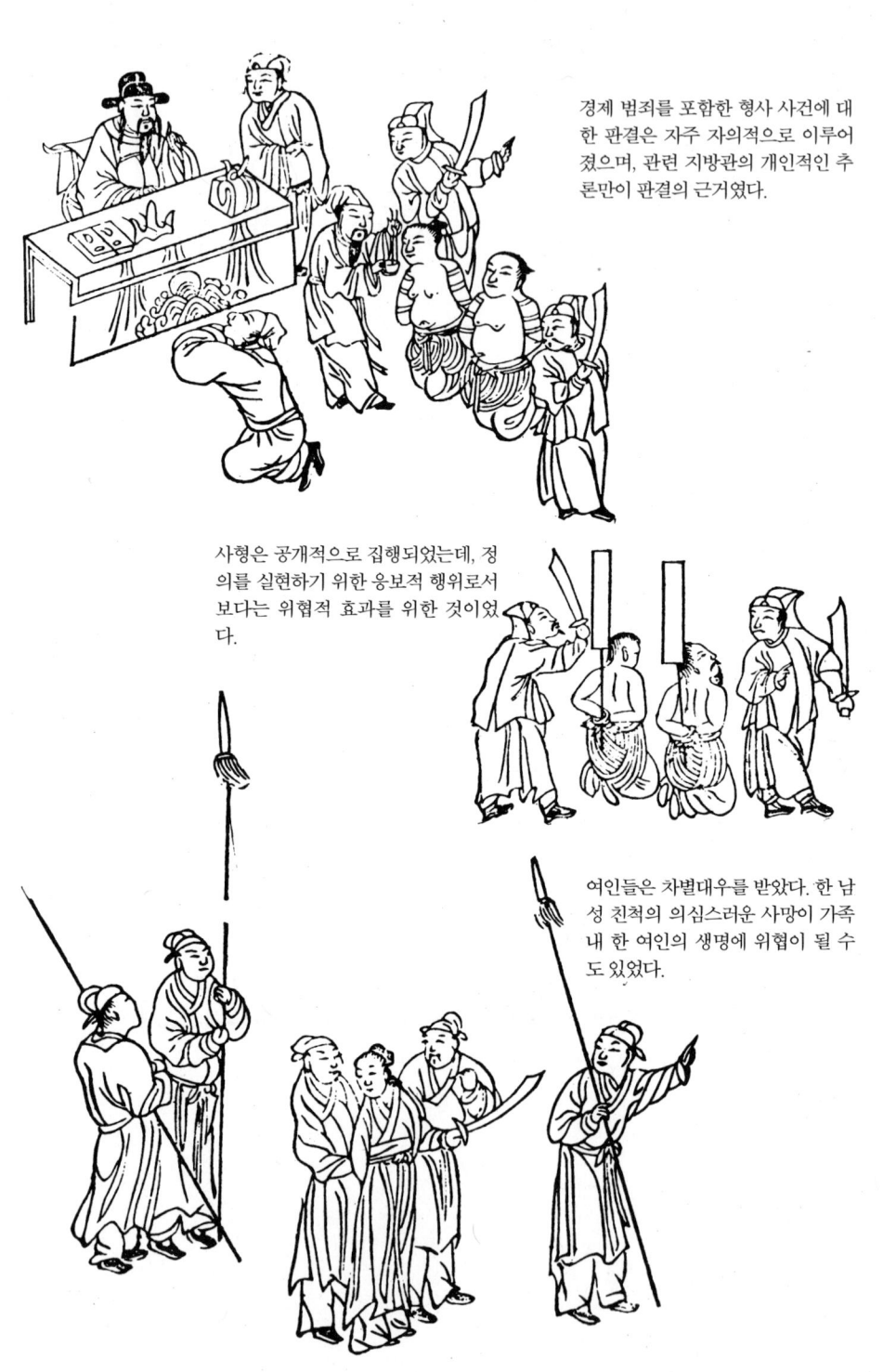

혁신적이었으나 외로웠던 장군 척계광의 초상.

척계광이 창안한 기병 부대의 진법(陣法). 마차와 장애물을 설치하여 방형의 방어 방벽을 만들고 있다.

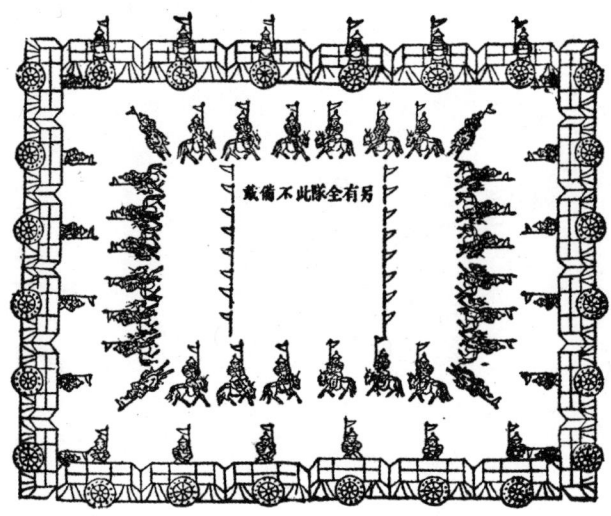

그림 1: 척계광이 창안한 원앙진을 상징적으로 묘사한 것으로 병사들이 각자 위치에서 소지하고 있던 무기들의 모습을 보여준다.

그림 2: 등나무 방패와 긴 대나무로 만든 낭선은 그림 3의 검, 뿔 모양의 창인 당파, 창 들과 함께 보병이 사용하던 무기였다(이 그림들은 척계광의 『기효신서』에 수록된 것이다).

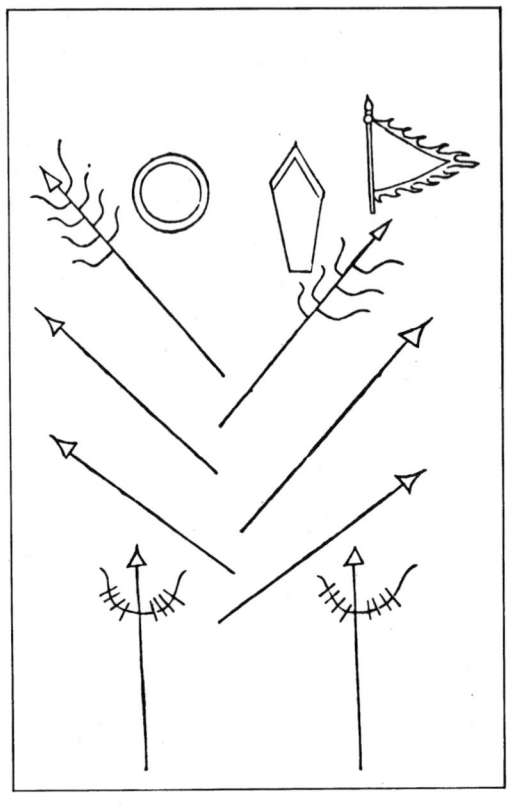

〈그림 2〉　　　〈그림 1〉

〈그림 3〉

그림 1: 유럽에서 기원했지만 16세기 중국에서 사용된 대포인 불랑기포.

그림 2: 편상차의 세부도.

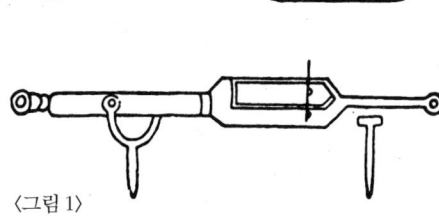

〈그림 1〉

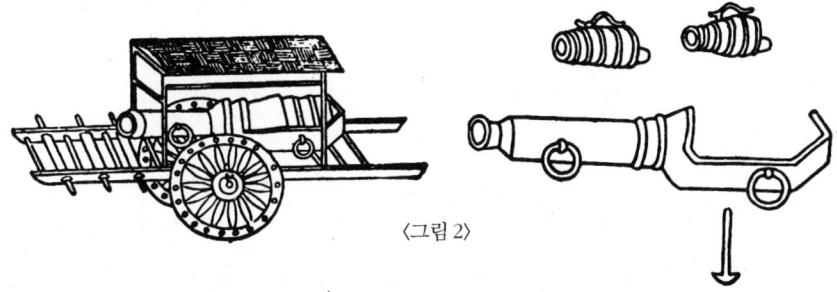

〈그림 2〉

척계광이 사용한 각종의 군기와 깃발들. 척계광은 농민병들의 사기를 진작시키기 위해서 점성술이나 민담에 나오는 상징과 동물들을 이용했다.

만리장성을 따라 축조하여 불랑기포를 배치시킨 방어용 망루를 묘사한 목판화. 척계광이 고안한 것으로 가장 큰 망루에는 15명의 인원이 배치되었다.

만리장성의 현재 모습.

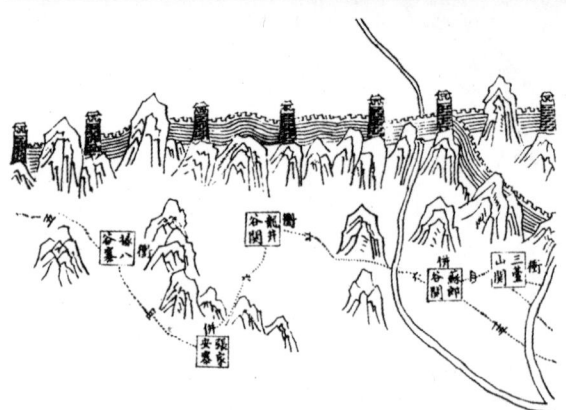

명대 학자 고염무가 그린 만리장성의 모습.

유학자 이탁오의 당시 초상화.

지불원 현관에서 강론하고 있는 이탁오.

오문 측면의 망루. 오문의 모습은 과거 400년 동안 변화가 없었다.

4장 산 조종(祖宗)

신시행의 공과(功過)

관직을 떠나 향리로 물러난 지 23년 뒤, 신시행은 고향인 소주(蘇州)에서 중국식 나이로 80세 생일을 맞았다. 만력제는 자신의 스승이자 수보이기도 했던 신 선생을 오랫동안 만나지 못했지만 소주로 특사를 보내어 각별히 축하를 한 뒤 문안토록 하면서, 문은[紋銀, 은 함유량이 가장 많은 은괴] 50냥, 이무기를 자수한 채단(彩緞) 1필, 그 외 주단 4필을 축하 선물로 보냈다.

당시 신시행은 건강 상태가 좋지 않았지만, 예전과 같이 북향하여 애써 의식을 갖추어 예를 올렸다. 그는 상주문에서 감사의 마음을 표하면서 다음과 같이 말했다. "생일을 축하해주신 성지는 공손히 보존하여 자손 대대로 가보로 삼겠습니다만, 은과 비단은 모두 원래대로 돌려보냅니다. 왜냐하면 이와 같은 정중한 선물을 받을 염치가 없기 때문입니다. 신(臣)은 황제의 몽사(蒙師)이자 수보였습니다만 그 직책을 온전히 완수하지 못했습니다. 만약 직책을 잘 수행했더라면, 황통을 계승해야 할 첫째 황자가 그것도 한림원 학사들 밑에서 학문에 힘쓰지 않는다는 사실이 있을 수가 있겠습니까? 또 수도 안팎에서 대규모 결관(缺官)이 생겼는데도 보충할 사람이 없는 현상이 어떻게 있을 수 있겠습니까?"

만력제는 상주문을 다 읽고 나자 섭섭하고도 경황이 없었으나, 이 뼈 있는 간언을 받아들일 생각은 하지 않았다고 한다.1)

신시행은 그의 서재에 '사한당(賜閒堂)'이란 이름을 붙였다. 하늘이 여가를 주었다고 생각하여, 그는 산수와 벗하며 글을 쓰고 시를 읊었다. 태호[太湖, 강소·절강 양성에 걸쳐 있는 호수]의 물가에 서서 무심한 파도가 침식해버린 절벽을 바라볼 때나, 혹은 서재에서 전아(典雅)한 운문으로 안개비 내리는 강남의 봄 저녁을 노래할 때에도 그가 세상일에 대한 근심을 떨쳐버리지 못했음은 분명하다. 이런 23년 동안 그는 많은 작품을 남겼고, 그가 죽은 뒤 그의 가족들이 이 작품들을 책으로 묶어 『사한당집(賜閒堂集)』이라고 제목을 붙였다. 그의 시문의 내용은 여러 방면에 광범하게 걸쳐 있었다. 그는 기회가 있을 때마다 지난 일에 대한 회고와 감개를 아주 자연스럽게 붓끝으로 옮겨 적었다.2) 시문 중에는 애매하고 불분명하며 심한 경우에는 앞뒤가 모순되는 곳이 적지 않지만, 우리는 그에게 사람들을 속일 의도가 있었다고는 생각지 않는다. 그의 글을 읽어보면 그는 일생의 공과(功過)에 대하여 나름대로 견해를 가지고 있었으며, 이 견해에 나름대로 자신을 갖고 있었음을 알 수 있다.

난세에 태어나 수보로 있었던 그의 고난은 시대성을 띠고 있었다. 그 사이의 정황은 특별한 것이어서 조직적·기술적으로 해결할 수 있는 것이 아니었다. 그로서는 따라야 할 명확한 법률 조문이 없었기 때문에 도덕적인 관습과 인사상의 수완으로 모든 것을 처리할 수밖에 없었다. 따라서 안과 밖으로 서로 어긋나는 점이 있었다는 사실은 두말할 필요가 없다. 관직에서 물러나 한거(閑居)한 이후에도 이 전직 수보는 자신의 과거에 대하여 조금도 참회하는 마음이 없었다. 그의 마음은 평온하였고 양심에 부끄러울 것이 없었다. 왜냐하면 그는 상황의 제약 때문에 조화와 절충의 방법으로 문제를 해결할 수밖에 없었기 때문이다. 그는 자신이 집정 기간 중에 취한 모든 조치가 공평하였으며 성의가 있었다는 자부심을 갖고 있었다. 이러한 대전제에 힘입어 그는 가슴에 손을 얹더라도 부끄러울 게 없었고, 성공과 실패 역시 그 개인의 힘으로 좌우할 수 있는 것이 아니었다.

당연히 그 역시 다른 사람의 비판을 들어야 했다. 어떤 사람이 말하기를 "장거정은 외고집이고 독단적이었지만 결국은 성과가 있었다. 그에 비해 충후하고 유덕했던 신시행의 기록은 백지 한 장과 같은 것이 아닌가"라고 했다. 사실을 무시한 이러한 의견에 대해 신시행은 물론 꿈쩍도 하지 않았다. 그가 보기에, 도덕의 힘을 시정의 근본으로 삼는 관건은 나쁜 일이 생겨나는 것을 방지하는 데 있지, 사소한 문제들을 해결하는 데 있지 않았다. 비판한 대로 만약 그의 시정 기록이 백지 한 장에 불과했다면, 그것은 오히려 모든 것이 규범에 들어맞고 내부 조직이 정상적으로 운영되었기 때문에 기록할 만한 일들이 없었다는 것을 증명하는 것이었다.

그러나 신시행은 자신이 이 최상의 목적을 달성할 수 없었음을 너무나 잘 알고 있었다. 황제의 최고 고문이었던 그였지만, 어떤 사람이라도 인정하는 방책을 찾아내어 계승 문제를 해결할 수는 없었고, 결국 그로 인해 사직하였다. 이 문제에 대하여 만약 누군가가 과오를 범하였다고 한다면, 신시행의 과실은 그 사람보다 더 무거울 리 없었다. 최소한 이보인 허국의 과오와 같이 논할 수는 없을 것이다. 신시행은 수보로 있으면서 배후에서 감정을 드러내지 않고 이러한 난제를 해결하느라 내내 고심하였다. 그러나 허국은 공교롭게도 시국의 어려움을 헤아리지 못하고, 술자리에서나 주고받을 사소한 이야기들을 모두 공개하여 수습할 수 없는 상황을 초래하고 말았다.

신시행은 겸허하고 온건하였다고 알려져 있지만, 결국 체면을 손상당하더라도 꾹 참는 경지에까지는 이르지 못하였다. 그는 자신이 인정할 수 없는 비판을 받아들일 생각은 없었다. 그렇지 않다면 그가 과거의 사실과 자신의 생각을 되풀이해서 시문으로 읊고, 또 자신이 죽은 후에 시문을 모아 책으로 펴내도록 자식들에게 유언을 남길 필요가 있었을까? 그는 분명 후세의 독자들이 자신의 시정 조치의 진정한 의미를 조금이라도 이해하고 또 자신의 업적이 표면상의 평범함을 초월한 것이었음을 이해해줄 것을 기대하였다.

오늘날 『사한당집』을 다시 읽어보면, 아마 많은 독자가 문연각에서의 8년 반 동안 신시행은 분명히 녹도인[祿盜人, 기량과 공적이 없으면서 높은 녹을 받는 자를 모독하여 부르는 말]은 아니었음을 알게 될 것이다. 그는 종종 절묘한 인사 조치를 통해 행정상의 성과를 이루었다. 이런 방법은 원래 간접적인 성격의 것으로, 그는 집행할 때 큰 칼을 휘두르려고 하지 않았으며 심하게 과장하지도 않았다. 이와 같이 그의 업적은 사람들에게 이해된 것이 매우 적었고, 사람들에게 찬양받은 것은 더욱 적었다. 이제 한 가지의 사실을 들어보면 증명될 것이다. 가령 그가 본래 중후하고 온화한 것 이외에 어떠한 장점도 없었더라면, 그의 집정 기간 중에 일어난 황하 범람의 문제는 필경 실제 상황보다 더욱 심각하였을 것이다.

황하의 치수

옛날부터 황하의 치수는 중국의 커다란 난제였다. 황하의 물줄기는 황토 고원을 통과하였기 때문에, 건조하고 부드러운 황토가 강물에 휩쓸려 내려와 강바닥에 쌓였다. 그러면 강바닥이 지나치게 높아지게 되었고, 일단 홍수가 나게 되면 제방이 쉽게 무너져 심각한 수해가 발생하게 되었다. 제방이 무너질 때마다 발생하는 생명과 재산의 손실은 헤아릴 수 없을 정도로 컸다.

그러나 이 문제에 대하여 중앙 정부가 취할 유일무이한 방법은 하도(河道)를 관리하는 어사(御史)에게 책임을 지워 적절히 처리하도록 하는 것뿐이었다. 그중 기술적인 문제와 인력·물자의 동원은 흠차대신(欽差大臣)이 자신의 책무 범위 내에서 현지에서 해결해야 했다. 과거의 경험에 근거하여 대규모로 하도를 정리하곤 했는데, 해당되는 지역이 종종 몇 개의 성에 달하였고, 어떤 때는 완전히 메워버리기도 하고 또 어떤 때는 깊이 파기도 하여 거의 지형을 바꾸는 것이나 다름없었다. 이와 같은 거대한 공사에 대해서는 당연히 의견이 분분하여 하나로 통일되지 않을 경우가 많았다. 어떤 때는 착공도 하기 전에 이미 분쟁이 일어나기도 했다. 따라서 공사의 계획과 진행을 직접 지도하지는 않았지만, 대체로 중앙 기관의 방침이 상황에 결정적인 영향을 주었다. 만약 하도를 다스리는 어사가 공사를 집행하던 도중에 돌연 탄핵을 당하여 면직되면 그 후임자가 완전히 반대되는 방침에 따라 일을 처리해버릴 수도 있어서, 수많은 백성들이 이러한 관료 정치 아래에서 희생될 가능성이 충분하였다.

수보 신시행이 아낀 황하 치수의 전문가는 반계순(潘季馴)이었다. 이 전문가는 '하도긴축설(河道緊縮說)'을 제창하였다. 황하가 피해를 주는 이유는 강바닥에 토사가 쌓여 물 흐름을 막기 때문이었다. 이 점에 대해서는 전문가들 사이에 이론(異論)이 없었지만, 해결 방책에 대해서는 각각 확연히 다른 주장을 제시했다. 어떤 사람은 강폭을 넓히자고 제안하였다. 그들은 강폭이 넓어지면 물 흐름이 원활해질 것이라고 생각하였다.

그러나 반계순은 하도가 넓어지면 강물의 흐름이 지체되고 속도가 느려져서 그만큼 강물에 실려 오는 토사의 침전 가능성이 높아질 것이고, 얼마 지나지 않아서 바로 강바닥은 토사가 퇴적되는 만큼 높아지게 될 것이라고 보았다. 그래서 그는 중요한 구역을 선택하여 강폭을 좁히는 동시에, 인근의 불어난 강의 물줄기를 인력으로 황하로 끌어들여 황하의 유속을 증가시켜야 한다고 주장하였다. 이와 같은 방법을 사용하면 종전과 같이 준설(浚泄)을 하지 않아도 강물 스스로 준설하게 될 것이라고 그는 생각하였다. "제방을 쌓아 물을 한 곳으로 모으고 물로써 모래를 씻어낸다(建提束水 以水攻沙)." 이것이 위에서 말한 방침을 그가 귀납하여 개괄한 8자의 진언(眞言)이었다.

그는 또한 제방이 수십 리 수천 리나 끊이지 않고 연결될 수는 없으므로, 미리 강의 흐름이 급한 장소에 조그맣게 출구를 만들어두고 그 뒤쪽에 제2, 제3의 '요제[遙提, 예비 제방]'를 쌓아 제1제방과의 사이에 '함수호(含水湖)'를 만들 것을 제안하였다. 강물이 범람하여 출구 지점에서 제1선을 넘더라도 요제까지 흘러오는 동안 유속은 이미 저하되어 인공의 함수호에 가두어질 것이며, 그렇게 하면 수해의 확대를 막을 수 있을 것이라 주장했다.3)

하천 제방의 연결 및 개수(改修)와 물길을 바꾸는 공사에 반계순은 '유곤(柳輥)'이라는 도구를 적극 활용하였다. 유곤은 보통 길이가 150척, 둘레가 20척이었다. 제작 방법은 우선 식물과 진흙으로 융단을 짜듯이 가늘고 긴 흙덩이를 만들고, 큰 나무와 굵은 밧줄로 심봉(心棒)을 만든 후, 이 '융단'을 심봉에다 휘감고 큰 나뭇가지와 굵은 밧줄로 둘레를 단단히 동여매는 것이었다. 이 진흙과 나뭇가지로 만든 커다란 원주(圓柱) 모양의 물체는 물에 넣으면 팽창하였기 때문에 급류에 떠내려가는 일이 없었다.

유곤 하나마다 수백, 수천의 사람들이 동원되어 집결지까지 운반해 가면, 그곳에는 커다란 돌을 실은 산판(舢板)이라는 운반용의 작은 배가 미리 준비를 마치고 대기하고 있었다. 유곤을 이 배에 설치하고는 배 밑에 구멍을 뚫어 가라앉혔다. 그러면 순식간에 제방이 형성되었고, 곧이어 호령에 따라 수많은 사람들이 미리 어깨에 메고 있던 진흙을 가능한 한 민첩하게 제방 위에 쌓아올렸다. 무너진 장소가 메워지면 다시 조금씩 제방을 다졌다. 뒷날 많은 곳에 화강암을 덮어 깔았기 때문에, 이 한 줄기의 하얀 선은 보기에도 대단한 장관이었다.

이와 같은 대규모 공사에 대하여 중앙 정부는 일체의 비용을 지급할 만한 힘이 없었다. 통상 발급되는 비용 명목은 초보적인 설계 단계에서 전체를 준비하도록 짜놓은 사무비 정도였다. 이후 하도를 관리하는 어사는 현지의 총독이 되기도 하고 어떤 경우는 상서·시랑의 지위를 가지기도 하여, 많은 부·현으로부터 인력과 물자를 징발하는 데 편의를 도모하고자 하였다. 모든 인력, 도구, 식료, 의약, 교통 그리고 통신 등은 전적으로 현지에서 조달되었다. 그래서 이러한 치수 공사를 감독할 관리는 공사 경험 이외에도 사람들로부터 비난을 듣지 않을 성품을 지닐 필요가 있었다. 그래야만 사람들을 복종시키고 많은 부·현의 지방관을 동원하여 생각대로 지휘할 수 있었다.

반계순은 과거 오랫동안 황하의 치수를 맡아왔기 때문에, 경험에 있어서나 명성과 인망에 있어서나 서술한 조건과 부합되었다. 그는

1584년에 관직이 형부상서에 이르렀지만, 장거정의 일족을 위하여 사면을 호소하다가 황제의 노여움을 사서 해직되어 서인(庶人)으로 전락하였다.

1587년 황하의 몇몇 곳이 무너지자, 처음에는 명성이 그다지 높지 않은 관리를 파견하여 약간의 긴급 조치를 취하였다. 1588년 하도를 다스릴 관리의 인선이 토의되었을 때, 일부에서 반계순을 거명하는 사람이 있긴 하였으나 황제에게 그를 강력하게 추천한 사람은 없었다. 이때 황제 자신이 이 직책은 "경험이 있고 재능과 인망이 있는(老成才望)" 인물에게 맡겨야 한다는 의견을 내어놓았기 때문에, 신시행은 급사중에게 반계순의 재기용을 지시하였는데 이것이 순조롭게 통과되었다. 신시행은 반계순이 다시 사람들에게 논란의 대상이 될까봐 근심하였는데, 때마침 만력제와 다른 일을 논의하던 중 그는 다음과 같이 이야기를 꺼내었다. "폐하께서 하도에 관한 일을 마음에 두고 계신다면, 이전에 그 일을 맡았던 사람을 발탁하여 잠시 임무를 맡기셔야 모두 합당한 조처라고 칭송할 것입니다."

이것이 그대로 급사중의 집무실을 거쳐 공포되자, 반계순이 '하도를 관리하면서 군무(軍務)를 겸임하는' 관직에 취임하게 된 것은 황제 자신의 생각에서 나온 것이나 다름없는 것이었으므로, 그를 반대하는 자들이 함부로 거론할 수 없게 되었다. 이후 신시행이 재임하고 있을 동안은 반계순이 황하 치수의 책임을 계속 맡아 놀라운 성과를 거두었다. 그러나 신시행이 문연각을 떠나자마자, 그도 탄핵을 받아 다시 관직을 떠나게 되었다.[4]

대 몽골 정책

문연각에서의 8년 반 동안 북방 변경의 방비에 중대한 사건이 발생하지 않았던 것도 신시행이 스스로 자랑으로 여기는 정치적 업적이었다. 사실 그 당시에 위기가 완전히 사라진 것은 결코 아니었지만, 그의 북방 문제 처리가 성공적이어서 커다란 변란이 야기되지는 않았다.

1590년 명조의 부총병관(副總兵官)이었던 이연방(李聯芳)은 감숙(甘肅)과 청해(青海)의 접경 지역에서 매복한 몽골 군대에 포위되어 항전하다가 끝내 전사하고 말았다. 그러자 북경의 문관 대부분이 군사를 일으켜 토벌해야 한다고 주장하였다. 이 무렵 만력제는 공식 석상에 얼굴을 내미는 경우가 드물었지만 중대 사건이었던 만큼 이례적으로 조회를 열었다. 조회가 끝난 뒤에도 계속 대학사들과 대응 조치를 논의하였다. 만력제는 다수의 조정 대신들의 의견에 동의하여 강경한 태도를 취해야 한다고 판단했지만, 신시행은 다른 견해를 가지고 있었다.

신시행의 견해는 이러하였다.

50년 전 북방 몽골의 각 부족이 알탄(俺答)의 주도하에 동맹을 맺어 그 세력 범위가 동서 2천여 리에 달하였으며, 명조의 군대와 여러 차례 교전하여 피해를 입은 군사와 백성 사상자들이 수를 헤아릴 수 없을 정도로 많았다. 1570~1571년의 겨울이 되자 알탄은 방침을 바꾸어 자신에게 상사(賞賜)된 '진첩'과 국경 무역을 보장해준다면 각 부족이 두 번 다시 변경을 침범하지 않도록 단속하겠다고 제안해 왔다. 조정 대신들은 화평의 국면이 명조에게 유리하다는 쪽으로 의견을 모은 후 그의 제의를 받아들여 알탄을 순의왕(順義王)으로 봉하고,

기타 부족의 수령에게도 각각 다른 칭호를 수여하였다.

알탄은 이 합의를 끝까지 충실하게 이행하였다. 그가 세상을 떠난 뒤 아들인 훙다이치(黃台吉)도 이런 상황을 계속 유지했으나, 손자인 츄르게(撦力克)에 이르자 각 부족을 단속할 힘을 잃어버려 전몽동맹(全蒙同盟)은 유명무실해지고 말았다. 감숙과 청해 지역에서 활동하고 있던 보쇼구트(卜失兎)와 호로치(火落赤) 양 부족은 특히 동맹에 아랑곳 않은 채 수시로 서남방으로 침노하였다. 명이 이를 거론하면 그들은 '토번(吐番)' 즉 티베트족(藏族)과 이 일대의 회족(回族)을 강탈하려는 것이었지 명을 침범한 것이 아니라고 우겨대었다. 이러한 방법으로 그들은 여전히 하사품과 교역의 이익을 유지하면서 멋대로 활동하였다.5)

1590년 '방대취(方大醉)'라고 불리던 명조의 한 하급 군관이 몽골 기병의 변경 침략 소식을 듣고, 혼자 말을 달려 사건이 발생한 장소로 향하였다. 몽골군이 해명하려 하였으나 그는 무인답게 두말하지 않고 칼을 휘두르며 달려들었다. 몽골군은 퇴각하면서 이 무모한 도전자에게 활을 쏘아 명중시켰고 그는 다음날 죽고 말았다. 이렇게 되자, 명조 진영의 군사들은 격분하여 단호히 그의 원수를 갚고자 하였다. 이리하여 조민(洮泯) 부총병관 이연방이 출동하였고 적군을 추격하였으나 도중에 복병을 만나 전사하고 말았다.

이 보고가 북경에 전해지자 갑자기 격론이 벌어졌고, 대부분의 사람들은 교역을 중단하고 출병하여 싸울 것을 주장하였다. 순의왕 츄르게도 군대를 이끌고 황하를 건너 조하(洮河)를 점령한 다음, 임조부(臨洮府)·공창부(鞏昌府)를 향해 진공해 왔다. 사태는 마침내 일촉즉발의 위기 상황으로 급진전되었다.6)

그러나 신시행은 상황을 호전시킬 수 있다고 보았다. 그는 츄르게

가 전면전을 각오하고 있다고는 생각하지 않았다. 왜냐하면 동맹의 결속력이 느슨하였고, 또 각 부족이 교역의 이익을 포기하면서까지 명조와 싸우려 하지는 않을 것임을 알고 있었기 때문이었다. 화평의 희망이 완전히 사라진 것도 아닌데 바로 전면전을 단행하는 것은 현명한 방법이 아니라고 보았다.

변경에서 이와 같은 사건이 발생하자, 명조의 약점이 여실히 드러나게 되었으며 몽골족들의 야심은 증폭되었다. 그러나 그는 이를 해결하기 위해서는 전쟁이 아니라 내부의 힘을 다지는 것이 필요하다고 보았다. 만약 변경 수비군의 결원을 보충하고 각 변방 기지의 창고를 가득 채운다면, 소식에 밝은 유목민들로서는 결코 경솔하게 도발해 오지는 않을 것이었다. 만약 변경 방비 상태가 이전과 같은데도 명이 몽골과 섣불리 교전하게 된다면, 설령 일부 지역에서는 승리를 거둘 수 있다 할지라도 수천 리나 되는 변경 방어선을 온전히 지키기란 어려워서 결국 어느 곳인가는 상대방에게 돌파당하고 말 것이었다. 요컨대 명조의 군대가 백 번의 승리를 거둔다고 할지라도 방대한 사막을 완전히 점령할 수는 없는 상황이었던 반면, 상대는 한 번의 승리로도 명조를 철저하게 붕괴시킬 수 있을 것이었다.

변경에서 발생한 이번 위기에 대한 대응 과정은 대명제국의 특성을 보다 명확히 보여주고 있으며, 군사기구를 문관이 통제할 만한 이유가 있다는 것을 보여주었다.

변경을 방비하기 위해서는 전체적인 계획과 장기적인 전략을 세울 필요가 있었고, 병력 동원의 정도는 너무 적어도 좋지 않으며 너무 많아도 바람직하지 않았다. 일반적으로 말해서 전국의 상황은 천차만별이었기 때문에 중앙 정부가 모든 사항에 개입할 수도 없었다. 그래서 황제의 지도력은 다소 추상성을 띤 채 군신 백관들을 최대한 독려

하긴 하였지만, 사건이 발생할 때마다 사사건건 직접 관여할 필요는 없었다. 그러나 중대한 운명의 갈림길에서 국면 전체를 좌우할 평화냐 전쟁이냐를 결정하는 황제의 지도력은 결코 무시할 수 없는 것이었다.

뜨거운 태양이 작열하던 1590년 여름, 신시행은 만력제의 지지를 받아 마침내 국운을 건 도박과도 같은 전쟁을 회피하는 데 성공하였다.7) 이로써 그는 명조 전통의 우월성을 한층 깊이 확인할 수 있었다. 즉 나이 어린 태자가 한림학사의 지도를 받게 한 것은 실로 선견지명이 있는 일이었다. 태자가 황제로 등극하자 한림학사도 발탁 승진되어, 처음에는 내각의 부수(副手)였으나 또 인연이 닿아 마침내 수보가 되었다. 이로써 중앙 정부 인사의 연속성이 유지되었을 뿐만 아니라, 사제지간의 친밀한 관계로 많은 성가신 일들을 쉽고도 원만하게 해결할 수 있었다.

수보와 만력제 사이에 있었던 1590년 양력 8월 25일의 접견은 기록으로 남겨진 것으로는 마지막 사례였다. 사제간이자 군신간이었던 두 사람의 대화는 겉으로 보기에는 산만하고 핵심이 없는 것 같으나, 실제로는 신시행이 극히 겸손한 어조로 직접 청원을 올려 소기의 목적을 달성하였다. 협의의 결과, 모든 총독과 순무가 종전처럼 봉직하게 되었고, 변경에서 일어난 사건 때문에 면직이나 다른 처벌을 받은 자는 없었다. 이것은 변경 지대의 각 지방관에 대한 황제의 신임이 아직 확고함을 보여주는 것이었고, 또한 알탄과 체결한 평화 조약이 이미 20년이 되었지만 여전히 유효하며 국지적인 충돌로 인하여 폐지되지는 않을 것임을 보여주는 것이었다.

수보는 또한 모든 관군이 방어를 완화해서는 안 되며, 보쇼구트와 호로치 양 부족에 대하여 특별히 경계를 강화할 것을 주장했다. 또 문신 고관들을 각 변경 지역으로 파견하여 모든 전략적 조치에 협조하게 할 것을 건의하였다. 어전에서의 이러한 대화는 오문(午門)으로 이송되어 전사(轉寫) 공포되었다. 즉 조정의 결정이 이미 내려진 것이므로 이론의 여지가 없게 된 셈이었다. 그래서 모든 준비를 끝내고 대기하고 있던 주전파도 이제 어쩔 수 없게 되었다.

4일 후, 병부상서로서 경군(京軍)의 훈련을 맡아보고 있던 정락(鄭雒)이 북방 각 진을 경락(經略)하도록 파견되었다. 이때 감숙과 청해 변경의 형세는 이미 진정되었으므로 명조의 군대는 공격을 개시하지 않았다. 또 몽골의 철마(鐵馬)가 대거 침공할 가능성도 현실적으로 없었다. 그러나 1591년 초, 정락은 보쇼구트가 호로치와 회합을 시도하려는 틈을 노려 돌연 그 측면을 습격하고 다수의 소와 양 그리고 기타의 보급 물자를 탈취하였다. 동시에 신시행은 '청야[淸野, 적에게 이용당하지 않도록 가옥과 곡물을 제거함]' 지시를 내리고, 청해의 많은 회족과 티베트족 등의 부족들을 다른 곳으로 이주시켰다. 그리고 몽골 부족들이 세운 라마 사원들과 운송해둔 목재를 불태워버렸다. 많은 초원도 '소황[燒荒, 초원에 불을 질러 방목을 못 하게 만듦]'의 방법으로 파괴하였다. 츄르게는 서남방으로 진공하였으나 더이상 진로를 모색할 수 없다고 생각하여 주력 부대를 이끌고 황하의 동북방으로 되돌아갔다. 이후 몽골족은 여전히 각지에서 명조의 군사와 소규모 전투는 벌였으나, 장성 밖의 각 부족을 합병하거나 회족과 티베트족을 정복하여 대규모의 유목 민족 집단을 구성하려는 노력은 포기하게 되었다.[8]

수보 신시행의 집정 기록은 상당히 복잡하다. 변경 문제에 대한 그의 조치가 모두 적절했는지의 여부는 오늘날까지도 속단하기 어려운 문제이다. 그러나 어쨌든 언급해두지 않으면 안 될 일이 있다.

1587년, 즉 만력 15년에 요동의 순무는 건주위(建州衛)의 추장이 점차 영역을 확대하면서 부근의 부족들을 통합하고 있다는 사실에 주목하게 되었다. 그는 호랑이를 기르는 것은 우환을 남기는 것이라고 생각하여 군대를 파견하여 토벌하려고 했지만 출병에 실패하였다. 그의 부하인 개원도참정(開原道參政)이 무력 정벌 대신 유화책을 취하자는 개인적인 주장을 고집하며 출동을 거부했기 때문이다. 참정을 탄핵하는 순무의 상주가 북경에 도착하자, 중앙 감찰관들은 오히려 참정의 주장에 공감하여 토벌을 고집한 순무를 탄핵하였다.
　신시행은 이것이 아주 사소한 일로서 내외 문관의 불화를 야기할 만한 일이 아니라고 생각하였다. 그래서 그는 중재에 나서, 쌍방이 서로 탄핵한 이상 이 문제는 더이상 거론하지 말도록 하자고 황제에게 건의하였다.9) 이리하여 그후 이 추장은 마음대로 활동할 수 있게 되었으며, 더 나아가 계속 명조 내외 관료의 불화를 이용하여 숙원의 대업을 추진할 수 있었다. 그러나 이것은 나중에 일어난 일로서 이 책에서 다룰 내용은 아니다. 이 추장이 바로 만주족 누르하치(努爾哈赤)이며 후에 청 태조(太祖)가 되는 인물이다.

입태자와 책비

　많은 역사가들은 신시행과 츄르게 사이의 이러한 분쟁을 언급하지 않았으며, 또 신시행과 다음 왕조의 창업자 사이에 이런 인연이 있었다는 사실을 전혀 주목하지 못하였다. 대부분의 역사가들은 신시행의 생애에 있어서 최대 실정이 만력 연간의 입태자 문제라고 보았다.
　많은 문관들은 신시행에게 크게 불만을 느끼고 있었다. 그들에게는 만력제가 형 대신 동생을 태자로 세우려는 생각을 한 것 자체가 이미 불의(不義)이고 부덕(不德)이었다. 그들은 신시행 자신이 수보로 있는 한 마땅히 스스로 나아가 그 일을 막아야 하며 부득이한 경우에는 목숨을 걸고라도 나서야 한다고 여겼다. 그는 어전에서 우선적으로 의견을 진술할 수 있는 인물이었다. 만약 그가 이 같은 단호한 태도를 취했다면, 설령 그 때문에 직을 떠나게 되고 심한 경우에는 희생을 당하더라도 그의 후임자는 그의 방침을 따르지 않을 수 없었을 것이고 또 나아가 조정 대신들의 여론이 일치할 것이므로 황제도 어쩔 수 없이 중의를 받아들여야 했을 터이며 이후의 난국도 발생하지는 않았을 것이었다.10)

이런 견해를 피력한 사람들은 신시행의 성격과 그의 처세 방침을 완전히 간과한 듯하다. 신시행은 온건한 성품으로 인하여 황제의 신임을 얻어 친밀한 관계를 이룰 수 있었다. 오랫동안 수보는 그러한 관계를 적절히 이용하여 황제의 행동거지 전반이 문관 집단의 기대에 부응하도록 애썼다. 천자는 자신이 가진 절대적인 권위를 이용할 수는 있다 하더라도, 자신의 개인적인 애증을 개입시켜서는 안 되었다. 그러나 이것은 근본적으로 쉬운 일이 아니었으며, 신시행이 아무리 강경한 태도로 이를 촉구한다 하더라도 사실상 거의 불가능한 일이었다.

신시행이 황제로 하여금 입태자 문제를 미루게 했다는 비판은 아무런 근거가 없다. 정부 당국의 기록에 따르면, 상순이 막 태어났을 때 그는 황제에게 속히 상락을 태자로 세우도록 건의한 바 있다.11) 진작부터 이 문제를 건의한 그야말로 앞날을 미리 내다보는 탁견을 가졌다고 할 수 있다.

입태자 문제는 만력제 재위 기간 중 최대 난제였으며, 신시행은 정씨를 황귀비로 책봉한다는 명령을 받았을 때부터 예감하는 바가 있었을지도 모른다. 그는 당시 문신의 필두에 있었으므로, 이 엄숙한 책봉 의식은 당연히 그의 주도하에 이루어졌다.12) 그는 정국공(定國公)인 서문벽(徐文璧)과 함께, 권력을 상징하는 '절(節)'을 들고 예관과 악사들의 호위하에 어전에서 우순문(右順門)을 향하여 출발하였다. 관할 환관이 문 앞에서 공손히 맞이하였다. 그들 두 사람은 엄숙하고도 장중한 태도로 '절'과 금인(金印) 그리고 조칙을 환관에게 넘겨주었고, 환관은 이것을 궁 안으로 정중히 받들고 가서 귀비에게 전달하였다.

봉비(封妃)의 전례가 조정 최고의 문무 관리들에 의해 집행된 것은, 책봉된 정씨가 그저 규방에서 황제의 총애를 받는 존재가 아니라 이제 국가 기구의 정식 구성원이 되었음을 나라 안의 신민에게 선언한 것이었다.13) 이와 관련하여 발생하는 문제는, 황귀비의 지위가 황후 다음이며 다른 비빈들보다 상위에 위치하기 때문에 장차 그녀의 황자인 상순이 황위를 계승할 가능성이 있게 된다는 것인데 이것을 조정 대신들이 몰랐다고 할 수는 없다.

그러나 만력제는 이런 의혹을 단호히 부정하고 책비(冊妃)와 입태자는 서로 관계없는 일이라고 설명하였다. 책비가 있던 날, 신시행은 만력제의 명을 받들어 시를 지어 이를 노래하였는데, 그 내용은 다음과 같다.14)

    한전(漢殿)은 더불어 사랑(寵)을 자랑했고,
    진대(秦臺)는 일찍이 선녀(仙)를 얻었네.
    금조(今朝)는 농이(穠李)의 부(賦)를 노래하고,
    서로 어울려 소성편(小星篇)을 노래하네.*

신시행은 아무리 천자라 하더라도 규방에서 남녀가 사랑하는 것은 어쩔 수 없다고 생각하였다. 그래서 만력제가 정 귀비와의 관계를 언급한다 할지라도 신 선생은 한마디도 언급하지 않았다. 그는 황제도 역시 피와 살이 있는 한 사람의 '인간'이며, 이지(理智)와 감정 사이에서 갈등도 겪는다는 것을 충분히 알고 있었다.

입태자 건에 관해서, 신시행은 시종 인내하며 만력제가 생각을 바꾸어주길 기다렸다. 그의 학생이었던 황제가 이지를 갖추지 못한 인간은 아니라고 여긴 그는, 황제에게 시간을 주면 스스로 합리적인 해결을 할 것이므로 압력을 가하는 것이 오히려 해로울 것이라고 보았다.

그러나 이후 전개된 양상은 수보의 견해가 완전히 잘못이었음을 입증하였다. 시간이 문제를 해결해주지는 못하였다. 그는 문연각에서 8년 반 동안 임기를 보내면서 온갖 사람들과 별별 사건들을 다 겪었다. "큰 일은 작게 만들고, 작은 일은 해결한다"는 그의 집무 방침도 그의 과오를 영원히 보완할 수는 없었고, 오히려 때로는 파급된 결과가 그의 예상을 훨씬 벗어나는 경우도 있었다.

동창 금의위

신시행은 1583년에 수보가 되었다. 처음 2년간에 걸쳐 전임이었던 장거정에 관한 안건이 해결되었다. 이 문제는 진상이 분명치 않았기 때문에 만력제와 그의 선생은 서로 진정한 의도를 몰랐다. 1585년이

---

* 『시경(詩經)』 「소남(召南)」의 「하피농의(何彼襛矣)」편과 「소성(小星)」편을 인용한 것이다.

되어서야 비로소 이 중대한 안건이 완전 종결되었다. 이로써 그후 몇 달 동안은 무사태평하였다. 1586년 초, 상순이 탄생하고 정씨가 황귀비에 책봉되면서 입태자 논쟁이 일찌감치 일어났다. 그러나 이를 전후하여 만력제는 자신이 하고자 하는 일이 모두 이루어질 수는 없음을 알아차렸고, 이로 인해 정치에 전념하려는 생각이 날로 식어갔다.

이에 따라 야기된 것은, 신하의 상주문에서 황제의 태만을 지적하는 글이 점점 더 거리낌 없어졌다는 점이다. 이런 상주문도 있었다. 황제가 자신의 의견을 받아들이지 않는다면, 천하의 신민들은 반드시 이를 무도(無道)하다고 여길 것이며 역대 조상들도 반드시 구천(九泉)에서 통곡하리라는 것이었다. 황제가 이 자의 언사는 예의에 어긋나기 때문에 관등을 내려 좌천함이 마땅하다는 주비를 내렸다. 그러나 또다른 상주가 올라와서, 황제의 주비는 적절치 못하며 그렇게 간언한 자야말로 충신이므로 관등을 내려서는 안 될 뿐만 아니라, 오히려 칭찬하고 장려하여, 겸허하게 간언을 받아들이는 인군(人君)의 기풍을 보여야 한다고 했다. 이런 "상하가 막혀서 통하지 않는" 상황은 이미 시작되고 있었던 일이며, 1587년에 이르면서 더욱 악화되었다.

신시행은 민감한 사람이었으므로 주위 사람들의 심중을 헤아리는 능력이 있었다. 그의 집무 원칙은 명조의 정치 제도에 대한 깊은 이해에 근거를 두고 있었다. 그런 특수한 제도 아래에서는 임금과 신하가 서로 화합하고 서로 양보하지 않으면 안 되었다. 만약 그렇지 않고 한쪽이 대의(大義)를 강조하며 조금도 양보하지 않으려 한다면, 상대방에게 소극적인 태도를 취하도록 강요하는 것이 될 뿐이었다.

신하는 사직을 요청할 수 있었다. 누가 먼저 '걸해골(乞骸骨)' 즉 사직원을 내고 그것이 전체에 파급되면, 만약 면직되더라도 오히려 영예로 여겨졌다. 그러나 황제는 자리를 양위하거나 현인을 대신 추대할 수 없는 이상, 그가 취할 수 있는 대응 방식은 태업뿐이었다. 즉 의례를 거행할 때 모습을 드러내지 않고 신하들을 만나주지 않는 것이었다. 1587년 수보 신시행이 그럴 가능성이 있음을 염려하고 있을 때, 만력제의 조정은 이미 그러한 방향으로 치닫고 있었다.

그래도 채 저물기 전, 황제가 안팎을 감시하도록 임무를 맡겼던 비밀경찰이 공격을 받았다. 동창(東廠)은 사례감(司禮監)에 직속되어 있으면서 휘하에 금의위(錦衣衛)를 관할하였는데, 이들이 수집한 비밀첩보는 황제의 정무 집행에 반드시 필요하였다. 정보 내용은 매우 광범하여 시장의 주요 상품 가격, 각 성문의 통행자 수와 교통 수단, 북경 시내의 화재 상황 등을 포괄하고 있었다. 이중에서도 무엇보다 빼놓을 수 없었던 것은 각지에서 몰래 듣고 오는 이야기들이었다.

이 비밀경찰기구는 명조에서 2백 년의 역사를 가지고 있었으며, 정치 체계의 일환을 이루고 있었다. 사실 명조 역사 전체에서 볼 때 만력제는 이들 동창과 금의위를 통하여 신하들을 극도로 억압한 군주였다고는 할 수 없다.15) 그러나 백관들에게는 이 특무기구가 아무래도 무형의 '족쇄'였다. 정치상의 박해는 일단 제쳐두더라도, 가령 "집안의 사소한 일이 궁중에 알려지기라도 한다면 웃음거리가 되어"16) 그들의 자존심을 크게 손상시키게 될 것이었다. 그들은 진작부터 동창과 금의위를 제재하려고 했지만 적당한 기회를 찾지 못해 고심하고 있었다.

그후 충돌의 도화선은 생각지도 못한 곳에서 일어났다. 명조에서는 대흥(大興)과 원평(宛平) 두 현이 북경성을 관할하고 있었다. 이 해, 대흥현의 현령이 태상시(太常寺) 소속으로 제례를 돕고 있던 악무생(樂舞生)을 사소한 일로 체벌하는 일이 일어났다. 신성한 제례 담당자인 악무생을 사적으로 처벌한 이 일은 제례 대전(大典)을 무시한 것으로 간주되었다. 그 때문에 대홍 현령은 삼법사(三法司)로 송치되어 심문을 받게 되었다.

이른바 삼법사는 형부, 도찰원, 대리시(大理寺)로 이루어진 법정이었으며, 통상 재심 사건을 다루었다. 이번에 그러한 관례를 깬 것은, 태상시에서 이 사건이 종묘를 모독한 중죄라고 주장하였기 때문이다. 문관들은 이 죄명이 침소봉대에 가깝다고 생각했지만, 삼법사를 통하여 심문을 받게 된다면 사건은 조기에 해결될 수도 있었다.17)

사건은 동창에도 파급되었다. 동창 휘하의 진무사(鎭撫司)는 황제의 기휘(忌諱)에 저촉되는 모든 안건과 관리들에 관련된 형사 안건에 대해 심문에서 고문까지 할 수 있는 권리를 가지고 있었다. 삼법사가 대홍 현령에 관한 이 안건을 수리했음을 알게 되자 그들은 심문 조사권을 다투지 않는 대신, 다만 금의위의 교위(校尉) 2명을 파견하여 심문 과정에 동석방청(同席傍聽)하고 경과 상황을 황제에게 보고할 수 있도록 해줄 것을 요구하였다.

형부상서인 이세달(李世達)은 이 안건이 문관 내부의 분규에 속하는 것이므로 동창 금의위는 개입할 필요가 없다고 생각하였다.18) 그러나 동창이 교위 2명을 파견하여 방청을 요청해 오자, 그는 단호하게 거절하지는 않고 사건 관계자가 다 모이지 않았기 때문에 아직 심문하기가 어렵다는 등의 구실을 붙여 책임을 회피하였다. 마침내 심문하는 날이 되자, 2명의 교위는 질서 유지를 이유로 문관들이 저지하는 바람에 안으로 들어가 방청할 수 없게 되었다.

이와 같은 상황을 보고받은 황제는 크게 진노하였다. 만력제는 태상시와 대홍현의 충돌에는 관심이 없었고, 다만 문관들이 교위의 방청을 거절하였다는 사실을 중시했다. 자신에게 공공연히 도전하는 것으로 여긴 그는 이 사실을 그냥 넘어가지 않았다. 그래서 그는 환관에게 성지를 전하여 구두로 문연각에 질의를 하는 한편, 이 사건을 동창의 진무사가 인계받아 심문하도록 하는 성지를 내렸다.

이때 수보 신시행은 또다시 중재자로 나서서 이세달이 황제에게 사과하도록 설득하였다. 이 제안을 이세달이 수용하였으므로 황제는 체면을 유지할 수 있었으며 또한 정신적인 승리를 거둘 수 있었다. 애석한 것은 유감스럽게도 이러한 중재의 효과가 오래가지 못하고, 몇 달 뒤에 문신들이 동창을 관할하는 환관 장경(張鯨)의 과실을 찾아내어 일제히 공격하는 사건이 발생하였다는 사실이다.

장경을 고발한 상주문은 그가 어떤 문관과 결탁하여 뇌물을 받았음을 지탄하였다.19) 열거된 죄상은 확실히 근거가 있는 듯하였으나, 다만 결탁하여 간계를 꾸미고 뇌물을 받고 재화를 탐하는 정도의 죄상은 당시 다른 수많은 고위 관료들도 통상 저지르고 있던 일이었다. 상주문을 쓴 사람들은 그러한 사실은 전혀 고려하지 않았던 것 같다. 장경은 자신이 쓸데없는 말을 너무 많이 한 결과 받게 된 공격이지만 터무니없는 것은 아니라고 후에 솔직히 털어놓았다. 다만 근본적인 원인은 행정 조직 자체에 있었으며, 그의 직무와 문신의 이해가 서로 달랐기 때문이었다. 만력조의 충돌에서는 문신이 우위를 점하였다. 동창과 금의위가 발호하여 제기[緹騎, 붉은 옷을 입고 궁성을 수비하는 기병]가 기세를 올렸던 천계조[天啓朝, 1621~1627]의 상황과는 분명한 대조를 이루는 일이었다.

처음에 만력제는 사태의 심각성을 느끼지 못하였기 때문에, 장경에게 일단 구두로 경고하는 것으로 사태가 해결될 것으로 생각하였다. 그러나 조정의 대신들은 탄핵의 효과가 없음을 알자 필사의 각오로 모든 대학사들을 탄핵할 준비를 하였다. 그리고 장경을 제거하지 않고는 내각도 편하지 못할 것이라는 여론으로 압박하였다. 여론이

들끓었기 때문에 만력제는 장경을 면직할 수밖에 다른 도리가 없었다. 당시 황제의 측근 인물의 귀띔에 의하면, 이 사건으로 황제는 크게 상심했다고 한다. 그러나 장경이 조만간 물러날 시점에서, 황제가 이미 마음을 돌이켰다는 사실을 미처 알지 못한 하급 관료가 또 상주를 올려서, 장경이 이처럼 좀체 물러나지 않는 것은 황제 폐하도 그의 뇌물을 받았기 때문일 것이라고 주장했다.[20]

이 무례한 말 때문에 이 관리는 정장 60대를 맞았지만, 젊은 황제는 그로 인해 더욱 우울해졌다. 그는 원래부터 조회와 경연에 극도로 염증을 느끼고 있었지만, 상황이 여기에까지 이르게 되자 완전히 마음이 굳어져서, 다시는 이들 불성실하고 겉과 속이 다른 신하들과 공식적으로 만나려 하지 않았다. 그는 궁중 깊은 곳에 은거하였고, 유일하게 그와 마음이 통하던 귀비 정씨와만 모든 일을 함께 했다.

요순의 군주

몇 해 뒤, 신시행은 사직하고 집에서만 지내었고, 과거사를 회상하더라도 황제를 원망하거나 자신을 질책하거나 하지 않았다. 자신의 저서에서, 젊은 사람이 해야 할 일을 모르고 경거망동하여 수습할 수 없는 사태를 초래한 일에 대해 언급할 따름이었다.[21]

그는 자신이 수보로 있었던 8년 반 동안의 세월 가운데, 황제를 도와 옛날의 요순과 같은 군왕이 되게 할 절호의 기회가 있었음을 회고하였다. 1585년 장거정 문제가 일단락된 후부터 1586년 초 상순이 태어나기 이전까지의 몇 개월이 그럴 수 있었던 시기였다. 그러나 너무나 짧은 기간이어서 그는 그만 무심코 놓쳐버렸고, 이후 그런 기회는 두 번 다시 찾아오지 않았다.

당시 만력제는 실로 정치에 전력을 기울이고 있었다. 신시행에게 요구한 사항들 역시 전력을 기울이더라도 이루기 쉽지 않은 일들이었다. 형식화된 정부 안에서는 형식이 바로 실질 그것이었다. 황제가 각종 전례에 열심히 참여하고 있다는 것은 그의 성의를 보여주고도 남아, 군신 백관들로 하여금 근검 성실하도록 독려하기에 충분하였다.

신시행이 눈을 감아도 선하게 떠오르는 기억 가운데 하나는, 일찍이 황제가 직접 나서서 기우제를 지내던 광경이었다. 1585년 을유(乙酉)년, 즉 '만력의 치'가 현실로 이루어질 수도 있었던 이 짧은 기간 동안 있었던 일이다. 이번의 기우제는 종전과는 달랐다. 의식을 거행하면서 만력제는 처음이자 마지막으로 백성들의 고통을 걱정하는 자신의 성의를 천하에 내보였다.

1584년 겨울로 접어들면서부터 북경 일대에는 눈이나 비가 거의 내리지 않았다. 다음 해 봄부터 여름에 걸쳐 가뭄은 더욱 심해져서, 하천은 바닥을 드러내었고 우물에는 마실 물조차 없었다. 황제는 이를 심히 염려하여 각 지방관에게 기우제를 올리도록 명령하였으나 효과가 없자 직접 하늘에 빌기로 결정하였다. 채택된 기우제의 의식은 예부 당안(檔案)에 기록된 관례를 근거하여 진행되었지만, 구체적이고 상세한 부분은 황제의 지시에 따랐다. 예를 들면 천단[天壇, 하늘을 향한 제사 의식을 위해 북경 남쪽 교외에 마련된 넓은 공간]의 원구단(圜丘壇)까지 가마나 말을 타지 않고 전원 걸어서 가도록 한 것 등은 모두 황제 자신의 생각이었다.22)

의식을 거행하기 3일 전부터 황제는 재계(齋戒)하였다. 전날에는 궁중의 봉선전(奉先殿)에서 조상에게 고하였고, 그 뒤에 또 자성태후를 배알하여 고하였다. 하늘에 바치는 표문(表文)은 친필로 신(臣)이라 칭하면서 주익균이란 이름으로 서명하여 하루 일찍 남쪽 교외의 신고(神庫)로 보내었다.

양력 5월 16일 여명, 어가(御駕)가 황극문(皇極門)에 도착하자 호위병과 수행원들이 장방형의 대열을 갖추었다. 이때 대명문(大明門)에서 각 관리들이 도열을 마쳤음을 예관이 보고하자, 황제는 걸어 나가기 시작하였다.

북경의 주민들은 여태까지 이처럼 엄숙하고도 소박한 의식을 본 적이 없었다. 황제, 문무 백관, 환관을 포함한 모든 사람이 일률적으로 남색 베옷을 입었는데, 옷깃 부분과 아랫단은 흑포로 둘렀고 평소의 금·은·옥의 허리띠 대신 우각(牛角)의 허리띠를 맸다. 깃발과 악대도 내세우지 않았다. 큰길의 좌측에는 2천 명의 문관이 한 줄로, 우측에는 2천 명의 무관이 한 줄로 나란히 좌우 대칭으로 서서, 황제와 함께 도보로 천단을 향해 당당히 나아갔다. 백성들은 운 좋게도 천자를 가까이서 자신의 눈으로 직접 볼 수 있는 평생 한 번뿐인 기회를 가지게 되었다.

기우제의 대열이 큰길을 통과했기 때문에 당연히 모든 교통이 잠시 정지되어야 했다. 그러나 천자가 평소 행차할 때 취해지는 '제도(除道)', 즉 모든 점포를 닫게 하고 통행인에게 거동을 삼가도록 하는 조치를 이번에는 취하지 않았다.23) 넓은 황은(皇恩)에 의해 백성들에게 천자의 얼굴을 배알할 기회를 허락한 것이었다.

주민들이 본 만력제는 용모 단정한 젊은이였으며 둥근 얼굴에 수염은 짧고 다소 뚱뚱한 체격이었다. 그는 이와 같이 경건한 태도로 중후한 걸음을 걸음으로써 보는 사람 누구에게나 감동을 주었다.

만력제로서는 십 리나 되는 먼 길을 걷는 것이 대단히 힘든 일이었다. 그는 태어나서 지금까지 이렇게 먼 거리를 걸어본 적이 없었고, 더구나 당일의 날씨는 매우 더웠다.

천단의 원구는 북경성의 남쪽에 있으며, 만력제의 조부였던 가정제에 의해 1530년에 창건되었다.24) 만력제는 이 동심원의 제일 아래 석단에 무릎을 꿇어 기도를 하고 향을 올린 뒤 하늘을 향하여 네 번 고두하였다. 문무 백관의 대열은 남쪽 장벽의 바깥에 서 있다가, 황제가 궤배(跪拜)할 때 찬례관이 소형문(昭亨門)에서 호령을 내리면 이에 맞추어 같은 자세로 궤배하였다.

행례가 끝나자 황제는 대학사, 6부 상서 그리고 기타 고관을 소집하여, 좌영성문(左欞星門) 바깥에 설치한 천막 안에서 "큰 가뭄이 임한 것은 본래 황제 자신의 덕행이 모자라기 때문이지만, 마찬가지로 탐관오리가 백성을 착취하고 하늘의 조화를 어긴 결과이기도 하다. 이제 반드시 심기일전하여 악인을 파면하고 인재를 등용할 것이다"라고 훈시하였다.

만력제가 이렇게 성명을 내자, 신시행은 그 자리에서 전체 관리를 대표하여 답사하기를, "신 등이 봉직하고 있으나 공적이 없어 하늘이 큰 가뭄을 내렸습니다. 황제 폐하께서 신민(臣民) 전체를 대표하여 이제 비셨으므로 천제의 마음에 닿았을 것입니다. 만약 황제 폐하의 성의를 파악하지 못한 신료가 있다면 반드시 엄한 견책을 받아야 할 것입니다"라고 하였다.

만력제는 이 요지를 천하에 즉시 공포하도록 지시하였다. 이 내용을 구체화한 1585년 5월 16일의 조칙에서는 "뇌물을 탐하여 법을 어기고 백성을 해하는 관료는 철저하게 회개하여야 할 것이며, 조정의 명령을 어기고 명령대로 행하지 않는 자가 있다면 용서 없이 엄벌에 처할 것임"25)을 계고하였다. 동시에 만력제는 재해가 심각한 지역은 징세를 1년 동안 면제하도록 호부(戶部)에 명하였다.

　의식이 끝나자 궁중으로 돌아갈 준비를 하고 환관들은 만력제 앞에 가마를 대기시켰지만, 황제는 굳이 이를 타지 않고 백관들과 함께 걸어서 궁성으로 돌아왔다. 이 대열은 사람 수가 대단히 많아서 선두에서 후미까지 모두 움직이는 데 시간이 상당히 많이 걸렸기 때문에, 대명문에 도착했을 때는 오후 중에서도 제일 무더운 시간대가 되었다. 대열이 해산하자마자, 병부의 어느 주사(主事)가 지체 없이 소맷자락에서 부채를 꺼내어 마구 부쳐대었다. 규찰의 책임을 맡아보던 어사가 그러한 모습을 보고, 때가 이미 대열이 해산한 상황이라 하더라도 이 사람이 이렇게도 참지 못하는 것은 결국 성실히 예를 다하는 마음이 부족한 때문이라고 간주하였다. 그래서 이 주사는 반 년 감봉 처분을 받았다.26)

　신시행은 황제를 수행하여 황극문에 도착한 후 고두하고 물러났다. 물러날 때 만력제를 위로하자 황제는 "선생께 노고를 끼쳤다"27)라고 대답하였다. 이때 수보는 배도 고프고 목도 말랐으며 몹시 피로하였다. 그러나 자신에 비하면 황제의 노고는 더욱 컸다. 황제에게는 아직 봉선전으로 가서 역대 조상께 보고하고 그 보고가 끝나면 자성태후를 배알하는 일이 남아 있었던 것이다.

천자의 경우

　신시행은 미신을 깊이 믿는 사람은 아니었다. 각종 기록에서도 그가 점복(占卜)과 기도의 방법으로 우주의 신비한 힘과 교제할 수 있다고 믿었다는 사실은 보이지 않는다. 그는 만력제에게 제출한 상주 가운데서 "신 등은 점서(占書)를 익히지 않아서 일의 효험을 잘 모릅니다"라고 서술하였는데, 이것은 그의 태도를 충분히 설명해준다.28)

동시에 만력제 또한 미신적 성향이 강한 것은 아니었던 것으로 보인다. 황제의 능묘를 선택하는 과정에서 일찍이 조정 대신들이 풍수 문제로 격한 논쟁을 벌이자 만력제는 "그 옛날 진(秦)의 시황제가 풍수를 고려하여 여산(驪山)에 능묘를 세웠음에도 그 치세는 단명하지 않았던가"29)라고 했다. 이런 태도를 볼 때, 그는 풍수설을 그다지 믿지 않았던 것 같다. 그러나 미신이냐 아니냐 하는 것은 그 경계가 분명치 않다. 예를 들어 어떤 사람이 자기 자신이 해내야 할 일들과 그 일의 전망에 대하여 신념을 가지게 된다면, 그것은 종교적인 귀의와 큰 차이가 없는 것이다. 대개 인간은 어려운 경우에 처하게 되면 성공을 거둘 수 있는 가능성을 포기하려고 하지 않는다. 설령 이 가능성이 매우 희박하고 근거가 없다고 하더라도, 그 사람은 그것을 자신의 정신적 지주로 삼으려 할 것이다.30) 1585년 큰 가뭄이 있었던 초여름, 조정 내의 정세는 이와 같은 상황에 아주 가까웠다.

당시 연일 작열하는 태양이 내리쬐어 사람들의 근심도 극에 달해 있었다. 모두들 큰 가뭄으로 온 땅이 말라 들어가는데도 황제가 언제까지나 궁성에 가만히 있어서는 안 된다는 것을 알고 있었기 때문이다. 황제가 직접 나아가 지극히 경건한 태도와 대단히 장엄한 의식으로 천제에게 비를 청하였는데, 이것은 그러한 의식이 미신이든 아니든 또 그 동기가 인심을 묶어놓기 위한 것이든 아니든, 최소한 아직 절망적이지는 않다는 사실을 보여준 것이었다.

희망은 이러한 의식적인 노력 가운데서 생겨나는 것이다. 만력제의 몸부림과 자책, 그리고 신하들에게 행한 백성을 사랑하라는 훈시 등은 궁지에 몰려 갈 곳이 없는 사람들의 마음을 위로해주는 한 모금의 청량제와도 같았다. 그의 정부는 여태까지 정신적인 힘이 실제를 초월한다고 여겨왔기 때문에, 이번의 기우제는 황제가 직무에 열중하고 있다는 최고의 표현이었다.

마침내 은혜로운 비가 천군만마와 같은 위세로 돌연히 이 세상에 내렸다. 처음에는 비에 우박이 섞여 내리더니 이윽고 소나기로 바뀌었고, 잠시 그치는 듯하다가 다시 소나기가 되어 퍼붓기 시작하여 빗줄기가 다음날까지 이어졌다. 이 비는 양력 6월 12일에 내리기 시작하였는데, 황제가 도보로 천단에 가서 기우제를 올린 지 한 달가량 되어서였다. 그러나 황제의 정성이 하늘을 감동시킨 결과는 아니라는 둥 함부로 말하는 사람은 아무도 없었다.

황제 자신도 기쁨을 감추지 못하고 백관에게 하늘의 은혜에 감사하도록 명하였다.31) 수석대학사도 황제와 기쁨을 함께하였다. 이는 이 무렵에 이미 만력제가 정신적으로 스스로 위로하고 스스로 만족할 수 있는 기회가 그리 많지 않았기 때문이었다.

신시행은 만력제의 기분을 이해하고 그런 처지를 동정하기는 하였지만 다른 문신들과 마찬가지로, 황제의 직분은 궁전 내에 있어야 하며 격식에 맞게 예를 행하는 것 외에는 다른 일에 몸을 두어 어긋난 일에 감상을 가져서는 안 된다고 생각하였다. 예를 들어 만력제가 직접 병마(兵馬)를 조련하고 싶어하더라도 신시행은 다른 문관과 협력하여 힘을 다해 만류하였다.

주익균, 즉 만력제에게는 군사적인 재능이 있었던가. 이 문제에 대하여 답을 할 역사가는 없다. 우리들이 알고 있는 것은, 그가 어떤 창조력을 가지고 있었다고 하더라도 몸에 용포를 걸치고 천자의 자리에 올라 있는 이상 그것을 발휘해볼 방법이 없었다는 것이다. 그리고 그가 개성을 발휘하는 것을 저지했던 군신(群臣)들 중에서 수석대학사인 신시행의 힘이 절대적이었다고 할 수는 없다 하더라도 매우 중요하였음은 분명하다.

능묘 참배

명조는 태조를 제외하고는 황제가 직접 대외 원정에 나선 사례가 극히 적었기 때문에, 문관들은 이를 근거로 해서 만력제가 직접 병마를 조련하는 것을 만류하였다. 근래 1백여 년 동안에는 정덕제만이 그러한 일을 했을 뿐이었는데, 정덕제의 그러한 행동은 전통적인 궤도에서 벗어난 것으로 인식되고 있었다. 군주 된 자는 평온한 모습으로 예를 보여주어야 했으므로, 군사 훈련이 반대에 부딪혔을 뿐 아니라 외출과 여행도 제한을 받지 않으면 안 되었다.

만력제의 조부인 가정제의 생애에는 1539년에 한 번 정도 호광의 승천부(承天府)로 돌아가 자기의 출생지를 순시한 일이 있었을 뿐이며,32) 그후 27년 동안 한 발자국도 북경을 떠나지 않았다. 또 부황(父皇)인 융경제는 재위 5년여 사이에 단 한 번 정도 경성(京城)의 교외까지 선조들의 능묘에 참배하러 나갔을 뿐이었고, 기간도 불과 4일이었다.33) 그러나 만력제는 1583년 봄부터 1585년 여름까지 네 번이나 능묘에 참배하러 나갔는데, 이것은 지나치리만큼 빈번했던 것임에 틀림없다.34)

특히 군신들을 불안케 한 것은, 조상의 능묘를 참배한다는 이 장엄한 전례는 황제가 비밀리에 군사 훈련을 독려 시찰하는 구실이 되었다는 사실이었다. 능묘 참배의 호위 무장병은 어림군(御林軍)이었다. 이 군대는 일찍이 장거정의 동의를 얻어 1581년에 설치되었으며, 경성의 동북쪽 일각에 주둔하여 어마감(御馬監)의 태감(太監)에 의해 통솔되었다.35) 그 당시 이 부대의 군사가 배로 늘어났고 훈련도 강화되었으며, 연일 날도 새기 전부터 기마대가 가두로 진출하는 말굽 소리가 늘 주민들의 단잠을 깨웠다. 1584년 여름 어느 무더웠던 날, 황제는 친히 황성 안에서 어림군의 활쏘기 시합을 구경하였는데 시합이 길어져서 해질녘이 되어서야 겨우 끝이 났다. 환관 몇 사람이 폭염의 햇살에 견디다 못해 혼절하고 말았는데도 황제는 오히려 쾌활한 모습을 보였다.36)

그러나 문관들은 황제의 남다른 정력을 조금도 기뻐하지 않고, 오히려 잇따라 상주를 올려 비밀리에 실시하는 군사 훈련의 부당함을 지적하였다. 설득을 해도 효과가 없자 그들은 신시행에게 압력을 넣어, 수보가 자신의 영향력을 행사하여 이 군사 훈련을 중지시킬 것을 종용하였다.

법제상으로 보면, 조정 대신들이 제기한 간언이 국법상의 근거를 가지고 있는지의 여부를 설명하기가 어렵다. 명조는 여태까지 황제가 금군(禁軍)을 직접 통솔할 수 없다는 것을 선포한 적이 없었다. 영락제가 사용했던 긴 창을 오문의 누상에 받들어 모셔놓고 있었던 것은, 황제가 군대를 통솔하는 권위를 지니고 있음을 실증하는 것이었다.37) 정덕제의 행동은 크게 물의를 일으켰지만 그는 시종 세론에 굴복하지 않았다. 더구나 황제의 어림군은 모두 환관의 관할하에 있었으므로 황제의 조치가 직접적으로 비판받을 이유는 없었다. 그래서 문관들은 그저 몇몇 도덕적인 이유를 들 수밖에 없었다. 예를 들어 무기는 상서롭지 못하고 전쟁은 위험하므로 황제가 직접 칼을 휘두르고 창을 다루는 것은 태평의 기풍을 손상케 한다는 등등의 논리였는데, 이 말들은 분명 정곡을 찌르는 것은 아니었다.

그러나 문관들의 의견을 완전히 무시할 수는 없는 일이었다. 그들은 명조 조정의 기둥들이었다. 모든 문신들이 윤리 철학을 기초로 해서 당시의 통치 방식을 유지해나가고 있었으므로, 황제가 직접 금군을 통솔함에 따라 문과 무가 대등해지는 상황, 더 나아가 무가 문을 능가하는 상황이 벌어질 것을 꺼리는 것은 당연했다.

단지 그들 개개인이 모두 충신이라고 해서 대등한 입장에 서서 황제와 담판할 형편은 못 되었으며, 또 세력을 이용해서 강요한다는 것은 더욱 불가능하였다. 그러나 이들이 형편이 못 되고 또 불가능한 점이 있다고 해서 처음의 뜻을 단념한 것은 아니었다. 즉 간언할 때는 자신감을 갖고 굳건한 의지로 시행하였고, 목적이 달성되지 않으면 결코 손을 떼지 않았다.

노련한 신시행은 모든 사물의 음과 양을 꿰뚫어 보는 데 뛰어났다. 그는 도덕이라는 것이 구실에 불과하며, 문제는 조정 대신들의 안전 지향에 있다는 사실을 알고 있었다. 진상이 분명해지자, 그는 문제를 해결하는 데 가장 효과적인 방법을 취하였다. 그는 입 밖에 내지도 않고 은밀히 환관들과 담판하였다. 그가 나중에 쓴 글에는 당시의 미묘한 상황이 분명하게 기록되어 있다.

이때 신시행은 어마감의 여러 환관에게 질의했다. 수천의 관군이 무기를 가지고 황제 곁에 있게 되면, 도대체 그들 중 나쁜 음모에 가담할 자가 없다고 어느 누가 보증할 수 있겠는가? 만일 변고가 일어나서 다른 호위 인력이 황제를 보위할 수 없다면, 대체 누가 그런 중대한 사태의 책임을 질 수 있겠는가? 제군들은 장군으로서 어떻게 이다지도 본분을 망각하고 있는가?

수보는 이때 명의 역사에서 강빈의 선례를 들어, 문관 집단과 공공연히 대립한 인물은 한 사람도 천수를 다 누리지 못했던 점을 강조했다. 설령 황제가 가장 신뢰하는 인물이라 하더라도 숙청당할 수 있음을 지적했다. 이러한 위협조의 설득은 당연히 효과를 가져왔다. 신시행 자신의 말을 빌리자면 "여러 환관들은 송구스러워함"이 역력하였다.38)

군대를 통솔하던 환관들은 신시행의 말에 두려움을 느끼고 다시는 비밀 군사 훈련에 참여하려 하지 않고, 오히려 황제가 직접 금군을 통솔하는 것을 단념하도록 간언하였다. 가마솥 밑에서 장작을 치우는 식의 이러한 방법은 뚜렷한 효과가 있었다. 더구나 황제는 이지적인 사람이었기 때문에, 만약 자신의 의지를 고집하게 되면 신하와의 충돌은 자연히 종조부인 정덕제 때의 상황과 유사해질 것이라는 사실을 잘 알고 있었다. 그러한 극단적인 방향으로 치닫지 않으려면 어쨌든 양보하지 않을 수 없었기 때문에, 이때부터 그는 점차 금군에 대하여 개입하지 않게 되었다. 1585년 이후, 어마감의 병사들은 잊혀져 갔고 금군의 조직도 어느 틈엔가 서서히 와해되어갔다.39)

신시행은 외교를 처리하는 방식으로 내정을 집행하였는데, 어림군 사건의 원만한 해결은 확실히 그러한 방식이 두드러진 효과가 있다는 사실을 증명하였다. 그는 "중용으로 조정하고 일에 나아가서는 원만히 처리한다"는 자신의 처세와 집정 원칙을 자찬했지만, 황제에게 대응하는 방식은 "두드러지게 간(諫)하는 대신 은근하게 설득하는 묘책"을 취하였다. 이와 같은 방법은 황제의 권위를 손상시키지도 않고 신하의 목적도 달성할 수 있기 때문에, 신하가 상주를 올려 황제를 힐난하거나 황제가 자신을 업신여기는 군신을 회초리로 내치는 것에 비하면 훨씬 현명한 것임에 틀림없었다.

그러나 신시행이 예상치 못했던 것은 만력제가 신 선생보다 한 수 위였다는 점이었다. 황제는 이 투쟁의 진상을 꿰뚫어 보고, 화를 내는 것은 오히려 효과가 없으므로 '무위(無爲)'의 방법으로 모든 분쟁에 대응하는 것이 최선임을 알았던 것이다. 그 때문에 만력제의 소극성은 갈수록 더욱 심각해졌다.

1585년 이후, 만력제는 1588년에 다시 한 번 정릉을 시찰한 것을 제외하면 30여 년 동안 한 걸음도 자금성을 떠난 적이 없어, 역사상 최장의 기록을 수립하였다.[40]

황제가 궁성에서 50킬로미터도 채 안 되는 곳에 나갔다는 사실이 문제가 되었던 것은 역시 당시 국가 조직의 특별한 모습이었다. 만력제는 1583년부터 1585년 사이에 네 번이나 선조의 능묘를 참배했지만, 본래의 목적은 자신이 묻힐 곳을 찾아 시찰하는 것이었다. 그런데 선조의 능묘 근처를 지나가야 했기 때문에 배알하고 제사를 지내지 않을 수 없었다. 참배하는 이상, 당연히 여러 가지 의식을 주도면밀하게 준비해야 했다. 그래서 매번 출발하기 전에 예부가 선례를 참작하여, 어떤 능묘에는 황제가 직접 참배하고 또 어떤 능묘에는 부마 등이 대리로 예를 올리도록 각각 상세히 입안하였다.

황제의 어가(御駕)가 출발할 때마다 궁성에는 곧 계엄령이 내려졌고 성문마다 고위 문신과 무장 한 명씩이 배치되어 공동으로 파수하였다. 황제의 아우인 노왕(潞王)은 당시 아직 미성년이었지만, 침구를 준비하여 덕승문(德勝門)의 성루에 기거하면서 어가가 통과할 도로를 엄밀히 감시하는 임무를 맡았다.[41]

능묘를 참배하는 대열의 위용은 대단히 장대하고 눈부셨다. 황제를 동반한 두 명의 황태후와 황후 및 황귀비를 비롯하여 수행 환관과 궁녀, 문관과 무장, 대한장군, 어마감의 병사 그리고 경군(京軍) 등 사람의 수는 수천에 달하였다. 교외에 도착하면 황제와 그 가족은 사찰에 머무르고 다른 수행원들은 임시 막사를 지어 휴식과 숙박의 용도로 사용하였는데, 이 모든 것은 한 치의 착오도 없도록 주도면밀하게 미리 준비되어야 했다.

이 수십 리 길의 행차 중에 지방관, 기로 그리고 학교의 학관 등이 어전에 불려와 배례(拜禮)를 올렸다. 황제는 그들에게 위로와 격려를 함과 아울러, 황제가 통과한 지역은 1년 동안 면세 조치하여 해당 주민이 황제의 일행에게 행한 봉사에 보답한다는 지(旨)를 선포하였다.

이러한 대규모 행차가 2년 반 사이에 네 번이나 행해지자, 조정 대신들은 너무 빈번하다고 생각하였다. 여기에서 황제의 흥을 꺾는 사건이 꼬리를 물고 일어났다. 우선 북방의 국경에서는 몽골 부족들이 모종의 행동을 일으킬 기미가 농후하므로 아무쪼록 주의를 기울여야 한다는 급보가 잇따랐다. 이에 따라 예부의 관리들은 황제에게 어행(御幸)의 기간을 단축하도록 간언하였다. 그리고 한번은 황제의 호위대 옆에서 말들이 사납게 날뛰는 비상 사태가 발생하기도 하였다. 또 한번은 문관 몇 사람이 잘못하여 금지(禁地)에 들어갔는데, 이들에게 그에 합당한 경고를 하기 위해 어사가 사실을 있는 그대로 어전에 보고하였다. 이러한 우여곡절 끝에, 본래 유쾌하여야 할 작은 나들이가 흥취를 완전히 잃어버리고 말았다.42)

1589년 만력제는 다시 한 번 순행하고 싶다는 생각을 내비쳤지만, 이를 들은 감찰관이 즉각 반대하는 상주를 올렸다. 그들은 "황제 폐하께서 화기(火氣)가 치밀어 아침 조회도 포기하고 쉬어야 할 정도라면, 더구나 궁성을 떠나 놀러 나감으로 해서 화기를 더하게 해서는 안 될 것입니다"라고 했다. 이들의 상주를 받은 황제는 이후 순행에 관한 일은 입 밖에 내지 않게 되었다.43)

만력제가 직접 순시해가면서 자기 자신을 위해 미리 세워두려고 한 능묘는 1584년 여름에 착공되었다.44) 이 거대한 공사는 사람들이 황제를 피와 눈물이 있는 인간으로서가 아니라 하나의 국가 기구로 간주하고 있음을 미묘하게 보여주고 있다. 만력제는 강고한 의지와 결단력은 부족했으나 명석하고 재치 있는 머리에는 부족함이 없었다. 그래서 그는 정신상의 생매장 상태를 기꺼이 받아들였다.

능묘 안의 장실(葬室)에는 재궁[梓宮, 황제의 관棺] 을 안치하는 석상(石床) 셋을 두었다. 황제와 황후의 자리 이외에도, 다음 황제의 생모를 위한 또 하나의 자리가 있었다. 만력제는 이를 보고 감개무량해 했다. 그가 진정으로 사랑한 여성은 설령 생전에 황후가 되지는 못하더라도, 죽은 뒤에는 당연히 자신의 곁에 있어야 할 것이었다. 그게 아니라면 그가 세상에서 유일하게 마음이 통한 여성과 함께 황성의 사원에서 기도한 것이 도대체 무엇 때문이었겠는가.

주익균은 생전에 수십 명의 비빈과 무수한 궁녀를 두었지만, 황귀비인 정씨와는 시종 불가분의 사이였다. 생사를 불문하고 마음을 하나로 하는 것이 그들의 숙원이었음을 알 수 있다. 이와 같이 아름다운 숙원이 실현될 수는 없었을까? 당시 황제가 이러한 일들에 생각이 기울어져 있었다고 한다면, 대욕산의 공사는 입태자라는 사건과도 무관하지 않은 일이 되는 것이다.

정릉의 조영

황제가 재위 중에 미리 능묘를 세운 것으로 명조에서는 홍무, 영락, 가정 삼조의 대표적인 선례가 있었다.45) 만력제의 경우가 이들 선례와 다른 점은 정릉이 만력제의 청년 시절에 세워졌다는 점이다.

신시행이 후에 서술한 바에 의하면, 그 건의는 1583년 장사유가 수보를 맡아보던 시기에 처음 있었는데, 당시 황제는 20세도 되기 전이었다. 그러나 이 건의가 제출되자 황제는 당장 기꺼이 동의하여 친히 장소 선정과 공사의 설계에 참여하였다.46) 물론 자신의 임종 시기가 임박했다는 생각이 들어서가 아니라, 자신도 필시 선조들을 이어 오래 뒤의 사람들에게까지 존숭받게 될 것으로 여겼기 때문이었다. 동시에 그는 아직 20세가 채 못 되었지만, 이미 백성의 아버지이며 더군다나 즉위한 지 10년이나 되었으니 이러한 영광을 받기에 충분한 자격을 가지고 있었던 것이다.

다른 공사와는 달리, 이 능묘의 조영에 관하여서는 간언하는 조정 대신들이 거의 없었다.47) 유일한 논쟁이 풍수 문제였다는 점은 이미 언급한 바 있는데, 이 분규는 황제의 어의가 내려지면서 수습되었다. 논쟁했던 자들이 생각지도 못했던 것은, 자신들이 예전에는 도덕적인 명분으로 기술적인 문제들을 해결했지만 현재는 오히려 기술적인 명분으로 도덕상의 문제를 해결해야 한다는 점이었다. 만력제가 진 시황제와 여산을 예로 들면서 풍수를 그다지 중시하려고 하지 않았기 때문에, 풍수설을 끝까지 주장하던 사람들은 그러한 명분을 근거로 논쟁을 계속 이어갈 수가 없었다.48)

능묘를 세우는 일은 명조의 국가적 대사였으므로, 이에 관련된 관리들은 일종의 위원회와 유사한 기구를 구성하였다. 구성원은 상서(尚書) 3명, 사례감의 태감과 고급 군관 몇 명이었고, 이를 통괄한 자는 정국공인 서문벽과 수보인 신시행이었다. 군관이 이 기구에 참여한 것은 대규모 토목 공사를 위해 병력 동원이 필요했기 때문이었다. 서문벽은 개국 공신인 서달(徐達)의 후예였으므로 각종 중요한 의례를 그가 진두 지휘하는 것이 당연하였고, 모든 계획과 조리 있는 처리는 분명히 신시행이 담당했다.49)

1587년에 신시행은 몇 번이나 대욕산으로 가서 공사를 감독하였다. 황실의 일에 몸을 아끼지 않는 그의 이러한 충성심은 당연히 젊은 황제를 감동시켰으며 신 선생에 대한 신임을 두텁게 하였다.

정릉의 건축 경과는 당시 공부(工部)의 보고문에서 상세히 나타나고 있지만, 건축의 구조는 1956년의 발굴로 4백여 년 만에 사람들에게 알려지게 되었다. 전체적으로 보아 지하 궁전은 종교적인 색채가 농후했다. 석재 의자와 책상에는 용이나 봉황 같은 것으로 장식하여 황제와 황후를 상징했지만, 그 아래에 연꽃 문양의 테두리를 넣은 것은 불가의 전통이었다.50) 내세에 전생한다는 관념은 실제로는 일종의 희망이자 환상이었다.

그 안에 부장된 금·은 그릇과 도자기들은 무엇보다 사람들에게 현실감을 주었다. 그러나 나무로 조각한 인용마필(人俑馬匹)은 장난감 같은 크기였는데, 이는 능묘를 세운 사람이 '장생불사(長生不死)'의 관념을 갖고 있긴 했으나 확신한 것은 아님을 보여준다.

오늘날 이 지하 궁전의 현실(玄室)에 발을 들여놓을 때 우리에게 가장 깊은 인상을 주는 것은, 아마 이 건축의 웅장함이나 화려함보다는 오히려 머리카락이 그대로 보존된 채 누워 있는 유골일 것이다. 만약 그 유골이 아직 감각을 유지하고 있다면 필시 눈을 감을 수 없을 것이다. 왜냐하면 그가 진정으로 사랑한 여성 그리고 유일하게 자기를 한 사람의 '인간'으로 대해준 여인이 자기 곁에서 영면을 취하고 있지 않기 때문이다.

동시에 이 비극적인 유골에 다가서면 이 제국 때문에 자신도 모르게 주먹을 불끈 쥐게 된다. 국법의 변경이 불가능했기 때문에 젊은 황제는 자신의 창조력과 개성을 정치적으로 충분히 발휘하지 못했고, 반신반의하며 이 유토피아로 인도되어 산 조종(祖宗)이 되어버렸다.

장거정은 그에게 서도(書道)를 배우지 못하게 하였고, 신시행은 그에게 병마를 훈련하지 못하게 하였다. 그렇다면 그가 천자로 존경받고 어린 나이에 조종의 신분을 얻었다고 하더라도, 그것이 어떤 유익이 있었겠는가. 시정(詩情)이 풍부한 어떤 철학자는 "생명이란 일종의 상상에 불과하지만, 이 상상은 이승의 어떤 장애라도 돌파할 수 있을 것이다"라고 했다.

이 지하의 현실, 습기로 부패한 견직물 그리고 기름이 굳어버린 등잔이 사람들에게 주는 감각은 깨뜨릴 방법이 없는 응고와 질식 바로 그것이다. 주익균 그는 생전에는 구오지존을 누렸고 사후에는 신종현황제(神宗顯皇帝)라 불렸다. 그러나 수백 년이 지난 지금, 그를 생각할 때 가장 강하게 떠오르는 것은 역시 운명의 잔혹함이다.

수보 신시행은 정릉의 공사를 감독할 때 어느 정도의 감상과 감개를 가졌을까. 오늘날 남아 전해오는 공식 문서에서는 당연히 찾아볼 수 없다. 우리들이 볼 수 있는 것으로는, 신시행이 착공 전례(典禮)에 참석한 뒤 황제에게 바친 축사가 있다.51)

> 오랫동안 열성[列聖, 선대 황제들]의 신령을 편안케 하고,
> 미리 만년의 조역[兆域, 묘역]을 점치도다.

또 볼 수 있는 것은, 그가 1586년 정전(正殿)의 상량식 전례를 거행한 뒤 황제에게 바친 축사이다.52)

> 여기에 승동[升棟, 상량]의 때를 헤아리니,
> 마침 소춘[小春, 음력 시월]의 때라.
> 날이 다가옴에 바람이 부드럽고 햇볕은 따뜻하며,

때가 됨에 달은 밝고 별은 빛나네.
신공(臣工)은 손뼉치고 춤추며 축하하고,
백성은 환호하며 일에 나아가네.

이들 수사상의 대구와 그 화려함은 지선지미(至善至美) 즉 최고의 경지라고 할 수 있지만, 황제와 선생은 이 같은 문자를 있는 그대로 받아들일 수 없음을 서로 잘 알고 있었다. 왜냐하면 당시 능묘의 공사는 오랜 세월에 걸쳐 계속되었기에 공사에 쓰인 지출들은 국고를 위협하였고, 징용된 군인과 민간인 노동력도 "환호하며 일에 나아갔다"기보다는 벗어나기 어려운 고통을 느끼고 있었다.

1587년, 즉 만력 15년 국사(國史)에 다음과 같은 한 조문이 기록되어 있다.53)

능묘 조영을 하는 노동자들에게 탕약을 주고,
노약하고 굶주려 귀향하기 어려운 자들에게는 여비를 주라.

이 훈령은 황제 및 공사를 총람하는 수석대학사가 한 번 훑어본 것이겠지만, 혹 상사(賞賜)는 분명히 내렸을까. 내렸다면 액수는 충분했을까. 그러한 사실을 증명할 방법은 없다.

5장 해서 — 괴팍한 모범 관료

논쟁의 초점

1587년 양력 11월 13일, 남경도찰원(南京都察院) 우도어사(右都御史) 해서(海瑞)가 부임지에서 세상을 하직했다.1) 그는 전설적 인물로서, 그의 생전의 사적을 어떻게 평가해야 할 것인가에 대해 격렬한 논쟁이 있었다. 이 논쟁은 수 년 동안 관심의 초점이 되었다.

해서의 많은 동료들은, 지도층이 관념적이지만 완벽한 도덕적 기준을 내세워 아랫사람으로 하여금 가능한 범위 내에서 그것을 따르도록 강제하되, 잘 따르지 않을 경우 서로 타협을 하는 것이 정치의 근본이라고 믿었다. 그러나 해서는 동료들과는 달리, 한 치의 어긋남도 없이 법률을 지켜 임무를 행하는 것이 법률을 존중하는 자세라고 믿었다. 또한 정부가 지급하는 봉록이 생계를 유지하기에도 부족할 정도로 적다 하더라도 조금도 원망해서는 안 된다고 여겼다. 그는 이러한 신념을 자신의 행동으로 입증했다. 그의 관위는 2품에 이르렀으나, 임종 시에 남은 것은 은 20냥뿐이었다. 이것은 장례 비용으로도

부족했다.2)

  그리고 또 해서는 법조문이 미치지 않는 곳에 대해서도 "법의 정신을 충실히 체득해야 하며, 조문에 결함이나 애매한 부분이 있을 경우에도 그것을 소홀히 해서는 안 된다"고 주장했다. 예컨대 그는 남직예순무로 근무하고 있을 때, 고리대로 소유권이 넘어간 논밭을 원주인에게 반환하도록 명령함으로써 전국적인 물의를 일으킨 바 있었다.

  해서는 20여 년 동안 관료생활을 하면서 끊임없이 각양각색의 분규를 불러 일으켰다. 그는 자신의 신념과 개성 때문에 존경과 배척을 동시에 받았다. 바꾸어 말하면, 그는 사람들에게서 추앙을 받았지만 그를 모범으로 삼는 자는 존재하지 않았다. 그의 일생에 관해서 평가한다면, 대중을 위해 자신을 희생하는 교양 있는 독서인의 정신을 실천하며 살았지만 그 정신이 실제로 이룩한 것은 거의 없었다. 그는 무대 위의 주연 배우처럼 다수 관중의 마음을 감동시켰지만, 그의 정치적 방침에 대한 평가는 일치되지 않았을 뿐만 아니라 평가의 차이 또한 지극히 컸다. 여러 논쟁들로부터 가장 쉽게 발견할 수 있는 공통의 결론이 있다면, 그것은 그의 행위가 문관 전체의 집무 규범으로 수용될 수는 없었다는 것이다.

  해서는 법을 매우 중시하여 권력에 아첨하지 않고 법을 집행했지만, 동시에 성현의 가르침을 받아 성장한 문관으로서 윤리 도덕의 지도적 역할을 시종 중시하였다. 그는 자신의 저술을 통해서, 인간의 일상 행위는 그 일거일동까지 전부 직관에 의해 선과 악 두 가지 도덕 범주로 귀납될 수 있다고 서술하고 있다. 그는 지방의 행정과 사법을 주관하면서, 어떠한 소송이라도 그 6, 7할은 즉각적인 흑백 판정이 가능했다고 말했다. 그는 극히 소수의 사건만이 판단을 요구한다고 보았으며, 판단 기준에 대해서는 다음과 같이 말했다.

무릇 소송에서 의심스러울 때는, 형을 굴복시키기보다는 오히려 동생을 굴복시키고, 숙백(叔伯)보다는 질(侄)을 굴복시켜야 한다. 빈민을 굴복시키기보다는 오히려 부자를 굴복시키고, 우직한 자를 굴복시키기보다는 교활한 자를 굴복시켜야 한다. 산업(産業)을 다투는 일에 있어서는, 일반 백성을 굴복시키기보다 관리들을 굴복시켜 폐단을 제거해야 한다. 일의 모양새를 다툴 때에는, 관리들을 굴복시키기보다 백성들을 굴복시켜서 체제를 유지해야 한다.[3]

이러한 정신으로 법을 집행하는 것은 분명히 '사서'의 가르침과 합치한다. 그러나 그가 관리로서 등용되어 법정에서 판결을 내린 것은, '사서'가 성립된 지 이미 2천 년, 명조의 건국으로부터 이미 2백 년 가까운 시간이 지난 후의 일이었다. 해서와 같은 시대 사람들이 간파하지 못한 것은, 사법에 관한 그의 의견이 장기간에 걸쳐 존재해온 명조의 제도적 난제들을 절묘하고도 정확하게 지적하고 있다는 점이었다. 그것은, 농민을 통치하는 자들은 경서(經書)에 통달한 문인들로서 그들에 의한 현행 사법 제도의 개혁은 불가능한 것이고, 더욱이 인권 존중 등과 같은 개념은 상상도 하기 어려웠다는 사실이었다. 법의 해석과 집행은 전통 윤리와 불가분의 관계가 있었고, 조직적으로도 그들은 복잡한 요소와 뒤얽힌 관계를 처리할 수 있는 능력을 갖고 있지 못했다.

해서의 일생은 이러한 제도의 산물이었다. 결과적으로 그의 개인적인 도덕성도 조직과 기술상의 약점을 보완할 수 없었던 것이다.

부정을 불허함

해서는 거인(擧人)의 신분으로 관직 생활을 시작하였다. 먼저 그는 복건 어느 현의 유학교수(儒學敎授)에 임명되어 4년 동안 재직했다. 1558년이 되어 절강 순안현(淳安縣) 지현(知縣)으로 승진했을 때 그의 나이는 이미 45세였다.

순안현은 3성에 걸친 교통의 요지였다. 교통이 발달함에 따라 현의 주민이 짊어지는 부담도 점차 증가했다. 명조 건국 초기에 정해진 재정 제도에 따르면, 정부 예산에는 여비(旅費)라는 항목이 없었고, 전국 1,040개의 역참은 명목상 병부의 관할에 속했지만 실제로는 일체의 경비 즉 출입하는 관리들과 그 수행원들의 음식·말·배·수레·인부 등의 경비를 모두 해당 지역에서 부담하도록 되어 있었다. 병부는 다만 여행하는 인원에게 신분증명서 한 통을 발행했을 뿐이고, 역참이 설치된 지방이 규정에 따라서 모든 편의를 제공해야 했다.4) 7품관 해서의 명성이 알려진 것은 다름 아니라, 관리가 직권을 남용하여 지방의 부담을 증대시키는 것을 엄하고도 교묘하게 물리쳤기 때문이었다.

다음과 같은 일화가 있다. 당시 문관으로서 총독에 임명된 호종헌(胡宗憲)은 왜구 방비의 직무를 겸하고 있었기 때문에, 나는 새도 떨어뜨릴 막강한 권력을 갖고 있었다. 따라서 영내의 관리나 백성들 모두 그를 두려워하였다. 한번은 그의 아들이 많은 하인들과 짐을 이끌고 순안을 통과했는데, 권세를 등에 업고 역참 관원들의 접대에 하나하나 트집을 잡으면서 모욕을 가했다. 지현 해서는 곧바로 그를 체포해서 총독부에 호송하고, 그가 지니고 있던 대량의 현금을 몰수했다. 그는 총독에게 보내는 보고서에서, "이 사람은 가짜임에 틀림없습니다. 총독 각하처럼 청렴결백으로 명성이 자자한 분이 이러한 불초 자식을 둘 리가 없고, 또 이처럼 대량의 금은보화를 축적하고 있을 까닭이 없습니다"라고 거리낌 없이 말했다.5)

이 이야기에 다소의 과장이나 윤색이 있을지도 모른다. 그러나 해서가 언무경(鄢懋卿)에 대항한 일화는 분명 사실이었다. 그의 문집에 수록된 서간이 그것을 증명해주기 때문이다.6)

1560년, 좌부도어사(左副都御史) 언무경은 염법(鹽法)의 정비를 명받았다. 그는 남북 각 성의 식염의 징수와 매매를 전부 장악하고, 정부 수입을 증대하여 왜구를 공격하는 데 필요한 재원을 확보하려 했다. 지방관들이 이 흠차대신에게 공손한 예를 표하고 그 지시에 복종하는 것은 당연했다. 그런데 흠차대신 본인도 소박절검을 표방하여 명성을 높이던 당시의 시대 풍조를 피할 수는 없어서 미리 다음과 같이 발표를 해두었다. "본관은 성격이 대범하고 소박해서, 받들어 영접 받는 것을 좋아하지 않는다. 무릇 음식 대접은 마땅히 간략하고 검소하게 해야 한다. 지나치게 화려하고 사치스럽게 하여 이갑(里甲)을 성가시게 하거나 낭비해서는 안 될 것이다." 이런 공문서는 늘 있어온 것으로서 구두선(口頭禪)에 지나지 않았고, 흠차대신 자신도 이 말을 진심으로 받아들이는 사람이 없으리라고 생각했다.

그러나 순안현 지현 해서는 이 한 통의 문서를 절대로 그냥 보아 넘기지 않았다. 언무경의 사신은 순안에 도착하기도 전에 한 통의 상신서(上申書)를 받았다. 상신서의 처음은 격식에 맞추어 "엄주부 순안 지현 해서 삼가 상신합니다"라고 시작하고 있고, 이어서 언무경이 보낸 글의 원문이 요약되어 제시된 후 다음과 같이 이어졌다. "각하께서는 칙명을 받들어 남하하고 계십니다만, 절강까지 오시는 과정을 조사해보니 이르시는 곳마다 술좌석이 벌어졌고, 그때마다 은 3백~4

백 냥을 소비했다고 합니다. 게다가 그 자리에서 각종 예물들도 잇따라 헌상되었고 그 외의 대접도 화려함이 극에 달하여, 요강조차 은제품이었다고 하기에 이처럼 상신합니다"라고 서술하였다. 그리고 그는 마지막으로 화려한 허영과 착취를 그만두도록 흠차대신에게 요구하면서, 만일 지방관의 이러한 아부 행위를 거절하지 못한다면, 황제로부터 위임받은 임무를 완수할 수 없을 것은 분명하다고 서술하고 있다. 언무경은 이 상신서를 보고 나서는 순안으로 진입하지 않고 길을 돌아서 갔다고 한다.7)

이처럼 윗사람에게 직언을 마다 않는 성품 때문에 해서는 승진의 기회를 상실하기도 했다.8) 그는 1562년 강서성 홍국현(興國縣)으로 전임했으나 직위는 변함없이 지현으로, 승진도 강등도 없었다. 그의 이러한 성격과 행동으로 인해 상사들이 그에 대해 원한을 품고 있었던 것은 당연했다. 만일 해서 자신이 언행이 일치하지 않거나 청렴결백하지 않았다면 10명의 해서가 존재했더라도 일찌감치 모두 파면되었을 것이었다. 해서가 검소하다는 명성은 널리 알려져 있었다. 한번은 총독 호종헌이 마치 특별한 정보라도 되는 듯, 해서가 모친의 생신 잔치를 열면서 고작 돼지고기 두 근 정도만 구입했다고 사람들에게 전언한 내용도 있다.9) 이 사건이 사실인지 증거를 대기는 어렵지만, 해서의 식탁에 오른 야채가 해서 자신이 관청에서 재배한 것이었음은 분명하다.

도덕성을 앞세워서 상관에게 반항한 하급 관료가 드물지는 않았으나, 대부분 특별한 관심을 받지 못하고 얼마 지나지 않아 잊혀졌다. 그러나 해서는 예외였다. 운명이 그를 돕고 역사가 그의 편에 섰던 것이다. 1562년 수보를 20년 가까이 역임해온 대학사 엄숭(嚴嵩)이 가정제에 의해 파면되고 그가 총애하던 연고자들도 계속해서 실각당했다. 그중에는 호종헌과 언무경도 포함되어 있었다.10) 그들이 악인으로 결정된 이상, 그들이 권력을 갖고 있을 때 해서가 보인 용감한 저항이 탁월한 식견과 행동으로 간주되는 것은 당연했다. 이 때문에 그의 명성은 크게 높아졌다. 당시 49세였던 해서는, 진사 출신도 아니고 관위도 정7품에 불과했지만, 이미 대중의 마음속에 영웅으로 자리잡을 가능성을 갖게 되었다. 나아가 기회가 주어지면 이러한 지위를 더욱 공고히 할 수도 있었다.

1565년 해서는 또다시 직언하는 용기와 지혜를 과시했다. 당시 그는 이미 정6품의 중급 관료인 호부주사(戶部主事)로 승진해 있었다. 당시 북경에는 사람들을 고무시킬 만한 일이 아무것도 없었다. 오히려 남북 변경 모두에서 계속 급보가 날아들었고, 서둘러 재정 수입을 늘려 군비를 확보해야 하는 급한 과제가 있었다. 그러나 정부는 별도의 새로운 자금 조달 수단이 없었고, 오로지 다른 비용에서 전용하거나 부가세를 증대하는 길밖에 없었다. 전용의 경우, 수입의 증가도 지출의 긴축도 없이 단지 이쪽에서 차용하여 저쪽을 충당하는 미봉책에 불과했다. 부가세를 늘리는 것은 세수 제도를 더욱 복잡하게 하여 실제 시행을 더욱 어렵게 할 것이었다. 호부가 국가의 재정 기관이기는 하지만, 호부주사 정도가 어떻게 할 수 있는 일이 아니었다. 국가의 정책 방침은 호부의 장관인 상서시랑(尙書侍郎)에게서 나왔고 실무적인 세세한 일들이 바로 하급 관원들의 몫이었다. 해서와 같은 주사는, 근본적으로 매일 관청으로 집무하러 갈 필요도 없었고 그저 하루하루 관원의 경력을 쌓고 있는 데에 지나지 않았다.11)

가정제는 이때 이미 제위에 오른 지 40년이 되고 있었다. 그의 관심은 오직 신선에게 기원하고 도가의 비술을 연구하여 불로불사에 이르는 것이었다. 그는 황성 안의 별장에 기거하고 있었지만 그것을 태만으로 간주할 수는 없었다. 그는 공적인 자리에 얼굴을 내밀지 않았지만, 국가의 대사를 여전히 독단으로 처리했고 때로 세세한 부분까지 간섭했기 때문이다. 이 황제는 비할 데 없는 허영꾼으로, 비판을 수용하지 않았고 소수의 아첨하는 무리들만 옆에 두고 있어서 왜곡된 상황들만 듣고 있었다. 정치 상황이 악화된 것을 감지하자, 그는 측근을 참수형에 처함으로써 책임을 전가하고 세론을 진정시켰다. 이러한 방식 때문에, 조정의 신하는 단지 보신만을 추구하고 국가의 이익에는 더욱 무관심하게 되었다.[12] 엄숭이 관직을 떠난 지 3년이 지난 1565년에도, 가정제는 여전히 '마음이 현혹되어 있고(心惑)', '남에게 가혹하며(苛斷)', '사람들을 편애한다(情偏)'는 비판을 받고 있었다. 그러나 황제는 이들 의견을 들은 척 만 척 하고 있었다. 간신배들에게 기만당하여, 자신을 요순과 같은 명군으로 생각하고 있었음이 분명하다.

1565년 11월, 해서는 신중한 고려 끝에 가정제에게 유명한 상주문을 올렸다. 해서는 이 상주문에서, 황제가 허영으로 가득 차 있고 잔인하고 이기적이며 의심이 많은 우매한 군주라고 지적하고, 관리의 탐오, 무거운 세금과 부역, 궁정의 끝없는 낭비, 각지의 도적의 창궐 등은 모두 황제 스스로 책임져야 할 것이라고 주장했다. 황제가 매일 방사(方士)들과 어울려 있는데, 하늘이 무엇인가 말해줄 리가 없고, 장수를 누리는 것도 구해서 얻을 수 있는 것이 아니므로 이들 미신은 어디까지나 뜬구름 잡는 것에 불과하다고 비판하였다. 그러나 상주문 중에서 가장 자극적인 말은 역시 "대저 천하 사람들이 폐하를 별 가치가 없는 분으로 여긴 지가 이미 오래입니다"라고 한 것이었다. 즉 천하의 관리와 백성들이 이미 오래 전부터 당신이 잘못되어 있다고 생각하고 있다는 말이었다.

이 상주문의 표현은 극히 신랄했지만, 한편으로는 신하의 본분도 지키고 있었다. 해서가 황제에게 요구한 것은 황제 자신의 행위를 고치라는 것에 불과했고, 또 이는 극히 간단해서 일단 마음을 바꾸기만 하면 난세에서 치세로 바뀌는 것도 순식간에 이루어질 수 있다는 것이었다. 말하자면, 만일 황제가 참으로 열심을 회복하여 바른 도(道)를 택하고 그 도를 추진하려고 굳게 결심한다면 요순과 같은 명군이 될 기회도 있다는 것이었다.13)

이러한 상주는 분명히 사상 전례가 없는 것이었다. 지금까지 신하가 황제에게 간언한 것은 정책이나 조치에 대한 비판이 고작이었다. 이처럼 황제의 성격을 책망하고 행위 일체를 부정하는 것은 수십 년의 황제의 생애가 완전히 무위도식한 삶이었고, 게다가 남편과 아버지로서의 책임 또한 다하지 못했다고 말하는 것이나 다름없었다. 이러한 당돌함은 실로 고금 미증유의 것이었다.

가정제가 상주문을 읽고 크게 진노했으리라는 사실은 미루어 알 수 있다. 전하는 바에 의하면, 황제는 상주문을 땅에 집어던지면서 "이놈을 체포하라. 도망하지 못하게 하라"고 소리쳤다고 한다. 측근 환관이 황제의 분노를 진정시키기 위해 의연히 무릎을 꿇고, "폐하, 진노하지 마십시오 이자는 이전부터 기이한 자로 알려져 있는데, 죽음을 각오하여 상주문을 제출하기 전에 스스로 관을 구입해놓고 가족을 불러모아 작별 인사를 했으며, 하복(下僕)들도 두려워 사방으로 흩어졌다고 합니다. 이자는 도망하지 않을 것입니다"라고 상언했다.14) 가정제는 그 말을 듣고 길게 탄식하며 상주문을 주워들고 재차 읽었다고 한다.

가정제는 해서에게 어떠한 징벌도 가하지 않았고, 상주문은 안에 거두어두고 공개하지 않았다. 그는 이 상주문을 잊을 수 없었다. 상주문에는 그냥 지나쳐버릴 수 없는 중요한 사실들이 많이 언급되어 있었는데, 지금까지 그 누구도 황제 면전에서 그중 단 한 가지도 언급하지 않았기 때문이다. 황제는 모순된 감정을 느끼고 있었다. 어느 때는 해서를 고대의 충신 비간(比干)에 비교하는가 하면, 어느 때는 "짐을 욕한 녀석"이라고 비난했다. 때로 그가 궁녀를 책망하여 매질이라도 하면, 궁녀는 뒤에서 "폐하는 해서에게 욕을 먹고 우리들에게 분풀이한다"고 몰래 말했을지도 모른다.

이때 가정제는 이미 건강이 좋지 않았고 태상황으로 퇴위하려 하기도 했었지만, 이처럼 천자의 직무를 방기하는 태도도 명조에서는 선례가 없었다. 1566년 2월 말, 황제는 아무리 노력해도 노기를 억누를 수 없어, 금의위에 명하여 해서를 체포하고 동창에 구금하게 했다. 형부는 해서에게 아들이 아버지를 저주한 경우의 판례를 적용해서 교수형에 처할 것을 결정했다. 그런데 가정제는 지금까지 수많은 사람들의 사형을 비준해왔는데, 이때만은 형부의 상신(上申)에 어떠한 회답도 하지 않았다. 이 때문에 해서는 10개월을 옥중에서 지냈다.

어느 날, 옥중에서 돌연 술과 안주 대접이 있었다. 해서는 이것이 사형 직전의 최후의 식사라고 생각했지만, 얼굴 빛 하나 바꾸지 않고 평시처럼 음식을 먹었다. 그런데 옥리가 조용히 그에게 "황제 폐하가 붕어하여 곧 새 황제가 즉위하게 될 것이고, 당신은 충의의 신하이므로 반드시 중용될 것입니다"라고 했다. 해서는 듣자마자 대성통곡했고 너무 슬피 울던 끝에 먹은 것을 모두 토해버렸다고 한다.[15]

임기응변의 진퇴

1567년 초, 융경제가 즉위하고 해서는 석방되었다. 그를 어떻게 처리할 것인가가 문연각 대학사들과 이부상서가 당면한 하나의 난제가 되었다. 그의 명성은 이미 제국 전체에 공인되어 있었다. 물론 그는 극히 청렴결백하고 성실했지만, 다른 관점에서 본다면 극단적으로 단순하여 남의 결점 들추어내기를 지나치게 좋아하는 사람일 수도 있었다. 이런 사람이 인간의 처세에는 음양의 구별이 있는 법이라고 믿을 리가 없을 것이며 필시 자신의 특별한 기준을 부하나 상사에게 요구할 것이 틀림없었다. 그를 어떻게 배치해야 할까? 비교적 온당한 방법은 지위는 높이면서 실제 책무를 맡기지 않는 것이었다. 그리하여 그는 일약 승진하여 상보사승(尙寶司丞), 대리시우시승(大理寺右寺丞)과 좌시승(左寺丞), 남경통정사우통정(南京通政司右通政)을 역임하면서, 관위는 정4품에 이르렀다.16) 이러한 한직은 물론 해서를 만족시킬 수 없었다. 왜냐하면 그는 윤리 도덕의 완고한 신봉자이면서 실천가였고 국가와 인민에 대하여 숭고한 책임감을 갖고 있었기 때문이다.

1569년 초엽의 경찰에서 홍포(紅袍)를 입은 4품 이상의 관료들은 모두 관례에 따라 자기 자신을 평가해야 했다. 이때 해서는 "폐하는 죽어 마땅한 죄를 지은 저를 사면해주시고 파격적으로 승진시켜주셨습니다. 모든 문신 중에서 저보다 더 절실하게 폐하의 성은에 보답하고자 염원하는 자는 한 사람도 없을 것입니다"라고 상주했다. 이어서 자신은 재능이 부족하고 견식이 천박하다고 겸손하게 스스로를 평했다. 그리고 이어서 다음과 같은 뜻을 표명했다. 자신의 직무는 오로지 황제에게 상주되는 문서를 검토해서 원래대로 봉하여 발송하는 것뿐으로, 재정 책임도 없을 뿐 아니라 전체 국면을 좌우하는 결심도 필요치 않지만, 이러한 지위조차 자신에게는 과분하므로 깨끗이 사직시켜달라는 것이었다.17)

이렇게 보면 해서는 표리의 묘를 전혀 알지 못하는 것은 아니었다. 그는 표면적으로는 파면을 요구하면서 속으로는 인사 담당관을 향해 '만일 너희들이 나와 같이 인망이 두텁고 간언으로 천하에 명성이 퍼진 충신을 정말로 면직시키려 하면 여론이 가만 있지 않을 것이다. 만일 나를 면직시키기 어렵다면 실질적인 책임을 가진 관직에 임명해달라'고 협박하고 있었다.

문연각과 이부는 굴복했다. 그해 여름, 해서는 남직예순무에 임명되어 소주(蘇州)로 부임했다. 이곳은 전국에서 가장 풍족한 지역이었다. 다른 지역이라 하더라도 진사 출신이 아닌 인물이 순무로 임명되는 일은 극히 드물었음을 감안하면 더이상의 설명은 필요 없을 것이다. 그런데 이 지역은 종래 통치하기 힘든 곳으로 악명이 높았으며, 안목이 있는 사람은 해서의 성격 때문에 남직예순무로서 분명히 좋지 못한 결과를 초래할 것이라고 처음부터 예상할 수 있었다. 실제 예상대로 8개월 후 그는 탄핵되어 퇴직을 강요당하게 되었다.

남직예에서

해서의 남직예 부임이 발표되자, 이곳의 많은 지방관들이 자신들은 이 괴상한 상관에게 도저히 수용될 수 없으리라 생각하여 자발적으로 퇴직하거나 보직 변경을 요구했다. 신사층과 권문세족들은 여기저기서 붉은색 대문을 검은색으로 바꾸어 칠하고, 남의 이목을 끄는 화려함을 피하고 부유함을 감추려 하였다. 소주에 주재하고 있던 어느 환관은 자신의 가마꾼을 8명에서 4명으로 줄이기도 했다.[18] 이런 사소한 사건들만 보아도, 새로 부임하는 순무의 위엄이 대단하여 사람들을 두려움에 떨게 했음을 알 수 있다.

해서는 부임하자마자 독무규약(督撫規約) 36조를 영내 각 부·현에 공포했다. 내용은 다음과 같았다. 즉 영역 내의 성인 남자는 모두 하루 빨리 결혼해서 성가(成家)할 것, 독신으로 지내기를 원치 않는 미망인은 재혼할 것, 유아 살해 행위를 일체 중지할 것, 순무의 순찰 때 부·현의 장관은 성시(城市)를 나와서 응접하지 말 것, 순무는 기로들을 소환해서 그들의 호소를 들어줄 것임, 순무가 각 부·현에 체류할 때 지방관이 제공하는 식사는 하루 문은(紋銀) 2전 내지 3전을 표준으로 하고, 닭고기와 생선은 제공해도 좋지만 거위나 황주(黃酒)는 제공하지 말 것, 영역 내의 공문서는 금후 일률적으로 저렴한 가격의 종이를 사용할 것, 지금까지 관례적으로 두던 공문서 끝의 공백을 금후 일체 폐지할 것, 이후 특수한 방직물·머리 장신구·지물·문구 및 감미(甘味) 음식물 등의 사치품은 영내 제조를 중지할 것 등이었다.[19]

이들 중 몇 가지는 너무 세밀하게 규제하여 처음부터 문제의 소지가 있었다. 그의 결정적인 좌절은 영역 내의 경지 소유권에 간섭함으로써 야기되었다. 명조 건국 당시 태조 홍무제는 가혹한 수단으로 호신부호(豪紳富戶)에게 압력을 가하여 2천 년 동안 사회의 근본적 문제였던 토지 문제를 일시적으로 완화시켰다. 그러나 명조 중엽 이래 이 문제는 다시 심각해져갔다. 고리대업자는 무뢰배들을 동원하여 자작농에게 고액의 대부를 하였는데, 극히 높은 이율 때문에 독촉받은 채무자 대부분은 상환이 불가능했다. 일단 대부 기한이 지나서도 상환을 못 하면, 저당 잡힌 토지는 고리대업주의 소유가 되었다. 정부는 이율이 3할을 초과해서는 안 되며 차용 기간에 관계 없이 이자가 원금의 반을 초과할 수 없다고 규정하고 있었지만, 이런 규정은 지금까지 거의 준수되지 않았다. 또 부채를 상환할 수 없어 대주(貸主)에게 점유당한 토지는 5년 이내라면 원가로 되찾을 수 있다고 규정되어 있었으나 이것도 서류만 더욱 복잡하게 할 뿐이었다.[20]

해서가 이러한 상황을 타개하려고 결심한 것은, 법의 존엄성을 유지하기 위해서일 뿐만 아니라 도덕의 신성함을 수호하기 위함이었다. 자산가들의 토지 과잉 점유를 억제하고 빈부의 격차를 축소하려는 염원이 그에게 있었음을 그의 문집에서 찾아볼 수 있다. 이러한 충동이 그로 하여금 바로 실천에 옮기게 했다. 옳은 일이라 여기고 뒤돌아보지 않았다. 그래서 그는 조금도 주저 없이 대량의 농지 반환 신청을 접수했다.

남직예 영내의 부호 중에 빈농으로부터 가장 원망을 샀던 것은 서계(徐階) 일가였다. 이 사람은 일찍이 수보를 역임했으나, 후에 고공에게 배척되어 퇴직한 후 한거하고 있었다. 그의 식솔은 수천 명에 달하였고 소유한 토지는 24만 무(畝)였다고도 하고 40만 무였다고도 한다. 이 숫자는 분명 과장된 것이겠지만, 서씨 가문은 대가족을 구성하여 몇 대에 걸쳐 분가하지 않았고 고리대를 행해온 지도 매우 오래되었다. 해서는 서씨 가문과 관련된 소장(訴狀)을 서계에게 송부하여 그에게 해결책을 제시하도록 하고, 적어도 전답의 반은 반환하라고 촉구했다. 그들이 주고받은 서신을 보면 서계가 협박에 가까운 해서의 요구를 수용하도록 강요당했음을 볼 수 있다.[21]

서계는 해서에게는 생명의 은인이었다. 그가 수보를 역임하고 있을 때, 해서는 상주문 사건으로 옥에 갇혀 있었다. 이때 형부는 교수형에 처할 것을 주장했으나 서계가 이를 막았다. 그는 퇴직하고 나서는 집안 사람들의 횡행을 방임했는데, 당시의 법령에 기초하면 형사 처분을 받을 수도 있는 행위였다. 해서는 그에게 전지(田地) 환수를 독촉함과 동시에, 그의 동생인 서척(徐陟)을 체포했다. 법을 그대로 지키려는 태도를 표방함과 동시에 민중의 불만도 덜고 덕으로써 사람을 사랑하는 군자의 기풍을 실천해 보인 것이다. 이러한 공사 양면에서의 배려는 해서의 위신을 크게 고양시켰다.

만일 해서가 일벌백계의 본보기로 서씨 가문 사건을 멋지게 처리해서 빈민들을 착취한 부자들에게 경종을 울리고, 다른 유사한 사건에 대해서는 거론하지 않았다면, 밖으로는 엄하고 안으로는 온화한 분위기 속에서 성공을 거두었을지도 모른다. 그러나 그는 정열을 억제하지 못하고 매달 이틀간은 오로지 이러한 소송 사건을 취급하는 날로 지정했다. 그 자신의 글에 의하면 매일 3천~4천 건의 서류를 처리하였던 듯하다.[22] 이렇게까지 일이 확대되면 수습하기가 점점 더 어려워지는 것은 당연했다.

남방의 농촌은 거의 벼를 재배하고 있었다. 토지는 지형상의 이유와 관개 문제 때문에 당시의 노동 조건에 맞도록 무수한 작은 구획으로 구분되어 있었다. 이러한 각각의 소 구획은 토질이 일정하지 않아 어떤 곳은 기름진가 하면 어떤 곳은 척박했고, 항상 저당과 매매가 그치지 않았기 때문에 한 명의 지주가 넓은 토지를 통째로 소유하는 경우는 극히 드물었다. 왕세정과 하량준(何良俊)도 당시의 실정을, 대지주와 중소 자작농의 토지가 서로 뒤섞여 "구별할 방법이 없다"고 기록하고 있다. 해남도(海南島)에 있던 해서 자신의 소유지도 모두 40무가 채 안 되었지만, 몇 개의 리(里)에 걸쳐 93개 필지로 나누어 분산되어 있었다고 한다.[23] 이러한 복잡한 상황 때문에, 농지 소유권 문제를 해결하는 일은 한층 어려웠다.

고리대로 타인 재산을 잠식하는 것은 부자나 그 대리인인 무뢰배뿐만이 아니었다. 신용 금융기구가 존재하지 않았기 때문에, 여느 자작농이라도 약간의 여유 자금이 있으면 바로 친척이나 이웃에게 대여해서 이자를 취하려 하였고, 대체로 토지를 저당으로 잡았다. 처음부터 채권자와 채무자의 빈부 격차가 그리 크지 않았다 하더라도, 채무자가 급한 사정으로 어쩔 수 없이 고리대를 쓰게 되면 대개의 경우 빚을 갚지 못하게 되어 저당된 토지를 채권자에게 빼앗겨버리고 말았다. 이러한 정황은 당시 이미 사회에서 일반화되어 있었다.24) 해서는 이런 많은 분쟁 속에 휘말려 고군분투했지만 결국 자신도 감당하지 못하는 지경에 빠져버리고 말았다.

해서는 홀로 강력한 사회 세력에 저항하였고, 게다가 이들 소송에 대한 구체적인 처리에서도 지나칠 정도의 자신감과 독선으로 토지의 정황에 대해 면밀하게 조사하지 않았다. 그는 법률 규정을 공포하지도 않았으며 나아가서 공평한 판결을 위해 사건의 조사와 사정을 청취하는 전문기구의 설립 따위도 생각하지 않았다. 따라서 해서의 실패는 자명한 일이었다.

이외에도, 그는 5년이 경과하면 저당 잡힌 땅을 되살 수 없다는 명문화된 규칙을 승인했지만 서면 계약을 증거로 제시할 것을 요구했고, 그렇지 않으면 이 조문을 적용할 수 없다고 했다. 표면적인 이유는 그럴듯했지만 실제로는 농민 간의 금전 거래에서 서면 계약을 하는 경우가 드물었다. 해서 자신도 이러한 사건에서 토지를 다시 구매하는 것을 인정한 경우는 20건 중 한 건에 불과했다고 밝히고 있다.25) 이와 같이 그는 강력한 기구에 의존하지 않고 개인의 판단만으로 당사자들도 혼란스러워하는 사건들을 재판했으므로, 하나하나가 이치에 합당하게 처리되었는지의 여부는 분명 의문이다.

더구나 해서는 토지 분쟁을 처리하기 전에 이미 감찰관의 탄핵을 받고 있었다. 탄핵의 이유는, 그가 전반적인 상황을 살피지 못하고 오히려 종이를 아끼는 등의 지엽적인 것에만 집착함으로써 순무의 체통을 상실했다는 것이었다.26) 그후 급사중인 대봉상(戴鳳翔)이 더욱 엄중하게 해서를 탄핵했다. 해서는 오직 자신의 충동을 좇아 자의적으로 백성들의 자산에 관한 판결을 내리고 있어서, 그의 통치하에서는 소작인은 지주에게 소작료를 납입하기 어렵고, 채무자는 채권자에게 빌린 돈을 상환하기 어렵게 되었다는 것이었다.27) 이와 같은 명백한 과장은 이 급사중이 고리대업자들과 이미 한통속이었을지도 모른다는 의심을 품게 한다.

더욱 놀랍게도 대봉상은 7개월 전 어느 날 밤에 발생한 해서의 처와 첩의 갑작스러운 사망이 모살(謀殺)일 가능성이 높다고 말했다. 해서가 첩은 8월 14일에 목을 매었고 처는 8월 25일에 병사했다고 항변했지만, 급사중의 탄핵은 예상대로 이미 효과를 거두고 있었다. 진상이야 어떻든, 많은 사람들은 해서의 몰인정과 괴팍함 때문에 이런 가정적인 비극이 발생했을 것이라고 의심을 갖게 되었다.

사건이 표면화되자 대봉상뿐만 아니라 다른 사람들도 해서의 파면을 요구하는 상주를 계속 어전에 올렸다. 이부는 이런 탄핵하는 내용의 상주문들을 근거로 남직예순무 해서가 실제로 "뜻은 크나 재능은 부족한" 인물이므로 요직이 아닌 한직으로 옮기는 것이 마땅하다는 의견을 제출했다.28) 상황은 이처럼 묘하게 진행되었다. 1년 전만 하더라도 조정의 어느 누구도 이 정직한 충신을 감히 비방할 수 없었으나 불과 1년 만에 그는 여러 사람의 비난의 대상이 되고 말았다. 1년 전 문연각과 이부는 해서의 항의 때문에 그를 특별히 대우했지만, 1

년 후 그들은 또다시 해서를 실질적 책임이 없는 관직에 앉히려고 황제에게 건의하고 있었다. 분을 풀 길이 없던 해서는 마침내 1570년 봄 사직하고 고향으로 돌아왔다. 사직을 고하는 상주문에서, 그는 "조정의 신하들은 모두 아낙네들입니다"29)라고 강하게 비난하였다. 이처럼 무엇이건 욕하는 강직한 기질 때문에, 그는 문관 집단 내에서 거의 동정을 잃고 있었다.

2년 후 만력제가 즉위하고 장거정이 수보가 되었다. 이 문연각의 수뇌는 해서와 마찬가지로 법규를 중시하고 소주나 송강 지역의 지주들을 좋지 않게 생각하고 있었다. 이 때문에 해서는 장거정과 접촉하였고, 그가 정의를 관철해주길 희망했다. 장거정은 그에게 다음과 같이 회답하였다.30)

삼척[三尺, 법률을 가리킴. 옛날에 석 자의 대쪽에 법을 기록한 데서 나온 말]의 법이 오(吳)에서 행해지지 않음이 오래되었습니다. 공(公)께서 갑자기 그것을 바로잡으려 하시니, 그들이 견디지 못하는 것이 당연합니다. 거짓말이 비등해서 듣는 이들을 미혹시킵니다. 제가 가당치 않게 대신의 자리에 올라, 조정의 말의(末議)에 참여하게 되었습니다. 그렇지만 조정을 위하여 법을 받든 신하를 표창하지 못하고, 거짓된 논의들을 물리치지 못함을 심히 부끄럽게 생각합니다.

이처럼 완곡한 언어를 사용하여, 표면적으로는 동정하는 척하면서 속으로는 책망하는 수사법은 중국 문인들의 특기이다. 장거정은 해서가 경솔하고 지나치게 덤빈다고 생각하여 도움을 주지 않았다. 해서는 이후 15년간이나 버려져 있다가, 1585년이 되어서야 겨우 남경첨도어사(南京僉都御史)로 다시 기용되었다.

비판자들은 장거정에 대해서는 성품이 모질고 가식적이며 사치스럽다고 했고, 해서에 대해서는 특이하고 괴팍하며 집요하다고 했다. 비판자들은 이 두 사람이 각각 위아래에서 제국을 자신들이 구상한 정치 규범 속으로 끌어들이기 위해 적절한 방법을 추구하고 있었다는 사실을 깨닫지 못했다. 더욱 중요한 사실은, 장거정의 조치가 다소간 제도 개혁의 의미를 갖고 있었다면, 해서의 방식은 역으로 홍무제가 정한 제도를 회복하려는 것이었으며 따라서 고풍스러워 보이는 이들 모든 정령(政令)들이 법적·이론적 근거를 지니고 있었다는 점이다.

농촌의 사회 구조

홍무제는 2백 년 전 이 왕조를 열고 정치 제도와 경제 제도를 마련했는데, 그때 가장 치중한 것이 농업 사회의 질박한 기풍을 보존하는 것이었다. 당시 전국의 문관은 8천 명에 불과했다. 문서와 사무를 담당하는 모든 실무 요원들을 리(吏)라고 했는데, 이들은 문관과는 확연히 다른 계층에 속했다. 관료가 리로 강등되는 경우는 있었지만, 리가 관료로 승격하는 경우는 거의 없었다. 이들 리의 봉급은 극히 적어서 한 가족이 겨우 살아갈 만한 정도였다.[31]

관료에 대한 법적 구속도 매우 엄하였다. 가장 특이한 규칙은 모든 관료들이 소정의 절차를 거치지 않으면 성문 밖으로 한 걸음도 나갈 수 없다는 것이었다. 이를 위반한 자는 질서를 어지럽힌 죄로 사형에 처해졌다. 그들은 민간인과 접촉하기 위해서는 시종을 보내어 그를 관청으로 소환해야 했다. 세 번 소환해서 응하지 않는 경우에만 체포

명령을 내릴 수 있었다. 홍무제는 스스로『대고(大誥)』라는 소책자를 저술하고 거기에 구체적인 판례를 열거해서, 자신이 엄하게 형법을 시행하는 이유를 분명히 하였다. 백성들은 집집마다 이 책을 한 권씩 갖추어둘 필요가 있었는데, 관리들로부터 억울하게 압력을 받거나 하여 도움을 요청할 필요가 있을 때 이『대고』가 통행증을 대신하였기 때문이다.32)

농촌 조직은 각 향촌을 하나의 단위로 구성하는 방식이었고 자치 집단에 가까웠으며, 중앙 정부의 규정에 따라 스스로 제정한 향약을 가지고 있었다.33) 촌에는 '신명정(申明亭)'과 '정선정(旌善亭)'이 하나씩 설치되어 있었다. 신명정은 촌의 장로가 재산・혼인・분쟁 등의 분규를 재판하는 장소였고, 정선정은 촌민 중에서 선행으로 남에게 칭찬받는 자를 표창하는 장소였다. 1년에 두 번, 음력 정월과 10월에 각 촌에서는 전 촌민의 대연회가 개최되었다. 이것을 '향음(鄕飮)'이라 했다. 음식을 먹기 전에, 참여자는 장로의 훈사(訓辭)와 조정 법령의 선독(選讀)을 들어야 했다. 또 주재자는 이 자리에서 행실이 좋지 못한 촌민에게 주의를 주기도 했다. 만일 그 사람이 고집하며 반성하지 않거나 도망하여 숨을 경우, '완민(頑民)'이라는 이름을 붙여 변경으로 유배 보내도록 상소하기도 했다.

홍무제는 전국의 농촌을 대상으로 이런 청사진을 구획하면서 동시에 연달아 대옥사를 일으켜 관료・향신・경관(警官) 등의 상류층을 압박했다. 조정 내의 고급 관료에서부터 민간의 부호에 이르기까지 수많은 사람들이 여기에 연루되었다. 사학자들 가운데는 이로 인해 생명을 잃은 자가 10만이 넘는다고 추산하는 사람도 있다.34) 죄인의 자산을 몰수하고 토지를 재분배하였을 뿐만 아니라 건국 이래의 대량의 이민을 황무지 개척에 충당함으로써, 전국이 자작농을 기반으로 하는 농업 사회가 되었다. 1397년 호부의 통계에 따르면, 전국에서 여전히 7백 무 이상의 경작지를 소유할 수 있었던 지주는 모두 합해서 14,341호였다.35) 그들의 명부는 문서로 정리되어 어전에 보고되었고, 홍무제는 그들의 사유 재산 소유를 허가했다. 그러나 그와 동시에 자산의 무한정 확대를 방지하기 위해 많은 노역 의무가 부가되었다.

홍무제가 추진한 농촌 정책과 일련의 조치들은 명조의 이후 역사에 큰 영향을 미쳤다. 가장 현저한 결과는, 광대한 전국의 농촌에서 법제의 발전이 중단되고 추상적인 도덕이 법을 대신하게 된 것이었다. 관료에서 촌민에 이르기까지 시비를 판단하는 기준은 '합법'·'불법'이 아니라 '선'과 '악'이었다.

재정 제도에서는, 정부가 면적에 따라 토지세(田賦)를 징수하도록 정했다. 절서[浙西, 당시의 절서는 지금의 강소성 남부를 포함함]를 제외하면 그외 지역의 세율은 비교적 낮았다. 징수에는 빈부의 구별이 없었고, 자산가를 제한하는 방법은 이미 언급한 바대로 노역 부과였다. 이 노역은 종목이 번잡하였고 더욱이 누진과세의 원칙에 따라 할당되어, 가정이 부유하면 할수록 부담도 가중되었다. 예컨대 각지의 역참에서 필요로 하는 말·선박·수레·음식물은 전부 자산가가 공급하였는데 연간 공급량에 정해진 한도가 없어 여행하는 관료가 많으면 많을수록 그들의 부담도 증가했다.

지방의 경비 가운데 지출액이 가장 일정하지 않았던 것은 왕래하는 관료들의 여비(旅費)였는데, 이 비용을 자산가가 분담했기 때문에 대부분의 지방 정부의 재정 수지는 거의 일정했다. 동시에 재정 수급의 범위가 적었기 때문에 대부분 지역은 대체로 자급자족할 수 있었다. 어떤 지역이 특별한 상황으로 자급할 수 없을 경우, 규정에 따라 여유 있는 인접 지역에서 직접 보충하였다.36) 이러한 지방 재정의 자급 제도는 점차 다음과 같이 발전했다. 홍무 8년 금오위(金吾衛) 소속 병사 5천 명의 급료를 국고에서 지출하는 대신 응천부 내의 납세자 5천 명으로 하여금 할당받은 세미(稅米)를 직접 5천 명의 병사들 집으로 보내도록 했다.37)

이러한 재정 제도에서 부족한 것은 잉여로 보충하였을 뿐, 교통·통신·부기(簿記)·창고 관리 등 각종 서비스 업무의 지출을 절약할 수 있도록 재정 수지 전체를 총괄하는 상급 기관은 없었다. 이러한 제도가 명조에서는 시종 지속되었다. 전국에는 무수한 단거리 운수 노선이 어지럽게 펼쳐져 있었을 뿐 통일된 조직과 관리 체계는 없었다. 실물로 징수되던 세수(稅收)가 후에는 현은(現銀)으로 환산 징수되었다. 이러한 원시적인 방식은 해를 거듭하면서 고착되어갔고 중급 기관도 조직적이지 못해서, 전면적인 개혁이 불가능했다.

이 재정 제도의 병폐는 유연성이 없어서 환경에 대한 적응과 조정이 불가능했다는 점이었다. 각 부·현의 세율과 세액이 오랫동안 고정되어 있어서, 설령 경지의 수확량이 증가했다 하더라도 그 이익은 지주와 고리대업자가 나누어 가졌고 국고에는 아무런 도움도 되지 못했다. 전통 경제의 주요소인 농업의 세수조차 이런 상태였으므로 천시되고 있던 상공업은 말할 것도 없었다.

이런 재정 경제상의 경직화는 문관 제도의 통일과 협조를 유지하려 한 데에 주된 원인이 있었다. 각각의 지방관이 홍무제가 정한 원칙에 기초해서 농촌의 질박함을 행정상의 주요 과제로 삼고 있었던 만큼, 예컨대 소수의 문관이라도 상업과 같은 비교적 활력 있는 경제 부문을 자극하려 한다거나 혹은 공급 제도를 개혁함으로써 출납을 총괄하고 수입과 지출의 합리적인 유연성을 유지하려 할 경우, 자연히 전체 문관 집단에 새로운 변화가 유발되고 기술 관료 육성의 필요성이 제기될 것이었다. 선발·훈련·관리·근무 평정·인사이동 등 모든 것 또한 일반 행정 인원과는 별도로 하지 않으면 안 되었을 것이다. 이렇게 되면 관료 체제는 두 개의 법령과 두 개의 조직으로 변질될 것이 틀림없었다.

그러나 사실상 문관 집단은 오직 하나의 전통성만을 소유할 수 있었다. 이 집단이 명조의 실제 통치자였기 때문에 그것은 필연적으로 자기의 성격을 기준으로 삼아, 전 사회가 그것으로 향해 나아가도록 재촉하였다. 질박함은 본래 미덕이지만 이러한 조건하에서 질박함을 제창하는 것은 단지 수단에 불과했다. 그 의도는 행정 문제를 간략화함으로써 정부 자체의 낮은 능력에 합치시키려는 것이었다.

화폐 제도의 여러 문제들

이제 이야기를 다시 해서에게 돌려보기로 하자. 그는 홍무제가 제창한 원칙들을 금과옥조로 받들어, 민간에서 사치품을 만들지 못하도록 하였다. 예를 들면 충정릉운건(忠靖凌雲巾), 완홍살금지(宛紅撒金紙), 두당두전(斗糖斗纏), 대정승병탁석(大定勝餠卓席) 등은 모두 엄격하게 금지된 물품들이었다. 그는 오로지 농업을 중시하고 열심히 옛것을 추구하여, "한(漢)나라 때 역전(力田)과 효제(孝弟)를 함께 중시한 것은, 예(禮)를 높이고 서로 사랑하게 하며, 오직 임금으로부터 백성에 이르기까지 이를 따르고 본업으로 돌아가 진실되고 순수한 본성을 되찾도록 하기 위함이었다"[38)]고 강조하였다. 그는 그 자신 개인의 힘으로 역사적·이상적 단순함을 사회가 회복하도록 이끌 수 있기를 희망하고 있었다.

그러나 그와 홍무제가 생각하지 못했던 것은, 정부가 기술력과 경제력으로 민중을 부흥시키지 않고 단순히 정치상의 압력과 도덕적인 선전에 의존했기 때문에, 현실과 이상이 어긋나는 결과를 낳을 수밖에 없다는 사실이었다. 정부의 수입은 대부분 농민으로부터 나왔다. 그런데 해서가 순무로 있을 무렵 대부분의 농민이 고리대금의 압력과 위협 아래 있었다. 정부는 자금이 부족하여, 농민은 정부 기관으로부터 저금리의 대부를 받을 길이 없었다. 당시 민간의 대부기구는 전당포(質屋)였는데,39) 이자가 높았던 것은 말할 필요도 없다. 설령 친척이나 이웃이라 할지라도 정에 치우쳐 이자를 내리는 일이 결코 없었다. 사정이 이러한 이상, 정부가 정한 고리대의 제한 조문도 단지 헛구호에 불과했다.

홍무제의 명조 창건 이후 해서의 순무 임직에 이르기까지 이미 2백 년이라는 시간이 경과하고 있었다. 이 2백년간에 많은 변화가 일어났다. 당시 황제에게 보고되어 열람의 대상이 되었던 1만 4천여의 자산가는 이미 신흥 자산가로 대체되어 있었다. 이들 신흥 자산가는 대부분 관료·신사·생원의 부류였고 '우면(優免) 특권'을 부여받아 '역(役)' 부담을 지고 있지 않았다. 정부의 서리도 교활한 수단을 사용할 기회를 더욱 많이 잡을 수 있었다. 전국의 현금이나 물자가 일괄적으로 징수·교부되는 것이 아니었기 때문에 재정 제도는 엄밀한 회계 제도에 의거해 실태를 조사할 수 없었고, 이런 허점을 틈타 법망에서 벗어난 돈이나 물자가 그들의 수중에 떨어져 들어갔던 것이다.40)

더욱 중요한 것은 문관 집단이 이미 성장할 대로 성장해 있었다는 점이다. 홍무 연간에 8천 명이던 관료는 이제 2만 명으로 늘어나 있었다. 관리의 성문 밖 출입을 제한한 금령은 그 사이에 이미 폐지되었지만, 사실상 그들로서는 이제 민간으로 발을 향할 필요가 거의 없었다. 그들 대부분이 민중의 고통을 못 본 척하며, 직위를 보존하여 합법・비합법적으로 수입을 증대하는 일에 정력을 쏟고 있었기 때문이다.

그러나 대지주 서계처럼 무한정으로 가산을 확대하고 교묘한 방법과 권세를 이용하여 재물을 약탈하게 될 경우에는 필연적으로 문관 집단 전체의 이익과 충돌하게 되어 있었다. 그가 한 일은 이미 민중의 분노를 사서 관료 정치 전체를 위협하고 있었다. 도덕 때문이든 자신들의 이익 때문이든, 문관 집단은 그가 이렇게 마음대로 이익을 독점하는 것을 허락할 수 없었다. 사건이 공개되자마자 모든 여론이 그에게 등을 돌렸고, 서계는 자신을 방어할 방책이 없었다. 문관들은 황제와 법의 이름으로 그에게 여러 가지 죄명을 붙여 변명할 여지가 없게 만들었다. 그는 해서가 면직되고 난 후에도 여전히 청산의 대상이었다. 서계 집안의 모든 토지는, 최후에는 6만 무나 되었다고 하지만 결국 전부 몰수되었다. 그의 장남은 변경으로 유배되고 2명의 자식은 서민으로 강등되었다.41) 만일 장거정의 도움이 없었다면 서계 자신도 처벌을 면할 수 없었을 것이다.

그러나 농민에 대한 착취는 이처럼 드러난 사건에 한정되는 것이 결코 아니었다. 착취는 일종의 사회 현상이었고, 수천 년에 걸쳐 계속 이어져서 당시 문관 집단의 가정 경제의 기초가 되어 있었다. 관료 집안이 받은 봉급으로 대부를 하거나 전답을 구매하는 것은 농촌 경제를 구성하는 중요 요소 중 하나였다. "군자의 윤택함은 5대를 넘지 못한다"는 말처럼 자산가의 몰락과 가난한 자의 출세와 같은, 세월의 변화와 함께 나타나는 영고성쇠는 흔히 볼 수 있는 광경이었다. 그러나 이러한 개별 구성원들의 변화가 계급 전체의 면모에 영향을 주는 것은 아니었다. 사회는 변함없이 착취자와 피착취자의 두 집단으로 구성되어 있었다.42)

토지 소유권에 대한 해서의 간섭은, 이론적 근거나 법률적 타당성 여부는 일단 논외로 하더라도, 목숨을 건 간언을 통해서 얻은 명성만을 의지하여 혼자 힘으로 사회 전반의 추세를 막겠다고 나선 것에 불과했다. 그러니 "뜻은 크지만 능력이 부족하다"는 비평을 들어도 당연한 일이었다.

이 마음씨 좋은 순무가 더욱 이해할 수 없었던 것은 농촌의 신용대부가 합리적인 해결 방법이 되지 못한다는 점이었다. 명 제국은 효율적인 화폐 제도와 상법이 결여되어 있었다. 이 두 가지 문제가 해결되지 않는 이상 고리대는 불가피했다.

화폐 제도의 문제는 2백 년 전에 시작되었다. 건국 초 홍무제는 '대명보초(大明寶抄)'의 발행을 명했지만, 이것으로는 환금도 토지세 납부도 불가능했다. 발행 방법도 상업기구를 통한 것이 아니었고, 관리의 봉급・관군에의 장려금・이재민에 대한 원조금 등의 방식을 통해서 사회에 유통되었다. 더구나 가장 근본적인 문제는 이것이 발행될 때 정부에 어떠한 준비금도 없었다는 데 있었다. 만일 이러한 화폐 발행 방법이 성공했다면 분명히 부를 재분배하는 가장 간편한 방법이 되었을 것이다. 그러나 실제로는 그 속의 제도적 결함이 처음부터 드러났다. 정부가 비록 금・은・현물을 화폐 삼아 교역하는 것을 금하고 위반자를 중벌로 다스렸지만, 민간에서는 완전히 소귀에 경 읽기였다. 보초는 처음부터 액면대로 사용되지 않았고, 수십 년 후에는 휴지조각처럼 변하고 말았다.

홍무제가 즉위한 후 명조는 '홍무통보(洪武通寶)'라는 동전을 주조했으나, 동전 사용이 불편했기 때문에 홍무 8년 보초를 발행하여 법정 지폐로 삼았다. 일단 돈벌이의 길이 열리자 정부는 지폐와의 경쟁을 피하기 위해 더이상 동전을 주조하지 않으려 하였다. 그후 상황이 여의치 않아 다시 동전 주조의 필요성이 느껴졌지만, 거기에 수반해서 많은 문제가 발생했다. 당국에는 충분한 현금 수입이 없었기 때문에 소량만을 주조할 수 있었다. 더구나 주조한 동전은 모양이 정교하지 않았고 그것에 대한 감독도 소홀했기 때문에, 결과적으로 위조 화폐가 유입될 여지만 크게 높여놓았을 뿐이었다. 아연이나 주석이 섞이고 모양도 제멋대로인 여러 동전이 민간에 넘쳐흘러서, 사용하는 자들의 원성이 곳곳에서 들려 왔고 사용을 거부하는 자도 있었다. 이러한 상황은 통화의 긴축을 초래하고 상업을 황폐화시켜서 실업자를 끊임없이 증가시켰다. 이처럼 엄중한 사회적 위기에 직면하자 정부는 실패를 인정하지 않을 수 없었다. 그래서 주조의 필요가 없는 은이 공적·사적으로 화폐로 통용되는 것을 막을 수 없었다.[43]

그러나 은이 화폐로 전체 국민의 경제생활에서 주도적인 지위를 차지했지만, 완벽한 화폐로서의 기능을 한 것은 아니었다. 우선 은을 보조할 만큼 충분한 양의 동전이 없어서 소매업이 극히 제약을 받았다. 그리고 은은 정부의 재정기구가 발행을 통괄하는 것이 아니어서 필요한 만큼 전국의 통화량을 조절할 수도 없었다. 훨씬 일반적인 문제는, 부자들이 고리대를 하거나 논밭을 사지 않을 경우 금은을 땅에 묻어두거나 혹은 식기나 장신구로 만들어두었다는 것이다. 그것은 이것들이 언제라도 화폐로 바꿀 수 있는 것이었기 때문이다. 이러한 풍조는 통화 부족을 한층 심화시켰고 농민들이 부채를 갚는 것을 더욱 곤란하게 만들었다.

이상의 여러 요인이 고리대 업자들의 활동을 자극했지만, 근본 원인은 역시 정부의 무능력에 있었다. 한 마음씨 좋은 순무가 일시적인 정치력으로 이들 재정과 경제 정책상의 문제를 해결하려 한 것은 분명히 본말이 전도된 것으로, 현실과 이상이 어긋나는 것은 당연했다.

만일 효율적인 상법이 있었다면, 신용 대차에 있어서도 상업 어음을 이용하게 함으로써 화폐 유통을 보완할 수 있었을 것이다. 그러나 명조의 법률은 농민 통치에 중점을 두고 있었기 때문에, 상업에 관한 규정이 거의 없었다. 합자 무역·계약 위반·부채·파산 등은 모두 개인의 문제로, 공중의 복리와는 무관한 것으로 간주되었다. 입법 정신이 이러한 이상, 이 방면에 관한 법률 규정에 큰 허점이 있는 것은 당연했다. 결국 상업이 적절히 발전을 하지 못한 것은 어쩔 수 없는 일이었다.44)

명조의 관료 정치는 이러한 상황을 당연한 것으로 보고 있었다. 왜냐하면 건국 이래 명의 재정 제도는 이갑 자치기구를 통해 간접적으로 세금을 징수하여 재정 수입을 충당하는 것으로 삼고 있어서, 상업 기구로부터 기술적 도움을 받을 필요가 없었기 때문이다. 지방관의 관심은 오직 자신들의 근무 성적이었고, 평가의 주요 기준은 토지세가 체납되지 않고 정해진 액수만큼 징수되고 있는가, 사회 질서가 안정적으로 유지되고 있는가 등이었다. 통상 민간 상업 발전을 위한 지원은 그들의 직무 범위에 들어 있지 않았다. 더구나 상업 발전을 위해서는 재산 소유권에 관한 자본주의적 법률을 기초로 하여 개인 재산권의 절대성을 인정하는 것이 필수적이다. 그러나 이 절대성은 전통적 윤리 관념을 초월하였다. 바로 이 점이 사서의 가르침과 위배되었다. 해서가 판결을 내릴 때 "형을 굴복시키기보다는 오히려 동생을 굴복시켜야 한다"고 한 기준도 그가 사유 재산의 절대성을 경시하고 윤리 강령을 고수한다는 전제를 견지하고 있었음을 보여준다.

그러나 중국의 전통적 경제는 그 나름의 특징을 가지고 있었다. 재산 소유권의 보호와 계약 준수의 의무가, 많은 상업 활동에서는 철저하게 지켜지지 않았지만, 농촌의 소작과 저당 등의 행위에서는 매우 효과적으로 체현되었다. 이들 계약은 미치는 범위는 작았지만 위반할 수 없는 것으로 사회의 관례가 되어 있었고, 향촌의 신사나 장로가 계약의 이행을 보증했기 때문에 극소수의 경우에만 관청의 개입이 필요했다. 그렇지 않으면 제국 전체의 농촌 경제를 유지할 수 없었기 때문이다. 그러므로 해서가 경제 활동에서 맺어진 이러한 약속들의 권위와 의미를 무시하고 자기 자신의 독자적인 판단 기준으로 일을 추진하고도 전통 세력의 반대에 직면하지 않았다면, 그것이 오히려 이상한 일이었을 것이다. 따라서 대봉상이 그를 탄핵하는 상주서에서, "그의 통치하에서는 소작인은 지주에게 소작료를 납입하기 어렵고, 채무자는 채권자에게 빌린 돈을 상환하기 어렵게 되었다"고 말한 것은, 고리대업자 편에 선 공평하지 못한 말이기는 하지만 이러한 계약 불이행의 현상이 일어날 수밖에 없다는 의미에서는 완전히 이치에 어긋나는 주장은 아니었다. 그리고 이러한 현상이 일단 발생해서 전국에 만연하게 된다면 제국의 안정을 위협할 것임이 분명했다. 대봉상의 과격한 주장이 효과를 거둔 원인은 바로 여기에 있었다.

법의 정신

강제로 퇴임한 후 해서는 재임 기간 동안의 기록을 출간하면서 그 속에 각종의 공·사문서를 집어넣었다. 현존하는 이 문집은, 해서가 분명히 공정하고 청렴결백한 관리였다는 것, 사건의 올바른 처리를 강하게 염원하고 있었다는 것, 동시에 나라를 위해 온 힘을 다해 번잡한 문제들을 처리할 수 있었다는 것을 보여주고 있다.

독자가 제일 먼저 주목해야 할 부분은 재정 문제를 다루고 있는 장이다. 홍무 시대에 정해진 부역(賦役) 제도의 폐해는 이미 언급한 그대로이다. 백성들을 가장 고통스럽게 한 것은 잡다한 명목의 무제한적인 '역(役)'이었다. 대 자산가는 관료의 신분을 얻어 이것을 면할 수 있었기 때문에, 이 무거운 부담은 불가피하게 중소 지주에게 돌아가 종종 그들을 파산으로 몰고 갔다. 이 제도를 시행한 지 2백 년 가까이 되었을 때, 그 폐해가 극에 달해 이제는 명 정부가 개혁을 시도하지 않을 수 없게 되었다. 개혁의 방법은, 각 명목의 부역을 은으로 환산해서 부가세의 형태로 전국의 토지에 일률적으로 부과하여 빈부를 막론하고 면적 단위로 은을 징수한다는 것이었다. 이 새로운 세제를 일조편법(一條鞭法)이라고 불렀다.45) 지방 정부는 이렇게 해서 생긴 추가 세입을 각종의 노역에 지급했다.

일조편법은 간단 명료해서 실행하기 쉽다는 장점이 있었고, 각양각색의 부정들을 어느 정도나마 억제했다. 그러나 이전에는 경지 면적에 따라 누진 과세의 방법으로 할당되던 각종의 부역이 이제는 평균 분담됨으로써, 원래 부자의 몫이었던 일부 부담이 가난한 중소 농민에게 전가되었다. 이것은 바로 이상적인 공평을 단념하고 현실에 영합한 것이었다.

농민을 동정한 해서는 자신이 받을 당연한 상례를 폐지하고 여러 방법으로 서리들의 부정을 억눌렀다. 그러나 이들 개혁은 그다지 효과가 없었다. 왜냐하면 명조의 재정 제도는 기술적으로 개선되지 않은 채 다방면에 복잡하게 관련되어 있었기 때문에, 만일 철저하게 개혁하려 할 경우 회계 제도를 정리하고 중·상급 기구에서 은행 관리

방식을 실시할 필요가 있었기 때문이었다. 그것은 문관 집단을 근본에서부터 재편성하는 것이나 다를 바 없어서 당연히 실행에 옮길 수 없었다. 또한 해서도 너무 세세한 곳까지 신경을 쓰고 있었다. 그가 정적들로부터 전체적인 국면을 보지 못한다고 공격받은 것도 반드시 근거 없이 트집을 잡힌 것만은 아니었다. 예컨대 그는 지나치게 절약한 나머지, 하급 관리가 깨끗하게 정리한 공문서를 제출하지 않는 한 결코 새로운 용지를 지급하지 않았을 정도였다.

해서의 문집 중 사법에 관한 부분은, 독자가 간과하기 쉬우나 역사적 가치가 극히 높다. 왜냐하면 이 거대한 제국의 사회적 배경에 대하여 어떠한 논문보다도 더 간결 명료하게 서술하고 있기 때문이다. 이 문서는 지방관이 설령 선의를 갖고 있다 하더라도 인권과 재산권에 관한 소송을 절차에 따라 공정하게 재판하는 것이 불가능했음을 보여준다. 농촌에서는 형제가 1년씩 교대로 사용하는 양어장이나, 도랑을 건너는 데 쓰이는 석판 한 장을 이용하는 것에 이르기까지 모두 소송의 내용이 될 수 있었기 때문이다.46) 이러한 세세한 사건들은, 만일 법률이 인권과 재산권의 옹호를 기초로 하고 있으면 상세한 조사와 참고 사례들을 필요로 하기 때문에 1건의 소송을 처리하는 데에도 수많은 인력과 비용을 사용해야 했다. 그것은 지현 한 사람으로서는 책임질 수 없는 것일 뿐만 아니라, 수입에 한계가 있는 지방 정부도 부담할 수 없는 수준이었다. 더구나 입법과 사법은 전국적으로 통일되어야 하는 것으로서 각 지방 정부의 재량에 맡길 수 있는 것이 아니었다. 따라서 명조의 법률은 행정의 도구에 불과하였고 피통치자를 지켜주지 못했다.

행정 장관 겸 사법 장관인 지방관들도 백성의 분(分)을 지키게 하는 데만 주의를 기울였고, 직책의 범위에서 벗어난 그다지 큰 영향을 주지 않을 소송에 대해서는 접수를 거부했다.47) 이러한 사소한 사건들은 보통 일족의 문장(門長)이나 촌장 혹은 장로나 지식인이 중재에 나섰다. 이 중재의 권위를 유지하고 강화하기 위해 중국의 유교 경전이 독서인의 필수 지식이 되었고, 거기서 나오는 신성불가침의 관념들은 독서인을 통해서 글을 읽지 못하는 마을 사람들에게까지 주입되었다. 즉 젊은이는 연장자에 순종해야 하고, 여자는 남자의 말을 들어야 하며, 학문 없는 자는 학문이 있는 자에 따라야 한다 하는 등의 관념들이었다. 중국의 각 왕조는 고대의 이상 사회를 기초로 하였고 그러한 문화적 전통에 의지했다. 홍무제가 복고를 강조한 이유도 여기에 있었다.

장로나 지식인이 해결할 수 없어 관청에서 처리해야 했던 것은 대부분이 형사 사건이었다. 이러한 사건을 재판할 때, 정부의 태도는 언제나 흔들림 없이 명확하였다. 인명을 해친 사건이 일어난 경우에는 특히 조그마한 실수도 허용되지 않았으며 반드시 진상은 규명되어야 했다. '살인자는 사형'이라는 진부한 법 원칙이 당시까지 계승되고 있었고, 과실 치사와 모살(謀殺)의 구별은 거의 없었다. 한편으로 인명의 소중함을 강조하면서 다른 한편으로 '눈에는 눈'의 원리를 주장하는 것은 다분히 원시적이라 할 수 있지만, 명조의 정치·경제 제도라는 관점에서 보았을 때 이 둘은 서로 적절하게 균형을 이루는 것이었다.

이러한 입법의 의도는, 기술상의 복잡함을 피하여 사건 판단을 단순화시킴으로써 대중들에게 청렴결백한 관리는 만능이며 식견 있는 사법관 앞에 해결 불가능한 사건은 없다는 인상을 주는 데 있었다. 바꾸어 말하면, 사법적 판단조차도 도덕으로 법률을 대신하는 방식에서 벗어난 것이 아니었다. 형편이 좋은 곳에서는 지방관이 전문적인 법률 훈련을 받지 않고서도 막료나 하급 관원의 협조를 받아 아무 어려움 없이 사법관을 겸할 수 있었다. 사법이 행정에 종속됨으로써 정부의 통치는 일원화가 유지되고 문관 집단의 사상과 행동도 하나의 방향으로 향할 수 있었던 것이다.

이 제도의 원시성과 단순성은 대중에게 많은 불행을 초래했다. 상급 관청은 형사 사건에 대해서는 단호한 조치를 취했지만, 일상생활의 여러 분규에 대해서는 공평성 유지에 주의를 기울이지 않았다. 마을의 장로나 지식인이 이 방면의 중재권을 부여받았으나, 그들의 주된 관심은 자신의 사회적 지위와 사교 활동이었고 이들 번거로운 분규에 대해서는 그다지 정열도 인내심도 갖고 있지 않았다. 백성의 교화 따위는 더더구나 안중에도 없었다.

이 유서 깊은 예의의 나라에서 대다수 농민은 실제로 오래전부터 우민에 속하여 문화나 교양의 틀 밖에 존재했다. 모범 관료 해서의 글에서조차 일반 백성들은 금수와 다름없어서, 무지하고 교활하며 충동적인 것으로 서술되고 있다.48) 일상생활에서 사소한 일로 언쟁이 벌어지는 것은 이미 흔한 일이었다. 서로 치고 받고 싸워서 사상자가 발생하는 일도 종종 있었다. 분규의 한 당사자가 분을 참지 못하고 자살함으로써 상대방을 곤경에 빠뜨리는 일도 있었다. 혹은 가족들이 병으로 죽은 자를 구타당하여 살해된 것처럼 꾸미기 위해 각종 수단을 동원하기도 했다. 해서가 지현이었을 때 어느 마을에 검시(檢屍)하러 갔다가, 마을 사람이 그림 물감을 사체에 칠해서 혈흔(血痕)으로 위장한 것을 발견한 적이 있었다. 이처럼 잔혹한 방식을 취한 것은 원한을 푼다는 목적 외에도, 일단 승소하면 죽은 사람의 가족이 원수 집안의 재산을 일부라도 가질 수 있기 때문이기도 했다.49)

형사 사건은 단호하게 처리할 필요가 있었다. 사건이 아무리 복잡해도 판결에는 조금도 애매한 점이 있어서는 안 되었고, 그렇지 못할 경우 지방관은 무능하다고 간주되었다. 그래서 그들은 때로 증거가 부족할 경우 정황에 비추어 판단할 수밖에 없었고 그 결과 무고한 사람을 처형한 사례도 적지 않았다. 해서 자신도 다음과 같은 사례를 경험했다.

어느 부부가 볼일 보러 온 이웃 마을 친구에게 술을 대접하며 하룻밤 묵어가라고 권하고 있었다. 그때 마침 부인의 오빠가 빌려준 은 3냥을 받으러 왔다. 처남과 매부는 의견 일치를 보지 못하고 언쟁을 벌이다가 주먹다짐으로까지 번지고 말았다. 처남은 치고 받고 하는 와중에 그만 손을 잘못 놀려 매부를 연못에 빠뜨려 익사시켜버리고 말았다. 인명은 소중한 것인지라 과실 치사라도 사형을 면할 수 없었기에, 남편을 잃은 처도 숙박하고 있던 친구도 감히 다른 사람에게 이 일을 알리지 못했고, 처남은 시체를 돌을 매어 못 밑바닥에 가라앉혀버렸다.

사람 하나가 갑자기 종적을 감추자 이웃의 주의를 끌 수밖에 없었다. 사건은 어쩔 수 없이 표면화되었다. 조사를 맡은 현관은 모든 내막을 훤히 알고 있다는 듯한 태도로 이 사건을 치정에 의한 계획적 살인이라고 단정했다. 죽은 사람의 처와 친구가 간통을 했음에 틀림없다. 그렇지 않다면 어째서 멀리서 하인을 데리고 온 친구가 도착한 날에 공교롭게도 남편이 목숨을 잃었겠는가. 또 무슨 까닭으로 떠들썩하게 술을 내어서 축하하고 있었는가. 이유는 이미 이것만으로도 충분했으므로, 죽은 자의 처는 능지(凌遲)의 형, 친구는 간통죄로 참형, 처남은 음모에 가담한 죄로 교수형의 판결을 받았다. 이 사건은 항주부(杭州府)에서 재심에 부쳐졌다. 재판관의 결론에서 간통죄는 부정되었지만, 구타하여 살해한 것은 분명하므로 가해자는 법률대로 교수형에 처해야 한다는 판결이 내려졌다.

명 정부는 법률 기술 면에서 주도면밀하다는 칭찬은 도저히 받을 수 없지만, 법의 정신에서 특히 이러한 유형의 인명 사건은 극히 중시하였다. 규정에 따라 이 사건은 북경의 도찰원과 대리시가 재조사하게 되었다. 재판관은 부와 현 두 단위의 조사 기록을 상세히 조사해본 결과 근본적인 차이가 있음을 발견하고, 가까운 3개 현의 지현 입회하에 다시 심리하도록 되돌려 보냈다. 이 3명의 지현은 제1심 판결을 지지했다. 범인들은 본성 순안사(巡按使)의 법정에 호송되었는데 능지형의 판결을 받은 여자가 법정에서 눈물을 흘리면서 억울함을 호소했다. 그래서 사건은 해서에게로 보내져서 여섯번째의 심문이 행해지게 되었다.

해서의 결론은 항주부의 재판관의 결론과 완전히 동일했다. 그의 판결 이유는, 이 여자는 남편과의 사이에 2남 1녀를 두고 있어 그러한 무자비한 짓을 할 수 없다는 것이었다. 더구나 이 친구는 가정이 부유한 것도 아니고 이미 처도 있어, 설령 여자가 남편을 모살해서 재혼하려 한 것이 확실하다고 해도 첩밖에 될 수 없으므로 정황상 모살의 동기가 성립되지 않으며, 또 그것이 극악무도한 모살이라면 공범자는 적을수록 좋을 텐데 이 친구가 데려온 하인까지 끌어들일 필요는 없었으리라는 것이다.

순안현 지현 해서는 제1심에서의 공술(供述)을 어떻게 해석했을까? 대답은 "모두 형벌을 두려워하여 허위 자백한 것이며, 창졸간에 일어난 사건으로서 별달리 정실(情實)에 얽매인 것은 아니다"50)였다.

우울한 나날들

퇴직당하여 고향에 칩거하는 것이 해서에게는 견디기 어려운 고통이었다. 이 정직한 관리가 생애를 걸고 마음을 쏟은 것은, 옛 성현의 가르침대로 힘을 다해 나라에 충성하고 민중에게 봉사하는 것이었다. 이제 그는 이미 활동의 종착점에 직면해 있었다. 이곳에는 그의 공허한 마음을 채워줄 수 있는 것이 아무것도 없었다.

그의 고향은 남해의 바닷가로서, 문화의 정수를 모은 대륙의 몇몇 도시와는 분명히 환경이 달랐다. 이들 대륙의 도시에서는 퇴직 관료가 산수에 마음을 두고 시를 지어 혼자 즐긴다거나, 문인들과 교제할 수도 있었다. 또 어떤 이는 서원의 선생이 되어 성현의 도를 널리 펼치고 다음 세대의 인재를 육성하여 그가 완성하지 못했던 일을 계승시킬 수도 있었다. 그러나 이 땅의 끝인 경주(瓊州)에는 시냇물 위로 놓인 작은 다리, 수초에 노니는 물고기와 같은 시적인 풍경은 없었다. 눈에 들어오는 것은 단조로운 빛깔의 종려나무와 사나운 파도였고, 사람과 가축을 집어삼키는 악어가 물의 왕자였다. 해협에는 자주 해적이 출몰하였고 오지산(五指山) 속의 여족(黎族)은 한족과 항상 다투고 있었다.

황량하고 기후가 나쁜 지역에 물러나 있다 해도 만족스런 가정생활이 있었다면 이러한 허전함과 적막함을 조금은 떨쳐버릴 수 있었을 것이다. 그러나 해서에게는 이런 면에서도 아무런 위로가 없었다. 그는 세 번 결혼했고 두 명의 첩이 있었다. 그의 첫번째 부인은 2명의 딸을 낳은 후 시어머니와의 불화로 이혼당하였다. 두번째 부인도 결혼한 지 불과 1개월 만에 같은 이유로 쫓겨났다. 세번째 부인은 1569년 극히 의심스러운 상황에서 사망했다. 세번째 부인과 첩 1명에게서 모두 3명의 아들을 얻었지만 불행하게도 모두 요절했다. 전통적 사고에 의하면 불효에는 세 가지가 있는데, 대를 이을 자식이 없는 것이 그중 가장 큰 것이었다. 이것은 해서가 평생 한스럽게 여겼던 일 중 하나였다.51)

해서는 충신이고 효자였다. 세 살 때 부친을 잃었고, 홀어머니가 모진 고통 속에서 그를 키웠다. 그녀는 그의 양육자이면서 교사였다. 해서가 선생에게 학문을 배우기 전에는 그녀가 경서의 기초를 가르쳤다. 그러므로 역사학자들은 해서의 강직한 성격에는 모친의 영향이 있었다고 생각하고 있다. 그러나 동시에 가정의 여러 불행들 또한 해서의 모친에게서 말미암았다고 추론되고 있다. 해서가 남직예를 떠났을 때 그녀는 이미 80세를 맞이하고 있었다. 해서의 상사들은 뜻밖에도 그녀에게 4품 부인의 직위를 하사하도록 황제에게 신청했을 뿐, 이외에 그녀가 당연히 받아야 할 명예, 즉 절부(節婦) 표창을 끝내 하지 않았다.52) 그녀의 아집 때문에 아들이 두 번이나 이혼하게 된 것은 아닐까? 1569년 일가에 일어난 비참한 사건의 책임을 져야 하지 않을까? 지금으로서는 실증할 만한 자료가 부족하지만 다음과 같이 상상할 만한 충분한 흔적은 있다. 해서의 모친에 의해 야기된 가정 내의 어수선함은, 정적(政敵)들에게 해서를 공격할 수 있는 구실이 되었을 뿐만 아니라, 당시의 세론도 불만으로 생각한 것이었다. 해서가 윤리 도덕의 규범 중에서 모친과 자신을 변호할 근거를 찾아내는 것은 실제로 쉬운 일이었을 것이다. 그러나 그 근거들은 조금도 그의 가정을 화목하게 하거나 마음 편하게 해줄 수 없었다.

관직을 떠난 순무 해서는 이미 살아 있는 동안에 더이상 물러날 수 없는 막다른 골목에 와 있었다. 그는 자신에 대한 다른 사람들의 모욕을 잊어버리고, 적막과 비통함을 극복해야만 했다. 그는 실망했지만 절망은 하지 않았다. 교양 있는 사람은 무거운 짐을 등에 지고 먼 길을 갈 각오가 없으면 안 된다는 것을, 그는 공자의 가르침 속에서 깊이 깨닫고 있었던 것이다. 명마는 늙어 마구간에 엎드려 있어도 뜻은 천리에 있듯이, 쓸쓸한 시골에 틀어박혀 있어도 방의 족자에는 여전히 '충효' 두 글자가 적혀 있었다.53) 이 글은 유가 윤리 도덕의 핵심으로, 그가 어려서 공부를 시작할 때부터 그의 정신 속에 선명하게 새겨져서, 지금까지 여전히 스스로를 다잡아주고 만년의 절조를 완전하게 지켜갈 수 있도록 해주었던 것이다.

그의 정치 인생은 신하로서 충의를 다하는 것이 쉽지 않음을 잘 보여주고 있다. 가정의 경력 또한 아들 된 자로서 효를 다하는 것이 얼마나 어려운지 절실히 보여주고 있다. 그러나 그에게는 이것 이외에 다른 길이 없었다. 중국의 유학자들은 인간을 군자와 소인으로 분류하고 있었다. 군자는 고상한 도덕과 교양을 갖추고 있고 소인은 금수에 가깝다고 여겨졌다. 이 단순한 사상은 수많은 개인들에게 삶의 비극을 초래했을 것이다. 그러나 동시에 그것은 중국의 전통 문화에 영원한 광채를 더하기도 하였다. 해서 가족의 성씨를 보면 북방 소수민족의 혈통을 이어받았을 가능성이 높다.54) 이 공맹(孔孟)의 진정한 신봉자는 이제 몸으로 실천하는 표본으로서, 유가의 위대함을 이 남해의 끝머리에서 넓혀가고 있었던 것이다.

안빈낙도는 군자의 특징이었다. 과거 가정이 곤궁할 때에도 해서는 절조를 잃지 않았다. 그리고 지금도 그 때문에 그의 인생관이 바뀔 수는 없었다. 그에게는 선조로부터 물려받은, 부족하지만 먹고살 만한 토지 40무가 있었고, 시골에 거주하는 동안에 그를 존경하는 자가 선물을 보내 오기도 했다. 그는 그 선물로 가난한 친족을 돌보거나 서적 간행에 사용하고 자신의 가정생활은 시종 검소함을 유지했다.

　산문 작가 해서의 작품들은 그의 단순한 사상이 천부적인 것이 아니라 평소의 고통스러운 자기 수양에서 나온 것임을 보여준다. 그는 영감이 열리고 발전하면서 자신의 도덕적 책임을 더욱 무겁게 했다. 그리고 또한 이 도덕적 책임은 더욱 많은 영감이 있어야 완수할 수 있는 것이었다. 그렇지 않았다면 그가 끊임없이 독서와 집필을 게을리 하지 않았던 것도 아무런 의의가 없었을 것이다.

　그의 저작에는 이러한 도덕적 책임이 거듭 명시되어 있다. 군자가 왜 관리가 되려는 뜻을 가지는가? 측은(惻隱)과 의분에서 나온 것이라고 해서는 대답했다. 그는 사람이 기아와 추위에 고통받는 것을 보면 동정하고, 부당한 손해를 입거나 권세에 억압당하는 것을 보면 분노를 느낀다고 했다. 군자의 정신 세계에서, 벼슬길에 나가는 것은 다만 국가를 위해 충의를 다하고 인민을 위해 일할 기회를 갖는 것일 따름이었다. 만약 개인의 사적 이익이 목적이라면, 농민이건 수공업자건 상인이건 다른 직업을 선택해도 좋을 것이었다. 하지만 독서인으로서 관리가 되려고 한다면 일체의 이기적인 동기는 버려야 할 것이었다.55) 이 점에서 해서와 명조의 창건자 홍무제의 사고는 완전히 일치하고 있었다.

최후의 근무

　해서는 1585년 재차 등용되었다. 그는 충분한 고려도 없이 임명을 받아들였는데, 이것은 의심의 여지도 없이 불행한 선택이었다. 그는 바로 여기서 인생을 마감하고 활동을 접게 된다. 당시, 장거정이 숙청을 당하고 조정의 인사에도 대폭적인 조정이 행해지고 있었다. 해서는 표면적으로 장거정에 반대한 인물은 아니었지만 장거정이 그를 싫어했다는 사실 때문에 반장거정 풍조 속에서 재차 등용될 수 있었다.56) 그러나 15년 전에 실시될 수 없었던 이 모범 관료의 정치적 주장이 15년이 지난 지금이라고 해서 통용될 수 있을까? 문연각 대학사 신시행은 명석한 통찰력으로 어렵지 않게 이 점을 이해할 수 있었다. 그가 해서에게 보낸 편지에서 "오직 그대만이 오랫동안 산림에 낙향하여 성조(聖朝)의 명신 대열에서 빠졌습니다"라고 말한 것은 이번의 기용은 다만 세론에 따라 명성 높은 강직한 신하를 등용함으로써 조정을 빛내고자 했을 따름이라는 것을 완곡하게 표현한 것이었다.57)

이때 해서는 이미 72세로 예기(銳氣)는 여전했지만, 장기간의 고생으로 왕년과 같이 낙관적이지 못했다. 가정 연간에 황제의 분노도 두려워하지 않고 직언했을 때, 그는 확신으로 가득 차 황제를 격려하며 조정의 혁신은 "단지 일순간"에 가능하다고 했었다. 그러나 이제 그는 고향을 떠나기 전에 친구에게 보낸 편지에서 "한(漢)의 위환(魏桓)은 궁녀가 수천이라 하는데 가히 삭감할 수 있었던가? 마구간의 말이 1만 필인데 가히 줄일 수 있겠는가?"58)라고 가라앉은 어조로 쓰고 있다. 이것은 옛날 이야기를 빌려서 지금의 만력제가 여색과 승마에 탐닉하고 있음을 빗대어 말하고 있음이 분명하다.

복귀 초 그는 남경우첨도어사(南京右僉都御史)로 임명되었다가 곧이어 남경이부우시랑(南京吏部右侍郎)으로 승진했다.59) 영락제가 북경으로 천도한 이래 명의상 부도(副都)로 불리어진 남경은, 정덕제가 한 번 순행한 이외에는 전국적인 대식전(大式典)이 행해진 적이 없었다. 이곳의 각종 중앙 기구는 사실상 관료들의 클럽과 같았다. 그들의 봉급은 박하였고 공무는 한가했으므로 여분의 수입을 증대하는 일에 지혜를 짜내고 있었다. 흔히 볼 수 있는 방법은 직권을 이용하여 시정(市井)의 상인들을 강탈하는 것이었는데, 그 공공연함은 강도와 다를 바 없었다.60) 조금이라도 양심이 있는 관리라면 이 놀라운 상황에 대해 우려하지 않을 수 없을 지경이었다.

해서는 1586년 남경우도어사로 승진했다.61) 발령이 나기 전에 그는 진정서 하나를 만력제에게 제출하여 물의를 빚었다. 관리의 탐오를 근절하는 데에는 엄한 법률을 적용하는 것 이외에는 방법이 없다고 제안했던 것이다. 진정서에서 그는 태조 당시의 잔혹한 형법을 제시하며, 뇌물 80관(貫) 이상을 받은 관리는 남김없이 '박피실초(剝皮實草)'의 극형에 처해야 할 것이라고 했다.62) 많은 사람들을 분노케 한 이 건의는 문관들에게 큰 충격을 주었다. 이 소란이 진정되기도 전에 또다른 소란이 발생했다. 어느 어사가 저택에 배우를 불러 연극을 시켰는데, 해서가 그것을 알고 홍무제 시대의 구법에 따라 이 어사를 장형(杖刑)에 처하는 것이 마땅하다고 주장했던 것이다. 사실 이러한 종류의 일은 남경에서는 흔히 볼 수 있는 것이었는데 해서는 풍기를 문란케 한다고 하여 반대했으니, 그 결과 그는 시대에 뒤떨어진 융통성 없는 인물로 보일 수밖에 없었다.

해서의 또 한 번의 부임과 변하지 않은 그의 언행은, 당시 남경 지역으로서는 잔잔한 물에 큰 돌을 던지는 격이었다. 그에 대한 찬동과 비판이 동시에 나타났다. 이윽고 남직예를 시찰한 한 감찰어사가 우도어사 해서를 탄핵하는 상주를 올렸다. 하급 감찰관이 상급 감찰관을 탄핵하는 일이 법에 위배된다고는 할 수 없지만 역시 보통 있는 일은 아니었다. 이것만 보아도 반대자의 분노를 엿보기에 어렵지 않다. 이 어사의 상주서는 "관에 임해서는 좋은 모습이라고는 하나도 없고 오직 허위에만 힘쓰고 자기를 자랑하며 남에게는 거만하고 말

한마디 한마디마다 사론(士論)의 웃음거리가 되지 않는 것이 없습니다'라고 하는 등 시종 해서를 정면으로 비판했다. 이어서 그들 마음대로 조작하여, 해서가 성인을 자처하면서 공맹을 우롱하고 황제를 모독하고 있다고 비난했다. 마지막으로 해서 자신의 말을 인용하면서, 그가 오만하고 위선적이라고 주장했다. 해서가 복직하라는 부름을 받았을 때 예의상 사양하지도 않았을 뿐 아니라 도리어 자기 자산을 팔아야만 비로소 관복을 갖출 수 있음을 강조했다는 것이다. 이 어사는 관학(官學)을 시찰하는 직책을 맡고 있었는데, 상주서 속에서 만일 학교의 어떤 생원이라도 해서의 방식으로 일을 처리하려고 한다면 즉각 그에 대한 식록(食祿)의 발급을 중지하고 체벌을 가할 예정이라고 말하기도 했다.63)

이처럼 인신공격에 가까운 비판은 곧장 무수한 젊은 학생과 하급 관료들의 심한 반발에 부딪혔다.64) 옹호자와 반대자 사이에 논쟁이 벌어졌고 바로 거의 수습할 수 없는 지경이 되었다. 이에 만력제는 "해서가 여러 차례 천거된 것은 그가 특히 절용(簡用)을 지(旨)로 하고 있기 때문이다. 최근에 진정서를 올려 중형(重刑)을 논한 것은 정체(政體)에 어긋나고 또한 짐의 몸을 자르는 것이었다. 그 말이 많이 고지식하지만 짐은 이미 용서했노라"65)라고 결론을 내렸다. 인사를 주관하는 이부에서도 이 논쟁에 대해서 의견을 제시했다. 해서의 절의(節義)는 모범으로 하기에 족하지만 단지 근래의 박피실초의 형에 관한 주장은 지나친 것으로 "공론에 맞지 않는다". 따라서 그를 요직에 앉힐 수는 없지만 어사의 직위에는 계속 유임시켜도 좋으리라는 것이었다. 황제는 다음과 같이 이부의 건의에 동의했다. "당면한 인사는 아마 잘 된 것이라고는 할 수 없겠지만, 등용해서 이속(雅俗)을 진정시키고 퇴풍(頹風)을 격려하더라도 도움 되는 바가 없는 것은 아니다.

참으로 해서를 관례에 따라 직책을 주어야 할 것이다."66)

이들 문서는 급사중 관아가 초록하여 공포했다. 이는 정부가 공적으로 스스로의 모순을 인정한 것과 같았다. 어떻게 해서 아속을 진정시키고 퇴풍을 격려하는 절의가 하필 당면한 인사 조치에 지장이 되겠는가? 이 제국의 정치적 조치는 여기에 와서 입법의 정신과 어긋나 버렸음을 알 수 있다. 도덕 윤리는 도덕 윤리일 뿐 일을 행할 때에는 별도의 교묘한 방법이 있다는 것이었다. 게다가 이론과 실제 사이에서 절충점을 발견해서 공중(公衆)에게 승낙받으려는 것은 더 한층 곤란하게 되었다.

해서는 유임되었으나 이들 공개된 문서는 그가 발휘할 수 있는 모든 영향력을 깨끗이 제거해버렸다. 당당하게 간언하는 신하가 황제로부터 "고지식하다"는 평을 들었다는 것은, 그는 단지 황제의 관용으로 목이 붙어 있는 데에 지나지 않는다는 것을 의미했다. 그런 이상 설령 그에게 뛰어난 견식이 있다 하더라도 그의 말이 이제 어떻게 다시금 대단한 것이 될 수 있었겠는가. 실망은 절망이 되어 도어사 해서는 일곱번째 사표를 제출했다. 그러나 그때마다 황제의 인가를 받지 못했다.67) 어디에서도 처치하기 곤란하였던 이 문제는 최후에 하늘의 배려에 의해 해결되었다.

1587년 말, 만력 15년 정해년도 조용히 저물어가려 할 때, 해서의 부보(訃報)가 전해졌다. 그것이 북경의 인사 담당 관료들을 크게 안심시켰음에 틀림없다. 왜냐하면 그들은 더이상 이 대중의 마음속의 영웅, 즉 가는 곳마다 고민거리를 일으키는 인물을 위해 노심초사하며 자리를 마련해주지 않아도 되었기 때문이다.

6장 척계광 — 고독한 장군

무관(武官)의 처지

한 시대의 명장 척계광(戚繼光)은 1588년 1월 17일, 즉 만력 15년 12월 12일에 세상을 떠났다. 이 사실이 황제의 귀에까지 전해졌다면 그것은 비밀경찰 '동창'에 힘입은 바일 것이다. 왜냐하면 정부의 공식 문서인 당안(檔案)에는 이 사실이 나타나 있지 않기 때문이다.

척계광의 이름이 황제 앞에서 마지막으로 거론된 것은 3개월 전의 일이었다. 어떤 감찰어사가 해임 상태에 있던 이 장군을 재등용하도록 상소하였다. 이 건의는 황제를 대단히 불쾌하게 만들었다. 이 감찰어사는 3개월 감봉이라는 가벼운 벌을 받았다.[1] 척계광은 명조에서 가장 재능 있는 장군이었다. 그러한 그가 탄핵 해임된 지 3년이 지나서도 아직 만력제의 용서를 받지 못한 것은 모두 그가 장거정과 지나치게 가까웠기 때문이었다.

그러나 명조 전체 무장들의 경력을 살펴보면 그런 불행이 척계광 한 사람에 그치는 것이 아님을 알 수 있다. 비록 척계광은 죽을 때 대대적인 추도의 영예를 받지는 못했지만, 그가 생전에 받은 대우는 다른 장군을 훨씬 능가하는 것이었다.

그의 친구인 명장 유대유(兪大猷)는 척계광과 함께 명조의 군사력 재건이라는 원대한 계획을 갖고 있었으나 몇 번씩이나 탄핵받아 물러나게 됨으로써 뜻을 이룰 수가 없었다.2) 다른 고위 장군들 중 노당 (盧鐘)은 구금된 뒤 파면되었고, 탕극관(湯克寬)은 구금된 뒤 석방되었으나 큰 공을 세워 명예를 회복하라는 명령 때문에 결국은 변경에서 전사했다. 척계광의 부하 장군인 호수인(胡守仁), 왕여룡(王如龍), 주옥 (朱鈺), 김과(金科) 등도 파면되거나 국경 경비로 내몰렸다.3)

유일한 예외는 척계광과 같은 시기의 인물인 유현(劉顯)으로, 몇 번이나 탄핵되면서도 자신의 지위를 유지했다. 이것도 조정이 유현에게 각별한 호의를 갖고 있었기 때문이라기보다는 그가 사천(四川) 오랑캐(土蠻) 토벌의 중요 임무를 지고 있었기 때문이었다. 이 토벌은 쓸데없이 길어져서, 그를 대신하여 지휘를 맡을 만한 인물을 찾아내기가 쉽지 않았던 것이다. 유현이 죽은 뒤 그의 아들 유정(劉綎)은 부친을 능가할 만한 인물이라 일컬어지며 아버지의 뒤를 이어 만력 연간의 명장이 되었으나, 여러 번 경질되던 끝에 1619년 누르하치와의 전쟁에 급히 출전했다가 전사했다.4)

그들의 처지는 모두 동정의 여지가 있는 것이었지만 명조에서는 이러한 운명이 보편적이고 필연적이었다. 그 근본 원인을 찾자면 역시 명조에서의 문관과 무장 사이의 관계에서부터 이야기를 시작하지 않으면 안 될 것이다.

개괄적으로 말하자면 원래 무장이 병사를 거느리고 전투한다는 것 자체가 문관의 행정 원칙과 근본적으로 서로 용납되지 않는 것이었다. 전란이라고 하는 것은 보통 사회와 경제의 발전이 균형을 유지하지 못하고 모순이 격화되었을 때 정치적 수단에 의한 조정이 효력을 발휘하지 못하면 발발하였다. 심각한 자연 재해가 대규모의 기근을 불러와서 사람들이 죽음의 위협에 직면한 경우에도, 운을 하늘에 맡긴 채 무력에 호소하는 거사가 일어나는 수가 있었다. 그러나 명조의 문관들은 한결같이 균형 유지를 행정의 전제로 삼고 있었으므로 무력이 행사되는 사태에 빠지는 경우 그들은 그런 상황을 실정(失政)의 상징으로 여겼다.

그들에게는 다음과 같은 고정관념이 있었다. 즉 위로는 국가로부터 아래로는 개인에 이르기까지 무력을 믿고 나서서는 안 된다는 것이었다. 어떤 지방이 모종의 경제적 특권을 갖고 있다고 한다면 그것은 억제되어야 할 것이지 옹호될 만한 것은 아니었다. 자연 재해가 전란을 야기한다고 하는 것은 전혀 근거 없는 이야기로 여겨졌다. 도덕적으로 세상 모든 만물은 함께 누려야 하는 것이며, 이재민들의 폭동은 조정에 반항하여 난리를 일으키려는 소인 근성에서 기인한 것이라고 보았다.

그러나 무장의 경우는 군사 훈련이나 전장에서의 경험으로 말미암아 문관과는 전혀 다른 기질을 지니게 되어 있었다. 그들에게 필요한 것은 정확한 판단력과 결단력이었고, 실효를 중시하였으며 때로는 극단적으로 도에 넘치는 일도 마다하지 않았다. 돌격할 때에는 전력을 집중하여 적의 급소를 찌르지 않으면 안 되었으며, 또 수비에 들어갈 때에는 지형이 적절한지, 체제가 정비되어 있는지의 여부를 숙고해야 했다. 수비가 무너질 때에는 과감하게 퇴각하고, 승리를 거둘 경우에는 다른 모든 것을 제쳐두고 오로지 전과의 확대에만 힘썼다. 그들은 자신과 부하를 장기판의 말과 같이 생각하여, 대담한 수를 둘 수도 있었다.

한편 대다수의 문관은 중용의 도를 처세의 원칙으로 삼아 온건과 평화를 표방했다. 무인이 피와 땀으로 거둔 전공도 문관들은 만용으로밖에 보지 않았으며, 설령 승리를 거두었다 하더라도 그것은 일시적 혹은 부분적 성공에 불과하다고 생각하였다.5)

군의 보급 문제에 있어서도 역시 문관 중시, 무관 경시의 풍조가 있었다. 군인들 스스로 후방 근무 체제를 조직 관리하게 하는 것 등은 전혀 고려되지 않았다.6) 문관의 관할하에서는 창고의 위치를 전략상의 필요 때문에 옮기는 것조차 균형 중시의 행정 원칙에 위배되는 것으로 간주되었다. 이러한 풍토는 퇴역 군인이 정상적인 사회적 지위를 얻는 것마저 어렵게 했다. 명조는 농민을 순박 무지의 상태에 머물러 있게 하는 것을 통치의 원칙으로 삼았다. 한 명의 병사가 퇴역하여 귀향한다고 하는 것은 무위도식하는 인간이 하나 늘어나는 것이나 마찬가지였다. 군대에서 몸에 밴 기술이나 생활 습관 때문에 병사는 이미 농촌 생활에 적응하기 어렵게 되어 있었기 때문이다. 이 때문에 사태는 더욱더 복잡하게 되었다.

퇴역 장교 문제는 특히 심각했다. 다른 나라에서라면 퇴역 장교는 응분의 존경을 받는 것이 보통이며, 지역의 민정을 맡긴다면 그들은 관리(管理)의 경험을 살려 거뜬히 그 임무를 감당해낼 것이다. 그런데 중국에서는 상황이 정반대였다. 장교가 군에서 익힌 엄격함과 정확성이 퇴역 후에는 전혀 도움이 되지 않았다. 군대 밖에서 중요시되는 것은 차분한 행동, 화려한 문장, 능통한 언변, 융통무애의 기지 등 모두가 군인의 능력과 정반대인 것들뿐이었다.

이와 같은 근본적인 모순 때문에 문관은 평소 무관을 일단 낮추어 보았을 뿐만 아니라, 전시에도 때로는 상급 장군에 대해 이치에 닿지 않는 탄핵을 하는 경우도 있었다. 예를 들어 어떤 장군이 스스로의 과감한 판단으로 기회를 놓치지 않고 병사를 진격시켰을 경우, 그것은 공을 탐하여 경솔하고 잔인한 만용을 일삼았다고 하는 탄핵을 받게 되었다. 또 유리한 기회를 기다리며 잠시 동안 병을 움직이지 않는다든가 하면 이번에는 두려워하여 진격하지 않음으로써 이적 행위를 했다는 등등의 탄핵을 받았다. 병사가 일반인의 재산을 약탈한 경우 관할 장관이 처벌받는 것은 당연한 것이겠으나, 그 배경에는 군의 급여가 장기간 지급되지 않았다든가 하는 내용이 일반적으로 깔려 있었다. 급여는 문관의 소관이었다. 그러나 일단 불상사가 발생하면 그들은 조금도 거론되지 않고 무장들이 책임을 졌다.

당대 절도사의 발호에서 영향을 받았는지, 명조는 홍무 연간부터 이미 문관 중시, 무관 경시의 경향을 보이기 시작했다. 대략 1백여 년이 흐르면서 문관 집단이 성숙 단계로 접어들어,[7] 그들의 사회적 지위는 사상 최고로 되었다. 이것은 무관의 사회적 지위가 사상 최저로 되었다는 사실도 의미한다. 이러한 기형적 상태가 나타난 것은 명조가 정치 조직을 지나치게 단일화하려고 한 때문이었다. 일원화의 사상적 기초는 2천 년 동안 이어져온 공맹의 가르침, 즉 유교였다. 혹 군대가 독립된 엄격한 조직을 갖고서 문관 집단과 대등하게 대접받을 수 있었다면 이러한 일원적 통치가 기대한 만큼 성장하고 발전하여 극한에 이를 수도 없었을 것이다. 이 제도가 정착되고 나서는 무장들의 목숨을 건 공헌도 사회적 영향 면에서는 문관의 한 편의 훌륭한 문장에 비길 바가 못 되었다.

이런 제도와 풍조가 나중에 어떠한 결과를 초래하였는가는 역사가 증명하는 바 그대로이다. 명조가 군사적인 면에서 와해되었다는 것은 잘 알려져 있는 사실이지만 붕괴의 모습은 상상을 훨씬 뛰어넘는 것이었다. 북방 변경 지역은 매년 알탄의 침입을 받아서, 잡혀간 사람과 약탈된 재물이 헤아릴 수 없이 많았다.

1555년 척계광이 절강으로 임지를 옮길 무렵의 동남 연해 지방도 자주 왜구의 유린을 당하고 있었다. 연해의 각 성에 비관과 공포가 만연해 있는 상황에서, 50~70명 정도로 이루어진 해적들이 믿을 수 없는 일을 일으켰다. 그들은 상륙 후 내륙 깊숙한 곳까지 침입하여, 이르는 곳마다 사람을 죽이고 재물을 약탈하였는데, 아무것도 거칠 것이 없었다. 마침내는 항주의 북신관(北新關)을 넘어 순안을 거쳐 안휘(安徽)의 섭현(歙縣)에 도달하고, 무호(蕪湖)를 압박했다. 또 남경을 한바탕 포위한 뒤 말릉관(秣陵關)을 거쳐 의흥(宜興)까지 이르렀다가 무진(武進)으로 퇴각하기도 했다. 그 뒤 해적들은 섬멸되었지만 그들에게 살상당한 자는 4천 명 이상이나 되었다고 한다. 더구나 남경은 명의 배도[倍都, 부도]였으며, 기록에 의하면 12만의 주둔군이 있었다고 한다. 세계 전쟁사에서도 보기 드문 사례라 하지 않을 수 없다.[8]

이와 같이 곤란한 상황에서 척계광의 임무는 단지 왜구 격퇴에 그치는 것이 결코 아니었다. 그로서는 우선 새로운 형태의 군대를 조직할 필요가 있었다. 그가 어떻게 정연하게 군대 재건 계획을 추진했는지는 군사에 관한 저작『기효신서(紀效新書)』를 통해 알 수 있다. 주요 내용은 병사 모집 방법의 공표, 월급액의 확정, 각 병사의 직무 분담에 관한 원칙 초안, 장교와 병사 간의 명확한 직책 구분, 분대(隊)・소대(哨)・중대(局) 조직의 구성, 무기 규격의 통일, 깃발이나 동라태고[銅鑼太鼓, 징과 북] 등 통신 용구의 배포 등이었다.[9] 군대 재건 계획의 핵심은 강철 같은 군대 규율의 확립이었다. 규율의 요지는 집단 책임 체제, 즉 소위 '연좌법'에 있었다. 이에 따르면 같은 분대, 같은 소대의 지휘관과 병사는 "전쟁터에서는 용감히 전진할 따름이며" 물러설 수 없다는 것을 서로 확인하지 않으면 안 되었다. 한 사람이 퇴각하면 그 한 사람의 목이 참수되었다. 대오의 병사 전원이 퇴각하면 대장의 목이 달아났다. 대장(隊長)이 전사한 후 병사 전원이 퇴각하면 모두 목이 참수되었다.

『기효신서』의 내용은 아주 넓은 범위에 걸쳐 있어서, 그 가운데는 휴대 식량을 마련하는 방법까지 있었다. 결국 이 책은 당시의 군사 교육·군사 명령에 고정적인 준칙이 없고, 전문적으로 군사 기술을 연구하는 학교조차 없었던 점을 간접적으로 증명하고 있는 셈이다. 혹 그런 것까지 다룬 부대 수첩, 전투 요강, 부대 편제표, 후방 근무의 보급도 및 군법 조문 등 군에서 필수 불가결한 문서가 있었다고 하더라도 그것들은 전혀 실시될 수 없었거나, 이미 현실 상황과 맞지 않게 되었거나의 어느 한 쪽이었을 것이다. 그런 까닭에 척계광은 그의 저술에서 번거로움을 무릅쓰고 세세한 사항들까지 규정하고 논술했을 것이다.

이와 같은 상황에서는 척계광 개인의 생각이 어떠했든 간에 그가 편제한 신군이 사적인 색채를 강하게 띠고 있었던 것도 무리는 아니었고, 그의 군대가 '척가군(戚家軍)'이라 불린 것도 그럴 만했다. 주목해야 할 사항은, 이 신군이 건군 후 30년이 지나서도 여전히 척계광 개인의 부대였다고 하는 사실이다. 이것은 당연히 문관 집단의 균형 유지 원칙과 상충되었다. 문관들의 눈에는 척계광의 군대가 사직의 방패라기보다는 오히려 국가에 대한 위협으로 비쳤다. 게다가 척계광은 장거정과의 관계가 극히 밀접했으므로 문관들로서는 그를 엄중히 탄핵할 필요가 있었던 것이다.

명군(明軍)의 실태

16세기 중엽 일본이라는 일개 섬나라가 명조의 동남부 연안 각 성의 안전을 심각하게 위협할 수 있었다는 사실은 이해하기 어려운 일이다. 명의 군대가 바다를 건너 일본으로 진공했어야 오히려 이치에 맞는 일이었다. 왜냐하면 당시의 일본은 토지가 좁고 인구가 적었을 뿐만 아니라, 수십 년 동안 통일 정권도 이룩하지 못한 채 연이은 내전으로 법도 질서도 없다시피 했기 때문이다. 명조는 고도의 중앙 집권 국가였으며, 극도로 조직화된 문관 집단을 통해 통치하여, 중앙은 지방을 손발과 같이 움직였고 지방은 중앙의 명령을 거역하는 일이 거의 없었다. 또 중국은 명목상 2백만 명이라고 하는, 당시 세계 최대의 상비군을 보유하고 있었다.[10]

그러나 이론과 현실 사이에는 커다란 차이가 있다. 명의 군제에 의하면 상비군은 2백만의 '군호(軍戶)'로 이루어져서 각 호가 대대로 한 사람씩 성년 남자를 제공하는 것으로 되어 있었다. 군호를 둔 것은 병사의 공급원을 확보함과 동시에 '민호(民戶)'에게 징병상의 부담을 지우지 않으려는 이유에서였다. 이 제도가 시행되자 그와 결부된 폐해도 생겨났다. 민호가 군호에 편입되는 것이 강제적인 경우가 많았고, 설령 지원을 했다 해도 그것 역시 종종 편의적인 것에 불과했으며, 시간이 지나고 상황이 바뀌면 최초의 승인이 꼭 계속 지켜지는 것도 아니었다. 이 때문에 각 지방에 군호들을 편제하여 관리하는 위소(衛所)가 세워지자마자 병사들이 도망하거나 민호로 이적하는 사태가 끊이지 않았다.[11]

1백 년 남짓한 세월이 경과했을 무렵에는 많은 위소(衛所)의 토지가 군호에 의해 저당 잡히거나 매각되었다.[12] 게다가 오랫동안 서북 변경을 제외한 대부분의 지역에서는 평온 무사한 나날이 계속되었으므로 각 위소의 실제 병사 숫자는 규정보다 훨씬 적었고, 극히 심한 경우에는 규정의 2~3% 정도뿐인 곳도 있었다.13) 또한 이렇게 숫자상으로도 한계가 있는 병사들이 장교로부터 토목·수송의 임무를 명받거나, 장교의 집에서 심부름꾼으로 사역되거나 하는 경우도 빈번했다.14)

이렇게 점점 악화되어가는 상황과 불가분의 관계에 있던 것이 보급 제도였다. 명조의 군사 보급은 행정과 일체화되어 있었다. 군의 식량이나 급료는 지방 정부로부터의 측면 공급에 의존하고 있었다. 본래대로라면 바로 호부(戶部)가 국가 재정의 중추로서 전체 국면을 통괄해야 하였으나, 실제상 호부는 일종의 거대한 회계 기관과 같은 존재로서 각 기관과 지방 정부의 출납을 장부상으로만 감사하는 데 그쳤다. 그 대신 각 지방 정부가 공급 물자를 규정된 액수에 근거하여 군구(軍區)나 중급 이상의 후방 근무 기관 등 부근의 군사 조직에 직접 송달하였다. 일개 부·현이 십 수 개의 다른 조직으로 식량과 은을 보내는 경우도 있었고, 하나의 위소가 십 수 개의 부·현으로부터 식량과 은을 공급받는 경우도 있었다.15)

이와 같은 방법이 한번 정착되어버리자, 단추를 잘못 꿴 것과 같이 어떠한 상급 기관도 보급 지역과 보급로를 합리적으로 정리하여 상황의 변화에 적응시킬 수가 없게 되고 말았다. 그 때문에 공급이 정액에 미달하는 일이 자주 일어났다. 십 수 개의 조직이 각각 정해진 액수를 공급하다보니 예상 밖의 사태로 말미암아 규정대로의 공급이 불가능한 조직이 나타나는 것도 불가피했다. 그런데 다른 조직이 이를 보충할 의무를 지고 있었던 것도 아니었다. 설령 그러한 의무가 있었다 하더라도 그만큼의 공급 능력이 꼭 있는 것도 아니었다. 게다가 건국 후 1백 년이나 되면서 서류상의 규정은 벌써부터 현실과 현격한 차이를 보이고 있었다. 설령 부분적인 수정을 한 경우에도 기껏해야 일시적인 효과가 있을 뿐이었고 결국은 파국을 향해 가고 있었다.

정부 측 문서에는, 당시 전국의 보급을 모두 중앙 정부가 통할하게 되어 있었지만 실제 운용은 상호 하등의 관련이 없는 하급 기관에 전적으로 맡겨지고 있었음이 명확히 기록되어 있다. 지방 정부와 지방군 간의 보급 관계가 이와 같았을 뿐만 아니라, 북경으로 운송되는 '조량(漕糧)'조차 수송 상황이 상당히 특이했다.

'조량이란 곧 남방 대다수의 부·현이 조세로 징수한 뒤, 대운하를 경유하여 북경으로 운송하던 식량을 말한다. 규정에 따라 조량의 운송은 전문 직업화한 군사들이 담당하였다. 그들은 '운군(運軍)'이라 지칭되었다. 운군은 총 12만의 군관과 병사로 이루어져, 1만 2천 척의 수송선을 운항했다. 그런데 질서정연한 운항을 위해 면밀한 계획을 세우는 것이 필요했겠으나, 이 거대한 조직에는 이와 같은 후방 근무를 통괄하는 기관이 없었다. 수송선은 강남 지방의 선착장에서 직접 납세자로부터 곡물을 거둔 뒤 북방을 향해 출항했다. 각 수송선은 각각 하급 장교 한 사람에 의해 관리되었고, 각 장교는 중앙 정부에 대해 직접 책임을 지고 있었다. 수송하는 식량이 북경 근교인 장가만(張家灣) 창고에 도착하기까지 수송선에 타고 있는 모든 병사의 자유와 생명, 재산 혹은 가족들까지도 그때그때 수송의 안전을 보증하는 담보와 같은 것이었다. 이보다 효과적인 관리 방법이 없었기 때문이다.16)

수송선의 제조 역시 무질서하고 통일성이 없다고 하는 특징을 보이고 있었다. 수송선의 법정 사용 기한은 10년으로, 기한이 지나면 다시 제조해야 했다. 회하(淮河) 연안에 설립된 '선창(船廠)'은 전국 최대의 조선소로서 가장 많을 때는 연 7백 척 이상을 생산하였다. 그런데 실제의 경우 이 '선창'은 82개소의 작은 조선소를 모은 것에 불과하여 각 조선소가 뿔뿔이 흩어진 채 경영되고 있었다. 총관리국의 성격을 지닌 기관도 있었으나 인력이나 물자를 통일적으로 배치할 수 있는 권한이 없었으며, 더구나 효과적인 분업의 실시 등은 기대할 수도 없었다.17)

조직이 효율적으로 기능하지 않는다면 두말할 필요도 없이 기술 면에서 질적 저하가 초래되는 것은 필연적이다. 물론 명대에 기술 면에서 우수한 인재가 전혀 없었을 리는 없다. 그러나 그러한 사람들은 오로지 궁성에 모여서 황제의 근위군을 위해 정교한 갑주를 만들고 있었다.18) 일반 야전 병사들은 안쪽에 작은 쇳조각을 댄 면제 웃옷이나, 종이를 채워 넣어 만든 '지갑(紙甲)' 정도밖에는 몸에 걸칠 수 없었다.19) 병사들이 사용하는 무기 또한 각지의 부·현이 세금의 일부로써 제조하여 상납한 것이 대부분이었고,20) 그나마 대부분 품질이 열악하여 규격도 표준에 훨씬 못 미치는 것들이었다.

이상과 같은 각종의 낙후성 때문에 명대 야전군의 전투 능력은 농촌의 민병과 50보 100보로 별 차이가 없었다. 이런 상황과 맞아 들어가는 것이 장군의 선발이었다. 권력자가 보기에 장군이 가져야 할 소질이란 우선 용맹 과감성이었으며, 두뇌의 명석함 등은 그 다음이었다. 앞에서 언급한 유정(劉綎)은 '유대도(劉大刀)'란 별명에 걸맞게, 물론 과장된 면도 있겠지만 무게가 120근이나 되는 철제 대도를 애용했는데, 그것을 말 위에서 민첩하게 휘두를 수 있었다고 한다.21) 유정과 함께 요동에서 전사한 두송(杜松)은 더욱 거칠어서 무모하기까지 했다. 그는 전장에서 병사들의 앞에 서서 싸웠는데, 한번 패하면

분을 이기지 못해 자신의 무기나 갑주를 부수어버렸고, 게다가 자살하겠다든가 출가하겠다든가 하는 억지가 흔하여 대장다운 냉정함과 침착성이 전혀 없었다. 이 때문에 그를 두고 누르하치는 '미치광이 두(杜)'라 불렀다고 한다.22)

군관의 임명에 있어서는 대부분 세습제가 채택되어 가업으로 계승되었다. 임관 수속은 꽤 복잡했다. 대략 말하자면, 고위 장군의 아들에게는 몇 계급 아래의 지위에서 시작하게 하고, 하급 장교인 경우에는 아버지와 같은 계급부터라도 좋다고 하는 식이었다.23) 명 중엽에 들어서면서 상황은 다소 바뀌었다. 병부상서 유대하(劉大夏)의 무과(武科) 실시 주장 상주가 받아들여지면서 군관을 지망하는 자는 시험에 합격만 하면 관리의 길로 나가게 되었던 것이다. 그러나 실제로는 시험에 합격하여 장교가 된 뒤 그 이상의 상급 장군으로 승진된 예는 거의 없었다. 또한 무과에서는 칼·창·활·기마 등 무술이 우수한지의 여부가 중시되었고, 문관이 주재하는 필기 시험은 문자 해독 수준이 시험되는 정도에 불과하여 군사학에 관한 지식을 평가하는 데까지 미치지는 못했다. 각 지방에 설립된 군사 학교인 '무학(武學)'도 유가의 경전을 주요 강의 내용으로 하였고, 그나마 강의도 매일 200자 남짓한 경전을 강독하는 정도에 불과했다.24)

이와 같은 방법으로 양성된 상급 장군 가운데 자유자재로 전략을 구사할 수 있는 인물은 거의 없었다. 사실은 이것이야말로 문관 집단이 미리부터 기대하던 바였다. 대부분의 장군이 필부의 용맹밖에 갖지 않은 인간이라고 한다면, 당연히 각급 무관을 지휘할 총독이나 순무에는 문관이 임명되지 않을 수 없기 때문이었다.25) 총독이나 순무 아래 또 '병비사(兵備使)' 혹은 '해방도(海防道)'라는 직책이 있어서, 감찰이라 지칭되면서도 실제 전략 결정권을 갖고 있었다. 군정 면에서는 인사, 보급, 교통 등 전반적인 사항을 문관이 도맡아 책임지고 있었다.

이러한 군사 체제가 적국의 전면적인 침입에 대한 대비에 중점을 둔 것이 아님은 물론, 적국에 대한 전면적인 공격을 목적으로 하는 것도 아니라는 점은 쉽게 알 수 있다. 1449년의 '토목보의 변'에서는 정통제가 오이라트의 포로가 되어 명의 군사 체제의 치명적 약점을 드러내었다. 그러나 전국을 놀라게 한 이 사건조차도 군사 체제와 관련된 대책이나 개혁을 가져올 수는 없었다. 군비는 나날이 약화되고 군사 조직도 쇠퇴 일로를 걸을 뿐이었다. 문관들로서는 자신들의 임기 동안 평온 무사하기만 하면 족하고, 군사 개혁에 관한 계획 따위는 아무래도 좋다는 식이었다.

16세기 중엽, 세력을 얻은 왜구가 '금성탕지[金城湯池, 아주 견고함]'의 수비벽으로 간주되고 있던 동남 연안 지역의 방위선을 몇 번이나 돌파했을 뿐만 아니라, 때로는 깊숙이 침입하여 명조의 수비군을 어린애 다루듯이 하는 상태에까지 이르렀다. 이에 비로소 중앙의 문관들은 이 열악한 군사 제도가 필경 제국 전체의 안전, 나아가서는 자신들의 안전도 위협할 것임을 느끼게 되었다. "궁하면 변화를 생각한다"는 말 그대로 개혁은 필연으로 되었다. 개혁의 제1보는 무엇보다도 독창성이 풍부한 상급 장군, 그것도 원대한 전략을 지니고 있으면서 각종 전술에도 뛰어난 장군을 뽑는 일이었다.

횡행하는 왜구

동남 연해 지역을 유린하고 있던 왜구는 단순한 해적은 아니었다.

보통 해적이라고 하는 것은 오합지졸로 이루어져 재물 약탈의 목적만 달성되면 곧바로 신호를 하여 철수해버리는 것이 일반적이다. 그러나 왜구는 달랐다. 그들은 이따금 상륙 후에 근거지를 구축하기도 하고, 때로는 성채를 포위 공격하기까지 했다. 왜구라고 하더라도 모두가 일본인인 것은 아니었고, 다수의 중국인이 섞여 있는 경우가 종종 있었다. 오히려 보통은 중국인이 다수를 차지했고, 심지어 그 가운데 두목이 된 자도 있었다.26)

왜구의 침입은 국제 무역과 불가분의 관계에 있었다. 명조는 민간의 해상 무역을 법률상 엄금하였으나 철저한 단속이 실제로는 불가능했다. 동남 연해 지역 밀무역은 유래가 깊어, 여러 나라의 모험가들이 끊이지 않고 찾아왔다. 이와 같은 모험가들이 사용하던 배는 최대의 경우 길이가 1백 척, 가로 폭이 30척, 선체의 두께가 7촌(寸)이나 되어 중국 군함의 규모를 능가하였다. 기록에 의하면 이러한 모험가가 가장 빈번하게 출몰한 시기에는 매일 도합 1천2백여 척의 크고 작은 배가 중국 연해 지역에서 활동했다고 한다.27) 이 숫자는 과장된 것일 수도 있겠으나, 이익이 있는 곳에 사람들이 몰려드는 것은 당연한 이치일 것이다. 당시 무역 구역은 일본으로부터 시암 만까지 초승달 모양으로 펼쳐져 있었다. 중국 정부의 해상 경비가 미치지 않는 근해의 섬이 당연히 밀무역항이 되었다. 밀무역 당사자 간의 계약이나 채권에 관한 각종의 분규를 해결할 수 있는 재판소와 같은 것이 없었기 때문에 세력 있는 십여 명의 중국인 선장이 무력을 배경으로 중재 역할을 하는 것이 보통이었다. 그 때문에 그들은 점차 해상의 실력자로 인정되어 해적 두목이 되기에 이르렀다.28)

해적 두목들은 강력한 위세를 빌려 그 지역의 신사층과 결탁하였고, 때로는 혼인관계를 맺기도 했다. 두목들은 공공연히 연해에서 배를 수리했고, 촌민들을 강제로 자신들의 사법권하에 두었다. 이와 같은 해상 권력은 아직 맹아 단계에 머무르고는 있었지만, 그대로 방치한다면 농업 경제를 기반으로 하는 명조에게는 커다란 위협이 될 것임이 분명했다.29)

해적의 횡행으로 정부는 강경책을 취하지 않을 수 없게 되었다. 그러나 해적과의 전투가 시작되자마자 명조의 정치적·군사적 취약성이 금방 드러났다. 상급 지휘관은 휘하 병사들의 실제 숫자도 모르고 조달할 수 있는 전함의 수도 잘 알지 못하는 상태였다. 하급 장교는 부대의 출발에 앞서서 토착 부호들에게 군량을 강제로 징발했다. 그러나 싸움이 시작되면 적의 위세만 보고도 놀라 도망하는 부대가 있었는가 하면, 과감히 맞서 싸운 경우에도 밀집 대형의 전술을 고집한 결과 한 사람의 실수로 말미암아 전체가 무너지게 되는 부대도 있었다.30) 칭찬할 만한 전투는 오히려 경황없이 긁어모은 민병이나 각지의 생원들이 조직한 지역 방위군에 의해 전개되었다.

한편 왜구에 가담한 일본인들은 주로 야마구치(山口), 분고(豊後), 오즈미(大隅), 사쓰마(薩摩), 하카다(博多) 만, 쓰시마(對馬), 고토(五島) 열도 등지 출신자들이었다.31) 그들은 통일된 지도부를 갖지 못했고 이렇다 할 장기적 전략도 없었다. 최초 그들은 중국 측의 해적과 함께 군사 행동을 취함으로써 중국 정부로 하여금 대외 무역에 대한 금령을 풀게 하고, 나아가서는 그들의 지도자도 중국으로의 귀순을 허락받아 육해군의 장군직에 임명되는 영예를 얻게 되리라는 허황한 꿈을 갖고 있었다. 이들의 꿈은 총독 호종헌(胡宗憲)의 토벌로 물거품이 되었다. 호종헌은 귀순하면 관직을 주겠다는 구실을 내걸어 왜구의 두목들을 사로잡은 뒤 그들의 머리를 북경으로 보내어 자신의 공적으로 삼았다.32) 그러나 이 조치는 보다 큰 규모의 일본인 왜구의 침략을 초래했을 뿐이었다. 그 뒤의 거듭된 침입은 이전보다 더 정치적 의미가 없는, 순전히 재화 강탈을 목적으로 하는 것으로 되어갔다.

왜구는 수준 높은 통일된 지도부가 있었던 것은 아니었지만, 조직력은 얕볼 수 없는 것이었다. 살인·약탈 집단이라고는 해도 일본 하층 사회의 강고한 단결력을 보이고 있었다. 목격자의 기록에 의하면 전투 중·야영 중을 막론하고 왜구 소부대의 두목은 부하에게 아주 엄한 규율을 요구하고 있었다고 한다.33) 왜구 소부대의 전법이 일치하고 있었던 것도 그들이 단순히 급한 대로 긁어모은 용병이 아니었음을 보여준다. 그들은 끊임없이 소수로써 다수의 적에 대항하여 수적 우세에 있던 중국 정부군을 격파했다. 이런 종류의 능력은 중국의 농민 반란에서는 보통 보이지 않는 것이었다.

왜구는 배 한 척에 1백 명 전후로 상륙하는 것이 보통이었다. 대규모 침공의 경우는 30~50척의 배에 병력은 수천 명에 이르기도 했다. 최고조에 달했을 때에는 점령 지구의 요충을 2만 명이나 되는 일본인이 지키는 일조차 있었다. 협박당하거나 이익에 끌리거나 하여 왜구의 대열에 가담하는 현지 중국인도 많았다. 그 가운데는 뒤에 일본으로 끌려가서 노복이 된 자도 있었다.34) 왜구는 금은보화뿐만 아니라 필요 또는 가능성이 있으면 하천용의 선박이나 기타 상품을 약탈하기도 했다. 그들이 누에고치를 대량으로 모아서 부녀자들에게 강제로 실을 잣게 했다고 하는 기록이 있는데,35) 이렇게 되면 점령군이 그 지역에서 생산 활동을 조직하는 상황과 큰 차이가 없는 것이라고 할 수 있을 것이다.

초기의 왜구는 싸움에서 지는 일이 거의 없었다. 그것은 주로 우수한 전술과 뛰어난 무기의 덕이었다. 그들은 쌍칼을 매우 능숙하게 다룰 수 있었고, 가까운 동료와 밀접한 관계를 유지하면서 서로 호응하여 협동 작전을 행하는 데도 뛰어났다. 중국인의 눈에 꽤 기이하게 비친 것은 왜구 단위 부대의 두목이 부채를 신호용 도구로 사용한다는 점이었다. 싸움이 시작되려고 할 때 왜구의 두목이 부채를 위로 번쩍 쳐들면 그의 부하들이 칼을 위로 빼어 들었다. 이러한 동작에 상대가 정신을 빼앗겨 있을 때 그들은 갑자기 칼날을 휘두르며 대나무 쪼개듯이 베어 나왔다. 일본도는 길이가 5척에 불과했지만 숙련된 사람에게 걸리면, 칼이 한 번 번쩍하는 순간 "상하 사방 모두 희게 변하면서 사람이 보이지 않는" 상태로 되어, 1장(丈) 8척의 사방에 걸쳐 적을 살상할 수가 있었다.

그 밖에 활과 창도 잘 사용했다. 기록은 "왜의 죽궁(竹弓)은 길이가 8척이고, 시위를 튕겨 화살이 나간다. …… 화살촉은 폭이 2촌이다. …… 몸에 바짝 붙여서 쏘면 맞히지 못하는 것이 없다"고 하며, 창에 관해서도 "창을 숨기고 있다가 갑자기 던지기 때문에 예측할 수 없다"고 하였다. 한편 화기는 왜구들이 중시하지 않았던 듯하다. 척계광은 조총이 일본으로부터 전래되었다고 기록하고 있으나, 왜구가 이 무기를 유효적절하게 사용했다는 기록은 없다. 그들이 간혹 사용한 대포도 중국 측으로부터 노획한 것들로 보인다.36)

30명 미만의 소규모 부대가 촌락으로 진입하는 것이 왜구의 기본 전술이었으며, 이들 소부대의 진퇴는 긴밀한 상호 연락에 근거하여 행해졌다. 중국인들을 두려움에 떨게 한 법라패[法螺貝, 소라고둥] 소리가 연락용 신호였다. 침략자들은 토착민을 안내인으로 이용하거나, 선봉대나 척후병을 파견하여 병력을 차례차례 전개시키는 데 뛰어났고, 또한 양동(陽動) 작전을 취하거나 부대의 전면에 중국인 피난민을 내세우고 그 뒤를 따라가는 등등으로 중국 정부군을 혼란시키고 괴롭혔다.

정부군에는 이런 종류의 전술에 대처할 방법이 전혀 없었다. 사기가 가장 높은 부대조차도 혈기로 날뛰면서 적진으로 돌진하는 외에는 별다른 수가 없었다. 효과적인 포진도 갖추지 못한 상태인 데다가 측면이나 후방으로부터의 호응도 불충분했으므로, 그런 돌격이 결국 실패로 돌아간 것은 당연했다.37) 남직예와 절강성은 하천과 호수가 많은 수택지였다. 정부군이 완전히 무너질 때면, 어찌할 바를 모르고 갈팡질팡하다가 적에게 궤멸당하거나 물에 빠져 죽는 자가 속출했다. 총독인 호종헌조차 패퇴하다가 도중에 물에 빠져 익사할 뻔한 적이 있었다.38)

전술한 바 외에도, 왜구는 정부군 대부대와 우연히 마주친 경우, 우선 수세를 취하여 정부군의 예봉을 피하거나, 공포 분위기를 조성하여 정부군을 심리적 열세로 몰아넣은 다음 기회를 보아 공격으로 전환하거나 하는 식의 전술을 채용했다. 척계광은 다음과 같이 왜구의 전술을 기록하고 있다.

내가 수년간 여러 번 싸움을 하면서 본 것은 적의 무리가 높은 쪽에 근거하거나 험한 쪽에 임해 있어도 앉아서 우리 군대를 기다린다는 사실이었다. 다만 날이 저물게 되면 우리가 기운이 빠지는 것을 이용하거나 혹은 군사를 거두느라 혼란한 때를 이용하여 추격해 왔다. 또 병사들의 사기를 이용하는 데 능하여 기선을 잘 잡았다. 또 투구 위의 장식 금은으로 소뿔과 같이 하고 5색의 긴 실들을 귀신과 같이 늘어뜨려 병사들을 놀라게 했다. 거울을 많이 휴대하고 칼과 창날도 잘 갈아두어서, 해질녘에 번쩍거림으로써 병사들의 눈을 현혹했다. 그 때문에 우리 병사들은 한참 기다리다가 겁에 질려 기가 죽게 되었다.39)

이들 정황을 종합해보면, 왜구와의 전투에 대하여 정부 측 문헌이 정부군에 의한 해적 포위 토벌이라고 여러 모로 강조하고 있지만 실제로는 중국의 경험 없는 부대와 일본의 전문 군인들 간의 전투였다고 하지 않을 수 없음을 알 수 있다.

척가군의 성립

척계광이 조직한 신군의 병사는 군호나 위소에서 온 자가 아니라 절강성에서의 특별 모집에 응한 지원병들이었다.40) 정부는 이미 사태의 중대성을 절박하게 느끼고 있었으므로, 그의 신군 조직 계획 및 병사의 모집과 훈련에 필요한 비용을 충당할 새로운 세금의 도입 건의를 승인하지 않을 수 없었다.41) 척계광은 병사들 앞에서 정부의 이러한 지원에 대하여 감사하도록 다음과 같은 훈계를 내리고 있다.

여러분이 병사로 근무하는 동안에는 바람이 불고 비가 내려서 한가롭게 쉬고 있어도 매일 은 3푼(分)의 급료가 반드시 지급된다. 이 돈은 모두 정부가 여러분의 본향으로부터 세금으로 거둔 것이다. 고향에서는 여러분 모두 역시 농사를 지었을 것이다. 생각해보건대 해마다 바치는 세금의 고통에 비해 현재의 여러분은 얼마나 쉽게 급료를 손에 넣고 있는 것인가. 고향 사람들이 여러분에게 농사를 짓지 않고 1년 동안 먹고살 수 있게 해주는 것도 여러분이 고작 한두 번 적을 향해 돌진해주기를 바라기 때문인 것이다. 혹 여러분이 적을 격퇴하여 그들을 보호하지 않는다면 고향 사람들이 여러분들을 무위도식하도록 도와준 것으로 되고 말지 않겠는가. 군법의 법망은 피하게 된다고 하더라도 필시 하늘

이 누구인가의 손을 빌려 여러분을 죽일 것이다.[42]

이와 같이 대중 고유의 종교 신앙에 의지하면서 도덕심에 호소하는 훈계를 통해 척계광은 모집한 신병 내에서 강철 같은 규율을 확립하는 데 성공했다. 전술한 '연좌법'[43]이 항상 규정대로 엄격히 시행되었다고 할 수는 없을지라도, 그러한 일벌백계의 위력은 병사들로 하여금 적을 앞에 두고 쉽게 패주하지 않도록 하기에 충분했다. 또한 척계광은 병사의 상벌이 전투의 승패에 의해서만 결정되어서는 안 된다고 생각했다. 크게 패한 경우에도 공로자에게는 상이 주어졌고, 반대로 크게 이긴 경우에도 전투를 게을리하거나 도망한 자에게는 처벌이 내려졌다.[44]

그는 1562년의 전투에 관한 상주문에서 다음과 같이 기록하였다. 왜구에게 점령된 석교(石橋)를 탈취하도록 부대에게 명했다. 최초의 공격이 실패하여 한 소대 36명 전원이 전사했고, 이어 다음 소대가 공격했으나 역시 절반의 병사가 목숨을 잃었다. 이때 남은 병사들이 퇴각하려고 하자, 친히 독전하고 있던 척계광은 소대장을 참살했다. 그 결과 병사들은 감히 물러서지 못하고 진격할 수 있게 되었고 마침내 적을 격파하여 대승을 거두었다.[45] 이 승리는 그의 일생 중 가장 기념할 만한 사건의 하나가 되었다.

이와 같은 엄격한 규율은 물론 승리를 보다 확실히 하기 위한 것이었지만, 그 냉혹함은 사람들의 간담을 서늘케 했다. 부대를 떠나 소변을 보러 간 병사가 귀를 잘리는 형벌에 처해진 일도 있었다.[46] 또 척계광의 차남은 군법 위반죄로 가차없이 처형되었다고도 한다. 이렇게나 엄격한 군법은 이미 인간미라고는 손톱만큼도 없는 것이라고 할 수 있을지도 모른다. 그러나 척계광은 이런 군대 관리 방침에 의하여 마침내 강력한 부대를 만들어냈다. 나중에 그가 계요총병(薊遼總兵)의 직으로 옮기고 나서 한번은 폭우 속에서 전군에게 훈화한 적이 있었는데, 그가 남방으로부터 데리고 온 3천 명의 병사들만은 비 따위를 아랑곳하지 않고 몇 시간이나 직립 부동 자세로 서 있을 수가 있었다고 한다.47)

그렇다고는 하나, 엄격한 규율이라는 것은 군대 관리의 일면에 불과하다. 한편으로는 사기를 분발케 하는 것도 필수 불가결하다. 그 점에서는 병사의 자존심과 자신감이 중요한 역할을 한다. 적에게 항상 패하여 달아나는 부대라면 자존심이나 자부심 등이 도저히 있을 수 없을 것이다. 필승의 신념이라고 하는 것도 능력과 기술이 있을 경우의 얘기이고, 그것들 역시 평소의 엄격한 훈련에 의해서만 배양되는 것이다.

척계광의 훈련 방식은 전문가로부터 구전되던 것이었다. 그들의 귀중한 경험은 이전에는 거의 중요시되지 않았고, 따라서 저작으로 정리된 일도 없었다. 유대유에 이르러 겨우 요점이 정리되었고, 척계광에 의해 보다 미세한 부분까지 다룬 틀이 잡힌 교본의 형태로 집대성되었다.

군사 기술의 훈련에 있어서 그가 근본 원칙으로 삼은 것은, 요즈음 말로 한다면 '변증법' 원리에 의한 각 동작의 분해였다. 모든 동작은 상호 대립하는 두 가지 측면을 가진다. 예컨대 몸에는 보호되는 부분과 보호되지 않는 부분이 있다. 하나의 자세에는 동(動)과 정(靜), 정면과 측면이라고 하는 두 가지 요소가 있다. 또 공격이 있으면 동시에 방어가 있다.48) 결국 음이 있으면 양이 있고, 양이 있으면 반드시 음이 있다고 했다.

예를 들어 접근전에서 무기를 쓰는 훈련의 경우도 권법이나 춤의 원리와 같이 모든 동작을 개시(잠시의 휴식) 뒤에 전개(동작의 계속), 그 다음에 다시 정지라는 3단계로 분해하였다. 척계광은 이를 '기(起)-당(當)-지(止)'의 3단계로 설명했다.49) 이들 자세는 각 모습의 차이를 근거로, 예컨대 '기룡세(騎龍勢)', '선인지로세(仙人指路勢)', '철우경지세(鐵牛耕地勢)', '태공조어세(太公釣魚勢)' 등 여러 가지 색다른 이름이 붙여졌다. 이들 동작을 할 때에는 '좌로나 우로나 안정된 자세를 취할 것', '뒤로부터 치고 나와서 기선을 제압할 것'이 요구되었다. 실전에서 적과 일 대 일의 전투가 벌어지는 경우 이상의 각종 기본 자세와 원칙을 충분히 숙달하는 것 외에 가장 중요한 것은 '양공(佯攻)' 작전, 즉 기묘한 전략으로 상대의 의표를 찌르는 것이었다.50)

척계광 이전에 군에서 중요시된 것은 개인의 무예여서, 무기를 날렵하게 휘두를 수 있는 병사야말로 대중의 눈에는 영웅호걸로 비쳤다. 각지의 권법가, 개인 경호원, 소금 밀매 상인뿐만 아니라 심지어 화상(和尙)이나, 묘족(苗族) 등 이민족들까지 유치되어 입대했다. 그러한 병사들이 조직력 있는 왜구에게 번번이 격퇴되는 것을 눈으로 보면서 당국도 마침내 전투의 승패는 반드시 개인의 무예에 의해 결정되는 것이 아님을 깨달았다. 척계광은 신군을 훈련시킬 때 병사가 전투 기술을 숙련하도록 요구하는 외에 소부대에 있어서 각종 무기의 배합에도 주의를 기울여서, 어떤 보병대에도 긴 무기와 짧은 무기가 동시에 갖춰지도록 했다. 전투가 벌어지면 길이 12척 남짓한 긴 창은 유효한 무기가 되었지만, 그것도 적과의 사이에 적당한 거리를 유지하고 있는 경우에 한정되었다. 적을 찌르는 데 실패하여 적이 창 길이보다 가까운 곳으로 들어오면 바로 이 무기는 무용지물이 되고 말았다.51)

그래서 척계광은 각 보병 분대를 다음과 같이 구성했다. 대장 1명,

취사 담당 1명, 병졸 10명. 이 10명의 병졸 중 긴 창을 다루는 4명이 공격의 주력이 되었다. 전방에 4명을 배치하는데 그중 우측 병사는 세로로 긴 5각형의 큰 방패를 소지하고, 좌측의 병사는 둥근 모양의 작은 방패를 소지했다. 이 방패들은 모두 등나무 제품이었다. 그들 뒤에는 '낭선(狼筅)'을 가진 병사 둘을 배치했다. 낭선이란 가지와 잎이 그대로 달린 긴 대나무인데 길이는 1장 3척 정도였다. 긴 창을 가진 병사 뒤에는 다시 '당파(钂鈀)'를 소지한 병사 둘을 배치했다. 당파란 '산(山)'자형의 철제 무기로 길이는 7~8척이며, 앞머리의 움푹한 부분에 '화전(火箭)' 즉 화약의 힘으로 적진을 향해 일직선으로 날아가는 화살을 장치할 수 있었다.[52]

이러한 배치는 좌우 대칭의 형태를 띤 까닭에 '원앙진(鴛鴦陳)'이라 이름했다. 우측의 5각 방패를 가진 병사의 역할은 이미 잡은 위치를 확보하여 자기 부대의 진형을 안정시키는 것이었다. 좌측의 원형 방패를 가진 병사는 포복으로 전진하여 방패 너머로 창을 던져, 숨어 있는 적을 유인해내는 임무를 맡았다. 목적한 대로 잘 유인해내게 되면 뒤에 있던 병사 둘이 나서서 '낭선'으로 적을 땅에 쓰러뜨리고, 그 다음에는 긴 창을 가진 동료가 덤벼들어 적을 찔러 죽였다. 가장 후미의 '당파'를 소지한 병사 둘은 분대의 후방을 맡고 측면의 경계도 담당했는데, 필요할 경우 전방의 동료를 도와 공격으로 전환하기도 했다.[53]

이상에서도 분명하듯이 이 12인 1조의 보병 분대는 하나의 유기적인 집단이었다. 전술이 예정대로 수행될 수 있는지의 여부는 전적으로 개개 병사들의 협력에 좌우되었으며, 특정의 병사 하나가 두드러진 공적을 세울 기회는 거의 없었다. 그래서 척계광은 번거로움을 마다 않고 몇 번씩이나 각 부대원들에게 긴밀한 연계 배치의 중요성을 호소하고, 상벌도 역시 연대적으로 행함으로써 규율을 유지하려 했다.54) 이 전술 규정은 물론 영구불변의 것은 아니었다. 적의 상황과 지형에 따라서는 한 분대가 횡대 둘로 갈라져 싸울 수도 있었다. 또 '당파'를 가진 두 사람을 후방에 둔 채, 방패를 가진 자와 '낭선'을 가진 자와의 사이에 긴 창을 가진 병사를 배치할 수도 있었다.55)

명장의 한계

등나무 방패(藤牌), 긴 대나무(毛竹), 철제 당파(鐵叉)를 대표적인 무기로 하고 있었던 것은 척계광의 부대가 여전히 농민적 기풍으로부터 벗어나지 못했음을 보여준다. 그렇다고 해서 그가 화기의 유효성을 이해하지 못하고 있었다고 생각하는 것은 사실과 맞지 않다. 그는 실전에서 화기를 사용한 일도 있었고, 화기의 장점과 단점에 대하여 장교들에게 말한 적도 있었다. 또한 상주문 가운데서도 화기의 중요성에 대하여 언급한 바 있다. 그러나 일생을 통하여 척계광이 주요 전술로 삼은 것은 역시 앞서 말한 '원앙진'이었다. 이것은 그가 구습만을 고집한 때문은 아니었다. 설명하기 쉽지 않은 많은 복잡한 요인이 서로 얽혀 있었던 것이다.

일찍이 명장 유대유가 전술의 전면적 개혁에 관하여 건의한 일이 있었다. 그는 왜구가 육전에는 능하나 수상전에는 기술이 변변치 못함을 정확히 지적하고, 전투 능력이 높은 배와 대포를 사용해서 해상에서 왜구를 섬멸하여 그들에게 상륙할 기회를 주지 않도록 해야 한다고 주장했다. 전술의 원칙에 대해서도 자신의 저서에서 "해상의 전투에서 특별한 전술이란 없다. 큰 배가 작은 배에 이기고, 큰 총이 작은 총을 이기며, 배가 많은 쪽이 적은 쪽을 이기고, 총이 많은 쪽이

적은 쪽을 이길 따름이다"56)라고 했다. 그는 총독에게 청원서를 보내어 육군 군사비의 절반을 수군에게로 돌리도록 부탁한 적이 있었다. 그러나 유대유의 명성과 전적이 모두 탁월했음에도 불구하고 이들 유익한 건의는 끝내 채택되지 않았다. 따라서 그는 뜻을 이루지 못한 채 한을 품고 세상을 떠나고 말았다.

그러나 유대유 본인도 자신의 건의가 이미 군비 문제를 넘어 정치로까지 파급될 수도 있는 것임을 알지 못했다. 그는 자신이 "복건·광동의 대선박 수백 척과 병 수만 명"을 통솔하도록 해줄 것을 요구했다. 그러나 만약 그것이 이루어지면 관계 각 성의 재정은 원래의 작은 단위의 수입 지출까지 집중 관리를 해야만 될 것이었다. 그에 따라 이들 후방 근무 기관의 인원을 늘리고, 업무상의 적당주의와 비능률적인 풍조를 일소하고, 규격과 숫자의 정확성을 기하여야만 될 것이었다. 그래야만 소기의 행정 효율을 달성하고, 근대화된 군사 기술과의 균형을 유지할 수가 있게 되는 것이다. 또한 이들 후방 기관과 관련 있는 조직들도 마찬가지로 현실에 입각한 이러한 변화를 따라야만 했을 것이다.

그런데 이 거대한 명 제국은 본질적으로 별만큼이나 많은 농촌들이 모인 하나의 집합체에 불과했다. 예의와 도덕이 법률을 대신하였고, 위법 행위를 덮어 감추는 것이 유덕한 행위로 인정되기도 하였다. 각 조직 간의 관계에서 준수해야 할 성문화된 조례 등도 존재하지 않았다. 이후 몇 세기 내에 농업 경제를 기초로 한 중국에서 이러한 상황에 본질적인 변화가 없을 것임을 유대유도 물론 예견할 수 없었다. 근대적인 기술과 낡은 사회 조직은 결코 공존할 수 없다. 새로운 기술이 사회 조직을 정확하고 엄밀한 것으로 진보시키든지, 이완된 사회 조직이 새로운 기술을 가치 없는 것으로 만들어버리고 말든지 둘

중 하나였던 것이다.

개인의 노력으로는 어쩔 수 없는 이와 같은 사회적 요인 때문에 유대유의 계획은 전혀 실현 가능성이 없었다. 그것에 비하여 척계광의 방안은 비교적 현실적이었다. 그는 국가 체제에는 손을 대지 않고, 견실하게 직무 범위 내에서 가능한 것을 하려고 했다. 그는 1559년부터 3천 명의 병사를 모집하기 시작했다. 2년 뒤 병사의 수는 배로 늘어났고, 1562년에는 다시 1만 명으로 증가했다.57) 그러나 그의 부대에는 후방 근무를 관장하는 사령관이 없었고, 고정적인 군수 창고나 병참 기지도 없었다. 조정에서도 그의 부대를 위해 후방 보급을 담당하는 전문 요원을 파견한다든가 하는 일이 없었다. 부대의 장비나 무기는 각 부·현이 각기 따로 공급하고 있었다.58)

이러한 상황하에서는 무기의 질도 당연히 유지될 수 없었다. 척계광은 자신의 저서에서, 각지에서 제조된 조총의 총신은 폭발의 위험성이 있어서 병사들이 무서워하여 총을 잡으려 하지 않고, 정확히 조준하지도 않았다고 명기하고 있다. 또 탄환과 구경이 맞지 않는 대포도 있었고, 도화선이 점화되지도 않는 대포도 있었다.59) 유대유의 뜻이 이루어지지 않았던 것과 화기의 실제 상황에 비추어 척계광은 화기의 사용을 일정 범위 내로 한정하는 전술을 짜내었다. 그는 "화기는 적과 접근하기 전에 사용하는 것이므로 주요 무기로는 될 수 없다"60)고 했다. 훈련도 후반에 들어갈 무렵, 그는 12명 1조의 각 보병대에 각각 조총 2정씩을 나누어주고, 조총 중대는 반드시 '살수(殺手)' 즉 접근전용 무기를 가진 보병 중대와 협동 작전을 하도록 규정했다.

유대유의 군 근대화 계획은 정예 병사와 고성능 무기를 필요로 하였고, 이전의 두 사람분의 급료를 한 사람에게 지불하여, 부대의 양 대신에 질을 높일 것을 요구하였다.61) 이와 달리 척계광은 중국의 군대야말로 유능하고 오랜 전통을 갖고 있는 군대라고 생각했다.[62] 군의 평상시 임무는 국내의 반란을 진압하는 일이었지, 외국으로부터의 침략자에 대항하는 것은 아니었다. 구체적으로 말하면, 내지의 농민이나 변경 소수민족의 반란을 진압하는 것이었다. 인구 과잉, 거듭되는 재해, 농민의 이산, 관리의 가렴주구 등이 서로 맞물려 때로는 폭동이 야기되었는데, 중국은 영토가 광대한 까닭에 이와 같은 반란이 발생할 지역을 예측하기란 거의 불가능했다. 따라서 진압의 임무는 질이 높은 기동 부대 하나가 달성할 수 있는 것이 아니었다. 많은 경우, 관군은 반란군의 포위망 속에 갇혀버렸고, 반란군이 그 지역의 지리와 풍속을 숙지하고 있기 때문에 관군은 수세에 몰려 병사의 질적인 면에서의 우수함을 발휘할 수 없게 되고 말았다. 이 때문에 병사 수의 많고 적음이 승패를 결정하는 요인이 되었다.

이상과 같은 문제 이외에도, 유대유가 계획한 정예 부대가 창립될 경우, 병사들은 높은 봉급을 받게 되는 한편으로는 다른 사회 조직과의 교류가 금지되고 말 것이었다. 이처럼 사회로부터 유리된 군사 단체는 전술한 사회 문제를 해결할 수 없을 뿐만 아니라, 오히려 새로운 문제를 야기할 뿐이었다. 게다가 추진된다고 한다면, 유대유는 근대적인 해군을 설립하여 나라의 관문 입구에서 적을 막으려고 하겠으나, 그 작전의 목적이 국제 무역의 전면 폐지에 있다는 것도 세계사의 추세에 역행하는 것이라고 하지 않을 수 없다.

척계광의 현실주의

척계광은 도시민은 채용하지 않고 농민만을 채용한다는 모병 방침을 취했다.63) 도회지 사람들은 모두 교활한 무뢰한이라고 그는 생각했다. 이런 견해는 물론 편파적이지만, 실제로 보면 확실히 도시에서 고정적인 직업을 가진 자 가운데 스스로 종군을 지원하는 자는 거의 없었다. 병사는 항상 사회로부터 멸시받았고, 급료도 현저히 적었다. 도시에서 모병에 응한 자의 대다수는 병영을 숙식 문제를 해결해주는 구제소 정도로 생각하고 있었으며, 기회만 있으면 보다 대우가 좋은 곳으로 옮기려고 했다. 이와 같은 병사에게 국가를 위해 목숨을 걸고 싸우기를 어떻게 기대할 수가 있을 것인가.

그래서 척계광은 응모자를 선별하는 기발한 기준을 만들었다. 얼굴이 희고 눈치가 빠르고 동작이 가벼운 자는 일절 채용하지 않는다고 하는 것이 그것이었다. 왜냐하면 그러한 자들은 모두 도시의 유민이어서, 군의 단결을 손상시키기 때문이었다. 또 그들은 싸움이 시작되면, 자신들만 적 앞에서 도망하는 정도라면 그런 대로 용납하겠지만, 주위의 병사들을 사주하여 함께 도망하기까지 했다. 그것은 혹 재판에 연루될 때 말주변 없는 동료들에게 죄를 떠넘기려는 행위였다.

이런 기준하에 모집된 병사들은 모두 순박하고 믿을 만한 농민 청년들이었으며, '원앙진'의 전술도 이들 병사들의 특성에 맞춰 고안된 것이었다. 척계광은 일찍이 낭선을 소지하는 2명의 병사에 대해 특별한 기술은 필요 없고 보통 사람 이상의 체력이 있는 정도라면 임무를 감당할 수 있다고 공언한 바 있다. 또 낭선은 적병을 쳐서 쓰러뜨리는 데 사용되었을 뿐만 아니라 은폐용으로도 쓰여 병사들의 사기를 높이는 역할도 했다.

척계광의 현실주의적 정신은 혁신이 전통과 지나치게 괴리되지 않도록 하는 데서 나타나고, 또한 개혁을 소리 높여 부르짖지 않은 데서도 나타나고 있다. 그의 부대는 구식의 소박한 농촌적 분위기를 유지하였다. 위소의 군호 출신 부대와 어깨를 나란히 하여 싸우는 일도 있었다. 그들의 봉급은 농촌에서 임시로 고용되는 단공(短工)의 수입과 거의 비슷하였으나, 그 외에도 많은 액수의 상금을 마련하거나 하여 사기를 고무했다. 적의 머리 하나씩에 주어지는 상금은 은 30냥에 달했다.[64]

척가군의 승리는 유례 없는 것이었다. 1559년에 창설된 이래, 이 부대는 몇 번이나 방비가 견고한 보루를 공략하고 포위를 돌파하여 적군을 맞아 싸우고 추격했다. 왜구에게 진 일은 없었다.[65] 부대 본래의 힘 외에 승리를 결정짓는 한 요인이 있었다면 그것은 지휘관인 척계광의 탁월한 지도력이었다.

척계광은 매사에 치밀했다. 부대를 지휘하여 전투에 투입시키기 전에 그는 여러 가지 조건과 발생할 수 있는 상황을 몇 번씩이나 검토했다. 언뜻 보기에 사소한 듯한 것도 그의 포괄적인 고찰의 대상이 되었다. 예컨대 적과 마주치기도 전에 병사가 소변을 구실로 탈주를 기도하거나, 긴장하여 목이 마르고 얼굴이 창백하게 되는 것 등등이었다. 특히 점화되지 않는 화기가 얼마나 있는가, 또 점화는 되더라도 적에게 피해를 줄 수 없는 화기가 어느 정도 있는가 하는 식으로 화기의 사용 효율을 점검했다. 척계광은 또, 한 명의 병사가 싸울 때 평소 배우고 익힌 것의 10%를 발휘하면 일 대 일의 격투에서 이길 수 있고, 20%의 힘을 내면 한 사람이 5명의 적과 싸울 수 있으며, 만약 50%의 힘을 발휘하면 대응할 만한 적이 없다고 생각했다.[66] 이런 생각은 절대로 비관에서 나온 것이 아니었다. 흰 칼날이 번뜩이며 난무하는 잔혹한 전장의 현실 속에서 나온 것이었다. 이런 현실 속에서 장군은 부하에게는 물론이거니와 자기 자신에게도 관용적인 태도를 취할 수 없었다. 그는 평소에는 병사에게 큰 부상도 마다하지 않는 엄격한 훈련을 요구했고, 전투에 임해서는 스스로 지혜를 짜내어 정세를 정확히 판단했다.

전투 직전 2, 3일간 척계광은 정찰대에게 2시간마다 적의 정세를 보고하게 했다. 그가 사용한 지도는 적·흑 2색으로 그려져 있어서 일목요연했다. 가능하다면 점토로 지형 모형을 만들게 하기도 했다.67) 그의 부대는 매일매일의 일출·일몰의 시간을 기록한 표도 갖추고 있었다. 당시 아직 시계는 없었으나, 그는 740개의 구슬을 엮은 염주를 대용품으로 삼았다.68) 보통 속도의 한 걸음당 구슬 하나씩을 움직여 시간을 계산하는 근거로 했다. 이와 같이 치밀한 생각을 가졌던 그였기에 자신의 수중에 장악할 수 없는 것이라곤 거의 없었다.

척계광은 1563년 복건총병에 임명되었다. 이것은 무관으로서 최고의 지위였다. 그렇지만 실제로 그가 구체적인 전략 방침을 결정할 수 있도록 허용된 부분은 아주 적었다. 그의 부대는 하나의 전술 단위에 불과했다고 말할 수 있다. 화기가 결정적인 역할을 감당할 수 없었고, 또한 남방의 수전(水田)이 기병의 왕래를 불가능하게 하고 있었기 때문에 여러 종류의 군이 함께 벌이는 협동 작전과 같은 복잡한 전술을 고안해낼 수는 없었다. 보병 전술에서조차 그는 각종 조건의 제약을 받았다.

그가 잘 사용한 전술은, 정예 부대로 적의 방위선 중 돌출한 일각을 돌파하는 것이었다.69) 그와 같은 지점은 적의 중점 방어 지역으로 특히 적에게 유리한 지형이어서 공격하기가 아주 곤란하였다. 그러나 그의 부대는 적이 미처 예상하지 못한 방식으로 신속하게 적진으로 접근해서 적으로 하여금 충분한 응전의 준비를 하지 못하게 함으로써 아군을 불리함으로부터 유리한 국면으로 이끌었다. 이와 같은 전과는 오로지 평상시의 엄격한 훈련에서 길러진 의연한 정신, 각양의 지형에 적응하는 능력에 의해서만 얻어지는 것이었다. 이외에 복병에 의해 적을 제압하는 전법도 척가군의 특기였다. 병사의 장비가 가볍고 간편했기 때문에 민첩하게 이동하거나 숨을 수 있었던 것이다.

총병 척계광은 전투 초기 단계에서의 손실을 아까워하지 않았다. 그는 자신의 경험에서, 싸움이라고 하는 것은 적 군사 조직의 격파에 불과하다는 사실을 잘 알고 있었다. 상대 조직의 급소에 철퇴를 가할 수 있다면 전체를 통괄하는 중추가 소멸하게 되어 전체도 곧 와해됨을 알고 있었다. 왜구라는 적과 대치할 때, 그들 중의 일본인을 격파하는 것이 승리의 결정적인 요소였다. 그들로부터 협력을 강요받고 있던 중국인 대부분은 금방 무기를 버리고 투항했다.

척가군이 거둔 많은 승리는 그들의 명성을 아주 멀리까지 전했다. 그 명성이 또다시 병사들의 투지를 높여주었다. 그들은 다른 관군이 수개월 걸려서도 공략할 수 없었던 왜구의 거점을 공격하여 몇 시간 만에 함락시키고 적을 섬멸할 수가 있었다.

척계광이 한결같이 주장한 작전 방침은 숫자상의 우위에 근거한 속전속결이었다. 유일한 예외는 선유(仙遊)에서의 전투였다. 당시 선유는 왜구에 의해 이미 한 달 동안이나 포위되어 있었다. 척가군이 구원에 나섰는데, 성 밖에서 격전이 벌어져 쌍방이 팽팽히 맞선 채로 20일이 지났다. 1564년 1월 왜구는 대패하여 퇴각하기 시작했는데, 척계광은 집요하게 추격하여 그들의 본거지를 일소했다. 이것은 국면 전체에 근본적인 변화를 가져온 결정적인 전투였다.[70]

일본에서 온 침략자들은 이에 이르러 마침내 중국에서의 모험이 하등의 이익도 없음을 깨닫고 소란을 계속 피울 생각을 서서히 버리게 되었다.[71] 남은 해적들은 이미 대부분 중국인이었고, 절강·복건 일대에서도 근거를 상실한 그들은 그 뒤 광동으로 도망해 들어갔다.

명조의 대 왜구 전쟁은 이제 종식을 고하게 되었다. 계속 해적 잔당들을 완전히 평정할 필요가 있었다고는 하더라도 그것은 이미 중국의 국내 문제이지 국제 전쟁이 아니었음은 두말할 나위도 없다.

왜구와의 전쟁에서 가장 빛나는 공적을 올린 척계광은 이상만으로 완벽을 추구하는 장군이 아니라 환경에 적응하여 자신의 재능을 발휘한 장군이었다. 그의 성공의 요인은 그가 자각한 현실주의에 있었다. 그는 당시의 정치 현실을 냉정하게 인정한 바탕 위에서, 기술적인 면에 국한된 군사 개혁을 단행하였다. 그것이 당시의 상황에서 그에게 허용된 유일한 방안이었다. 문관 주도형의 농업 국가에서는, 군사적인 면에서의 효율을 극단적으로 강조하고 군사 기술의 발전을 제창하면서 군관이 문관과 어깨를 나란히 하기를 바라는 것은 거의 있을 수 없었다. 군사를 중시해야 할 바른 이유를 아무리 열거한다 한들 현실에서는 도저히 수용될 수 없는 일이었다.

수도 방위

척계광의 성공은 16세기 중엽의 명조에서는 예외 중의 예외였다고 할 수 있다. 그의 모든 일이 순조로웠던 것은 본인의 탁월한 재능에 의한 것임은 물론이나, 한 사람의 유력자의 지지 또한 역시 불가결한 요인이었다. 그가 바로 담륜(譚綸)이다. 담륜은 문관 집단 가운데서는 특수한 부류에 속하는 인물이었다. 진사 출신으로 오랫동안 동남 해안 지역의 관직에 있으면서 복건순무에까지 승진했다. 직무상의 필요와 개인적인 관심으로 인하여 어느덧 군사 분야가 이 고위 문관의 전문 분야로 되었다. 그는 틈만 나면 시찰이란 명목으로 부대를 이끌고 몸소 전선으로 향했는데, 다른 사람들이 주의를 기울이지 않는 틈을 타서 갑자기 부대의 최전방에 나타나거나 하는 일도 있었다. 한번은 실제로 전투에 참가하여 양 팔이 온통 피투성이가 된 일도 있었다고 한다. 당시의 규정에 의하면, 군사 지휘관의 군공의 기준은 부하가 가져온 적의 머리 수였다. 담륜이 평생 동안 획득한 머리 수는 모두 21,500여 급에 달했다.72)

척계광이 제출한 모병 및 훈련 계획은 담륜의 열렬한 찬사와 실제적인 지원을 얻게 되었다. 담륜은 척계광의 부대에 충분한 장비를 계속 공급했다. 척계광이 복건총병의 직임을 얻은 것도 담륜의 추천에 크게 힘입은 것이었다.73) 1567년 담륜은 계요(薊遼)·보정(保定)총독으로 승진하여 수도 방위의 중책을 맡게 되었다. 그가 곧 척계광을 자신이 관할하는 지역의 최고 장군으로 영입하려 한 것도 의외의 일은 아니었다.74)

척계광은 1568년 초에 계주(薊州)로 부임하여 15년 동안이나 직임을 감당하였다. 뒤에 담륜은 병부상서로 승진하여 계주를 떠났고 상서 재임 중 사망하였는데, 그것은 그와 척계광이 협력하여 계주의 군비(軍備)를 쇄신한 뒤의 일이었다.

명의 군인은 오랫동안 문관의 억압하에 있었다. 설령 우수한 능력을 가진 장군일지라도 전체를 통괄하는 능력을 발휘할 수는 없었다. 그들의 부하는 다시 각각 맡은 바 방위 지구에서 지부나 지현 등 지방관의 지휘를 받고 있었다. 또 급여와 물자의 공급도 그들이 직접 할 수 없었다. 무장들에게 가능한 유일한 것이라면 전장에서 부하 병사들을 거느리고 몸소 진두에 서는 것뿐이었다.75) 척계광의 경우에도 담륜의 전면적인 지원이 있었다고는 하나 인습적 관례가 귀찮은 문제를 끊임없이 야기하여 그를 괴롭혔다. 그의 직함 문제가 단적인

예를 보여준다. 전임할 당시 그에게는 '총리계주군무(總理薊州軍務)'
란 이름이 준비되었다. 그 이름대로라면 일개 군인이 계주 전체의 군
무를 총괄한다는 의미를 갖게 되므로 당연히 큰 물의를 빚을 수 있는
것이었다.

    북방 국경 지대의 상황은 국경 밖의 유목 민족으로부터의 위협이
있다는 점에서 남방의 군구(軍區)와는 전혀 달랐다. 가뭄이 들면 몽골
기병 부대가 국경 지대를 습격하여 약탈하는 것이 관례처럼 되어 있
었다. 기동성과 신속하고도 맹렬한 돌격력이 그들의 군사적인 면에서
의 특징이었다. 집중적인 습격에 즈음해서는 한 번에 10만 명의 기병
을 동원할 수 있었다. 당시에는 알탄이 여러 부락을 연합하여 대동맹
을 형성하였는데, 그 세력이 국경 지대의 동서 2천여 리에 걸쳐 있어
서, 명의 장군들은 수수방관할 뿐이었다.76)

    계주는 화북 9진 중의 하나로,77) 방위 지역은 북경 동북부 일대였
다. 규정에 의하면 병사 8만 명, 군마 2만 2천 필을 거느리고 있어야
했으나, 실제로 현황을 정확히 알 수 있는 사람은 전혀 없었다. 동원
된 병사에는 계주의 위소에 소속된 '주병(主兵)'과 다른 지역으로부터
차출된 '객병(客兵)'이 있었다. 후자의 배치는 반영구적인 것이었지만
급여 등은 본적지에서 부담해야 했다.78) 이 밖에 내륙 지방의 위소로
부터 몽골인이 국경 지방을 습격할 가능성이 가장 많은 몇 달 동안만
동원되어 오는 병사들도 있었다. 그러나 그들 중 실제로 직접 병역에
복무한 자는 적었다. 일정액의 은을 납부하기만 하면 대리인을 고용
하여 병역에 나가게 할 수 있었기 때문이다. 그러나 납부한 은은 고
용된 자에게 소요되는 급료에도 미치지 못했다. 요컨대 계주 전체의
병사와 급료는 여러 지방으로부터 다양한 방법으로 모여진 것으로,
그중에는 장부상으로만 존재하는 것도 있었다. 이렇게 되면 숫자가

분명하지 않음은 물론이거니와 질 또한 의심스러웠다고 할 수 있다.

이처럼 이완된 조직과 통일성이 결여된 군수 체계는 전혀 의도적인 안배 없이 나온 것은 아닌 듯하다. 유능한 장군일수록 소위 '발호전천(跋扈專擅)', 곧 항상 자신의 생각을 모든 문제에 대한 최종적인 해답으로 삼을 수 있었던 것이다. 그리고 이와 같은 장군이 대군을 통솔하여 수도를 지키는 것은, 항상 일개 왕조의 종식을 가져올지도 모르는 일이었다.79) 그러므로 척계광이 군비 개선을 위해 바친 모든 노력이 전부 겹겹의 장애에 부딪힌 것도 필연적이었다. 그러한 방해의 대부분은 문관 집단의 의지에 의한 것이었으며, 그들의 의지는 역사적 전통 관례를 배경으로 한 것이었다.

장거정과 척계광

그러나 다행스럽게도 담륜과 척계광의 계획은 중신 중 하나, 즉 장거정의 칭찬을 받게 되었다.

장거정은 척계광이 북방으로 전임해 가기 몇 개월 전에 내각대학사로 임명되었고, 그 뒤 우여곡절을 거쳐 명조 최고위의 정치가가 되었다. 입각할 무렵부터 그에게는 군비를 새로 정비하고자 하는 포부가 있었다. 계주는 그의 주의를 가장 많이 끈 군사 구역이었다. 척계광은 취임하자마자 자신은 정치에는 관여할 필요 없이 오로지 군비에만 전념하면 된다는 사실을 깨달았다. 왜냐하면 해야 할 일은 모두 총독과 대학사가 적절히 처리해주고 있었기 때문이었다. 그들조차 처리할 수 없는 일이 있다면 그것은 당연히 더 언급할 필요도 없는 것이었다.

대학사라고는 해도 장거정은 공식적으로 명령을 내릴 권한을 갖지 못했을 뿐만 아니라 제도 개혁에 대하여 공공연하게 논의할 수도 없었다. 그가 채택한 방법은 연줄이 닿는 유력자에게 편지를 써서 자신의 생각을 그대로 황제에게 상주하게 하는 것이었다. 그들의 상주문은 내각에 보내져서 대학사들의 '표의(票擬)'를 받게 되었고, 그렇게 되면 당당하게 황제를 대신하여 동의의 뜻을 회답할 수가 있었다.80)

그가 문연각에 들어가서 섬긴 최초의 황제[목종 융경제]는 우둔한 군주여서 정치에 대해서 이해도 관심도 없었다. 그 다음 황제[신종 만력제]는 아직 어렸으며 장거정 자신의 제자였다. 이러한 환경과 자신의 재능이 장거정의 권위를 만들어내었다. 그렇지만 오히려 그는 주의 깊게 일할 필요가 있었다. 명조의 관료 정치는 이미 극도로 발달해 있었다. 몇 천, 몇 만에 달하는 관료가 국법을 유지한다는 명분 하에 각 방면에서의 균형을 유지하고 있으면서, 일반에 공개할 수 없는 사적인 이권을 감추고 있었다. 군사 제도 개혁의 의지를 공공연히 입에 올리는 것은 다른 사람의 공격을 불러올 일이었다. 그 때문에 장거정은 우회적인 방법을 채택하지 않을 수 없었다. 여하튼 황제는 그의 편에 있었으므로 다른 자가 진상을 간파했다 하더라도 국법을 위반했다는 확실한 증거를 제시할 수 없는 한 공공연한 공격이나 은밀한 악선전도 두려워할 것은 아니었다.

계주 군진의 군비 개혁은 다음과 같은 순서로 순조로이 진행되었다. 맨 처음 척계광은 북방 각 군으로부터 10만의 신병을 선발하고, 몸소 3년 동안 훈련시킬 것을 건의했는데,81) 계획이 너무 크고 정치·기술 양면에서 해결하기 어려운 문제가 많아서 결국은 실현되지 못했다. 다만 절강성에서 훈련한 병사들의 일부를 계주로 이동시킨다고 하는 그의 건의 하나는 승인되었다. 최초에는 3천 명 규모로 정해졌으나 뒤에는 2만 명으로 확대되었다.[82] 장거정은 척계광을 아주 신임하여 이 군구 모두를 통괄하는 권력을 그에게 주려고 했다. 그래서 다른 군구의 '총병(總兵)'과 구별될 수 있도록 '총리계주군무(總理薊州軍務)'라는 직함의 관직을 둘 것을 제안했던 것이다. 유감스럽게도 이런 관직은 명조에서 전례가 없었으므로 논의가 분분하여 부득이 취소되었다.

이 계획이 실현될 수 없었기 때문에 장거정은 다른 방법을 생각했다. 그것은 계주 관할 내의 척계광 이외의 상급 장군을 다른 군구로 전임시켜 척계광이 여하한 간섭도 받지 않게 하는 방법이었다.[83] 이때 담륜도 계주의 문관은 그 지역의 군사 훈련에 간여할 수 없도록 할 것을 건의하였고, 또한 척계광이 병사를 훈련하는 3년 동안은 감찰관의 비평을 받지 않도록 할 것을 주장했다. 이 주장은 분명한 국법 위반으로, 문신들이 공격하기 좋은 구실이 되어 맹렬한 반대를 받았다. 황제는 주비에서 병부와 도찰원의 건의가 타당함을 인정하는 한편, 감찰관들에게는 연병의 중요성을 인식하도록 요구했고 서로 마음을 합하여 도울 것을 강력히 지시했다. 아울러 그들이 계주 군구를 시찰하는 것을 매년 1회로 제한했다. 한편 담륜과 척계광에 대해서도 그들이 "법망을 조금 벗어나더라도 스스로 운영해나갈 수 있도록 할 것"[84]을 희망하였다. 결국 척계광에 반대한 문관들은 뒤에 장거정에 의하여 조용히 하나하나 전임되었다.[85]

계주의 군대는 훈련 개시와 더불어 재정 지원을 후하게 받았고, 그것으로 군마를 사들이고 화기와 전차를 제조했다.[86] 이러한 파격적 대우는 많은 반감을 불러일으켰다. 또 북병과 남병의 마찰, 군호 출신과 기타 병사와의 불화, 완고한 보수파와 과격한 혁신파와의 충돌 등 일련의 모순이 잇따라 발생했다. 장거정은 이러한 상황을 명확히 파악하고서 담륜과 척계광에게 개인적 서신을 보내어, 방만한 태도를 취하지 말고 조심스럽게 행동할 것을 거듭 당부했다. 그는 척계광에게, "북병이 남병에게 분개하고 있음은 오래전부터이며", 북병이 "남병을 욕보이려고 갖은 수단을 다하고 있으므로", "겸허히 행동하도록 힘써서 스스로 수모를 초래하지 않도록 해야 할 것"[87]이라고 경고하기도 했다.

한번은 몽골 군대가 변경을 침범하려고 하는 일촉즉발의 위기 상황에서, 문득 알탄이 계획을 포기하고 부대를 북으로 철수시킨 일이 있었다. 이 의외의 사건에 대하여 장거정은 알탄이 담륜과 척계광 두 사람의 빈틈없는 전투 배치에 놀라움을 느낀 것임에 틀림없다고 생각했다. 그런데 인근의 두 개 군구가 공을 자기 것인 양하고 말았다. 장거정은 그들이 포상에 눈이 어두워 군공을 가로채려 한 것이 가소롭고 부끄러운 행위라고 생각했으나 그 사실을 담륜에게만 알리고, 황제의 명의로 그 두 군구의 지나친 자기 선전을 사실로 승인하였다. 논쟁이 분분해지지 않도록, 병부의 진상 조사도 지시하지 않았다. 그는 담륜에게, 상주할 때에 공적을 다툰다든가 하지 말고 오히려 업적과 군공을 다른 두 개의 군구에 양보하여, 그들로 하여금 스스로 부끄러워하도록 하라고 지시하였다.[88]

장거정의 이러한 방식은 표면적으로는 자기를 낮추고 다른 사람을 치켜세우는 것으로, 대정치가로서의 품격을 갖춘 것이라 할 수 있다. 그러나 잘 생각해보면 역시 권모술수에 지나지 않았고, 모순의 근본적인 해결에는 도움이 되지 않는 것이었다. 설령 담륜과 척계광 두 사람이 최대한의 겸허함을 보였다고 해도 각 군구 간의 이해관계가 씻은 듯이 사라질 수는 결코 없을 것이었다. 내각이 공평성과 균형을 염두에 두면 둘수록, 제3자의 눈에는 친소관계가 분명하고 편파성도

심한 것처럼 비치게 되었던 것이다. 뒤에 장거정에 반대하는 자가 계주군은 심복을 양성하기 위한 장의 정치적 기반이라고 말한 것도 무리는 아니었다.

1577년 담륜이 병사하면서 장거정과 척계광의 관계는 보다 밀접해지게 되었다. 이듬해 장거정은 부친상을 당하여 강릉으로 귀향했다. 그는 직임을 떠난 이 짧은 기간 동안 척계광이 불안해할 것을 염려하여, 후임 계요총독으로 양몽룡(梁夢龍)이 임명될 것임을 은밀히 알려주었다. 그는 편지 속에서, "이번의 이임은 실로 부득이한 것이오. …… 집안 일이 끝난 다음에는 밤을 낮을 삼아 도성으로 급히 돌아올 생각이며, 계주의 일은 모두 명천공(鳴泉公)에게 부탁해두었는 바, 그는 내가 가장 신뢰하는 문하생으로 그대에게 불리하게 될 일은 결코 없을 것이오"89)라고 했다. 양몽룡의 자는 명천으로 한림원에서 장거정과 사제관계를 맺고 있었다. 그가 만력 연간에 이룩한 업적도 역시 장거정의 발탁에 힘입은 바 컸다.

장거정이 이와 같이 마음을 터놓고 이야기해줌으로써 척계광은 장거정의 은덕에 대한 감사의 마음을 한층 깊이 가지게 되었다. 그래서 수석대학사의 강릉으로의 여행이라 하는 점을 들어 척계광은 조총을 가진 병사 한 중대를 파견하여 호위하게 했다. 장거정은 그중 6명을 뽑아 수행시켜 상징적인 의장으로 삼음으로써 수보 장거정과 계주장군 척계광의 밀접한 관계를 과시하였다. 이를 전후하여 계주총병의 연락병이 각종 문서와 편지를 지니고 수보의 사저를 기마로 빈번하게 오갔다. 이 사실은 뒤에 그들의 정적들이 장거정을 탄핵하는 하나의 구실이 되었다. 모반을 꾀한다고까지 지탄받게 되었던 것이다.

몽골과의 전쟁

척계광이 계주에서 창안한 전술은 한마디로 말해서 '보병군 각 병종의 공동 작전'이었다. 이 전술에 평가를 내리는 데는 우선 조건상 그가 받은 온갖 제한을 고려할 필요가 있다. 당시 근대적인 무기는 도입된 지 얼마 되지 않았고, 또 북방인 병사의 질도 이상적인 수준에 훨씬 못 미치는 상태였다. 그 때문에 그가 의지한 주요 전력은 역시 약 1개 여단 규모인 남병들이었다. 그는 이 병력을 적절히 배치하여 군 전체의 중핵으로 삼고 몽골 철기병 10만의 내습을 방어했다.

대 왜구전에서 활용한 '원앙진'은 소규모 단위 보병을 주력으로 한 전술이며, 해적에 대처하여 남방의 지형적 특징에 적응하는 것을 목적으로 했다. 그러나 계주 군구의 임무는 몽골 기병의 대부대를 방어하는 것이었다. 따라서 원앙진의 기초 위에서 발전시킨 신전술은 각종 병사가 협동 작전을 한다는 틀만을 유지하였다.

전차의 사용은 이 전술의 중요한 요소가 되었다. 이 전차의 기능은 방어를 주로 하는 것으로, 모양은 민간의 짐수레와 흡사했다. 다른 점은, 민간 짐수레의 경우 차체 양측에 널빤지를 두르지만 이 전차에는 8폭으로 된 접을 수 있는 병풍이 실려 있다는 점일 것이다. 이 병풍은 전체 길이가 15척인데, 평상시에는 수레 멍에 위에 얹어놓지만 전투 시에는 한쪽 바퀴의 뒤쪽에 펼쳐 세워서 옆판을 대신했다. 그래서 이 전차를 편상차(偏箱車)라고도 했다. 수십 대의 전차를 연결하여 원형이나 방형의 방어 거점을 만들 수도 있었다. 가장자리 쪽의 두 장의 병풍은 문짝처럼 앞뒤로 움직여서 보병은 그리로 드나들 수 있었다.[90]

각 전차는 '불랑기(佛郎機)'라고 하는 소구경의 포를 2문씩 탑재하고 있었다. 오늘날의 수준에서 보면 이 유럽식 화기는 포라고 하기보다는 오히려 대구경의 총이라고 할 수 있는 것이었다. 청동 혹은 주철로 주조하였고, 길이는 3척에서 7척까지 다양했다. 구경은 2촌 이하였고, 포구 쪽에서 탄환을 장전했다. 가장 큰 불랑기의 사정거리는 2천 척이었다.91) 보통 이 포와 보조 화기인 조총은 전차의 병풍 뒤에서 발사했기 때문에 병풍에는 총을 쏘기 위한 구멍이 나 있었다.

전차 한 대에는 병사 20명씩이 배치되었다. 그중 10명은 전차에 배치되어 불랑기의 조작을 담당했다. 나머지 10명은 척계광이 강조했던 '살수(殺手)'였는데, 등나무 방패·당파·장창단도로 무장하여 적을 맞아 싸우는 것을 임무로 했다. '살수'조는 전차에서 25척 이내의 거리를 유지했고, 그들이 전진하면 전차도 따라 전진했다.92)

기타 보병 부대는 여전히 원앙진에 따랐으나 약간 다른 점도 있었다. 예를 들면 방패를 소지한 병사가 포복으로 전진하여 적의 말의 발굽을 친다는 점, 긴 창을 가진 병사가 적을 찔러 말에서 떨어뜨린다는 점, 낭선이 죽제에서 철제로 일부 바뀐 점 등이었다.93)

이 혼성 여단은 기병 3천, 보병 4천, 중전차 128대, 경전차 216대를 거느리고 있었다. 적을 맞아 싸울 때는 기병이 전방에서 적군을 막아 전차가 전투 대형을 형성하기에 충분한 시간을 벌었다. 그리고 적군이 접근해 오면 기병은 전차대 속으로 퇴각했다. 적의 기병이 1백 기 이하인 경우 이 혼성 여단은 적극적으로 대응하지 않다가, 적의 기병 대군이 습격해 와서 화기의 사정거리 대략 250척 이내로 들어올 때에 비로소 불랑기, 조총, 불화살 등으로 일제 사격을 가했다.94)

혼성 여단은 큰 포를 갖출 수도 있었다. 그중 하나로 '대장군'이란 별명을 가진 포는 무게가 1천 근이나 되어 노새가 끄는 수레에 실어 운반했고, 점화할 때에는 큰 나무를 지면에 박아서 본체를 고정했다. 포신에는 아주 가까운 거리의 적을 대량으로 살상할 수 있도록 작은 철구와 돌을 탄환 대신 가득 채워 넣었다. 포수는 부상당하지 않기 위해 점화한 뒤 바로 부근의 진지로 뛰어들어갔다.95)

화기가 위력을 발휘한 뒤에는 보병이 전차 뒤로부터 뛰어나와 육탄전으로 파상적인 공격을 가했다. 그때 서로 보조를 맞출 수 있도록 나팔 소리로 지휘를 했다.96) 적의 공세가 꺾이고 대형이 흐트러지기 시작하면 기병도 전원 전차 뒤로부터 출격했다. 이 기병은 사실상 오히려 말 탄 보병이었다고도 할 수 있는데, 지상의 보병과 같은 식으로 원앙진의 대형을 취하고 다양한 무기를 갖고 싸웠다.97) 대오를 짜서 돌격하여 맹렬하고 신속하게 상대를 압도하는 몽골 기병 전법을 척계광은 흉내 내지 않았다.

척계광이 심혈을 기울여 짜낸 이 전술은 이윽고 명조와 몽골인이 강화했기 때문에 실전에서 엄밀한 검증을 받을 수는 없었다. 군사사상 결정적인 영향을 남긴 것도 아니었다. 순수하게 군사적인 관점에 서라면 이러한 결과는 적지 않은 아쉬움이 남는 일이라 생각된다.

척계광이 계주총병에 취임한 지 3년도 채 안 되는 동안에 알탄은 명에 대한 교란 정책을 포기했다. 그는 명으로부터 매년 보조금과 상호 무역의 권리를 얻는 조건으로 다시 침입하지 않을 것과 전 부족을 통제할 것을 서약했다.98) 당시 동부의 각 토착 부족만은 알탄의 통제에 따르지 않고 여전히 요동의 이성량(李成梁)의 부대와 종종 교전하였다. 일부의 소규모 부대가 계주군과 충돌하는 일이 간혹 있었으나 대세에는 영향을 주지 못하였다.99)

알탄이 '봉공(封貢)'을 칭하고는 있었으나, 이 평화스런 국면이 오래 지속될 수 있을지에 대해서는 명 조정의 신하로서 어느 누구 하나 자신 있게 말할 수 있는 자가 없었다. 그 때문에 이 단계에서는 여전히 주전파가 있었다. 담륜도 전력을 비축하여 대규모 공격을 해서 몽골의 전투력을 철저하게 파괴해야 한다고 주장했다. 그러나 이와 같은 대규모의 총체적 행동을 위해서는 조정의 전체 문·무관이 진정으로 협력하는 것이 필요했으며, 아울러 일어날 수 있는 위험을 각오하지 않으면 안 되었다. 그 때문에 장거정은 담륜의 건의를 받아들이려고 하지 않았다.100) 그는 척계광에게 보낸 편지에서, "적이 침입할 수 없는 것만으로도 큰 공적이며, 계주가 평온 무사하게 되면 그대도 임무를 다한 것이오"101)라고 했다.

장거정으로서도 원대한 뜻이 없었을 리 없겠으나, 그는 자기 자신의 약점을 잘 알고 있었다. 예를 들면, 계주에서 척계광의 고민거리는 북병과 남병의 혼재에서 생기는 알력이었다. 척계광은 남병에 대해서는 엄격한 규율을 부과하여 마음대로 지휘할 수가 있었다. 그러나 북병에 대해서는 그런 것을 바랄 수 없었다. 또한 그는 자신이 훈련한 관병을 교도대(敎導隊)로 하여 다른 부대를 훈련시키려고 생각한 적도 있었으나 그런 희망은 이루어지지 못했다.102) 더욱이 2만 명의 절강 병사를 북으로 동원해 오려 한 일도 있었으나 그것도 허가되지 않았다. 남병과 북병 간의 오래된 불화는 당시까지도 여전히 계속되고 있었다. 그가 처한 입장이 반드시 양호하지는 않았음을 알 수 있다.

변경 지역의 전쟁이 일시 수습되고 군사 훈련도 남방에서처럼 다급하지 않게 되었으므로, 척계광은 북병을 파견하여 장성을 구축하게 하면 어떨까 하고 제안했다. 북경 일대의 장성은 원래 명초의 대장군 서달(徐達) 등이 구축한 것이었다. 척계광은 보루를 늘리고 방위력을 향상시킬 것을 건의했다. 맨 처음 그는 250명 단위의 공병대를 조직하여, 각 부대가 1년 동안 각각 70개의 보루를 건설한다는 계획을 세였다.103) 계주 전체에서 건설될 보루의 총 수는 당초의 계획에서는 3천이었으나 착공을 허락받은 것은 그중 1천2백 개에 불과했다.104) 동시에 건설 기간도 계획대로는 되지 못하여 준공까지 결국 10년이나 걸렸다.105) 축조된 보루의 표준 규격은 3층으로, 최상부는 사방 12척이었으며, 30~50명의 병사가 주둔할 수 있었다. 건축 재료인 돌, 벽돌, 석회 등은 대부분 공사에 동원되는 북병 각자가 마련하도록 하고, 정부는 소액의 자금을 지원할 뿐이었다. 준공 후에 주둔하는 임무는 남병이 맡았다. 북병은 급료 부족 때문에 여러 가지 방법으로 자활할 수밖에 없었다.106) 이 모든 제안이 북방 군관의 맹렬한 반대에 부딪혔으나 장거정이 전폭적으로 지지했기 때문에 간신히 제안대로 착공될 수 있었다.107) 장거정이 세상을 떠난 뒤 그가 심혈을 기울인 사업의 대부분은 중단되고 말았고, 장성에 늘어서 있는 보루만이 그의 공을 오늘까지 전해주고 있을 뿐이다.

이 공사와 방어의 정책에 따라 병력은 긴 방위선상에 분산 배치되게 되었으나, 이것도 결국에는 당시의 인적·물적 보급 체계가 그렇게 만든 바였다. 만약 당시 이런 속박이 없이 척계광이 선택의 자유를 갖고 있었다면 그는 필시 주저하지 않고 공격의 체제를 갖추어 기동적인 전술을 구사했을 것이다. 그가 남긴 시문 가운데는 몇 군데나 이와 같은 소원이 나타나고 있다.108)

영광과 비애

척계광이 계주총병을 지낸 15년이란 세월은 그의 전임자 10명의 임기를 합한 것과 같은 오랜 기간이었다.109) 그는 유달리 훈련, 열병,

각종 의식, 부하에 대한 훈화 등을 좋아했다. 이러한 기회에 그는 전군이 보는 앞에서 자신의 건장한 체격과 민첩한 행동을 과시하였다. 한번은 부하 장군에게 접근전용 각종 무기의 장단점을 설명하면서, 칼을 치며 덤비도록 명령하여 그것을 긴 창으로 멋지게 방어해 보인 적도 있었다.110) 각 부서를 빈번하게 순시하였는데, 한번은 호위병 한 명 없이 장성 밖 20리까지 말을 달려 나간 적도 있었다. 게다가 스스로 밧줄을 타고 절벽 위의 감시 초소까지 올라간 일도 있었다.111) 고위 장군이면서 이와 같은 체력과 기풍을 갖추고 있음을 그는 늘 스스로 자랑스럽게 생각하고 있었다.

바쁜 군무 가운데서도 그는 틈을 내어 군사 관계 저작이나 시문을 썼다. 그의 두번째 군사서는 『연병실기(練兵實紀)』라는 제목으로 1571년에 간행되었다. 9년 뒤에는 시문집 『지지당집(止止堂集)』도 간행되었다.112)

중국의 고전 시가는, 담백하고 자연스러운 어휘로 심오한 경지나 격렬한 감정을 표현하고 있으면 함축적이라 하고, 뚜렷한 굵은 선으로 아무것에도 구애받지 않는 경지를 묘사한 것이면 호방하다고 한다. 척계광의 시가는 이와 같은 경지에는 도달하지 못한 것으로, 독자에게 주는 인상도 딱딱하고 평범한 것이었다. 다행히 전술한 기준에 근거하여 시인 척계광을 평가하려는 사람은 없다. 무과 출신의 장군은 일생의 대부분을 다망한 군무 가운데서 지내는 것이 보통이어서 이와 같은 작품을 쓰는 것 자체가 보기 드문 일이었다. 당시의 상급 장군 중에는 "어려서 독서를 좋아했다"고 하는 유대유를 제외하고는 문장에 관한 조예에 있어서 척계광에 비길 자가 없었다. 평소에 담화를 나눌 때에도 그는 유가의 경전이나 사서에서 보여주는 교훈을 자연스럽게 끌어 인용할 수 있었다. 이 때문에 문관들도 그에게는 경의를 표하여, 한나라 번쾌[樊噲, 한 고조 때의 무장으로 홍문鴻門의 회합에서 고조를 구출하여 뒤에 무양후舞陽侯로 봉해짐]와 같은 부류에 속하는 무인으로 보지 않았다. 그의 관위가 높아지면서 보다 많은 문관이 그를 친구로 영접하고 함께 술을 마시며 시를 읊는 등 가까이 교제를 하였다. 당시 문단의 대가 왕세정과 척계광의 교제도 보통 정도가 아니었다. 왕세정의 문집에는 척계광의 생일을 축하하는 글이 두 편 수록되어 있을 뿐만 아니라 『기효신서』와 『지지당집』의 서문도 그가 썼다.113)

척계광과 같은 시대의 무인으로 이와 같이 빛나는 공적을 수립한 자는 없었다. 그는 달성할 수 없을 듯한 일은 하지 않았으나, 가능한 범위의 일은 훌륭히 완수했다. 그 때문에 그는 무관이 누릴 수 있는 각종 영예를 얻었다. 관위만 예로 들더라도 실질적인 최고위라고 할 수 있는 총병에까지 올랐다. 명조의 관례로는 한 사람의 무인이 성 단위를 초월한 병권을 갖도록 허용되지 않았으므로 이 이상의 승진이 가능하다 하더라도 그것은 관직명과 봉록상의 것에 지나지 않았다.114) 굳이 미련이 있다면 작위에 봉해지지 않은 것 정도일까. 그러나 이 작위는 관례에 따라 황제의 장인에게 수여되는 이외에는 나라를 위기에서 구하는 등 불세출의 수훈을 세운 사람만이 얻을 수 있는 것이었다.

그러나 생애 마지막 수년 동안 척계광은 쓸쓸하고 비참한 처지에 빠지게 되었다. 장거정이 죽은 뒤 7개월 만에 척계광은 광동총병으로 전임되었다.115) 관위는 종전 그대로이지만 수도 방위의 요직에서 밀려난 것이었다. 게다가 1년 뒤 장거정 일파 숙청이 최고조에 달하자 척계광은 더욱 의기소침해져 퇴직을 신청했다. 그러나 당시의 정세는 그에게 퇴직의 명분조차 주지 않았다. 정부 측 기록에 의하면 그와 요동총병 이성량은 죽은 수보 장거정파로 지목되어 동시에 탄핵되었다. 만력제는 이성량을 용서하고 척계광은 면직시켰다.116)

척계광이 면직되어 한가해진 이후 여전히 교제를 계속한 우인은 손으로 꼽을 정도밖에 없다. 문호 왕세정도 그중 한 사람이었다. 척계광이 죽기 1년 전에도 왕세정은 그의 생일을 축하하는 글을 써서 그의 공적을 찬양했다.117) 다만 그 뒤 멀지 않은 시기의 저작『장공거정전』에서 왕세정이 친구 척계광에 관하여 언급하는 필치는 앞서의 생일 축하와는 약간 분위기를 달리하고 있다.

이『장공거정전』은 사적(史籍) 가운데서도 특히 주목되는 것이다. 그것은 작자 왕세정이 주인공 장거정과 같은 해에 진사가 되었고 게다가 문장의 달인이기도 해서, 기록이 아주 상세하고 많은 전문(傳聞)·일화·잡사 등을 담고 있기 때문이다. 물론 장거정에 대한 칭찬도 했다. 예를 들면, 그가 사람을 보는 눈이 뛰어났음을 언급하고, 척계광과 이성량이 명장으로 될 수 있었던 것도 바로 이 수보의 신임을 얻어 자신들의 재능을 충분히 발휘할 수 있었기 때문이라고 지적했다. 그러나 이 책의 중점은 장거정이 위선적이고 냉혹한 성격을 가진 자임을 지적하는 데 두어졌다. 작자는 자신과 장거정 간의 불화도 숨기지 않았다. 예컨대 책에서 자기 자신을 언급하는 경우 그는 일인칭을 사용하지 않고 굳이 '왕세정'이라 썼다.118)

이 책에서는 또 장거정의 사망 원인이 지나친 호색에 있었다고 주장했다. 병부상서이던 담륜은 방중술(房中術)을 수보에게 전수하였고, 척계광도 역시 '천금희(千金姬)'라는 미녀를 큰 돈을 주고 사서 바쳤다는 것이다.119) 그렇다면 계주에서 군비를 정비하던 사업은 규방의 비사와도 연계되어 있었던 것이 된다. 검증할 수도 없는 이 일화는 화려한 문장으로 쓰인 전기 내용 가운데에 들어 있어서 풀기 어려운 하나의 숙제로 남게 되었다. 뒤에 척계광의 전기를 집필한 사람은 모두 이 일화를 어떻게 처리할 것인가를 놓고 고민에 빠졌고 결국 모르는 척 마무리할 수밖에 없었다.

척계광은 죽기 전에 이미 처자로부터 버림받았다. 10만 대군을 통솔하던 무렵 그는 마음씨 좋기로도 이름 높았고 친구들에 대해서는 더욱 호탕했다. 그는 개인적인 저축을 하지 않았기 때문에 파면된 뒤에는 찢어지게 가난하여 약값 대기에도 어려운 상태였다.120) 이 영웅의 말로는 당시와 후세의 동정자들로 하여금 한숨을 그치지 못하게 하였다. 척계광 본인의 공적이 원래 칭찬할 만한 것인 데다 이와 같은 감정이 더해진 때문에 공식적인 전기는 물론 비공식적인 기사나 평론도 모두 그에 대해 찬사를 아끼지 않았고, 때로는 그를 완전무결한 인간으로 묘사하는 일조차 있었다.

그러나 진정한 역사가는 당시의 관점을 초월하지 않으면 안 된다. 척계광은 복잡한 인물이어서, 전통적 도덕 관념에 의한 표준적인 인물상에 억지로 맞춰 넣는 것은 곤란하다. 그의 일생에는 이해하기 어려운 점이 많이 있다. 예를 들면 이 상급 장군은 생전에 3명의 첩을 거느리고 5명의 아이들을 낳았다. 자식이 성인이 되기까지 그는 첩과 자식의 존재를 숨길 수가 있었다. 그의 다부진 부인도 장군에게 따로 아들이 있다는 사실을 내내 알지 못했다.121) 그는 병사들의 생활이 어렵다는 것을 듣고 부하 앞에서 동정의 눈물을 흘린 적도 있었다. 그는 또 자신의 집에서 쓸 땔감을 병사들에게 마련하도록 하던 관례를 폐지했다. 어느 섣달 그믐날 밤 총병 척계광의 집에 취사용 땔감이 부족하여 제대로 설맞이 의식을 치르지 못한 일도 있었다.122)

그러나 그런 한편으로는 북경의 유명한 요리점의 명물 요리, 예를 들면 초수호동(抄手胡同) 화가(華家)의 '자저두[煮猪頭, 돼지머리 완자]'를 110리 밖에서 말로 배달시킨 일도 있었다.123) 그는 계주에서 연병할 때 혈맹 의식을 가진 적이 있었다. 지휘관들과 함께 혈주(血酒)를 마시고 하늘을 향해 다음과 같은 서약을 했다. "혹 두 마음을 품어 군력을 아끼지 않거나, 군이 가난하다는 생각을 잊어버리거나, 금령에도 불구하고 백성들에게 뇌물을 강요하거나, 헛되이 위로 뇌물을 바쳐 출세를 도모하면, …… 곧 유경룡과 같이 바로 죽음으로 응보를 받을 것이며", 만일 "자의로 거두어서 뇌물로 제공한다면, 곧 재앙을 만나 온 집안이 죽을 것이고", 나아가 "남자는 도적이 되고 여자는 창기로 되어 10대를 내려가도 그치지 않을 것이다".124)

그런데 몇 가지 사례로부터 생각해보면 척계광이 자신의 서약을 완전히 지키지는 않고 있었음을 알 수 있다. 그가 큰 돈을 들여 데려온 미녀를 장거정에게 주었는지의 여부는 증명할 수가 없으나 그가 자신의 동생을 시켜 장거정의 집에 뇌물을 보낸 사실이 장의 편지에 보인다. 장거정은 형식적으로 그 일부분은 받아들이고 나머지는 심부름한 자를 통해 돌려보냈다고 한다. 얼마나 값비싼 것이었는지는 알 수 있다.125) 『명사』 「열전」에는 척계광을 유대유와 비교하여 "품행은 유대유에 미치지 못하나 용감한 것은 앞선다"126)고 기록되어 있어, 완곡한 표현으로 용감한 군인이 반드시 청렴한 장군이라고는 할 수 없음을 설명하고 있다. 1584년에 척계광이 탄핵된 이유 가운데는 그가 계주에 재임하던 시기의 회계 장부가 행방불명된 사실도 들어 있었다. 보다 정확히 말하자면 인계할 장부가 없었던 것이다.127)

혈맹 의식 이외에도 척계광은 여러 종교적 방식을 그의 부대에 도입했다. 예를 들면, 그는 몸소 각 군영의 군기를 설계 제작했는데, 그들 군기에는 하늘의 별이나 전설상의 조두인신(鳥頭人身)의 그림이 수놓아져서 각각 군영의 지휘관을 상징하였다. 또 황도길일[黃道吉

日, 음양도陰陽道에서 일을 거행하는 데 가장 좋다는 날]과 생진팔자(生辰八字)를 중시하고 부하에게 훈시를 할 때도 선악의 인과응보를 즐겨 언급했다.128) 명조에서 가장 걸출한 군인이 미신의 포로가 되어 있었던 것일까? 이 점은 『사고전서총목제요』의 편자도 기이하게 여기고 있는 만큼,129) 이런 종류의 내용을 어떻게 논평하는 것이 타당할지 모르겠다.

그러나 이들 사실에 대하여 보고도 못 본 척하는 것은 역사에 충실하다고 할 수 없다. 영웅적 인물에 대해 나쁜 면을 숨기고 좋은 면만을 들어 찬양하는 것도 진정한 추앙이라고는 할 수 없다. 척계광의 복잡성은 환경의 복잡성에서 유래한다. 해서와 같은 단순성을 그에게서 기대하는 것은 의심할 여지 없이 사리에 어긋난다. 역사를 쓰는 자는 척계광이 탁월한 장군이고 대단히 용맹 과감한 군인이며, 또한 일류의 경영자·조직가·건축기사이자 군사 교범의 작자였다는 사실을 알고 있는 이상, 미묘한 정치 현실에 정통하였기 때문에 그가 그만큼 많은 일을 동시에 이룰 수 있었다고 하는 사실에까지 생각이 이르게 될 것이다.

척계광이 살았던 시대에 낙후된 구식 위소 제도나 군호 제도는 일찌감치 전면 폐지되고 선진적인 모병 제도로 교체되어야 했으며, 또한 엉성한 보급선도 벌써부터 집중적 관리 체계를 갖추어야 했다. 그러나 명은 전면적인 개혁을 허용하지 않았고 그럴 능력도 없었다. 타협적인 방법을 추구하여 부분적인 개선을 이루는 데 만족해야 했던 것이다.

척계광이 특히 뛰어난 점은 타협이 불가피하다는 사실을 정확히 간파한 데 있었다. 그리고 그가 성공한 이유도 각종 모순의 기술적 조화에 능한 데 있다. 타협의 원칙은 진보한 부문을 후퇴시켜서 그보다 뒤진 부문과의 격차를 너무 커지지 않게 하는 정도에 불과했다. 조직 제도상의 개혁은 추진할 방법이 없었으므로 개인적인 관계에서 돌파구를 찾았다. 구체적으로 말하면, 문연각과 장거정의 전면적인 지지가 없었다면 강력한 계주 군구도, 척계광도 있을 수 없었다고 할 수 있다. 그의 부대도, 그 자신도 모순으로 가득 차 있었다. 이미 유럽에서는 화기가 널리 사용되고 있던 시대에 그는 많은 병사를 동원하여 보루를 구축하지 않으면 안 되었고, 그의 혼성 여단에서도 총이나 포를 다루는 병사와 등나무로 만든 방패를 소지한 병사가 어깨를 나란히 하고서 적과 싸우고 있었던 것이다. 일출·일몰 시간을 정확히 계산하는 등 세심한 면이 있었던 반면, 군기를 위반한 병사의 귀를 자르는 등 야만스런 면도 있었다. 이들 극단적으로 모순되는 사실들은 다른 나라에서라면 아마 서로 몇 세기 정도의 거리를 두고 있었을 일이겠지만 중국에서는 하나의 군구에서 동시에 나타났던 것이다.

척계광은 초자연의 숭배자였던 것일까? 수많은 당시 사람들처럼 그에게는 확실히 이런 경향이 있었다.130) 그러나 초자연적인 신앙이 군대를 관리하는 하나의 수단에 불과한 경우도 있었다. 황제에게 자신의 의견을 말하는 상주문에서도 총병 척계광은 북방의 군관 중 "장군 이하 정상적으로 문자를 알고 있는 자는 10명에 한두 명"이라고 솔직히 지적하고 있다.131) 장군이 이 모양이면 병사의 교육 수준도 미루어 알 수 있다. 통수자에게 있어서 미신적인 인과응보로 병사들을 훈계하는 이외에 달리 어떤 방법이 군사 교육의 보조 수단으로 될 수 있었겠는가.

군사적인 것 이외의 것에 대해서는 척계광의 어조가 갑자기 바뀐다. 예를 들면 그는 군구에 건립한 사저를 '지지당(止止堂)'이라 이름 지었는데,132) 이것은 『장자(莊子)』의 "빈 방 안에는 하얀 기운이 있어서 거기에는 반드시 좋은 징조가 깃든다(虛室生白, 吉祥止止)"라는 구절에서 따온 것이며, 자신을 낮추어 허정(虛靜) 속에서 길상(吉祥)을 얻고자 한다는 소원을 표시하고 있다. 그의 문집에 처음 『우우고(愚愚稿)』라 제목을 붙였던 것도 자신이 아무런 재주도 없으며 작품도 졸작뿐으로, 타인과 우열을 다툴 생각이 전혀 없다는 사실을 문인들에게 표명하려는 것이었다.

척계광의 장점은 이들 교제상의 재능을 사리사욕이나 입신출세를 위한 밑천이 아니라 신군 설립과 국가 방위를 위한 수단으로 사용한 점에 있다. 그는 장군이라고는 하지만 군사 과학과 기술을 실제로 활용할 수 있는 것은 사회 현실이 허용하는 범위 안에서뿐이라는 사실을 알고 있었다. 그는 이와 같은 현실을 받아들여서 전력을 다해 대사업을 완수하였다. 또 그런 한편으로 조건이 허락되는 한 여러 가지 이익이나 즐거움도 적절히 향수했던 것이다. 그것이 합법인지 불법인지는 정치에 관한 그의 견해에서라면 중요한 일이 아니었다.

담륜이나 장거정과의 관계가 아주 밀접했다는 것은 그가 정치에 정통했음을 말해주지만 그 역시 궁극적으로는 정치 현실로부터 벗어날 수 없었다. 장거정이 죽은 뒤 조정 신하들은, 척계광이야말로 궁문 밖에 웅크리고 있는 한 마리 맹수와 같아서 그를 제어할 수 있는 것은 장거정뿐이었다며 만력제의 주의를 촉구했다. 분명 이 말은 장거정이 모반을 기도했다고 탄핵하는 이유도 되는 것이다. 결국 장거정과 척계광이 반란을 일으키려고 했다는 증거는 없지만, 그럴 능력은 충분히 있었다고 할 것이다. 그래서 장거정에 대한 사후 숙청이 시작되자 법관은 장거정의 아들 무수(懋修)를 붙잡고 그의 아버지가 생전에 왜 밤에 은밀히 척계광과 문서 연락을 취하곤 했는가를 집요하게 추궁했던 것이다.133)

척계광의 불행은 그가 군구에서 추진한 일련의 조치가 문관 집단이 애써 유지하려 했던 균형을 사실상 붕괴시킨 데 기인한 것이었다. 그렇게 된 이상 그도 그에 상응하는 대가를 치르지 않으면 안 되었다.

그는 가난과 질병의 압박 속에서 죽었다. 그를 끝까지 버리지 않은 몇 안 되는 친구들 중 하나가 바로 그의 묘지명을 쓴 왕도곤이었다. "장닭이 세 번 울자 장성(將星)이 떨어졌다"[134]는 구절에는 한없는 비감이 담겨 있다. 물론 왕도곤은 자신이 묘지명을 쓰고 있을 때 스페인 함대가 이미 영국 원정 준비에 열을 올리고 있었다는 사실 등을 알 리 없었다. 이것은 군비의 확장이나 축소가 바로 국운의 성쇠에 영향을 줄 수 있음을 입증하고 있다. 이와 같은 세계 정세 속에 1588년 1월 17일 새벽, 장성[將星, 음양가들은 북두칠성의 둘째 별을 장성이라 했다. 장군을 의미한다]이 서쪽으로 지면서 노제국 명은 이미 군비를 재건할 절호의 기회를 상실하고 있었다. 30년 뒤 명 정부군은 누르하치 부대와 교전하게 되는데, 척계광이 심혈을 기울여 만든 전술과 조직 규율은 이미 존재하지 않게 되어, 숫자상의 우위에도 불구하고 상대에게 맥없이 무너지고 말았다. 그후 만주 팔기군이 중국 동북지방, 즉 백산흑수[白山黑水, 장백산과 흑룡강] 사이에서 새로운 세력으로 발흥했다. 그들이 명조를 대신하는 것도 이미 시간 문제였다.

7장 이탁오 — 자기 모순의 철학자

비관적인 철학

1602년 이탁오[李卓吾, 이름은 지贄]는 옥중에서 자결했다. 사람들은 그의 죽음을 고귀한 희생이라 평가했다. 그러나 이 평가에는 의심스러운 점이 있다. 이탁오의 저서는 당시 용납되지 못하였고 정부에 의해 여러 차례 출판 금지되었다. 그러나 그의 추종자들은 이와 같은 금령을 무시하고 출판을 계속했다. 이탁오의 저서는 방대한 분량에 이르지만 역사의 새로운 지평을 여는 획기적인 작품이라 할 수는 없다. 이탁오를 두고 용기가 부족하다 할 수는 없을 것이다. 그러나 이런 종류의 작가들이 숭고한 진리를 발견하고서 자기 희생을 각오하고 있을 때는 일반적으로 저서 속에서 불타는 만족감과 기쁨을 표출하는데, 이탁오의 작품 속에서는 그와 같은 기쁨이나 만족감을 찾아 볼 수 없다.

어떤 학자는 이탁오가 하층 민중의 입장에서, 농민을 착취하는 지주 계급을 비판하였다고 평가하기도 한다.1) 그러나 이러한 주장은 근거가 별로 없다. 그는 1580년 요안지부(姚安知府)의 자리를 사임한 후 지주 향신 계층의 한 친구에게 몸을 의탁하고 생활을 유지했다. 그는 이러한 일을 조금도 부당하다고 생각하지 않았다. 사회가 자신에게 땀 흘리지 않고도 삶을 살아가도록 하고 있었지만, 세상을 바로잡아야 한다고 생각하지는 않았다. 때로 지주 관료인 친구들을 비판하기도 했지만 그것은 그들의 개인적인 성격과 품성에 관한 비판에 불과했고, 사회·경제적인 입장에서 비판한 것이 아니었다. 동시에 그는 이 같은 평가가 자신에게도 똑같이 적용된다고 분명히 지적하였다.

가끔 그는 자아 비판과 자기 연민이 뒤섞인 감정을 드러내었는데, 급시랑(給侍郎) 주사경(周思敬)에게 보낸 편지에서 "올해도 죽지 않았고, 내년에도 죽지 않을 것 같고, 해마다 죽음을 기다리나 죽음은 오지 않고 고뇌만이 옵니다. 그러나 고뇌 또한 당장 오는 것은 아니고, 죽음 또한 당장 오는 것은 아니므로 참으로 세속의 고뇌는 피하기 어려운가 봅니다. 어찌할까요?"2)라고 쓰고 있다. 이 글 속에서는 자기 희생의 뜻을 찾아보기가 힘들다. 즉 저자가 사회적 모순을 날카롭게 간파하고 자기 희생의 의지를 나타내는 글은 아닌 것이다.

그러나 이탁오가 사회에 대해 지적인 관심을 기울였던 것은 사실이다. 그리고 이런 관심은 양심의 자유와도 관계가 있었다. 그 배후에는 사회·경제적 배경이 있었고 특히 그가 살고 있던 사회 환경과도 깊은 관계가 있었다. 그러나 역시 이탁오 개인의 심리적·철학적 성향을 빼놓고 이해할 수는 없다.3) 이런 이유들로 인해 그는 매우 독특한 한 사람의 중국인 학자가 될 수 있었지만, 비슷한 환경하의 유럽인들과는 전혀 다른 모습을 보였다.

이탁오는 유가(儒家)의 신봉자였다. 1587년 이전에 그는 유교의 도덕률에 따라 가정에서의 책무를 모두 마치고, 다음 해 61세의 나이로 삭발하고 승려가 되었다. 이 무렵 딱딱하고 얽매인 생활에서 벗어나 개성의 자유로운 발전을 추구할 수 있는 여건이 조성되었던 것이다. 그러나 이것은 세속으로부터의 은둔이 아니었다. 실제로 이후 그의 언행은 이념적으로나 사회적으로나 마치 전국 문인의 양심을 대표하는 것처럼 되었다. 체포되어 심문을 받을 때 그는 "죄인의 저서는 매우 많으나 성현의 가르침에 이로우면 이로웠지 해로울 것은 하나도 없습니다"4)라고 대답했다. 이와 같은 정신 자세는 루터의 신념과도 유사한 것이었다. 그는 각자가 자신들의 생각대로 경전을 해석할 수 있다고 보았다. 이것도 종교개혁의 핵심, 즉 모든 신자가 교회의 장로라는 주장과 유사하다. 그러나 이탁오에게는 루터나 에라스무스가 보여준 자부심이나 자신감이 전혀 보이지 않았다. 자결하면서 그는 손가락으로 왕유(王維)의 시 한 구절을 써서 자결의 이유를 밝혔다. "일흔 노인이 무엇을 바라겠는가"5)라는 글귀였는데, 이는 그의 소극적이고 비관적인 태도를 단적으로 보여준다.

　이탁오의 비관적인 자세는 그 개인의 것만이 아니라 그가 살던 시대의 소산이었다. 구정치는 경직되어 있었다. 종교개혁이나 르네상스와 같은 새로운 기운은 이러한 환경에서는 나타날 수가 없었다. 사회 환경은 개인의 사상적인 자유를 억눌렀고, 인간의 청렴결백과 성실성도 만개할 수 없었다. 도어사(都御史) 경정향(耿定向)은 이탁오가 몸을 의탁한 친구이면서 논쟁의 상대였다. 이탁오는 자주 그를 직설적으로 공격했고 그의 나태함을 비판하였다. 그러면서 이탁오는 다음과 같이 자기 자신의 불성실을 냉혹하게 자책하기도 했다. "뜻은 온포[溫飽, 의식의 풍족함]에 있으면서도 스스로 백이숙제(伯夷叔齊)로 자처하고, 바탕은 원래 제인[齊人, 제동야인齊東野人의 준말. 사리를 분별하지 못하는 시골뜨기]이면서도 스스로 도와 덕을 먹고 마신다고 한다. 이룩한 것 하나 없으면서 핑계는 많고, 분명 솜털 하나 뽑지 못하면서 입으로는 양주(楊朱)*가 인(仁)을 해쳤다고 말한다. 구하는 것과 행하는 것이 다르고 마음과 말이 다르다."6) 그는 자신이 불가(佛家)의 가사를 걸침으로써 "상인의 행심(行心)"을 숨기고, 또 "세상을 속이고 이름을 훔치고 있는 것"은 아닌지 의심하기도 했다. 이 기이한 행위의 뿌리는 내면적 모순의 격렬한 갈등에 있었고, 결코 스스로의 힘으로 해결할 수 있는 것이 아니었다.

한 집안의 주인

이탁오는 1527년 복건성 천주(泉州)에서 태어났다. 집안의 원래 성은 임(林)씨였는데 뒤에 이(李)씨로 고쳤다. 6대조인 임노(林駑)는 천주의 대상인이었다. 무역을 하기 위해 페르시아 만을 왕래하다가, '푸른 눈의 여자(色目女)'를 아내로 맞이하였다. 아마도 인도유럽 계통의 여성이었던 것 같다. 이후 그의 선조들은 상당 기간 동안 계속해서 혼혈 가문이나 이슬람교도와 교류해오다가, 증조부 대에 이르러서야 국제적 색채가 없어지게 되었다. 이탁오 본인은 어릴 때부터 중국 전통 문화의 영향을 받으며 자랐다.7)

이탁오 대에 이미 집안은 기울어 있었다. 1552년 그는 향시에 합격하여 거인(擧人)이 되었다. 그러나 합격 후 경제적 곤란으로 인해 진사과를 위한 학업을 계속할 수 없어서 정부 관리로 나갔다. 이후 오랫동안 하급 관직을 전전하였는데, 지위는 낮고 봉급은 적어서 생

* 전국 시대 겸애설(兼愛說)에 반대하며 자애설(自愛說)을 주장한 사람이다. "내 터럭 한 올을 뽑으면 세상을 구할 수 있다고 해도 나는 뽑지 않을 것이다"라는 말을 남겼다.

각대로 살지 못하고 답답해했다. 1559년에 부친이 죽자 휴직하고 3년상을 치렀다. 상을 마치고 상경하여 자리를 구했는데, 1년 8개월을 기다려서 겨우 국자감교관(國子監敎官)이 되었다. 그 동안 그는 글을 가르치며 겨우 생계를 유지했다. 그의 슬하에 4남 3녀가 있었지만 불행히도 맏딸 외에는 모두 일찍 죽었다.8) 이탁오 자신의 말에 따르면, 언젠가 7일 동안 아무것도 먹지 못한 적이 있었는데, 너무나 굶주린 나머지 닥치는 대로 먹어서 쌀인지 잡곡인지조차 구분하지 못했다고 한다.9)

1563년 조부가 사망하자 그의 상사와 친구들이 관례대로 상당한 금액의 부의금을 보내 왔다. 이때 그는 중대한 결심을 하였다. 그는 전체 금액의 절반으로 교관으로 근무한 적이 있는 하남 땅에 토지를 사서 가족들을 그곳에 남게 하고, 나머지 반은 자신이 가지고 복건으로 돌아가기로 했다.10) 그는 당시 사망한 조부 외에도 선조 3대의 유골 5구를 더 안장해야만 했다. 당시의 일반적인 풍습으로는, 조상을 안장할 때 후손의 안녕과 출세를 위해 풍수를 살펴 길지를 택해야 하며, 그렇지 못할 경우에는 오히려 영구를 그대로 두는 편이 낫다고 여겨졌다. 이탁오는 아직 말단 문관으로서 생활고에 허덕이고 있었으므로 막 세상을 떠난 조부는 말할 것도 없고, 증조부의 관조차 안장하지 못한 채 50년 동안이나 방치해두고 있었다. 이러한 현실 때문에 그는 형편이 닿는 대로 유골들을 한꺼번에 매장할 수밖에 없었다. 땅속에 안장할 수만 있다면 더이상 바랄 것이 없었던 것이다. 이 문제를 해결하고 나서 이탁오는 몇 해가 지난 후까지도 자신의 책무를 다했다는 안도감을 느꼈다.

그러나 이 결정으로 아내의 부담은 더욱 늘어났다. 그녀는 고향에서 수천 리나 떨어져 친척도 없이 혼자 살림을 꾸려나가기를 원치 않앉을 뿐만 아니라, 그녀에게도 그녀 나름의 효심이 있었다. 그녀의 모친은 젊어서 혼자되어 고생스럽게 그녀를 길렀는데, 당시 그녀를 너무나 그리워한 나머지 밤낮으로 눈물을 흘려 "두 눈이 안 보일 지경"이었다. 그러나 이탁오가 가지고 있는 돈은 한계가 있어서, 장례비를 제하고 나면 가족까지 함께 돌아가기에는 부족하였다. 따라서 식구가 함께 천주로 돌아가자는 아내의 소망을 냉정하게 물리칠 수밖에 없었다. 그들은 이후 3년 동안 떨어져 살았다. 그리고 다시 만났을 때 아내는 비로소 현지에 기근이 들어 딸 둘이 굶어 죽었다는 소식을 그에게 전했다. 이 불행한 소식에 그는 한없이 비통해했다. 그날 밤은 아내와 "불을 밝히고 서로 얼굴을 마주한 진실로 꿈속 같은" 시간이었다.

이탁오는 하남 공성(共城)에서 교유[教諭, 주나 현의 학관學官]를 3년, 남경과 북경의 국자감에서 교관직을 각각 몇 달씩, 예부에서 5년, 남경의 형부원외랑(刑部員外郎)으로 전임해서 5년 가까이 보냈고, 마지막으로 운남 요안부(姚安府) 지부(知府)에 임명되었는데 그것이 1577년이었다.11) 지부로 취임하기 전에는 봉급이 매우 적어서 입에 풀칠하기도 쉽지 않은 형편이었다. 지부에 취임하고 나서야 이제 겨우 여러 가지 '상례(常例)'와 그 외 수입으로 점차 저축이 가능했다.12)

합법도 불법도 아닌 이러한 수입에 대해 이탁오는 아무런 가책도 느끼지 않았다. 그는 해서처럼 정규 봉급 이외에 수입을 얻는 것을, 액수가 아무리 적더라도 모두 부정 행위라고 생각하지는 않았다.13) 그는 유별난 사고와 행동으로 당대와 후세에 이름이 났지만, 이 문제에 있어서는 보통 사람들과 다르지 않았다. 즉 관리가 되는 본래의 목적은 명예와 이익을 위해서라는 것이었다. 그의 진실성은 이와 같은 점을 솔직하게 인정하고, 사욕을 버린다든가 혹은 나라와 백성을 위한다든가 하는 등의 고상한 간판을 내걸지 않는 것에 있었다. 이것은 다음과 같은 보다 근본적인 문제와 관계가 있었다. 우리는 모두가 자신의 개인적인 생각이 자신의 이해관계에 지나지 않는다는 것을 공개적으로 인정하여 표리부동의 자세를 버려야 하는 것은 아닐까?14)

그러나 이탁오는 아내에게만은 당당할 수 없었다. 그녀는 전형적인 현모양처로서 남편을 위해 모든 것을 인내하고 희생했다. 그러나 그녀도 남편의 정신 세계만은 이해할 수가 없었다. 그는 오로지 독립적인 사상과 인격을 창조하려 하였고, 독립성을 떠나서는 마음에 만족을 얻을 수 없었다. 1580년 요안부의 임기가 만료될 때 사직하기로 결심했던 것도 이 같은 정신 자세에 기초하고 있었다. 이때 그의 나이 겨우 53세로, 이제 막 관운(官運)이 열려 순탄한 미래가 보이기 시작하던 상황이었기 때문에, 이와 같은 결정이 그의 아내에게는 전혀 예상 밖의 커다란 충격이었다. 그러나 그녀는 변함없이 순종하며 남편과 함께 호광(湖廣) 황안(黃安)으로 옮겨 경정향 형제의 집에 기거하였다.15) 그러나 이탁오는 뒤에 경정향과도 사이가 벌어져 가까운 마성(麻城)의 절로 옮겨 살 결심을 했다. 여기에서 드디어 그녀는 20년 만에 고향 천주로 혼자 돌아가야 했다.

1587년 죽기 직전까지 그녀는 몇 번이나 남편에게 천주로 돌아오라고 호소하였다. 아내의 부고가 도착하자 이탁오는 6수의 시로 당시의 슬픔을 나타냈다. 그는 그녀의 현명함과 정숙함을 높여, "마음은 자비로워 베풀기를 잘하고, 자기를 희생해가며 집안 살림을 꾸려나갔다"라고 쓰고 있다. 이들 부부는 40년 동안 말다툼 한번 하지 않았지만, 다만 그녀는 "장부(丈夫)는 사해(四海)에 뜻을 둔다"는 큰 뜻을 이해할 수 없었다.16) 사위에게 보낸 편지에서 이탁오는 부고를 듣고 나서부터 꿈에 그녀를 만나지 않은 밤이 하루도 없었다고 말하고 있는데, 그 내용이 너무 애처로워 사람들이 차마 끝까지 읽을 수 없을 정도였다.17) 몇 년 뒤에도 그는 친구들에게, 가벼이 머리를 깎고 중이 되어서는 안 되며, 특히 근친자가 있는 사람은 찬찬히 생각한 뒤에 해야 한다고 권고하고 있다. 이러한 충고는 모순에 가득 찬 철학자의 회한에서 나온 것이라고 보아도 좋을 것이다.

친족의 방해

이탁오의 고집스러운 독자적 행보는 2천 년 동안 깊이 뿌리를 내린 가족관과 결부시켜 보지 않으면 도저히 이해할 수 없다. 당시의 관습에 비추어 볼 때, 일단 천주로 돌아갈 경우 그가 보살펴야 할 것은 자기 가족에만 그치지 않았다. 그는 일족 중에서 지부를 지낸 명망 있는 인물이었다. 이런 경우 여러 가지 번잡한 일과 분쟁에 끊임없이 빠져들어 꼼짝 못 하게 되는 것은 정한 이치였다.

일찍이 2, 30년 전 부친상을 치르기 위해 고향에 돌아와 있으면서 이탁오는 이미 그러한 경험을 하였다. 당시 왜구가 국경을 침범하여 도시에 식량이 극히 부족하였다. 그는 최하급 문관에 지나지 않았지만, 친족의 요청을 거절할 수 없어서 식구가 30여 명 정도 되는 가정을 위하여 식량을 조달하는 의무를 졌었다.18) 그 시기 『사우재총설(四友齋叢說)』의 저자인 하량준은 남경에 있을 때 피난 온 친족에게 둘러싸여 생활비 지원을 요청받았다고 한다. 또 한 사람 저명한 산문가인 귀유광(歸有光)은 친구에게 보낸 편지에서, 곤산(昆山)을 떠나려면 '1백여 명'의 일족을 거느리고 가야 하기 때문에 피난을 떠날 수

없다고 고통을 호소하였다고 한다.19)

　종족에 대한 이러한 지원은 일시적인 책임이 아니었으며, 도의적 범주 밖의 뿌리 깊은 사회·경제 및 역사적 배경을 갖고 있었다.
　중국은 각종 직업이 기본적으로 세습되는 완전한 '폐쇄 사회'는 아니었지만 직업 선택의 자유는 역시 불충분했다. 농민 가정에서 안정된 생활과 사회적 명성을 얻기 위해 취할 수 있는 유일한 길은 학문을 하여 관리가 되는 것이었다. 그러나 이 길은 끝없이 멀고도 멀어 한 사람 혹은 한 세대만의 노력으로 목적지에 도달하기는 어려웠다. 통상적인 방법은, 집안의 누군가가 가세를 일으킬 뜻을 품고 끝없는 노력과 검소한 생활로 재산을 모아 우선 자기가 경작하는 토지의 소유권을 굳건히 한 뒤, 이어서 다른 사람의 경작지 저당권까지 손에 넣음으로써 서서히 지주로 성장해가는 것이었다. 이 과정은 보통 여러 세대에 걸친 시간이 필요했다. 경제적 기반이 어느 정도나마 갖추어지면 자손은 교육을 받을 기회를 얻게 되었다. 그러는 동안 어머니나 아내의 자기 희생이 항상 뒤따르게 마련이었다.
　그러므로 겉으로 보면 한 사람이 자신의 능력만으로 과거에 합격하여 어느 날 갑자기 가난에서 벗어나 출세를 하게 되는 것 같지만, 사실 무대 뒤에서의 고통스런 역정은 훨씬 이전부터 쭉 계속되어온 것이었다.20) 이 오랜 동안의 분투를 거쳐 명예를 얻는 것은 한 사람 내지는 많아야 몇 명에 불과하지만 그 기반은 가정 전체였다. 이러한 까닭에 명예를 손에 넣게 된 사람은 가문에 대해서 도의적으로 모든 책임을 지고 고락을 함께 하는 집단 의식을 가져야 했다.
　게다가 이러한 집단 의식은 소가족 범위에 그치지 않았다. 한 사람이 학문을 해서 과거에 합격하여 관료가 되었을 때, 만약 그의 성공이 여러 세대에 걸친 조상과 관련이 있다고 본다면, 그는 일족 중 다른 구성원의 복리도 완전히 무시할 수 없었다. 더군다나 이러한 보살핌과 원조를 아무 대가도 바라지 않고 제공했을 리는 없다. 자기의 자손이 이후 그들의 도움을 받지 않으리라는 보장이 없었기 때문이다. 이러한 경제적 이해관계는 추상화되어 도덕으로 승화되었다. 그러나 실제 이러한 도덕 관념은 모든 백성에게 받아들여질 수 있는 것은 아니었다. 해서의 문집에 보이는 것처럼 형제간에나 숙부와 조카 사이에 재산 다툼이 벌어져, 결국 때려죽이기까지 하는 사건도 많이 일어났다.21) 다만 이 상황은 역으로 교양의 중요성을 설명하는 데 아주 적합하다. 교양 있는 사람이라면 결코 사적 이익 때문에 공적 의리를 해치지는 않는다는 것이다.

사회 전체가 그 구성원들에게 다른 길을 열어주지 않았으므로 이탁오와 같은 많은 인물들이 전혀 의문 없이 이러한 생활방식을 받아들일 수밖에 없었다. 만약 이탁오가 천주로 돌아갔다면 틀림없이 많은 친족들로부터 기대와 압박을 받았을 것이다. 그러나 당시의 이탁오는 이미 어려운 생활을 겪었고 동시에 불교와 도교의 사상도 연구한 터였다. 그는 생명의 의미를 새삼 생각하고 인생관을 새로 정립한 결과, 다시는 기존의 규범에 얽매일 수 없었다.22) 결국 그는 학문, 벼슬, 토지 구입이라는 생활방식을 당연하다고 생각할 수 없었고, 곧바로 혈연관계에서 발생한 집단 의식으로부터 탈출했던 것이다.

이와 같이 전통을 벗어난 행위에 대해 그의 친족들이 가만히 보고 있을 리 없었다. 그러나 친족의 압력이 크면 클수록 이탁오의 저항도 격렬했다. 증계천(曾繼天)에게 보낸 편지에서, "집안의 어중이떠중이들이 틈만 나면 나에게 귀향하라고 하고 또한 시도 때도 없이 천리를 멀다 않고 와서 속된 일을 강요합니다. 그래서 나는 삭발함으로써, 귀향하지 않을 것이며 속된 일들에도 역시 단호히 관여하지 않을 것임을 보여주려 합니다"23)라고 서술하여 삭발하는 동기를 피력했다. 정확히 알 수는 없지만, 소위 어중이떠중이들은 그의 형제·삼촌·생질이고, 속된 일은 토지 구입, 가묘(家廟)나 가숙(家塾)의 건립, 혹은 세력을 이용하여 소송에 영향을 미치는 것 등이었을 것이다.24) 흥미 있는 것은 그의 일족이 그의 생각을 무시하고 생질 한 사람을 정하여 그의 후계자로 삼았다는 사실이다. 이 사건에 대해 그가 반항한 방법도 역시 흥미롭다. 그는 「예약(豫約)」이라는 제목으로 한 편의 유서를 썼다. 거기서 그는 조카인 "이사관(李四官)이 만약 온다면 거짓으로 곡하지 못하게 할 것이며, 너희들도 절대로 사람을 보내 나의 죽음을 알려서는 안 된다"25)라고 언급하고 있다. 이 유서가 쓰인 것은 1596년으로, 그가 머리를 깎고 중이 된 지 이미 8년이 지난 때였다.

경정향 형제와의 교제

이탁오가 살았던 절은 마성 교외의 산중에 있는 '지불원(芝佛院)'이었다. 정식 사원이 아니라 사설 불당에 불과했지만 규모는 대단히 컸다. 가운데의 정전(正殿)을 비롯하여, 좌우상방(左右廂房), 승려의 숙사와 방문객의 숙박소도 있었다.26) 이탁오가 기거했던 정사(精舍)는 이 절에서 가장 깊은 산마루에 있어서 전망이 좋고 주변의 산하가 한눈에 내려다 보였다. 지불원의 전성기에는 승려가 40여 명쯤 있었는데, 그들을 통솔하는 주지가 이탁오의 친구였다. 승려 중에는 제자와 손제자를 가진 자도 있었다.27)

지불원은 끝까지 정부에 등록하지 않아 정식 인가를 받지 않았기 때문에 세금도 내지 않았다. 어떠한 종파에도 속하지 않았고 사회적 구속도 없었다. 이탁오는 전체 사원의 유일한 장로 겸 신탁자였다. 절의 창건과 유지 경비는 거의 혼자서 외부로부터 의연금을 모아 조달했다. 그는 자주 친구들에게 편지를 써서 '봉급의 반을 원조해주기를 요구하거나 혹은 "3품의 녹을 받으니 1년 정도 나를 도와달라"는 식으로 요구하였다. 어떤 친구는 모두 20년에 걸쳐서 그의 생활을 돌보아주었다.28) 그는 과거에는 유복한 생활을 하지 못했지만 절을 세운 이후에는 두 번 다시 곤궁한 모습을 보이지 않았다.

이탁오는 요안지부에 임명되기 전부터 이미 사상가로서 명성을 떨쳐, 많은 문인 학자들에게서 존숭을 받았다.29) 이들 추종자들 중에는 뒤에 영달의 길을 밟아 상서시랑에 이른 자가 있는가 하면, 총독이나 순무가 된 자도 있었다. 이탁오는 그들로부터 금전적인 원조를 받았다. 그들은 항상 그런 지원을 한 것도 아니지만 전혀 그런 지원을 하지 않은 것도 아니었다.30) 더구나 이러한 금전적 관계는 일방적이지도 않았다. 그의 친구 초횡(焦竑)도 저명한 학자였지만 금전 관리에는 능력이 없어서 "집에는 다만 네 벽만 있을" 정도로 빈곤했다 한다. 초횡의 아버지가 80세 되던 생일에 친구들이 축하의 자리를 마련하여 모였다. 멀리서 찾아온 자도 있었다. 이탁오가 이 잔치의 실무자였는데, 참석자에게 편지로 "오는 배에 나무와 쌀을 많이 싣고 오도록" 부탁했다.31)

이와 같은 형태의 금전적인 원조와 교제는 주는 쪽과 받는 쪽 사이에 공통의 사상 혹은 목적이 있다는 점에서 일반적인 경우와 달랐다. 심리학적으로 보면 이러한 관계 또한 도덕주의 정치의 부산물이라 할 수 있다. 왜냐하면 도덕주의 정치는 우주의 모든 사물이 서로 밀접하게 연결되어 있다는 사상을 근간으로 하고 있었기 때문이다. 즉 한 인간이나 사물이 가진 각각의 모든 특성과 기능은 다른 사람 혹은 다른 사물과의 상호관계를 통해서만 성립된다는 것이다. 어떤 사람의 인격이 고상하다는 것은 그의 인간됨과 행동이 다른 사람으로부터 칭찬을 받기 때문에 성립되며, 어떤 사람의 식견이 깊다는 것은 그가 다른 사물에 대한 정확한 분석력과 이해력을 가지고 있기 때문에 성립된다. 그러므로 사람들은 협력하고 서로 도우며 함께 나누어 가지는 것을 생활의 목적으로 삼지 않으면 안 되는 것이다. 그런데 현실에서는 왜 모든 사람들이 많든 적든 이기심을 가지고 있는 것일까? 모든 지식인들은 이 문제에 대해 고민했는데, 치국평천하의 중책을 맡고 있는 고위 관리들의 고민은 더욱 심했다. 원칙적으로 그들은 지금까지 배워온 바에 따라 백성들을 위해 봉사 정신을 발휘해야 했다. 그러나 일단 현실에 발을 들여놓으면, 그러한 정신은 항상 신기루처럼 사라져버리거나 아니면 너무도 미미해져서 흔적조차 찾아보기 어렵게 되었다.32) 때로는 그들 자신의 사리사욕이 무지몽매한 백성들보다도 훨씬 더 심하기까지 했다. 이러한 고민 혹은 이로 인해 커져가는 마음속의 갈등은 적절한 방법으로 해소되지 않으면 안 되었다.

마음이 통하는 사람들이 함께 연구하고 토론함으로써 서로 영감을 자극하고 인생의 진리를 깊이 탐구하면, 마음속의 고민을 깨끗이 털어버릴 수도 있다. 그래서 그들은 친밀하게 교제하며 토론 모임을 갖는 것 외에도 서신을 교환하고 문집을 간행하기도 하였다. 이탁오는 삭발하고 중이 된 뒤에도 이전과 같이 항상 여기저기 돌아다니며 이런 활동에 참여하였다. 당시는 아직 여비나 강연비 따위를 논할 시대가 아니었지만, 이 문제는 모두 관례에 따라 잘 처리되었다. 이탁오의 명성에 탁발승의 모습이 더해지면서 그는 더이상 경제적인 문제로 고민할 필요가 없게 되었다.33)

경정향과의 논쟁은 그가 추구하는 개인주의적 신념을 발전시키는

데 도움이 되었다.34) 수년 후에 그는 이 논쟁이 자신의 인생에서 중요한 획기가 되었다고 서술했다.

1580년 이탁오는 요안에서 사임하고 호광의 황안(黃安)으로 옮겨 경정향의 집에서 문객 겸 가정교사가 되었다. 이때 경정향의 부친이 죽은 지 얼마 되지 않아 형제 4명이 모두 집에 머물러 있었다.35) 이탁오는 4명 가운데서 차남 경정리(耿定理)와 특히 친하였다. 이 두 사람의 사상이 비교적 비슷했다고 오해하는 사람도 있지만 그렇지는 않았다. 두 사람 사이의 차이는 이탁오와 장남 경정향의 차이보다 더욱 큰 것이었다.

경정리는 자질이 총명했을 뿐만 아니라 성실했다. 사서 오경의 가르침과 자신의 생각이 일치되지 않을 경우 그는 경전의 내용을 그대로 따르는 식으로 간단히 넘어가려 하지 않았다. 모순은 그에게 고뇌를 일으키고 사색에 빠지도록 했으며, 때로 혼자 깊은 산 속을 헤매게 하기도 했다. 마침내 그는 '크게 깨달아' 유가의 인(仁)은 무아주의(無我主義)이며, 성인이 되는 것은 자아의 존재를 무(無)로 하고 적멸(寂滅)의 경지에 들어가는 것으로서, '무성무취(無聲無臭)'하게 되는 것이라고 확신하게 되었다. 그러나 이처럼 허공에 높이 떠 있는 이상주의는 다만 가슴 안 깊숙이 담아둘 수밖에 없는 것이었다. 현실에의 응용도 불가능했고, 그것을 발전시켜 윤리와 도덕의 기준으로 삼을 수도 없었다. 그러므로 실생활에서 경정리는 과거에 응시하지도 않았고 관직에 나아가지도 않았다.36)

이에 반해 이탁오는 "입고 먹는 것이 인륜(人倫)이자 물리(物理)"37)라고 생각하고 있었으므로, 경정리의 사상과 서로 상충될 것은 너무나 분명했다. 그들 사이가 좋았던 것은 경정리의 학술 이론이 유연했기 때문이 아니라 그 인품이 온후했기 때문이었다. 그는 항상 선종(禪

宗)식의 기지로 논쟁의 정면 충돌을 피하였다. 그는 표면상 아무런 관계가 없어 보이는 말로 자신의 의견을 표시하여, 논쟁 상대로 하여금 충분히 사색하게 하고 궁극적으로는 자신의 생각을 받아들이게 했다. 그는 진리란 깊고 넓은 식견에 기초한 것이어야 하며, 단편적인 고집에 집착하는 것은 도량 좁은 행위라고 생각하고 있었다. 그래서 살아 있는 동안 경정리는 특유의 방법으로 만형과 이탁오 간의 충돌을 중재할 수 있었다.38)

역사학자들은 사상사적인 면에서 만형 경정향을 오해하는 경향이 있다. 그의 벗이자 논쟁의 맞수였던 이탁오는 그를 사이비 군자라고 말하고 있고, 황종희(黃宗羲)도 『명유학안(明儒學案)』에서 그의 사상은 앞뒤가 맞지 않는다고 지적하고 있다.39) 그러나 이 철학자 역시 형이상학적인 근거를 갖고 있으면서 일상생활에 적용될 수 있는 진리를 있는 힘을 다해 탐구했다는 사실을 거의 간파하고 있지 못한 것 같다. 그는 불교와 도교의 가르침을 받아들여 지극한 선과 아름다움은 허무에 속한다고 여겼지만 다른 한편으로는 일반 사람들에게 쉽게 설명되지 않는 가르침은 가르침이라 할 수 없다고도 생각했다. 사상적 방황 끝에 그는 인간의 이지(理知)는 깊음과 얕음, 조잡함과 정교함, 집중적인 것과 분산적인 것의 차이와 구분이 있으며, 사회생활에서도 정치는 농업과 다르고 농업은 또한 상업과 다르다는 의견을 내놓았다. 이와 같은 분석에 기초하여 그는, 이미 윤리 도덕의 이(理)는 물리(物理)나 지리(地理)의 이(理)와는 당연히 구별되어야 하기 때문에, 정치의 원리도 철학 사상과는 어느 정도 구별되어야 할 것이라고 지적하기 시작했다. 이 이론은 당시 일원론적 우주관을 가진 사람들에게는 받아들여질 수가 없었다. 그리고 이탁오와의 충돌도 피할 수 없었다. 두 사람 모두 자신의 이론을 행동으로 보여주려 했기 때문이다. 이탁오는 경정향을 불성실하며 언행이 일치하지 않는다고 비난했다. 경정향은 이탁오가 독자성을 표방하고 있지만 그것은 다름을 위한 다름일 뿐이고, 소위 '방랑형해(放浪形骸)'도 범속을 초탈했다는 명성을 얻기 위한 것에 불과하다고 비난하였다.

경정리는 1584년에 세상을 떠났다. 이 해에 경정향은 북경으로 소환되어 좌첨도어사에 임명되었다. 그는 편지에서 이탁오가 경씨 가문의 자제들을 오도하고 있다고 나무랐다. 이런 비난 때문에 이탁오는 쫓겨나서 마성으로 옮겨 살게 되었다. 몇 년이 지난 뒤에도 이탁오는 이것이 경정향이 고의로 자신을 모욕한 것이라고 생각하고 있었다.[40]

이탁오는 승부욕이 강하고 논쟁을 좋아하여 다른 사람에게 설복당하는 것을 용납할 수 없었고 재임 중에도 자주 상급자와 충돌하였다.[41] 경정향과 사이가 벌어진 후에는 더욱 독자적인 행보를 중시하였다. 명조의 관례에 따르면 퇴임 관료는 '향관(鄉官)'이라 하여 여전히 관료의 신분으로 간주되었고 지방관의 통제를 받아야 했다. 지방관은 그를 초청하여 관계 사무의 처리에 협력을 구할 수 있었고, 중요한 식전에 참여시킬 수도 있었다. 이런 권리와 의무는 다른 사람에게는 영광으로 생각되었지만 이탁오에게는 정신적인 압박이었다. "관직을 버리고 집으로 돌아가면 고향 부현(府縣)의 공조부모[公祖父母, 지부와 지현 등 관원]의 관할하에 들어간다. 새로 부임해 오면 성대하게 맞이하고 떠나게 되면 환송식을 해준다. 돈을 내어 술자리를 열고 생일 축하 경비도 내어야 한다. 잠시라도 부주의하여 환심을 잃으면 바로 화가 미친다"[42]라고 그는 말했다. 삭발한 데에는 친족들의 치근댐을 피하는 것 외에 이러한 구속에서 빠져나가려는 의도도 있었다.

영원한 주제

이탁오는 승려가 되었지만 계율을 받는 의식을 치르지 않았고 승려들의 독경과 기도에도 참가하지 않았다. 그는 병적일 정도로 청결을 좋아하여 의복에는 때 한 점 없었고 청소를 너무 자주 하여 "다른 사람들이 빗자루를 숨겨버릴" 정도였다. 많은 면에서 이탁오는 관료나 학자의 생활양식을 지켰다. 예를 들면 가까운 곳으로 외출할 때에도 가마를 탔고, 책을 자신이 읽지 않고 조수에게 낭독시켜 눈을 쉬기도 했다.[43]

퇴임 이후 십 수 년 동안 이탁오가 주력한 것은 저술 작업이었다. 그의 저작 대부분이 생전에 간행되었고 지불원에는 그의 저서를 쌓아두기 위한 방이 따로 있었다.[44] 저작의 내용은 매우 광범위하여 유가 경전의 해석, 역사 자료에 대한 고찰, 문학 작품의 평론에서 윤리 철학까지 포함되었다. 형식은 논문·잡설·시가·서간 등이었다. 그러나 다루는 내용의 범위가 넓다는 것이 곧 다방면에 조예가 깊음을 가리키는 것은 아니었다.

그가 집필한 역사는 사실에 대한 정밀한 고증이 부족하고, 나름의 체계를 갖춘 것 같지도 않다. 모든 문장은 사서(史書)에서 뽑아 썼는데, 다른 것은 다만 자신의 생각에 따라 장절을 고치고 순서를 바꾸고 거기에 약간의 평론을 덧붙인 것뿐이었다.

소설을 다룰 때 그의 주안점은 작품의 예술적인 가치나 창작 방법이 아니었다. 다시 말해 그는 작품의 주제나 이야기의 구조, 인물 묘사, 에피소드의 배치 등의 기교를 중시하지 않았다. 그는 문학 창작의 기본 형식을 무시하고, 마치 실재 인물과 사실을 평론하는 것처럼 오직 등장 인물의 도덕성, 행동의 타당성 등만을 탐구하였다.

게다가 철학 이론을 논하면서도 종종 단편적으로만 다룬 짤막한 글들을 썼다. 구성도 엉성하고 논문이라고 하기에는 체계성이 부족하였다. 그러했음에도 당시의 많은 지식인들은 "이탁오의 『장서(藏書)』 『분서(焚書)』를 한 권씩 옆에 끼고 보물처럼 여겼다"[45]고 하는데, 지금으로서는 이해하기 어렵다.

이런 관계를 바로 인식하기 위해서는 이탁오의 집필 목적을 탐구하지 않으면 안 된다. 그의 여러 형식의 글들은 결국 한 가지 주제로 귀결되는데, 그것은 독서인의 사적인 이익과 공공의 도덕을 융합시키는 문제였다. 여기에서 출발하고 있는 그의 글은 여러 종류의 악기를 사용하여 하나의 교향곡을 연주하는 것과 같은 것이었다. 공과 사의 모순을 조화시키는 방법은 없을까? 적절한 해답을 도출한 것은 아니지만 적어도 문제는 제기하고 있다. 이것은 아주 절박한 문제로서, 지식인들에게는 그들의 양심과 지성의 순수성에 크게 영향을 미칠 수 있는 것이었다. 이탁오의 경우 자신이 살아온 삶의 역정으로 이 문제에 대한 인식이 더욱 깊어졌고 또한 더욱 힘있는 문장을 쓸 수 있었다. 그래서 그의 저작이 독자들의 호응을 얻을 수 있었던 것이다. 그 핵심은 경정향에게 쓴 한 통의 편지에 생생하게 나타나고 있다.

공의 행동을 보니 남과 크게 다르지 않습니다. 다른 사람이 모두 이와 같고 나 역시 이와 같으며, 공도 역시 이와 같습니다. 아침부터 저녁까지, 또 지식을 얻게 된 이래 지금까지, 모두 밭을 갈아서 먹을 것을 구하고, 땅을 사서 씨 뿌릴 곳을 구하며, 집을 지어서 편안함을 구하고, 독서를 해서 과거 급제를 구하며, 관직에 올라 존귀함을 구하고, 풍수를 살펴서 자손에게 복이 미치기를 구합니다. 모든 일을 자신의 몸과 집안을 위해 도모하고 하나도 다른 사람을 위해 꾀하는 것은 없단 말입니다. 공께서 입을 열어 학문을 논할 때는, "너는 자신을 위하고 나는 다른 사람을 위하며, 너는 이기적이나 나는 이타적이다. 나는 동가(東家)의 굶주림을 가엾게 여기고, 추위에 떨고 있는 서가(西家)의 고통을 생각한다"고 말씀하십니다. 어떤 이가 사람들을 가르치면 곧 공맹의 뜻을 행한다고 하고, 어떤 이가 사람 만나기를 싫어하면 곧바로 이기적인 인간이라고 공격합니다. 어떤 사람이 행동을 삼가지 않아도 다른 사람과 더불어 선(善)을 행하고 있다고 칭찬하고, 반대로 어떤 사람은 행동이 비록 신중해도 공 자신과 관계되면 불법(佛法)으로 사람을 해치고 있다고 비난하십니다. 이로 보면 공은 말한 것을 반드시 실천하는 것도 아니고, 또 행하는 것 가운데는 공이 말하지 않은 것도 있습니다. 공의 행동과 말, 말과 행동이 어떻게 그렇게 다를 수 있습니까? 이것이 진정 공자의 가르침입니까? 이런 것들을 곰곰이 생각해보면 시정소부(市井小夫)가 몸으로 경험한 것을 그대로 말로 표현하는 것만 같지 못합니다. 장사하는 자는 장사에 관해 이야기하고, 밭 가는 자는 밭 가는 일을 이야기합니다. 이런 이야기들은 조리에 맞고 실로 덕이 있는 말이어서 듣는 사람이 싫증을 느끼지 않습니다.46)

이탁오가 드러내어놓고 말할 수 없었던 것은, 이러한 인물들을 신랄하게 공격하면서도 결국 그 자신이 이런 사람들의 도움을 받으면서 생활하지 않을 수 없다는 사실이었다. 이러한 언행의 불일치는 보편적인 사회 현상이었고, 경정향은 비교적 이런 면이 두드러졌던 것에 불과했다. 이탁오 자신도 이런 현상과 관계없는 사람이 아니었다. 이 때문에 그는 자주 다른 사람을 사정없이 비난한 후 스스로 양심의 가책을 느껴 공격의 칼날을 슬그머니 거두어들이곤 했다.47) 다만 다른 사람의 공격을 받아 피할 길이 없게 된 경우에는, 강둑이 터져버린 것처럼 쏟아져 나오는 자신의 감정을 추스르지 못했다.

이탁오는 당시 어느 누구보다도 훨씬 많은 자유를 향유하였지만, 끝내 자신이 추구했던 독립을 획득하지는 못했다. 이러한 곤란과 모순 때문에 그는 계속 저술 활동에 매달렸지만, 저술 내용은 여전히 이러한 문제의 범위를 벗어나지 못했다. 그를 동정했던 원중도(袁中道)조차 이런 점을 이해할 수 없었다. 이미 관료 정치에 불만을 가지고 벼슬을 단념하였으므로 더이상 속세의 일에 안달하지 않고 문묵(文墨)만을 즐기는 것이 당연하였다. 그러나 그가 쓰는 글이라고는 모두 여전히 관료 정치와 관련된 것이었고, 게다가 명성은 더욱 높아져 갔다. "명성이 화를 부른다"고, 이것이 결국 그의 자살을 불렀다고 해도 과언이 아니다.[48]

공자의 인(仁)

이탁오와 경정향이 벌인 논쟁의 뿌리는 인성론에 대한 견해의 차이에 있었다. 이 문제는 매우 광범위한 문제로서, 중국 철학사 가운데에서 전면적인 해답을 찾지 않으면 안 된다.

문제는 기원전 5세기 춘추 시대까지 소급된다. 공자는 인간의 본성이 착하다고도 악하다고도 하지 않았다. 그의 학설의 핵심은 '인(仁)'이었다. '인'은 선이라 할 수 있는데, 군자의 생활 목표도 '인'을 실현하는 데 있었다.

그러면 대체 어떤 성분이 '인'을 이루는가. 이에 대하여 공자는 직접적인 답을 명확히 말한 적은 없다. 『논어』에서 '인'이란 글자는 모두 66번 나오는데, 의미는 각각 달리 해석되고 있다. 일반적으로 인은 자애, 온화, 측은히 여김, 천하의 일을 자기의 일로 하는 것 등의 관념과 통한다고 한다. 그러나 공자는 각각의 경우마다 다른 개념을 인에 부여하였다. "자기가 원하지 않는 것을 다른 사람에게 시키지 말라"라고 하는 자기 억제, 예의바른 언어, 예의바른 행동도 모두 인 또는 인에 가까운 것이라 할 수 있으며, 불가피한 상황에서 자기의 생명을 희생하는 것도 '살신성인(殺身成仁)'이라 하였다. 인은 가장 획득하기 쉬운 품성으로 누구라도 인에 뜻을 두면 곧바로 얻을 수 있다. 그러나 인은 가장 유지하기 어려운 품성이기도 하다. 예를 들어 공자 자신과 같은 성현도 시종일관 인에서 벗어나지 않았다고 하기는 어려운 것이다.

후세의 독자로서는 서로 연관성이 없어 보이는 이 어록들을 되풀이해서 읽고 거듭 생각하지 않으면 인의 진정한 의미를 이해하기 어렵다. 대략 정리해보면 다음과 같다. 온화하고 예의바르며 도량이 넓은 것이 인의 초급 단계이다. 보다 높은 단계로 나아가기 위해서는 자기의 사상과 언행을 모두 그 규범 안으로 수렴해야 하며, 부단한 노력을 쌓아감으로써 "사욕을 버리는" 데 도달할 수 있고, 최종적으로는 '무아'의 경지에 이르게 되는 것이다. 이와 같이 인은 일종의 강제적인 힘, 최고의 행동 규범, 인간의 한계를 초월한 품성 등이다. 인은 또한 삶의 유일한 의미가 존재하는 곳으로서, 도가에서 말하는 '도'와는 과정이 다를 뿐 도달점은 같다.49)

『논어』에 나오는 66개의 인에 관한 구절들은 공자 학설의 형이상학적인 근거가 되어 일원론적인 유가 우주관의 기초가 되었다. 이 학설은 이기주의의 불합리성을 직접적으로 지적하지는 않았지만, 이것은 이미 말로 다시 설명할 필요가 없는 문제였다. 왜냐하면 이른바 '자기'라는 것은 일종의 관념에 불과하여, 물질이라 할 수도 없고 영원히 보존되는 것도 아니기 때문이다. 생명의 의미 또한 건전한 양식으로 타인에 대해 관심을 갖는 것에 있다. 이런 경지에 이르러야 비로소 생명은 영원한 의미를 갖게 되는 것이다. 이런 이상은 인도의 브라만교나 불교의 교의와 유사하다. 인도의 사상가는 '자기'를 일종의 환상이라 하고, 인간 세계에 진정으로 존재하는 것은 무수한 인과(因果)의 순환에 지나지 않는다고 생각한다. 유가의 학설에서는, 사람은 끊임없이 외부 세계와 접촉하지 않으면 안 되고 이러한 접촉에서 멀어진 인간은 아무런 내용이 없는 백지와도 같다고 지적하고 있다. 외부와의 접촉을 통해 그는 이기심을 드러낼 수도 있고, 이기심을 버리고 인에 도달할 수도 있게 된다는 것이다.

공자에 따르면, 사람은 성인군자라 할지라도 항상 근신하여 불인(不仁)한 생각들을 막지 않으면 안 된다. 이럴 경우 악한 본성이 선천적인 것이라고 말할 수 있다. 그렇지만 다른 한편으로는 누구에게나 인을 발휘하고 유지하는 본능이 있으므로 선한 본성이 천부적인 것이라고도 생각된다.

공자가 세상을 떠난 뒤 대략 150년이 지난 후에야 비로소 성선설이 처음으로 분명하게 제창되었다. 맹자는 "인간의 본성이 선하다는 것은 물이 아래로 흐르는 것과 같다. 사람으로서 선하지 않은 자가 없고, 물은 아래로 흐르지 않는 것이 없다"고 단언했다. 맹자와 공자 간의 논조 차이는 사회 환경의 변화로 인한 것이었다. 공자의 목표는 자신과 같은 철학자·교육가가 당시 제후국들의 세습 귀족을 대신하여 나라를 다스린다는 것이었다. 맹자가 살던 시대는 극심한 전란의 시대였고 당시 제(齊)와 초(楚) 사이에 끼여 있었던 왕국들은 나라를 유지하기 위해 국민을 총동원하여 전쟁을 해야 했다. 이런 상황은 철학자에게도 한가로이 개인생활의 안위를 추구하도록 용납하지 않았다. 맹자에게 있어서 급선무는 강자를 찾는 것이었다. 이 강자라는 것은 전국을 통일하는 데 필요한 조건을 갖추고 있음은 물론 더 나아가 유가의 학설을 대사업의 기초로 받아들일 인물이어야 했다. 맹자는 웅변적인 언사로 상대방을 설득하여 그와 그의 신하들을 선량한 천성으로 인도하려 하였다. 마치 범람한 물을 큰 바다로 이끌어들임으로써 인명과 재산의 엄청난 피해를 막으려 하는 것처럼.

주희를 거쳐

공맹의 도는 제자백가의 이론과 싸워 이겨 한(漢)대 이후 전국을 통치하는 지도 이념이 되었다. 시대가 발전함에 따라 유학에 대한 통치자의 기대도 점점 더 커져갔다. 10세기, 즉 당송(唐宋) 교체기에 중국은 다시 거대한 변화를 겪었다. 이 시기에 경제의 중심이 화북의 밭농사 지대에서 화중·화남의 논농사 지대로 옮겨졌다. 생산력의 현저한 발달에 따라 내부도 훨씬 복잡해졌다. 지금까지 명문 호족에 의해 독점되어온 관직은 이제 신흥 사대부층으로 대체되기 시작했다. 무관들은 점차 정치적 영향력을 잃게 되고, 문인 관료 정치가 제국 통치의 원칙으로 확립되었다. 이와 같은 다방면의 변화로 인해, 권력을 집중시킨 중앙 정부는 사회의 많은 우수한 인재 즉 독서인들을 끌어들이기 위해 새로운 철학 이론을 세우지 않으면 안 되었다. 이러한 독서인은 곧 신흥 사대부 계층으로, 이전의 문벌 귀족에 비해 인원도 많고 유동성도 컸으며, 생활 면으로나 지식 면으로나 범위가 훨씬 넓었다. 그리하여 유가 윤리만으로는 이미 시대의 요구에 부응할 수 없어서, 새로운 환경에 적응하기 위해서는 새로운 이념적 요소의 도입이 필수적이었다.

이런 요구에 부응해서 많은 학자가 차례로 공맹의 저술에 새로운 주석을 가하였다. 그리고 이러한 주석을 균형 있게 정리하여 하나의 사상 체계로 세운 사람이 송대의 대유학자 주희(朱熹)였다. 그는 공맹 이후 유가학파 중에서 가장 영향력이 있는 사상가로서, 죽은 후 현인(賢人)으로 존숭되었다. 유가 경전에 대한 그의 논술은 권위를 가졌다. 그의 『사서집주(四書集注)』는 명청대 독서인의 지정 교과서였고, 과거 시험의 표준 답안이기도 했다.

그의 학문 연구 방법은 '이지화(理智化)', '객관', '귀납법'이라고 불려지고, 때로는 '과학적 근거가 있다고까지 간주되고 있다.50) 주희는 과거의 역사서와 철학서들을 열심히 읽고 깊이 생각하여 정리했다. 그의 결론은, 역사적으로 각 왕조의 흥망성쇠 및 우주의 여러 자연 현상에는 모두 공통된 원칙이 있는데, 그것이 상호 증명된다는 것이었다. 그의 학설의 기초는 우주와 인간계의 여러 사물이 모두 '기(氣)'로 구성되어 있고, '기'는 '이(理)'의 여러 형식을 통해서 각기 다른 '물(物)'을 형성한다는 것이었다. 여기서 '물'이라는 것은 해와 달과 별과 같은 구체적인 사물을 포괄하며, 충신효제(忠信孝悌)와 같은 추상적인 윤리도 포함한다.51)

구체와 추상을 구별하지 않고 말하는 이와 같은 방식은 중국 사상가들의 전통적 습관으로서 그들의 일원론적인 우주관과도 일치한다. 왜냐하면 그들은 한 사람이 한 사물을 볼 때 그 사물은 고립되어 있지 않아서 결코 주위 환경과 분리될 수 없다고 생각하였기 때문이다. 그들은 사물의 기능에 중점을 두었다. 한 사물이 어떤 특성을 가지게 되는 것은 그것과 다른 사물이 관계를 가지게 되기 때문이라는 것이다. 흰 물질이 희다는 특성을 가지게 되는 것은 광선이 반사되어 사람의 눈에 비치기 때문이다. 다른 식으로 말하면 모든 '물'은 움직임을 갖는데, 광선이 반사되어 인간 눈에 보이는 것 또한 일종의 움직임이며, 사람됨이 충효스러운 것도 일종의 움직임이라는 것이다. 이와 같은 관점에서 주희는 번개와 폭죽이 유사한 '물'이라고 보았다. 양자는 모두 '누적된 기'가 발산하는 것이라고 생각했다.

공자의 인, 맹자의 성선설, 나아가 중국 사회의 전통적인 조직과 관습 등을 모두 주희는 '천리(天理)'로 간주했다. 그러나 사람이 천리를 배반하는 것은 각 사람의 천성적인 기가 달라 청(淸)과 탁(濁)이 있기 때문이며, 탁기(濁氣)가 두드러지면 천리는 '인욕(人欲)'으로 대체된다고 하였다.52) 이와 같은 일을 피할 수 있는 방법은 '격물(格物)' 즉 사물과 접촉하여 그것을 관찰하고 연구하는 것뿐이라고 했다. 그는 "치지(致知)가 격물에 있다는 말은 깨달음에 이르는 길이 사물을 가까이 접하여 그 이치를 연구하는 것에 있다는 것을 말하며, 대개 사람 마음속의 영(靈)은 알지 못하는 것이 없고, 천하의 사물 가운데는 이(理)가 없는 것이 없다"고 했다. 격물을 통해서 사람이 천리를 발견할 수 있다고 하는 주장이다.

실제로 주희가 사용한 방법은 귀납법이라 할 수 없고 과학적이라 말하기도 어렵다. 유추를 사용해서 주제를 설명하는 것은 전국 시대 사상가나 정치가들이 즐겨 사용하던 방법이었다. 맹자는 인간의 본성이 선하다는 것을 물이 아래로 흐른다는 것으로 비유하였지만, 사실 인간의 본성은 물의 본성과 관계가 없으니, 이는 맹자의 주관에 지나지 않는다. 주희의 격물도 방법상 그것과 같았다. 많은 경우 그는 현실의 형태를 빌려 추상적인 관념을 묘사했다. 그는 풀 한 포기, 나무 한 그루도 모두 '이(理)'를 포함하고 있는 까닭에 '격(格)', '물(物)'은 모든 자연계를 포괄한다고 생각하였다.53) 그에게는, 전통적인 사회 관습은 곧 인간의 천성이었다.54) 그러나 그는 결론을 도출할 때 오히려 자연계의 '이'를 유교 윤리상의 '이'의 논리적 근거로 삼았다. 이것은 곧 유사성을 논리로 바꾼 것이었다.

주희의 사상 체계에 대해서는 다른 각도에서도 비판할 수 있다. 그 중 중요한 일면은 만약 인간의 어리석음이 그가 말하듯 기가 탁하기 때문이라면 그러한 생리적인 결점은 당연히 물리적인 방법으로 구제해야 할 것이라는 점이다. 예컨대 유전적 요인에 착안하든가 혹은 도가와 같이 호흡법을 중시하든가 해야 할 것이다. 그러나 주희는 그런 방법에 반대했다. 그는 기가 탁한 사람들은 교육을 받고 끊임없이 노력하지 않으면 진리에 가까이 갈 수 없다고 생각했다.55) 이렇게 되면 주희의 전체적이고 조직적인 우주관에 이미 문제가 생기는 것이다. 즉 윤리의 이(理)는 물리의 이(理)와 구별되는 것이 되어버리기 때문이다.

대저 고도의 개괄은 아무래도 상상적인 요소를 가진다. 특히 현대 과학이 아직 발달하지 않은 시대의 철학자는 우주가 곧 이것이라고 설명할 수 없었고, 우주가 이와 같다라고 가정할 수 있을 뿐이었다. 이 점에서 주희와 기타 철학자는 아무런 차이가 없었다. 그렇기 때문에 그가 사용한 방법은 일종의 낭비였다. 그의 격물은 인간에게 식물학, 지질학, 역사학, 지리학 등 각 학문에의 접근을 요구하였다. 그러나 그 목적은 이러한 학문 자체의 진리 추구에 있지 않았다. 왜냐하면 어떠한 문제에 대해서도 관찰에 앞서 이미 결론이 나와 있었기 때문이다. 게다가 그러한 결론을 낸 것조차도 그 자신이 아니라 공자와 맹자였다. 그렇다면 다음과 같은 의문을 제기하지 않을 수 없다. 이 정도의 박학다식이 실제로 필요한 것인가? 바꾸어 말하면, 주희의 공적은 그가 정력을 기울였던 만큼의 가치가 있다고 말할 수 있는 것인가?56)

주희의 연구 방법은 산만하다고 해야 할 것이다. 이와 같은 산만함을 피하는 데는 다른 길이 있다. 그것은 모든 사람 각자가 자기의 심리를 우주를 구성하는 도구로 삼는 것이다.57) 이른바 심리는 시각과 청각뿐 아니라 직관과 영감도 포함한다. 우주의 자연 법칙이 사회의 윤리 도덕과 일치한다는 것은 좀처럼 실증하기 어렵다. 그러나 심리적으로는 자명할 수가 있다. 우주의 위대함과 완전함은 분석할 필요도 없이 그대로 개인의 심리와 결합하여 선한 정신을 불러일으킬 수 있다. 그것을 통해 자연스럽게 사회 도덕의 진수를 깨닫는 것이다. 그 최고의 경지는 사람으로 하여금 일상생활의 괴로움에서 벗어나 정신적으로 깨끗한 초월에 도달하게 한다. 이와 같은 견해를 가진 자들은 늘 '장발미발지제(將發未發之際)'를 주장하는데, 이는 잡념이 없고 마음이 안정된 상태를 의미한다. 이때 시각, 청각, 촉각 모두 작용하고 있지 않지만, 개인은 직관을 통해 우주적인 일종의 형용할 수 없는 심미감을 얻을 수 있다고 한다.

이와 같은 연구 방법이 '심학(心學)'인데, 주자의 '이학(理學)'에 대립된다. 심학파는 이학파의 번잡한 격물치지에 반대하고, 직접 마음의 '자연자재(自然自在)'를 추구하라고 제창하였다. 이학파는 심학파도 크게 비판받을 부분이 있다고 생각하였다. 우주의 진리가 만약 인간의 마음속에 있다면 누구나 마음을 닫거나 열거나 하여 이 진리를 받아들이거나 거부할 수 있는 것이다. 그렇다면 이 세상의 진리는 객관적인 가치를 잃어버리게 되고, 유가가 제창하는 우주의 일원화는 도가의 '도'나 불교의 '무'와 구별할 수 없어진다. 사람은 참선을 통하여 단번에 깨달음을 얻을 수 있는데, 깨달음으로 획득한 초연의 경지는 개인적인 차원에 그치는 것이어서, 더이상 사회의 윤리 도덕에 대해 책임을 지지 않게 되는 것이다. 경정리가 일생 동안 벼슬하지 않았던 것이 그 예이다. 더욱이 유가 경전은 줄곧 사대부의 행동 기준임과 동시에 토론의 근거였으나, 심학이 유행하게 되면서 모두 경전을 제쳐두고 직관에만 의지하게 되었다.58) 이탁오가 순전히 개인적 직관과 견해를 근거로 경전을 해석하였던 것도 그 예이다.

지식인이 정통 유가 사상을 버리게 되면 왕조의 안전이 곧 위협받게 된다. 지식인은 정치적으로는 정부의 각급 관료였고, 경제적으로는 중등 이상의 지주였으며, 따라서 그들은 사회의 진정한 주인이기도 했다. 그리고 정통 유가 사상은 지금까지 그들을 엮어주는 끈이었다. 그 외에 그들을 하나로 모으고 서로 협동케 할 다른 요소는 없었다. 그래서 이탁오가 만년에 체포되어 투옥되었을 때, 행동이 불량하다는 지탄을 받았음에도 불구하고 심문에 임한 재판관은 이 점은 별로 거론하지 않고 오히려 그의 '혹세무민(惑世誣民)'한 저작에만 주목했던 것이다.59) 이탁오 자신도 일찍부터 이것을 예측하고 있었다. 그가 한 저서에 『분서』란 제목을 붙였던 것도 언젠가 그 책이 반드시 불타게 될 것이라는 예측하에서였다. 다른 저작에 『장서』라고 제목을 붙인 것도 세상이 시끄럽기 때문에 당장은 숨겨두었다가 적절한 시기가 되면 널리 전파하려고 한다는 의미였다.

왕양명의 지행합일설

이탁오는 경정향과 결별한 뒤 바로 경정향에게 보낸 편지를 공개하여 그의 허위성을 폭로하였다. 경정향도 '눈에는 눈으로 이에는 이로' 다른 친구에게 보낸 편지를 베껴서 돌림으로써 당한 그대로 보복하였다. 내용을 보면 "옛날 안산농[顔山農, 안균顔鈞]이 강학회(講學會) 중에 갑자기 일어나 땅바닥을 한 번 구르더니 '나의 양지(良知)를 한번 보라고 말했는데, 사우(士友)들이 지금까지도 이를 전하면서 웃음거리로 삼는다"60)라고 시작한다. 사건과는 무관한 듯한 이런 이야기로 운을 뗀 뒤 이어서 그는 이탁오의 여러 가지 이상한 행동이 안산농의 땅바닥을 구르는 행위와 의미가 같고, 그 목적은 구속을 받지 않으며 선을 통해 무아의 경지에 들어가려는 것이라고 지적하였다. 그러나 경정향은 또한 악의가 없는 것도 아니어서, 이탁오가 예전에 그의 어린 동생들에게 기생놀음을 무리하게 강요하였다는 것, 또한 어떤 때는 승려들을 데리고 어느 미망인의 침실로 들어가 화연[化緣, 화속결연化俗結緣의 준말. 세속사람을 교화하여 이것을 인연으로 불도를 받아들이게 하는 것] 시주를 요구하였다는 것 등을 들춰냈다. 경정향은 이런 방탕한 행위도 이탁오가 '양지'를 핵심으로 삼고 돈오[頓悟, 단번에 깨달음을 얻는 것]를 추구하는 것의 하나로서, 안산농이 땅을 구른 행위와 차이가 없다고 본 것이다.

이탁오는 1587년에 이 공격에 응대하였다. 미망인에 관련된 사건 외에는, 형식에 구애되지 않는 자신의 행동에 대해서 조금도 감추려 하지 않았다.61) 가장 주목할 만한 것은 '땅위를 구른다는 것'에 대한 그의 평론이다. 그는 이때까지 이러한 이야기는 들은 적이 없지만, 만약 진실로 그런 일이 있었다면 이는 안산농이 '양지의 진수'를 확실하게 깨달았음을 증명하는 것이라고 말했다. 그는 또한 "세상에 땅바닥을 구르는 사람이 한둘이겠는가. 밤과 낮이 없다. 많은 사람들 앞에서 권세 있는 자에게 아첨하여 하루의 영화를 꾀하고, 남이 안 보는 곳에서도 노예와 같은 행동으로 한순간의 총애를 바란다. 구르지 않는 사람이 없고, 그렇지 않을 때도 없다. 잠시도 구르지 않는 것이 없다"고 주장했다. 사람이 구르는 것의 진정한 뜻을 깨달을 수 있다면 그것이 이미 남다른 경지에 이르게 되었음을 의미한다고 했다. 즉 "구를 때에는 안으로 자기를 보지 못하고, 밖으로는 다른 사람을 볼 수 없어서, 안으로 자기를 꾸밀 필요가 없고 외부의 대상을 낮추어 보지도 않는다. 다른 사람에게 등을 돌리지 않아도 독립성을 유지할 수 있고, 정원을 지나가도 다른 사람이 보지 못한다. 안과 밖을 모두 잊으니 몸과 마음이 하나로다. 어렵구나, 어려워!"라고 했다. 그는 경정향의 조소가 안산농의 명예에 손상을 준다고 생각하지 않았다. 즉 "천번 만번 비웃고, 백년 천년 비웃어도 산농이 개의할 바는 아니다. 왜냐하면 불법(佛法)은 원래 중생들을 위해 설파된 것이 아니고, 높은 깨달음을 얻을 수 없는 자들과 논쟁하기 위해 만들어진 것도 아니며, 다른 사람이 비웃는 것을 두려워하여 감히 말하지 못하고 그만두는 것도 아니기" 때문이다.

이상의 사건에서 당시 심학파가 이학파에 반대하고 있던 하나의 사례를 볼 수 있다. 이탁오와 경정향의 개성이 달랐던 것은 사실이지만, 그들의 상호 조소와 비판은 이미 개성의 대립을 뛰어넘고 있었다. 그중 미묘한 점은 경정향이 정통적 이학파가 아니라 이탁오와 같이 심학파 중의 태주학파(泰州學派)에 속하고 있었다는 사실이다.62) 이탁오를 "아직 소상히 알지 못한 채 먼저 횡(橫)한다*"고 공격한 면에서만 경정향의 입장이 이학파에 가까웠다.

심학은 명대에 발전하여 절정기에 들어섰다. 왕양명(王陽明)의 독창적인 사상 전개에 힘입어 이 사상은 이제 하나의 완전한 체계를 이루었다. 왕양명도 원래 주희의 신봉자에 속했고, 스스로 이전에는 주

---

* 검증하지 않은 중에 독단을 내린다.

희의 방법을 따라 격물을 시도했음을 밝히고 있다. 대나무 앞에 앉아 명상에 잠겼으나 아무리 격물하여도 끝내 대나무가 대나무인 까닭을 찾아낼 수 없었다. 그뿐만 아니라 도리어 이 때문에 병을 얻어 쓰러졌다.63) 이 이야기는 그가 한때 물질의 이(理)와 도덕의 이(理)가 서로 통한다고 믿고 있었음을 보여주고 있다. 그러나 그는 이학의 비유법을 받아들이지 않았다. 주희의 방법이 통하지 않자 그는 다른 길을 찾아 마침내 하나의 도리를 깨달았다. 즉 우주의 여러 사물들의 '존재'는 완전히 개인 심리의 반영이라는 것이었다. 예를 들어 꽃이 피고 지는 것도 만약 사람이 보지 않는다면 꽃은 마음과 "함께 적(寂)으로 돌아가버리며," 이른바 천리(天理)도 인간 각각의 마음속에 선천적으로 존재하는 지고의 원칙이고, 충효도 천리이므로 모두 마음속에서 자연히 생기는 관념이라는 것이다.

  왕양명은 불교 사상의 영향을 받았다. 그의 우주관도 일원론에 속하였다. 그의 이른바 '양지(良知)'는 자연이 개개인에게 부여한 불가결한 힘으로, 우리가 보편적으로 말하는 양심과 비슷한 것이었다. 그가 말한 양지는 지각 작용을 하는 '의념(意念)'과는 달리 각종 사물의 형태와 기능을 이해하지는 못하는 것으로, 의념의 주재자라 할 수 있고, 의념에 대해서 시비선악의 판단을 내릴 수 있는 것이었다.64)

  그의 사상 체계에서 또 하나 중요한 측면은 인과관계를 중시한 점이다. 그의 견해로는 흰 물체의 흰색이 인(因)이고, 관찰자의 마음속에서 흰색을 만들어내는 감각이 과(果)였다. 인과관계에 대한 이와 같은 이해가 그의 '지행합일(知行合一)'설을 이끌어내었다. 지식은 일종의 결단이고 반드시 그 나름의 행동을 일으키는 것이라고 그는 생각하였다.65) 미녀를 보고 연모할 때나 악취를 맡고 싫어할 때, 보는 것과 냄새 맡는 것은 '지(知)'이고, 연모하고 싫어하는 것은 '행(行)'이란 것이며, 전자는 곧 후자를 만들어낸다고 했다. '양지에 이르는 것(致良知)'이 이처럼 간단해 보이기 때문에 사람들은 자연스럽게 '양지에 이를' 수 있는 것으로 생각하지만, 끊임없이 양지에 따라 행동하기는 어렵다고 왕양명은 주장했다. 이는 "보통 사람이라도 인(仁)에 뜻을 두면 인을 얻을 수 있지만, 성인군자라도 전혀 인을 위배하지 않을 수는 없다"라고 한 공자의 '인'에 관한 학설과 매우 유사하다.

왕양명은 진리를 위해 진리를 추구한 인물은 아니었다. 주희와 같이 그의 목적도 자신의 사상 체계를 이용하여 어릴 때부터 익혀온 유가의 이론을 실증하고 국가 통치에 도움이 되게 하려는 것이었다. 그의 방법은 주희의 학설에 비해 훨씬 직접적이었다. 그렇지만 여기에 위험성이 있었다. 만약 누군가가 왕양명의 학설을 간단한 방법이라고 생각하고 공맹의 가르침 없이 펼치기 시작한다면, 경정향이 말한 '아직 소상히 알지 못하고서 먼저 함부로 행하는' 것이 되어 자신의 영감(靈感)이 진리를 좌우할 수 있다고 여길 가능성이 매우 높았기 때문이다. 그 결과 각자 개성과 배경에 따라 범신주의, 낭만주의, 개인주의, 자유주의, 실용주의, 심지어 무정부주의로까지 기울 수 있었다. 이것이 곧 양명학의 위험한 부분이었다. 그것은 각 개인에게 자신의 양심에 따라 행동하고 관습적인 도덕 기준에 구애되지 않아도 좋다고 부추기는 경향이 있었다.66) 1587년 이탁오는 이러한 길의 교차점에 도달하였다.

철학을 방랑하다

수세기가 지난 뒤, 사람들은 과격성보다는 논리적 불완전성을 이탁오의 결점으로 들어 비판했다. 그의 학설은 파괴성이 강하였고 건설적이지 못하였다. 그는 하나의 사상 체계를 창조하여 정통 이론을 대체한 것이 아니었다. 원인은 그의 결단력과 능력의 부족에 있는 것이 아니라 당시 사회가 개혁을 받아들일 만한 여건을 갖추고 있지 않았던 데 있었다. 다른 사상가들같이 그도 자신의 학설을 실현할 수 없다는 사실을 발견했을 때 그것을 미화하거나 아니면 신비화할 수밖에 없었다.

이탁오의 학설은 반은 유물론이고 반은 유심론인데, 이것은 당시 유가 사상가들에게 드문 일이 아니었다. 왜 이러한 경향이 생겼는지에 대해서는 왕양명을 탐구해보면 잘 알 수 있다.

왕양명이 사용한 방법은 간단명료하여 주희와 같이 번거롭지 않았다. 그러나 그의 체계 내에는 핵심적인 문젯거리가 여전히 남아 있었는데,67) 예를 들어 양지의 내용은 도대체 무엇인가, 양지와 의념의 관계는 종속적인 것인가 대등한 것인가, 조화로운 것인가 상호 배척적인 것인가 등이었다. 양지라는 것은 분석 불가능한 일종의 영감으로, 인류가 선을 행할 가능성과 마찬가지로 생명의 오묘함에 속하는 것이라고 직접적으로 말했어야 했다. 그러나 왕양명은 그와 같이 단도직입적이지 않았다. 그는 애매하게 양지는 선하지도 악하지도 않지만, 의념은 선악이 있다고 했다.

이러한 문제는 그와 침식을 같이 했던 제자 왕기(王畿)에 의해서 확실한 해답을 얻었다. 양지를 행하려면 의념을 배제해야만 한다는 것이다.68) 왜냐하면 인간의 육체와 사상은 모두 유동적인 상태이고 환영과 같아서 절대적인 진실성이 없기 때문이다. 따라서 의념은 지엽적인 굴레에 불과하고, 양지야말로 영원 불변의 독립적 존재인 것이다. 양지는 성격의 다양성을 초월하고 그 존재는 무형에 머무른다.

마치 영혼이 연령이나 성별도 없고 출신이나 개성도 없고 더 나아가 생로병사의 제한이 없는 것과도 같다. 왕기의 해석에 따르면 양지는 이미 수단이 아니라 목적이다. 그것은 실제 이미 유가 윤리의 범위를 넘어서서 불교 신학의 영역에 발을 들여놓아 버린 것이었다. 이탁오는 북경에서 예부사무(禮部司務) 재임 중에 언제나 왕양명과 왕기의 책을 읽었고 그 뒤 왕기를 두 번 방문하여 직접 가르침을 받기도 하였다. 그는 왕기를 존숭하여, 왕기의 책을 읽지 않은 해가 없었고 왕기의 학문을 말하지 않은 해가 없었다고 스스로 말한 바 있다. 뒤에는 또한 왕기의 『문초록(文抄錄)』을 복간하는 데 앞장섰으며 그 서문도 썼다.69)

왕기는, 인간은 자신의 의지를 집중하여 물질생활을 버리든가 간소화해야 하며, 환경의 간섭을 피함으로써 선도 악도 없는 최고의 경지에 도달한다고 주장했다. 그렇게 되어야 모든 진실성이 마음속에 존재하게 되어, 버리고 간소화하고 피하는 것도 행동으로 나타날 필요가 없이 정신 가운데만 존재하게 된다는 것이다. 더 나아가 한 사람에게 악념(惡念)이 존재하지 않으면 그는 악을 볼 수도 없고 들을 수도 없고, 나아가 세계에 근본적으로 악이 존재하지 않게 된다고 했다.

이와 같은 입장과 신념에 기초해서 이탁오는 경정향의 공격을 일고의 가치도 없다고 생각하였다. 이탁오는 기생놀음을 한다는 경정향의 비난에 대하여, 자신이 분명 마성에서 "화류계에 출입하였다"고 인정하였다. 그러나 세속에서 좋지 않다고 여기는 이러한 행위는 선도 악도 아닌 영역에 있어서, 지탄받을 만한 일이 결코 아니라고 생각했다. 이탁오에게는 자신의 행위가 불교의 '유희삼매(遊戲三昧)', 도가의 '화광동진[和光同塵, 자신의 재능과 덕을 감추고 세속을 따름]'에 불과하였다.70) 이 때문에 이탁오는 '무선무악(無善無惡)'을 내세워,

결코 잘못을 인정하거나 약함을 보이려고 하지 않았다. 한편 이탁오는 누구나 이러한 자유를 가질 수 있다고는 생각하지 않았다. 그것은 무선무악의 경지에 들어선 우수한 인간의 특권일 뿐이라고 여겼다. 이와 같은 우월감은 그의 저작에서 여실히 보인다.

이탁오에게는 다른 면도 있었다. 즉 그가 "천의흘반(芽衣吃飯), 즉 입고 먹는 것이 인륜(人倫)이자 물리(物理)"라고 말할 때는 왕간(王艮)의 입장에 서 있는 것이었다. 왕간은 태주학파의 창시자이고 왕양명 추종자이기도 했다. 많은 역사학자가 왕간이 왕양명의 학설을 민중 운동의 이론적 근거로까지 넓혔다고 생각하지만 이것은 역사적 오해라고 말할 수 있다. 왜냐하면 명대 사회에서는 철학을 통해 민중 운동을 지도한다는 것이 불가능했기 때문이다. 만약 이러한 가능성이 존재하였다면 이것과 관련된 역사적 요소가 격렬한 변화를 불러일으켰을 것이지만 실제 그러한 흔적은 조금도 없다. 그러나 왕간은 확실히 비교적 넓은 범위로 양명학을 전하고 있고, 그가 말하는 "백성의 삶(日用)이 곧 도(道)"이고, "백성의 일상적인 도리(日用條理)가 있는 곳이 곧 성인의 도리가 있는 곳"이라는 것도 바로 양명학의 발전이었다. 왜냐하면 왕양명의 지행합일설은 근본 이념이 성인의 도를 알고 성인의 뜻을 행하는 것에 있었기 때문이다. 이탁오가 자유를 갈망하고 있었다 하지만, 이와 같은 훌륭한 기치에 대해 초연히 마음을 움직이지 않을 수는 없었다. 그래서 학파를 말할 때 언제나 그는 태주학파에 속하는 것으로 간주되었다.

왕간의 영향하에서 이탁오는 물질과 공리를 함께 중시하였다. 그는 변함없이 '마음(心)'을 주장하였지만 그러나 이것은 이미 "땅위를 구른다든지 하는, 안으로 아름다움이 없고 밖으로 추함이 없는" 마음이 아니라 일상의 요구를 생각하는 마음이었다. 자신에게 필요로 하는 것이 있다면 다른 사람에게도 똑같은 요구가 있다는 것을 살필 수 있기 때문이었다. 이것이야말로 맹자가 말하는 "다른 사람에게도 마음이 있음을 헤아리는 것"71)에 해당했다. 이 시점에서 그의 사상은 이미 형이상학과의 관계에서 빠져나와 일상적인 상식을 기초로 하고 있었다. 이 같은 태도는 그가 역사를 평론할 때 특히 두드러진다.

이탁오의 역사관은 대개 전통적인 견해와 합치한다. 예를 들면 그는 왕망[王莽, 전한을 멸망시키고 신을 연 인물]을 '찬시도적[簒弑盜賊, 왕조를 찬탈한 도적]'이라 간주했고, 장각(張角)을 '요적(妖賊)'이라고 비난하였다.72) 그는 역사상의 혼란과 안정도 끊임없이 순환하고, '문(文)'과 '질(質)'이 서로 연관되어 있다고 보았다. 어떤 어진 군주가 '문'에만 힘을 쏟으면 결국에는 혼란의 원인을 만들게 되며, 반대로 혼란을 수습하고 나라를 일으킨 군주는 '질'에만 힘을 기울여 백성들의 생계만 중시할 뿐, 그들이 먹는 것이 어떤 밥인지에는 마음을 두지 않는다고 했다.73)

문화나 생활의 수준이 국가의 안전과 서로 공존할 수 없다고 하는 이러한 사고방식은 중국 전통 역사상의 산물이고 관료 정치의 특색이기도 하다. 중앙 집권의 형식으로 많은 관료가 억만의 농민을 다스리려면 획일적 질서와 체계적인 운영이 필요할 뿐, 특수한 인간과 특수한 요소가 새로운 기술을 개발하고 새로운 법칙을 만드는 것이 권장되지 않는다는 사실을 이탁오로서는 당연히 이해할 수 없었다.

그가 살았던 시대에 문관 집단은 이미 기술을 발전시킬 가능성을 잃었고 새로운 역사상의 문제에 대응할 능력도 없었다. 사회의 물질 문명(즉 이탁오가 말하는 '문')이 점점 더 발달하는데 국가의 법률과 조직 기구는 그에 걸맞게 바로바로 변혁될 수 없다면 필연적으로 동란이 일어날 수밖에 없다. 시대의 제약을 받았던 이탁오는, 역사의 순환은 숙명으로서 피할 수 없고 거의 신비에 가까운 힘을 가지고 있기 때문에 새로운 해결 방법을 찾으려 쓸데없이 노력할 필요가 없다고 생각하였다. 이와 같이 보면 이탁오의 유심론은 철저하지 않다고 할 수 있다. 왜냐하면 그는 객관적인 진실성, 즉 치란흥망이 인간의 주관에 의해 결정되지 않는다는 것을 인정하였기 때문이다. 물론 인간의 마음이 없으면 치란이 치란일 수 없다고 하는 이론은 더욱 인정하지 않고 있다.

군주가 일생 동안 벌인 사업의 성공과 실패가 역사 순환의 결과인 이상, 역대 군주에 대한 이탁오의 평론도 그들이 시대에 적응하는 식견과 마음가짐에 중점이 두어졌다. '천하의 무거운' 책임에 대해서 이탁오는 재상이 그것을 대신 짊어져야 한다고 생각하였다. 그가 대신에게 기대했던 것은 그들의 실질적인 업무 능력이었지 도덕적인 언사가 아니었다. 탁월한 재능을 가진 사람이 대중의 복리를 위해 봉사할 때에는 결코 지나치게 명예에 구애되어서는 안 된다는 것이 그의 생각이었다. 주위에 마음을 빼앗겨 행동을 제한받아서는 안 되며, 사업의 성공을 위해서는 모든 것을 참고 무거운 부담을 이겨야 되며 수단 방법은 가리지 않아도 된다고 보았다.74) 결국 대중의 이익을 위하는 일이라면 작은 것을 버리고 큰 것만을 생각하는 행동양식은 정당하다고 여겼다. 논리적으로 해석하자면, 공중 도덕과 개인 도덕은 다른 것이고 목적이 순수하다면 수단이 불순해도 관계없다는 것이다. 이탁오의 이러한 견해는 유럽의 철학자 마키아벨리의 주장과 극히 유사하다.

이탁오는 역사상 재정·경제 문제에서 능력을 발휘한 통치자를 중시하였다. 그는 전국 시대의 이회(李悝), 한대의 상홍양(桑弘羊), 당대의 양염(楊炎)을 숭배하였지만 송대의 왕안석(王安石)에게는 그다지 호감을 갖고 있지 않았다. 이것은 물론 왕안석이 도덕적으로 비난받았기 때문이 아니라 그의 능력이 자신의 기대에 미치지 못하였고 "부강의 술(術)을 알지 못하면서 굳이 부강을 바랐다"75)고 본 때문이었다. 이와 관련하여 이탁오는, 탐욕한 관료가 미치는 해보다 청렴한 관료가 미치는 해가 오히려 훨씬 크다76)는 한층 더 대담한 결론을 내렸다. 그는 해서를 존경하지만 해서가 전통적인 도덕에 지나치게 구애되었다고 비난하였다. 그는 해서를 가리켜 다만 '만년청초(萬年靑草)'에 불과하여, "상설(霜雪)을 견딜 수 있다 하더라도 동량(棟梁)으로는 부적합하다"77)고 했다. 이탁오는 유대유와 척계광을 매우 흠모하여 "이 두 사람은 원래 가륭[嘉隆, 가정嘉靖·융경隆慶] 연간에 이름을 날려 후세에 길이 기억될 인물이다"78)라고 칭송했다. 같은 시대의 인물 중 그는 장거정을 가장 추앙하여 "재상의 걸(傑)", "담이 하늘과 같이 큰 인물"79)이라고 칭송하였다. 장거정이 사후 숙청되자 이탁오는 분을 삭이지 못한 채 주사경(周思敬)에게 편지를 써서, 그가 공도(公道)에 따라 바른 말을 하지 못한 채 다만 명성을 지키기 위해 장거정의 은혜를 원수로 갚고 있다고 비난하였다.80)

유학의 속박

이탁오와 경정향의 대립에 대하여 현대의 많은 철학사학자들은 그들의 경제적 지위의 차이에 원인이 있다고 주장하고 있다. 이탁오는 하층 지주 계급에 속했기 때문에 전통에 반항하는 경향이 있었고, 경정향은 대지주였기 때문에 보수적인 경향이 있었다고 한다.81)

이러한 주장은 사실 근거가 부족하다. 경씨 가문이 황안에서 상당한 명문이었던 것은 틀림없다. 그러나 이탁오는 인생 후반기에 이들 일족에 의지하여 상당히 윤택한 생활을 이어갈 수 있었다. 그는 경정향과 절교한 후 마성 주씨 가문 즉 주사경과 주사구(周思久)에 의탁하였다. 주씨 가문 역시 이름 있는 지주 가문으로 경씨 가문과 비교해서 조금도 뒤지지 않았고 더구나 양 가문은 인척관계도 있었다. 그 외에 매(梅)씨 가문과도 교유하였는데 이들의 사회적 지위도 경·주 양가와 비슷하였다. 당시 마성(황안은 처음 마성에 속했다가 1563년에 분리됨)의 지식인 가운데서 학문으로 과거에 합격한 것은 거의 이 세 집안 사람들이었다.82) 마성에 있을 때 이탁오는 매국정(梅國禎)과도 대단히 친밀한 교제를 가졌고 매국정은 뒤에 『분서』의 서문도 썼다.

만년에 이탁오는 조운총독(漕運總督)인 유동성(劉東星)과도 깊이 교제하였다. 유동성은 산서 심수(沁水) 사람으로, 그 자신이 높은 지위에 있었을 뿐만 아니라 딸을 산서 양성(陽城)의 명문인 왕가(王家)에 시집보내 호부상서 왕국광(王國光)과 인척이 되었다.83) 명성이 높아지자 황족(皇族)인 심왕(瀋王)까지도 이탁오에게 흥미를 느껴 문객으로 초대하였다. 그러나 이탁오는 날이 너무 추워 여행하기에 불편하다는 구실을 붙여 거절하고 가지 않았다.84)

그의 마지막 거처는 마경륜(馬經綸)의 집이었다. 이 사람은 어사 직에 있었고 통주(通州)에 거주하였으며 재산이 풍부했다. 그는 이탁오를 위해 특별히 '가년별관(假年別館)'을 지었다. 또한 과수원, 채소밭 및 토지 한 필지를 골라 사람을 고용하여 경작시키고 그 수입을 객인 이탁오의 접대비로 충당하였다.85) 이탁오의 친구 중 초횡만은 생활이 청빈하였지만 일가가 상류 사회의 지위를 유지하는 데는 지장이 없었다.86) 결국 이탁오가 교제한 사람은 모두 사회의 상류층이었고 그중에서도 엘리트였다.

이탁오 자신의 저작을 비롯해 그에 관한 전기 자료 중, 그가 모종의 민중 운동에 참가한 흔적이나 그런 의도가 있었음을 보여주는 것은 없다. 그는 공업과 농업의 기술 개발에도, 상업의 경영 관리에 대해서도 전혀 흥미가 없었다. 그가 말하는 '천의흘반, 즉 입고 먹는 것이 인간의 윤리이자 사물의 이치'라는 것은, 고급 관료에게 실제 정치 업적으로 백성에게 혜택을 줄 것을 요구하는 데 지나지 않았고, 가식적인 도덕을 논한다든지 번잡한 예의를 존중하는 것은 아니었다. 그러나 이 역시 이탁오 자신에게 실천할 마음이 있었다는 것을 나타내는 것은 아니다. 그는 다만 실천을 제창한 이론가였을 뿐이다.

여성에 대한 그의 견해도 자주 후세 사람들로부터 오해를 받는다. 그는 여성이 선천적으로 열등하다는 것을 인정하지 않았고, 역사상 몇몇 특수한 여성은 남성보다 오히려 유능하다고 했다. 예를 들어 그는 자주 측천무후(則天武后)를 '좋은 황후'라고 칭송하였다.[87] 그러나 성공한 여성을 칭찬했다 해서 남녀 평등을 제창하고 여성 해방을 선전한 것은 아니었다. 명확한 증거의 하나는 이탁오가 과부의 수절을 적극적으로 장려했다는 사실이다.[88]

분명 이탁오는 스스로 체계를 갖춘 이론을 창조하지 못하였고, 그의 단편적인 주장들도 앞뒤 모순되는 경우가 많다. 그가 반대하는 것은 쉽게 알 수 있지만 그가 주장하는 바의 핵심을 발견하기는 쉽지 않다.

그러나 이러한 논리적 불일치가 이탁오의 최대 결점이라고는 말할 수 없다. 창조적인 사상가도 대담하게 이론을 세울 때에 이와 같은 모순을 전혀 보이지 않을 수는 없기 때문이다. 루소가 제창한 개인의 자유도 스스로 전개한 해설 속에서는 도리어 강제성을 띤, 대중을 위한 봉사 정신으로 되었다. 이처럼 이탁오의 모순도 동서고금을 통해

볼 때 결코 보기 드문 것은 아니다.

　이탁오의 우월감과 허식을 고려하고 읽으면, 그의 사상적 면모를 인식하기 어려운 것도 아니다. 그는 허위적인 윤리 도덕을 공격했고 전통적인 역사관을 자신의 역사관으로 받아들이는 것도 거절하였다. 그러나 보다 넓은 범주에서 보면 그는 여전히 유가의 신도였다.[89] 지불원 안에는 공자상이 모셔져 있었고, 산동을 지나갈 때에는 곡부(曲阜)로 가서 공자묘를 참배하였다.[90] 이탁오의 입장에서 보면 유가의 '인', 도가의 '도', 불교의 '무'는 서로 통했다. 그는 허위적인 도덕을 공격하였지만 도덕에 등을 돌린 것은 아니었다.

　하나의 사회 형태 내에서는 도덕의 기준이 영구 불변이라 할 수 있지만, 이러한 기준을 생활 속에서 실천하려고 하면 각각 다른 시대와 환경에 맞추어 변화시킬 필요가 있다. 이탁오와 그 시대 사람들이 직면한 곤란은 당시 정부의 정책 방침과 개인의 행동이 모두 도덕의 지도력에 의지하고 있다는 점이었다. 게다가 그 기준도 지나치게 경직되고 보수적이었으며, 지나치게 단순하고 깊이가 없어 사회의 실제 발전에 적응할 수 없었다. 명조는 건국 후 2백 년 동안 시종 '사서(四書)'에 규정된 도덕 규범을 법률과 재판의 근거로 삼았기에, 입법이라는 수단을 사용하여 윤리 도덕과 일상생활 사이에 하나의 '합법적 영역'이라는 완충 지대를 만드는 일을 소홀히 했다. 이 완충 지대가 있었다면 사회 전체에 개방의 기운을 일으킬 수도, 시대의 요구에 적응하여 정부의 정치적 결정들을 내릴 수도, 개인의 독창적인 정신이 발휘될 수도 있었을 것이다.

　이러한 상황은 결국 사회를 갈수록 경직되게 만들었다. 2천 년 전의 공맹의 도가 과거에는 사회를 지도하고 개조하는 힘이었지만, 이제는 창조를 제한하는 질곡이 되어버렸다. 도덕이라는 기치 아래, 융통성 없이 부화뇌동하는 것이 고상한 교양으로 간주되었고, 허위와 사기가 관료생활의 불가분의 구성 요소가 되었다. 이탁오가 한탄하면서 "이 병폐는 지금에 이르러 양으로는 도학(道學)이 되고 음으로는 부귀(富貴)가 되었다"91)고 말한 것도 무리는 아니다.

만약 이탁오가 어느 정도 언행이 일치하는 모습을 보였다면 그에 대한 유일한 합리적인 해석은 그가 개성과 행동의 자유를 추구하고 있었을 뿐이지 진정으로 마음을 쏟은 유가의 큰 가르침을 떠나지는 않았다는 것일 것이다. 이탁오가 관직을 버리고 처자를 나 몰라라 했고, 절을 창건하고 저작에 종사했으며, 관료 신사의 원조를 받아 생활하였고, 또한 재판관 앞에서 그의 저술이 성현의 가르침에 도움이 되지 해가 되지는 않는다고 주장했던 것도 모두 이와 같은 원칙에서 벗어나지 않는다.

현실에 대해 이와 같은 불만이 있었기 때문에 이탁오는 장거정에게 특별한 공감을 느꼈다. 이탁오가 장거정을 만난 적이 있는지는 확인할 길이 없다. 그러나 적어도 그들 두 사람과 모두 친구로 지낸 인물은 있었다. 이탁오가 의탁했던 경정향과 주사경은 모두 장거정의 측근이었다.92) 경정향은 특히 장거정에게 인정을 받아 1578년 복건 순무에 부임하여 성 전체에 대한 토지 측량을 집행하였다. 이것은 장거정이 전국적 토지 측량을 앞두고 시행한 최초의 시험적 사업이었다.93) 2년 후 장거정은 황제의 이름으로 전국의 경지 조사를 명령하는 조서를 발표하였다. 부세(賦稅)를 개혁하고 재정 문제를 해결하려는 의도였다. 이것은 장거정이 집권한 이래 가장 대담하고 적절한 시도였다. 만약 그가 돌연히 죽지 않았다면 당시 그의 권력과 위세로 이 중대한 조치는 분명 성공을 거둘 수 있었을 것이다.

어린 시절 장거정의 학업 성취는 그곳 한 관료의 눈에 띄었다. 이 사람의 이름은 이원양(李元陽)으로서, 자는 중계(中谿)라 하였다. 그의 일생은 이탁오와 매우 유사했다. 중년에 지부에 임명된 뒤 곧 사표를 제출하고, 퇴직한 후에도 불제자와 유학자를 겸한 면모를 보였다. 기록에 의하면 그는 이탁오도 만난 적이 있다.94)

이원양의 영향으로 장거정은 일찍부터 선종에 흥미를 가졌다. 이 때문에 그는 한림원 재직 중에 태주학파에 접근하였고 나아가 왕간의 저작을 읽고서 이 학문을 정치에 응용할 수 있을지를 검토하기도 했다.95) 아마도 그는 이 학파의 학설이 정치적 지도 원리로 사용될 수는 없다는 결론을 내렸던 것 같다. 어떤 사람은 "장거정이 학문적인 분열을 막기 위해 정치적인 박해를 불사했는데, 가장 뚜렷한 예가 태주학파의 거두인 하심은(何心隱)을 죽음으로 몰아넣은 것이다"라고 비난하였다. 그러나 이탁오는 열심히 하심은의 죽음이 장거정과 무관하다고 변호했다.96)

그렇다면 장거정은 어떠한 이론적 근거하에서 자신의 의도와 행동을 견지해나갔던 것일까? 그의 정책 방향은 한쪽으로 치우쳤다고 할 수는 없지만, 그것을 실현시키기 위해서는 조직상의 부분적인 조정과 개혁이 필수적이었다. 그러나 문관 집단이 신봉하고 있던 원칙은 오히려 기존의 국법과 사회 관습을 굳건히 지키고 개인의 장점을 억눌러 정부와 사회의 전체적인 균형을 유지하는 것이었다. 장거정은 이론적으로 더 좋은 학설을 찾을 수 없었고, 혼자서 합리와 합법 사이의 딜레마에 빠져 양쪽에서 압력을 받을 수밖에 없었다. 그는 "내 몸은 역시 내 것이 아니니, 땅에 까는 자리가 되어 사람이 짓밟고 오줌을 누더라도 참으리라"고 공언하였다. 이것은 바로 "범부 속인의 천박한 비판을 돌아보지 않는다"고 한 이탁오의 말과 비슷하다.97) 장거정은 이원양에게 보낸 편지에서 「화엄비지게(華嚴悲智偈)」의 "불구덩이 속에 들어가서 청량한 문을 얻는 것과 같다"라는 2구절의 게(偈)를 인용하였다. 일단 자기의 명예가 모두 훼손되는 것을 무시하는 것은, 타오르는 불 속에서 청량한 입구를 찾아내려고 하는 것과 같다는 뜻이 담겨 있다. 이것은 명확히 심학적 해석이다. 객관적인 환경도 그것을 불구덩이로 생각하면 불구덩이고 청량하다고 생각하면 청량한 것이 된다는 것이다.

장거정은 정치에서 진퇴양난에 빠졌다. 그 상황은 이탁오가 철학에서 진퇴유곡에 빠졌던 것과 비슷했다. 하나의 철학 사상을 창조하는 것은 그다지 어려운 일이 아니다. 왜냐하면 그것은 철학자 개인의 의식 활동의 산물이기 때문이다. 그러나 하나의 정치 사상을 공표하여 국가 통치의 원칙으로 삼는 것은 결과가 바로 나타나기 때문에, 반드시 기술적으로 현실과 부합해야만 순조롭게 추진될 수 있다. 명대 사회에서 유가의 인은 헌법의 이론적 기초와도 같았다. 전국의 독서인이 성선설을 믿고 있었으므로, 그들은 먼저 개인적인 욕망을 억제해야 했고 나아가 개인의 권리를 주장해서는 안 되었다. 이를 확대하여 일단 총독, 순무 혹은 기타 요직에 임명된다 하더라도 그 지역 혹은 그 부서의 권리를 강조해서는 안 되었다. 예를 들어 동남 각성은 본래 해외 무역으로 큰 이익을 거둘 수 있었으나 대국적인 견지에서 이 특별한 경제적인 이익에 매달리지 않아야 전국 정치의 균형을 유지할 수 있었다. 이처럼 공공의 이익을 전제로 한다는 조건하에서만 중앙 정부는 전국을 통일적으로 관리할 수 있었고, 각 지역 각 부문 및 개개인의 특별한 요구는 고려하지 않아도 좋았다. 이것은 일종의 포괄적인 통치법이었고, 기술적으로도 졸렬하고 장래성 없는 방법이었다.

본서의 앞장에서 몇 번 언급한 것같이 중국은 수백만의 농촌이 모여 성립된 사회이다. 수천만 농민은 책을 읽을 수도, 글자를 알 수도 없어서 신사의 지도와 촌장·이갑의 독촉을 받고서야 비로소 규정대로 연공을 납입하고 부역에 나갈 수 있었다. 법률 앞에서 그들은 명목상 평등을 누렸지만, 실제로는 이해관계의 문제, 심지어 생사에 관련된 문제까지도 항상 명백한 증거에 의해서가 아니라 재판관의 자의에 따라 결정되었다. 명조의 법률에는 상업의 신용을 유지하고 상업 계약을 보장하는 규정 또한 없었고 이 때문에 국제 무역을 개방할 수 없었다. 개방할 경우 해결하기 힘든 분규가 일어날 가능성이 있었기 때문이다. 각 지역이 각각의 특별한 필요에 따라 법률을 정하는 것은 분열 국면을 야기할 수 있기 때문에 더더욱 환영받을 수 없었다.

문관 집단 내부에서도 조직 계통을 통해서 이 2만 명 문관들의 의견을 수렴할 수 있는 방법이 없어서, 함축적인 풍자나 익명의 유인물, 말꼬리 물기 등의 기이한 방법을 빌려 실질과 명분을 섞어가며 사람들이 반신반의하는 가운데 점차 의견을 통일시켜가도록 할 수밖에 없었다. 이상의 여러 상황은 오랜 기간에 걸쳐 법률과 도덕의 괴리를 가져왔다. 이처럼 거대한 제국을 다스리기 위해서는, 공정하고 구석구석까지 잘 정비된 법률이 아니면 반드시 도덕적 신조에 의존해야 했다. 그러나 이 신조가 경직되어 실용 가치를 점점 잃어가면서, 반쯤 마비 상태에 빠진 법률로써는 당연히 이 결함을 보완할 수 없었다.

만약 명조의 통치자가 이 방법이 통하지 않는다고 느끼고, 변혁을 시도했다면 틀림없이 사회의 구성원들은 자신의 생존과 이익을 지향하게 되었을 것이고 천부인권설도 필연적으로 뒤따라 일어나 사회 전체가 근본적인 충격을 맞게 되었을 것이다. 그러나 이러한 상황은 유럽의 작은 나라에서도 몇백 년 뒤 시민 계급의 힘이 성숙하고 나서야 겨우 출현하는 것으로서 장거정과 이탁오가 이 때문에 가슴 졸일 필요는 없었다. 사실 그들로서는 이와 같이 멀리 내다본다는 것이 불가능하였다. 그들이 바라는 자유는 다만 우수한 인물과 걸출한 대정치가가 풍습에 얽매이지 않는 그런 자유에 불과했다.

장거정은 정치가였고 이탁오는 철학자였다. 그들은 똑같이 자유를 추구하고 개혁과 창조에 뜻을 두고 있었고 똑같이 시대의 억압을 받았다. 이탁오는 마키아벨리에 가까웠지만 그의 환경은 그로 하여금 홉스나 로크와 같이 개인주의와 유물론에서 출발하여 새로운 이론 체계를 구성하는 것을 허락하지 않았다. 그는 자신에게 이기적인 면이 있으며 다른 사람도 그렇다는 것을 깨달았지만 공자가 제창한 인을 버릴 수는 없었다. 이와 같이 그는 세상의 모순을 '도'의 범주에서 조화시키고 해소시키는 형이상학에서 위안을 찾을 수밖에 없었다. 심학에도 이와 유사한 이론이 있었다. 즉 지선(至善)은 곧 무형(無形)이라는 것으로, 지선의 경지에는 선도 악도 없다는 것이었다.

이와 같은 유심론은 이미 신비적인 색채를 띠고 있어서 역사 현상을 분석하는 유효한 수단이 되기 어려웠다. 한편 그의 사상 중에 유물론적인 부분도 철저하지 않았다. 이 때문에 이탁오는 스스로 윤리 도덕을 기준으로 하는 역사관을 근본적으로 버릴 수 없었고, 따라서 자기 모순적인 평론을 끊임없이 그의 붓을 통해 쏟아내었던 것이다.

예를 들어 그는 과부가 죽은 지아비를 위해 수절하는 것에 찬성하면서도, 탁문군(卓文君)의 사랑의 도피에 대해 "봉(鳳)으로 돌아가 황(凰)을 구하니 어찌 욕하겠는가"[98]라고도 했다. 그는 왕망과 장각을 비난하였지만 많은 역사상의 인물, 예를 들면 오대(五代)의 풍도(馮道) 등은 오히려 용인하였다. 이러한 인물들의 행위는 당시 도덕 규범과는 부합하지 않았지만 이탁오는 허용할 만한 이유가 있다고 생각하였다. 왜냐하면 긴 안목으로 보면 그들이 국가와 백성을 위해 오히려 많은 이익을 가져다주었다고 본 때문이다. 이처럼 원대한 식견으로 자신의 행동을 이끌어간 인물들을 충분히 '상인(上人)'이라 말할 수 있다면, 이와 같은 평론을 할 수 있는 이탁오 자신은 '상인' 위의 '상상인(上上人)'99)이라 여겼다.

이론적인 체계가 부족한 이러한 관점은 그가 편집한 『장서』에서 집중적으로 보인다. 이탁오는 스스로 이 책을 매우 높이 평가하여, "만세치평(萬世治平)의 책으로, 경연에서 진독(進讀)해야 하고, 과거에서 이것으로 선비를 뽑아야 하며, 조금도 소홀히 할 수 없다"100)라고 칭송하였다. 또한 "천 백세의 뒤" 이 책은 반드시 유행하게 될 것이라고 예언하였다. 자신의 관점이 자신이 살고 있는 사회에서는 받아들여지지 않을 것임을 그 스스로도 알고 있었지만, 이 사회가 어떻게 개조되어야 그의 관점이 받아들여질 것인가에 대해서는 책 속에서 한마디도 언급하고 있지 않다. 지금의 독자 입장에서 본다면, 그가 생각한 '천 백세의 뒤'에도 황제가 변함없이 경연에 출석하고, 여전히 과거를 통해 정부가 인정하는 역사관에 근거하여 인재를 선발하는 사회라면, 그 자체가 이미 허식적인 사회일 따름인 것이다.

여제자

1601년 이른 봄에 지불원은 화재를 만나 잿더미로 변해버렸다.101) 불을 지른 사람은 그곳의 관리와 신사층의 사주를 받은 무뢰배였다고 한다. 이 사건의 진상은 소상히 밝힐 수 없었지만 다음에 서술하는 중요한 사정과 관계가 있었던 것은 확실하다.

이탁오가 마성에 있을 때 도움을 준 매(梅)씨 가문은 그곳에서 첫째 둘째를 다투는 유력자였고, 일족의 대표자였던 매국정은 서북 방면의 군사도 담당하고 있었다. 매국정에게는 과부가 된 딸 매담연(梅澹然)이 있었는데 이탁오에게서 가르침을 받았다. 매씨 가문의 그외 다른 부녀자들도 이탁오와 접촉하였다. 풍속을 초월한 이러한 행동이 남녀가 직접 교제하지 않던 당시 상층 사회 사람들로부터 백안시되었던 것은 당연하다. 그러나 이탁오는 세상의 소문에 전혀 개의치 않았고, 오히려 거리낌 없이 담연과 그녀의 집안 여인들을 크게 칭찬하였다. 그는 그 여인들과 편지를 주고받으며 함께 학문을 탐구하였다. 그의 저술에서 언급되는 '담연대사(澹然大師)', '징연(澄然)', '명인(明因)', '선인보살(善因菩薩)' 등은 모두 이 여성들이다. 그는 "매담연은 천하의 장부이다. 여자의 몸이지만 남자도 그녀만큼 되기 쉽지 않다"102)라고 하였다. 또한 "천하에서 담연은 진실로 특출하다. 선인, 명인도 또한 특출하다. 진실로 천하의 장부이다"라고도 한다. 그는 자신의 저술에서, 자신과 그녀들 간의 교제가 완전히 예법에 합치하여 조금도 '남녀 혼잡'이라는 의심을 살 여지가 없다고 당당하게 말하고 있지만, 한편에서는 "초야에 살면서 사슴과 돼지를 오히려 희롱거리로 삼는데 하물며 인간이야!"라고 하는 이상한 글도 쓰고 있다. 그는 담연을 관음보살에 비유했고, 이 여성들과 불교를 논했던 원고를 간행하여 「관음문(觀音問)」이라고 제목을 달았다. 그에게는 〈수불정사(繡佛精舍)〉라는 제목의 다음과 같은 시도 있다.

듣건대 담연이 이날 태어나서, 이날 바로 중이 되었네
　승보(僧寶)는 어지러운 세상에 있고, 불보(佛寶)는 지금 보니 수불등(繡佛燈)이라.
　우습구나 성남(成男) 월상녀(月上女)여, 대경소괴(大驚小怪)를 기사(奇

事)라 하네.

　돌연 사리불(舍利佛)을 보지 못하고 남자의 몸이 쇠은(衰隱)하니 누가 이를 알리요.

　내 세상 사람들에게 권하노니 함부로 시기하지 말라. 수불정사가 곧 천태(天台)니라.

　하늘이 산화(散花)하고자 해도 네가 피는 것을 근심하니, 용녀(龍女) 성불(成佛)이 지금 오는구나.

　이러한 시문과 서간을 썼을 때 이탁오는 이미 70세에 가까웠으며 게다가 자신은 정직하여 사심이 없다고 끊임없이 공언하고 있었다. 그러나 이러한 문장에 나타난 도전성을 세상의 풍속과 여론이 용인하지 않았을 것임은 의심할 여지가 없다. 반대자들은 10여 년 전에 이탁오가 기생놀음 했던 것과 과부의 침실로 들어갔던 것 등을 들어, 그의 행동이 시종일관 단정하지 못하였음을 지적했다. 풍기를 어지럽히는 이러한 행위에 대해 성인(聖人)을 따르는 자라면 공공연히 비난하는 것이 마땅하였다.

　그런데 내용을 들여다보면 사정은 더욱 심각하고 복잡하였다. 이탁오의 이러한 행동은 당시 고급 관료의 입장에서 보면 괴팍하다고 할 정도의 것이지 공공 도덕과 관련지을 만한 일은 아니었다. 그러나 하급 지방관들은 이를 묵인하고 있을 수 없었다. 왜냐하면 그들은 하위 행정기구를 맡아 현지의 신사들과 친밀하게 협력하면서 전통 사상을 사회 풍기의 기준으로 삼아 인민을 교화하고 있었기 때문이다. 그들의 근무 성적도 여기에 기초하고 있었다. 이탁오의 언행이 풍기에 관계되는 이상, 그것은 그대로 관료 신사의 이익과 직결되는 문제였다. 그러나 문제를 이 점에만 한정한다면 그것은 오히려 피상적인 논의로 그칠 것이다. 왜냐하면 관료나 신사 자신들만 하더라도 단정하지 않다 못해 음란하기까지 한 행위는 본래 흔하여서, 본인이 소동을 일으키지만 않으면 주위 사람들도 헤아려 묵인해주는 것이 전혀 이상한 일이 아니었기 때문이다.

결국 이탁오에게 사심이 있었던가 없었던가는 문제가 되지 않는다. 문제의 관건은 조금도 거리낌이 없는 그의 태도였다. 그는 물의를 일으킬 수 있는 내용을 공공연히 문자로 남겼을 뿐만 아니라 그것을 출판하여 널리 퍼뜨리기까지 했다. 이것은 사회에 정면으로 도전하는 것과 같았으므로 반격을 받는 것도 당연하였다. 게다가 그의 명성이 커질수록 도전성도 강렬해져 지방관과 신사도 더욱더 간과할 수 없게 되었다. 그에게 징벌을 내리는 것은 이미 다른 사람의 손에 떠넘길 수 없는 일이 되고 말았다.103) 이들이 그 고장의 무뢰배들을 고용하여 지불원을 불태운 행위는 비열하다고 할 수 있지만 그들의 입장에서 보면 도를 지키기 위한 조처였을 뿐이다.

이 사건은 일찍부터 조짐이 있었다. 5년 전, 즉 1596년에 사(史)라는 성(姓)을 가진 도대(道臺)가 이탁오의 추방을 꾀한 일이 있었다. 이탁오에게 친구가 많았고 그 모두가 상류 계급의 인물이었기 때문에, 이 도대는 가벼이 손을 대지는 못하고, 다만 나쁜 소문을 퍼뜨려서 법에 따라 처리되게 하려 하였다. 이탁오는 이 위협을 모르는 체하였다. 그러자 사 도대는 지불원의 설립이 상부의 인가를 받지 않았기 때문에 부수어야 한다고 공표하였다. 이탁오는 지불원이 개인의 불당에 속하는 성질의 것이라고 하면서, 그 창건은 "시방(十方)의 존귀대인(尊貴大人)이 보시하여 이루어졌으며 부처를 받들어 나라의 복을 기원하기 위한 것"104)이라고 답변하였다. 답변이 사리에 맞았고 저명 인사가 중재했기 때문에 이 관료는 더이상 문제를 일으키지 않았다.

그리고 이탁오도 자발적으로 장기 여행에 올라 모두 4년 정도 마성을 떠나 있었다. 그는 산서에서 유동성을 방문하고 장성(長城)에 오른 후 거기에서 배를 빌려 대운하로 남하했다. 남경에서 『분서』를 출판한 후 1600년 다시 지불원으로 돌아왔다.105) 이 거창한 여행은 그 지역의 관료 신사들을 몹시 괴롭게 했다. 게다가 그는 매담연에게 보낸 편지에서 마성이 자신의 뼈를 묻을 장소라고 확실하게 말했다.106) 도저히 참을 수 없었던 관료 신사들은 그의 마지막 거처를 불태워버리는 것 이상 좋은 방법이 생각나지 않았던 것이다.

사건 발생 후 마경륜은 소문을 듣고 통주로부터 내려와 북상하던 이탁오를 맞이하였다. 그리고 그와 수행 승려들의 생활필수품을 아낌없이 제공하여 이탁오가 평소처럼 생활할 수 있도록 하였다. 통주에서도 이탁오는 친구들과 그를 흠모하는 자들이 늘 방문하거나 초대하였으므로 생활이 적막하지 않았다.107)

그는 생애의 마지막 1년 동안 『역경』 연구에 전념하였다.108) 이 책은 예로부터 정치하고 오묘하다고 여겨져서 그 연구를 유학자 생애 최후의 일로 삼는 것이 관례였기 때문이었다. 이런 전통은 공자에게서 비롯되었다. 이탁오는 삭발하고 나서, 이른바 '자기'라는 것이 무수한 인과의 순환 가운데 있는 하나의 환영일 뿐이라는 것을 이미 깨닫고 있었다. 동시에 뿌리 깊은 유가의 역사관에 따라 그는 하늘의 도리란 순환되는 것으로, 문(文)이 번성하면 반드시 동란의 단서가 되고, 난(亂)에서 치(治)로 돌아가려면 새로운 건국의 군주가 문을 버리고 질(質)을 취하는 것을 기다리지 않으면 안 된다고 믿었다.

1601년 이탁오가 이 이론을 발표하였는데 바로 시의적절했다고 할 수도 있고, 아니면 불행히도 그의 말이 적중하였다고 할 수도 있다. 이 해야말로 누르하치가 팔기 제도를 만들어 그에게 소속된 각 부족의 생산·관리·동원·작전을 일원화하여 혁신적인 군사 조직으로 개편한 해였다. 이 민족은 바로 2년 전에 겨우 자기 문자를 가지게 되었을 뿐이었다. 이러한 성공에 힘입어 누르하치와 그의 아들들이 하나의 거대한 제국을 이룩한 것은 실질적으로 새로운 세력이 하나의 '문이 극성한 왕조를 대신하게 됨을 의미한다. 소위 '문의 극성'은 국가 사회 경제의 발전이 융통성 없는 문관 제도의 통제력을 넘어버린, "상하가 막혀서 통하지 않고 안팎이 따로 놀고 있는" 지경을 말하는 것이다. 누르하치 부족은 문화 수준은 낮아도 '질'에 있어서는 순수함을 지니고 있었다. 이처럼 흥망성쇠가 거듭되는 상황은 『역경』의 원리에도 합치되는 것 같다.

그러나 왕조 교체 전야에 이탁오는 어떻게 처신하려고 생각했을까? 비록 그때 이탁오가 아직 고희 정도의 고령은 아니었다 해도 이 문제를 생각할 필요는 없었다. 왜냐하면 문제는 이미 예과급사중(禮科給事中) 장문달(張問達)이 해결하였기 때문이다. 장문달은 상주서를 제출하여, 이탁오가 사설(邪說)로 대중을 현혹시킨 것은 극악무도한 대죄라고 탄핵하였다. 여기에 나열된 죄상은 사실에 속하는 것도 있었지만 소문에 불과한 것도 있었고, 어떤 것은 이탁오의 저작을 증거로 할 수 있었지만 어떤 것은 순전히 추측에서 나온 것이기도 했다. 그중에서 사람들이 가장 귀를 기울였던 것은, "더욱 한탄해야 할 것은 마성에 기거하면서 마음대로 무뢰배와 놀아난 일이라든지, 기생들을 데리고 대낮에 같이 목욕을 즐겼다든지, 법을 강연한답시고 선비집 처녀를 끌어내어 금침을 가지고 절에 들어가게 했다든지 하는 일견 미친 짓들이며, 또한 『관음문』이라는 책에 나오는 소위 관음이라는 것도 모두 선비 가문의 처녀들이라는 사실입니다"[109]라는 이야기들이었다.

계속해서 급사중은 만력제에게, 사람을 혼란케 하는 이러한 사설(邪說)은 반드시 중대한 결과를 초래한다고 주의를 환기시켰다. "젊은 이들이 미친 듯이 방자함에 빠져 즐기고 서로 현혹하며, 남의 재산을 공공연하게 빼앗고 다른 사람의 부인을 범하는 데 이르러서는 금수와 같아서 동정할 여지가 없습니다." 그리고 이탁오가 망언으로 세상을 속이고 그 결과 불교가 널리 전파되고 유학이 배척되었으니 그 상황이 극히 두렵다고 했다. "그리하여 신사나 사대부도 독경 염불을 하고 중을 받들어 절을 하고 있으며, 손에 염주를 지니는 것을 계율을 삼고 집에 묘상(妙像)을 걸어놓고 귀의처로 삼고 있으며, 공자가법(孔子家法)을 따를 줄 모르고 선교사문(禪敎沙門)에 빠지는 자가 자꾸만 나오는 것입니다." 그래서 가장 현실적인 위험은 역시 이탁오가 이미 "통주로 이주하였는데, 통주는 도성과의 거리가 겨우 40리로 만에 하나 도성에 들어오면 사람들을 현혹시켜 마성과 같은 일이 벌어지지 않겠는가" 하는 것이었다.

황제는 상주를 다 읽고, 이탁오를 금의위가 체포하여 처벌할 것과 그의 저작을 모두 소각할 것을 지시했다.

많은 문관들이 보기에 이러한 결과는 이탁오의 자업자득이었다. 그러나 내면적으로는 꺼림칙하지 않을 수 없었다. 명나라는 유학으로 천하를 다스리고 있었고 이단을 배척하는 것을 당연한 원칙으로 삼고 있었다. 그러나 이 원칙이 늘 실행에 옮겨진 것은 결코 아니었다. 이탁오가 체포되었을 때 가톨릭 선교사인 마테오 리치(이 사람도 이탁오와 교제가 있었다)가 이미 궁중에서 활약하고 있었고 그후에도 포교를 계속하여 대학사, 상서를 비롯하여 황제의 비빈들까지 신도로 삼았던 것이다. 한편 만력제와 모후인 자성태후는 불교에 심취하여 있었다. 1587년 예부의 주청으로 황제는 과거의 시험 답안에 불교 경전을 인용하는 것을 금지하는 명령을 내렸지만, 1599년 즉 이탁오가 체포되기 3년 전에 문연각의 각 대학사들에게 그는 '도교 경전'과 '불교 경전'을 연구하고 있다는 사실을 알리고,110) 이것을 행동으로도 증명하였다. 황제는 늘 도성 내외의 사원들에 보시를 했고 또한 자주 환관을 파견하여 각 지방의 유명 사찰에 참배케 했다. 게다가 여러 차례 실시된 대사면의 조칙들은 불교의 자비를 근본으로 하는 어휘로 가득 차 있었다. 따라서 이단을 제창하는 원흉이라는 죄를 이탁오에게 덮어씌우는 것은 어쩌면 떳떳하지 못하였을지도 모른다.

그러나 한편 이탁오가 처벌받아 마땅하다고 생각했던 것은 장문달의 상주문이 사람들을 선동하는 힘을 가지고 있었기 때문이다. 그가 사용한 '조작' 방법은 개별적으로는 죄가 되지 않는 과실들을 하나로 묶어 구구절절이 옳다고 여기게 만드는 것이었다. 물론 일어날 수 있는 결과를 현실의 죄목으로 만드는 것은 명조의 재판에서 이미 오래된 관습이었다. 모든 문제는 결국 도덕의 근본에 관계되는 것이었다.

여러 관계 자료에 의하면 이탁오는 감옥에서 학대받은 것이 아니라 여느 때와 다름없이 책을 읽고 글을 쓸 수 있었던 것 같다. 재판이 끝나자 진무사(鎭撫司)는 극형에 처할 필요는 없고 그저 원적(原籍)으로 호송하는 정도로 사건을 마무리하는 것이 좋겠다고 건의하였다. 전례에 따르면, 이 처벌은 가석방이지만 범인은 죽을 때까지 지방관의 감시를 받게 되는 것이었다. 그러나 어떤 이유에서인지 이 건의가 어전에 이른 후에도 황제는 좀처럼 회답하지 않았다.

어느 날 이탁오는 옥리에게 머리를 깎아줄 것을 부탁하였다. 옥리가 곁을 떠난 틈을 타서 그는 머리 깎는 칼로 자기 목을 찔렀지만 바로 죽지 않았다. 옥리는 그가 피투성이가 되어 있는 것을 발견하고서 그와 간단한 대화를 하였다. 이때 이탁오는 더이상 목소리는 내지 못하고 손가락으로 옥리의 손바닥에 답을 썼다.

문: 화상! 아프지 않은가?
답: 아프지 않다.
문: 화상! 왜 스스로 목을 찔렀는가?
답: 일흔 노인이 무엇을 달리 구하겠는가!111)

원중도(袁中道)의 기록에 의하면 스스로 목을 찌른 이틀 뒤 이탁오는 겨우 고해에서 해탈하였다고 한다. 그러나 동창 금의위가 황제에게 올린 보고에는 이탁오가 "먹지 않아 죽었다"고 되어 있다.

이리하여 만력 15년

한 인간이라는 측면에서 본다면 이탁오의 불행은 그가 너무 오래 살았던 데 있었다. 그러나 1587년 즉 만력 15년, 그가 삭발하기 바로 1년 전에 이 세상을 떠나버렸다면 4백 년이 지난 오늘날 이지(李贄)라는 이름의 요안지부가 있었다는 것, 그 일명 이재지(李載贄), 자는 굉부(宏父), 호는 탁오(卓吾), 별호 백천거사(百泉居士) 또는 이온릉(李溫陵)이라고 불린 사람과 그의 사적을 아는 자는 거의 없을 것이다. 역사에 이름도 알려지지 않았다면 자기 자신으로서도 어느 정도 고뇌를 줄일 수 있었을 것이다.

이탁오는 생애의 마지막 2일을 자신의 상처와 피투성이가 되어 싸우면서 보냈다. 이것은 그의 15년 여생의 축소판이라 할 수 있을지도 모른다. 그는 발버둥치고 분투하였지만 실제 성과는 얻지 못하였다.

비록 그의 『분서』와 『장서』는 몇 번이나 재판되었지만, 이 책이 경연에서 읽혀지고 과거 시험의 교재가 되기를 바랐던 저자의 뜻은 영원히 이룰 수 없는 꿈이었음에 의심할 바 없다.

곰곰이 생각하면 그 옛날 이탁오의 불행이 지금 연구자들에게는 행운임을 알게 된다. 그는 우리들에게 상세한 기록을 남겨, 당시 사상계의 고뇌를 충분히 이해할 수 있도록 해주었다. 이러한 저작이 없었다면 우리들은 이 고뇌의 깊이를 알 길이 없을 것이다. 그 밖에 공맹사상의 영향, 주희와 왕양명의 장점과 단점이 이탁오의 분석과 논쟁에 의해서 더욱 확실하게 되었다. 만력제, 장거정과 신시행, 해서, 척계광 등의 생활과 이상에 대해서도 이탁오의 저작 덕택에 우리는 다른 각도에서 관찰할 수 있는 기회를 갖게 된 것이다.

인구가 많은 나라에서 사람들의 행동이 모두 유가 사상과 같은 간단하면서도 명료하지 않은 원칙에 제약을 받고, 법률도 창조성이 결핍되어 있다면 그 사회의 발전도 필연적으로 제약을 받게 될 것이다. 예를 들어 원리 원칙이 아무리 좋다 하더라도 기술적인 부족함을 보완해주지는 못하는 것이다.

1587년은 만력 15년, 간지로는 정해년이다. 겉으로 보면 태평성대에 가까워 기록할 만한 일은 아무것도 없는 것 같으나, 실제로는 대명제국이 이미 발전의 막다른 골목에 이르러 있었다. 황제가 치세에 힘쓰든지 쾌락에 빠지든지, 수보가 독재적이든지 유화적이든지, 고위 장군이 창의적이든지 구태의연하든지, 문관이 정직하게 근무하든지 탐욕에 빠지든지, 사상가가 극단적으로 진보적이든지 보수적이든지 결국은 모두 선악의 구별 없이 어느 것이나 실제적으로 의미 있는 발전을 얻을 수 없었다. 어떤 자는 지위를 잃었고 어떤 자는 명예를 잃었고 또 어떤 자는 둘 다를 잃었다.

이 때문에 우리들의 이야기는 여기에서 비극적인 마무리를 할 수밖에 없다. 만력 정해년의 연감(年鑑)은 역사에 있어서 실패로 얼룩진 한 편의 기록이었다.

저자의 말

　본서의 영문판 제목은 『1587, A Year of No Significance』이며, 필자명 Ray Huang으로 1981년 미국 예일 대학에서 출판되었다. 초고는 영문으로 썼고, 영문 원고가 완성된 다음 중국 국내 독자의 질정을 받기 위해 필자 자신이 중국어로 번역하였다. 몇 번의 수정과 윤색을 가한 후 황묘자(黃苗子) 형에게 중화서국과의 연락을 부탁했다. 중화서국의 흔쾌한 허락을 얻어 이 책의 중국어판은 독자와 상면할 수 있게 되었다.

　내가 명대사에 흥미를 느끼게 된 경위는 이야기하자면 길다. 1959년 나는 미시간 대학의 역사과에 다니면서, '명대의 조운(漕運)'을 주제로 박사 학위 논문 준비에 들어갔다. 이 연구에 5년이 걸렸다. 이 논문의 완성으로 명대의 재정과 조세 징수 제도에 대해 수박 겉핥기식의 지식은 얻은 셈이지만, 남은 문제는 여전히 적지 않았다. 나 자신의 곤혹감을 해결하고, 또한 명대의 재정 및 조세 징수 제도의 전체상을 파악하기 위해서 자료를 수집하기 시작하여 『Taxation and Governmental Finance in Sixteenth-Century Ming China』라는 책을 집필했다.

그 당시 마침 대만에서 『명실록(明實錄)』이 영인 출판되었다. 이 책은 명대 사료의 보고이며, 역사학자라면 당연히 읽어야 할 책이다. 전 133책의 실록에는 이용할 수 있는 색인이 없었기에 어쩔 수 없이 용기를 내어 공부하는 틈틈이 매주 한 권씩 읽었다. 이렇게 대충 읽는 데도 2년 반이 걸렸다. 이 밖에 주소(奏疎), 필기, 각지의 지방지를 참고로 하고, 국내외의 관계 저서를 찾아내는 데는 더 많은 시간이 들었다. 이 책은 계획에서 탈고까지 7년이 소요되어, 지난 1974년 영국 케임브리지 대학에서 출판되었다.

결론은 자료에서 자연스럽게 도출되었다. 수년에 걸쳐 자료를 찾아내는 사이에 나는 명대사의 몇 가지 면에 대해 나 나름의 초보적인 견해를 만들어내었고, 다른 사람의 것을 모방하는 데서 벗어나기 시작했다. 나의 견해에 혹시 타당하지 못한 점이 있을지도 모르지만 학계의 연구에 도움이 되는 점도 얼마간 있을 것이다.

예를 들면 지금까지 명대사를 다룬 저작물에는 대체로 "세금이 무거워 백성이 곤궁했다"는 표현이 가끔씩 등장했다. 만약 그것이 당시 만연했던 관리들의 부정과 무력한 백성에게 분담시켰던 과중한 부역을 말하고, 또 날로 심해져간 부익부 빈익빈 현상을 말하는 것이라면 이 말에는 일리가 있다. 그러나 만약 전국의 세수 총액이 지나치게 많아서 백성의 곤궁을 초래했다고 생각한다면 그것은 사실과 다른 점이 있다.

16세기 말 전국에서 전부액(田賦額)이 가장 무거웠던 곳은 남직예의 소주부로 대략 농촌 수입의 약 10%를 차지했다. 그 외의 각 부·현은 일반적으로 10% 이하였고, 그중에서도 경중의 차이가 있었다. 산동 조현(曹縣) 한 현의 부역은 농촌 수입의 약 9%였으나, 소주에서 멀지 않는 율양현(溧陽縣)의 정황은 신기하게도 1~5%였다. 비율에 대해 말하자면, 같은 시기 일본의 다이묘(大名) 정권에서는 세액이 수입의 50%를 차지했다. 총액의 경우, 17세기 말 영국이 인구 500만에 세수가 매년 700만 파운드에 달하였는데, 이것은 인구가 30배 많은 중국과 거의 같은 액수이다.

이것에 기초하여 연구를 진전시키면 '백성의 곤궁함'의 근본 원인이 국가 부세가 과중한 데 있는 것이 아니라, 바로 법률의 부패와 정부의 무능에 있었음을 알 수 있다. 국가의 세율은 낮았지만 그 혜택을 입은 것은 농민이 아니었다. 그것은 다만 크고 작은 지주들이 착취를 강화하거나 관료가 향촌에서 규정 외의 세를 징수하는 것을 도울 뿐이었다.

중국은 영토가 넓고 정황이 복잡하다. 명조는 엄격한 중앙 집권을 취했으며, 그 시정 방침은 경제 발전을 돕고 그것으로 전국의 재화를 풍부하게 하는 것에 중점을 둔 것이 아니라, 뒤떨어진 경제를 보호하고 균형 상태를 이룬 채 왕조의 안전을 유지하는 데 주안점을 두고 있었다. 이 같은 정황은 세계사에서도 매우 드문 일에 속하며, 중국사에 있어서도 명대에 특히 심했는데, 이러한 악습의 기초를 확립한 사람이 바로 명 태조 주원장이었다.

다음의 예에서도 그 부분을 엿볼 수 있다. 홍무 21년(1388) 주원장은, 인민이 세를 납부할 때 현물을 창고에 넣지 않고 하급 병사의 가정으로 직접 공급케 하여, 병사들에게 다시 급료를 지급하는 번거로움을 덜도록 하라고 지시했다. 먼저 응천부에서 몇 명의 납세민을 뽑아 그들이 부과받은 세액만큼의 현물을 금오위의 하급 병사 5천 명의 집으로 각기 보내도록 규정했다. 1년간 시행한 후 주원장은 성과가 좋다고 보고, 이를 전국에 일률적으로 시행하도록 훈령을 내렸다. 그러나 이 방법은 당시의 실정과 맞지 않아 여러 가지 장애로 인해 실행하기 어려웠던 것이 명백하며 결국 흐지부지되고 말았음은 두말할 필요가 없다.

이와 같은 조세 정책은 두 번 다시 행해지지 않았지만 이것에 따라 나타난 다른 경제적 조치들은 여전히 매우 큰 위험성을 갖고 있었다. 만약 군수세수(軍需稅收)가 일괄적으로 징수되어 지급되었다면 그에 따라 국내의 교통・통신이 반드시 전보다 진보했을 것이다. 이어 객관적인 수요에 따라 은행업・보험업이 발생했을 것임이 분명하며, 상업 조직과 법률도 틀림없이 발전했을 것이다. 각 지역의 있는 것과 없는 것을 서로 유통시킨다면, 그 뒤에 분담 협력하여 각각 그 지역의 특수한 사정에 따라 생산 기술을 발전시킬 수 있다. 서구 각국은 14세기에 이미 이러한 방향으로 나아가고 있었고, 일본도 도쿠가와(德川) 막부 말기에 그러했다.

그러나 명대의 재정 및 조세 제도는 민간 경제를 발전시키는 방향과는 거리가 멀었다. 만력 20년(1592) 북경 완평현(宛平縣)의 지현이었던 심방(沈榜)은 매년 27개의 다른 기관에 현금을 지급하지 않으면 안 되었는데, 그 총액은 "은 2천 냥을 넘지 않았다"고 했다. 여기서 볼 수 있듯이 전국에는 이러한 단거리 보급선이 흩어져 있어서, 각 소규모 단위 지역 내에서 자체적으로 조세 징수 문제를 해결하였고, 전체적인 조직망이 없었다. 게다가 제출된 통계 숫자는 항상 형식적인 것에 지나지 않았으며, 그에 따라 위에서 서술한 바와 같이 세율의 불일치라는 현상이 초래되었다. 뒤떨어진 농업 경제를 유지하고 상업과 금융의 발전을 억제하는 이와 같은 정책이야말로 중국이 세계사적으로 선진적이었던 한・당에서 낙후된 명・청으로 바뀌게 된 주요 원인이다.

1972년 나는 영국의 케임브리지로 가서 조지프 니덤 박사가 주재하는 『중국 과학 기술사』 작업에 참가하여 1년을 보냈고, 그 뒤에도 여러 번 유럽 대륙으로 여행하여 니덤 박사의 가르침을 받을 기회가 있었다. 위에서 서술한 견해를 우리들은 "The Nature of Chinese Society; A Technical Interpretation"이라는 논문으로 로마와 홍콩에서 발표했다. 니덤 박사도 자신의 논문을 1974년 4월 30일 홍콩의 잡지 『70년대』에 게재했다.

우리는 명 만력 연간에 중국의 봉건 경제가 자본주의 경제로 발전했다고 하는 견해에 동의하기 어렵다. 자본주의는 하나의 조직이며, 하나의 시스템이다. 마르크스는 『자본론』 제2권에서 자본주의의 유통 방식에 대해 논술하면서, 그 공식은 C−M−C로, 상품이 교환되어 화폐가 되고 화폐는 또 교환을 통해 상품이 되어 끊임없이 유통된다고 했다. 그러나 화폐는 일종의 공적 제도이며, 그것은 원래 공중에 속하는 권력을 개인에게 부여하는 것이다. 개별 자본의 축적이 많아지면 많아질수록 그것이 공중의 생활을 좌우하는 권력도 더욱더 커지게 된다. 동시에 상업 자본은 산업 자본의 선구이기도 하여 상업이 충분히 발전하여야만 산업도 함께 발전할 수 있다. 이것이 구미의 자본주의 발전의 특징이다. 중국의 전통 정치는 이 조직 능력이 없었고, 또 개인의 재산이 규제하기 어려울 정도로 확대되어 왕조의 안전을 해치게 되는 것도 결코 바라지 않았다.

명대 장한(張瀚)이 쓴 『송창몽어(松窓夢語)』에는 그의 가정이 직기(織機)로 가운을 융성하게 했던 사실이 기록되어 있다. 국내외의 명대사 전공 학자가 전문을 자세히 읽어본다면, 장한의 조상이 어느 날 밤에 신으로부터 은 1정(錠)을 받아 그것으로 직기를 사서 포를 짰다고 운운하는 것에서 장한이 이 이야기를 하는 본뜻이 인과응보의 원리와 부귀는 운명에 의한 것이라는 사상을 선양하고자 함에 있었다는 것을 알 수 있다. 신이 은을 주었다고 하는 사실의 황당무계함은 잠시 제쳐두고라도, 1정의 은으로는 직기를 사기에 부족했으므로 분명히 이 이야기는 사실(史實)이라 할 수 없다.

동시대의 서예가 왕세무(王世懋)는 『이유위담(二酉委談)』에서, 강서 경덕진(景德鎭)에서 도자기를 굽는데 그 화염이 하늘마저 태울 듯하여 그로 인해 '사시뢰전진(四時雷電鎭)'이라 불렸다고 언급하고 있다. 오늘날의 몇몇 학자는 이 서술에 의거하여, 이것은 공장제 산업이 이 시대에 이미 크게 발전한 상징이라고 생각하고 있다. 그러나 정작 왕세무가 말하고자 한 것은, 그 지방 사람들이 지맥을 파고 있기 때문에 과거 합격자가 없는 것을 불만으로 여겼는데, 후에 시국이 불안하게 되어 도자기 굽는 일을 3개월 중단하자 즉시 효과가 나타나 한 사람의 수재가 향시에 합격했다고 하는, 일종의 풍수지리설과 관련된 이야기였다.

이와 같은 문제는 도대체 어디에 그 병의 근원이 있는 것일까? 이것은 명대사를 연구하는 사람들이 진지하게 고려하지 않으면 안 되는 문제이다. 중국은 2천 년 동안 도덕이 법률제도를 대신해왔는데, 명대에 와서 그것이 극에 달했다. 여기에 모든 문제의 근원이 있다고 생각한다. 본서를 쓴 목적도 주로 이 견해를 설명하는 데 있다. 이 견해는 졸저 『*Taxation and Governmental Finance in Sixteenth-Century Ming China*』에서 이미 실마리를 제시했다. 본서는 특정한 역사적 주제에 대한 연구를 적극적으로 대중화하려는 의도에서 전기체의 서술 형식을 취했다.

본서의 내용은 하나의 커다란 실패의 전체 기록이라고 해도 과언이 아니다. 왜냐하면 언급하는 주요 인물들인 만력제 주익균, 대학사 장거정, 신시행, 남경도찰원 도어사 해서, 계주총병관 척계광, 지부(知府)의 신분으로 관직에서 물러났던 명사 이탁오 등은 신체를 손상당하거나 명예를 잃어, 그들 중 어느 누구도 자신의 공적과 덕행을 온전히 지키지 못했기 때문이다. 곁들여서 언급되는 인물들인 풍보, 고공, 장경, 정 귀비, 복왕 상순, 유대유, 노당, 유정 등도 모두 결말이 좋지 못했다. 이 같은 정황을 결코 개인적 원인에 의한 것으로 해석할 수는 없다. 당시의 제도가 이미 그렇게 되어 위로는 천자에서 아래로는 서민에 이르기까지 모두가 희생자로 화를 입지 않은 사람이 없었던 것이다.

  이상에서 서술한 전제하에서는 역사상의 특정 인물에 대한 구체적인 논평이 중국 내외 명대사 전문 연구자의 견해와 차이가 날 수밖에 없을 것이다. 예를 들면 만력제는 지금까지 모든 사람들이 우매하다고 했지만 독자가 이 책을 읽은 뒤에는 필자가 이 황제를 동정하고 있다고 생각하게 될지도 모른다. 만약 정말로 그러한 비판이 있다고 하더라도 필자는 쓸데없이 이런저런 변명을 할 생각은 없다. 이 책에서 만력제를 논술하는 것은, 황제라는 지위가 사회의 필요에 따라 생겨난 일종의 기구이며, 어느 황제나 모두 한 사람의 인간이라는 점을 설명하려는 데 있기 때문이다.

  또 예를 들면 해서인데, 이것도 논의를 불러일으키기 쉬운 테마로 15년 전의 사건*은 지금까지도 꽤 사람들의 기억에 새롭다. 이 책에서 해서를 한 장에 걸쳐 다룬 것은, 사족을 덧붙이려는 것이 아니라 독자에게 당시 지방 행정의 몇 가지 형태를 소개하기 위해서이다. 16세기 지방 행정에 관한 자료는 많지 않다. 심방(沈榜)의 『완서잡기(宛

---

* 오함(吳晗)의 「해서파관(海瑞罷官)」이라는 문장에 대한 비판에서 비롯된 문화대혁명을 가리킨다.

署雜記)』에 기재되어 있는 것은 경사(京師)의 정황으로 일반적인 개황은 아니며, 고염무(顧炎武)의 『천하군국이병서(天下郡國利病書)』에서도 자질구레한 사실들만 다루었다. 이 밖에도 당학징(唐鶴徵)이 남직예에 대해 기술하고, 귀유광(歸有光)이 절강 장흥현(長興縣)에 대해 기술하고 있지만 모두 완벽한 서술이라고 하기에는 부족하다. 그것들과 비교해보면 해서가 남긴 저작들은 당시 지방 행정의 여러 방면을 다루고 있어 가장 참고할 만한 가치가 있다. 해서라는 인물과 그의 저작을 연구하면 당시의 정황에 대해 더욱 구체적으로 이해할 수 있다.

물론 문제는 이것으로 그치는 것이 아니다. 가령 만력제의 태자 책봉 문제가 이미 해결되었음에도 왜 논쟁이 끊임없이 계속되었는가? 섬나라 일본이 중국을 침범할 수 있었는데 왜 중국은 일본에 원정할 수 없었을까? 당시의 서구는 화기를 사용하여 전술을 개혁했는데 왜 중국은 오히려 만리장성을 쌓았던 것일까? 사람들은 모두 해서를 좋은 관리라 하는데 왜 그는 몇 번씩이나 배척되었는가? 이러한 구체적인 문제들은 분명히 앞에서 말했던 모든 병의 근원과도 밀접한 연관이 있지만 또한 제각기 그 특수한 원인이 있기도 하다. 필자는 본서 집필을 마치고 펜을 놓으려 할 때, 이미 애초의 생각과 다른 점이 있어 꽤 많이 망설였다. 이 책에서 제시한 것들은 모두 보잘것없는 사견이기에, 삼가 독자의 비평과 바른 지도를 바라는 바이다.

과거 중국에는 금기가 유난히 많았기 때문에 무엇을 이야기하거나 쓸 때 간혹 분명하게 쓰거나 말하지 않고, 어떤 것을 들어 그것에 비유한다든지 옛것을 빌려 현재를 풍자한다든지 하는 일이 많았는데, 이런 현상이 명대 사람들에게는 더욱 심했다. 본서에서 명대의 사실을 논술하고 있고, 시비를 논의하는 것은 모두 16세기의 역사에 대한 것이다. 만약 내가 현재의 인물이나 사실에 대해 거론한다면 당연히 직접적으로 표현할 뿐 결코 명대인의 방법을 흉내 내려 하지 않을 것이다. 그렇게 하지 않는다면 스스로의 집필 목적에서도 벗어날 것이기 때문이다. 그러나 한편으로 옛것을 거울삼음으로써 현재의 사람들도 얼마간의 계시를 얻을 수 없는 것은 아니다. 이『1587, 만력 15년 아무 일도 없었던 해』는 16세기 중국 사회의 전통적인 역사적 배경, 즉 아직 세계 조류와 충돌하기 전의 일면을 설명하려는 목적으로 집필되었다. 이 같은 역사의 대실패가 있었기 때문에 충돌이 시작되자 이미 본래의 형태로 되돌리는 일은 절대 불가능하게 되고, 그래서 중국은 천지개벽과도 같은 철저한 역사 창조의 기회를 맞이하게 되었던 것이다.

본서는 영어를 중국어로 번역한 것이지만 내외의 사정이 다르고 게다가 번역한 것도 나 자신의 저작이므로, 이 번역은 사실상 저술적 번역이다. 필자가 조국 중국을 떠난 지 이미 30년, 중국 문장을 읽거나 쓸 기회가 적었고, 게다가 30년 동안 조국의 언어에도 적지 않은 발전이 있어서 서투른 점이 아주 많다. 다행히 중국사회과학원 문학연구소의 심옥성(沈玉成) 선생이 중국어 원고를 자세히 읽고, 문장 표현을 다듬어주었다. 또 중화서국 편집부의 부선종(傅璇琮) 선생의 배려로 각종의 기술적 문제에 대해 항상 편지로 상담할 수 있었다. 그래서 본서가 독자에게 읽혀질 때 문장 면에서는 본래의 원고보다 아주 잘 통할 것이다. 문장의 내용과 표현 면에서 잘못이 있다면 그것은 당연히 필자가 져야 할 책임이다. 또 요말사(廖沫沙) 형은 필자가 젊었을 때 고락을 함께 했던 벗으로 그가 바쁜 가운데 제자(題字)를 써준 것이 본서에 적지 않는 빛을 더하게 되었다. 여기서 삼가 마음으로 감사의 뜻을 표하는 바이다.

부록

『1587, 만력 15년 아무 일도 없었던 해』와 나의 '대역사관'

　『1587, 만력 15년 아무 일도 없었던 해』의 영문판 서명은 『1587, A Year of No Significance』이고, 불문판은 『1587; Le Déclin de La Dynastie des Ming』이다. 이 밖에 독일, 일본, 대만에서도 오랫동안 준비되어 금년 여름에서 가을 사이에 책으로 나올 예정이다.

　이 책의 초고는 1976년 여름에 완성되었다. 당시 중국은 4인방이 집권하고 있던 시기로 이곳에서는 출판을 기대할 수 없었다. 영문판도 무수한 좌절을 겪었다. 미국의 출판계는 상업 분야와 학술 분야의 출판이 극히 엄격하게 구분되어 있다. 상업적인 출판은 TV 및 광고를 앞세워 단기간에 대량으로 판매한 뒤 신속하게 마무리하는 것을 원칙으로 한다. 그렇지 않으면 서적이 창고에 쌓여 자금의 유통을 막아 이후의 업무를 지연시킨다. 학술 서적의 출판은 각 대학의 출판사가 책임진다. 경제적인 면에 대한 고려는 거의 하지 않지만, 학교의 명예와 지위를 고려해야 한다. 게다가 미국의 중국학 연구는 그들 나름의 독특한 점이 있다. 일반적 학풍은 종합보다는 분석을 중시한다.

각 대학에서 교편을 잡는 사람은 대부분 전문가이며, 그들은 세밀하게 전공을 나누어 무수한 청년 학자들을 길러내었기 때문에 모두 미시적 시각을 갖고 있다. 반면 거시적 관점에 대해서는 거의 주목하지 않는다. 그리고 학술의 명목과 형식을 매우 중시한다. 『1587, 만력 15년 아무 일도 없었던 해』는 여러 면에서 양자의 중간에 위치한다. 그래서 상업적 출판사에서는 "당신의 글이 궁정 생활, 비빈(妃嬪) 간의 은원(恩怨)을 언급하여 어느 정도 흥미를 자아내고 있으나, 해서를 논하면서 명대 재정을 끌어오고, 이탁오를 통해 중국 사상을 언급하고 있기 때문에 학술 저작에 속한다"고 말했다. 대학 출판사 측은 "이 책이 단대사(斷代史)나 전문적 논문 같지도 않고, 또 분석과 세밀한 관찰이 결핍되어 이것도 저것도 아니다"라고 하고는 맡아서 출판해주려 하지 않았다. 그런데 1979년 예일 대학 출판사는 과감하게 선입견을 버리고 출판을 승낙했다. 북경 중화서국에서는, 비록 4인방이 무너지기는 했으나 국내 사정이 여전히 어렵던 시기였음에도 중문판 출판을 받아주었다. 모두 상당한 식견과 도량을 갖고 있어 저자로 하여금 존경심을 자아내게 했다.

현재 『1587, 만력 15년 아무 일도 없었던 해』는 많은 판본이 있으며, 영문본은 미국의 몇몇 대학에서 교과서로 채택되어 이미 3판이 나왔다. 그리고 문학계의 거장 업다이크(John Updike) 및 실용심리학자인 블로트닉(Srully Blotnick) 박사가 이름 있는 잡지에 추천의 글을 실었다. 중문본 초판은 3만 권 가까이 팔렸으며, 이미 품절되어 재판(再版)을 준비하고 있다. 장정본도 나올 예정이다. 이런 일련의 일들은 필자를 감동시켜 더욱 분발하도록 했다.

그러나 본서는 필자의 역사관의 일부일 뿐 전부는 아니다. 필자는 중문판 「저자의 말(自序)」 가운데서 다음과 같이 언급했다. "이 책은

16세기 중국 사회의 전통적인 역사 배경, 즉 아직 세계 조류와 충돌하기 전의 일면을 설명하려는 목적으로 집필되었다. 이 같은 역사의 대실패가 있었기 때문에 일단 충돌이 시작되자 본래의 상태로 되돌리는 일은 이미 절대 불가능해졌고, 그래서 중국은 천지개벽과도 같은 철저한 역사 창조의 기회를 맞이하게 되었던 것이다."

확실히 『1587, 만력 15년 아무 일도 없었던 해』는 이러한 점을 적극적으로 표현하고 있기는 하지만, 주로 중국 전통의 약점을 폭로하고 있다. 업다이크의 서평도 중국의 단점과 서구 및 미국의 단점을 함께 지적하여 논했다고 생각한다. 그리고 영어판과 불어판에는 굿리치(L. Carrington Goodrich) 선생이 쓴 서문이 있으나 중문판에는 없다. 선생은 현재 90세다. 그의 부모는 중국에서 선교 활동을 했으며 지금은 통주(通州)에 묻혀 있다. 그 자신도 일찍이 중국 청년회에서 일했다. 아동 체육을 제창했고, 또 제1차세계대전 중에는 프랑스의 중국인 노동자를 지도했다. 그후 뉴욕 컬럼비아 대학에서 여러 해 재직했으며, 작년에는 자신의 부인과 테니스를 치기도 했다. 당대에 보기 드물 정도로 가슴이 넓다. 그는 항상 우리에게 눈앞의 교만함으로 중국의 위대한 점을 소홀히 보아서는 안 된다고 일깨워주었다. 다음은 『1587, 만력 15년 아무 일도 없었던 해』 영문본 「굿리치의 서문」이다.

> Historians may re-examine the mistakes of the past in the hope of providing warnings for the future, but at the same time caution their readers to preserve what is of value. Presumably, for China the experiences of both East and West must be drawn upon. It is essential that the historians lay everything on the table.

불문판 서문은 다음과 같다.

Les historiens peuvent Soumettre les erreurs du passé à un nouvel examen dans l'espoir d'y trouver des avertissement pour l'avenir, mais ils peuvent en même temps recommander à leurs lecteurs de conserver ce qui a de la valeur. La China a sans doute deancoup à tirer des expériences de l'orient comme de l'occident. Il est essentiel que l'historien ne cache rien de qu'il sait.

번역하면 다음과 같다. "역사가는 과거의 착오를 검토하여 장래의 경계로 삼을 수도 있겠지만 동시에 독자들에게 가치 있는 것을 보존하도록 충고할 수도 있다. 아마도 중국으로서는 동양과 서양 양쪽 모두의 경험을 이용하여야 할 것이다. 그러므로 역사를 쓰는 사람은 모든 자료를 공개해야 한다."

서문에서는 또 "중국 관료 제도에 대한 비판이 중국의 문화 전체를 부인하는 것은 아니다"라고 설명한다. 필자뿐만 아니라 서문과 서평에서도 논의가 미진한 부분이 있어 후일을 기약해야겠다고 밝혔다. 그러나 이 책은 다른 측면을 갖고 있다. 게다가 『1587, 만력 15년 아무 일도 없었던 해』를 쓰기로 결심한 이래 10년이 지나는 동안 세계 정세가 상당히 변했다. 우리가 역사를 쓰고 역사를 감상할 때 주변의 역사적 상황 또한 움직이고 있다. 10년 전에만 해도 공개되지 않았던 자료가 지금은 공개되고 있다. 이러한 상황 덕분에 필자는 기탄없이, 그리고 형식에 구애되지 않고 편자 및 독자와 자유롭게 논의할 수 있게 되었다.

* * *

    중문본 『1587, 만력 15년 아무 일도 없었던 해』의 저자 성명 앞에 있는 '美'자는 내가 지금 미국 시민이 되었음을 표시한다. 이것은 내가 미국 시민이라는 사실을 나타내는 것 외에, 현실적 요구에도 부합되는 것이다. 왜냐하면 나의 '대역사(Macro-History)'관이 국제성을 띠고 있기 때문이다. 나는 '사해위가(四海爲家)'의 정신으로 동양과 서양의 이해를 높이고 편견을 없애기를 희망한다. 이것은 간단한 일이 아니며, 해외에서조차 쉽게 시비가 야기되는 주제이다.

    나는 이미 중국이 도덕으로 법률을 대신했던 것에 대해 철저히 비판했다. 반면 오늘날의 많은 서구인들은 여전히 법률을 도덕의 근원이라 생각하고 있다. 이런 오해도 함께 지적해야 한다. 예컨대 서양에서 말하는 '자유'와 '민주'는 모두 추상적 개념이다. 따라서 각 나라의 지리 및 역사적 조건을 꿰뚫어 보아야 비로소 알 수 있다. 영국의 '민주'는 일본의 '민주'와 같을 수 없고, 프랑스의 '자유' 또한 미국의 '자유'와 차이가 있다. 물론 현재 나의 이런 논조는 어디까지나 개인적 견해이며, 오늘날 미국의 추세를 대표한다고 할 수는 없다. 이런 관점으로 중국을 보는 것은 가슴을 활짝 열어야만 가능할 것이다. 그래서 나는 한편으로 미국의 건국 정신에 위대한 정의감이 있음을 굳게 믿으며 양자간의 차이가 명백해져 많은 오해가 깨끗이 풀리기를 기대한다. 다른 한편으로 중국에서 발표한 글에서는 도덕이 만능이 아님을 더욱 강조하였다. 또한 대역사의 관점은 '기술적 각도에서 역사를 해석하는 것(technical interpretation of history)'이다. 도덕을 어디에 두느냐 하는 점도 하나의 중요한 문제다. 순서에 따라 논급하겠다.

  *　　*　　*

 먼저 분명히 해둘 것은 대역사관이 책 속에서 획득된 것만은 아니라는 것이다. 더욱이 그것은 개인의 총명함과 재지(才智)로 깨달아 얻을 수 있는 것도 아니다. 나의 경험은 수십 년 동안 각지를 돌아다니고 서로 다른 견해를 들으며, 생활의 어려움을 겪으면서 비로소 체득한 것이다. 나는 어린 시절 태사공(太史公) 사마천(司馬遷)의 영향을 많이 받아, 머릿속에는 공상적 희망과 생각들이 가득 차 있었다.

 일본에 대한 항전 2년째 되던 해에 배움을 중단하고 종군했다. 국민당이 운영하는 성도군관학교(成都軍校)에 입학하여 졸업한 뒤 운남 변경에 주둔하고 있던 국민군 14사단에 소대장으로 배속되었다. 그러다가 인도에 주둔하고 있던 정동국(鄭東國) 장군 휘하에서 참모로 있었다. 그 뒤 정 장군을 따라 미얀마 전선으로 갔다가 상해를 거쳐 동북 지방으로 들어갔다. 또 두율명(杜聿明) 장군이 지휘하는 작전 상황도 목격했다. 다행히도 나 자신은 내전에 말려들지 않았다. 왜냐하면 동북에서 3개월 근무하다가 미국으로 파송되어 육군참모대학에 입학했기 때문이다. 이후 주일(駐日) 대표단으로 동경에 있다가 주세명(朱世明) 장군의 해임에 따라 제대했다.

 그런데 항전 초기의 국공합작 시기에 많은 좌파 명사들을 알게 되었다. 예를 들어, 국가(國歌)를 지은 전한[田漢, 자字는 수창壽昌] 선생을 아저씨라 불렀다. 그는 일찍이 나에게 젊을 때 무수한 괴로움을 겪고 분투해야 한다고 말했다. 그의 장남 전해남(田海男)은 나에게는 아우뻘로, 성도로 갔다가 나중에 14사단에서 함께 근무했다. 또 일본군이 점령한 베트남 북부 지방으로 가서 함께 척후병으로 활동하였으며, 인도 주둔군으로 파견되어 같이 일하기도 했다. 나는 그와 한

번 다툰 적이 있다. 그것은 당파 문제나 명예 혹은 지위 때문이 아니라, 누가 보병 전선의 정찰병이 되느냐 하는 문제 때문이었다. 이 사건은 1944년 6월 12일자 중경(重慶) 『대공보(大公報)』에 실려 있다. 항일전이 끝나자 뜻밖에 그는 인민해방군에 자진 입대하여 장갑병과 포병 훈련에 실제로 공헌했으며, 한국전쟁에도 참전했다. 그리고 당시 우리들과 함께 신문을 만들었던 요말사(蓼沫沙) 형은 그후 삼가촌(三家村)의 유일한 원로가 되었다. 무한(武漢) 시절 범장강(范長江) 형은 『대공보』의 기자로 어느 당에도 소속되지 않았다. 그의 본래 이름은 희천(希天)이다. 북벌 시 종군했지만 부대가 해산되었다. 그는 일찍이 가난과 질병에 시달려 물에 빠져 죽으려 했으나 목숨을 건진 뒤에 장강으로 개명했다고 나에게 말했다. 얼마 뒤 그는 『신화사』와 『인민일보(人民日報)』의 책임자가 되었다. 그후 문화대혁명 기간에 확산(確山)에서 죽었다. 오늘날 이런 사정을 회고해보면 꿈만 같다.

나는 이런 경험을 했기 때문에 초기의 입장은 복잡했으며, 따라서 다른 사람이 쓴 근대사의 관점을 그대로 수용할 수 없었다. 더욱이 두번째로 미국에 왔을 때는 주머니가 텅텅 비어 음식점에서 그릇을 씻고, 창고에서 막노동을 했다. 온종일 노동한 뒤 골방으로 돌아오면 대화할 사람은 없었고, 귀에서는 윙윙거리는 소리가 났다. 어려움을 벗어났다고 느끼자 이미 중년의 나이가 되었고, 이때부터 나의 역사 연구에는 인생의 의미를 탐구하는 경향도 생겼다. 그러나 이것은 아직 초보적인 것에 불과했다. 이후 더욱 많은 명사들과 교류하고 여러 사람들의 저작을 섭렵하면서 각지를 여행했다. 직업을 잃고 가족 모두가 경제적 위기와 차별 대우를 겪는 상황에서 비로소 안목을 넓힐 수 있게 되었고, 개인의 능력에는 한계가 있어 생명의 진정한 의미는 역사상에서 획득됨을 알게 되었다. 그리고 역사의 법칙성은 단시간에는 분명하게 드러나지 않으며, 긴 시간이 지나 시야가 크게 열려야 비로소 찾아낼 수 있음도 알게 되었다.

＊　　＊　　＊

중국의 혁명은 하나의 긴 터널과 같아 101년이 지나야 비로소 통과할 수 있다면, 우리들의 생명은 길어야 99세를 넘기기 어렵다. 짧은 것으로 긴 것을 잰다면 그것은 역사에 대한 개인적 반응에 지나지 않으므로 대역사라 할 수 없다. 대역사의 윤곽을 잡는 것은 4, 5백년이 지나야 가능하다. 이 책에서는 이미 초보적이나마 이와 같은 방법을 취했다. 그래서 사실의 서술은 세밀하지 못하지만 거시적 안목에서 결론을 도출하려 했다. 예를 들면 정 귀비가 숨어서 참언(讒言)을 했는지 어떤지, 혹은 그녀가 요부(妖婦)였는지 아니었는지는 오늘날 사람들과는 거의 관계가 없다. 명대 사람들이 이런 식으로 글을 썼다는 데서 그들의 도덕적 관념이 지나치게 좁고, 기술의 발전이 불가능했다는 사실을 알 수 있다. 나의 이 책은 이미 구미(歐美) 학생들이 교재로 사용하고 있는데, 교사가 학생들에게 시험을 보일 때, 명이 쇠망한 것은 태창황제(泰昌皇帝) 주상락(朱常洛)이 정 귀비의 소생이 아니라 공비 왕씨의 소출이었기 때문이라고 쓰도록 요구하지는 않을 것이다.

그들이 대역사의 관점에서 나의 저서를 읽는다면, 중국 전통 사회 후기의 구조는 오늘날 미국의 대형 샌드위치와 같음을 알 수 있을 것이다. 즉 윗면의 쓸데없이 크기만 한 긴 빵이 문관 집단이며, 아래에 있는 또 한 덩이의 긴 빵이 유효한 조직을 갖지 못한 수많은 농민이다. 이러한 구조의 세 가지 기본적 구성 원리인 존비・남녀・노소의 구별은 어느 것도 경제·법치·인권과는 관련이 없으며, 어느 한 가지도 국가 발전의 원리로 삼을 만한 것이 없다. 만력 15년, 즉 1587년부터 아편전쟁까지는 253년의 간격이 있다. 이 기간 동안 중앙 집권이 계속되었고, 기술의 발전은 없었으며, 재정 실태를 정확히 알 수도 없고, 군비(軍備) 면에서는 가장 효율이 낮은 것을 기준으로 삼았기 때문에 달라진 것이 없었다. 영국인 웨일리(Arthur Waley)의 저서 『중국인의 눈에 비친 아편전쟁*The Opium War Through the Chinese Eye*』에서 묘사된 1840년의 상황은 1587년의 상황과 다를 바가 거의 없다.

그러나 내가 쓴 「1619년 요동전투(1619年的遼東戰役)」에는 '소역사'적 사건 서술도 있다. 예를 들면 유정(劉綎)에 대해, 중국 측 사료에서는 전사했다고 하고, 만주 당안에서는 포로가 된 후 사형되었다고 하며, 조선 측 사료에서는 화약에 불을 붙여 자폭했다고 하는 식이다. 이 글은 독일의 『*Oriens Extremus*(원동잡지遠東雜志)』에 실려 있다. 대역사의 관점에서 본다면 방종철(方從哲)과 양호(楊鎬)가 그해에 부대가 전멸하여 장군직에서 쫓겨난 것은 배후에 여러 가지 정치·경제·사회적 원인이 있으며, 1894~1895년의 청일전쟁 상황과 극히 비슷하다. 기선(琦善), 기영(耆英), 도광제(道光帝)를 질책하는 것이 당시 상황을 이해하는 데 도움이 되지 않듯이 광서제(光緒帝), 이홍장(李鴻章), 정여창(丁汝昌)을 꾸짖는 것도 정 귀비와 복왕 상순에게 악담을 퍼붓는 것과 마찬가지로 의미가 없다. 이것은 모두 근시안적인 견해일 따름이다.

대역사의 관점에서 보면 대형 샌드위치적 구조의 근원은 명대 이전의 각 왕조에서도 찾아볼 수 있는데, 그 주요 원인은 아시아 대륙의 기후나 지리적 영향이라 할 수 있다. 이 방면에 관해 나는 일찍이 영국의 중국학자 니덤(Joseph Needham) 박사와 함께 글을 써서 밝힌

바 있고, 지금도 여전히 개별적 연구를 계속하고 있다. 그 요점은, 역사상 장기적인 중요 발전이 많은 사상(事象)과 얽힐 때 몇몇 사람들의 현우득실(賢愚得失)을 개괄하기가 대단히 어렵다는 것이다. 반드시 이런저런 측면이 있겠지만 나는 아직 분명한 요인을 찾아내지 못했다. 이것은 다음에 이야기하겠다. 명 말부터 청 268년을 거쳐 중화민국 초까지의 기간을 대형 샌드위치적 관점에서 일관되게 살펴보면 다음과 같은 몇 가지 사항을 도출해낼 수 있다.

* 중국 전통 사회의 부분적 개조란 불가능했으니, 정부와 민간의 연계는 존비·남녀·장유에만 초점이 맞추어졌고, 순전히 과거 제도에 의존했다. 1905년에 과거제가 폐지된 후 상층 구조(superstructure)와 하층 구조(infrastructure)는 더욱 어긋나 청은 멸망할 수밖에 없었다.

* 중화민국이 출범한 뒤 군벌이 할거한 것 또한 당연한 추세였다. 왜냐하면 새로운 역량이 아직 형성되지 않은 과도기에는 사병 집단이 세력을 장악하게 마련이기 때문이다. 이 군벌 세력은 교통·통신 등의 제약으로 한두 성(省)에서만 영향력을 행사할 수 있었다. 성 밖에서는 혼전 국면이 전개되었다.

* 국민당 독재 기간에 하나의 상층 구조가 만들어지고, 할거했던 군벌이 통일되었으나 완전히 도시 경제에 의존하여 유지되었다.

* 공산당의 토지 혁명은 농촌에 하나의 새로운 하층 기구를 만들었다. 현재 중국이 당면한 과제는 상층 구조와 하층 구조 사이에 제도적 연계(institutional links)를 만들어 아래와 위를 연결하고, 경제와 법치의 방법을 관리 수단으로 하여 관료 정치의 농단에서 벗어나는 것이다.

이것은 한 세기 전체의 인물 모두가 현우득실이 조금도 없다는 것이 아니라, 그들의 현우득실이 위에서 서술한 역사 발전의 과정을 바꿀 수 없다는 것을 말하는 것이다. 대역사관은 대중 운동이 사회에 오랜 기간 공헌했음을 중시한다. 이런 적극적 요소가 없었다면 1980년대는 1910년대와 마찬가지로 현재까지 존재할 수 없었을 것이다. 나의 이런 역사 해석은 당파나 국경을 넘어 멀리 중국에 있는 나의 스승과 선배, 동학(同學) 및 내전에서 죽은 우인들에게도 자신 있게 말할 수 있다.

* * *

어렸을 적에 역사를 읽다보면, 항상 일본은 메이지유신 이후 몇 십년 동안 모든 일이 순탄하게 되어간 반면, 중국은 더욱 나빠져버렸다는 느낌을 지울 수 없었는데, 이제야 그 이유를 깨닫게 되었다. 중국 문화는 아시아 대륙의 지리적 산물인데 반해, 유럽과 일본의 물질 문명은 해양성 국가의 경험을 갖고 있다. 더욱이 개별 국가의 발전 또한 나름의 순서가 있다. 그중 가장 큰 차이는, 오늘날의 선진국들은 상법(商法)으로 상층 구조와 하층 구조를 연결시키는 데 반해, 낙후한 국가는 구식 농촌의 관습 및 구조로 행정의 기초를 삼고 있다는 점이다.

오늘날 이 문제를 제기할 경우, 아직 문제를 분명히 파악하지 못하고 있는 상태에서 필자가 자본주의적 입장에 서 있는지 어떤지를 질문받게 된다. 그러나 최근 프랑스 역사학자 페르낭 브로델(Fernand Braudel)의 고증에 의하면, 자본주의(capitalism)란 단어는 19세기 후기의 산물이며, 20세기에 들어서서야 널리 사용되었다고 한다. 마르크스도 '자본가(capitalists)' 및 '자본가의 시대(capitalist era)'라고는 했으나, 자본주의라는 단어를 끌어다 쓰지는 않았다. 오늘날 모든 사람이 최초의 자본주의 사상가는 애덤 스미스(A. Smith)임을 인정한다. 그러나 그 자신은 아직 자본주의가 무엇인지 알지 못했다. 그의 저서는 중화민국 초 중국에서 『원부(原富)』*라는 이름으로 간행되었다. 그런데 그는 당시에 상업적 관리 방법이 농업적 관리 방법보다 낫다고 했을 뿐이다.

대역사를 연구하는 입장에서 보면, 이러한 분석 방법이 각 국가의 발전 과정을 설명하는 데 가장 적절하다. 이 분석 방법을 사용해야만 추상적 도덕 관념이 실제적 기술의 작용과 효과를 없애지 못하게 할 수 있다. 오늘날 중국에서는 실사구시(實事求是)를 주장하고 있는데, 나는 그럴수록 더욱 이전에 인용된 적이 없는 자료를 수집하고 역사적 검토 범위를 몇 세기 더 올려, 거시적 관점과 긴 안목으로 많은 국가가 낙후된 상태에서 선진적 상태로 가는 과정을 새롭게 검토해야 한다고 생각한다.

이렇게 본다면, 서구에서 가장 먼저 자본주의 형태를 갖춘 것은 실은 이탈리아의 자유 도시이며, 그 가운데서도 첫번째는 베네치아였다. 이 도시는 대륙의 다른 지역에 비해 농업 경제력이 풍부하지 못했고, 시내에는 식수 사정도 좋지 않았으며, 교황과 신성로마제국(그 모체는 이탈리아가 아니라 독일과 오스트리아임) 간의 치열한 권력 다툼에 끼여 있었으면서도 독립적 지위를 갖고 있었다. 이 도시가 지닌 최대의 장점은 영토가 작아 내부 조직이 간단했다는 것이다. 13세기 이후 이 도시 국가는 하나의 대도시나 큰 회사 같았으며, 민법은 모

---

* 한국에서는 『국부론』으로 번역되었다.

두 상법이었다. 그래서 천주교 교리에 아랑곳하지 않고 해군을 건설했으며, 상업 경영에 온 힘을 기울여 당시 유럽에서 가장 선진적인 국가가 되었다.

베네치아에 이어 흥기한 것은 홀란드였다. 홀란드의 정식 명칭은 '네덜란드 왕국(Koninkrijk der Nederlanden)'이며, 역사상 The Dutch Republic 혹은 United Netherlands라고도 불렸다. 홀란드는 연방 내 7개 주(지금은 11주) 가운데 하나에 불과했다. 그러나 이 국가가 17세기 초 독립했을 때 홀란드의 인구는 전국의 2/3를 차지하고 있었고, 연방 경비의 3/4을 부담하고 있었다. 네덜란드는 스페인에 저항하여 종교 혁명에 나섬으로써 비로소 전 홀란드 사람들을 한데 묶어 독립 국가를 만들 수 있었다. 그러나 과거에 통일 경험이 없었고, 각 주의 경제 발전은 고르지 못했다. 홀란드는 비록 상공업이 두드러지게 발전했지만 네덜란드 내의 상당수 주들이 중세 모습에서 벗어나지 못하고 낙후한 농촌 구조를 그대로 갖고 있었다. 법률도 각각 달랐다. 이에 따라 연방제를 실시하여, 중요한 일은 연방에서 결정하고, 나머지 사소한 일은 각 주에서 처리했는데, 이는 오늘날 연방제 국가의 선구가 되었다. 초기에 홀란드는 독자적인 외교권을 고집하고 있었고, 연방의 해군 또한 다섯 개의 해군 단위로 편성되어 있었다. 비록 전국이 신교인 칼뱅파를 신봉했으나 독립 초기에는 많은 교도가 소위 '예정설(Predestination)'을 서로 다르게 해석하여 각각 다른 정치 활동을 지향했다. 그러나 네덜란드는 대외 무역에서의 격심한 경쟁과 국내 경제의 고도 발전 속에서 내부 모순을 점차 해소해가면서 마침내 세계적으로 부강한 국가의 하나가 되었다.

네덜란드에 이어 상업 자본이 빠른 속도로 발전한 나라는 영국이었다. 영국은 잉글랜드와 스코틀랜드의 '연합 왕국'으로 네덜란드보다 5~6배 컸다. 오늘날 우리들이 보기에 면적이 큰 편이 아니나 18세기 이전 유럽에서는 대국으로, 굳건한 농업적 기초를 가진 나라였다. 이 나라는 상업 조직이 발달하기 전에는 항상 선진국들의 견제를 받았다. 예를 들면, 은행업은 이탈리아인들에 의해 좌우되었고, 그후 보험업도 네덜란드인들에 의해 통제되었다. 이탈리아 사람들은 런던의 롬바르드 가(Lombard Street)에서 독자적인 영사 재판권을 누리기도 했다. 영국은 양모를 주로 수출하였는데, 이탈리아 사람들이 목축 농가에 자금을 선대(先貸)해주어 양모를 사들이고 해외 시장도 장악했다.

영국의 17세기는 다사다난한 시기였다. 찰스 1세와 의회가 재정 세수 문제를 두고 충돌하였으며, 종교 문제를 둘러싸고 소란이 일어나기도 했다. 사법권도 문제가 되었으며, 대외 관계에서도 문제가 생겼다. 내전과 찰스 1세의 처형, 공화정의 성립, 크롬웰의 독재, 왕정복고, 명예혁명 등의 커다란 변화도 일어났다. 암살 사건, 이교도 배척, 영국 왕의 외국 보조금 수수 같은 사건도 발생했다. 또 인구도 4백만~6백만에 불과했다. 17세기 초 중국의 혼란한 정치 상황과 크게 다를 바가 없었다.

당연히 이 단계의 역사는 수많은 서로 다른 해석을 가능하게 했다. 많은 역사가들이 서로 다른 의견을 가진 저서들을 내놓았을 뿐 아니라, 어떤 때는 동일한 역사가도 시간이 경과함에 따라 해석을 달리하기도 했다.

내가 중국 독자들에게 제언하려는 것은 중국의 대역사에 대한 것으로, 명예혁명의 경험이 우리에게 시사하는 점이 많다는 점이다. 1689년 이전의 영국은 '계량적으로 관리할 수 없는(mathematically unmanageable) 국가'였으며, 법률은 서로 다르게 해석되었고, 또 3, 4

종의 서로 다른 법정이 있었다. 소위 보통법(common law)은 중세의 산물로, 관례를 절대적으로 존중하였기 때문에 이전에 일어난 적이 없는 사건은 처리할 수 없었다. 그리고 토지에 대해서는 사용권이 중시되었고, 소유권은 오히려 불명확했다. 동산의 계승권을 해석할 수 있는 용어나 표현도 없었다. 부동산 저당 또한 사회가 현금을 요구하는 상황과 합치되지 못했으며, 지대(地代)를 시가에 따라 조정할 방법도 없었다. 농작물의 거래는 재래 시장에 한정되었다. 그 밖에 회사의 설립이나 파산 선고 등은 생각할 수조차 없었다. 간단히 말해 이러한 법률은 구시대의 관습에 기초한 것으로, 어느 누구도 개혁할 뜻이 없었다. 17세기 초에 대량의 은이 신대륙에서 유럽으로 수입됨에 따라 물가가 올랐다. 영국 내륙에서도 국제 무역 및 국제 전쟁의 영향을 받아 사회 전체가 동요했다. 지주는 자신의 재산을 지킬 수 없었으며, 상인은 규정액 이외의 세금을 바치려 하지 않았다. 왕실은 군비 증가로 인해 군량을 조달할 방법이 없었으며, 일반 빈민과 소시민도 생활이 어려워 자주 불만을 드러냈다. 종교의 교리 가운데 애매모호한 부분이 그들의 불만을 더욱 부채질했다. 소위 군주권과 민권의 다툼은 쌍방 모두 타당한 이유가 있었지만, 정작 곤란했던 점은 문제의 범위가 이미 관례를 넘어서고 있었다는 것이었다.

1689년 명예혁명이 끝난 후 이러한 현상이 없어졌다. 반 세기를 뒤흔들던 문제들이 이때에 이르러 자취를 감추었다. 종교 교파의 충돌도 점차 해소되는 것 같았다. 그중 가장 중요한 핵심은 혁명의 소용돌이가 지나간 후 농촌 조직이 변했다는 점이다. 17세기 영국에서는 지권의 평균은 당연히 거론되지 않았지만, 개혁된 것은 내부적 규율화였다. 지주는 자기 소유지가 어디에 있는지 모르고, 경작인은 자신이 소작인인지 반지주인지 모르는 지금까지의 애매한 상황이 점차 해소되었다. 이전에는 토지의 경계가 불분명한 상황이었으나 이때에 이르러 점차 법제화되었다. 보통법에 맞서 생긴 형평법(衡平法, equity)도 보통법 안에 수용되는 진보적 현상이 일어났다. 형평법 자체는 법률이 아니라 일종의 법 정신으로, 흔히들 이야기하듯 "도리와 양심에 따라 일을 처리한다"는 것이다. 영국에서 형평법이 처음 시행되었을 때에는 영국 왕이 맡고 있던 몇 곳의 법원에 한하여 특별한 은혜를 베푼다는 의미가 있었다. 17세기 중기 이후 보통법 법원은 시대의 추세에 따라 형평법의 관념을 한두 가지 수용하였는데, 이 또한 현실적으로 불가피한 일이었다. 티끌 모아 태산이라고, 타협적 방법도 관례로 인정되었다. 1689년의 혁명 후에 보통법 법원은 수석 법관의 지시를 더욱 많이 받게 되었고, 이후 상인과 관계 있는 사안은 상업 관습에 따라 처리되었다. 이렇게 되자 영국의 내륙과 연해, 농촌과 상공업 중심지 사이의 거리가 단축되었고, 자금이 원활하게 유통되면서 실물 경제가 금융 경제로 변하고 교환성의 조건(interchangeability)이 늘어나 분업이 전보다 진전되었다. 이에 따라 국가 전체를 통계 수치로 치밀하게 관리할 수 있게 되었다. 동시에 영국은 사법권의 독립 및 의회 정치의 전통을 갖게 되었다. 이렇게 되자 상층 구조와 하층 구조가 탄력성 있는 상업 원칙으로 연계되면서 경제 통제 능력과 효율성 면에서 당분간 따라올 만한 나라가 없게 되었다. 대영제국은 이로 인해 몇 세기 동안 세계를 제패했다고 할 수 있다.

국가 조직의 기초가 된 상업 자본은 계속 증대되어 농업에 의지하지 않던 나라에서 점차 농업에 얼마간이나마 의존하는 국가로 전파되고, 마침내 농업 의존도가 매우 높은 국가로 파급된다. 쉬운 것에서 어려운 것으로 나아가는 것은 모두 역사의 일정한 법칙이다. 이러한 과정은 오늘날에는 쉽게 판명되지 않는다. 왜냐하면 미국과 일본이 이미 두 예외적 상황을 만들어내었기 때문이다.

　미국이 독립한 것은 영국의 명예혁명이 일어난 지 87년이 지난 뒤였다. 그래서 처음부터 법률에는 농업 사회적 요소와 공업 사회적 요소 사이의 간격이 없었다. 또한 광활한 영토 위에서 새로운 사회 조직을 만들어갈 수 있었으며, 인구도 영토가 확장됨에 따라 증가했다. 1862년 국회는 뒤늦게 '자영농지법(homestead act)'을 통과시켜 보통 시민에게 헐값으로 경작지 160에이커를 살 수 있도록 했는데, 명목상으로는 사는 것이지만 실제로는 거저 얻는 것과 같았다. 이러한 상황은 아주 특수하다. 그러나 남북의 사회 조직이 달랐기 때문에 내전이 발생하여 4년을 끌었다. 이 밖에도 은행과 화폐, 연방 내의 상업 조직과 노동조합 조직, 시장 독점 방지(anti-trust), 노동자 복지와 휴·퇴직금 준비 등의 문제 때문에 많은 갈등이 일어났다. 미국의 장점은 이런 문제를 나라의 부가 계속 증진되는 상황하에서 계량적 방식으로 쉽게 해결했다는 점이다. 이리하여 미국의 정치·사회·경제 모두가 나름의 특색을 갖게 되었으며, 경솔하게 '자본주의'라는 네 글자만으로 미국을 특징지을 수 없게 되었다. 더욱이 미국이 표방한 민주와 자유는 자본주의가 가져다준 것이 아니다. 앞에서 잠깐씩 언급했던 각 국가가 표방한 도덕 관념은 그 나라의 역사와 지리를 꿰뚫어 보아야 비로소 이해할 수 있으며, 이것은 미국의 경우 더욱 그러하다.

　근대 이전의 일본은 중국의 유교와 불교의 영향을 대단히 많이 받은 것 같지만, 국토가 바다로 둘러싸여 있어 외부로부터 안전이 보장되었기 때문에 반드시 권력을 집중시킬 필요가 없었고, 따라서 구조가 중국과 크게 달랐다. 도쿠가와 막부 말기에는 국내 조직이 이미 상업화되어 있었다. 예를 들면 각 다이묘(大名)는 자신을 대신하여 도시에서 농작물을 판매해주는 '구라모토(藏元)'를 갖고 있었으며, 소위

'회선(回船)'이라는 정기 항로도 가지고 있었다. 상회(商會)의 조직을 '제중간(諸仲間)'이라 했으며, 도매상을 '돈야(間屋)'라 불렀다. 메이지유신은 거기에 새로운 상층 구조를 더하는 것만으로 모든 상업을 관리할 수 있게 되었다. 이러한 상황은 겉보기에 짧은 기간에 갑자기 나타난 것 같지만 실은 장기간의 변화와 발전을 거쳐 마지막에 드러난 것이다. 그러나 메이지유신은 상공업의 발달을 중시한 나머지 농민의 생활을 방치했다. 일반 학자들은 이것을 제2차세계대전 이전에 '군벌'과 '재벌'이 일본 정국을 농단한 주요 원인으로 인식했다. 농촌 문제는 전후에야 맥아더의 법령으로 해결되었다. 그러므로 엄중한 대가를 치르지 않을 수 없었다.

* * *

이상의 상황을 정리해볼 때, 중국 역사는 1백 년 혹은 2백 년 단위로 잘라 보아서는 세계사와 일치시키기 힘들다. 단기 역사의 관점을 견지한다면 레스피기(O. Respighi)의 음악을 들을 수 없을 뿐 아니라 공자의 인민애물(人民愛物)도 반동이 된다. 가령 우리는 세계 역사를 3백 년 내지 5백 년 단위로 보아야 비로소 다음과 같은 사실을 알 수 있다. 즉 세계 상공업 기술의 퇴보가 이전의 폐쇄적 정책에서 비롯되었기 때문에 장차 사회생활 방식을 철저히 개조해야 새로운 세계 금융 경제에 적응할 수 있으며, 이것은 중국이나 외국 모두 피할 수 없다는 것이다. 서방의 민주와 자유는 '자치권(municipal franchise)'을 기초로 하고 있는데, 다이묘가 장원에게 권력을 부여하는 상황 또한 이와 유사하여 일본의 경우에는 비교적 개조가 쉬웠다. 그러나 중국은 줄곧 빈농과 소자작농을 입국(立國)의 경제적 기초로 삼앉기 때문에 농촌 내부의 복잡한 상황을 개조하기가 쉽지 않았다. 그래서 대단히 많은 유혈 참극을 겪고서야 비로소 계량적 관리 방법으로 전환할 수 있었다. 나의 생각으로는 이러한 해석이라야 내전을 겪고 오늘날 대만 해협 양쪽으로 나뉘어 있는 동포들에게 자신들이 처한 객관적 상황을 받아들이게 할 수 있을 것 같다.

오늘날 중국에서 말하는 '1국 2체제'를 갑자기 들고 나오면 일종의 선전 도구 같겠지만, 홀란드가 처음 만든 연방제도 사실상 '1국 2체제'의 한 표현이다. 영국은 두 가지의 완전히 다른 법률 사상을 사법의 기초로 삼고, 사법 제도를 이용하여 부지불식간에 사회 전체가 융화되도록 함으로써 점차 '1국 2체제'에서 '1국 1체제'로 만들어 갔다. 그러나 '1국 2체제'가 위험성이 없었던 것은 아니었다. 미국은 인권 보장을 건국 이념으로 하였으나 연방제로 인해 남부에는 여전히 노예 제도가 유지되어 마침내 내전이 일어났다. 일본은 19세기에 서구의 문물을 배우는 데 전력하면서도 농민의 생활에 대해서는 주의를 기울이지 않았다. 이 또한 1국 2체제인 셈인데, 결국 이로 인해 하늘에 사무치는 전란의 비극을 불러왔다. 1국 2체제의 정신은 쌍방이 거시적 안목으로 장구한 역사 가운데서 타협의 논리를 찾아, 이후 양쪽이 더욱 가까워져야 함을 요구한다.

기술적인 면에서 보자면 곤란한 점이 많겠지만, 중국에서 1국 2체제의 실행이 불가능한 것만은 아니다. 6, 70년 전 손문 선생은 삼민주의를 제창하여 한편으로 사적 자본을 제한할 것을 제안하면서, 다른 한편으로는 사적 자본을 길러야 한다고 했다. 얼른 보기에 서로 모순되어 손문 선생도 현실적이지 못하다는 비판을 받았다. 그러나 이것은 오늘날 보면 실로 세계의 일반적 추세이다. 게다가 미국은 비록 자본주의 국가이지만 사적 자본을 제한하는 입장을 방기하지는 않았다. 분명한 사실은, 세계의 어떤 나라든 어떤 '주의(主義)'로 문제를 해결하려 해도 의도한 바대로는 되지 않을 것이므로, 난관을 돌파하여 새로운 환경을 창조해야 한다는 점이다. 영국은 민주 국가이면서도 1천 년 이래 계승되어온 왕실을 보존하고 있다. 일본의 미노베(美濃部) 박사가 제2차세계대전 전에 '천황기관설(天皇機關說)'을 제창했을 때, 그것은 상도(常道)에 크게 어긋나는 견해로 간주되었으나 오늘날에는 정설로 인정받고 있다. 중국에서는 과거 한대에 유가가 법가, 도가 및 음양가의 사상을 집대성했고, 수·당대에는 또 불교 사상을 포괄하여 모순 가운데 통일을 이루었다. 시세의 필요에 따라 불가능도 가능하게 할 수 있음을 볼 수 있다.

* * *

이러한 역사 해석은 많은 사람들이 말하는 '역사주의(Historicism)'에 가깝다. 언뜻 보면, 일어날 일은 당연히 일어날 것이고 일어나지 않을 일은 일어나지 않으며, 윤리 도덕이 참된 의미를 가지지 못한다고 주장하면서 적자생존을 강조하여 '힘이 곧 정의'라고 하는 듯하다. 그러나 이러한 사회진화론(Social Darwinism)은 19세기의 유물일 뿐, 나는 읽은 적이 없다.

나는 『1587, 만력 15년 아무 일도 없었던 해』에서 도덕이 만능은 아니고 그것이 기술이나 법률을 대신할 수도 없지만 도덕이 전혀 필요 없다고 할 수 없으며, 도덕적 관념은 응당 원대해야 한다는 점을 지적했다. 먼저 법률이나 기술로 해결할 수 있는 문제라면 처음부터 도덕적 문제로 끌어올릴 필요가 없다. 왜냐하면 도덕은 모든 가치의 근원으로, 나눌 수도 타협할 수도 없기 때문이다. 만약 도덕상의 다툼이 오랫동안 해결되지 않으면 양쪽의 거리가 더욱 멀어져 조만간 반드시 전쟁을 하기에 이를 것이다. 오늘날 전 세계는 원자 폭탄의 위험에 직면해 있어, 우리들의 연구 보고는 특히 신중을 기해야 한다.

이러한 상황하에서 본다면, 1국 2체제는 하늘이 중국인에게 내린 어려운 문제일 뿐 아니라, 일종의 시험이기도 하다. 도덕은 법률이나 기술보다 상위의 개념이나, 논쟁의 근거를 제시하려 할 때 법률이나 기술적 근거에 앞서 도덕적 관점을 제기해서는 안 될 것이다. 내가 『1587, 만력 15년 아무 일도 없었던 해』를 쓰고 굿리치 선생이 서문을 지었을 때는 아직 1국 2체제에 관한 주장이 나오지 않았다. 그래서 굿리치는 다만 "동서 양쪽의 경험을 적극적으로 취해야 한다"고만 말했다. 그러나 오늘날 중국은 십 수 년 뒤 홍콩을 회수할 준비를 하고 있다. 따라서 대륙 문화와 해양 문화의 조정자가 될 것은 분명하다. 나는 「저자의 말」에서 "중국에게 역사를 창조할 기회가 대단히 철저하게 주어졌다"고 했는데, 여기에 이르면 이제 그 기회가 더욱 현실화되고, 그것에 대한 기대 또한 절실하다.

내가 중국을 떠난 지 어언 36년, 그리고 1974년에는 미국 국적을 얻게 되었지만, 개인적으로 살아 있는 동안 중국이 국제 무대에서 "단절된 세상을 잇고, 폐국(廢國)을 일으키고, 외국인을 회유하고, 백공(百工)을 오게 한다"는 전통적 정신을 발휘하는 것을 볼 수 있을 것 같다. 게다가 나 자신이 글을 쓰는 사이에 약간이나마 각 방면의 이해를 높인 것도 기대하지 않았던 성과였다. 『1587, 만력 15년 아무 일도 없었던 해』를 쓴 목적은 중국에게 '망신'을 주려는 것이 아니다. 또 협의의 도덕 관념을 반대하는 것은 중국만을 겨냥한 것이 아니다. 왜냐하면 나는 경험을 통해 중국이나 다른 나라나 정의감은 있다는 것을 깨달았기 때문이다. 그러나 정의감이 부분적으로 사용될 경우 본래의 의미와 달라질 수도 있다. 세상의 많은 잔혹한 일들이 도덕이란 이름으로 행해져왔으니, 이것은 중국이든 외국이든, 예나 지금이나 마찬가지다. 이 글은 적극성을 발휘하자는 데 주안점을 둔 것으로, 다시 하나하나 예를 들며 논박하지는 않겠다.

* * *

내가 이 몇 십 년 동안 해외에 있으면서 얻은 중요한 경험은, 서방 문화가 하나의 중요한 장점을 갖고 있다는 것이다. 즉 유대교나 기독교 전통에서는 인류가 항상 저지르는 잘못의 근원인 원죄(original sin)를 인정하고 있다는 점이다. 그것은 '성선설'과 상반되는 '성악설'이라고는 볼 수 없다. 공자는 "허물을 보면 이에 인(仁)을 안다"고 했고, 맹자는 "수오지심(羞惡之心)은 사람이 모두 갖고 있다"고 말했다. 모두 외부의 강압에 못 이겨서가 아니라 스스로 잘못을 인정한다는 것이다. 이처럼 잘못을 인정하는 정신이 있다는 것은 인류가 선을 향해 나아가는 경향이 있음을 보여준다고 하겠다. 나는 중국과 외국의 이러한 공통점이 오늘날 넓은 의미의 도덕 관념의 기초가 될 수 있으며, 또 세계 역사의 중심 사상이 될 수 있음을 깨달았다. 좁은 의미의 우주관에 기초한 협의의 도덕 관념은, 세계의 근원이 이와 같으면 그것의 종말도 반드시 이렇다고 단정적으로 말한다. 이것은 때때로 진리이지만 실제로는 자기 중심적 견해이며, 잘못을 인정하지 않으려는 생각을 미리 펴둠으로써 극단적으로 흐르기 쉽다. 이런 견해는 히틀러의 인종론에서 엿볼 수 있다.

내가 말한 대역사의 관점은 한편으로는 소역사에서 쌓아온 것이고, 다른 한편으로는 독일 사상가 칸트(Immanuel Kant)의 영향을 받았는데, 이것은 이미 1982년 상해에서 출판된 니덤 박사 80수(八十壽) 기념 논문집에서 약간 언급하였다.

아래의 도해 중 실선 부분이 우리들의 경험으로 실증할 수 있는 지식을 대표하는, 즉 내가 말하는 대역사이다. 이것은 비록 중국의 은·주 시대부터 오늘날까지 3천여 년을 포괄하지만 인류 역사라는 측면에서 보면 여전히 긴 원주상의 일부분에 불과하다. 우리들이 인식하는 진리도 이 작은 범위 안에서 체험하여 성취한 것이다. 우리들은 우주 구성의 진정한 원인과 목적을 알지 못하며, 또 이후의 진정한 결말과 추세를 예지하기란 대단히 어렵다. 점선으로 된 원호는 과거와 미래를 표시한 것인데, 실선을 근거로 추측하여 만들었다. 사회 과학도 자연 과학과 마찬가지로 모두 자연 법칙(natural law)을 빌려 조금씩 전개해나갈 따름이다. 우리들이 우리 앞 세대의 잘못을 볼 수 있었던 것과 같이, 우리의 뒤 세대들은 우리들의 발견을 실증하고 우리들의 착오를 검토할 수 있을 것이다.

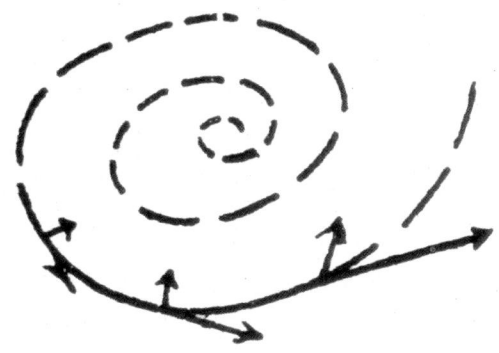

그림에서 밖으로 향하고 있는 화살표는 우리의 도덕 관념을 표시한 것인데, 새로운 환경을 창조하는 징표이다. 그러나 우리는 우리가

서 있는 위치에서 벗어날 수 없으며, 우리 자신도 잘못된 일을 계속하는 속성을 갖고 있다. 이 속성은 안으로 향한 화살표로 표시된다. 그래서 우리들이 걸어가는 노선은 안과 밖의 사이, 즉 희망과 현실 사이의 호형 노선(弧形路線)일 수밖에 없으며, 반은 우리들의 의지로, 반은 외부 조건으로 이루어진다. 다만 오늘날 과학 기술의 발전 때문에 호선을 따라가는 속도가 더욱 빨라졌다. 우리들은 밖으로 향하는 화살표를 길게 그릴 수밖에 없다. 이것 또한 본문의 주제이다. 그래서 두 번, 세 번 해설하는 것도 마다하지 않고 도덕적 범주를 원대한 곳에 두려 했다. 역사관은 인생 철학을 대표하는 것으로, 단시간의 정책으로 가릴 수 없으며, 더욱이 폐쇄적이거나 외부 정세를 고려하지 않은 단독 결정은 있을 수 없다.

글이 너무 길어졌는데도 읽어준 편자(編者)와 독자의 인내심에 감사한다. 내가 말하는 대역사는 일종의 크고 조화로운 정신을 포괄하고 있으며, 잘난 체 뽐내거나 쓸데없이 크게 혹은 산만하게 쓸 뜻은 없었음을 알아주기 바란다. 이 글이 중국에서 발표될 수 있게 된 것은 중국 혁명이 이미 성공하여 전국이 계량적으로 관리되게 되었기 때문이다. 과거 중국의 역사가 실마리를 찾는 데 힘썼다면, 앞으로는 인공위성이 다른 인공위성과 우주에서 결합하는 것처럼, 소위 자본주의와 사회주의가 차이 난다 하더라도 대국(大局)에는 지장을 주지 않을 것이다.

나의 입장에서는 중국과 서방 각 국가가 이와 같은 연계를 갖기를 희망할 뿐 아니라 중국 역사를 있는 그대로 서술하여 기타 사회주의 국가의 이해를 증진할 수 있기를 희망한다. 아마 오늘날 많은 국가들이 외부적으로 독재 혹은 전제라고 하지만, 그 내부를 파고들어 가보면 실은 여전히 계량적 관리를 불가능하게 하는 많은 요인들이 존재한다. 역사가는 비록 그런 문제를 해결할 수는 없지만 측면에서 분석하여 적어도 이런 문제의 진상을 조금씩 추측해 밝혀낼 수 있을 것이다. 나는 이런 큰 뜻을 갖고 있기 때문에 감히 대역사관이라 칭했다. "높은 곳에 오르려면 스스로 낮추어" 『1587, 만력 15년 아무 일도 없었던 해』 영어판 서명을 중국어로 옮길 때 『중요하지 않은 1587년(無關緊要的一五八七年)』이라 한 것은, 나의 뜻을 실천에 옮기는 첫걸음이라고 할 수 있겠다.

중국 현대의 장기 혁명

미국에서는 "좋은 소식이 있고 나쁜 소식도 있는데, 먼저 나쁜 소식부터 이야기한다"는 말을 수시로 듣는다. 그래서 나의 연설도 또한 이러한 방식을 채택해볼까 한다.

우선 나쁜 소식부터 얘기해보자. 신해혁명이 일어난 이후 80여 년 동안 사람들은 근심 걱정 속에 살아왔다. 민국 시대가 도래했으나 조직에 체계가 없었다. 처음에 대총통을 임명하자, 그는 곧 황제가 되려 하였으며, 다음에는 장훈(張勳)의 부의(溥儀) 복벽(復辟) 사건과 군벌들의 혼전이 있었다. 북벌이 막 완료되자 중원대전(中原大戰)*이 있었으며, 9·18사변이 일어났다. 천신만고 끝에 8년 항전을 견디어냈으나 전쟁은 끝나지 않고 바로 내전이 일어나고 말았다. 우리가 지금까지 해외에서 떠도는 것도 이러한 과정의 산물이다. 백성들은 한 순간도 편안하게 보낸 날이 없었다.

내가 말한 좋은 소식이란 방금 말한 모든 것이 과거의 일이고, 이

---

* 1928년 북벌 완성 후 1930년 5월부터 10월에 걸쳐 남경의 중앙 정부·장개석과 지방 군벌들 간에 벌어진 전쟁을 말한다.

제는 정세가 이미 달라져 중국 현대의 장기 혁명이 성공할 희망이 있다는 것이다. 본문의 목적은 여러분과 함께 이 좋은 소식을 검토하는 데 있다.

그렇다고 이전의 일을 결코 한마디로 말할 수는 없다. 이전의 일은 여전히 역사서 내에 존재하지만, 현재와 과거의 심정은 다르고 우리는 역사에 대한 나름대로의 깊이를 갖추었으므로 과거의 일에 새로운 시각을 가질 수 있을 것이다. 따라서 우리는 이러한 역사적 사실이 갖는 긍정적인 측면을 중시해야 할 것이다. 예컨대 앞에서 언급한 군벌 혼전은 과거에는 비난하지 않는 사람이 없어, 역사가도 이를 비난하였고 독자들은 더욱더 비난했다. 나는 오늘 항전 중에 나라를 위해 몸을 바친 고급 장령, 즉 동인각(冬麟閣), 조등우(趙登禹), 왕명장(王銘章), 장자충(張自忠) 등도 한결같이 군벌 부대 출신이었다는 사실을 여러분들에게 상기시키고자 한다.

중국의 지도적 인물을 언급할 때, 의견 충돌은 더욱 심해진다. 대다수의 외국인들은 국민당 장개석 선생에 대해 좋은 말은 거의 하지 않고 단지 '탐오무능(貪汚無能)' 네 글자로 모든 것을 평가해버린다. 미국인들도 이와 같이 평가하고 있으며, 적지 않은 중국인들도 이에 동조하고 있다. 오늘날 객관적인 입장에서 볼 때, 단지 공경만 하고 비판하지 않는 것은 옳지 않다(나는 『중국시보(中國時報)』에서 이름과 성을 거론해서 그를 장개석이라 한 바 있다). 그러나 비판한 뒤에도 나는 여전히 장개석이 중국 역사 가운데 가장 위대한 인물 중의 한 사람임을 인정하였으며, 조금이라도 그의 사람됨, 기백과 배짱에 대해서는 비난하지 않았다. 그가 항전하기 전날 저녁, 전체 국가 예산은 겨우 4억 달러에 지나지 않았다.

그때 나는 장개석 군대에서 36명의 사병을 거느린 소대장을 맡고 있었는데, 저녁이면 사병들이 기관총을 산 속에 숨어 있는 도적들에게 팔지나 않을까 하여 잠을 이룰 수 없었다. 동시에 민가의 개와 옥수수를 훔쳐서 게걸스럽게 먹다가 병을 얻어 죽게 되지는 않을까 두려워했다. 그러면서도 장개석 위원장 지도하의 3백만~5백만 명의 군대 — 실제 숫자에 대해서는 아직 분명히 계산할 수 없다 — 는 용감하게 8년 동안 일본과 생사를 건 전쟁을 했다. 비록 자기의 역량으로 일본을 물리치지는 못했다 하더라도 어느 정도 일본을 패배시키는 데 기여했던 것이다. 이러한 위업은 드물다. 만약 나의 이러한 주장에 동의하지 않는 역사가가 있다면, 나는 그에게 이에 필적할 만한 예를 들어보라고 요구하고 싶다.

이번에는 모택동에 대해 얘기해보자. 그는 일반인들의 비난 대상이고 나 자신도 그를 매도하는 측에 속한다. 우리 집안의 부모형제가 헤어진 것도 모택동의 조반작란(造反作亂)의 소치가 아닌가? 그러나 내가 배운 것이 역사이므로, 가령 최소한의 객관성을 유지하더라도 다음과 같은 점을 언급하지 않을 수 없다. 중국의 장기 혁명을 위해 그는 한 아내가 총에 맞아 죽는 것을 보아야 했으며, 또다른 아내가 정신병에 걸렸다는 설이 있고, 또한 두 명의 남동생과 한 명의 누이를 잃어야 했다. 한 명의 아내가 그가 죽은 후 자살했다거나 한 명의 자식이 한국전쟁에서 죽었다는 사실까지는 말할 필요가 없을 것이다. 이처럼 모택동도 단지 자기 가족들의 생명만을 보살필 수는 없었던 것이다.

나는 한 가지 꿈을 가지고 있다. 즉 나는 장래 역사 전기를 쓰는 사람이 지난 80년간의 인물들을 시간의 구애를 받지 않는『삼국지연의(三國志演義)』와 같은 방식을 채택하여 다루기를 희망한다.『삼국지연의』는 정사(正史)가 아니고, 내용 중에서 제갈공명이 동풍을 몰아온다든지, 유비를 위해서 금낭(金囊)을 남기는 묘책을 생각해낸다든지 하는 것 등은 기묘한 전설을 연상시킨다. 그러나 작자는 인물을 처음부터 끝까지 비상한 사람으로 묘사했기 때문에 기록한 내용도 비상한 것으로 되었다. 상투적인 틀에 구속받지 않았기 때문에 각각의 인생을 생생하게 묘사해낼 수 있었던 것이다.

과거 80년의 사적을『삼국지연의』와 대비한 것이 학술적인 근거가 없는 것은 결코 아니다. A.D. 220년 동한(東漢)이 망한 후부터 수나라 문제(文帝)가 다시 통일하기까지의 360여 년이라는 기간 사이에 위진남북조(魏晋南北朝)의 분열상이 전개되었던 것은 구체제가 이미 붕괴하고 신체제가 아직 등장하지 못한 결과였다.『삼국지연의』중의 인물인 원소, 공손찬 등은 일종의 군벌이었고, 책에서 말하는 "밤새도록 죽이는 것"은 내전이었다. 유비와 손권이 모두 검으로 한 덩어리의 큰 돌을 깨어 두 동강 낸 것 또한 쌍방이 모두 무력으로 중국을 통일하겠다는 야망을 갖고 있었으나 그 결과는 정반대로 중국의 분열이었음을 말하는 것이다. 남송이 멸망한 후부터 명 왕조가 등장하기 전까지 중국을 통치했던 원 왕조는 일종의 과도정권이었다.『원사(元史)』「식화지(食貨志)』에 보이듯 화북에는 조용조 제도를 적용하였고, 화남에서는 양세(兩稅) 제도를 쓴 데서 또한 세수 정책이 아직 통일되지 않았다는 것을 알 수 있다. 원 왕조의 조직은 아직 문제를 안고 있었으며, 더구나 황제는 한문을 알지 못했고 중국말을 할 줄 몰랐을 뿐 아니라 색목인(色目人)에게 국가 대계를 맡겼으니 국가 제도에 대해서는 말할 필요조차 없을 것이다. 이로 인해 원대에는 끝내 내란이 그치지 않았던 것이다. 먼저 몽골인과 몽골인이 싸웠으며, 다음에 서로 왕위를 찬탈하였으며, 끝내 지원(至元) 순제(順帝) 때 군웅이 기의(起義)하고 한인이 다시 대두하였다.

내가 이러한 몇 가지 사실을 언급한 목적은 당연히 내전을 제창하고 군벌을 찬양하고자 하는 것이 아니다. 단지 무릇 역사에서 어떠한 중요 사건이 발생하는 것은 반드시 내적 요인이 있다는 것을 지적하기 위해서일 뿐이다. 우리들은 우선 반드시 기술적(技術的)인 각도에서 그 인과관계를 살펴야지 도덕적인 명분만으로 애매하게 해석해서는 안 된다. 대전변(大轉變) 같은 상황 아래서는 도덕 기준 자체가 이미 새로운 평가를 받게 마련이기 때문이다.

만약 진·한을 제1제국, 수·당·송을 제2제국, 명·청을 제3제국이라 한다면, 4, 5백 년 후나 6, 7백 년이 지나면 법률 제도와 사회 환경이 서로 맞지 않게 되고, 혹은 경제적 조건이 변하거나 대외관계가 바뀌어서 전체 국가 사회가 불안정해져 아래로부터 재구성되고, 그 안에 반드시 한 번의 변란이 일어난다는 것을 알 수 있다. 중국 현대의 장기 혁명도 이 같은 요구에서 나온 것이다.

1911년부터 현재까지의 80년이라는 세월은 각 개인의 경험으로는 아주 긴 시간이고, 우리들 각 개인의 한 생애를 뛰어넘는 것이다. 그래서 설령 각종 개혁을 주도하는 인물이라도 일반적으로 시작은 볼 수 있지만 끝은 볼 수 없거나, 끝은 볼 수 있지만 시작은 볼 수 없다. 더구나 당사자는 자기의 감정에 매몰되기가 아주 쉽다. 이것은 혁명에 참가한 사람이 실상을 이야기하기에는 불리한 조건이지만, 방관자의 입장에서 혹은 말미에서 보는 우리로서는 오히려 좋은 조건이다. 그것은 역사를 가르치고 배우는 사람이 사실에 대해 알도록 할 뿐 아니라 분석할 수 있도록 해준다.

나는 『1587, 만력 15년 아무 일도 없었던 해』 대만판의 서문과 대륙판의 발문에서 일찍이 다음과 같이 말한 바 있다. "중국의 혁명은 하나의 긴 터널과 같아 101년이 지나야 비로소 통과할 수 있다면, 우리들의 생명은 길어야 99세를 넘기기 어렵다. 짧은 것으로 긴 것을 잰다면 그것은 역사에 대한 개인적 반응에 지나지 않으므로 대역사라 할 수 없다." 사실 여기서 101년과 99년은 임의로 말한 것이고, 80년 또한 상황에 맞추려고 한 데 지나지 않는다. 이미 언급한 '대역사'는 더욱이 현재의 '장기 혁명'과 서로 표리를 이루는 것이다. 여기서 가장 중요한 것은 이제는 긴 터널을 빠져 나와 앞에 서광이 보인다는 사실이다. 만약 그렇지 않다면 나는 하나의 이론을 근거 없이 창조할 수 없을 것이고, 또한 절대로 감히 『삼국지연의』의 시각으로 당대 인물을 평가할 것을 제의할 수 없을 것이다(이것은 반란을 고취하려고 말하는 것이 아니고, 반란과 무력을 사용하는 시간은 이미 지났다는 사실을 정중히 밝히고자 한 것이다).

만약 이상에서 제시한 세 제국의 사례가 근거로 충분하지 않다면, 우리는 오히려 서양사에서 몇 가지 사례를 제시할 수도 있을 것이다. 지금 나는 두 가지 예를 들고자 한다. 하나는 네덜란드이고 다른 하나는 영국이다. 오늘날 네덜란드는 입헌군주제를 실시하고 있으나, 16세기에 독립을 선언하고 17세기에 독립을 공인받았을 때는 오히려 하나의 민주국이었다. 17세기 초 네덜란드의 전체 인구는 150만 정도에 지나지 않았는데, 이는 중국의 두세 개 부(府)에도 미치지 못하는 수치이다. 이렇게 적은 인구 때문에 홀란드는 과거 독립 자주의 경험이 없었을 뿐 아니라 국내의 이른바 주(州)와 대공국(大公國)도 단지 스페인 독립 국가를 이룬 왕국의 가산국(家産國)에 지나지 않았다. 그러나 네덜란드는 곧 독립해서 지금의 뉴욕(당시에는 뉴암스테르담이라 불렀음)을 차지했으며, 남미의 브라질을 식민지로 개척하고, 동쪽으로는 또한 희망봉 부근을 차지하고, 말라카 해협을 근거지로 삼아 지금의 인도네시아를 장악하였다. 심지어 네덜란드는 우리가 딛고 있는 이곳(대만)을 위협해서 근거지로 삼기까지 했다. 네덜란드는 일찍이 당시 유럽에서 손꼽히는 강대국이었던 스페인, 영국, 프랑스 그리고 스웨덴과 싸웠다. 영국이 네덜란드와 싸울 때 영국 상선의 거의 대부분이 네덜란드 보험회사의 보험에 가입하고 있을 정도였다.

이렇게 된 이유는 네덜란드가 한 차례의 동란을 경험한 후 그 사회가 한번 개조되었기 때문이다.

방금 언급했듯이 오늘날의 네덜란드와 벨기에의 경우 16세기에는 스페인 국왕의 가산이었다. 1567년 이 땅에서 분규가 발생해서 매우 많은 귀족들이 천주교 의식(儀式)에 반대하고 민중도 여기에 동참하자, 스페인 왕이 군대를 파견하여 진압함으로써 다음 해에 전쟁이 일어났다. 처음에는 하나의 종교 문제였는데, 전쟁이 확대되고 장기화되면서 스페인은 싸움을 부추기며 전면적으로 세금을 거두어 전민(全民)의 반발을 불러 일으켰다. 또한 전쟁이 점차 남북을 축으로 확산되자 홀란드의 민족주의가 더욱더 강하게 대두되었으며, 영도권 또한 점차 각지의 상인 귀족의 수중으로 떨어졌다. 이 전쟁이 1648년에 이르러서야 정식으로 끝을 맺은 이른바 '80년 전쟁'(독일의 30년 전쟁과 중첩됨)인데, 이로 인해 스페인의 승인하에 네덜란드가 독립을 달성하게 되리라고는 아무도 생각하지 못했다. 이로써 네덜란드는 항해 사업·상업 조직의 원칙과 연방제를 기초로 삼은 서구 최초의 국가가 되었다.

영국의 경우는 한층 더 복잡했다. 처음 국왕은 종교 문제로 성직자들과 충돌했다. 국왕은 주교를 두려워했으나 청교도는 주교와 맞섰다. 국왕은 대외관계로 인해 해군을 반드시 확대해야 했으나, 상인 귀족은 정부가 재원 확보를 위해 불법으로 세금을 거두었기 때문에 이에 반대했다. 17세기 당시 교통 발달, 국제 무역의 전개, 외교 문제의 복잡성 등을 감안할 때, 정부의 권력 조직은 모두 확충되어야 했으나 과거의 법규는 이미 실용성이 없었다. 만약 국왕을 위주로 바꾸면 일종의 전제 정체(專制政體)이고, 국민을 위주로 하면 대의 정치(代議政治)이다. 그러나 당시 사람들은 지금과 같은 식견을 가지고 있지 않았다. 그래서 의회파와 왕당파 모두 과거 예규(例規)를 고집하여 갈등이 빚어지면서 결국 내전이 두 차례나 일어났다. 결국 의회파의 지도자 크롬웰이 전쟁에서 승리하여 국왕 찰스 1세를 처형하였다. 그러나 찰스 1세가 관례를 고수하려는 의회를 장악할 수 없었듯이, 크롬웰 또한 의회를 장악할 수 없었다. 이러한 상황에서 그는 자신의 원칙을 위반한 독재자가 되었다.

크롬웰이 죽은 후, 곧 찰스 1세의 아들 찰스 2세의 복벽이 있었다. 그러나 국왕과 여러 신하들은 종교 문제와 징세 주항(徵稅籌餉) 문제로 이전처럼 대치하였다. 1689년 소위 명예혁명의 성공으로 국왕 제임스 2세가 [프랑스로] 쫓겨나고, 새로운 국왕 윌리엄과 왕후 메리가 군주로 선출된 후에야 비로소 정세가 안정되었다. 그때 영국의 인구 또한 4백만에서 6백만으로 증가하여 85년 만에 획기적인 변화가 있었다. 우리는 이러한 사실을 '立'이라는 한 글자로 나타낼 수 있을 것이다.

'立'자 위에 위치한 한 점과 가로줄은 새로운 상층 기구를 대표한다. 이 이후부터 국왕은 단지 하나의 허수아비에 불과해서 형식상의 권위는 있으나 실권은 없었다. 영국은 점차 정당 정치와 내각제를 실시하였으며, 군대 또한 의회의 지배 아래 있었다. 이렇게 된 이유는 대의 정치가 전개되어 각 의원이 사회 각 계층의 이익을 확실히 대변할 수 있었기 때문이다. '立'자 아랫부분 가로줄은 하층 기구를 대변한다. 이전의 토지 소유는 체계가 없었다. 17세기 중국의 경우 복건 지역의 토지 소유에 이른바 '일전삼주제(一田三主制)'라는 것이 있었지만, 영국의 상황은 이에 비해 훨씬 복잡했다. 대개 유럽 봉건 체제의 유물(遺物)은 법률상 단지 각 개인의 사용권만을 인정하고 소유권을 중시하지 않았다. 그래서 아주 다양한 사정 아래서 토지는 불법으로 전매·저당되었으므로 부과해야 마땅한 세금을 부과할 수 없었다. 다른 한편 경작자 또한 수시로 토지에서 쫓겨날 가능성이 있어서 토지세 징수가 더욱 곤란하였다. 그런데 내전과 복벽 이래로 군대가 여러 차례 동원되는 가운데 일부 토지는 몰수되고 어떤 것은 경매에 부쳐지고 일부 토지는 집중되기 시작하였으며, 토지 소유권 또한 명확해졌다. 일반적으로 각지의 신사가 가까이 있는 토지의 주인이 된 경우가 많았고, 대개 군의 위력과 법정 소유권이 평행선을 긋고 있는 상황에서는 공평과 불공평을 말할 수 없지만, 대체로 이후부터 토지 소유권은 이미 정체화(整體化)·규율화(規律化)되어가고 있었다. '立'자 윗부분의 한 점, 한 가로줄과 아랫부분의 하나의 긴 가로줄 사이의 두 점은 곧 법제성의 연계를 나타낸다. 17세기 중엽까지 영국의 법률은 '보통법(관습법)'으로 기초를 삼았는데, 이것은 농업 사회의 산물로 무릇 이전에 한 적이 없었던 것은 전부 할 수가 없었다. 유산과 전당에 대한 처리도 이미 시의에 맞지 않았으며, 계약 조항을 이행케 하는 강제력 또한 느슨해졌고 더욱이 파산 및 횡령에 관한 법도 모두 쓸모 없게 되었다. 이러한 결함은 '형평법'으로 바로잡혀 초기에는 상인에게만 적용되었으나 명예혁명 이후에는 점차 전 인민에게까지 미쳤다. 요컨대 현실의 요구에 부합해서 천천히 상업 관습에 접근한 것이었다.

    내가 중학교에 다닐 때 국어 선생님은 우리들이 해 간 작문이 좋지 않을 경우, 다른 말씀 없이 '也'자만 작문 노트에 적어놓으시곤 했다.

위의 획은 첫 문장을 나타내고 아래 획은 마지막 문장을 나타내며 그 가운데 커다란 'X'자를 그은 형상이니, 이것은 전부 잘못되었으므로 다시 해오라는 뜻이었다. 내가 지금 언급한 '立'자 또한 비슷한 뜻을 가지고 있는데, 이전의 모든 것이 잘못되었으니 전부 새로 세운다는 것이다.

만약 한 사회에서 위로는 상층 기구에서부터 아래로는 하층 기구의 관련 법제, 개인 재산의 권리에 이르기까지 모든 것을 처음부터 새롭게 하려면 또한 그 작업이 방대할 것이다. 영국이 4백만에서 6백만의 인구가 되는 데 85년이 걸렸는데, 우리들이 1백~2백 배의 인구로 유사한 수준에 도달해도 이득은 있을 것이다.

여러분들은 상기할 수 없을지 몰라도 나는 미국 학생들과 이야기할 때, 중국의 장기 혁명은 몸에 비유하면 위로는 두발의 장식으로부터 아래로는 다리의 신발 끈에 이르기까지 그 속의 사상, 습관, 혼인 관계, 말 등 어느 것 하나 바꾸지 않는 것이 없음을 깨닫게 된다. 나의 조부모 일대와 비교해보면, 오늘날의 대북과 홍콩은 말할 것도 없고 북경과 상해만 보더라도 우리들이 이미 당신들 일대의 생활방식을 '也'자 한 자를 버리고 '立'자로 대신했다는 것을 느낄 것이다.

위에서 예를 든 영국과 우리들의 관계는 아주 깊다. 얼마 전 대륙의 인민대회는 홍콩의 기본법을 통과시켰다. 거기에서는 보통법 및 형평법을 홍콩 법제의 기초로 삼았으며, 1997년 이후라도 변경하지 않을 것임을 명시하였다. 이는 홍콩 거주민이 가지고 있는 개인 재산권을 보장할 것임을 뜻한다. 영국은 명예혁명 이후부터 이른바 자본주의 체제로 진입하였다. 자본주의라는 말은 뜻이 모호하여 항상 남용되고 쉽게 계급투쟁의 빌미가 되기 때문에 여기서는 잠시 보류해 두고자 한다. 그런데 이러한 경계는 '계량적으로 관리할 수 있다는 것을 중시한 것이고, 또한 농업 관습을 집정의 표준으로 삼는 과거의 방식을 버리고 상업 조례로 이를 대신하여 그것을 국가 사회의 모든 사무의 대전제로 삼는 것이다. 이러한 체제는 이미 세계의 일반적 추세가 되었다.

다시 영국과 네덜란드의 예를 보겠다. 처음 그들은 모두 종교 문제로 난을 일으켰으나, 장기적인 변란 후 문제가 변질되었다. 사건의 발단이었던 종교상의 다툼은 각각 80년과 85년 뒤 일반인들에게는 거의 잊혀져버리고 아주 극소수의 사람에 의해서만 다시 제기되고 있다. 결국에는 경제적 색채가 농후해져서, 개인 재산권의 대두와 고정으로 귀결되었다. 다시 그것이 중국에서 시행되는 것을 상세히 설명하기 이전에 우선 종합적으로 말하면, 이것이야말로 중국의 장기 혁명이 채택한 길일 뿐 아니라 동일한 귀착점이라고 할 수 있다. 중국 독자와 청중에게는 오해를 불러일으키기가 아주 쉬운 문제이다. 내가 생각하기에 가장 좋은 방법은 우선 '부[負, 마이너스]'의 방향에서 착수해서 우선 오해를 없애는 것이다.

이미 언급한 종교 문제는 신학에 관련된 것은 아주 적고 심지어 도덕 규율(moral law)과도 직접적인 관계가 없으며, 종교 의식에만 접근하고 있다. 구체제가 종교 교조(敎條)와 의식(儀式)을 정권을 보조하고 인심을 묶고 치안을 보장하는 도구로 삼으려고 하는 데서 벗어나지 못했다는 것이 바로 문제였다. 스페인 국왕과 영국 국왕은 모두 주교를 통해서 왕권신수설이 제창되길 희망했다. 주교는 국왕 지지파였기 때문에 일반 국민을 감독하고 이끌 책임이 있었다. 간단히 말하면 이 또한 구식 농업 사회 내에서 계량적으로 관리할 수 없는 조건이었으므로 전통 체제의 연장이었던 것이다. 신식 상업 체제가 출현하여 모든 것을 공평하면서도 자유롭게 교환할 수 있게 되고 수치로 관리할 수 있게 되면 반드시 전통 체제와 충돌한다. 그래서 영국과 네덜란드의 종교 문제는 처음부터 약간의 경제적 성격을 내포하고 있었다. 한 번 국왕이 파병에 필요한 재원 마련을 위해 세금을 거두자 곧 경제 문제가 전면에 대두되었다.

  언뜻 보면 이것은 중국과 아무 관련이 없어 보인다. 왜냐하면 일반 중국인은 종교성이 결코 농후하지 않기 때문이다. 그러나 자세히 분석하면 이것은 오해임을 알 수 있다. 실용적인 경우나 넓은 의미의 종교에서 말하자면 중국인의 종교성은 다른 나라 사람보다 낮지 않다. 예컨대 홍수전(洪秀全)은 배상제(拜上帝)를 제창했는데, 이에 대해 증국번(曾國藩)은 다음과 같이 말했다. "중국 수천 년 동안의 예의, 인륜, 시서전칙(詩書典則)이 하루아침에 사라졌으니, …… 공자, 맹자가 구천에서 통곡할 일이다." 이 가운데 이른바 '예의, 인륜, 시서전칙'은 이미 종교적인 색채를 농후하게 띠고 있으며, 그가 '공자, 맹자가 구천에서 통곡한다'고 한 것은 더욱더 종교 의식이 농후하다(만약 그가 공자와 맹자를 일반 철학가나 정치 사상가 정도로 간주했다면 이 말은 "여보시오, 당신은 그렇게 할 수 없을 것이오. 만약 당신이 그렇게 한다면 호적胡適과 풍우란馮友蘭이 반드시 황천에서 통곡할 것이외다"라고 한 것과 다름없으며, 그것은 같은 효력을 낳지 못할 것이다).

  이하에서 나는 유가의 교조를 언급하려 한다. 오해를 피하기 위해 재차 언급해둘 것은, 우리들이 중히 여기는 것은 기술적인 것이지 도덕적인 문제가 아니라는 점이다. 청산해야 할 것은 이러한 미덕의 정치적인 남용이고, 미덕 자체의 가치가 아닌 것이다. 예컨대 '충효'라는 것은 공자, 맹자가 전한 개인 미덕으로 손문 선생 또한 마땅히 회복해야 한다고 말했으며, 대북 시가 거리 이름으로 삼고 있을 정도이기 때문에 우리들이 무심코 함부로 비판할 수는 없다. 그러나 역사상에서 말하면, 청 말의 인물들은 충효라는 명분 때문에, 광서제를 받들면서 서태후로 하여금 '모의천하(母儀天下)'를 포기하도록 종용할 수 없었다. 서태후의 좁은 안목 때문에 의화단을 방임하고 중국과 왕래하고 있는 모든 국가에게 선전 포고해서, 8개국 연합군이 북경성에 들어와 중국인을 살상하는 사태를 초래한 것은 또한 마땅히 따로 논해야 할 것이다.

이상에서 설명한 것을 가지고 우리는 중국 전통 사회가 종교적 성격을 가지고 있었다고 단언할 수 있다. 한 예로, 나는 어렸을 때 호남지방의 많은 농민들이 '천지군친사신위(天地君親師神位)'를 받들고 있는 것을 본 적이 있다. 그때가 이미 민국 십 몇 년이었다. 나는 고을 사람들이 울면서 서로 "너희들은 왕법을 지키지 않는 놈들"이라고 공격하는 것을 몸소 보고 들었다. 전제 시대의 황제의 칭호인 '천자'가 곧 조금도 거짓이 없는 '정교합일(政敎合一)'을 의미한다는 것은 두말할 필요조차 없다. 전통 중국은 천주교와 같은 신부가 없었으나, 위로는 내각대학사나 상서시랑으로부터 아래로는 9품 소관 및 '미입류'*에 이르기까지, 그리고 공생·감생·늠생을 포함해서 문관 전부가 사서를 열심히 읽고 '무부무군(無父無君)은 금수(禽獸)'다라고 생각했으니, 또한 전부가 왕권신수설을 지지한 것이다. 또한 '천지군친사' 가운데 있는 '친(親)'자로 알 수 있듯이 혈연관계, 친속관계가 국가와 뒤섞여 있었다.

그래서 전제 체제하에서 국가는 곧 사회이고, 사회는 또한 하나의 큰 가정인 것이다. 이 가운데 조직의 기본 원칙은 '존비·남녀·장유'가 아님이 없으니, 이것은 또한 '글을 읽어서 이치에 밝은(讀書明

---

* 관료가 되지 못한 학위 소지자.

理)' 장원(壯元)・진사(進士)・거인(擧人)・수재(秀才)는 무지한 소민보다 높고, 남자는 여자보다 높으며, 어른은 아이보다 높다는 것이다. 의례가 행정을 대체할 수 있었고, 기율이 법률을 대체할 수 있었다. 본래 인류는 나면서 불평등했고, 개인은 단지 이 불평등의 관계 속에서 각기 본분에 안주할 따름이었다. 법률은 단지 개인이 본분을 편안히 지키지 않을 경우 나쁜 사람으로 몰아 처벌하는 것이었고, 그래서 민법・상법・공사법・파산법은 전혀 언급 없이 법률은 형법에 한정되었으며 그중에서도 '십악(十惡)*'을 으뜸으로 삼고, 동일 죄명이라도 상대방의 친소(親疎)관계와 '오복(五服)**'의 같지 않음을 살펴 죄를 정하였다.

 이러한 법제의 특징은 오랫동안 지속할 수 있다는 점이다. 청률(淸律)은 명률(明律)에, 명률은 당률(唐律)에, 당률은 서한(西漢)의 구장법(九章法)에 근거하였다. 그래서 2천 년 동안 제도의 본질은 변하지 않았으며, 존비・남녀・장유의 순서 또한 분명했다. 개인은 이미 자신의 성별과 연령이 정해져 있었고, 사회적 지위의 차이는 옷치레로 표시했던 것이다. 종합해보면, 모든 것을 구체화시켜 일반인의 머릿속에 주입하였으며, 또한 이러한 조직과 제도는 지리적인 환경을 무시하고 경제적 성격을 갖추지 않았기 때문에 전국에 일률적으로 시행할 수 있었다고 할 수 있다. 또 하나의 특징은 유지비가 저렴했다는 점이다. 청 말 정부의 한 해 수입은 백은(白銀) 1억 냥을 넘지 않았는데, 중국 인구와 세계의 표준으로 계산해보면 이것은 아주 적은 액수이다. 조직이 간단하고 기술 수준이 낮았기 때문에 일개 대국이 소

* 모반(謀反), 모대역(謨大逆), 모반(謀叛), 악역(惡逆), 부도(不道), 대불경(大不敬), 불효(不孝), 불목(不睦), 불의(不義), 내란(內亂).
** 천자(天子), 제후(諸侯), 경(卿), 대부(大夫), 사(士)들의 의복.

자작농을 기반으로 삼을 수 있었고, 인구가 수억인데도 변호사나 전문적인 법관을 두지 않고서도 아편전쟁까지 유지될 수 있었던 것이다.

여러분이 만약 나에게 이러한 제도의 약점이 어디에 있느냐고 묻는다면, 나는 우리가 살아가면서 만나는 불행과 내가 이미 언급한 나쁜 소식의 태반이 사회상의 구조적 문제에서 비롯된다고 간단히 말할 수 있다. 한 사회의 구조는 사회적 가치의 기반일 뿐 아니라 경제 발전의 관건이며, 더욱이 군사적 역량의 원천이다. 중국 전통 사회의 조직은 존비・남녀・장유의 서열로 이루어진다. 또한 위는 무겁고 아래는 가벼우며, 실질에 비해 형식을 지나치게 중시했기 때문에 허울만 좋으면 기능이 좀 떨어져도 문제삼지 않았다. 권위는 이미 위에 집중되고 아래의 실제 사정에 대해서는 아무도 관심을 갖지 않았다.

나는 명조의 16세기 사회 상황을 연구할 때, 상층의 사정에 대해서는 기록이 아주 분명하다는 것을 자주 발견한다. 예컨대 모년 모일 황제가 새벽 조회에서 행한 사소한 일은 오히려 아주 분명히 기록되어 있지만, 하층 인민의 권리와 의무에 이르러서는 실제 기록이 부족하다. 명조에도 '좋은 관리(好官)'가 있었는데, 그들 역시 공자가 말한 "내가 송사(訟事)를 심리하는 것은 다른 사람과 같지만, 반드시 송사가 없게 할 것인저(聽訟吾猶人也, 必也使無訟乎)"라는 견해를 굳게 믿었다. 공자의 말은, 백성의 고소장을 듣고 재판을 하여 시비를 판단하는 것은 공자 또한 다른 사람에 비해 고명(高明)하지 않으며, 가장 좋은 것은 모든 사람이 고소하지 않는 것이라는 말이다. 이에 이러한 좋은 관리들은 어떤 사람이 고소하면 사건 내용은 살피지 않고, 단지 원고와 피고 양인을 잡아서 엉덩이 20대를 때리고 난 후 다시 말할 뿐이었다. 우리는 이러한 청관만능(淸官萬能)의 상황 아래에서는 개인 재산권이 합법화될 수 없고, 설령 권리와 의무 및 계약관계가 있었다 하더라도 일종의 원시 상태에 지나지 않으리라는 것을 상상할 수 있다. 이것으로는 단지 하나의 단순한 사회를 구성할 수는 있으나, 복잡한 현대 사회를 유지할 수는 없다.

명조나 청조는 물론 민국 초년과 항전 직전까지 기술 능력이 결핍된 이러한 통치 방식이 근본적으로 변하지 않았다. 1930년대 록펠러 재단은 하북 정현(定縣)에서 한 지역의 농촌을 조사했는데, 참가한 사람이 쓴 책에 의하면 당시 토지세는 명 말의 기록을 근거로 삼고 있었다고 한다. 노신(魯迅)이 쓴 소설 속에 그려진 절강의 사정 또한 명조의 정황과 비슷하지만, 20세기 다른 나라와는 거리가 멀다.

이것은 서방 현대 사회와는 아주 큰 차이가 있다. 서방 현대 사회는 상업 체제를 주로 하는 사회이고, 또한 통계 수치로 관리하는 사회이며, 개인 재산 및 노동력으로 얻은 임금은 모두 공평하고 자유롭게 교환할 수 있다. 그래서 담장의 벽돌은 쌓으면 쌓을수록 높아진다는 것이다. 여기서 나는 다음과 같이 거듭 밝히려 한다. 내가 여기서 이야기하는 바는 결코 각각의 사람을 하나의 벽돌처럼 일률적으로 대우한다는 것이 아니고, 각자 임금과 이윤이 모두 공평하고 자유롭게 교환될 수 있다는 것이다. 원칙적으로 내 호주머니 안의 동전 한 닢과 록펠러 선생 호주머니 안의 동전 한 닢은 동등한 가치를 지니고 있다. 그래야 비로소 상업 조건을 주로 삼는다고 할 수 있을 것이다.

내가 이번에 대북에 온 목적이 국가 경사에 참가하는 데 있다는 것은 앞서 이미 말하였다. 과거 혁명 과정 가운데서 겪은 여러 고난을 늘어놓아 오늘 경축의 의미를 저버리고 싶지 않다. 신해혁명 이후 80년 동안 우리는 단지 하나의 '立'자로 신체제를 확장하는 뜻을 밝혔다. 그 배경으로 이러한 작업을 준비하는 데 70년이 걸렸다. 아편전쟁이 1840년에 발생했으니 1911년과의 거리는 70년 혹은 71년이다. 이 기간에 앞사람은 하나의 '也'자를 썼으며, 구체제가 개조하지 않는 것을 발견하고서야 비로소 제도와 질서를 바꾸기로 결정하였다.

아편전쟁을 언급하면서 나는 단지 두 가지 점을 중시했는데, 참고 삼아 지적하면 다음과 같다. 하나는 전쟁에서 패한 후에 맺은 강녕조약[江寧條約, 남경조약]은 홍콩의 할양, 배상금 2,100만 원, 5개 항에서의 통상을 허용함으로써 이날 이후 각국이 중국의 도시 안에 조계(租界)를 설립하는 빌미를 제공하였다는 점이다. 이후 수입 관세를 5%로 결정함으로써 중국은 관세 자주권을 상실하였다. 이렇게 권리를 잃고 나라를 욕보였는데도 청조의 군주와 신하는 조금도 반성하지 않았다. 한 사람도 실패의 원인에 대해 철저히 고찰할 것을 주장하지 않았으며, 한 사람도 외국에 사람을 파견해서 살펴볼 것을 주장하지 않았다. 한 사람도 금후 각 관원의 직책이 마땅히 새롭게 개정되어야 한다고 주장하지 않았으며, 군대가 마땅히 개조되어야 한다는 것을 말하지도 않았다. 대외 교섭을 담당하였던 기선(琦善)과 기영(耆英)은 여전히 오랑캐가 "예의 염치도 모르는" "견양(犬羊)의 성(性)"이라 칭하였다. 오랑캐 일을 다스리는 요지는 여전히 기미(羈縻)에 있었다. 기는 말고삐 끈이고, 미는 소고삐 끈이니, 영국인·프랑스인·미국인을 전적으로 말고삐 끈과 소고삐 끈으로 이리저리 끌고 다닐 수 있길 희망한 것이다. 이것은 이미 자만심을 훨씬 넘어선 비정상적인 상태이며, 전체 체제가 이러한 의식 형태를 기초로 하고 있었기 때문에 단편적인 개조로는 개혁이 불가능했다.

다음으로 나는 실제 작전 상황을 언급하여 기술상의 무조직성을 언급하고자 한다. 예컨대 영국군이 영파(寧波)를 점령하자 도광(道光) 황제는 자신의 조카인 무위장군(武威將軍) 혁경(奕經)에게 반격하도록 명령하였다. 그런데 그의 막료는 임시로 불러 고용한 자들로 대개 모두 문사(文士)였고, 일반적으로 군사 훈련이 결핍되어 있었다. 반격하기 10일 전, 그들은 가서 적정을 판단하고 작전 계획을 세울 생각은 하지 않고 오히려 글짓기 경쟁만 하고 있었으며, 30명의 막료는 미리 전승 보고서를 만들고 있었다. 혁경의 병기는 전장에서 임시로 만든 것이었고 병기 제작 때 참고한 저본(底本)은 2백 년도 넘은 것이었는데, 제조자 자신도 단지 형태만 비슷할 뿐 실효가 있는지는 확신할 수 없다고 말했다. 반격하는 병사는 삼로(三路)로 나누었는데, 전하는 이야기에 의하면 총 병사는 51,000명이었지만 실제 적과 접촉한 병사는 단지 3,000명이었다고 한다. 그들은 야습을 시도하다가 영국군이 묻어놓은 지뢰 구역 안으로 들어가버려 사상자만 무수히 남겼다.

최근 월간 『역사』에서 아편전쟁 때 청조 군대의 무기 전부가 녹이 슬고 녹슨 칼을 칼집에서 뽑아낼 수 없어서 쳐다보는 사람도 모두 웃었고, 칼을 차고 있는 사람도 웃었다는 사실을 말한 적이 있다. 이러한 풍경은 내가 명사(明史)를 연구하면서 발견했던 매우 많은 군사 단위의 병력이 단지 편제의 2~3%에 불과했던 상황과 아주 유사하다. 이러한 상황은 이미 정형화된 것으로 나는 그것을 '부패'라고 주장하기보다는 용진폐퇴(勇進廢退)라 부르고 싶다. 당시의 '문치(文治)'는 이미 이처럼 성공을 거두어 북부 변경의 소수민족을 방어하기만 하면 되었고 내부로는 정상적인 병비를 하지 않아도 되었다. 예산 내의 군사비는 다른 용도로 사용되었으며, 마땅히 소집해야 할 병사 또한 징집되지 않았다. 이것은 모두 문을 중하게 여기고 무를 경시하는 국가 정책과 일치하는 것이었다. 이러한 역사상의 경험을 되새기며 대북 쌍십절(雙十節)날 사열하는 병사들의 눈빛을 보면 아주 흥분된다. 왜냐하면 군대는 그 실효를 살피지 않으면 어떤 경우에는 그 폐퇴의 정도가 상상을 초월하기 때문이다.

다시 아편전쟁에 대해 언급하면, 1842년 남경조약 체결 후 민간에서 윤선(輪船)과 화기(火器)의 제조를 준비했는데, 이에 대한 도광제의 주비는 "제조할 필요도 없고 구매할 필요도 없다(無庸製造, 亦無庸購買)"라는 것이었다. 기영이 미국의 총을 보이면서 모방 제조할 것을 건의하자, 황제는 곧 "능력이 미치지 못함을 개탄한다(望洋興嘆)"고 말할 뿐이었다. 아편전쟁을 언급할 때, 위원(魏源)이 저술한 『해국도지(海國圖志)』를 제외하면 나는 어떤 구체적인 반응도 떠올릴 수 없고 그저 하나의 의문 부호만 찍을 수 있을 뿐이다.

중국이 외국의 신세계에 대해 상당한 반응을 보이기 시작한 것은 1860년 무렵으로, 당시 홍수전은 남경에 있었다(태평천국은 1864년에 멸망함). 영국과 프랑스 연합군이 북경에 들어와 원명원(圓明園)을 모두 불태웠으며, 함풍제는 열하(熱河)로 도망가서 행궁(行宮)에서 죽었다(제2차 아편전쟁이라 함). 1861년 공친왕(恭親王) 혁흔이 의정(議政)을 맡았는데, 이 시기를 '동치중흥(同治中興)'이라 부른다. 태평천국을 진압하는 데에는 서양인 하트(Robert Hart)와 고든(Charles George Gorden)의 도움이 컸다. 그들은 상해 상민(商民)으로 조직된 지원병에게 서양식 총포를 지급하고 이를 윤선으로 운송하게 했다. 그들은 동치중흥기의 명신(名臣)들에게 깊은 인상을 주었다. 동시에 북경의 원명원, 만수산(萬壽山), 옥천산(玉泉山)의 큰 불이 사흘이나 계속되는 것을 보고서야 청조 군신은 이제 '오랑캐를 다스리는 일(籌辦夷務)'은 이미 '기미'할 수가 없다는 것을 알았다. 그래서 공친왕의 영도 아래 '총리각국통상사무아문(總理各國通商事務衙門)'이 설립되었고, 교역항에는 동문관(同文館)을 개설해서 외국어에 능통한 인재를 훈련하였다. 증국번은 기기국(機器局)을 개설하였으며, 이홍장은 병기를 제조하였으며, 이후 상해—오송(吳淞) 철로를 건설하고 윤선초상국(輪船招商局)을 창건했으며, 우정(郵政)과 전신(電信)을 관장하였다. 이러한 일련의 모든 서양 문화 수용 활동을 '자강운동(自强運動)'이라 부른다.

이처럼 중국은 서양 문화의 수용에 어느 정도 적극적이었다. 하버드 대학의 중국과 일본 역사 전문가 페어뱅크와 라이샤워는 그들이 함께 펴낸 책에서 다음과 같이 말하고 있다.

중국의 초기 현대화는 힘차게 시작되었는데, 당시에도 사람들에게 깊은 인상을 주었다. 일본과 비교하면 단지 늦게 시작했을 뿐인데, 만약에 1860년경 외국인이 [양국의] '성패승부(成敗勝負)'를 놓고 내기를 했다면, 오히려 중국 쪽에 돈을 걸 수도 있었을 것이다. 서방과의 접촉이 빈번해지자, 중국은 1860년대에 이미 강경한 외세 배척 태도(仇外)를 버렸으나 당시의 적지 않은 일본인은 오히려 여전히 그러한 태도를 지니고 있었다.

왜 이러한 운동이 실패하였는가? 왜 중국은 일본처럼 되지 못했던가? 자강운동은 일종의 한정된 운동으로, 자강운동의 조직은 전통 사회의 지지를 제대로 받지 못했다. 우리는 당시 증국번과 이홍장의 서신과 일기에서 이러한 사실을 발견할 수 있다. 그들이 요구한 것은 '개화대포(開化大砲)'와 '윤선'이었고, 그래서 사회적 개혁을 거치지 않고 직접 서방의 과학 기술을 받아들이고자 했다. 자강운동의 지도자가 동치중흥의 명신이 된 것은 그들이 병사를 거느린 장령이었을 뿐 아니라 한림대학사 출신에 뛰어난 유학자였기 때문이다. 그들은 바른 도에서 벗어나는 것을 두려워하여 존비·남녀·장유의 사회에 대해 이의를 제기할 수 없었다. 동치중흥 혹은 자강운동은 장지동(張

之洞)이 말한 것처럼, "중국의 것을 기반으로 서학을 채용한다는 것(中體西用)"에 다름 아니며, 또한 의식 형태상에서도 한쪽에 금자탑을 그대로 두고 다른 한쪽에 벽돌담을 쌓으려 했을 뿐이다.

그러나 서방 상업 조직은 동태적이었으며, 각종 경제 요소는 이미 공평하고 자유롭게 교환할 수 있어 개울의 물이 흐르듯이 계속 흐르고 있었다. 본사가 있으면 지사가 있다. 도매상이 있으면 소매상이 있다. 생산이 있으면 분배가 있다. 융자는 또한 투자이다. 만일 이윤을 남기지 못하면 밑진다. 총괄하면 이것은 다양하게 영향을 미쳤으며, 농업 사회 내의 각종 요소가 서로 대칭과 균형을 유지하며 오랫동안 변하지 않는 것은 불가능했다. 동치 연간에 설립한 병기 공업은 이윤이 없었으며, 초기의 철로·전신과 윤선 제조는 일종의 봉사 성질의 사업이었다. 상공업이 발달하기 위해서는 대규모 수요가 있는 부분에 집중적으로 투자해야 했고, 법정에서 법률가를 두어 기술상의 도움을 받고 개인의 권리와 의무를 확정해야 했다. 그러나 그 당시 이러한 조건은 모두 고려의 대상이 아니었다.

다시 하나의 예를 들어보겠다. 오늘날 큰 규모의 자동차 회사를 세웠는데 그곳에 필요한 원료, 즉 강철·페인트·유리·고무 등을 고정적으로 공급해주는 곳이 없다거나, 은행에서 충분히 돈을 빌릴 수가 없어 자동차를 판매하는 데 어려움을 겪는다든지, 보험회사가 갑자기 맡을 수 없다고 나온다든지 한다면, 이는 적당한 도로와 교통을 관리하는 신호등이 없는 것과 같아서 기업에 효과가 생기는 것을 희망할 수 없을 뿐 아니라 사람들로부터 신용을 얻을 수도 없을 것이다.

그래서 자강운동의 실시는 대체로 용두사미가 되고 말았지만 우리는 그것이 하루아침에 완전히 끝났다고 단정할 수는 없다. 당시 중국은 얼마간의 유학생을 미국에 파견했다. 그들은 미국에서 야구를 배웠으며, 모자를 써서 변발을 감추었다. 그러나 정부는 파견한 유학생들의 동향이 정부의 뜻과는 다르다고 판단해서 1881년 전부 귀국토록 했다. 이처럼 외형적인 측면에서 본다면 자강운동은 퇴조한 것으로 볼 수 있다.

이후 자강운동의 파산은 1894～1895년 청일전쟁으로 증명되었다. 중・일 양국은 조선에 대한 종주권을 둘러싸고 전쟁을 벌였다. 중국 육군은 평양 전투에서 패했으며, 뒤이어 다음날 황해 전투에서는 해군이 참패했다. 전투 후 북양 함대의 잔여 병력은 위해위(威海衛)의 해군 근거지로 달아났는데 뜻밖에도 적군이 상륙해서 포대를 점령하고 중국의 해방포(海防砲)를 이용하여 북양 함대를 공격하는 바람에 함대가 투항하고 말았다. 해군 제독 정여창(丁汝昌)은 자살하고 모든 배는 일본의 수중으로 넘어갔다. 이에 중국은 발해만의 울타리를 모두 잃고, 일본에게 화의(和議)를 구할 뿐이었다. 또한 중국은 대만 팽호(彭湖)와 요동 반도를 할양한 것 이외에도 따로 2억 냥을 배상했으며, 요동을 되찾는 데 3천만 냥을 소비했다. 이로써 중국은 차관으로 생활하게 되었다. 모든 국고 수입은 외채의 담보로 사용되었으며, 전국의 영토는 외국의 세력 범위 안으로 분할되어갔다.

1898년의 무술변법(戊戌變法)은 이러한 전례 없는 압력에 대한 반응이었다. 1898년 6월 10일부터 9월 21일까지 모두 103일 동안 광서황제는 조서비답(詔書批答)의 형식으로 2백여 통의 공문을 발송하고, 유신의 종지(宗旨)를 밝혔다. 그 모두가 개혁 방안은 아니고 일부는 단지 황제의 의향을 표시한 것이었다. 그러나 사세(事勢)는 분명했는데, 만약 광서제가 그의 주장을 관철하였다면 중국은 입헌군주국가가 되었을 것이다. 가령 자강운동이 무기 공장과 조선창(造船廠) 건설이 중심이었다면 무술변법의 목표는 헌법과 예산에 있었을 것이다. 문제

분석의 수준에서 말하자면, 청조 군신은 이미 상당히 진보하여 군비가 단지 무기에 있지 않으며 건전한 행정 기구와 제정 제도가 뒤에서 뒷받침되어야 한다는 것을 이미 깨닫고 있었다. 그러나 그들은 여전히 행정부의 기능이 사회적 기능에 좌우된다는 것을 이해하지 못했다. 전 사회가 17세기에 머물러 있는데도 황제의 조서 한 통으로 20세기로 약진할 수 있다고 하는 것은 꿈에 불과하다.

당시 무술변법을 주도한 강유위, 양계초는 광서제에게 권고해서 팔고(八股) 중심의 과거(科擧)를 폐지하고, 실용적인 문제를 출제하여 인재를 뽑았으며, 무비대학당(武備大學堂)을 설치하고, 농공상국(農工商局)을 설립하였다. 이러한 모든 조치는 한림대학사를 포함한 문관 관료와 팔기(八旗)·녹영(綠營) 출신의 장령을 포함한 무관 관료가 전부 쓸모없다고 선포한 것과 같았다. 더구나 전국 농촌 지역까지 영향을 주었던 각지의 늠생, 공생, 연감[捐監, 연납으로 된 감생]도 마찬가지였다(당시에는 단지 인구의 5/100가 글을 알았는데, 이러한 사람은 향촌 내에서 율사나 법관 같은 지위를 맡고 있었으나 이들 역시 특권을 잃을 수도 있었다).

1898년 9월 21일의 내막은 아직도 밝혀지지 않고 있다. 광서제에게 이토오 히로부미(伊藤博文)를 초빙해서 재상으로 삼을 뜻이 진정 있었는가? 일본에 가서 시찰하도록 권고를 받았는가? 혹은 원세개(袁世凱)가 말하고 있는 것처럼 담사동(譚嗣同)이 원세개에게 이화원(頤和園)을 폭격하여 서태후를 죽이라고 진정 권했는가? 요컨대 전해오는 얘기는 분분한데, 실제로는 서태후가 다시 정치를 주관하게 되었고 황제는 연금되어 종신토록 자유롭지 못했다. 모든 신정(新政)은 한결같이 취소되었으며, 강유위와 양계초는 일본으로 망명했고, 담사동을 비롯한 이른바 무술 6군자는 피살되었다. 이러한 무술정변에 대한 결론으로는 담사동의 말이 가장 적절하다. 즉 중국의 개혁은 결코 쉽지 않으니, 단지 신구 양당의 상호 투쟁과 유혈이 있어야 비로소 희망이 있다고 한 것과 같았다. 담사동 자신은 도망갈 수 있었지만 도망가지 않고 죽음으로써 자신의 믿음을 관철시키고자 했다.

이것은 또한 그가 이미 문제가 크고, 정도가 깊고, 영향이 깊다는 것을 보았기 때문이다. 청조를 무너뜨리는 것은 다시 왕조를 바꾸는 데 그치는 것이 아니라 '예의 인륜, 시서전칙'을 재확립하는 데까지 나아가는 것으로, 종교성까지 띠고 있었던 것이다.

무술변법 후 12년(1898~1911) 만에 신해혁명이 성공했는데, 이러한 결과는 혁명당 사람들의 예상을 초월한 것이다. 원인은 청 정부가 막다른 지경에 이른 데 있었다. 서태후는 이미 8개국 연합군의 큰 난리를 겪은 후 서안(西安)에서 북경으로 돌아와, 개혁이 불가피함을 깨달았다. 그러나 1908년 서태후는 광서제와 이틀 간격으로 세상을 떠났다. 6세 된 진명천자[眞命天子, 선통제宣統帝]와 정치적 역량이 없으면서도 여전히 '모의천하'를 꾀하는 태후 '융유(隆裕)'를 남겨놓은 채였다. 그들이 헌법을 수립하고 의회를 창립하는 영도적 인물을 이끌 수 없다는 것을 전 국민은 분명히 알게 되었다. 손문 선생은 10차례나 분투했으나 최후의 성공은 오히려 뜻하지 않은 데서 나왔다. 그래서 80년이 지난 오늘날 뒤돌아보면, 구체제를 무너뜨리는 것은 쉬우나 신체제를 창조하는 것은 더욱 어렵다는 것을 알 수 있다.

아편전쟁 이후에서 신해혁명까지 70년의 경과를 검토해볼 때, 우리는 서술에서는 전적으로 전대의 자료를 사용할 수는 있지만 결론은 전대와는 다르게 내릴 수 있다. 왜냐하면 풍부한 역사적 사례를 보유하고 있기 때문이다. 우리는 각각의 개혁과 운동이 결코 단독으로 발생하는 것이 아니라, 일종의 지속적인 운동 속에서의 단계 혹은 절차임을 볼 수 있다. 또한 모두 시작은 좋으나 결실이 없는 실패가 아니라 외국의 압력이 증가한 데 따른 하나의 반응일 따름임을 알 수 있다. 이전의 역사가가 거의 언급하지 않았던 것은 과학 기술에 관한 부분이다. 예컨대 선회 이동할 수 있는 철갑 전함은 미국의 남북전쟁에서 출현했는데, 자강운동이 시작된 때와 시기가 같다. 하지만 중국에서는 갑오 중일전쟁 때 이르러서야 이 전함이 표준 무기가 되었고, 신식 해군의 첫번째 싸움은 오히려 중국 황해에서 일어났다. 그외 철로와 전신 또한 마찬가지이다. 신해혁명에 이르러서야 무선 전신이 등장하여 사용되었는데 이 이후로 중국 민중 운동의 방향이 분명해졌다.

이미 기선과 기영은 증국번이나 이홍장과 지향점이 다르며, 동치 중흥의 명신 또한 강유위나 양계초 등 무술변법의 인물과 큰 차이가 있는데, 어떻게 그들을 한데 묶어 이야기할 수 있으며, 그들이 이 일련의 운동에 동참했다고 생각할 수 있을까? 여기서 나는 외국 정치학자가 말한 것을 참조하고자 한다. 이러한 역사관은 이미 전통 중국 역사가의 견해를 뛰어넘고 있기 때문이다. 대략 2백여 년 전에 루소와 헤겔은 '일반 의지(General Will)'라는 개념을 제시하였다. 두 사람의 배경은 달랐다. 루소는 프랑스대혁명 전에 활동했으며, 그의 아버지는 시계공이었으므로 루소 또한 농공(農工)의 생활을 중시했다. 그가 말한 국가와 공동 사회(Community)는 지위가 같다. 헤겔은 대학 교수였는데 나폴레옹 전쟁에서 패한 후 강단에 섰다. 그의 마음속에는 이미 통일된 민족국가에 대한 동경이 있었던 것이다. 그러나 두 사람이 말하고 있는 일반 의지는 서로 같은 점이 매우 많다.

일반 의지는 국가의 영혼이라고 말할 수 있는데, 거기에는 아주 높은 도덕적 가치와 공공 정신이 들어 있다. 그것은 자유와 구분할 수 없으나, 각각 옳다고 생각하는 대로 행하는 개인주의와 같은 자유는 아니다. 그러한 자유는 루소와 헤겔이 똑같이 멸시하였는데, 공자가 말하고 있는 "마음이 하고자 하는 바대로 좇아도 법도를 넘지 않는다 (從心所慾不踰矩)"*와 같은 해방이나 초탈과 유사하다. 일반 의지란 도대체 무엇인가? 그들의 글에서 살펴보면 그것은 "집단생활의 진정한 의의"로, 거의 투명한 것이다. 그러므로 개인은 예지할 수 없으며 단지 경험을 통해서만 체득할 수 있다고 단정할 수밖에 없다. 이러한 견해는 헤겔의 저작을 거쳐서야 실증되었다. 그는 일찍이 다음과 같이 말하였다. "한 국가의 헌법의 '기본 조직(Constitution)'은 근거 없이 만들 수 없으며, 그것은 세기를 뛰어넘어 이루어진 성과이다."

이렇게 볼 때, 중국 현대의 장기 혁명 또한 일종의 일반 의지에서 나온 것이다. 우리가 앞에서 '立'자를 사용한 것도 세기를 뛰어넘는 작업이다. 긴 터널에 들어가는 것이 일반 의지가 아니라 터널 끝의 서광을 바라보는 것이 일반 의지라고 말할 수 있다. 우선 진상이 분명하지 않으면 지도자 또한 전체 계획을 세울 수 없으며, 최종적으로 설령 계획을 바랄지라도 상황이 무르익지 않아서 실현할 수 없다. 예를 들어 손문 선생은 이홍장에게 글을 올려 자강운동 속에서 그의 의지를 실현시키려 했다. 그러나 청일전쟁 후에 그는 부강하고 건강한 중국을 재건하고 경쟁이 치열한 세계 속에서 자주 독립을 이루기 위해서는 철저한 혁명이 아니면 안 된다는 것을 깨달았던 것이다. 이것은 손문 선생이 이미 일반 의지의 큰 방향은 분명히 보았지만, 실천 방법을 제외하면 집행 순서를 체득하지 못했다는 것을 보여주는 것이다.

* 『논어(論語)』 2권 「위정(爲政)」 제2.

이러한 이해를 가지고 다시 과거로 돌아가보자. 위진남북조 중에서 북위(北魏) 탁발씨(拓拔氏)는 4세기에 건국했고, 뒤에 낙양(洛陽)으로 천도했다. 이후 동위(東魏)와 서위(西魏)로 분열되고, 다시 북제(北齊)와 북주(北周)로 분열되었다가 수(隋) 문제(文帝)에 이르러 통일되었다. 이 또한 여전히 일종의 지속적인 운동으로 볼 수 있다. 비록 각종의 우여곡절이 있었더라도, 통일에의 지향은 오히려 시종일관했으니, 맹자가 말한 "천하는 어디로 정해지는가? 하나로 정해진다"*는 견해와 부합한다. 삼국의 조조, 유비, 원소, 손권 등이 비록 천성과 야심은 달랐더라도 중국의 통일을 바라는 의지는 대동소이했다고 볼 수 있다. 이것 또한 일종의 일반 의지를 표현한 것이다.

최근 6년 동안 나는 이미 여러 곳에서 최근 몇 십 년의 변란이 일종의 일반 의지를 함축하고 있다는 것을 글로 발표하고 강연도 했다. 이는 국가와 사회의 체제를 새롭게 창조하는 것을 희망한 것이며, 이 또한 '立'자를 쓰는 작업이다. '立'자 상단의 한 점과 가로줄은 장개석 선생 영도하의 국민당이라는 하나의 새로운 상층 기구를 나타내며, 새로운 형태의 정부와 육해공군을 포괄해서 중국이 신세기 속에서 설 수 있도록 한 것이다. 이 '立'자 하단의 한 가로줄은 새로운 하층 기구를 나타낸다. 이것은 대륙에서는 모택동 선생 및 중국 공산당에 의해 토지 개혁의 방식으로 완성되었고, 대만에서는 진성(陳誠) 선생의 주도 아래 1953년의 '경자유기전법안(耕者有其田法案)'으로 똑같은, 어쩌면 더 높은 효과를 낳았다. 현재 미완성의 작업은 어떤 주의(主義)를 견지하거나, 어떤 주의를 배척하는 것이 아니라 법제성을 띤 연결 고리를 세워서 '立'자의 가운데 두 점을 보충하는 것이다. 이러

---

* 卒然問曰天下惡于定, 吾對曰定于一, 『맹자(孟子)』 「양혜왕(梁惠王) 상(上)」.

한 견해는 내가 전문서, 잡지, 신문 혹은 텔레비전에서 이미 언급한 바 있다. 이러한 강의 원고는 중문과 영문으로 쓰였고, 뉴욕과 대북에서 발표하였으며, 북경에서 발표한 부분은 단지 그 뜻만을 실었다.

위에서 언급한 하버드 대학의 중국학자 페어뱅크 교수는 금년(1991) 9월에 세상을 떴다. 그가 쓴 책 가운데 나에게 특별히 깊은 인상을 준 것이 하나 있다. 그는 청화대학(淸華大學)의 장정불(蔣廷黻) 선생에게 강의를 받았는데, 한번은 장 선생이 그에게 중국인은 구미의 사정에 대해 잘 알고 있으나 자기 내부의 일에 대해서는 오히려 잘 알지 못한다고 말한 적이 있다고 한다. 이 이야기는 나를 반성케 했으며, 나로 하여금 중국의 매우 많은 상황이 외부로부터 결정되지 않았을 뿐 아니라 내부 상층의 조건으로부터도 결정되지 않았으며, 하층의 사정에 의해서 결정되었다는 것을 깨닫게 해주었다. 이로 인해 나 자신의 젊었을 때 하급 군관 시절을 다시 회고해보면서, 군대의 질과 전투력은 대부분 사회로부터 결정되고 장령으로부터 결정되는 것은 적다는 것을 절실히 깨달았다. 지금 적당한 문헌 자료가 부족하기 때문에 개인적인 몇 가지 경험을 증거로 삼는 것이 좋을 것 같다.

1941년 우리는 운남 변경의 한 현을 동쪽에서 서쪽으로 행군하면서 통과하였다. 그곳에서는 한 대의 자동차도 볼 수 없었을 뿐 아니라 심지어 한 대의 자전거도 보지 못했다. 행군 당시 휴게소도 없었음은 말할 필요도 없다. 도처에서 비석과 큰 인물의 신도비만 볼 수 있었을 뿐이다. 전통 사회는 군비·경제·법제에 의하지 않고, 존비·남녀·장유에 의지해서 존재했기 때문이다. 사병의 급료는 법정 지폐로 14원이었는데, 부식을 제외하고 길거리에서 국수 한 그릇을 먹고 나면 3원이 남았다. 부근의 토비(土匪)는 우리의 경기관총 한 자루를 7천 원에 사들였다. 이것은 환산하면 상등병 40년 치 월급에 해당했다. 여기서 잊지 말아야 할 것은 1911년부터 구체제의 사회 가치를 없애기로 한 후, 새로운 대체물을 찾아갔다는 점이다. 이 과도 기간에 개인의 인신관계에 의지한 사적인 군사력이 힘을 키웠으니, 이것을 군벌이라 한다. 전통 피라미드 사회에서는 본래 그 힘이 단지 해당 지역의 치안을 유지하는 데 치우쳐져 있었다. 이 시기에 이르러 비록 보갑(保甲)이 있었지만 인적·물적 징발의 조건이 열악하여 지탱할 수 없었으며, 아직 새로운 사회는 나타나지 않았다.

많은 사람들은, 중국이 3백만에서 5백만의 병력을 동원해서 전국을 전쟁터로 삼아 군령하에서 강적과 생사를 걸고 8년 동안 싸웠는데, 실제로 이전에는 그런 일이 없었다고 생각하지는 않는다. 당시의 군령, 군정, 군법과 군수는 처음부터 시작하지 않으면 성과가 나올 수 없었다. 그렇지 않았으면 일본의 군사 지도자가 천황에게 중국 사건을 3개월이면 해결할 수 있다고 어찌 보고할 수 있었겠는가? 이러한 활동에 참가한 우리는 지금 증명해야 할 의무가 있다.『삼국지연의』를 생각하게 되는데, 왜냐하면 이미 말한 고육계(苦肉計)와 공성계(空城計)가 우리의 처지와 비슷하기 때문이다. 나는 또한 당시 장개석 위원장이 말한 '인욕부중(忍辱負重)'과 '매두고간(埋頭苦幹)'의 뜻을 깨달았는데, 이것 또한 중국의 상층 기구가 환경의 핍박에 처해 있었기 때문에 이루어진 것이다.

일본을 물리친 후 왜 공산당에게 패했는가? 나는 탐오무능(貪汚無能)한 사정이 전혀 발생하지 않았다고 말할 생각은 없다. 그러나 그것은 주요한 원인이 아니다. 주요한 원인은 하층 기구가 없어서 숭고한 이상이 관철될 수 없었다는 점이다. 왜 개혁하지 않았는가? 이 문제는 이미 역사에 답이 나와 있다. 그 중점은 개혁하려면 전체적으로 개혁해야지 우리가 기대하는 타협 방안을 받아들여서는 안 된다는 것이다. 잊지 말아야 할 것은 우리가 언급하고자 하는 중국의 토지 제도가 장개석에서 시작한 것이 아니며, 원세개에 의해 창조된 것도 아니며, 심지어 청조에서 비롯된 것도 아니라, 명 태조 주원장이 '대고(大誥)'로 천하를 다스릴 때 이미 시작되어 20세기 중기까지 거의 6백 년에 이르고 있다는 점이다. 1946년 화이트(Theodore White) 등이 저술한 『중국에서 내리치는 천둥Thunder out of China』은 이미 "중국이 만약 개혁하지 않으면 단지 멸망만 있을 것이다"라고 강조했다.

중공의 토지 개혁은 역사의 요구에 부응한 것이었다. 그러나 그 안에서 생겨난 무한한 피눈물과 고통은 진절머리나는 것이었다. 미국인 힌턴(William Hinton)은 그러한 처지를 경험한 후 다음과 같이 말하고 있다. "농민 폭동이 일어났을 때 젊은 사람들은, 사람들이 이른바 토호열신(土豪劣紳)을 때려죽이는 것을 보고는 자신의 부모가 고향에서 혹 같은 운명을 만나지 않을까 하여, 어떤 이는 밤새도록 잠을 자지 못하고 어떤 자는 정신병에 걸리기도 했다. 그러나 역사를 가르치고 쓰는 사람은 이러한 사실을 반드시 이야기해야 하며, 또한 이같이 발생한다고 말하고 역사가 어떻게 이처럼 발생하는지의 원인과 결과에 대해 언급하는 것을 피해서는 안 된다." 얼마 전 피츠버그 대학의 허탁운(許倬雲) 교수는 월간 『역사』에서 "혁명은 차마 만민(萬民)을 재물로 삼을 수 없다"고 하였다. 20세기 초 프랑스의 대총리 클레망소(Georges Clemenceau)가 "혁명은 모두 하나의 큰 정체이며 하나의 큰 덩어리이다"라고 말한 것도 이러한 이치이다. 중국의 토지와 농업, 공업 문제는 이미 몇 백 년의 배경을 가지고 있다. 끝까지 병사를 파견하지 않고 군비를 도모하지도 않고서 개혁을 단시일 내에 완성하고 전체 사회 조직에까지 미치게 하기 위해서는 피를 흘리는 것은 피할 수 없다.

오늘 강연의 목적은 혁명의 성공을 축하하는 데 있지 결코 1차 혁명을 다시 고취하고자 하는 것이 아니다. 토지 혁명을 단행한 후 40년 동안 많은 대가를 치렀다는 것은 이미 언급하였다. 우리는 그 성과를 똑바로 보아야 한다. 역사적 상황으로 볼 때, 토지 개혁의 진정한 의의는 이른바 공산주의를 실현하고 수·당 시대의 균전제와 유사하게 하는 데 있지 않다. 우선 아래에서 방대한 기반을 조성하고 초기의 자본 축적을 촉진한 후에 장기적인 기능과 효능까지 고려해야 한다.

만약 각 개인을 담장의 벽돌로 보면, 융통성 없는 상황이 발생하여 사람이 사람들과 관계를 다원화할 수 없고, 활동 범위도 극히 제한되며 국가 전체도 자유로울 수 없다. 이것은 자동차 공장을 세울 때 은행, 보험회사, 법정이 없는 것과 유사하다.

상업 조례로써 국가와 사회를 새롭게 하는 기초를 삼는다고 하는 것은 반드시 광범위한 유통, 경영 인재의 자유로운 고용, 기술상에서 필요한 요인, 즉 교통·통신·보험 및 법률상의 보장과 공동 활용을 필요로 한다. 그 뜻은 각종 경제 요소의 공평하고 자유로운 교환에 있다. 그런데 선결 조건은 공업 자금을 보장하는 것이며, 개인 재산과 공공 재산을 고정시켜 모든 권리와 의무를 분명히 하는 것이다. 그런 후에야 전국을 통계에 의해 관리할 수 있다. 이것이 쉽지 않다는 것을 안다. 영국의 경우 법관 판례의 방식으로 형평법과 보통법의 융합을 촉진하였는데, 이는 이를테면 사법기관이 입법 기능까지 담당한 것으로 적어도 20년이 경과하고서야 체계가 갖추어졌다. 네덜란드는 연방제를 채택하여 해안과 내지 주 간의 충돌을 완화시켰으며 어느 정도 시간이 경과한 뒤에 궤도에 올라섰으나, 그 일에 참여한 사람이 문제의 소재를 분명히 파악하고 있었기 때문에 해결할 수 있었을 따름이다.

모든 것이 항상 미해결인 상태에서, 나는 젊은 사람이 동양적인 사고를 지닌 채 갑자기 충돌의 조건을 조장하고 극단으로 달려가는 것을 찬성하지 않다. 이는 일본인들이 제2차대전에서 패하기 직전에 삶을 생각하지 않고 차라리 옥쇄하기를 택했던 것과 같다. 나는 이 시점에서 다시 '立'자와 '민주여신(民主女神)'을 이끌어내어 부르짖는데 찬성하지 않는다. 과거의 경험에 비추어 볼 때, 대규모 혁명은 종교 문제에서 시작해서 경제 문제로 끝났다. 중국은 결코 이 시점에서 종교 문제로 난을 일으켜서는 안 되며, 과거 혁명 성과의 기능과 필요를 아껴서도 안 된다. 도시 내의 불안(urban unrest)을 확대시키는 전국적 동란은 민주주의를 촉진할 수 없으며, 오히려 중국의 민주 운동을 지체시킬 수 있다. 그러므로 이러한 권고가 효력을 나타내기 위해서는 우선 중국 공산당이 '공산'이라는 글자를 어떻게 버릴 것인지를 명백하게 밝혀야만 한다.

우리는 또한 중국 공산당 지도자들의 어려움을 안다. 그들은 적당한 말을 그럴듯하게 해석하여 대외에 알릴 수는 없다. 나는 이것이 부시 대통령과 베이커 국무장관이 외부에서 지나치게 압력을 가하는 것을 막고, 북경 내부에서 좋은 방안을 찾으려고 한 이유라고 생각한다.

그러나 설령 그렇더라도 길고 먼 역사적 안목에서 볼 때, 전진에 대해서 비관할 이유는 없다. 중국사를 연구하고 있는 한 사람으로서, 나는 이미 중국의 장기 혁명이라는 주제를 가지고 종합적으로 검토하였다. 중국이나 외국을 막론한 고대나 근대의 사실들, 사상가의 논설을 포함한 서적상의 지식, 나 자신의 개인적인 경험 등등에서 볼 때, 나는 이왕의 나쁜 소식이 대개 지나간 일이라는 것을 안다. 문제가 방대하고 복잡하고 처리하기 어렵기 때문에, 오늘날을 위로하고 지난날을 돌아보면서(撫今追昔), 나는 신농(神農)·황제(黃帝)의 자손으로서 마땅히 이 80년의 역사를 자랑스럽게 느껴야 함을 알고 있다. 이것 또한 좋은 소식이다.

허드슨 강변에서 읽어보는 중국 역사

나는 뉴팔츠(New Paltz)의 한 마을에 살고 있다. 이곳은 허드슨 강(Hudson River)의 서안에서 멀지 않으며 뉴욕과 뉴욕 주의 주도인 알바니(Albany)를 잇는 도로의 중심지이기도 하다. 이 마을은 한 작은 산 위에 자리 잡고 있으며 주위는 낮게 물결치는 구릉지로 둘러싸여 있다. 지질상 주요 구성 요소는 혈암(頁岩)이다. 혈암은 이판암(泥板岩)이라고 하기도 하는데 원래 진흙이 고압력을 받아 생성된 것으로, 모양이 흑회색의 돌덩이처럼 보이나 암질이 약해서 충격을 가하면 쉽게 부서진다. 그것이 특히 사람을 번거롭게 하는 까닭은 어디에나 없는 곳이 없어서 도랑 한 개를 파거나 터 하나를 고르더라도 역시 그것과 만나게 되기 때문이다.

1973년 중동전이 발발하여 원유 가격이 폭등하였다. 미국 역시 그 1년 전에 밀과 옥수수를 소련에 대량으로 염가 판매하였으므로 이때 국내 공급이 부족하게 되어 물가가 수직 상승하였고 심지어 빵, 육류, 채소의 가격에까지 영향이 미쳤다. 우리와 같은 봉급쟁이 가정으로서는 어느 하나 부담되지 않는 것이 없었다. 그리하여 매우 많은 주부들이 직접 채소를 재배하였다. 한동안 모든 가정에서, 원래 화초를 재배하던 뒤편 공터가 전부 채소밭이 되었다. 우리 집 역시 남들과 같이 그렇게 했다.

1년 동안 우리는 우리가 직접 재배한 야채, 오이, 토마토를 많이 먹었다. 그러나 채소를 재배하려면 몸을 구부려 손으로 흙을 일구어야 했으므로 나와 아내의 피부는 모두 혈암에 의해 찢어졌고, 재배하는 데 사용한 조그만 칼과 삽 역시도 절반이 구부러지고 닳아버렸다. 소비한 시간을 제외하더라도 물을 대고 제초한 것에 물세를 낸 것을 더하고 다시 종자, 비료, 방충제 비용까지 합치면 절약된 것은 거의 없었다.

그래서 다음 해 시장의 공급 사정이 호전되자 그처럼 자발적으로 농민이 되고자 했던 우리들의 기분도 급속히 가라앉았고, 마을 사람들이 땅을 파서 집집이 채소를 심는 풍조도 얼마 되지 않아 사라졌다. 이것은 한편으로는 일반 미국인들의, 시세에 따르며 유행을 타는 습관을 보여주는 것이기도 하지만 다른 한편으로는 역시 경제적 이유 때문에 일어난 현상이라는 것도 명백하다. 이익이 있으면 나아가고 이익이 없으면 물러서는 것은 어쩔 수 없는 것이다.

뉴팔츠는 비록 채소 재배지라고 할 수는 없지만 사과를 재배하기에는 좋은 곳이다. 아마도 그것은 이곳의 햇볕, 수분, 온도가 모두 사과가 자리는 데 매우 적합하기 때문일 것이다. 사과나무의 뿌리 역시 혈암층을 뚫고 들어가 지하의 수분과 자양분을 흡수할 능력을 가지고 있다. 그렇기 때문에 이 마을의 인근 10마일 정도는 곳곳이 온통 모두 사과나무로 뒤덮여 있고 사과는 이 지역의 가장 중요한 자원이 되었다.

사과나무는 오래 가지 못하기 때문에 몇 년 후에는 베어내고 새로운 묘목을 다시 심어야 하는데 나무를 베어내거나 방충제를 살포하기 위해서는 전화로 전문인을 불러와야 한다. 그렇기 때문에 농업에 속한다고 할 수 있는 사과나무 재배가 오히려 상업 경영이나 다를 바가 없게 되었다. 가장 주목되는 점은, 일단 수확의 계절이 되면 청부상인이 남녀노소를 불문하고 버스로 사과를 딸 노동자를 대량으로 싣고 오며, 이들은 모두 중남미 사람들로 스페인어를 사용하고 또 십장을 통해 통제되고 있다는 점이다. 숙식 문제는 모두 스스로 해결하여 현지 주민에게 폐를 끼치는 일이 없으며, 오는 즉시 노동을 시작해서 사과를 따고 포장을 완료하면 전 노동자가 즉시 떠나가는데, 이 모든 과정이 상쾌하리만큼 깔끔하다.

뉴욕의 사과는 캘리포니아의 감귤이나 플로리다의 오렌지와 마찬가지로 각 주로 판매되고 있다. 편리한 교통을 이용하여 각 슈퍼마켓에 도매로 통일적으로 대량 판매하므로 지역에 따른 가격차가 거의 없어서 우리들이 근처의 과일 가게에서 산다고 해도 꼭 싸게 살 수 있는 것도 아니다.

민감한 독자라면 여기서 위에서 말하는 바가 뉴팔츠와 사과나무의 문제만이 아니며 자본주의 사회의 모습과 상황을 묘사하고 있음을 금방 알아챘을 것이다.

나는 뉴팔츠 마을 일대를 산보할 때면 언제나 만약 중국의 남방 지역이었다면 이와 같은 토지들은 대부분 개간되어 틀림없이 논이 되었을 것이라는 생각을 하게 된다. 한편으로는 산 위의 수원을 개발하고 또 한편으로는 계곡의 물을 끌어와서 낮은 지대의 논에 관개를 해야 한다. 혈암들도 하나하나 오직 손으로만 제거할 수 있을 것이다. 그러니 인민의 생활이 곤란하지 않을 수 있겠는가? 내가 스스로 채소를 재배한 경험으로써 중국 농촌 경제의 일반적 상황도 상상해볼 수 있다. 그렇다면 중국은 왜 일찍이 자본주의를 실행하지 못했던 것일까?

이것은 매우 복잡한 문제이다. 여러 가지 각도에서 살펴야 명백히 이해할 수 있을 것이다.

첫째, 한 국가의 역사는 그 국가의 기후나 지리와 매우 밀접한 관계를 가지고 있으며, 거기에 매우 많은 상황의 시간적인 결합(timing)이 더해지는 것이다. 중국은 기후와 지리적 요인 때문에 일찍부터 통일 국가를 이루어 중앙 집권이 실시되었다. 정부는 무수한 소규모 자작농을 육성하여 군대와 조세의 기반으로 삼았으므로 인구 밀도는 조밀했고 농업은 고도의 집약적 농법을 특징으로 하게 되었다. 각 지방은 자급자족해야 한다고 주장했고, 식량 생산이 주업이고 기타 다른 것은 모두 말업(末業)이라고 보았다.

전국 시대부터 한 초까지는 이러한 시책들이 일시적인 방책이었다고 할 수도 있으나, 중단 없이 계속 유지되어 2천 년을 경과하자 상술한 상황은 모두 중국 문화의 일부가 되었다. 법률과 가족 제도가 이러한 경제 조건을 유지하게 했을 뿐 아니라 과거 제도와 사회적 습속 또한 이것을 지탱해주었다.

설령 명 말·청 초 중국의 어떤 한 곳에 뉴팔츠와 같은 토지가 있었다 하더라도 그 10마일 내외에 모두 사과나무를 심게 하기란 틀림없이 불가능했을 것이다. 가령 사과나무를 심었다 하더라도 어느 누구도 전량을 구매하지는 못하였을 것이고 모아서 포장하고 판매할 방법도 없었을 것이다. 우리는 또 각종 지방지에서 어떤 '좋은 관리(好官)'가 민간에서 밤나무, 담배, 면화 등의 상품 작물을 심는 것을 보고는 즉시 뽑아내고 벼나 조로 바꿔 심으라는 뜻밖의 명령을 하는 역사적 사례들을 볼 수 있다. 이러한 역사상의 큰 문제가 기술과 사상 두 가지 모두에 비슷한 비중을 가지고 관계되어 있었음을 알 수 있는데 그 이면에는 매우 많은 요소가 뿌리 깊이 도사리고 있다.

미국은 건국 이전 영국의 식민지였지만 뉴욕 주, 특히 허드슨 강 유역 일대는 영국 세력이 아직 공고하게 되기 전 네덜란드인이 개척한 지역이다. 이 지역은 땅은 넓고 인구는 드문 지역으로서 그 역사에 있어서 다음 두 가지 점은 특히 주의를 기울일 필요가 있다. ① 토지 소유권이 집중되어 있다. 그 동안 수많은 분할과 매매를 거치면서 겨우 오늘날과 같은 상황이 되었는데, 그래도 여전히 농장과 원포(園圃)는 거의 200~300에이커를 단위로 하고 있어서 중국의 토지가 1~2무씩 작은 조각으로 나눠진 것과는 다르다(중국의 1무는 약 1/6에이커에 해당한다). ② 뉴욕 및 뉴저지 주의 일부는 청교도 이주 지역이었다. 뉴팔츠의 마을도 17세기 프랑스의 신교도인 '위그노파(Huguenots)'가 최초로 건설한 곳이다. 정치·경제적 의미에서 말하면 당시의 신교도는 곧 중앙 집권적인 경향이나 운동에 대한 일종의 반항을 상징하였는데 특히 '위그노파'는 각종 신흥 기업에 진력하고 있었다. 그러한 입장은 모두 중국의 전통과는 상반되는 것들이었다. 이미 19세기 초에 현대 과학 기술의 발전과 병행하여 미국에서는 대규모 내부개진(內部改進, internal improvements), 즉 연방이 공공 자금으로 도로를 건설하여 교통 통신을 발전시키는 사업이 수행되었는데, 뉴팔츠의 과수원도 역시 이 시기에 형성되기 시작하였기 때문에 이러한 좋은 환경을 이용할 수 있었다.

그러나 이상은 하나의 특수한 예일 뿐이다. 자본주의가 왜 중국에서 실행될 수 없었는가를 전체적으로 검토하려면 우리는 이러한 배경적인 요소에서 더 나아가 자본주의 자체의 특질을 분명히 알아야 한다.

엄격히 말해 현재 자본주의(capitalism)라는 단어에 대한 공인된 정의는 없다. 애덤 스미스는 단지 인민의 재부를 증진시킴에 있어 '상업 부문'이 농업 부문보다 유리하다는 것만을 말하였다. 마르크스도 자신의 저서에서 '자본가' 및 '자본가의 시대'라고는 했지만 자본주의라는 단어를 사용한 적은 없었다. 나는 영국의 역사가 클라크 경(Sir George N. Clark)이 말한 것이 가장 사실에 가깝다고 생각한다. 그는 "자본주의라는 단어를 써서 현대의 경제 제도를 개괄하는 것은 19세기 중엽의 사회주의자들에 의해 시작되었다. 그 사회는 자본을 가진 자가 가장 권위를 가지는 사회라는 것이다"라고 말하였다.

무엇이 현대의 경제 제도인가? 뉴팔츠의 상황을 예로 들자면 우리는 그중에 3가지 기본 조건이 있음을 알 수 있다. 즉 첫째는 자금의 광범한 활용이다. 만약 누군가가 잉여 자금을 가지게 되면 반드시 은행에 적립해두며 은행은 그것을 가지고 투자하도록 빌려준다. 자금은 하루도 쉬는 날이 없이 이리저리 유통되는 사이에 허수(虛數)를 발생시켜 신용의 팽창을 가져온다. 둘째로 기업 소유자는 전문 경영인을 고용하며 그가 경영하는 범위는 소유자 및 그 가족의 감시 범위를 초과한다. 셋째로 서비스업에 속하는 사업, 예를 들어 교통・통신・보험 등과 같이 공동으로 사용하는 사업이 있으며 그것을 사용함으로써 상업 활동의 범위가 기업이 독자적으로 만들어 사용할 수 있는 한계를 초과한다.

이 3가지 조건이 발전할 수 있었던 이유는 바로 상업 신용(trust)이 먼저 발전되어 있었기 때문이다. 그런데 신용은 반드시 법률의 뒷받침을 받아야만 한다. 그렇지 않다면 어느 누가 감히 수천 수만 상자의 사과를 한 통화의 전화만 믿고 수백 리 밖의 화물 수취인에게 운반해주겠는가? 또 누가 감히 은행을 설립하여 예금주의 돈을 과일 농장주에게 대여함으로써 그가 안심하고 경영하여 수확 후 채무를 갚기를 기다릴 수 있을 것인가? 더구나 과일 농장주의 토지 재산의 절반이 채권인에게 저당 잡혀 있을 경우에도 그렇게 할 수 있겠는가?

이러한 현대 자본주의 제도는 이상의 3가지 조건으로 이루어지기 때문에 그것은 필연적으로 일종의 조직이자 운동이 된다. 서구 자본주의가 추진되면서 국가는 상업적 성격의 법률을 점차 전 국민에게까지 적용하게 되었다. 상속법, 파산법은 상업 사회의 관습에 부합되어야 했을 뿐 아니라 법률은 심지어 공금 횡령자의 처벌이나 사기꾼의 징벌, 계약의 강제 이행에 대해서도 모두 적절해야만 했다. 동시에 이러한 법률은 상인 집단에만 적용된 것이 아니었다. 농업 조직 역시 상업적 관행을 본받게 되었는데 그것은 쉬운 일이 아니었다. 서구에서도 이러한 새로운 제도는 중세의 종교 사상이나 사회 관습과 크게 달랐으므로 무수한 충돌을 야기했다. 현대화를 촉진한 수많은 전쟁과 혁명도 모두 이 문제와 관계가 있다고 할 수 있다.

의식 형태를 나타내는 어휘를 쓰지 않고 단순히 기술적인 각도에서 이 역사를 검토한다면 결론은 다음과 같다. 자본주의가 추진될 수 있으려면 사회 내의 (동산, 부동산, 노동력과 서비스를 포괄하는) 각종 경제 요소가 모두 상호 교환될 수 있어야 하고 사유 재산 역시 절대적으로 보장되어야 한다. 그후에야 비로소 그 사회를 '계량적인 관리가 가능하다'고 말할 수 있다. 간단히 말해서 전 국민의 생활이 모두 금전의 제재를 받는 것이다. 국가가 재정 세수, 금융 정책을 정립하면 그것은 이미 도덕 관념과 사회 관습을 그 속에 포괄하고 있으므로 입법의 착오가 없었다면 집행 중간에 다시 도덕 문제를 제기할 수 없다. 이런 것이라야 비로소 막스 베버(Max Weber)가 "현대의 합리화된 자본주의는 기술적 생산 능력이 있어야 할 뿐 아니라 미리 계산할 수 있는 법제 및 경영상의 공적인 규칙 또한 가지고 있어야 한다"고 한 말과 부합한다고 할 수 있다.

서구 자본주의가 가장 앞서 발달한 곳은 베니스였다. 베니스는 자유 도시로서 석호(潟湖, lagoon) 가운데에 위치하고 있었으므로 대륙의 영향을 적게 받았다. 중세 후반 그곳의 귀족은 모두 고위 상인(紳商)이 되었는데 그중에는 정부의 지원금을 받는 자도 있었다. 전체 인구는 10만 가량 되었는데 성인 남자는 모두 해군에 복무할 의무를 지고 있었고 반면 육군은 용병(condottieri)으로 편성되었다. 주요 상업이 국영(國營)이기도 했고 도시에서 구할 수 있는 물 대부분이 소금기가 있는 바닷물이어서 제조업에 사용하기가 부적합하였으므로 도시민들은 대부분 상업 경영에 진력하였다. 제조업자(匠人)든 과부든 저축을 주식(colleganza)에 출자할 수 있었고 선원도 재산을 소유할 수 있었다. 한 개의 국가가 곧 한 개의 도시였고 이 한 개의 도시는 또한 하나의 큰 회사와 같았다. 민법과 상법은 아주 세세한 것까지 규정하였다. 셰익스피어의 희곡 『베니스의 상인』에서는 채무를 상환하지 못했을 때 엉덩이 살 1파운드를 베기로 양측이 계약하고, 시간이 되자 법정은 바로 계약에 따라 시행할 준비를 한 것으로 되어 있다. 비록 지나친 풍자이기는 해도 베니스가 상업적 성격의 법률을 가지고 통치했으며 신용을 최대한 보장하고 있었음을 암암리에 보여주고 있는데 이것이야말로 자본주의의 진수라고 할 수 있다.

16세기 이후에는 홀란드가 서구 자본주의 국가의 선두가 되었다. 홀란드의 정식 국명은 네덜란드 왕국(Koninkrijk der Nederlanden)이다. 홀란드는 당시의 7개 주 중 하나에 불과했지만 전 지역 인구의 2/3를 차지했고 또 전국 재정의 3/4을 담당하였으며 상업적 재부의 중심이었다. 네덜란드는 수십 년 동안의 스페인에 대한 저항을 거쳐 독립한 후 연방제를 시행하였다. 경제적 선진 지역을 상업적 관행에 따라 관리하는 한편 다른 지역을 현상에 맞게 개선해나갔는데 그 과정에서 무수한 곡절을 겪었다. 또 홀란드는 농업에서도 곡물 생산보다는 목축을 중시하는 상업적 관행을 도입함으로써 비로소 자본주의에 호응하는 실질적인 국가 체제를 완성할 수 있었다.

홀란드의 뒤를 이어 영국이 위대한 자본주의 국가가 되었다. 이 나라는 농업적 기초가 강하였다. 영국의 '보통법'도 농업적 관습을 기초로 한 것이었으며 대체로 이전의 관행을 묵수하려는 경향이 대단히 강하여 상당히 보수적이었다. 그러나 17세기가 되어 세계 정세가 변화하자 영국도 여러 차례 시련을 겪게 되었다. 왕과 의회의 충돌, 내전과 군주 시해, 공화국으로의 변화, 독재 체제의 실행, 왕정복고 및 명예혁명 등의 사건이 계속 이어졌다.

지금의 입장에서 보면 영국의 걸림돌은 경제적 요소 간의 상호 교환의 정도가 충분치 못해 전체를 계량적으로 관리할 수 없었던 것이라 할 수 있고 그래서 종교, 왕권과 민권 등의 여러 문제를 야기했던 것이다. 1688년의 '명예혁명'이 성공한 후에는 이러한 경향이 사라졌다. 수십 년간의 동란 이후에 하층 구조 속의 토지 소유권이 점차 법제화되고 상층 구조 역시 '의회지상(議會至上, parliamentary supremacy)'의 원칙을 승인하였기 때문이다. 상하 계층 간에도 역시 보통법이 있어 점차 '형평법'을 용납하는 타협 방식을 채택하였다. 이는 일반적으로 현대 사회와 관련이 있는 문제를 상업적 관습에 의거하여 처리한 것에 불과하다. 이러한 방식을 취하자 농업 생산과 상업적 교환이 합쳐져 일원화되고 내륙과 연해 지방의 차이도 줄어들어 국가가 마치 하나의 자유 도시와 같이 유기적인 단일 체제로 될 수 있었던 것이다.

영국은 자본주의적 조직을 기반으로 마침내 몇 세기 동안 세계를 제패하며 군림하게 되었으며 나아가 세계의 다른 국가들을 핍박하여 그대로 따르게 하였다. 바로 클라크가 말한 것처럼 자본가가 권위를 향유하는 사회로 만든 것이었다. 한편 국가 자본과 사회 자본을 중시하고 상대적으로 개인 자본을 제약하고자 하는 움직임이 일어나면서 사회주의가 나타났다. 자본주의와 사회주의는 결코 서로 같지 않지만 그러나 아래에서 서술하는 몇 가지 점에서는 완전히 같다. 즉 법률로 개인의 재산을 보장하고 자금의 유통을 장려하며, 전문 경영인을 고용하고 서비스적 성질의 기구를 공적으로 사용하여 상호 교환을 촉진함으로써 전국을 계량적으로 관리할 수 있도록 한다는 것이다.

1939년 모택동은 "중국 봉건 사회 속의 상품 경제의 발전은 이미 자본주의의 맹아를 잉태하여 기르고 있어서, 비록 외국 자본주의의 영향이 없었더라도 중국은 여전히 완만하게나마 자본주의 사회로 발전했을 것이다"라고 하였다. 이것은 역사적 근거가 없는 견해이다. 사법권과 입법권을 확실히 통제하며 정부가 그 기능을 다하여 상업상의 신용을 보장하지 못하면 자본주의는 어떤 국가에서도 실행될 수 없다. 상품 경제가 이러한 조직력을 결여하고 있고 또 운동의 차원에서 전개되지 않는다면 자본주의 역시 잉태되고 양육될 수 없는 것이다. 그것을 '맹아'라고 하는 것은 의미가 없다. 자본주의의 형성은 국가 체제를 거쳐야 하고 또 사회 전체의 지지를 얻어야 하며 또 언제나 종교와 신앙에 영향을 주기 때문에 절대로 '완만하게' 혹은 자연스럽게 발육 성장할 수는 없다.

전술한 3개의 예와 기타 아직 언급하지 못한 예들은, 베니스의 상황이 간단하고 특수했던 것을 제외하고는, 어느 하나 국내외의 격렬한 저항에 부딪힌 개혁을 거치지 않고 성공한 경우가 없는 것이다. 심지어 베니스조차 평소 그들 나름대로 교황과 충돌하여 여러 차례 교적을 박탈당했으므로 전혀 위험과 고난을 겪지 않았다고 하기는 곤란하다. 중국은 대륙 국가로서 수천 년간 중농억상(重農抑商) 정책을 실시하였으므로 개혁은 더욱 어려웠다.

모택동이 중국 사회를 '봉건'이라고 한 것 역시 시비를 따져 바로 잡아야 한다. 중국은 단지 상·주 시대만을 봉건 시대라 칭할 수 있다. 명유(明儒) 고염무(顧炎武)는 "봉건이 폐해진 것은 주가 쇠퇴한 때부터이지 진에서 시작된 것이 아니다"라고 하였다. 진의 통일 후에는 '군현제'가 실시되었으므로 역시 중앙 집권이라 할 수 있다.

중국의 고대 봉건은 중세 유럽의 봉건제(feudal system) 및 일본 근대까지의 '막번(幕藩)'과 비록 시대 차이가 있고 조직 구조가 같지는 않지만 기본적으로 약간의 유사점이 있다. 그것은 곧 지방 분권, 군사적 체계에 기초한 체제, 작위의 세습, 봉읍을 관장하는 귀족이 토지 소유권을 포기하지 않아 지방의 수장이면서 동시에 대지주였다는 것 등이다. 이것은 명·청 시대의 중앙 집권, 지방 장관의 중앙으로부터의 파견, 중문경무(重文輕武), 토지의 세분, 자유 매매, 사회 유동성 등과는 완전히 상반된다고 할 수 있다. 매우 많은 사람들이 중국의 근대는 여전히 봉건이라는 입장을 견지하는 것은 한편으로는 분명히 마르크스의 계급투쟁의 역사 공식을 따른 것이고 다른 한편으로는 봉건은 낙후를 상징한다고 인식하기 때문인데, 중국은 주의 쇠퇴이든 명·청이든 모두 시대가 맞지 않으므로 자세히 비교할 수 없다.

의외로 중국 근대의 관료 정치(bureaucratism)는 표면적으로 봉건 혹은 일본의 막부와 비교해보았을 때 우수한 점이 많으며, 특히 명·청이 그렇다. 일본은 메이지유신 후에도 각지의 '다이묘 정권(즉 각 번의 제후들)'의 방법에 따라 수확의 절반에 가까운 전부(田賦)를 거두었다. 신정부 역시 지폐와 공채를 발행하여 산업을 일으키고 민간 자본을 육성하였는데 모두 자본주의적 색채를 띤 것이었다. 그러나 유신 후 20년이 되고서도 전부 수입이 여전히 정부 수입의 대종을 차지하였으니, 신정부는 농업으로 개혁을 지탱하고 있었다고 할 수 있다.

중국의 전부는 청 말의 경우 장부상으로는 매년 3,300만 냥이었다. 그러나 수입과 지출은 자질구레하였고 인민이 골고루 분담하면 약간의 여분이 생길 수도 있었으나 실제 세입 액수는 부족하였다. 3,300만 냥을 총수 2천여 개인 현으로 나누어보면 매 현에서 거두어들일 세액은 평균 16,500냥에 불과하다. 그중 지현(知縣)의 봉급은 통상 약 2,000냥 가량 되었고 나머지 수입은 상급 기관의 사무비 등으로 보내져서 구식 관료 정치를 유지했을 뿐이었다. 민국 성립 이후에도 전부로는 계속 중앙 재정의 문제를 해결하지 못하여, 정부에 적정량의 수입이 없었던 것이 정국 불안의 최대 원인이 되었다.

이처럼 세계에서 인구가 가장 많은 농업 국가가 농업에서 적당한 수입을 얻을 수 없었던 것은 실로 세계 역사상 드문 일이었다. 이러한 현상을 '봉건제도'라는, 명실이 부합하지 않는 단어로써 설명할 수는 없다. 하물며 각지의 지방지에 의거하면 토지는 영세하게 분할되어 사용되었다고 했으니, 역사가는 "기름진 땅이 만 경(膏腴萬頃)", "몇 개의 군현에 걸친 전답(田連郡縣)" 등의 토지 집중을 일컫는 가짜 역사 자료를 들먹이며 얼버무리려고 하지 말아야 할 것이다(만약 정말 토지 집중이 그 정도였다면 문제는 쉽게 해결되었을 것이다).

그러나 내가 이 글을 쓰고 있는 시점은 이미 1986년의 세모(歲暮)로서, 위에서 서술한 여러 상황은 대부분 비 그친 뒤의 푸른 하늘처럼 과거의 뇌성벽력을 따라 모두 사라지고 지금은 이미 햇빛이 빛나고 있다. 독자가 한번 눈을 감고 생각해보면 틀림없이 중국의 1980년대는 1920년대와 매우 큰 차이를 가지고 있음을 알 수 있을 것이다. 이 차이의 요점은 곧 역사는 장기적으로 보면 합리성을 가진다(long-term rationality of history)는 것이다.

다른 방법으로 해석해보자. 중국이 전면적으로 열강과 충돌한 것은 아편전쟁으로부터 시작된다. 전쟁은 지금부터 147년 전인 1840년에 시작되었으니 벌써 1세기 반이나 되었다. 만약 우리들이 이 1세기 반의 역사를 세분하여 단편적으로 분석하며 읽어가면 틀림없이 기가 막혀 이마를 찌푸리게 되고 어리석고 야만스런 인간들이 나쁜 일을 했다는 느낌을 떨쳐버리지 못할 것이다.

그러나 이 1백여 년의 사적을 전후 연관시켜 종합적으로 검토해보면 얻는 인상이 확실히 달라진다. 많은 사실들은 흡사 두세 번 연달아 실패한 것 같으나 실제로는 실패한 후 중국의 국가와 사회가 오히려 한 단계 한 단계 전진했던 것이다. 이 147년 사이에 발생한 최대의 진보 중의 하나는 계량적 관리가 가능하게 되었다는 것이다. 처음에 중국은 계량적인 관리가 완전히 불가능하여, 황제조차 영국과의 개전에서 어느 정도의 군대를 사용해야 하고 인원을 어떻게 조달하며 얼마의 군량을 사용해야 하는지 전량(錢糧)은 어떻게 처리해야 하는지를 알 수 없었던 것이다. 현재의 중국도 여전히 모든 일을 효과적이고 합리적으로 처리한다고 할 수는 없으나 적어도 계량적인 관리가 이미 시작되었다고는 할 수 있다.

현대의 전쟁과 대중 운동은 매우 많은 요소를 동원해야 한다. 이러한 전면적인 동원에 의해서 당초의 여러 가지 불균형했던 것들이 사세(事勢)의 필요 때문에 평형을 이루게 된다. 이전에 가려져 있던 많은 약점이 이로 인하여 드러나게 된다. 막혀 있던 곳도 이로 인하여 소통될 수 있다. 그 정도와 순서는 때로는 지도자가 생각하지 못했던 곳으로까지 나아갈 수 있다.

예를 들면 제1차세계대전의 개전 때는 범게르만주의와 범슬라브주의가 발칸 반도에서 충돌했지만 종전 때는 독일과 오스트리아가 패배했을 뿐 아니라 러시아 역시 패하여, 사후 처리는 빌헬름 2세 및 니콜라이 2세가 동원령을 내려 선전포고하던 때의 의도와는 아무런 관계가 없이 진행되었다. 전제 황권(autocracy)이 지나치게 확대되어 시대의 요청에 부합되지 않자 한꺼번에 청산된 것이다. 유럽의 제2차 세계대전은 히틀러가 게르만 인종 우수설을 제창하면서 게르만 민족을 위하여 동구에 하나의 '생존공간(生存空間, Lebensraum)'을 개척해 보려 한 것에 기인한 것이었다. 그러나 이 운동이 일단 실패하자 인종 우수설이 와해되었을 뿐 아니라 전 인류의 평등이 이후 전화(戰禍)가 미치지 않았던 지역까지 포함한 전 세계의 공인된 원칙이 되어 모든 식민지가 철폐되었으니, 이는 히틀러가 상상하지 못했던 것은 물론 루스벨트나 체임벌린도 예상하지 못한 것이었다.

중국 근대사의 복잡함은 단순한 국제 전쟁을 훨씬 넘어선다. 그러나 역사상의 모든 큰 문제는 파탄을 거친 후 현실적 조건 아래에서 적당한 해결책을 찾게 된다는 점에서 모두 같은 것이다. 최근 수세기 동안의 세계사의 일반적 추세는 교통의 발달과 기술의 진보이다. 이러한 조류는 쇄국 정책을 고수하던 국가의 문호를 개방시켰고 농업을 근간으로 하는 구사회의 조직을 개조하여 상업화하였다. 자금 유통, 전문 경영인 고용, 서비스업종을 비롯한 공공 분야에 공통적으로 적용되는 원칙 등에 입각하여 모든 국가는 비로소 내부의 공적 이익과 사적 이익을 융합하여 일원화시킬 수 있었다. 이렇게 상업화된 조직은 생산의 진보에 따라 더욱더 확대된다. 이것은 농업적 관습을 견지하며 협애한 평등의 원칙을 묵수하려는 조직이 가로막을 수 있는 것이 결코 아니었다. 설사 후자가 국민의 의식(衣食) 문제를 해결해줄 수는 있다 하더라도 인민은 이제 기술이 뒤떨어지고 문화적 환경이 열악한 조건에서 생활하는 것을 좋아하지 않게 되었다.

나는 오늘날의 중국의 개혁이 자본주의인가 사회주의인가 하는 것을 굳이 밝히려는 것은 의미가 없다고 말한 바 있다(상세한 것은 『인간(人間)』 1986년 8월 25일 참조). 손문 선생은 60여 년 전의 저서에서 중국은 한편으로는 분명히 개인 자본을 억제해야 하지만 다른 한편으로는 개인 자본을 육성해야 한다고 말한 바 있다. 60여 년 동안 중국과 외국의 차이는 더욱 커졌으므로 현재 중국은 더욱 개인 자본을 육성해야 한다. 비록 국가 자본으로 거대한 기업을 만들어간다 할지라도 역시 민간 기업이 제2선, 제3선에서 지지하지 않으면 안 되는 것이다. 그 지지를 강화하려면 사유 재산을 반드시 보장해야 하고 모든 것을 계량적으로 관리할 수 있어야 한다. 이것은 이미 사실이 증명하고 있어서 어떠한 의식 형태로서도 부정하는 것을 용납하지 않고 있다. 이것이야말로 전술한, 역사의 장기적 합리성인 것이다.

이상과 같은 상황이므로 중국 역사는 당연히 새롭게 수정되어야 한다고 할 수 있다.

역사상의 인물과 사실은 변화될 수 있는 것이 아니다(과거의 서술이 잘못되었을지라도 새로운 증거의 발견으로 수정할 수 있다). 그러나 자료의 취사선택, 인과관계의 배치는 역사학자나 독자에 따라 바뀌는 것이다. 저명한 경제사가 슘페터(Joseph Schumpeter)는 역사가가 지난 일을 서술할 때 가장 중요한 임무는 동시대인들의 입장을 합리적으로 해석하는 것이라고 하였다. 현재 중국은 이미 비 온 후의 파란 하늘과 같은 상태이다. 만약 어느 역사가가 내가 주장하는 것처럼 지금부터 국가의 정책을 완전히 상업화를 지향하도록 조직하고 모든 것을 계량적으로 관리할 수 있도록 해야 한다고 하면서도 실제 역사의 서술에서는 여전히 계급투쟁의 입장을 버리지 않고 자본주의를 위험한 길이라고 보면서 어떤 의식 형태상의 '순결'을 유지하려고 한다면 그것은 곧 자기 모순인 것이다.

더구나 중국의 역사는 전통적인 관료 정치적 시각에서 편찬되었다. 나는 『1587, 만력 15년 아무 일도 없었던 해』(역시 『인간』을 통해 일부분을 연재하였다)에서 이미 이러한 입장의 특징을 지적한 바 있다. 요약하면, 전통 중국은 기술적으로 발달하기 전에 환경적 요인 때문에 먼저 중앙 집권을 실행하였다. 이 때문에 하급 단위의 통계가 정확할 수 없었고 각 지역의 특수 상황 역시 전반적으로 검토될 수 없었다. 다만 하나의 이상적인 공식을 만들어놓고 짐승이나 다를 바 없는 수억의 인민이 살고 있는 강역 위에 강제로 실행하려고 했다. 진리는 모두 위에서 나왔고 황제의 얼굴은 '천안(天顔)'이고 그의 지시는 곧 '성지(聖旨)'여서 어떠한 변명도 용납되지 않았다. 관료 집단은 다만 그들 상호간에 승인된 논리만을 유지할 수 있었을 뿐, 실제 상황에 대해서 성실하게 책임을 지려고 하지 않았다. 도덕이 법률을 대체하고 예의가 행정을 분식할 수 있었다. 이러한 상황하에서 그들이 표방한 도덕은 허황하여 실제에 맞지 않았다. 이러한 태도로 역사를 찬수하였으므로 지금의 우리들이 다 옳다고 볼 필요가 없는 것이다.

나는 중국이 서양 문화와 1백여 년간 마찰을 일으키며 접촉해왔으나 최근에 이르러서야 비로소 계량적 관리를 할 수 있는 조건을 완성하였으며, 이로써 중국 역사가 비로소 정식으로 서양 문화와 합류하게 되었다고 생각한다. 이러한 시점에서 역사를 수정한다는 것은 먼저 끊임없이 사실을 현재에 맞추는 것이다. 즉 '1987년'을 기준으로 삼아, 그 근거를 추구하여 기원 이전의 초기 통일의 원인을 소급해보고 중세기 이후 국가가 더욱더 내향(introvertive) 및 비경쟁성(non-competitive)에 중점을 두게 된 단서를 추구해보며 또 아편전쟁 이후 변혁의 어려움을 규명하고 최후에 비로소 1987년으로 귀결시키는 것일 뿐이다.

개략적으로 제시한 이런 역사는 '대역사(macro-history)'의 범주에 속한다. 작자는 대상 인물의 당시 상황에서의 현명함이나 성과를 평가해야 할 뿐 아니라 또한 그의 행위가 중국의 법제나 사회를 통하여 후대에 미친 영향에 대해서도 주의를 기울여야 한다. 서술 과정에서 '부정적 요소(negative elements)'들이 많이 언급되겠지만 우리들이 서술을 마친 후 다시 2천 년의 역사를 회고해보면 틀림없이 중국인이 창조한 정치·경제 체제의 방대함에 감탄하게 될 것이다. 더구나 변혁은 어렵다고 하지만 바로 그 어려움 속에서 변혁의 사명을 완성하였던 것이다. 이것은 세계사에서 유일한 것으로서 고대 문명 가운데 다른 어떤 국가나 사회에서도 유례가 없었던 것이다. 우리들이 완벽하게 사실에 근거하여 중국 문물의 위대함을 찬양할 수 있다면 잘못을 숨기고 시비를 전도시켜가며 찬양할 때보다 훨씬 유쾌하지 않겠는가? 역사를 쓰는 사람은 바로 이러한 관점에 서야 할 것이다.

그러나 한 사람의 힘으로 2, 3천 년의 중국 역사를 수정할 수 있겠는가? 내가 현재 말하는 수정은 결코 연구와 고증이 아니라 현재 가지고 있는 사료를 다시 새롭게 정리하여 새로운 시각을 주입시키는 것이다. 이러한 일을 하는 데 필요한 것은 뛰어난 재능이 아니라 시각이다. 나는 젊은 시절 군대에서 하급 장교로 10여 년 지냈기 때문에 내륙 향촌의 상황을 절실하리만큼 경험하였고 또한 "장사도 군에서는 절반은 죽은 목숨"이라는 말이 실제 어떤 것인지도 알게 되었다. 그후 또 각지를 돌아다녀 보아서 본문에서 언급한 지방에 오래 거주하기도 하고 혹은 잠시 머물기도 하면서 직접 눈과 귀로 보고 들었다. 최근 수년간 몸소 실업의 위기도 맞아보았기 때문에 지금 역사를 서술함에 있어서 제목과 관계된 여러 생활을 언급하게 된 것이다. 서술한 군중 운동, 착오의 엄폐, 비 온 뒤의 푸른 하늘, 경제 역량의 구사 등등의 상황과 단어는 단순한 빈말이 아니다. 본문 속의 지식은 오히려 준비한 것의 일부분에 지나지 않는다.

   이 '시작하면서 알림'은 여기서 줄이고 이어지는 글을 곧 쓰게 된다면 다행이겠다.

도희성(陶希聖) 독후기(讀後記)
- 군주 집권제의 말로 -

　레이 황 박사는 이 책을 만력 15년을 기점으로 하여, 몇 명의 인물과 몇 건의 사안(事案)을 선택하여 자연스럽게 서술하여, 명(明) 일대의 사회·정치·경제·사상을 염주처럼 꿰어서 독자들이 처음부터 끝까지 다 읽을 동안 손을 떼지 못하게 하였다. 그러므로 분량이 그다지 많지 않은 이 영문 저작이 여러 종류의 외국어로 번역되고, 금일의 문사학(文史學)에서 인기가 있는 한 시대의 저작이 된 것은 당연하다.

　중문정자본(中文正字本)은 식화출판사에서 출판하였다. 저자는 필자에게 '책머리에 제목과 한두 줄의 글을 붙여주기'를 청했다. 필자는 이미 빨리 보고자 서둘렀기 때문에, 당연히 저자의 요청대로 역시 생각나는 대로 독후기를 쓴다.

1. 유가의 사관

공자는 자신에 대해 이렇게 말했다.

내가 다른 사람을 대함에 있어 누구를 비방하고 누구를 칭송할 것인가. 칭찬하는 바가 있다면 시험한 바가 있어서이다. 이 백성은 삼대[三代, 하夏·상商·주周] 동안 바른 도로써 행하였던 것이다.*

백성은 삼대 이래의 백성이나, 삼대의 법률과 제도는 차례로 변혁되었고, 사회 정치는 성쇠와 흥망을 거듭하였다. 유가에서는 "시험할 바가 있다(其有所試)"는 정신과 낮은 단계에서 배워 높은 단계에 이르는(下學上達) 방법으로 상수(象數)를 고증하고 의리(義理)를 밝혀내어, 이로써 역사 법칙을 찾아내고 윤리와 철학의 계통을 세워 후세에 전하였다. 이제 세 가지 요점을 정리하면 아래와 같다.

(1) 왕조 성쇠의 이치

공자께서 말씀하셨다. "내가 성인을 만나볼 수가 없다면, 군자를 만나는 것으로 가하다." "내가 선인(善人)을 볼 수 없다면, 항심(恒心)이 있는 자를 보는 것으로 가하다. 없으면서도 있는 것처럼 꾸미고, 비어 있으면서도 가득 찬 것처럼 꾸미고, 작으면서도 큰 것처럼 꾸민다면, 항심을 가지기가 어렵다."**

---

* 『논어』 「위령공(衛靈公)」.
** 『논어』 「술이(述而)」.

『논어』의 이 장에 대해서는 일반인이 그 본뜻을 파악하기가 어려울 것 같다. 그 실상을 살펴보면 성인·군자·선인·항심이 있는 자는 위정자의 네 등급이고, 나라를 창업하고 통치를 계승(創業垂統)하는 네 단계이다. 주(周)를 예로 들어 설명하면 문왕(文王)·무왕(武王)은 성인으로서 상(商)을 쓰러뜨리고 창업하였고, 성왕(成王)·강왕(康王)은 군자로서 나라를 크게 안정시키고 스스로 수양하여 백성을 편안케 하였고, 소왕(昭王)·선왕(宣王)은 선인(善人)으로서 정치를 하여 잔혹함을 극복하고 살상을 피할 수 있었다. 그러나 여왕(厲王)과 유왕(幽王)에 이르러서는 성세가 다하여 결국 쇠퇴하고 패망하게 되었다. 이것이 바로 없으나 있는 것처럼 꾸미고, 비었으나 가득 차 있는 것처럼 꾸미고, 작으면서도 큰 것처럼 꾸미고, 성세가 극에 달하자 쇠퇴하여 망해버렸으니, 항심을 갖기 어려운 네 단계가 아니겠는가?

(2) 삼대문질(三代文質)의 교체

공자께서 말씀하셨다. "주(周)는 이대[二代, 하夏·상商]를 본떴으니 찬란하구나, 그 문채여. 나는 주를 따르리라."*

공자께서 말씀하셨다. "선인들이 예악(禮樂)에 나아가는 자는 야인(野人)이라 하고, 후인들이 예악에 나아가는 자는 군자라 한다. 만약 예악을 사용한다면, 나는 선인의 것을 따르겠다."**

사회 진화는 간략하고 소박한 데서 화려하고 번성한 방향으로 나

---

* 『논어』 「팔일(八佾)」.
** 『논어』 「선진(先進)」.

아간다. 정치가 사치하면 순박한 방향으로 돌아간다. 이처럼 문(文)과 질(質)이 서로 바뀌는 역사 법칙은 춘추공양학(春秋公羊學)*에서 크게 발휘되어 유가에서 미언대의(微言大義)**의 한 조목이 되었다.

(3) 백세가지(百世可知)의 통의(通義)

공자께서 말씀하셨다. "은은 하의 예를 이었으니 가감(加減)한 바를 알 수 있고, 주는 은의 예를 이었으니 가감한 바를 알 수 있는 것이다. 혹시 주를 잇는 자라면, 비록 백세가 지나더라도 알 수 있을 것이다."***

---

* 진 시황제의 분서갱유 이후 공자가 찬술한 『춘추』는 그 원본이 없어졌다. 이에 한(漢) 무제(武帝) 시기 동중서(董仲舒) 등에 의해서 금문[今文, 당시의 예서隷書]으로 된 『공양전(公羊傳)』이 『춘추』의 해석서로 중시되었고, 이를 토대로 금문학이 일어났다. 그러나 전한 말엽에 선진 시대의 고대 문서가 발견되면서 고문학(古文學)이 일어나 왕망(王莽) 때에 크게 득세하였다. 후한 때 다시 금문학이 주도권을 회복하였다. 이들 고문파와 금문파 간의 학술 논쟁은 훈고학(訓詁學)을 발전시켰다. 청대에 고증학(考證學)이 발전하면서 고문 경전에 대한 연구도 활발하였다. 그러나 고증학이 지나치게 제도 문물의 연구에 집착하게 되자, 유봉록(劉逢祿) 등이 왕조의 혁명과 사회의 진화를 설명하는 『춘추공양전(春秋公羊傳)』에 기초한 금문학을 다시 발전시켜 현실 정치를 비판하는 새로운 사조를 일으켰다. 이들을 상주(常州) 공양학파라고 한다. 이 학문은 공자진(龔自珍) 등을 거쳐 강유위(康有爲)에 계승되었다. 강유위는 이 금문학 혹은 공양학을 현실 정치 개혁의 주요한 이념으로 발전시켰다. 그러나 강유위가 공양학을 지나치게 정치적으로 해석하고 심지어 공자를 신격화하는 데까지 이르게 되자, 유학자들조차도 그를 비판하게 된다.
** 공자의 『춘추』에 대한 해석서가 세 가지이다. 즉 『춘추좌씨전(春秋左氏傳)』, 『춘추곡량전(春秋穀梁傳)』, 『춘추공양전(春秋公羊傳)』이다. 이중 『춘추좌씨전』은 고문파가 인정하는 해석서이고, 『춘추공양전』은 금문파가 존중한다. 특히 금문파는 공자가 자신의 큰 뜻(大義)를 간단하고 은미한 말(微言)로 『춘추』에 실었으니, 그것을 해석해내는 것이 춘추 연구의 목적이라고 보았다. 그래서 있었던 사실을 확인하는 데 목적이 있는 『좌씨전』을 버리고, 『공양전』을 존중하며 공자의 미언대의를 해석하는 데 노력하였다.
*** 『논어』 「위정(爲政)」.

유가의 학문은 삼대 예악이 서로 손익을 가감하는 변화 가운데서부터 백세를 지나도 알 수 있는 도를 찾는 것이다. 이 도가 바로 제례(制禮), 의례(儀禮)와 예치(禮治)의 통칙(通則)과 통의(通義)이다.

예악이란 무엇인가? 맹자는 다음과 같이 말한다.

> 인(仁)의 실체는 어버이를 섬기는 것이고, 의(義)의 실체는 형을 따르는 것이고, 지(智)의 실체는 이 두 가지를 알아서 버리지 않는 것이고, 예(禮)의 실체는 이 두 가지를 조화시키는 것이고, 악(樂)의 실체는 이 두 가지를 즐기는 것이다. 즐기게 되면 생겨나니, 생기면 어찌 그만두겠는가. 그만둘 수 없다면, 발이 뛰고 손이 춤추는 것을 알지 못하게 된다.*

『예기(禮記)』의 「악기(樂記)」편에서는 제례, 의례와 예치의 원리와 통칙을 이렇게 설명한다.

> 예악(禮樂)의 정(情)을 알면 능히 이룰 수 있고, 예악의 문(文)을 알면 저술할 수 있다. 이루는 것을 성(聖)이라고 하고, 저술하는 것을 명(明)이라 한다.

예악의 정이 인의(仁義)가 되고, 인의의 문식(文飾)이 예악이 된다. 인의는 곧 제례, 의례와 예치의 통칙이니, 바로 백세가 지난 뒤라도 알아서 행할 수 있는 통의(通義)이다.

---

* 『맹자』 「이루(離婁) 상(上)」.

2. 왕도와 패도, 인정과 폭정

전국 시대에는 왕도(王道)와 패도(覇道)의 분별, 인정(仁政)과 폭정(暴政)의 구분이 있었다.

(1) 왕도와 패도의 분별

맹자와 순자는 모두 왕자대일통(王者大一統)의 학설*을 제창하였다. 그러나 논점에 서로 다른 면이 있었는데, 그것은 아래와 같다.

① 맹자

왕자(王者)의 자취가 사라지니 시가 없어졌다. 시가 없어진 후에 『춘추』가 지어졌다. 진(晉)의 『승(乘)』, 초(楚)의 『도올(檮杌)』, 노(魯)의 『춘추』는 모두 한가지이다. 그 책에 기록된 기사는 모두 제(齊) 환공(桓公), 진(晉) 문공(文公)에 관한 것이고, 그 글은 모두 역사이다. 공자께서는 "그 뜻을 내가 가만히 취한 것이다"라고 하였다.**

『춘추』의 대의(大義)는 왕자에 관한 일, 바로 왕도(王道)이다. 맹자는 다음과 같이 말하였다.

패자(覇者)는 반드시 대국(大國)을 가져야 하나 왕자는 큰 영토를 필요로 하지 않는다. 탕(湯)은 70리로써, 문왕(文王)은 100리로써 정치를

---
* 왕자(王者)는 패도가 아니라 왕도로써 천하를 다스리는 임금이다. 왕자가 나타나 천하를 일가(一家)로 통합하여 '사해일가(四海一家)'를 이루고, 공평무사하게 정치를 펼치며, 백성을 하늘처럼 여긴다. 맹자와 순자는 이러한 왕도 정치를 함께 주장하였다.
** 『맹자』「이루(離婁) 하(下)」.

천하에 베풀었다.*

왕자는 인의로 말미암아서 실행하는 것이지, 인의를 행하지는 않는다.**

요순(堯舜)이 그것을 성(性)으로 하였고, 오백[五伯, 오패五覇]이 그것을 본받았다.***

오패(五覇)는 삼왕(三王)의 죄인이다. 지금의 제후는 오패의 죄인이다. 지금의 대부는 제후의 죄인이다.****

② 순자
탕왕(湯王)은 박(亳)에서, 무왕(武王)은 호(鄗)에서 일어났는데 모두 사방이 100리의 땅이었지만, 천하가 하나로 통일되고, 제후가 그들의 신하가 되고, 이르는 곳의 모든 무리들이 신복(臣服)하지 않은 자가 없었다. 그것은 다름 아니라 의로움을 갖추고 있었기 때문이었다. 이것이 바로 의(義)가 서야 왕 노릇을 할 수 있다는 것이다. …… 병사가 강하고 성이 공고하면 적이 두려워한다. 나라가 한결같이 매우 밝으면 동맹국이 그 나라를 믿는다. 그러면 비록 변방의 한미한 나라라고 해도 위엄이 천하에 떨칠 것이니, 오패가 바로 이것이다. 그 까닭은 다른 것이 아니라, 믿음 때문이다. 이것이 바로 믿음이 서야 패자가 될 수 있다는 것이다. …… 나라를 다스릴 때 공리를 외치면서도 의로움을 넓히고

* 『맹자』 「공손추(公孫丑) 상(上)」.
** 『맹자』 「이루(離婁) 하(下)」.
*** 『맹자』 「진심(盡心) 상(上)」.
**** 『맹자』 「고자(告子) 하(下)」.

믿음을 세우는 데 힘쓰지 않고 오직 이익만을 구하거나, 안으로는 백성을 속여 작은 이익을 구하기를 꺼리지 않고 밖으로는 동맹국을 속여 큰 이익을 구하는 것을 꺼리지 않는다거나, 안으로 자기가 갖출 바를 닦고 바르게 하지 않고 남이 갖추기를 요구한다면, 신하와 백성이 속이는 마음으로 왕을 대하지 않음이 없을 것이다. 윗사람이 아랫사람을 속이고 아랫사람이 윗사람을 속이게 되면, 상하가 서로 분열될 것이다. 이와 같이 되면 적이 그 나라를 가벼이 보고, 동맹국이 그 나라를 의심할 것이다. 그리고 권모술수가 날마다 행해져서 나라가 위태로워짐을 면할 수 없을 것이고, 그것이 극에 달하면 망할 것이다. 제(齊)나라의 민공(閔公)과 설공(薛公)이 이런 경우이다. …… 이것은 다른 이유 때문이 아니라, 오직 그들이 예와 의로써 하지 않고 권모술수로써 하였기 때문이다.*

순자의 결론은 "그러므로 나라를 경영하는 데에 있어서 의가 서면 왕자가 될 수 있고 믿음이 서면 패자가 될 수 있으나, 권모술수가 서면 망한다"는 것이다.

(2) 인정과 폭정의 구분

맹자는 인정을 제창하고 폭정을 배척하였는데, 그 나름대로 논리가 정연하였다. 그 대략을 보면 아래와 같다.

① 맹자와 '왕제(王制)'

맹자는 '왕자의 자취'는 시에 있다고 주장하였다. 그러면 어느 시가 왕자의 자취인가? 우리가 읽는 「대아(大雅)」의 '생민지십(生民之

---

* 『순자』「왕패(王覇)」 11.

什)'과 「빈풍(豳風)」의 '칠월' 등의 시가 바로 주나라 왕업의 근본이다.

농부의 '8명의 가족, 5무(畝)의 택지, 1백 무의 밭은 실제로 중국 사회 조직과 정치 제도의 근간이었다. 가족 제도와 토지 제도의 변동과 개혁은 병제·세제의 변동을 가져왔고, 마찬가지로 세제와 병제의 변동과 개혁은 또한 가족 제도·토지 제도의 변동을 가져왔다.

『맹자』와 『예기』의 '왕제(王制)'에 관한 내용은 본래 금문경학(今文經學)의 전통적인 가르침이었다. 『주례(周禮)』는 비교적 늦게 성립된 서적으로, 주공(周公)이나 주대의 문헌이라고 오인해서는 안 된다.

② 경자구일(耕者九一)의 토지 제도

우리는 『맹자』를 깊이 믿는다. 왜냐하면 진의 분서갱유 때 불타지 않았고, '옛것을 믿고 좋아하는' 유가들 사이에서 전해 내려온 논저이기 때문이다.

맹자가 말하는 "경작자는 1/9을, 국인(國人)은 1/10을 세금으로 바친다"고 하는 것은 곧 농가는 전체 경지에 대하여 1/10을 공가(公家)에 지급해야 한다는 것을 말한다. 도시민은 따로 1/10의 부(賦)를 바친다. 농가 경지의 1/10의 세에는 적어도 2가지 방식이 있었다. 첫째는 경지의 9/10은 사전(私田)으로서 스스로 경작하게 하고, 나머지 1/10은 공전(公田)으로 하여 아홉 농가가 공동으로 경작하도록 하는 것이다. 두번째는 경지 전부를 농가에 나누어주어 경작하게 하고 다만 수확물의 1/10을 공가에 바치게 하는 것이다.

상세한 상황은 맹자도 완전하게는 알지 못하였다. 『주례』의 작자는 본 것, 들은 것과 전해들은 자료를 정리 편집하였으나 '경자구일의 원칙'을 빠뜨렸다.

③ 인정과 폭정의 구분

맹자는 "인정은 반드시 경계(境界)로부터 시작한다"*고 하였다. 경계의 주된 의미는 농가마다 경작할 수 있는 일정한 토지를 분급받아 거기서 나온 소출로 생계를 이어나갈 수 있게 하는 데에 있다. 그러므로 인정은 반드시 경계를 바르게 하고, 폭정은 경계를 정하는 것을 태만히 한다. 경계를 바르게 하면 천하가 태평해지고, 경계를 게을리 하면 천하가 혼란해진다.

맹자 이전에 관해서는 문헌이 소실되어서 이러한 점을 충분히 증명할 수 없다. 그러나 맹자 이후 2천2백여 년 동안 천하의 치란과 국가의 흥망은 근원이 가족 제도와 토지 제도의 변동, 그리고 그 결과 혹은 원인으로서의 병제와 세제의 변동에 있었으므로, 맹자의 주장이 충분히 입증되었다고 하지 않을 수 없다.

3. 봉건과 군현

(1) 원시봉건제의 와해

농부는 '8명의 가족, 5무의 택지, 1백 무의 밭으로 생활하면서, 소득의 1/10 혹은 1/9을 공가(公家)에 세금으로 바쳤다. 공가는 곧 공(公)·후(侯)·경(卿)·대부(大夫)인데, 맹자는 "제후는 천자에 의해 봉해지고, 대부는 제후에 의해 봉해진다"고 명확히 설명하였다. 이것이 바로 원시봉건제인데, 실질적으로는 또한 하나의 토지 제도이면서

* 『맹자』, 「등문공(滕文公) 상(上)」.

동시에 군사 제도였다.

춘추 시대에서 전국 시대에 이르는 시기에 원시봉건제는 와해되었다. 그 와해의 순서 또한 매우 분명하였다. 먼저 서주(西周)가 망국의 위기에 처하여 왕실이 동천하였고, 제후들은 오로지 정벌에만 열중하였다. 그 다음은 각국의 공실(公室)이 와해되면서 대부가 정치를 오로지하였다. 또 그 다음은 대부가 와해되어 신하들이 나라의 명운을 좌우하였다. 그리고 최후에는 처사(處士)들이 자신들의 의견을 자유롭게 제시하기에 이르렀다.

전국 시대는 바로 공·후·경·대부가 차례로 몰락하여가고, 사인(士人)들이 일어났으며 '세 가지 끝(三端)'으로 한평생을 살아가던 시대였다. '세 가지 끝'이라는 것은 문사의 붓끝(筆端), 변사의 혀끝(舌端), 무사의 칼끝(鋒端)이었다.

(2) 군현제의 기초

노자(老子)가 이상으로 생각하던 사회는 '나라는 작을수록 좋고, 백성은 적을수록 좋다(小國寡民)'는 자연 상태였다. 유가의 이상은 정전제(井田制)에 기초하고 있었다. 그러나 원시봉건제가 와해되고 있던 시대는 바로 법가가 일어나던 시대였다.

공자 이후 120년 만에, 진(秦) 효공(孝公)을 보좌하던 상앙(商鞅)이 변법령을 내렸는데(B.C. 359), 부부가 분거하고 부자가 동거하던 진의 사회 조직을 개혁하여 부부가 동거하고 부자가 따로 사는 가족제로 바꾸었고, 남자가 둘 이상인 가족은 강제로 분가하게 하였다.

상앙은 정전제를 폐지하여 농토의 경계를 허물어 경지를 정리하고(開阡陌), 농민을 병사로 삼되 전공이 있으면 토지를 지급하고 그 토지를 자유로이 매매할 수 있도록 하였고, 삼진[三晉, 조趙·위魏·한韓]의 백성을 불러모아 전호(佃戶)로 삼았다. 진(秦)의 백성들은 무력을 숭상하여 전공을 서로 다투게 되었다. 오기(吳起)는 초(楚)나라를 위해서 변법을 실시하였으나 결국 귀족에게 살해되었지만, 상앙은 진을 위해 변법을 실시하여 성공하였다.

이로 말미암아 씨족사회와 원시봉건제가 붕괴되었고, 일반 백성들은 모두 5인 가족을 이루고 사전을 소유하게 되었다. 진 시황이 6국을 정복하고 나서 엄격한 형벌과 준엄한 법을 더욱 정비하여 제민(齊民)을 편호(編戶)로 삼으니, 이것이 바로 군현제의 기초였던 것이다.

(3) 군현제의 두 단계

삼대에서부터 진에 이르기까지 2천 년이 걸렸고, 또 봉건제가 군현제로 바뀌는 데 2천 년이 걸렸다. 군현제는 또한 2단계로 나눌 수 있다. 첫번째는 한과 당이고, 두번째는 송과 명인데, 상세한 것은 아래의 4장과 5장에서 다루고 있다.

4. 삼대와 한·당의 구분

남송 시대를 통해 줄곧 '삼대'와 '한·당'의 논쟁이 계속되었다. 도학가(道學家)는 삼대의 정치를 실현하자고 주장하였고, 경세학자(經世學者)들은 한·당의 정치를 실현하자고 주장하였다. 즉 주자와 같은 이는 한·당의 정치를 가리켜, '지력(智力)'을 위하고, '이욕(利欲)'을 위한다고 비난하면서, "요·순·우·탕·문·무왕 이래로 끊임없이 전해 내려온 마음이 천하에 밝게 드러나지 못하였으니, 현명한 군주나 뛰어난 신하가 있었더라도 역시 우연히 왕도와 천리에 일치하였을 뿐이다"라고 하였다. 진량(陳亮)은 "한·당의 정치에는 천리가 없었으니, 삼대 이후 1천5백여 년 동안은 천지가 바로 세워지기도 하고 허물어지기도 하며 시대를 거쳐왔고, 또한 백성들이 가난한 생활을 유지하며 하루하루를 보낸 세월이 아니겠는가?"라고 솔직히 지적하였다.

명대에 이르러서도 도학가들은 경세학에 대해서 여전히 반대론을 갖고 있었다. 장거정의 말을 들어보자.

오왕호(吳旺湖)가 어떤 사람에게 이렇게 말했다고 한다. "우리들은 장 공이 나라를 바로잡기 위해서는 마땅히 제왕의 도를 행해야 한다고 말했다. 그러나 지금 그 논의를 들어보면, 부국강병에 지나지 않아서 다만 실망스러울 따름이다." 나[장거정]는 듣고 나서 웃으며 말했다. "왕호가 나를 칭찬함이 지나칩니다. 내가 어찌 능히 나라를 부유하게 하고 군대를 강하게 할 수 있겠습니까? 그러나 공자께서 정치를 이야기 할 때 입만 열면 '충분한 식량과 충분한 군대(足食足兵)'를 말씀하셨고, 주공께서 정치를 펼 때에 '이겨야 할 것은 융병일 뿐이다(其克詰爾戎兵)'라고 했으니, 어찌 일찍이 나라의 부강을 도모하고자 하지 않았겠습니까? 후세의 학술이 밝지 못하고 고담준론이 또한 실속이 없어, 인의를 흉내 내면 그것을 보고 왕도라고 하고, 조금만 부강을 이루어놓으면 곧 패술(覇術)이라고 이야기합니다. 왕도와 패도의 구분과 의(義)와 이(利)의 차이가 마음에 있지 모양에 있지 않음을 알지 못하니, 어찌 반드시 인의가 왕도가 되고 부강이 패도가 될 수 있겠습니까?"

5. 한·당과 송·명의 비교

명대에는 한·당과 송·명을 대비하는 논의들이 있었다. 장거정은 다음과 같이 의견을 제시하였다.

> 천하의 일은 극에 이르면 반드시 변하고, 변하면 다시 시작한다. 이 조화는 자연의 이치이다. …… 하·상을 거쳐 주에 이르러서 쇠퇴함이 이미 극에 달하자, 천하에 날로 많은 일들이 일어났다. 주대에는 왕도가 다하매 그 세(勢)가 바뀌지 않을 수 없어 진(秦)으로 되었다. 전대의 문물과 제도를 모두 제거해버리고 다만 법으로써 통치하였으니, 이것이 '다스림을 되돌리는 시기(反治之會)'였다. 그러나 진은 오래 유지하지 못하고 한(漢)이 뒤를 이었다. 서한(西漢)의 정치는 단순하고 엄정하였으며 예스러운 소박함에 가까웠다. 실제로 진을 본받아 주대의 폐해를 제거해버렸다. 공우(貢禹), 설광덕(薛廣德), 위현성(韋玄成), 광형(匡衡)의 무리*들은 곧 주대의 문물 가운데에서 엉성한 것을 취하여 원제(元帝)와 성제(成帝)의 시대와 같이 쇠약한 시기에 사용하였으니, 이것은 시세의 변화를 알지 못한 것이다.
> 한·당을 지나 송에 이르러서는 문치(文治)의 폐해가 이미 심하여져서 천하가 날로 교만과 허위로 치달았다. 송의 쇠퇴함이 극에 달하자 그 세가 바뀌지 않을 수 없어 원(元)으로 되었다. 그리고 선왕의 예제(禮制)를 모두 없애버리고 오로지 간략한 것으로 다스렸으니, 이때는 '옛

---

* 공우는 명경박사(明經博士)였다. 그는 원제가 즉위하자 80세의 고령에도 원제를 도와 여러 제도를 유교화하는 정책을 주도하였다. 설광덕도 원제 때 어사대부를 역임한 시경박사(詩經博士)였고, 위현성(韋玄成)은 선제(宣帝) 때의 승상으로서 유가 관료였다. 또 광형(匡衡)은 원제와 성제(成帝) 때의 승상으로 교사(郊祀) 제도의 개혁을 최초로 제의한 자였다.

것으로 돌아가는 시기(復古之會)'이다. 그러나 원은 오래가지 못하고 명나라가 그를 이었다. 명의 통치는 단순·엄정하고 질박하였으며 실제로 원을 모방하여 송대의 폐습을 제거해버렸다. 그러므로 근래에 부패한 무리가 만송(晚宋)의 폐습을 본받아서 명조가 세운 바를 함부로 논하는 것은 다스리는 이치(治理)를 알지 못하는 것이다.

황종희(黃宗羲)·고염무(顧炎武)·왕부지(王夫之)와 같은 대유(大儒)들은 나라가 망하자 벼슬을 피해 은거하면서, 한·당이 강했던 까닭과 송·명이 약하였던 이유를 전반적으로 검토하여 다음과 같은 두 가지 원칙을 제시하였다.

(가) 권력이 아래에 있으면 백성도 강하고 나라도 강하다.
(나) 권력이 위에 있으면 나라도 약하고 백성도 약하다.

한대에는 농민을 병사로 삼았다. 유사시에는 조정에서 호부(虎符)로써 주(州)·군(郡)의 태수로 하여금 병사를 징발하게 하고, 도위(都尉)가 그들을 통솔하여 지정된 장소에 집합시키면, 조정에서 파견한 장군이 병력을 인계받아 군사 작전을 지휘하였다. 농경 지역의 병사는 보병이 되거나 혹은 수송을 담당하고, 목축 지역의 병사는 기병이 되며, 하천 지역의 병사는 수병이 되는 등 각자의 장점을 살려서 전투에 참가하였다. 전투를 모두 끝낸 뒤에는 다시 각자의 고향으로 돌아가서 생업에 종사하였다.

당나라 때도 역시 농민을 병사로 삼았던 점에서는 한대와 비슷하지만, 균전제하에서 관병이 가족 수에 따라 토지를 분배받으면서 계속 민전(民田)을 잠식해갔다. 부병(府兵)에서 확기(彍騎)로, 다시 모병제의 성격을 띠게 되었다. 소위 아병(牙兵)과 같은 중장갑병(重裝甲兵)이 점차 번진(藩鎭)의 화근으로 되었다.*

한·당의 황제 권력은 주·군 단위에까지 미쳤지만, 병권이 주·군에 있었기 때문에, 자치 체제였다고 할 수 있다. 주·군은 조정을 보위하면서 또한 독자적으로 정치를 행하였고, 스스로 작전을 수행할 수 있었다. 이에 지방 세력이 강해지게 되었고 한족(漢族)의 명성과 위엄이 또한 높아지게 되었다.

송·명대에는 모병제를 시행하였다. 농민은 조세를 납부하였고, 국가는 병사를 양성하였다. 병사와 백성이 구분되어 서로 견제하였을 뿐만 아니라, 경사(京師)의 내외가 서로 견제하였고, 조정과 주·군이 또한 서로 견제하였다. 주·군의 군정, 민정, 재정, 사법이 또한 분리되어 서로 견제하였다. 이리하여 권력은 황제에게 집중되었고, 주·군의 군정, 민정, 재정, 사법 4권이 분립되게 되었다. 그러나 일단 외환이나 내란이 발생하면 조정은 무장들에게 권한을 주어 작전을 지원하지 않을 수 없었다. 그러나 대장에서 둔전병(屯田兵)에 이르기까지 다만 돈을 바랄 뿐 싸우려 하지 않아 모병제의 폐단이 여기에 이르러서 극에 달하게 되었다. 한·당이 망한 것이 다만 '와해'였다면, 송·명이 망한 것은 오히려 '붕괴'라고 표현해야 할 정도였다.

* 안록산(安祿山)의 난 이후, 당 왕조는 무기력한 부병제를 대신하여 내지에 절도사를 파견하고 번진을 설치하면서 점차 모병제로 전환하게 되었다. 원래 부병은 유사시에 지방의 병사, 변방의 병사 및 임시로 모집한 병사들과 함께 전투에 참가하는 중심이 되었다. 현종 이후 균전제가 붕괴되고 백성들이 도망가는 사태가 확산되자 재상 장예(張悅)의 건의에 따라 확기병(彍騎兵) 12만 명을 모병하게 되었다. 이 확기병도 곧 무력해지게 되자, 다시 단결병(團結兵)과 관건(官健) 등 직업 군인을 모집하게 된다. 한편 번진의 절도사는 친위 부대라고 할 수 있는 아병(牙兵)을 거느리고 있었다. 아병은 유민들 가운데서 모병하였는데, 절도사가 우대하였지만, 번진 내부에서 반란을 일으키기도 하였다. 5대 시대에는 이들 아병들의 동향이 중요한 관건이 되었다.

6. 백성의 자유와 권력

왕부지의 「고진누송론(孤秦陋宋論)」을 읽어보면, 군권과 민권의 대립 양상과 성쇠의 추이를 살펴볼 수 있다.

중국은 영토가 넓고 인구가 많아서 지역, 민족, 종교에 따라 인정과 풍속, 경제와 문화 등이 약간씩 다르면서도 서로 의존하고 있다. 예를 들어 언어와 문자 같은 경우, 언어는 통하지 않는다 하더라도 사용하는 문자는 한 가지이다.

중국의 윤리와 법률은 다만 대강만을 갖추고 있고, 구체적인 세세한 항목은 그 속에 함축되어 있다. 조정의 명령이 하달되는 범위는 한·당대에는 주·군에 그쳤으나, 송·명대에는 점차 확대되어서 도(道)로부터 부(府)와 현(縣)에까지 이르게 되었다.

명대만을 두고 볼 때, 명조는 원의 정치 체제를 답습하였기 때문에 비록 부(府)를 지방 행정 단위로 삼고 조정은 다만 순안(巡按)을 파견하여 5~8부(府) 정도를 관장케 하였다고 하지만, 정해진 범위는 없었다. 태조는 현의 정치를 중시하였으며, 더 나아가 향관(鄕官)에게 권력을 부여하기까지 하였다. 주현관이 한번 부정을 저지른 혐의로 검거되면 곧 엄벌에 처해졌다. 소위 '살가죽을 벗겨서 풀을 싼다(剝皮囊草)' 혹은 '공공연히 가죽을 벗기는 장소를 정해두었다(皮場設廟)'* 라고 할 정도였다고 하니, 두려운 일이라 하겠다. 성조(成祖) 이후는

---

* 명 초기 주원장(朱元璋) 이래 관리에게 가한 가혹한 형벌 중의 하나가 살가죽을 벗기는 (剝皮) 형벌이다. 지방관 중에서 탐혹(貪酷)한 자, 관할 백성이 직접 상소한 자, 장물(臟物)이 60냥 이상인 자는 효수하여 내걸고, 살가죽을 벗겨 풀을 쌌다. 또 부·주·현 아문의 왼쪽에 따로 청사 건물을 세워, 토지에 제사 지내고 살가죽을 벗기는 장소로 삼았는데, 이곳을 피장묘(皮場廟)라고 불렀다 한다(『이십이사차기(二十二史箚記)』 33권; 정역(丁 易), 『명대특무정치(明代特務政治)』 하, pp. 425~427 참조).

점차 관대해졌으나, 금의위는 여전히 음산한 공포의 장소였다.

순안은 태학생원(太學生員)과 육부견습자(六部見習者) 중에서 임명하였다. 이들은 나이가 어리고 관위가 낮았으나 권력은 막대하였으며, 어려움을 뚫고 다행히 이 직책에 나아가면, 전도는 양양하였다. 순안은 이르는 곳마다 준엄하게 감찰을 실시하여 덕망과 위엄을 세웠다.

주현관 밑으로는 향사(鄕社)와 시진(市鎭)*이 있었는데, 이들은 가족제를 전형으로 삼아서 자치 체제를 수립하였다. 향관은 곧 향사의 부로(父老)로서, 국법이 엄격하고 무거운 형벌을 앞세워 부로의 권위를 보장해주었다. 국법은 가문에까지 미치지 않게 되었고, 백성들 또한 관부에 잡혀가지 않게 된 것을 요행으로 여겼다.

지방 자치 체제하에서 백성들은 세금을 납부해야 하는 것 이외에는 자유를 누리고 있었다. 더욱이 토지 매매까지도 자유로웠다. 그러나 가산의 균분 상속제 때문에 호상(豪商)이나 지주의 대토지 겸병에도 불구하고, 오히려 1백 년 정도 번성하는 가문이 없었다.

백성은 자유를 가졌으나, 권력이나 어떠한 정치적 책임도 없었다. 농민과 사대부 가문의 자제들은 오로지 과거 준비에 전념하여 과거에 합격하고 공명(功名)을 구하여 관직에 나아가고자 하였다.

명대에는 정치의 기복이 심하여 큰 옥사가 이어졌고, 송대의 "사대부를 죽이지 않는다"는 전통과는 달리, 궁노[宮奴, 환관]들이 정치를 농단하면서 사대부 유린을 능사로 삼았다. 소위 '삼년대계(三年大計)',

* 명대에는 이갑제(里甲制)를 실시하여 향촌과 시진 지역은 직접 지배하지 않고 지주 신사 계층에게 위임하였다. 이들은 유력한 지방 세력으로 향촌의 조세 징수, 치안, 교육 등을 담당하는 등 상당한 권력을 위임받았다. 그러나 상대적으로 그에 상응하는 책임도 지웠기 때문에 명 후기에 이르면 이들이 파산하고 몰락하면서 이갑제가 크게 붕괴되게 되어 명 제국의 권위가 크게 동요하게 되었다.

'육년경찰(六年京察)'은 바로 파당을 형성하여 서로 싸움을 벌이는 정기적인 과정이었다. 대사건이나 논쟁에 따른 원한으로 서로 보복하여 집안이 망하고 나라가 파산하기에 이르렀으나, 그래도 싸움이 그칠 줄을 몰랐다.

모든 권력이 황제에게 집중되었으나, 황제는 궁정 속에 고립되어 있었고, 외조(外朝)에 재상을 두지 않았기 때문에 내정(內廷)의 사례감(司禮監)이 실질적인 재상이었다. 황종희는 다음과 같이 말하였다.

어떤 이가 [재상이 폐지된 후에] "내각에서 사안을 처리함에 있어서 재상이라는 직위는 없었으나, 재상의 실제 권력은 있는 것과 마찬가지였다"고 하였으나, 그렇지 않다. 내각에서 사안을 처리하는 자는 비답(批答)하는 것이 직무였으니 개부(開府)*의 서기와 같은 것이었다. 그 일은 가벼운 것이고, 비답이라는 것은 반드시 안으로부터 주어진 것을 그대로 베끼는 것에 지나지 않으니, 어찌 그 실체가 있을 수 있겠는가?**

장거정이 10여 년간 집정하였으나, 풍보의 지원에 의지하였다. 외조 백관들은 이미 시기의 눈빛으로 그를 보면서 반격할 기회를 엿보고 있었다. 황종희는 이와 관련하여 다음과 같이 말하고 있다.

만력 초에는 신종(神宗)께서 장거정을 대하실 때, 약간의 예우를 갖추셨으나 과거의 사부(師傅)에 비해서는 1백 분의 1에도 미치지 못하였다. 그러나 당시의 논자들은 장거정이 받는 예우가 신하의 예를 결하였

---

* 개부라는 것은 역소(役所)를 설치하고 그곳에 하급 관리들을 두는 제도이다. 한나라 때 삼공(三公)에게 허락한 제도이다.
** 『명이대방록(明夷待訪錄)』「치상편(置相篇)」.

다고 놀랐다.*

　　명대에는 통정사사(通政使司)라는 부서를 두어 조정의 모든 공문을 수발하고 교통시키는 일을 총괄하도록 하였는데, 조정과 지방 간의 공문은 모두 그곳의 육과급사중(六科給事中)이 심사한 후에야 전달될 수 있었다. 이와 같이 조정은 총명을 잃어버리고 고립되어버렸고, 군주도 또한 내정(內廷)에 고립되어버렸다. 『명이대방록』에서는 군주집권제의 비참한 말로를 다음과 같이 묘사하고 있다.

　　[천하를] 임금이 이미 재산으로 보고 있다면, 사람들이 모두 재산을 얻으려고 하는 것은 당연할 것이니 누가 나와 다르겠는가. 끈으로 단단히 묶어두고, 자물쇠로 잠가둔다고 하더라도 한 사람의 지력(智力)으로는 천하를 얻으려고 하는 많은 무리를 이겨낼 수가 없다. 멀어야 몇 대 사이에, 가까우면 자신의 당대에 그 자손이 화를 당할 것이다. 그래서 옛 사람은 대대로 제왕의 가문에 태어나지 않기를 원하였다. 명의 마지막 황제 의종(毅宗)이 공주에게, "네가 어쩌다가 우리 가문에 태어났을까?"라고 했다 하니, 이 말이 얼마나 비통한가!**

　　갑신년의 매산(煤山)의 변고와 숭정제(崇禎帝)의 순국***은 천하가 붕괴하는 사건이었으니, 이것이 바로 군주 집권제의 말로가 아닌가?

* 『명이대방록』「원신편(原臣篇)」.
** 『명이대방록』「원군편(原君篇)」.
*** 갑신년은 1644년으로, 청 세조 순치제(順治帝)의 원년이고 명의 마지막 황제 숭정제 재위 17년이다. 매산은 현재 북경의 고궁 뒤편에 있는 경산(景山)을 가리킨다. 숭정제는 이자성(李自成)의 난을 만나 1644년 북경이 함락되게 되자, 이 경산에 있는 나무에 목을 매어 자살하였다. 자살하기 전에 공주에게 위의 말을 하였다. 숭정제의 시호는 뒷날 의종(毅宗)으로 바뀌었다.

494

7. 군권의 몰락과 민권론의 대두

(1) 자유의지설

송대 황실은 "사대부를 죽이지 않는다"는 것을 신조로 삼았다. 명대에 이르러서는 사대부는 과거 시험장과 형장(刑場) 사이의 좁은 틈바구니 속에서 굴욕을 당하였다. 천하의 시비(是非)는 오로지 조정에서만 결정할 수 있었고, 조정의 막후에는 또한 유학자들이 이른바 "거세당한 자는 사람 축에 들지 못한다"고 한 환관들이 있었다. 이들이 칭찬하면 모두가 추종하여 옳다고 하고, 이들이 비난하면 모두가 손가락질하며 그르다고 하였다. 그리하여 과거 시험장과 형장은 모두 환관들이 사대부를 통제하는 수단이 되었다.

이에 왕양명은 과거 시험장의 울타리를 부숴버리고, 형장의 공포를 극복하면서, 양지설(良知說)을 제창하였다. 그는 스스로 "나는 이 양지설을 온갖 어려움 속에서 얻었기 때문에 다른 사람에게 한마디로 다 말할 수 없다"고 하였다. 이와 같은 자유의지설의 사조(思潮)는 사림(士林)을 뒤흔들었고, 민간에까지 파고 들어가서 명 말·청 초에는 민권론이 제기되기에 이르렀다.

(2) 민본에서 민권으로

① 순·우의 등용과 탕·무의 혁명

고염무는 「벗과 더불어 주역을 논하다(與友人論易書)」라는 글에서 이렇게 말하였다.

또한 '신하를 발탁하는 효(九四或躍之爻)'로써 말하자면, 순이 우를 등용한 것과 이윤(伊尹)이 관직에 5차례 나아간 것과 주공(周公)이 섭정을 베푼 것과 공자가 천하에 초빙된 것은 모두 합당한 것이었다. 탕왕과 무왕이 왕조를 교체한 것은 특별한 경우로, '신하와 군주 관계의 효(五四之爻)'를 적용시킬 수 없는 한 시기의 일이다. 그래서 덕망 있는 군주(飛龍在天之君)가 있다면, 탕·무의 혁명을 일으킬 신하도 없을 것이라고 말하는 것이다.

『일지록(日知錄)』의 「천명을 바꾸는 것이 길하다(改命吉)」라는 글에는 이 점이 보다 분명히 밝혀져 있다.

혁(革) 괘의 구사(九四) 효와 건(乾) 괘의 구사(九四) 효는 제후의 신분으로 천자의 지위에 나아가는 것을 의미하니, 바로 탕·무의 혁명을 뜻하는 효이다. 그러므로 천명을 바꾸는 것이 길하다고 하는 것이다. 탕왕이 남소(南巢)로 걸(桀)을 추방하면서 자신의 부덕을 부끄럽게 여겼다는 것은 곧 후회함이 있었다는 것이다. 그러나 천하가 그를 믿으니, 후회가 없어졌다. 천하의 백성들이 모두가 천하를 부유하게 하려는 것이 아니라, 필부필부(匹夫匹婦)를 위해서 복수한 것이라고 말하는 까닭에 믿는다고 한 것이다.

순·우와 탕·무는 성인으로서 왕자(王者)가 되었으니, 공자가 열국을 주유할 때에 "주(周)의 도(道)를 동쪽에서 일으키겠다"는 뜻을 가지고 있었던 것도 역시 혁명과 같은 것이다.

② 천하의 흥망과 국가의 흥망

고염무는 천하와 국가를 구분하였다. 『일지록』에 수록된 「역대의 풍속을 논한다(論歷代風俗)」 등의 문장에는 이 문제에 대한 깊은 통찰이 들어 있다.

> 망국(亡國)이 있고, 또 망천하(亡天下)가 있다. 망국과 망천하는 어떻게 구분하는가. 말하자면, 왕조가 바뀌고 국호가 바뀌는 것(易姓改號)을 망국이라 한다. 그리고 인의(仁義)가 막혀서 짐승들이 사람을 잡아먹고, 사람이 서로 잡아먹게 될 지경에 이르면 망천하라 한다. …… 천하를 보존하는 법을 알고 난 다음에 나라를 보존하는 법을 알게 된다. 나라를 보존하는 것은 임금과 신하처럼 육식하는 자가 그것을 도모한다. 그러나 천하를 보존하는 것은 미천한 필부라도 더불어 책임을 가지고 있는 것이다.

여기서 말하는 '필부'라는 것은 맹자가 말한 '천민(天民)' 혹은 '구민(丘民)'이다. 필부가 떠나자 걸(桀)·주(紂)가 곧 천하를 잃었고, 필부가 따르자, 탕·무가 곧 천하를 얻었다. "필부에게도 책임이 있다"는 것은 또한 바로 민권사상이다.

③ 천하가 주인이고, 군주는 객이다.

황종희는 전제 군주제를 비판하였다. 즉 군주를 천하에서 가장 큰 해악으로 보고, 천명을 피할 수 없다는 논점을 통렬히 비판하고 있다.

> 그러므로 군주는 천하에 큰 해악이 될 따름이다. …… 그러나 소유(小儒)들은 어리석게도 군신간의 도리는 이 세상 어디에서도 벗어날 수

없다고 말하면서, 걸왕과 주왕이 비록 포악하였다고 해도 탕왕과 무왕이 그들을 주살한 것은 부당하다고 주장한다. 천지가 이렇게도 광활한데, 많고 많은 백성 중에서 어찌 한 사람, 한 가문이 그것을 독차지할 수 있겠는가?*

또 보다 설득력 있는 논리로 인정과 폭정을 구분하고 있다.

　　삼대의 법은 천하를 천하에 담아두었다. …… 후세의 법은 천하를 좁은 상자 속에 담아두었다. …… 모든 사람들이 그 좁은 상자가 있는 곳을 알고 있으니, 나[군주] 역시 두려워서 날마다 그것을 숨기려고 근심한다. 그 결과 법이 조밀하지 않을 수 없고, 법이 더욱 조밀해짐에 따라 천하의 혼란이 그 법에서부터 생겨나게 되었다. [이것이] '법 아닌 법(非法之法)'이라는 것이니, 앞의 왕이 자신의 사사로운 욕망을 억제하지 못해 법을 만들어놓으면, 뒷날의 왕은 그 자신의 사사로운 욕심 때문에 그것을 파괴해버린다. 파괴하는 자는 진실로 천하를 해치기에 충분한 자이지만, 그것을 만들었던 자 역시 처음부터 천하에 해롭지 않음이 없었다.**

　　송·명은 군주에게 권력을 집중시켜 천하를 약하게 만드는 폐단을 초래하였다. 그래서 중국은 여진족에 복속되었고, 다시 몽골족에게, 마지막으로는 만주족에게 정복당하였다.

---

* 『명이대방록』「원군편」.
** 『명이대방록』「원법편(原法篇)」.

④ 이하지방(夷夏之防)과 군신지의(君臣之義)

왕부지는 『황서(黃書)』에서 이 점에 대해서 훨씬 격렬하게 말하고 있다.

송은 [당대(唐代)에] 번신(藩臣)들이 전횡하며 황제에게 맞섰던 것을 마음에 담아두고 잠을 이루지 못할 정도로 근심하였다. 이에 절도사와 번진을 줄이고, 숙위(宿衛)를 운영하고, 번진의 군사를 개혁하였으나, 이것이 문약함을 초래하여 강한 오랑캐들에게 둘러싸인 채 고립되기에 이르렀고, 결국 송은 채 10대를 잇지 못하였다. 조금 지나 쇠약해지더니 조금 더 지나자 무너져버렸다. 금(金)과의 굴욕적인 조약을 맺은 이후로 바치는 금과 비단이 날로 증가하였다. 남방으로 천도하고 나서도 이전의 정책을 그대로 유지했으니, 마침내 중추가 무너져버리고 나라가 풍비박산이 되었다. 먼저 여진에게 굴복하고 다음에는 달단에게 굴복하였다. 백성들이 겪은 전례 없는 재앙은 진이 시작하여 송이 완성하였다.

여기에 한두 구절만 보태면, "처음에는 여진족에게 굴복하고 다음에는 달단에게 굴복하였으며, 마지막에는 만주족에게 굴복하였다. 진이 시작하여 송이 완성하였고 명이 이를 이었다"고 할 수 있다.

『황서』는 한편으로는 분개하고 한편으로는 반성하면서, 다음과 같은 관점을 제기하고 있다. 즉 중국은 마땅히 "종족을 보위하는 것을 으뜸으로 삼고, 그 무리를 보호하는 것을 발판으로 삼아야 한다. 선양할 수도 있고, 계승할 수도 있고, 혁명할 수도 있으나, 이민족이 간여하게 해서는 안 된다"는 것이다.

오랑캐를 막는 것(夷夏之防)이 군신간의 도리를 지키는 것(君臣之義)

보다 더 중요하다는 왕양명의 이와 같은 관점은 송·명대의 군권천리론(君權天理論)에 상당한 충격을 가하는 것이 아닐 수 없다.

⑤ 유자(儒者)의 통(統)과 왕자(王者)의 통(統)

순자는 "나라는 훔칠 수 있다고 해도 천하를 훔칠 수는 없다. 그리고 천하를 훔칠 수 있다고 해도 천하를 소유할 수는 없다"고 말하였다. 왕부지는 『독통감론(讀通鑑論)』에서 이러한 관점을 한층 더 밀고 나간다.

> 천하에는 아주 중요하고 훔칠 수 없는 것이 두 가지 있다. 한 가지는 천자의 자리, 즉 치통(治統)이고, 다른 한 가지는 성인의 가르침, 즉 도통(道統)이다.

또한 치통은 단절될 수가 있으나 도통은 끊어질 수 없다고 하면서, 다음과 같이 주장한다.

> 유자(儒者)의 통과 제왕(帝王)의 통은 천하에 병행하면서 서로 흥체(興替)한다. 그 둘이 합하면 천하는 도로써 다스려지고, 도는 천자에 의해 밝게 드러난다. 쇠퇴기에 접어들어서 제왕의 정통이 끊어지게 되더라도, 유학자는 의지하는 데 없이 혼자서 도를 지켜나간다. 사람이 도를 보존하기 때문에 도가 없어지지 않는 것이다.

『독통감론』에서는 남북조 시대에는 북방의 유학자들이 남방의 유학자들에 비해 좀더 순수하였으며, 수·당대에는 왕통(王通)이 당대의 문화와 교육을 활짝 열었다고 칭찬하고 있다. 특히 그는 하서의 유학자들이 한구석에서 무너져가는 천하의 한 끝을 보존하고 있었다고 칭찬하였다. 그는 이러한 역사적 사실을 언급하면서 치통은 혼란하게 될 수도 끊어질 수도 있지만, 유학자들은 도통을 보존할 책임을 저버려서는 안 된다는 것을 강조하고 있다.

  황종희, 고염무와 왕부지 선생 등은 망국의 상황에서도 의지하는 데 없이 홀로 꿋꿋이 도를 지켜나갔다. 260여 년이 지났을 때, 민족과 민권이라는 대의(大義)와 경세치용(經世致用)의 실학이 싹을 틔웠다가, 급변하는 상황을 만나면서 삼민주의 국민혁명으로 활짝 피어나, 아시아에서 최초의 민주 국가를 수립하게 되었다.

옮긴이 후기

『1587, 만력 15년 아무 일도 없었던 해』는 중국이 왜 이렇게 정체되고 퇴보하게 되었는가 하는 문제 의식에서 출발하여 그 원인을 규명하기 위해 쓰인 책이다. 저자의 생각으로는 중국의 정체 혹은 퇴보는 외부의 힘에 의해 개방된 근대에서 시작된 것이 아니라, 16세기 후반 명의 만력 연간에 이미 그 징조와 원인을 찾을 수 있다는 것이다.

이러한 저자의 문제 의식은 필연적으로 1950~1960년대 중국, 일본에서 격렬한 논쟁의 대상이 되었던 명대 후기 혹은 명 말·청 초의 자본주의 맹아를 부정하는 방향으로 나아가게 된다. 자본주의 맹아 논쟁은 제국주의의 식민주의를 뒷받침한 아시아 사회의 '정체론'에 대한 반론으로 제기되었다. 이 논쟁은 현재까지 매듭지어지지 않은 채 남아 있다. 그러나 대체적으로 중국과 일본 학계에서는 명대 후기 혹은 늦어도 명 말·청 초에는 어떤 형태로든 자생적인 자본주의의 맹아가 존재했음을 인정하려는 경향이 지배적이다.

저자 레이 황은 중국 혹은 일본 학계에서 일고 있는 '자본주의 맹아론'을 부정하고 있다. 저자는 자본주의란 '하나의 조작'이며 '하나의 시스템'이라 하고 있다. 자본주의가 성장할 수 있는 사회 기반과 정신적 풍토가 조성되어 있지 않는 한, 맹아든 그 무엇이든 인정될 수 없다는 것이다. 자본주의에 대한 저자의 논법에 무조건 찬동할 수는 없지만, 국가 재정과 세수 제도에 관한 저자의 구체적인 연구를 통한 자본주의 맹아 부정론에도 상당한 설득력이 있다.

저자에게는 16세기 재정과 세수를 다룬 『*Taxation Governmental Finance in Sixteenth-Century Ming China*』(Cambridge University Press, 1974)라는 저서가 있다. 저자는 여기서, 명조는 엄격한 중앙 집권을 취했는데, 그것은 경제 발전을 도와 전국의 재화를 풍부케 하는 것에 목표를 둔 것이 아니라, 오히려 후진적인 경제의 보존과 균형 상태를 유지하여 왕조의 안전을 확보하는 데 목적이 있었다고 주장하고 있다. 이로 말미암아 전국적인 교통·통신망과 금융·보험업의 성립이 저해되었고, 상업 자본은 미성숙한 상태로 방치되었으며, 공업의 발달도 방해받았다는 것이다. 이것이 선진적인 한·당에서 낙후된 명·청으로 바뀌게 된 주요 요인이라고 지적하고 있다. 그런 의미에서 앞의 책과 본서는 표리의 관계에 있다고 하겠다.

저자는 "이와 같은 문제는 도대체 어디에 그 병의 원인이 있는 것일까?"라고 질문하고 다음과 같이 답하고 있다. 즉 "중국은 2천 년 이래 도덕이 법률과 제도를 대신해왔는데 명대에 와서 그것이 극에 달했다. 여기에 모든 문제의 근원이 있다고 생각한다. 본서를 쓴 목적도 주로 이 견해를 설명하는 데 있다"는 것이다. 중국의 역대 왕조는 광대한 영역을 통치하는 데 있어서, 법률을 따져 합법인가 비합법인가를 묻기보다는 추상적인 윤리 도덕에 따라 선악을 결정하는 것, 즉 소위 법치보다는 덕치를 중히 여기는 경향이 있었다. 윤리 도덕은 인간 사회에 필요 불가결한 요소이지만 자의적인 판단에 의존하는 부분이 너무 많다. 저자는 본서의 각 장에서, 추상적인 내용의 통치 방법을 사용함으로써 사회 각 방면에서 폐해가 발생하고 모순이 격화되어 사회 발전이 저해되었다고 설명하고 있다. 다시 말하면 도덕을 원칙으로 하는 정치가 경제를 교란시키고, 법률 제도의 발전을 저해했으며, 이것이 사회를 정체로 몰고 갔다는 입장이다. 저자는 윤리 도덕의 무용성을 주장하려는 것이 아니라 도덕 만능의 통치법에 중국 전통 사회 발전의 저해 요인이 있다고 탄식하고 있는 것이다. 저자의 이와 같은 시각은 가치 영역의 다양화라고 하는 막스 베버적인 근대 사회론이 출발점이 되고 있다.

본서를 읽어보면 몇 가지 특징이 발견된다. 본서는 내용 면에서는 분명히 전문서이지만 이야기적 요소를 가미하여 아주 쉽고 흥미 있게 기술하고 있다는 점에서 퍽 인상적이며, 특히 인물 전기 형식을 빌려 16세기 후반의 중국 역사를 서술하고 있는 것도 주목할 만하다. 그리고 얼른 보면 통속적 역사 해설서 같지만, 그중에서 지적되고 있는 개개의 사실과 그것에 대한 저자의 견해는 독창적인 것이 많다. 가령 만력 15년의 '오조 사건' 같은 것은 아무도 주의하지 않았던 하찮은 사건이었지만, 저자는 이 사건을 통해 이 시대와 이 시대가 안고 있는 병폐의 근원의 소재를 지적해내었다. 그것은 아마 저자가 『명실록(明實錄)』, 『국조헌징록(國朝獻徵錄)』 및 기타 각종의 지방지와 시문집 등 다양한 기초 문헌을 상세히 독파한 데서 가능한 일이었다고 생각된다.

또한 본서에는 저자의 학문과 체험에 의거한 역사관, 또는 역사철학이 나타나 있다. 그것은 만력 15년이라는 해의 세부를 다면적으로 묘사하는 동시에 그 시야를 오늘날의 커다란 역사의 물결로까지 넓히고 있다는 점, 즉 커다란 역사의 윤곽을 그리려 했다는 점에서 그러하다. 이 점이 이 책의 또 하나의 특징이다.

『1587, 만력 15년 아무 일도 없었던 해』는 1981년 미국의 예일 대학 출판부에서 『1587; A Year of No Significance』라는 제목으로 출판되었다. 출판 후 상당히 호의적인 평가를 받았으며, 현재 미국 대학 역사과에서 교재로도 사용되고 있다. 1982년 5월에는 북경 중화서국(中華書局)에서 『萬曆十五年』이라는 제목의 중국어판이 나왔는데, 이의 번역은 저자 자신의 손으로 이루어졌다. 이 책은 영어판과 비교했을 때 동아시아권 독자들에게 적절하도록 내용이 보다 상세하고 구체적이다. 저자의 표현대로 '저술적 번역(「저자의 말」)'이라 할 수 있겠다. 1986년의 재판본에는 「『1587, 만력 15년 아무 일도 없었던 해』와 나의 '대역사관」이라는 제목의 부록이 실려 있다. 이곳에서는 저자가 이제까지 본문에서 서술하려 했던 자신의 역사관 내지 역사철학이 논급되고 있다. 그 밖에 독일어본과 일본어본도 출판되었다.

1986년 3월부터 경북대학교 김한식 교수를 좌장으로 안동대학 서정흠 교수, 대구공업대학 전영진 교수를 비롯하여 정성일, 이승국, 김종건, 박제균, 이학로, 강판권, 서영대, 권오현, 이상형 등이 격주로 학술 모임을 가져왔다. 주로 외국의 중요한 서적을 읽고 번역하고 있으며, 부정기적인 주제 토론회, 하계 세미나 등을 갖고 있다. 성과로는 연구자 별로 각 학술지에 게재한 논문들 외에, 김한식 외 역 『중국사 어떻게 볼 것인가』(John Meskill ed., *The Pattern of Chinese History*, D.C., Heath and Company, Boston, 1966 reprinted, 서울: 반딧불, 1992; 수정판, 대구: 서림출판사, 1998); 김한식·정성일·김종건(공역) 『中國의 紳士』(Chung-li Chang, *The Chinese Gentry: Studies on Their Role in Nineteenth-century Chinese Society*, Univ. of

Washington Press, 1955, 서울: 신서원, 1993) 등이 있다.

  이 책은 전문 연구서의 대중화라는 점에서 단연 돋보이고, 전통 중국뿐만 아니라 현재의 중국을 이해하기 위해서도 시사받을 점이 많다고 생각한다. 번역에 있어서 중국어본(1986)을 주교재로 영문본을 부교재로 이용했으며, 일어본도 참고했다. 번역은 직역을 원칙으로 했으며, 표기는 한글 표기를 원칙으로 했다. 한자를 사용해야 될 경우에는 최초 등장 때 ( ) 속에 넣어 처리했으며 의미가 혼동될 우려가 있을 경우에는 그때마다 병기했다. 아울러 역자들은 이해의 폭을 넓히기 위해서 레이 황 씨의 다른 글 세 편과 「도희성 독후기」도 읽었는데, 독자들에게 유익할 것이라 생각해서 역서 뒤에 부록으로 첨가하기로 했다. 번역은 아래와 같이 분담하였다. 1차적인 책임은 물론 역자 개인에게 있겠으나 책 전반에 관한 책임은 공동에게 있다고 하겠다.

만력제	金漢植
수보 신시행	權五賢
장거정 없는 시대	鄭誠一
산 조종	徐永大
해서 – 괴팍한 모범 관료	全英珍
척계광 – 고독한 장군	金鍾健
이탁오 – 자기 모순의 철학자	李賞衡
저자의 말	李承局
『1587, 만력 15년 아무 일도 없었던 해』 와 나의 '대역사관'	李承局
중국 현대의 장기 혁명	姜判權
허드슨 강변에서 읽어보는 중국 역사	朴濟均
도희성 독후기	李學魯

이 책의 번역은 1991년 1월에 시작되어 1993년 11월에 초벌 번역과 윤독 작업이 일단 완료되었다. 이후 이러저러한 이유로 출판을 미루다가 이번에 새물결 출판사에서 이 책의 출판을 흔쾌히 맡아주어서 비로소 일반에 공개할 수 있게 되었다. 새물결 출판사 홍미옥 사장님께 감사를 드리며, 판권 등 섭외를 담당해주신 조형준 주간님과 특히 문장을 너무나도 꼼꼼하게 점검해준 이병무 씨에게 이 자리를 빌려 감사의 마음을 표한다. 비록 장기간의 검토와 토론을 거친 작업이기는 하지만, 실수나 오류가 없지 않을 것이며 어색한 표현도 적지 않을 것이다. 독자 여러분의 제언과 질정을 기대하여 마지않는다.

〈명대사 연표〉

연도	황제	연호	재위	중국	세계
1368	태조(太祖)	홍무(洪武)	원년	주원장(朱元璋) 황제 즉위, 수도 금릉(金陵), 국호 명(明), 원(元) 멸망	
1373			6년	『대명률(大明律)』 제정	
1381			14년	이갑제(里甲制) 시행, 부역황책(賦役黃冊) 작성	
1398			31년	홍무제 사망, 건문제 즉위	1392 고려 멸망, 이성계가 조선 건국
1401	혜제(惠帝)	건문(建文)	4년	영락제 즉위	
1405	성조(成祖)	영락(永樂)	3년	정화(鄭和)의 남해원정 시작	
1407			5년	북경성 조영 시작	
1410			8년	영락제가 몽골 친정. 왜구활동 심화	
1420			18년	『사서대전』『영락대전』 편찬	
1421			19년	북경 천도. 『삼국지연의』 출간	
1424			22년	영락제 원정중 사망. 홍희제 즉위	
1425	인종(仁宗)	홍희(洪熙)	1년	홍희제 사망. 선덕제 즉위	
1435	선종(宣宗)	선덕(宣德)	10년	선덕제 사망. 정통제 즉위	1443 조선 세종대왕 훈민정음 창제
1448	영종(英宗)	정통(正統)	13년	등무칠(鄧茂七)의 난	
1449			14년	오이라트 원정. 토목보(土木堡)의 변으로 영종이 포로로 잡힘. 경태제 즉위	1450 구텐베르크 활판 인쇄술 발명
1550	경종(景宗)	경태(景泰)	1년		1453 비잔틴제국 멸망
1457	영종(英宗)	천순(天順)	1년	영종이 천순제로 복위	1469 조선 『경국대전』 완성
1464			8년	영종 사망. 성화제 즉위	
1487	헌종(憲宗)	성화(成化)	23년	홍희제 사망. 홍치제 즉위	1492 콜럼버스 신대륙 발견
1502	효종(孝宗)	홍치(弘治)	15년	『대명회전(大明會典)』 완성	
1505			18년	홍치제 사망. 정덕제 즉위	1517 루터의 종교개혁
1519	무종(武宗)	정덕(正德)	15년	영왕(寧王)의 난	1519 마젤란 세계일주
1521			16년	정덕제 사망. 가정제 즉위	
1527			6년	북로남왜(北虜南倭) 격화	1534 예수회 성립
1540	세종(世宗)	가정(嘉靖)	19년	일조편법(一條鞭法) 시행	
1543			22년	엄숭(嚴嵩) 실권 장악	1555 조선 을묘왜변
1562			41년	엄숭 파면	1558 영국 엘리자베스 여왕 즉위
1563			42년	척계광(戚繼光)이 복건부총병 취임. 총병 유대유(兪大猷)가 왜구 격파	
1566			45년	해서(海瑞)가 가정제 비난으로 투옥. 고공(高拱)이 대학사 됨. 가정제 사망. 융경제 즉위	1566 포르투갈이 마카오 건설
1567	목종(穆宗)	융경(隆慶)	1년	해금(海禁)령 해제. 장거정(張居正)이 대학사 됨	1568 네덜란드독립전쟁 시작
1568			2년	주익균(만력제)이 태자가 됨	
1569			3년	해서가 순무가 됨	
1571			5년	척계광이『연병실기(練兵實紀)』 간행	
1572			6년	융경제 사망. 만력제 즉위. 고공 파면. 장거정 수보 취임	

1573	신 종 (神宗)	만 력 (萬曆)	1년	장거정 실권 장악, 개혁 착수	1573 일본 무로마치 막부 붕괴
1577			5년	장거정 부친 사망(탈정 사건)	
1578			6년	반계순(潘季馴)이 수리사업 착수. 만력제 효단황후(왕씨)와 결혼	
1580			8년	장거정이 전국에 토지측량 실시	
1581			9년	장거정이 일조편법 전국 공포	
1582			10년	만력제 9빈 취함. 궁녀 왕씨를 공비로 책봉. 장거정 사망. 장사유(張四維)가 수보 취임. 공비 왕씨가 제1황자 상락(常洛) 낳음. 풍보 처벌	1582 마테오리치 마카오 도착
1583			11년	장거정 관위 박탈. 신시행 수보 취임	
1584			12년	장거정 재산 몰수. 경정리 사망	
1585			13년	해서 남경도찰원 복귀	
1586			14년	정 귀비 상순(常純) 낳고 황귀비 책봉됨	
1587			15년	해서 사망. 척계광 사망	
1588			16년	반계순 두번째 수리사업 착수	1588 스페인 무적함대가 영국군에 격파됨
1591			19년	왕석작, 신시행, 허국 등 해임	
1594			22년	고헌성 등 동림당 결집	1592 조선 임진왜란
1596			24년	경정향 사망	
1598			26년	이탁오와 마테오리치 만남	
1599			27년	누르하치 만주 문자 제정	1600 영국 동인도회사 설립
1601			29년	마테오리치 북경 도착. 상락이 황태자 됨. 상순이 복왕 됨	
1602			30년	이탁오 투옥, 옥중 자살	
1603			31년	계묘요서 사건	1603 일본 에도 막부 성립
1612			40년	고헌성 사망. 동림 비동림 대립 격화	
1614			42년	신시행 사망	
1616			44년	누르하치 후금 건국	
1619			46년	샤르호 전투에서 명군 대패	
1620	광 종 (光宗)	태 창 (泰昌)	1년	만력제 사망(7월). 태창제 즉위. 태창제 사망(9월). 천계제 즉위	
1627	희 종 (熹宗)	천 계 (天啓)	7년	천계제 사망. 숭정제 즉위	1627 조선 정묘호란
1636	의 종 (毅宗)	숭 정 (崇禎)	9년	후금 태종이 국호 청으로 바꿈	1636 조선 병자호란
1643			16년	청 태종 사망. 세조 순치제 즉위. 도르곤 섭정	1642 영국 청교도혁명
1644			17년	이자성 북경 입성. 숭정제 자살. 명조 멸망. 오삼계가 도르곤에 원조 요청. 후금군 북경 입성. 복왕이 망명 정권 수립	

■ 참고문헌

*한국 독자들이 편리하게 활용할 수 있도록, 동양서와 서양서로 구분하고 동양서는 저자명 가나다순, 서양서는 저자명 알파벳순으로 재정리하였다. 통상 저자를 표기하지 않는 원전자료는 별도로 정리하였다.

高拱, 『病榻遺言』(「紀錄彙編」本)
顧炎武, 『天下郡國利兵書』(「四部叢刊」本)
顧炎武・黃汝成, 『日知錄集釋』(「萬有文庫」本)
谷應泰, 『明史紀事本末』(臺北: 三民書局, 1956)
歐陽祖經, 『譚襄敏公年報』(上海, 1936)
歸有光, 『歸有光全集』(臺北: 自力出版社, 1959)
鹿善繼, 『認眞草』(「叢書集成」本)
鄧之誠, 『中華二千年史』(香港, 1964)
孟森, 『明代史』(臺北, 1957)
茅元儀, 『武備志』(康熙版)
文秉, 『先撥志始』(「叢書集成」本)
潘季馴, 『河防一覽』(臺北: 學生書局, 1966)
傅衣凌, 『明清時代商人及商業資本』(北京, 1956)
謝國楨, 『明淸之際黨社運動考』(上海, 1935)
謝承仁・寧可, 『戚繼光』(上海, 1961)
徐孚遠等輯, 『皇明經世文編』(臺北: 國風出版社, 1964)
徐學聚, 『嘉靖東南平倭通錄』(『倭變史略』所收, 臺北, 1964)
席書・朱家相, 『漕船志』(「玄覽堂叢書」本)
蘇同炳, 『明代驛遞制度』(臺北, 1969)
孫承澤, 『春明夢余錄』(香港: 龍門書局, 1965)
宋應星, 『天工開物』(「人人文庫」本)

申時行, 『賜閑堂集』(미국국회도서관 마이크로필름)
申時行, 『召對錄』(「叢書集成」本)
沈德符, 『野獲編』(扶荔山房, 1869)
沈榜, 『宛署雜記』(北京, 1961)
黎光明, 『嘉靖御倭江浙主客庫考』(北京, 1933)
黎東方, 『細說明朝』(臺北, 1964)
倪會鼎, 『倪文正公年譜』(「粵雅堂叢書」本)
吳澤, 『儒敎叛徒李卓吾』(上海, 1949년판)
吳晗, 『明代的軍兵』(『中國社會經濟史集刊』5-2, 1937)
吳晗, 『朱元璋傳』(香港: 傳記文學社 影印本)
王世貞, 『嘉靖以來內閣首輔傳』(臺北, 1967)
王世貞, 『弇州史料後集』(臺北, 1965)
王世貞, 『弇州山人四部稿』(世經堂刻本)
王世貞, 『弇州山人續集』(世經堂刻本)
王鏊, 『震澤長語』(「紀錄彙編」本)
容肇祖, 『明代思想史』(上海, 1941)
容肇祖, 『李卓吾評傳』(臺北, 「人人文庫」本)
韋慶遠, 『明代黃冊制度』(北京, 1961)
魏煥, 『皇明九邊考』(北京, 1936)
俞大猷, 『正氣堂集』(1884)
劉若愚, 『酌中志』(「叢書集成」本)
陸容, 『菽園雜記』(「紀錄彙編」本)
李贄, 『焚書・續焚書』(北京: 中華書局, 1975 合訂本)
李贄, 『藏書』(北京: 中華書局, 1974)
任蒼厰, 『戚繼光』(上海, 1947)
岑仲勉, 『黃河變遷史』(北京, 1957)
張居正, 『張居正(江陵)書牘』(上海: 群學書社, 1917)
張瀚, 『松窓夢語』(「武林往哲遺著」本)
錢穆, 『國史大綱』(臺北, 1966, 第10版)
程寬正, 『戚繼光』(重慶, 1943)
鄭茂, 『靖海記略』(「倭變史略」倂錄, 臺北: 廣文書局, 1964)
丁易, 『明代特務政治』(北京, 1950)
鄭曉, 『今言』(「紀錄彙編」本)
朱謙之, 『李贄 — 十六世紀中國反封建思想的先驅者』(武漢, 1956)

朱國楨, 『湧幢小品』(北京: 中華書局, 1959)
朱東潤, 『張居正大傳』(武漢, 1957)
朱元璋, 『大誥』(『明朝開國文獻』所收, 臺北: 學生書局, 1966)
朱元璋, 『皇明祖訓』(『明朝開國文獻』所收, 臺北: 學生書局, 1966)
朱晫, 『中國兵器史稿』(北京, 1957)
朱玄晫, 『涇林續記』(「涵芬樓秘笈」本)
朱熹, 『朱子語類』(長沙: 商務, 1937)
朱熹, 『朱子全書』(「四部叢刊」本)
陣文石, 『明洪武嘉靖間的海禁政策』(臺北, 1966)
陣洪謨, 『繼世紀聞』(「紀錄彙編」本)
陣洪謨, 『治世余聞』(「紀錄彙編」本)
采九德, 『倭寇史略』(臺北, 1964)
戚繼光, 『紀效新書』(1841)
戚繼光, 『練兵實紀』(上海: 商務印書館, 1937)
戚繼光, 『止止堂集』(山東書局, 1888)
焦竑, 『國朝獻徵錄』(臺北: 學生書局, 1965)
焦竑, 『澹園集』(「金陵叢書」本)
彭時, 『彭文憲筆記』(「紀錄彙編」本)
彭信威, 『中國貨幣史』(上海, 1954)
何良臣, 『陣紀』(「叢書集成」本)
何良俊, 『四友齋叢說摘抄』(「紀錄彙編」本)
賀仲軾, 『兩宮鼎建記』(「叢書集成」本)
項夢原, 『冬官紀事』(「叢書集成」本)
海瑞, 『海瑞集』(北京, 1962)
黃暐, 『蓬窓類紀』(「涵芬樓秘笈」本)
黃宗羲, 『明儒學案』(「四部備要」本)
黃訓輯, 『皇明名臣經濟錄』(1551)

* * *

『考古』1959년 제7기
『考古通訊』1958년 제7기
『光宗實錄』(臺, 1966)
『金華府志』(미국국회도서관, 마이크로필름, 1578년판)
『大明會典』(臺北, 1963)
『東昌府志』(1600)

『麻城縣志』(1935)

『萬曆邸抄』(臺北, 1968)

『明史』(臺北: 國防研究院, 1963)

『明人傳記資料索引』(臺北, 1966)

『穆宗實錄』(臺北, 1966)

『武宗實錄』(臺北, 1965)

『文物』 1975년 제1기

『四庫全書總目提要』(1930)

『宣宗實錄』(臺北, 1964)

『世宗實錄』(臺北, 1965)

『順德縣志』(1985)

『神宗實錄』(臺北, 1966)

『新中國考古的收穫』(北京, 1962)

『英宗實錄』(臺北, 1964)

『太祖實錄』(臺北, 1962)

『太宗實錄』(臺北, 1963)

『憲宗實錄』(臺北, 1964)

『孝宗實錄』(臺北, 1965)

『熹宗實錄』(臺北, 1967)

* * *

Chan, Wing-tsit(陳榮捷), *Instructions for Practical*(傳習錄)(New York, 1963)

Chan, Wing-tsit(陳榮捷), *Reflections on Things at Hand*(近思錄)(New York, 1967)

Ch'u, T'ung-tsu(瞿同祖), *Local Government in China under the Ch'ing* (Cambridge, Mass., 1962)

de Bary, W. T., *Self and Society in Ming Thought*(New York, 1970)

de Bary, W. T., *Sources of Chinese Tradition*(New York, 1964)

D'Elia, Pasquale M., *Fonti Ricciane*(Rome, 1942, 1949)

Goodrich, L. Carrigton and Fang, Chao-ying(房兆楹), *Dictionary of Ming Biography* (明代名人傳)(New York, 1976)

Gouveia, de Antonio, *Journal*(筆記)(Goodrich가 제공한 미간행 영역본)

Ho, Ping-ti(何炳棣), *The Ladder of Success in Imperial China: Aspects of Social Mobility, 1368-1911*(New York, 1976)

Hsiao, Kung-ch'üan(蕭公權), *Rural China: Imperial Control in the Nineteenth-Century*(Seattle, 1960)

Huang, Ray(黃仁宇), "Military Expenditure in Sixteenth-Century Ming China", *Oriens Extremus* 17(1970), 1-2

Huang, Ray, *Taxation and Governmental Finance in Sixteenth-Century Ming China*(Cambridge, 1974)

Hucker, Charles O., *The Censorial System of Ming China*(Stanford, 1966)

Hucker, Charles O., *The Traditional Chinese State in Ming Times, 1368-1644*(Tucson, 1961)

Hucker, Charles O., "Governmental Organization of the Ming Dynasty", *Harvard Journal of Asiatic Studies* 21(1958)

Hummel, A. W., *Eminent Chinese of the Ch'ing Period*(Washington, 1943, 1944)

Kierman, Frank A. Jr., and Fairbank, John K., *Chinese Ways in Warfare* (Cambridge, Mass., 1974)

Kuno, Y. S., *Japanese Expansion on the Asiatic Continent*(Berkeley, Calif., 1937, 1940)

MacNair, H. F., *China*(Berkeley, Calif., 1946)

Needham Joseph, *Science and Civilization in China*(Cambridge, 1954-)

Needham, Joseph and Huang, Ray(黃仁宇), "The Nature of Chinese Society: A Technical Interpretation", *Journal of Oriental Studies*(香港) 12:1-2(1974): *East and West(Rome)* 24: 3-4(1974)

Reischauer, Edwin O. and Fairbank, John K., *East Asia: The great Tradition*(Boston, 1958)

Ricci, Matteo, *China in the Sixteenth Century: The Journals of Matthew Ricci, 1583-1610*(New York, 1953)

Samedo, C. Alvarez, *The History of That Great and Renowned Monarchy of China*(London, 1655)

Sansom, G. B., *A History of Japan*(Stanford, 1958)

■ 주

1장 만력제

1) 『신종실록(神宗實錄)』, p. 3398; 『만력저초(萬曆邸抄)』 1권, p. 349의 기록과 실록(實錄)의 기록 사이에 다소 차이가 있다. 만력제는 이때 오조를 거행하지 않았다. 『대명회전(大明會典)』 44권, p. 10에 기록된 만력 오조는 실제로는 장거정(張居正)이 정치를 대신하고 있을 때 소수의 대신을 어전에 소집하여 의견을 물은 일로서, 일반적인 오조와는 다른 것이었다(『신종실록(神宗實錄)』, p. 1568 참조).
2) 『대명회전(大明會典)』 39권, pp. 1~7; 『춘명몽여록(春明夢餘錄)』 27권, p. 5; Huang, Ray, *Taxation and Governmental Finance in Sixteenth-Century Ming China*, Cambridge, 1974, p. 1568.
3) 『목종실록(穆宗實錄)』, pp. 1537~1543, 1585~1586.
4) 각종 의식에 관해서는 『대명회전(大明會典)』과 『춘명몽여록(春明夢餘錄)』의 관련 부분을 참고했다. 포로를 헌납하는 의식에 관해서는 이 외에 『용당소품(涌幢小品)』 1권, pp. 18~19를 이용했다. 이 책에 기술된 포로 헌납 의식은 1587년의 어느 시점에 이루어진 것이었다.
5) 『신종실록(神宗實錄)』, pp. 1432~1434, 3339.
6) 『작중지(酌中志)』 16권, p. 112; 『신종실록(神宗實錄)』, pp. 95~96, 2900, 4948.
7) 『신종실록(神宗實錄)』, pp. 3100~3101, 3117~3118, 3131.
8) 『대명회전(大明會典)』 60권, pp. 1~31.
9) 『명사(明史)』 49권, pp. 555~556; 『대명회전(大明會典)』 51권, pp. 1~6; 『춘명몽여록(春明夢餘錄)』 15권, pp. 16~18; 『완서잡기(宛署雜記)』, p. 116.
10) 『대명회전(大明會典)』 44권, pp. 11~12, 22~32.
11) 『중화이천년사(中華二千年史)』 5권 상, p. 114.
12) 『효종실록(孝宗實錄)』, p. 2449.
13) 『무종실록(武宗實錄)』, p. 3689.
14) 『목종실록(穆宗實錄)』, p. 246; 『춘명몽여록(春明夢餘錄)』 23권, p. 27; 『병탑유언(病榻遺言)』 1권, pp. 14, 19.
15) 『신종실록(神宗實錄)』, pp. 145~146.
16) 『신종실록(神宗實錄)』, pp. 3341, 3375, 3455.
17) 『신종실록(神宗實錄)』, p. 4104.

18) 『명사(明史)』 213권, p. 2479; 『국조헌징록(國朝獻徵錄)』 17권, p. 60 참조.
19) 『명사(明史)』 14권, p. 1483; 『명사기사본말(明史紀事本末)』 61권, p. 668; 『신종실록(神宗實錄)』, pp. 1369, 1529; 『작중지(酌中志)』 5권, p. 29; 22권, p. 195.
20) 『신종실록(神宗實錄)』, pp. 151~153, 1009, 1040, 1465; 『대명회전(大明會典)』 52권, pp. 5~6.
21) 『작중지(酌中志)』 16권, p. 112; 『신종실록(神宗實錄)』, pp. 95~96, 2990, 4948.
22) 『신종실록(神宗實錄)』, pp. 229~230; Needham. J., *Science and Civilization in China*, vol. 3, Cambridge, 1954, pp. 425~426.
23) 『신종실록(神宗實錄)』, pp. 2, 279, 606, 774, 1737; 『작중지(酌中志)』 7권, p. 30; 『춘명몽여록(春明夢餘錄)』 6권, p. 13; 『완서잡기(宛署雜記)』, p. 179.
24) 『신종실록(神宗實錄)』, pp. 520, 778~779, 1399; 『명사기사본말(明史紀事本末)』 61권, p. 661.
25) 『춘명몽여록(春明夢餘錄)』 6권, pp. 15~17; *Taxation and Governmental Finance*, 8장, pp. 256, 359 이하 참조.
26) Hucker, *The Traditional Chinese State in Ming China, 1368-1644*, Tucson, Ariz., 1961, pp. 11, 31, 56; "Governmental Organization of the Ming China", *Harvard Journal of Asiatic Studies*, vol. 21, 1958, pp. 25~26. 『신종실록(神宗實錄)』; pp. 186, 392, 3415, 4172 등 참조.
27) 『춘명몽여록(春明夢餘錄)』 6권, p. 60; 『작중지(酌中志)』 16권, p. 98; 22권, p. 198; 정이(丁易), 『명대특무정치(明代特務政治)』; 『야획편(野獲編)』 6권, pp. 35~36 등 참조.
28) 『명사(明史)』 300권, p. 3367; 『신종실록(神宗實錄)』 pp. 838, 1449; 『장거정서독(張居正書牘)』 4권, p. 18; *Taxation and Governmental Finance*, pp. 153, 296 참조. 이와 같은 기록을 통해서 볼 때, 이위 사건의 폭로와 처리 등은 장거정이 막후에서 주도한 것이었다.
29) 『신종실록(神宗實錄)』, pp. 618, 628, 685~686, 726, 1461~1462, 1753, 1761, 1784.
30) 『춘명몽여록(春明夢餘錄)』 13권, pp. 2, 23; 28권, p. 30; 25권, p. 1; 49권, pp. 1~4; 『작중지(酌中志)』 16권, p. 97; 『야획편(野獲編)』 2권, p. 46.
31) 『신종실록(神宗實錄)』, pp. 810~811, 814~815, 1017, 1023, 1043~1044, 1051~1053; 『명사(明史)』 229권 및 『명대명인전(明代名人傳)』 「유태(劉台)」조 참조.
32) 『춘명몽여록(春明夢餘錄)』 6권, p. 51; Hucker, *Traditional State*, pp. 8~9, 13; Hucker, "Governmental Organization", p. 28.
33) 『국조헌징록(國朝獻徵錄)』 3권, p. 47.
34) Hucker, "Governmental Organization", p. 29; 두내제(杜乃濟), 『내각제도(內閣制度)』, pp. 197~198; 등지성(鄧之誠), 『중화이천년사(中華二千年史)』 5권 상, pp. 164~170.
35) 『신종실록(神宗實錄)』, p. 933. 왕세정은 일찍이 이런 방법을 비평했다(『가정이래내각수보전(嘉靖以來內閣首輔傳)』을 참조).

36) 『명사(明史)』 304권, pp. 3417~3418; 『태조실록(太祖實錄)』, p. 1848; 『신종실록(神宗實錄)』, p. 2821 등 참조. 환관이 세금 징수에 관여하게 된 것은 *Taxation and Governmental Finance*, p. 47 참조.
37) 『작중지(酌中志)』 13권, pp. 67~68; 16권, pp. 97, 101; 19권, p. 161; 22권, p. 193; 23권, p. 301.
38) 『명사(明史)』 213권, p. 2479; 309권, p. 3422; 305권, p. 3427; 『국조헌징록(國朝獻徵錄)』 17권, p. 65; 『작중지(酌中志)』 5권, p. 29.
39) 『대명회전(大明會典)』 11권, p. 2.
40) 『신종실록(神宗實錄)』, pp. 1473~1476, 1524~1525, 1506; 『명사(明史)』 213권, p. 2480; 225권, p. 2595; 『국조헌징록(國朝獻徵錄)』 17권, p. 65; 『작중지(酌中志)』 5권, p. 29.
41) 『신종실록(神宗實錄)』, pp. 1480~1486, 1490~1491, 1501~1502, 1506 ~1507; 『명사(明史)』 243권.
42) 『신종실록(神宗實錄)』, pp. 1476, 1555, 1586, 1640; 『국조헌징록(國朝獻徵錄)』 17권, p. 85; 『장거정서독(張居正書牘)』 4권, p. 16; 6권, p. 17.
43) 『명사(明史)』 213권, p. 2481; 『신종실록(神宗實錄)』, pp. 1051, 1586, 1631 ~1632, 1640; 『국조헌징록(國朝獻徵錄)』 17권, p. 88; 주동윤(朱東潤), 『장거정대전(張居正大傳)』의 관련 부분 참조.
44) 『신종실록(神宗實錄)』, pp. 1430, 2528, 2556; 『명사(明史)』 114권, p. 2483; 『작중지(酌中志)』 22권, p. 196.
45) 『신종실록(神宗實錄)』, pp. 2052~2054, 2081~2083; 『명사(明史)』 114권, p. 483; 305권, p. 3428; 『작중지(酌中志)』 5권, p. 29; 『명사기사본말(明史紀事本末)』 61권, p. 666. 장거정이 만력제를 회개하도록 책망하는 내용의 두 건의 주소(奏疏)가 『장문충공문집(張文忠公文集)』, 『황조경세문편(皇朝經世文編)』 326권 등에 수록되어 있다.
46) 『대명회전(大明會典)』 46권, pp. 24~36; 『신종실록(神宗實錄)』, p. 2276; Hucker, "Governmental Organization", p. 10 참조.
47) 『완서잡기(宛署雜記)』, p. 125.
48) 『춘명몽여록(春明夢餘錄)』 6권, p. 61; 『완서잡기(宛署雜記)』, pp. 77~78; 『작중지(酌中志)』 16권, p. 114.
49) 『명사(明史)』 114권, p. 1483; 『선발지시(先拔志始)』, p. 1; 『신종실록(神宗實錄)』, pp. 2332, 2364, 2373, 2389, 2397; 『광종실록(光宗實錄)』, p. 1. 왕씨는 1582년 양력 7월 3일 공비로 책봉되었고 8월 28일 상락을 낳았다.
50) 『신종실록(神宗實錄)』, pp. 2321, 2329, 2334~2335; 『국조헌징록(國朝獻徵錄)』 17권, pp. 100~101; 『명사(明史)』 213권, p. 2482.
51) 『신종실록(神宗實錄)』, p. 2797; 『작중지(酌中志)』 22권, pp. 186~187, 196.
52) 『작중지(酌中志)』 1권, pp. 1~2; 『신종실록(神宗實錄)』, pp. 3683~3684, 4104.
53) 『선발지시(先拔志始)』, pp. 1, 2, 27; 『야획편(野獲編)』 3권, p. 39.

54) 『신종실록(神宗實錄)』, p. 2404.
55) 『작중지(酌中志)』 16권, p. 112.
56) 『명사(明史)』 219권, p. 2534; 『국조헌징록(國朝獻徵錄)』 17권, p. 104; 『명대명인전(明代名人傳)』 「장사유(張四維)」조 참조.
57) 『신종실록(神宗實錄)』, pp. 2378, 3530, 2732; 『명사(明史)』 77권, p. 819; 『인림속기(湮林續紀)』, p. 30; *Taxation and Governmental Finance*, p. 301.
58) 『신종실록(神宗實錄)』, pp. 2435, 2436, 2438, 2440, 2454, 2460; 『명대명인전(明代名人傳)』 「장사유(張四維)」조 참조.
59) 『국조헌징록(國朝獻徵錄)』 17권, p. 75.
60) 『신종실록(神宗實錄)』, p. 1884.
61) 능묘와 관련된 상세한 정황은 이 책 4장 참조.
62) 『신종실록(神宗實錄)』, pp. 2520~2522.
63) 『신종실록(神宗實錄)』, pp. 2442, 2451, 2471, 2489, 2393.
64) 『신종실록(神宗實錄)』, p. 2438.
65) 『작중지(酌中志)』 5권, pp. 29~30; 『명사(明史)』 305권, p. 3428.
66) 『신종실록(神宗實錄)』 pp. 2436, 2438, 2473; 『명사(明史)』 305권, p. 3428. 풍보가 수만 금을 축적했다는 사실에 관해서는 왕세정(王世貞), 『엄주사료후집(弇州史料后集)』에 기록되어 있고, 부의릉(傅依凌), 『명청 시대 상인의 상업자본(明淸時代商人之商業資本)』, pp. 23~24에 인용되어 있다.
67) 『신종실록(神宗實錄)』 p. 2440.
68) 『신종실록(神宗實錄)』 pp. 2607, 2814, 3117.
69) 『국조헌징록(國朝獻徵錄)』 17권, p. 89.
70) 『명사(明史)』 305권, p. 3428.
71) 고공의 『병탑유언(病榻遺言)』은 『기록회편(紀錄滙編)』에 있다. 『사고전서총목제요(四庫全書總目提要)』에는 "다른 사료를 근거로 검토해보았을 때 신뢰성이 없다"고 그 내용을 요약하고 있다(「자부(子部) 소설가존목(小說家存目)」 1, 27권, p. 2929 참조).
72) 고공 자신이 장거정과의 충돌에 관해 서술했는데, 그 내용이 『병탑유언(病榻遺言)』, p. 32에 보인다. 『국조헌징록(國朝獻徵錄)』 17권, p. 23; 『명사(明史)』 213권, pp. 2478~2479; 『명사기사본말(明史紀事本末)』 61권, p. 654 참조. 고공의 면직 경위에 관해서는 『신종실록(神宗實錄)』, p. 34에 보인다. 신시행이 그날 이 일을 목격했다. 『사한당집(賜閑堂集)』 40권, p. 22에서 신시행은 고공의 교만함과 풍보의 악독함을 모두 비판하고, 그 죄를 장거정에게 돌리지는 않았다.
73) 『신종실록(神宗實錄)』, pp. 332, 338, 356, 2494. 이 일은 고공의 『병탑유언(病榻遺言)』 가운데 상세히 설명되어 있다. 이 책 pp. 37~42를 참조할 것. 『국조헌징록(國朝獻徵錄)』, pp. 17, 24, 39; 『명사(明史)』 213권, p. 2478; 214권, p. 2487; 305권, p. 3428; 『사한당집(賜閑堂集)』 40권, p. 23. 사료에 의하면 장거정이 간접적으로 사건과 관련되어 있었던 것 같다. 고공의 묘지명은 곽정역(郭正域)이 찬한 것인데, 『국조헌징록(國朝獻

徵錄)』17권, pp. 26~40에 보인다.
74) 『신종실록(神宗實錄)』, pp. 2440, 2460, 2509, 2610, 2713~2714, 2756~2759, 2771, 2778~2779, 2797~2798, 2802, 2805, 2816~2817, 2819.
75) 명대 '추장'의 절차에 관해서는 *Taxation and Governmental Finance*, pp. 247~249 참조.
76) 『명사(明史)』213권, p. 2482; 『국조헌징록(國朝獻徵錄)』17권, p. 104; 『명사기사본말(明史紀事本末)』61권, p. 668.
77) 『신종실록(神宗實錄)』, pp. 2756~2759, 2771, 2819.
78) 『신종실록(神宗實錄)』, pp. 2778, 2796, 2801, 2859, 2975; 『명대명인전(明代名人傳)』, pp. 1109~1110 참조.
79) 『신종실록(神宗實錄)』, p. 3491.

2장 수보 신시행

1) 『신종실록(神宗實錄)』, p. 611.
2) 『목종실록(穆宗實錄)』, pp. 1597~1598; 『신종실록(神宗實錄)』, pp. 153, 927, 1435, 9877; 『국조헌징록(國朝獻徵錄)』17권, p. 145; 『명사(明史)』218권 및 『명대명인전(明代名人傳)』, p. 1118은 다만 신시행이 한림원의 관리로 재직한 사실만을 기록하고 있고, 그와 만력제와 사이에 장기간에 걸쳐 사제관계가 있었다는 사실을 말하고 있지 않다.
3) 만력제가 신시행에게 예물을 하사한 내용이 『신종실록(神宗實錄)』, pp. 3458, 3473, 3549, 3565 등에 여러 차례 기재되어 있다.
4) 『대명회전(大明會典)』52권, pp. 1~5; 『춘명몽여록(春明夢餘錄)』9권, pp. 1~22; 32권, pp. 11~18.
5) 경연과 관련된 이야기들은 『춘명몽여록(春明夢餘錄)』9권에서 참고할 수 있다. 본문에 서술된 것은 경연의 일반적인 모습에 관한 것으로서 어떤 것은 만력 조정 이후에 발생한 것도 있는데, 황제가 자세를 고쳐 앉은 것은 숭정제 시대의 일이며 당시의 강관은 문진맹(文震孟)이었다.
6) 『춘명몽여록(春明夢餘錄)』9권, pp. 8~10.
7) 『신종실록(神宗實錄)』, pp. 336~337, 342, 3669; 정효(鄭曉), 『금언(今言)』147권, p. 14; 『춘명몽여록(春明夢餘錄)』9권, pp. 8~9; 『예문정공연보(倪文正公年譜)』4권, pp. 25~26; De Bary, *Self and Society in Ming Thought*, New York, 1970, p. 441.
8) 정덕제가 강관에 대처한 방법은 『계세기문(繼世紀聞)』91권, p. 10을 보면 알 수 있다.
9) 『춘명몽여록(春明夢餘錄)』9권, p. 2; 23권, p. 1; 『진택장어적초(震澤長語摘抄)』125권, p. 10; 팽시(彭時), 『필기(筆記)』126권, p. 8; Hucker, *The Censorial System of Ming China*, Stanford, Calif., 1966, p. 109; "Governmental Organization of the Ming China", *Harvard Journal of Asiatic Studies*, vol. 21, 1958, p. 22. 내각의 직무에 관해서는 Huang,

Ray, *Taxation and Governmental Finance in Sixteenth-Century Ming China*, Cambridge, 1974, p. 7에서도 다루고 있다.

10) 예를 들어 이 책 7장에서 언급한 경정향 같은 이도 조조(早朝)를 고통스럽게 생각했다(『명유학안(明儒學案)』 35권 참조).
11) 『용당소품(涌幢小品)』 1권, p. 19의 기사는 비록 만력제 시대의 일을 기술하고 있는 것은 아니지만, 이런 사정은 보편적인 현상에 속했다.
12) 『신종실록(神宗實錄)』, p. 3718.
13) 『신종실록(神宗實錄)』, pp. 3328, 3418, 3460, 3572.
14) 『신종실록(神宗實錄)』, pp. 3333~3336.
15) 『신종실록(神宗實錄)』, pp. 3369, 3376, 3441.
16) "王師未奏姜居捷, 農扈誰占大有年, 袞職自愧無寸補, 惟應投老賦歸田", 『사한당집(賜閑堂集)』 4권, p. 8.
17) "上下否隔, 中外睽携, 自古國家未有如此而能長治久安者", 『황명경세문편(皇明經世文編)』 380권, p. 11.
18) 『신종실록(神宗實錄)』, pp. 3633~3634.
19) 『신종실록(神宗實錄)』, pp. 2531, 3032; 『명사(明史)』 219권, p. 2534.
20) 『국조헌징록(國朝獻徵錄)』 17권, pp. 83~107; 『명사(明史)』 218권, pp. 2525~2526; 『사한당집(賜閑堂集)』 19권, p. 5에 의하면 신시행도 스스로 다른 사람들과 쉽게 친해지는 성격을 지니고 있다고 평가하고 있다.
21) 『세종실록(世宗實錄)』, pp. 8366, 8369.
22) 『국조헌징록(國朝獻徵錄)』 17권, pp. 83, 145; 전목(錢穆), 『국사대강(國史大綱)』, p. 493은 일찍이 한림원의 기능에 관해서 서술한 바 있다.
23) 『신종실록(神宗實錄)』, pp. 3392~3393.
24) 『황명경세문편(皇明經世文編)』 380권, p. 10.
25) Hucker, "Governmental Organization", p. 19; *Censorial System*, pp. 34~35.
26) 문관의 정원은 『금언(今言)』 15권, p. 41 및 16세기 상반기 경관(京官)에 관한 각종 보고와 기타 기록들로부터 계산된 것이다.
27) 관원들의 관복에 관해서는 『대명회전(大明會典)』 61권, pp. 12~13을 참조. 신시행이 이무기 문양을 하사받은 내용은 『신종실록(神宗實錄)』, p. 2449에 보인다.
28) 하병체(何炳棣), *The Ladder of Success*; Hucker, "Governmental Organization", pp. 13~15. *Traditional State*, pp. 15~16 등을 참고할 것.
29) 『대명회전(大明會典)』 6권, p. 11.
30) 『신종실록(神宗實錄)』, pp. 3296~3298.
31) 『치세여문(治世餘聞)』 89권, pp. 2, 7.
32) 『신종실록(神宗實錄)』, p. 2871.
33) "不肖者, 猶知忌憚, 而賢者, 有所依歸", 『황명경세문편(皇明經世文編)』 380권, pp. 10~11.

34) 『사우예총설적초(四友裔叢說摘抄)』 178권, p. 92.
35) 『헌종실록(憲宗實錄)』, p. 1499; 『일지록집석(日知錄集釋)』 3권, p. 85.
36) *Taxation and governmental Finance*, pp. 60, 64.
37) 『대명회전(大明會典)』 12권, p. 13; 『춘명몽여록(春明夢餘錄)』 14권; Hucker, "Governmental Organization", pp. 15~16.
38) 『신종실록(神宗實錄)』 pp. 2645~2646, 2711; 『명사(明史)』 243권, p. 2764. 『명대명인전(明代名人傳)』「추원표(鄒元標)」조는 추원표가 사직한 것은 신시행에게 잘못 보였기 때문이라고 하고 있는데, 이는 『명사(明史)』나 기타의 자료들과 일치되지 않는다(『신종실록(神宗實錄)』 p. 2712 참조).
39) 『신종실록(神宗實錄)』, p. 3435.
40) "머뭇거리며 앞뒤를 살펴볼 뿐 결단하지 못한다(首尾兩端)"는 비판은 본래 『사한당집(賜閑堂集)』에 실려 있었는데, 여기서는 사국정(謝國楨), 『당사운동고(黨社運動考)』, p. 28에서 다시 인용했다.
41) 『국조헌징록(國朝獻徵錄)』 17권, p. 67; 『사한당집(社閑堂集)』 40권, p. 21; 『명사(明史)』 213권, p. 2479.
42) 『일지록집석(日知錄集釋)』 3권, pp. 62~63; *Taxation and Governmental Finance*, p. 155.
43) 『천하군국이병서(天下郡國利病書)』 6권, p. 89; *Taxation and Governmental Finance*, p. 147.
44) 『장거정서독(張居正書牘)』 3권, p. 21.
45) 『해서집(海瑞集)』 48권, p. 9; *Taxation and Governmental Finance*, p. 152, p. 185.
46) 장거정의 집정에 관해서는 『명대명인전(明代名人傳)』; 『명사(明史)』 213권; 『명사기사본말(明史紀事本末)』 61권; 주동윤(朱東潤), 『장거정대전(張居正大傳)』; 당신(唐신), 『장거정신전(張居正新傳)』 등 참조.
47) 『신종실록(神宗實錄)』, p. 442.
48) 『장거정서독(張居正書牘)』 1권, p. 9; 2권, p. 5; 3권, p. 22; 4권, p. 15; 5권, p. 7.
49) 『장거정서독(張居正書牘)』 6권, pp. 21~23.
50) 『장거정서독(張居正書牘)』 2권, p. 17.
51) 『장거정서독(張居正書牘)』 2권, p. 16.
52) 신시행의 이와 같은 태도는 그의 편지 속에 반영되어 있다. 『황명경세문편(皇明經世文編)』 380권, pp. 10~11; 381권, p. 9 참조; 『장거정서독(張居正書牘)』 2권, p. 16.
53) 『명사(明史)』 110권, pp. 1376~1379; 『신종실록(神宗實錄)』, p. 4100.
54) 『신종실록(神宗實錄)』, pp. 2511, 2514, 2517, 2618, 2653, 2747~2748, 2751~2754, 2806~2807, 2986~2989.
55) 『국조헌징록(國朝獻徵錄)』 17권, p. 69, 75, 87, 94; *Taxation and Governmental Finance*, p. 299.
56) 『황명경세문편(皇明經世文編)』 324권, pp. 22~24; 『신종실록(神宗實錄)』, pp.

3084~3085.
57) 『신종실록(神宗實錄)』, pp. 3395, 3456; 『명사(明史)』 285권, p. 2597; 사국정(謝國楨), 『당사운동고(党社運動考)』, pp. 29~30; 『춘명몽여록(春明夢餘錄)』, pp. 34, 55.

3장 장거정 없는 시대

1) 아래에서 서술할 만력제와 신하들 사이의 대립에 관해서는 관련된 통사나 전문 서적들이 이미 다룬 바 있는데, 예를 들어 맹삼(孟森), 『명대사(明代史)』 제5장, 「만력지황태(萬曆之荒怠)」; 전목(錢穆), 『국사대강(國史大綱)과 같은 책은 한 인간의 과실로서보다는 제도적인 문제로 이해했고, 동시에 고염무(顧炎武)의 의견을 받아들여 명 말의 도덕적 해이를 지적했다(2책, pp. 501~502 참조할 것). 사실 장기간에 걸친 도덕의 와해는 사회 현상과 사회 조직 제도 사이의 불일치를 말해주고 있다. 『명대명인전(明代名人傳)』「주익균(朱翊鈞)」조를 참조할 것.

2) 복왕의 장전(莊田)에 관해서는 학자들 사이에 상당한 오해가 있었다. 당시 만력제는 영을 내려 호광(湖廣), 산동(山東), 하남(河南) 세 성의 토지 4만 경(頃)을 복왕의 장전으로 삼았다. 4만 경은 4백만 무(畝)에 해당하여 전국 경작지의 1%에 달하고, 수십만 명이 먹고살 수 있는 면적이다. 만약 한 사람이 점거했다면 놀랄 만한 일이 아닐 수 없다. 이런 전지에 대한 전통적 봉건주의 통제 방식에 따를 것 같으면, 복왕은 필시 봉토를 층층으로 나누어 각급 친신에게 나누어 관리하게 했을 것이다. 예를 들어 일본의 중세 대지주의 각개 장원이 무사들에 의해 관리된 것과 같은 것이다. 한 개인이 대량의 경작지와 농민을 점유하고 있으려면 반드시 사적인 병력과 법정을 가지고 있어야 할 것이다. 그렇지 않으면 효과적으로 토지를 관리할 수 없기 때문이다. 이런 권력들은 통상 위로부터 아래에 이르기까지 각 세대로 계승되었다.
그러나 복왕은 이런 권력을 결코 소유하지 못했다. 분명한 사실은 복왕이 이자성의 난을 당했을 때 결코 자신의 무력을 조직하여 효과적으로 저항하지 못한 것은 물론, 일련의 사태에 속수무책으로 포로가 될 수밖에 없었다는 것이다.
따라서 연구자들은 명문 기록을 액면 그대로 받아들여서는 안 되고 자료를 꿰뚫어 진상을 철저히 조사하지 않으면 안 될 것이다.
만력제가 4백만 무를 복왕의 장전으로 내려주었다는 것은 단지 조정 신하들이 왈가왈부한 것에 지나지 않는다. 갑론을박 후에 만력제는 2만 경을 내려주었고, 복왕 자신은 여러 차례 걸쳐 고사했다. 그러나 만력제가 진정으로 복왕을 위하여 준비한 것은 토지가 아니라 전금[佃金, 소작료]이었다. 명초 하남 지방은 땅은 넓고 사람은 드문 곳이어서, 이후 민간인이 개간하여 늘어난 경작지는 백지(白地)라 불렸고 그 소유권에 관해서 자주 문제가 발생했다. 지방관들도 이런 경작지에서 거두어들인 부세를 일반 전부(田賦)에 포함시키지 않았고, 또한 관전(官田)의 지조(地租)라고 보기도 힘들었다. 산동에서는 황하 물길의 변천에 따라 매몰된 후 재개발된 전지와 관련하여 역시 사정이 복잡했다. 호광(湖廣)

주 523

의 경우에는 하천과 호수가 많았는데, 과거의 호수나 소택지가 우전[圩田], 하천이나 호수 주변의 저습지를 제방을 쌓아 경작지로 만든 것]이 되었고, 하천 주변의 단지 노과(蘆課)만을 징수하던 척박한 토지도 우수한 경작지가 되는 추세를 보였다. 이외에도 각 성에는 몰수당한 장전 등이 아직 존재하고 있어서, 사정이 극히 복잡했다. 이런 토지의 부세 수입은 전적으로 지방관의 사적 수입이 되는 것도, 역으로 공개되어 전부 관에 귀속되는 것도 아니었다. 만력제의 의도는 세 성(省)의 지방관이 이런 종류의 수입 가운데서 매년 46,000냥을 복왕부의 수입으로 넘기도록 하려는 것이었다. 그러나 1617년 호광 관리들은 3,659냥만 감당하겠다고 했다. 복왕 자신은 각지에서 올라오는 보고를 일찍부터 믿지 못하여 사람을 파견하여 하남성 각지의 전토를 측량하게 했고, 그 결과 그곳의 관민과 충돌을 일으키기도 했다.『신종실록(神宗實錄)』, pp. 9771, 9773, 9825, 9881, 9901, 9920, 9924, 9942, 9946, 9957, 10089, 10339, 10526, 10611 참조할 것.

3)『신종실록(神宗實錄)』, pp. 4212, 4216, 4219, 4225~4233, 4236~4243.
4)『신종실록(神宗實錄)』, pp. 4274, 4319.
5)『신종실록(神宗實錄)』, pp. 4419~4420.
6)『신종실록(神宗實錄)』, pp. 4440~4441.
7)『신종실록(神宗實錄)』, pp. 4451~4454, 4457~4458, 4461~4463;『명사(明史)』 218권, p. 2526의 기사가 대체로 정확하다. 신시행 자신의 해석은『사한당집(賜閑堂集)』 40권, p. 9에 상세히 기록되어 있다.
8) 본장의 설명 외에『신종실록(神宗實錄)』, pp. 4457~4470, 4777~4781, 4787~4788, 4949~4953, 4957~4959, 4963~4968, 4982~4985, 6765, 6772, 6787, 6789 참조.
9)『황명조훈(皇明祖訓)』, p. 28.
10)『명사(明史)』 113권, pp. 1472, 1475; 114권, p. 1481.
11) 사국정(謝國楨),『당사운동고(党社運動考)』, p. 21도 이 문제를 제기하고 있다. 왕석작의 상소도 정씨에게 허물이 있다고 인정하고 있다.『신종실록(神宗實錄)』, p. 4957 참조.
12) 낙우인(雒于仁)의 상소가 대표적이다.『신종실록(神宗實錄)』, pp. 4086, 4098 참조.
13)『명사기사본말(明史紀事本末)』 66권, p. 718; 67권, pp. 743~746.
14)『명사기사본말(明史紀事本末)』 67권, p. 775 참조. 이와 같은 소문은 사실이냐의 여부와는 상관없이 많은 사서에 기록되어 있는데,『명사(明史)』 114권, p. 1483에는 왕씨가 "처음에 자녕궁(慈寧宮) 궁인이 되어 성장했다. 황제가 자녕궁을 지나다가 사사로이 드나들어 임신하게 되었다"라고 기록되어 있다.
15)『선발지시(先拔志始)』, p. 2;『명사(明史)』 114권, p. 1483; 사국정(謝國楨),『당사운동고(党社運動考)』 17권, p. 19; 맹삼(孟森),『명대사(明代史)』, p. 292 등에 일찍이 인용되었다.
16)『명사기사본말(明史紀事本末)』 67권, p. 743; 사국정(謝國楨),『당사운동고(党社運動考)』, p. 21; 맹삼(孟森),『명대사(明代史)』, p. 293;『명대명인전(明代名人傳)』, p. 210.

17) 오함(吳晗), 『주원장전(朱元璋傳)』;『명대명인전(明代名人傳)』「주원장(朱元璋)」조.
18) Huang, *Taxation and Governmental Finance*, pp. 315~316, 321.
19) *Taxation and Governmental Finance*, pp. 152, 185, 219, 235 참조. 이런 방식은 청대에도 그대로 이어져서, '누규(陋規)'라고 불렸다. Ch'u, T'ung-tsu(瞿同祖)의 *Local Government*, p. 26 참조.
20) 『해서집(海瑞集)』, p. 40.
21) 『국조헌징록(國朝獻徵錄)』 17권, pp. 155~156; 『담원집(澹園集)』 18권, p. 6.
22) 『춘명몽여록(春明夢餘錄)』 34권, p. 55; 사국정(謝國楨), 『당사운동고(党社運動考)』, p. 31; 『명사(明史)』 220권, p. 2546; 231권, p. 2647; 『신종실록(神宗實錄)』, pp. 3432~3435; 『명대명인전(明代名人傳)』, p. 739.
23) 『명대명인전(明代名人傳)』「주체(朱棣)」조.
24) 『명대명인전(明代名人傳)』「주기진(朱祁鎭)」, 「주기옥(朱祁鈺)」조.
25) 이 점은 아직 역사가의 주목을 받고 있지 못한 것 같다. 『신종실록(神宗實錄)』 전부를 열람하면서 특별히 만력제와 신시행 사이의 대화에 주의를 기울이면 이와 같은 인상을 찾아낼 수 있다.
26) 이 책 1장 장거정이 글쓰기 연습을 막았던 일과, 제4장 신시행이 내조(內操)의 서술을 그만둘 것을 권했던 사실을 참조할 것.
27) 『신종실록(神宗實錄)』, p. 9746; Samedo, *History*, pp. 78~84; Gouveia, *Journal*, 제17장.
28) 『신종실록(神宗實錄)』, p. 9758.
29) 당시의 신부 Diego de Pantoja와 Sabatino de Ursis가 조정에 상주문을 올렸다(Gouveia, *Journal*, 제203절 참조). 학자들은 Samedo나 Gouveia가 동일한 자료를 사용했다고 믿고 있다. 그 자료는 1614년의 *Carta Annua*일 것이다. 이 문제에 관한 깊은 연구를 원하는 사람은 포르투갈 Ajuda 도서관에 소장된 문건과 로마 천주교의 당안(檔案) 자료를 참조할 것.
30) 환관과 더불어 은전 던지기 놀이를 한 것은 『작중지(酌中志)』 16권, p. 115에 기록되어 있다. 만력제가 아편을 흡식했다는 설에 관해서 고증한 것으로는 등지성(鄧之誠), 『중화이천년사(中華二千年史)』와 여동방(黎東方), 『세설명조(細說明朝)』 등이 있다. 그러나 필자는 일차 자료 가운데서 이 문제를 입증해줄 기록을 아직 보지 못했다. 이 문제는 의약사(醫藥史)와 관계가 있어서 신중한 접근이 요구된다.
31) 『명사(明史)』 16권, p. 113; 『황명경세문편(皇明經世文編)』 53권, p. 5; 『세설명조(細說明朝)』, p. 293.
32) 『무종실록(武宗實錄)』, pp. 742, 1981, 2807; 『명사(明史)』 307권, p. 3471.
33) 『무종실록(武宗實錄)』, pp. 2348, 2807, 3471, 3473, 3960.
34) 『무종실록(武宗實錄)』, p. 2027; 『명사(明史)』 186권, p. 2172; 307권, p. 3471.
35) 『명사기사본말(明史紀事本末)』 43권; 『명사(明史)』 304권; 『황명경세문편(皇明經世文編)』 97권, pp. 7~8; 113권, pp. 9~11.

36) 정덕제가 바옌 멍케를 친정한 사실은 『명사(明史)』 16권, p. 114; 215권, p. 3762; 『무종실록(武宗實錄)』, pp. 2937, 2951, 2968, 2970에 기록되어 있다. 『명대명인전(明代名人傳)』「바옌 멍케(伯顏孟可)」조의 관련 기록과 『무종실록(武宗實錄)』, pp. 2969~2970의 기록은 서로 일치되지 않는다.
37) 『무종실록(武宗實錄)』, pp. 3028~3030.
38) 『무종실록(武宗實錄)』, pp. 3035~3042.
39) 명군이 이 전역에서 입은 손실에 관해서는 『무종실록(武宗實錄)』, p. 2970에 "사망 52명, 중상 563명"이라고 기록되어 있다. 『명사(明史)』 307권, p. 3471에는 "사망 수백 인"이라고 되어 있다.
40) 『무종실록(武宗實錄)』, pp. 3151, 3463; 『명사(明史)』 190권, p. 2220; 『국조헌징록(國朝獻徵錄)』 15권, pp. 10, 51.
41) 『무종실록(武宗實錄)』, pp. 3215, 3305.
42) 『무종실록(武宗實錄)』, pp. 3160~3161, 3198, 3208; 『명사(明史)』 190권, p. 2220.
43) 『무종실록(武宗實錄)』, pp. 3271, 3404, 3471; 『명사(明史)』 307권, p. 3472; 『황명경세문편(皇明經世文編)』 171권, pp. 1~9. 그 밖에 『명사(明史)』 179권, p. 2102; 『계세기문(繼世紀聞)』 95권, p. 2 참조
44) 『무종실록(武宗實錄)』, p. 3285; 『명사(明史)』 307권, p. 3472; 『계세기문(繼世紀聞)』 95권, p. 2.
45) 『무종실록(武宗實錄)』, pp. 3318~3322, 3324~3326, 3329~3330, 3332~3344, 3347, 3352~3354, 3363. 『명사(明史)』 16권, pp. 114, 115. 장을 맞고 사망한 자의 수는 사적의 기록에 따라 각각 다르다. 또한 강빈이 비밀 경찰과 경위군을 장악하고 있었다는 사실은 『계세기문(繼世紀聞)』 96권, pp. 1~2에 기록되어 있다.
46) 『무종실록(武宗實錄)』, pp. 3602, 3606; 『명사(明史)』 16권, p. 115.
47) 문인을 중시하고 무인을 경시하는 풍조에 대해서 만력제는 일찍이 불만을 표시했다. 『무종실록(武宗實錄)』, p. 4187을 참조할 것. 전목(錢穆), 『국사대강(國史大綱)』 2책, p. 502도 이런 현상을 지적한 바 있다. 정덕제의 태도에 관해서는 여동방(黎東方), 『세설명조(細說明朝)』, p. 293도 동정적으로 기록하고 있다.
48) 정덕제가 등극할 때 세 사람의 대학사는 유건(劉健), 이동양(李東陽), 사천(謝遷)이었다『명사(明史)』 109권, p. 1372). 『명대명인전(明代名人傳)』도 이 3인에 관한 전기를 전해주고 있다.
49) 『명사(明史)』 190권, p. 2217; 307권, p. 3472; 『세종실록(世宗實錄)』, pp. 122~123에는 황금 10만 냥, 은 4백만 냥을 몰수했다고 기록되어 있다. 이 숫자는 너무 엄청나서 믿기가 어렵다.
50) 만력제는 중년 이후 더욱 소극적으로 변했고, 불교와 도교의 경전에 빠졌다. 『신종실록(神宗實錄)』, pp. 6107~6108 참조. 만력제의 성격에 관해서 다른 의견을 가진 사람은 녹선계(鹿善繼)이다. 이 사람은 호부 관원이 되어 만력제의 금화은(金花銀)을 남겨 요동 군비로 충당했다가 강등되어 외직으로 쫓겨난 인물이었다. 녹선계(鹿善繼), 『인진초

526

(認眞草)』 1권, p. 10를 참조할 것.
51) 이런 사실은 『사한당집(賜閑堂集)』의 문장의 행간에서 분명하게 알 수 있다. 예를 들어 40권, p. 7 등을 참조할 것.
52)3) 『신종실록(神宗實錄)』, pp. 2402, 2795, 2870, 2929, 2981, 3147, 3215, 3241, 3463.
53) 『신종실록(神宗實錄)』, pp. 3664~3668, 3680, 3690~3691.
54) 『신종실록(神宗實錄)』, p. 2772.

4장 산 조종(祖宗)

1) 『신종실록(神宗實錄)』, pp. 9805, 9863~9864; 『사한당집(賜閑堂集)』 6권, pp. 30~31. 신시행은 그후 오래지 않아 세상을 떠났다는 사실이 『신종실록(神宗實錄)』, p. 9877에 보인다. 『명사(明史)』 218권, p. 2526에 보이는 "[만력] 42년 시행의 나이 80세 때 황제가 사람을 보내어 문안케 하였다. 조서(詔書)가 문전에 도착하자 세상을 떠났다"는 간략한 기록이 있다.
2) 『사한당집(賜閑堂集)』 2권, pp. 1, 4, 5; 5권, p. 1의 여러 시는 모두 이러한 종류의 작품이다.
3) 신시행의 황하 수해에 대한 서술 및 반계순의 황하 치수의 이론은 『신종실록(神宗實錄)』, p. 3799에 보인다. 반계순에 대한 반대 이론은 『명사(明史)』 83권, 84권, 223권 및 잠중면(岑仲勉)의 『황하변천사(黃河變遷史)』를 참조할 것. Needham, *Science and Civilization in China*, 제4권, 제3장, pp. 229, 237, 325, 344에 생생히 기록되어 있다. 『명대명인전(明代名人傳)』 중의 반계순과 유대하(劉大夏)에 관한 전기도 참고해야 한다.
4) 반계순이 하도를 총감독하고 또 공사를 잘 진행시킨 사실은 『신종실록(神宗實錄)』, pp. 3706, 3722, 3798 ; 『황명경세문편(皇明經世文編)』 375권 및 반계순(潘季馴), 『하방일람(河防一覽)』에 보인다. 신시행이 반계순을 신뢰하고 있었다는 사실은 『사한당집(賜閑堂集)』 18권, p. 6에 보인다. 황하 치수에 관한 재정 조치는 Huang, *Taxation and Governmental Finance*, pp. 279~281에 보인다.
5) 『명사(明史)』 327권, p. 3769.
6) 『명사(明史)』 327권, p. 3767; 『신종실록(神宗實錄)』, pp. 4173~4174; 『황명경세문편(皇明經世文編)』 381권, p. 21.
7) 『신종실록(神宗實錄)』, pp. 4186~4191.
8) 『신종실록(神宗實錄)』, pp. 4193, 4197~4199, 4253~4254, 4281~4283; 『명사(明史)』 20권, p. 139; 『황명경세문편(皇明經世文編)』 381권, p. 21.
9) 누르하치에 관한 이러한 정황은 『신종실록(神宗實錄)』, pp. 3611~3612에 보인다.
10) 『명사(明史)』 218권, p. 2526; 사국정(謝國楨), 『당사운동고(黨社運動考)』, pp. 16, 28; 『명대명인전(明代名人傳)』, p. 1189.

11) 『신종실록(神宗實錄)』, pp. 3094~3095.
12) 『신종실록(神宗實錄)』, pp. 3117, 2607, 2814 참조.
13) 책비 의식은『大明會典』46권, pp. 26~33에 보인다. 1584년 가을에 정 귀비를 책립한 경과는『신종실록(神宗實錄)』, pp. 2805~2811에 보인다.
14) 『사한당집(賜閑堂集)』1권, p. 12.
15) 정이(丁易),『명대특무정치(明代特務政治)』;『명사(明史)』95권, pp. 993~995;『작중지(酌中志)』16권, p. 104; Hucker, "Governmental Organization", p. 60. 다만 만력제가 명대에 특무를 효과적으로 구사한 군주로 이름이 알려져 있지 아니하였음은 맹삼(孟森),『명대사(明代史)』, p. 287을 참조.
16) 『명사(明史)』95권, p. 995.
17) 『신종실록(神宗實錄)』, pp. 3613~3614.
18) 이세달은『명사(明史)』220권에 전해진다.『명대명인전(明代名人傳)』에서는 이사달(李士達)로 잘못 표기하였다.
19) 『신종실록(神宗實錄)』, pp. 3828, 3833~3837, 3840~3844, 3846, 4103;『명사(明史)』305권, pp. 3427. 문관과 이 사건과의 관련에 대해서는『명대명인전(明代名人傳)』, p. 50에 보인다. 해당 책에서는 장경(張鯨)을 장경(張黥)으로 잘못 표기하였다.
20) 이 사람은 이기(李沂)였다. 그 내용은『신종실록(神宗實錄)』, pp. 3848, 3971에 보인다.
21) 『사한당집(賜閑堂集)』14권, p. 5; 38권, p. 17; 40권, p. 7.
22) 『신종실록(神宗實錄)』, pp. 2933~2935;『대명회전(大明會典)』84권, pp. 17, 20~22.
23) 『대명회전(大明會典)』84권, p. 21.
24) 천단의 원구가 1530년에 세워졌다는 사실은『대명회전(大明會典)』82권, pp. 22~24;『춘명몽여록(春明夢餘錄)』14권, pp. 1~2에 보인다. 1588년에 개수한 사실은『신종실록(神宗實錄)』, p. 3799에 보인다.
25) 『신종실록(神宗實錄)』, p. 2935.
26) 『신종실록(神宗實錄)』, p. 2935.
27) 『신종실록(神宗實錄)』, p. 2935.
28) 『신종실록(神宗實錄)』, p. 3171.
29) 『신종실록(神宗實錄)』, p. 3012.
30) 이 문제에 관해서는 마테오 리치(Matteo Ricci)가 일찍이 관찰하였다. 그는 "그들[당시의 명조 관료]은 과오를 방임하고 터무니없는 언행을 직접 지탄하지 않았던 것이 고도의 종교적인 태도라고 인식하였다"고 하였다. 그는 또 어떤 글에서 "그들 대다수는 종교상의 신앙을 가지고 있지 않았기 때문에, 신앙심이 있는 체할 때에도 실제로는 극도의 무신론에 빠져 있었다"고 하였다. 이상 *China in the Sixteenth Century*, pp. 98~99, 105 참조. 이 책은 Gallagher의 영역본이 있는데 번역상의 오류가 거론되고 있지만, 아마 1615년의 라틴어 판으로부터 번역한 데 그 이유가 있을 것이다. 필자는 일찍이 동료인

Gianni Azzi 교수에게 의뢰하여 이탈리아어 원본을 구역(口譯)하여 받았지만, 이 양단의 번역문에는 오류가 없었다. 이 양단의 문자는 이탈리아어로 쓰여진 Fonti Ricciane, 제1책, pp. 120, 132에 실려 있다. 그러나 마테오 리치는 당시의 관료가 "과오를 방임한다"고 하는 말의 실제적인 의미를 이해할 수 없었다. 본서 6장에서 척계광이 미신에 사로잡혀 있는 것이 다소 이 문제를 설명해준다.

31) 『신종실록(神宗實錄)』, pp. 2948~2949.
32) 『세종실록(世宗實錄)』, pp. 4598~4630.
33) 『목종실록(穆宗實錄)』, pp. 489~491.
34) 만력제는 1580년에 한 번, 1583년에 두 번, 1584년과 1585년에 각각 한 번씩 선조의 능묘에 참배했다는 사실이 『신종실록(神宗實錄)』, pp. 2498~2501, 2624~2627, 2835~2837, 3010~3011에 보인다.
35) 『황명경세문편(皇明經世文編)』 381권, pp. 10~11.
36) 『신종실록(神宗實錄)』, pp. 2772, 2774, 2794, 2882, 2918, 2937.
37) 만력제는 일찍이 직접 오문의 문루에 올라가 영락제의 창을 받들었다. 『신종실록(神宗實錄)』, p. 942에 보인다.
38) 『황명경세문편(皇明經世文編)』 381권, p. 22; 『국조헌징록(國朝獻徵錄)』 17권, p. 148에 보인다.
39) 『신종실록(神宗實錄)』, p. 2919.
40) 이것은 1588년의 능묘 참배였다. 『신종실록(神宗實錄)』, pp. 3796~3798에 보인다.
41) 『신종실록(神宗實錄)』, pp. 2493, 2498~2501.
42) 『신종실록(神宗實錄)』, pp. 2499, 2614, 2625, 2835, 2837.
43) 1587년의 것이라는 사실이 『신종실록(神宗實錄)』, pp. 3893~3894에 보인다.
44) 『신종실록(神宗實錄)』, p. 2841.
45) 『신종실록(神宗實錄)』, p. 2462.
46) 『사한당집(賜閑堂集)』 40권, p. 17; 『신종실록(神宗實錄)』, pp. 2462, 2847.
47) 유일한 예외로, 1585년 어떤 어사가 한해(旱害) 때문에 공사를 중지하자는 건의를 한 적이 있었다. 그러나 이 건의는 승인되지 않았고 분규도 일어나지 않았다. 『신종실록(神宗實錄)』, p. 2917에 보인다.
48) 당시 풍수 문제로 예부 상서인 서학모(徐學謨)를 사임시키게 되었지만, 실제로는 장거정을 반대했던 감정과 관계 있다. 『신종실록(神宗實錄)』, pp. 2540, 2594, 2616~2618, 2669; 『명사(明史)』 218권, 225권, 236권, 243권에 보인다. 풍수 문제를 배경으로 한 인사 문제는 사국정(謝國楨), 『당사운동고(黨社運動考)』, p. 15; 『명대명인전(明代名人傳)』 「서학모(徐學謨)」 조 참조. 만력제는 대욕산(大峪山)이라는 장소를 자기 자신이 결정한 것이었음을 보여주었기 때문에, 반장거정 집단은 이 문제에 대하여 비판하려고 하지 않았다. 『신종실록(神宗實錄)』, pp. 2983, 3013에 보인다.
49) 이 위원회와 유사한 기구는 『신종실록(神宗實錄)』, p. 2847에 보인다. 참여자는 모두 10명이었다.

50) 『고고통신(考古通訊)』, 1958년 7기, pp. 39~44; 『고고(考古)』, 1959년 7기, p. 358.
51) 『신종실록(神宗實錄)』, p. 2837.
52) 『신종실록(神宗實錄)』, p. 3343.
53) 『신종실록(神宗實錄)』, p. 3474.

5장 해서 — 괴팍한 모범 관료

1) 해서가 죽은 시기는 『해서집(海瑞集)』, p. 599 및 『명대명인전(明代名人傳)』, p. 474의 기록에 근거함. 그러나 『신종실록(神宗實錄)』, p. 3591에는 11월 15일로 기록되어 있다.
2) 『해서집(海瑞集)』, p. 599; 『신종실록(神宗實錄)』, p. 3591; 『명사(明史)』 226권, p. 2604.
3) 『해서집(海瑞集)』, p. 117.
4) 전국 역참의 경영 상황은 소동병(蘇同炳), 『역체제도(驛遞制度)』 참조. 또 Huang, *Taxation*, p. 38에도 상세히 묘사되어 있다. 『대명회전(大明會典)』 145권, p. 46에 1천 정도의 역참 분포 상황이 있다.
5) 호종헌의 아들이 통과한 에피소드는 『명사(明史)』 226권, p. 2602에 보인다. 그런데 이 이야기는 『삼국지연의』의 '분노해서 독우를 매질한다'는 것과 유사한데, 사실인지의 여부는 단정하기 어렵다. 『명대명인전(明代名人傳)』의 「해서(海瑞)」조에는 이 기록이 없다.
6) 『해서집(海瑞集)』, pp. 168~169, 552~553.
7) 『해서집(海瑞集)』, p. 585.
8) 『명사(明史)』 226권, p. 2602. 『해서집(海瑞集)』, p. 587의 기록은 『명사』와 다르다.
9) 『명사(明史)』 226권, p. 2602; 『해서집(海瑞集)』, p. 586; 『국조헌징록(國朝獻徵錄)』 64권, p. 38.
10) 『명사(明史)』 205권, p. 2381; 308권, p. 3490.
11) 『명사(明史)』 72권, p. 743; 225권, p. 2595; 『대명회전(大明會典)』 14권, p. 1; *Taxation*, pp. 16, 266~267, 293.
12) 『명대명인전(明代名人傳)』 「주후총(朱厚熜)」조 참조.
13) 『해서집(海瑞集)』, pp. 217~218; 『황명경세문편(皇明經世文編)』 309권, pp. 1~9. 개괄한 기록은 『명사(明史)』 226권, pp. 2602~2603; 『세종실록(世宗實錄)』, pp. 8919~8925에 보인다.
14) 이 환관은 황금(黃錦)이다. 이 말은 『명사(明史)』 226권, p. 2603; 『해서집(海瑞集)』, pp. 526, 558에 보인다. 또 후자의 pp. 539, 649도 참조할 것. 당시 해서의 가족은 해남도에 있었다. 따라서 황금의 말은 해서를 비호한 것이든가 아니면 이야기 자체가 거짓말일 것이다. 가정제가 해서의 상주에 격노한 것은 『명사(明史)』 226권, p. 2603; 『해서집(海瑞集)』, pp. 558, 588; 『국조헌징록(國朝獻徵錄)』 64권, pp. 29, 33에 보인다.

15) 『명사(明史)』 226권, p. 2603; 『해서집(海瑞集)』, pp. 558, 589, 646~647.
16) 『목종실록(穆宗實錄)』, pp. 215, 285, 381.
17) 『해서집(海瑞集)』, pp. 288~289. 이 책 p. 590에서는 스스로 사직을 언급한 것은 1568년이라 하고 있지만 실제로 경찰(京察)은 1569년 초에 있었다.
18) 『국조헌징록(國朝獻徵錄)』 64권, pp. 29~30.
19) 『해서집(海瑞集)』, pp. 242~254.
20) 『대명회전(大明會典)』 163권, p14; 164권, p. 25.
21) 『명사(明史)』 213권, p. 2476; 226권, p. 2603. 상세한 것은 『명대명인전(明代名人傳)』 「서계(徐階)」조 및 Taxation, p. 157의 주; 『해서집(海瑞集)』, pp. 431~432, 592; 우신행(于愼行), 『필진(筆塵)』 5권 참조.
22) 『해서집(海瑞集)』, p. 237.
23) Taxation, pp. 49, 158, 313. 왕세정(王世貞)의 글은 『국조헌징록(國朝獻徵錄)』 17권, p. 94에 보인다. 하량준(何良俊)의 글은 『사우제총설적초(四又齊叢說摘抄)』 176권, pp. 27~28에 보인다. 해서의 소유지에 대해서는 『해서집(海瑞集)』, pp. 418, 457에 보인다.
24) 『천하군국이병서(天下郡國利病書)』 6권, pp. 14, 15, 24~26, 35, 61. 해서 본인이 촌민이 법률을 알지 못하는 것을 인정하고 있는 것은 『해서집(海瑞集)』, pp. 115~116에 보인다.
25) 『해서집(海瑞集)』, p. 237.
26) 『목종실록(穆宗實錄)』, p. 1023.
27) 『목종실록(穆宗實錄)』, p. 1055; 『해서집(海瑞集)』, pp. 239, 648~649.
28) 『목종실록(穆宗實錄)』, p. 1055.
29) 『해서집(海瑞集)』, p. 242.
30) 『장거정서독(張居正書牘)』 1권, p. 16.
31) 『태조실록(太祖實錄)』, p. 1176; 『영종실록(英宗實錄)』, p. 5417; 오함(吳晗), 『주원장전(朱元璋傳)』, pp. 194, 198.
32) 홍무제가 지은 『대고(大誥)』는 이미 『명조개국문헌(明朝開國文獻)』에 수록되어 있다. 관료가 농촌에 들어가서는 안 된다고 하는 구절은 『대명회전(大明會典)』 173권, pp. 3, 6에도 기록이 남아 있다.
33) 『태조실록(太祖實錄)』, pp. 2436~2438; 『선종실록(宣宗實錄)』, pp. 1990~1991; 『명사(明史)』 56권, pp. 617~618; 『대명회전(大明會典)』 79권, p. 3; Hucker, *Traditional State*, p. 26에도 보인다.
34) 『명사(明史)』 44권, pp. 987~988; 오함(吳晗), 『주원장전(朱元璋傳)』, pp. 159~170; 맹삼(孟森), 『명대사(明代史)』, pp. 57~59; 『명대명인전(明代名人傳)』 「주원장(朱元璋)」조.
35) 『태조실록(太祖實錄)』, p. 3643.
36) *Taxation* 참조.
37) 『태조실록(太祖實錄)』, pp. 2871, 2998.

38) 『해서집(海瑞集)』, p. 252.
39) 팽신위(彭信威)『화폐사(貨幣史)』, p. 603.
40) 『일지록(日知錄)』 3권, pp. 78~79. 세계 일가도 노복들 때문에 번영했음을 『명대명인전(明代名人傳)』「서계(徐階)」조에서 볼 수 있다.
41) 『명대명인전(明代名人傳)』, p. 575.
42) 이러한 상황에 관한 가장 좋은 자료는 『천하군국이병서(天下郡國利病書)』이다. 『해서집(海瑞集)』에 열거된 세수 소송(稅收訴訟)의 각 항목도 당시 농촌의 배경을 반영하고 있다. 그 중점은 소수의 대지주가 대다수의 농민을 억압하고 있지 않다는 것이다. 그렇지 않다면 당시의 사회는 격심한 변동이 있었을 것이다. 명 말의 농민 폭동도 서북 지역에서가 아니라, 동남에서 일어났던 것이다. 사회 계급의 유동성은 Ho(何炳棣), *Ladder of Success*에 상세하게 설명되고 있다.
43) *Taxation*, pp. 69~81; 전한승(全漢昇), 『중국경제사론총(中國經濟史論叢)』, p. 364.
44) 명대 민법 중 부채, 상업의 각 항목에 관해서 규정이 극히 간단했음이 『대명회전(大明會典)』 164권에 나타난다.
45) 양방중(梁方仲), 『일조편법(一條鞭法)』 및 *Taxation* 참조
46) 『해서집(海瑞集)』, pp. 171, 173. 이러한 자질구레한 사항들은 항상 합리적으로 조사된 것이 아니었기 때문에 이것이 분쟁이 되어 살인 사건으로 발전하기도 하였다.
47) 『해서집(海瑞集)』, pp. 114~115, 251.
48) 『해서집(海瑞集)』, pp. 169~178, 215~216.
49) 『해서집(海瑞集)』, pp. 172~173. 시신을 가지고 협박하는 것은 당시 도처에 있었다. 『귀유광전집(歸有光全集)』, p. 491 참조.
50) 『해서집(海瑞集)』, pp. 175~176.
51) 『해서집(海瑞集)』, p. 544.
52) 『해서집(海瑞集)』, pp. 578, 589~590.
53) 『해서집(海瑞集)』, p. 570.
54) 『명대명인전』, p. 474에서 이렇게 추측하고 있다.
55) 『해서집(海瑞集)』, pp. 310, 554.
56) 『해서집(海瑞集)』, pp. 472, 597; 『명사(明史)』 226권, p. 2604 참조.
57) 『사한당집(賜閑堂集)』, 36권, p. 13.
58) 『해서집(海瑞集)』, p. 467.
59) 『신종실록(神宗實錄)』, pp. 2879, 2892, 2911.
60) 『사우제총설적초(四友齋叢說摘抄)』 176권, pp. 3~4 참조.
61) 『해서집(海瑞集)』, p. 597.
62) 『해서집(海瑞集)』, pp. 598, 648; 『신종실록(神宗實錄)』, p. 3128; 『명사(明史)』 226권, p. 2604.
63) 이 인물은 방환(房寰)이다. 원문은 『해서집(海瑞集)』, p. 630에 보인다.
64) 『신종실록(神宗實錄)』, pp. 3254~3256, 3293~3294.

65) 『신종실록(神宗實錄)』, p. 3128.
66) 『신종실록(神宗實錄)』, pp. 3188~3189.
67) 『신종실록(神宗實錄)』, pp. 3254~3256, 3568.

6장 척계광 — 고독한 장군

1) 이것은 부광택(傅光宅)이라는 사람이다.『신종실록(神宗實錄)』, p. 3565 참조.
2) 『명사(明史)』 212권, pp. 2463~2464.
3) 사승인(謝承仁)·녕가(寧可), 『척계광(戚繼光)』, pp. 145~146; 『명사(明史)』 227권, p. 2613.
4) 『명사(明史)』 212권, pp. 2467~2468; 247권, pp. 2804~2806; 『명대명인전(明代名人傳)』에는 「유정(劉綎)」조 참조.
5) 문관과 무관 간의 모순에 대해 Fairbank의 견해는 조금 다르다(Chinese Ways in Warfare, pp. 3~4). 이에 대한 저자의 서평(Journal of Asian Studies, 35-2, 1976. 2) 참조.
6) 『영종실록(英宗實錄)』, p. 135; 『대명회전(大明會典)』 22권, p. 29; 『명사(明史)』 35권, p. 834; Taxation, pp. 29~30.
7) Hucker, Censorial System, p. 35.
8) 『명사(明史)』 322권, p. 3962; 『명사기사본말(明史紀事本末)』 55권, p. 597; 『황명경세문편(皇明經世文編)』 204권, p. 3; 『왜변사략(倭變史略)』, p. 96; 『귀유광전집(歸有光全集)』, p. 95. 이 사실에 대해서는 혹은 과장된 점도 있을 테지만 이미 널리 알려져 있고, 구미의 중국사 교과서에도 실려 있다(Reishauer and Fairbank, The Great Tradition, p. 332).
9) 『기효신서(紀效新書)』는 『명대명인전(明代名人傳)』, p. 223에 의하면 1562년에 처음 출간되었다.
10) 『태종실록(太宗實錄)』, p. 589; 『효종실록(孝宗實錄)』, p. 3322.
11) 『태조실록(太祖實錄)』, pp. 1292, 1331, 2533, 2735, 2788, 3192, 3225, 3264, 3592; 『태종실록(太宗實錄)』, p. 2172; 위경원(衛慶遠), 『황책제도(黃冊制度)』, p. 55에 의하면 당시 억지로 민의 재산을 군호로 거둬들인 때문에 도망하는 자가 끊이지 않았다고 한다.
12) 『희종실록(熹宗實錄)』, pp. 1557~1560(10세기의 상황에 대해 말하고 있는데 황폐해진 토지 상태는 16세기까지도 계속되었다고 생각된다); 『순덕현지(順德縣志)』 3권, pp. 12~14; 『황명구변고(皇明九邊考)』 1권, pp. 25~26; 『천하군국이병서(天下郡國利病書)』 13권, p. 71; 26권, p. 106; Taxation, p. 288.
13) 『효종실록(孝宗實錄)』, pp. 1261, 3424; 『금화부지(金華府志)』 21권, p. 5; 오함(吳晗), 『명대의 군병(明代的軍兵)』, p. 169; Huang, Military Expeditures, p. 40.
14) 『신종실록(神宗實錄)』, p. 9573 ; Hucker, Governmental Organization, p. 61.
15) 이 제도는 홍무 연간부터 시행되었다. 전술한 금오위(金吾衛)의 병사 5천 명의 상황

참조,『태조실록(太祖實錄)』, pp. 2871, 2998). 16세기의 상황은『완서잡기(宛署雜記)』, pp. 49~50; *Taxation*, pp. 45, 131 참조.
16)『헌종실록(憲宗實錄)』, p. 2178;『황명명신경제록(皇明名臣經濟錄)』22권, p. 22; *Taxation*, p. 55.
17)『조선지(漕船志)』1권, pp. 5~9.
18) 주위(周暐),『중국병기사고(中國兵器史稿)』의 도판과『대명회전(大明會典)』192권, pp. 2, 92의 서술을 참조.
19) 종이로 만든 갑옷은 이미 송대부터 존재하였으며, 16~17세기의 명군에서는 잘 사용되었다(『의종실록(熹宗實錄)』, p. 761;『용당소품(湧幢小品)』1권, p. 266). 그것이 대왜구전에서도 사용되었다는 사실은 진문석(陳文石),『해금정책(解禁政策)』, p. 166에 보인다.
20)『황명경세문편(皇朝經世文編)』34권, p. 17.
21)『명사(明史)』247권, p. 2806.
22)『명사(明史)』239권, p. 2727; *Eminent Chinese of the Ch'ing Period*의「두송(杜松)」조에도 보임.
23) Hucker, *Governmental Organization*, p. 19.
24)『명사(明史)』69권, p. 721; 70권, pp. 727~728;『대명회전(大明會典)』135권, pp. 4~9; 156권, p. 1;『귀유광전집(歸有光全集)』, pp. 422~424;『정기당집(正氣堂集)』1권, p. 1~9.
25) Hucker, *Governmental Organization*, pp. 41, 54.
26)『명사(明史)』205권, p. 2380; 진문석(陳文石),『해금정책(海禁政策)』, p. 160.
27)『황명경세문편(皇明經世文編)』205권, p. 22; 206권, p. 10.
28)『세종실록(世宗實錄)』, pp. 6325~6326;『명사기사본말(明史紀事本末)』55권, p. 589; 진문석(陳文石),『해금정책(海禁政策)』, pp. 137~139.
29)『명사(明史)』205권, p. 2377;『황명경세문편(皇明經世文編)』205권, pp. 5~10; 진문석(陳文石),『해금정책(海禁政策)』, pp. 142~144 ;『명대명인전(明代名人傳)』「주환(朱紈)」조 참조.
30)『황명경세문편(皇明經世文編)』204권, p. 3; 205권, p. 6;『귀유광전집(歸有光全集)』, pp. 97~99;『명사기사본말(明史紀事本末)』55권, p. 591;『정기당집(正氣堂集)』7권, p. 2; 9권, p. 4;『명대명인전(明代名人傳)』「장경(張經)」조 참조.
31)『명사(明史)』205권, p. 2380; 322권, p. 3692; Kuno, *Japanese Expansion*, 1권, p. 67.
32)『명사(明史)』205권, pp. 2380~2381; *Chinese Ways in Warfare*, 1권, p. 67.
33)『황명경세문편(皇明經世文編)』200권, p. 6; 진문석(陳文石),『해금정책(海禁政策)』, p. 167;『정해기략(靖海記略)』, p. 121; 사(謝)・녕(寧),『척계광(戚繼光)』, pp. 15~16;『기효신서(紀效新書)』권수(券首), p. 10.
34)『정기당집(正氣堂集)』7권, p. 2;『가정동남평왜통록(嘉靖東南平倭通錄)』, pp. 8, 10, 16, 17, 27, 31;『왜변사략(倭變史略)』, p. 108; 진문석(陳文石),『해금정책(海禁政策)』,

pp. 160, 166; Sansom, *History*, 2권, pp. 267, 270.
35) 『왜구사략(倭變事略)』, pp. 86, 99.
36) 진문석(陳文石), 『해금정책(海禁政策)』, pp. 167~168; 『연병실기(練兵實紀)』, p. 239. 왜구가 중국의 총기를 노획하였다는 사실은 『귀유광전집(歸有光全集)』, p. 97; 『정해기략(靖海記略)』, p. 121 참조. 일본의 보병 전술에 관해서는 진문석(陳文石), 『해금정책(海禁政策)』, p. 167 참조. 이 문장은 『무비지(武備志)』에서의 인용인데, 다른 자료도 언급하는 바가 거의 같다.
37) 『가정동남평왜통록(嘉靖東南平倭通錄)』, p. 31; 『왜변사략(倭變史略)』, p. 105. 전투에 참가한 각종 부대에 관해서는 여광명(黎光明), 『주객군고(主客軍考)』 참조.
38) 『왜구사략(倭變史略)』, p. 95.
39) 『기효신서(紀效新書)』 권수(卷首), p. 10.
40) 『기효신서(紀效新書)』 권수(卷首), p. 23; 『명대명인전(明代名人傳)』, p. 221.
41) *Taxation*, pp. 134~135, 293; *Military Expenditures*, pp. 48~51.
42) 『기효신서(紀效新書)』 4권, p. 7; 『연병실기(練兵實紀)』 2권, p. 66.
43) 『기효신서(紀效新書)』 3권, pp. 3~5; 『연병실기(練兵實紀)』 8권, pp. 128~129; 『황명경세문편(皇明經世文編)』 348권, p. 6.
44) 『기효신서(紀效新書)』 권수(卷首), p. 28.
45) 『황명경세문편(皇明經世文編)』 347권, p. 7; 사(謝)·영(寧), 『척계광(戚繼光)』, p. 65. 당시 처형된 자는 14명에 달했다 한다.
46) 『기효신서(紀效新書)』 3권, p. 6; 4권, p. 2; 『연병실기(練兵實紀)』「잡집(雜集)」 2권, p. 178.
47) 『명사(明史)』 212권, p. 2466.
48) 『기효신서(紀效新書)』 10권, pp. 2, 31; 12권, pp. 1~2.
49) 『기효신서(紀效新書)』 12권, pp. 21~23 가운데 나오는 도해(圖解)에서 분석.
50) 『기효신서(紀效新書)』 12권, pp. 23, 31.
51) 『기효신서(紀效新書)』 10권, p. 1; 12권, pp. 1~2.
52) 『기효신서(紀效新書)』 1권, pp. 6~7; 『연병실기(練兵實紀)』 1권, p. 23.
53) 『기효신서(紀效新書)』 6권, p. 5; 12권, p. 30.
54) 『기효신서(紀效新書)』 1권, p. 8; 2권, p. 5; 6권, p. 5; 8권, p. 7.
55) 『기효신서(紀效新書)』 2권, pp. 6~7.
56) 『정기당집(正氣堂集)』 5권, p. 2; 7권, p. 19; 8권, p. 13.
57) 『명사(明史)』 212권, p. 2465; 『국조헌징록(國朝獻徵錄)』 106권, p. 58; 사(謝)·영(寧), 『척계광(戚繼光)』, pp. 53, 68.
58) 『기효신서(紀效新書)』 권수(卷首), p. 17; 『연병실기(練兵實紀)』「잡집(雜集)」 4권, p. 210; 『황명경세문편(皇明經世文編)』 346권, pp. 4, 8, 13.
59) 『연병실기(練兵實紀)』「잡집(雜集)」 4권, p. 199; 5권, p. 239.
60) 『연병실기(練兵實紀)』 1권, p. 23; 「잡집(雜集)」 권권, p. 275; 『황명경세문편(皇明經

世文編)』347권, p. 21;『목종실록(穆宗實錄)』, p. 741.
61)『정기당집(正氣堂集)』7권, p. . 2; 17권, p. 23; 8권, p. 13; 11권, pp. 2, 4.
62)『명사(明史)』212권, pp. 2462, 2465 참조.
63)『기효신서(紀效新書)』1권, pp. 1~3, 7.
64) 척계광이 모병할 때 정한 봉급은, 처음 남방에서는 1인당 연봉 은 10냥을 원칙으로 하였으나, 뒤에 북방 변경 방위에서는 연봉 18냥이었다. 포상의 방법은 적의 머리 하나 당 은 30냥으로 하여 그것을 대원 전체에 나눠주었다. 이에 대해서는『기효신서(紀效新書)』3권, pp. 1~2;『황명경세문편(皇明經世文編)』346권, p. 22; 347권, p. 10 참조.
65)『황명경세문편(皇明經世文編)』349권, p. 3.
66)『연병실기(練兵實紀)』6권, p. 116;「잡집(雜集)」2권, p. 179;「잡집(雜集)」4권, p. 199.
67)『기효신서(紀效新書)』권수(卷首), p. 27.
68)『기효신서(紀效新書)』7권, pp. 6~7.
69)『명사(明史)』212권, p. 2465; 사(謝)·영(寧),『척계광(戚繼光)』, pp. 60~61, 65~66; 정관정(程寬正),『척계광(戚繼光)』, pp. 27~29; 임창창(任蒼廠),『척계광(戚繼光)』, pp. 66~67.
70)『명사(明史)』212권, p. 2465; 사(謝)·영(寧),『척계광(戚繼光)』, p. 74.
71)『명사(明史)』322권, p. 3693. 일본의 Y. S. Kuno는 이에 대하여 다른 견해를 갖고 있다. 그는 "명군의 군사적 성공은 해적 활동의 제압에 국부적 영향밖에 미치지 못했다. 결정적인 요인으로 작용했던 것은 오히려 일본의 국가가 다시 단결하게 되어 강력한 중앙 정부를 수립했다는 것이었다"고 한다(*Japanese Expansion*, 1권, pp. 295~296).
72) 척계광(戚繼光),「지지당집(止止堂集)」「횡삭고하(橫槊稿下)」, p. 33.
73) 구양조경(歐陽祖經),『담양민공연보(譚襄敏公年譜)』, pp. 21, 30, 37, 57, 58, 72.
74)『목종실록(穆宗實錄)』, pp. 545, 548; 구양조경(歐陽祖經),『연보(年譜)』, p. 103.
75) Hucker, *Censorial System*, pp. 34~35.
76)『명대명인전(明代名人傳)』「알탄(俺答)」조.
77)『대명회전(大明會典)』129권, p. 23; 152권, p. 14.
78)『대명회전(大明會典)』28권, pp. 26~28; 129권, pp. 3~6.
79)『국조헌징록(國朝獻徵錄)』106권, p. 59.
80) 장거정이 서신으로 심복들을 지휘하였던 사실은『장거정서독(張居正書牘)』에서 찾아볼 수 있다. 필자의 종합적인 견해는 *Taxation*, pp. 297~298 참조.
81)『황명경세문편(皇明經世文編)』347권, p. 14; 사(謝)·영(寧),『척계광(戚繼光)』, p. 116.
82)『국조헌징록(國朝獻徵錄)』106권, p. 60; 사(謝)·영(寧),『척계광(戚繼光)』, p. 124. 장거정은 서신을 통해서 척계광에게 모병을 위한 전권을 부여한다고 하고 있다(『장거정서독(張居正書牘)』1권, p. 4).
83)『목종실록(穆宗實錄)』, pp. 548, 743;『국조헌징록(國朝獻徵錄)』106권, p. 59;『장거

정서독(張居正書牘)』1권, pp. 4~5.
84) "稍寬以文法, 乃得自展"『목종실록(穆宗實錄)』, pp. 548, 576, 583.
85)『명사(明史)』212권, p. 2467.
86)『목종실록(穆宗實錄)』, pp. 581, 609.
87)『장거정서독(張居正書牘)』1권, p. 9; 2권, p. 14; 4권, p. 16; 5권, p. 19.
88)『장거정서독(張居正書牘)』1권, p. 19.
89)『장거정서독(張居正書牘)』4권, pp. 16, 20.
90)『연병실기(練兵實紀)』「잡집(雜集)」6권, pp. 258, 261;『대명회전(大明會典)』193권, p. 13;『정기당집(正氣堂集)』11권, pp. 9~14에 실린 도판은『무비지(武備志)』를 따르고 있으나 그 전술에는 가상적인 요소가 많고, 실제 척계광이 사용한 전술과 같은 것일 수는 없다.
91) '불랑기'에 대해서는『연병실기(練兵實紀)』「잡집(雜集)」5권, p. 230에 설명이 보인다. "Farangi"에서 유래한다. 현재 런던탑에도 같은 종류의 총기가 진열되어 있다. 척계광이 불랑기를 사용한 것은『연병실기(練兵實紀)』4권, p. 91에서 보인다. 또『기효신서(紀效新書)』15권, pp. 24~25에도 보인다.
92)『연병실기(練兵實紀)』5권, pp. 105~106;「잡집(雜集)」6권, pp. 260~266;『황명경세문편(皇明經世文編)』349권, p. 4.
93)『연병실기(練兵實紀)』5권, p. 103;「잡집(雜集)」5권, pp. 221~223.
94)『황명경세문편(皇明經世文編)』349권, p. 10. 같은 책 349권, p. 4에는 적병이 250척 이내로 들어오지 않으면 발포하지 않는다고 적혀 있지만,『연병실기(練兵實紀)』5권, p. 103에는 조총은 적으로부터 500척의 거리에서 발포한다고 되어 있다.
95)『연병실기(練兵實紀)』「잡집(雜集)」5권, pp. 226~228, 234~235; 6권, pp. 244~245; 또『진기(陳紀)』, p. 30;『천공개물(天工開物)』15권 참조.
96)『연병실기(練兵實紀)』5권, p. 103;『황명경세문편(皇明經世文編)』349권, p. 4.
97)『연병실기(練兵實紀)』5권, pp. 99~100;「잡집(雜集)」6권, p. 265.
98)『명대명인전(明代名人傳)』「알탄(俺答)」조와「왕숭고(王崇古)」조 참조.
99)『명사(明史)』327권, p. 3767; 사(謝)·영(寧),『척계광(戚繼光)』, pp. 127~128. 몽골 부대의 분열에 대해서는『명대명인전(明代名人傳)』, p. 335 참조.『신종실록(神宗實錄)』, p. 10734에서는 1599년, 3만의 명군이 전차로 10만의 적을 막았다고 하나, 상세한 경과는 기록되어 있지 않다.
100) 구양조경(歐陽祖經),『담양민공연보(譚襄敏公年譜)』, p. 128;『장거정서독(張居正書牘)』4권, pp. 19~20.
101)『장거정서독(張居正書牘)』5권, pp. 9, 19.
102)『명사(明史)』212권, p. 2466;『황명경세문편(皇明經世文編)』347권, pp. 14~16;『신종실록(神宗實錄)』, p. 220.
103)『황명경세문편(皇明經世文編)』349권, p. 12.
104)『명사(明史)』222권, p. 2560;『황명경세문편(皇明經世文編)』349권, pp. 17~18;

구양조경(歐陽祖經), 『담양민공연보(譚襄敏公年譜)』, pp. 113~114, 125; 사(謝)·영(寧), 『척계광(戚繼光)』, pp. 121~122. 이 책에 의하면 실제로 가능했던 것은 1,017개라고 한다.

105) 『명사(明史)』 212권, p. 2466; 『신종실록(神宗實錄)』, p. 2113.
106) 『연병실기(練兵實紀)』 「잡집(雜集)」 6권, p. 251; 『신종실록(神宗實錄)』, p. 3537에는 남병에도 도망하는 자가 있었음을 보여주고 있다.
107) 『황명경세문편(皇明經世文編)』 349권, p. 12; 구양조경(歐陽祖經), 『담양민공연보(譚襄敏公年譜)』, pp. 114~116, 125; 『국조헌징록(國朝獻徵錄)』 106권, p. 60에서는 "열 달 내에 완공한다" 하고 있으나 분명히 과장일 것이다. 『장거정서독(張居正書牘)』 1권, p. 4에 기록된 내용은 이것과 다르다.
108) 『황명경세문편(皇明經世文編)』 347권, p. 19; 『지지당집(止止堂集)』 「횡삭고상(橫槊稿上)」 pp. 19, 26, 33.
109) 『명사(明史)』 212권, p. 2467.
110) 『연병실기(練兵實紀)』 「잡집(雜集)」 4권, p. 210.
111) 『지지당집(止止堂集)』 「횡삭고상(橫槊稿上)」 pp. 18, 19.
112) 사(謝)·영(寧), 『척계광(戚繼光)』, p. 129; 『명대명인전(明代名人傳)』, p. 223.
113) 『엄주산인사부고(弇州山人四部稿)』 62권, p. 18; 65권, p. 7; 『엄주산인속고(弇州山人續稿)』 38권, p. 20; 51권, p. 16.
114) 총병은 직무상으로는 그 이상 승진할 곳이 없으나, 직함상으로는 더 승급할 수가 있었다. 예를 들면, 대자태보(太子太保), 상주국(上柱國) 등이 그것이며, 때로는 백작(伯爵)의 작위를 얻을 수도 있었다. *Taxation*, p. 30에 설명이 있다. Hucker, *Governmental Organization*, p. 63 참조.
115) 『신종실록(神宗實錄)』, pp. 2474~2475(「교감기(校勘記)」, p. 641도 참조), 2672, 2763, 2869; 사(謝)·영(寧), 『척계광(戚繼光)』, p. 148. 이 밖에 정관정(程寬正), 『척계광(戚繼光)』, pp. 47~48; 『명대명인전(明代名人傳)』, p. 223도 참조.
116) 『신종실록(神宗實錄)』, pp. 2723, 3060, 3769.
117) 『엄주산인속고(弇州山人續稿)』 38권, p. 20.
118) 『장공거정전(張公居正傳)』은 왕세정, 『가정이래내각수보전(嘉靖以來內閣首輔傳)』 7~8권에 있다. 왕세정의 인품에 대해서는 장거정의 서신에서 볼 수 있다. 『장거정서독(張居正書牘)』에는 왕세정에게 보낸 편지가 15통 수록되어 있다(6권, pp. 21~23).
119) 『국조헌징록(國朝獻徵錄)』 14권, pp. 74~75; 『명대명인전(明代名人傳)』 「왕세정(王世貞)」조 참조.
120) 『국조헌징록(國朝獻徵錄)』 106권, p. 62; 사(謝)·영(寧), 『척계광(戚繼光)』, p. 149.
121) 『국조헌징록(國朝獻徵錄)』 106권, pp. 61~62; 『명대명인전(明代名人傳)』, p. 223.
122) 『연병실기(練兵實紀)』 「잡집(雜集)」 4권, pp. 205, 210.
123) 『춘명몽여록(春明夢余錄)』 6권, p. 65. 그러나 척의 이름이 직접 나오는 것이 아니라 "계주의 장수"라고만 하고 있다.

124) "或懷二心, 不愛軍力, 不撫念軍貧, 或屢禁而肆科索, 或虛冒而充緣, …… 卽如兪景龍立死, 以膺顯報", "恣意科斂以供饋送, 天災人禍, 瘟疫水火, 使全家立死", "男盜女娼, 十代不止", 『지지당집(止止堂集)』「횡삭고하(橫槊稿下)」 pp. 20, 22, 34, 38.
125) 『장거정서독(張居正書牘)』 4권, p. 20.
126) "操行不如而果毅過之", 『명사(明史)』 212권, p. 2465.
127) 『국조헌징록(國朝獻徵錄)』 106권, p. 62.
128) 『기효신서(紀效新書)』 16권; 『연병실기(練兵實紀)』「잡집(雜集)」 3권, pp. 185~194.
129) 『사고전서총목제요(四庫全書總目提要)』 178권, 「집부별집류존목(集部別集類存目)」에서는 척계광의 『지지당집(止止堂集)』을 평하여 "미신과 인과응보, 괴이한 일들을 많이 언급한다(多及陰騭果報神怪之事)"라고 기록하고 있다.
130) 예를 들면 장한(張瀚)의 『송창몽어(松窓夢語)』, 황위(黃暐)의 『봉창유기(蓬窓類記)』 등이 모두 인과응보란 말을 많이 담고 있으며, 때로는 저자 가족의 체험도 언급되고 있다. 척계광은 초자연적인 힘에 관하여 말하는 한편, "무릇 천시(天時)를 금기시하는 것으로 족하지 않다. 내가 인간의 도리를 다하고 있다면 스스로 좋은 천록(天祿)을 기대할 수 있다. 이른바 사람이 정한 것 또한 하늘을 이기는 것"이라 하였다. 그는 또 훈화 중에 "또 도교나 불교 경전에서 말하는 천국 지옥이나 윤회응보를 사람들은 내심 믿고 사당 같은 곳에 들어갈 때에도 모두 공포감을 지닌다. 그대들도 지금처럼 나의 호령을 도덕경이나 불경과 같이 믿고 윤회응보와 같이 두려워하여 각자 준수하고 공경 복종하면 그야말로 모두가 한 마음을 이룰 것"이라 하였다. 『연병실기(練兵實紀)』「잡집(雜集)」 3권, p. 191; 4권, p. 212에 보인다. 여기서도 그의 성격이 복잡하게 나타나 간단히 미신적이라고 단정할 수 없음을 보여준다.
131) 『황명경세문편(皇明經世文編)』 350권, p. 5.
132) 『연병실기(練兵實紀)』「잡집(雜集)」 4권, p. 196.
133) 장무수(張懋修)가 『장거정서독(張居正書牘)』 5권, p. 19에 추가한 기록에 근거하였다. 사(謝)·영(寧), 『척계광(戚繼光)』, p. 147 참조.
134) "口鷄三號, 將星殞矣", 『국조헌징록(國朝獻徵錄)』 106권, p. 62; 사(謝)·영(寧), 『척계광(戚繼光)』, p. 149. 왕도곤도 역시 장거정과 사이가 나빴다(『명대명인전(明代名人傳)』, pp. 1427~1430). 그러나 척의 묘지명을 쓸 당시 왕도곤은 이미 퇴직한 지 오래되어 비문에서 개인적 악감정까지 표현하지는 않았다.

7장 이탁오 — 자기 모순의 철학자

1) 주겸지(朱謙之), 『이지(李贄)』, p. 21.
2) 『속분서(續焚書)』, p. 11.
3) 특별히 이 문제를 제기한 학자는 de Bary이다. *Self and Society*, 7장, p. 220 참조.

4) 원중도(袁中道), 『이온릉전(李溫陵傳)』(『분서(焚書)』 권수(卷首) pp. 4~5).
5) 원중도(袁中道), 『이온릉전(李溫陵傳)』(『분서(焚書)』 권수(卷首) p. 5).
6) 『분서(焚書)』 3권, p. 130. 유사한 자평(自評)은 같은 책 2권, p. 50 참조.
7) 「이탁오의 가세 고택과 부인 묘비(李贄的家世故居及其妻墓碑)」, 『문물(文物)』, 1975-1, pp. 37~38; Needham, *Science and Civilization in China*, 4권, 3장, p. 495.
8) 『분서(焚書)』 1권, pp. 10, 37; 3권, p. 105; 6권, p. 232.
9) 『분서(焚書)』 3권, p. 110. 이탁오가 가정교사가 되어 그 집에서 식량을 공급받고 있었는데, 큰 눈이 온 데다 그 집도 저장된 곡식이 없어서 양식이 끊어졌다고 기록되어 있다.
10) 『분서(焚書)』 1권, p. 10; 3권, pp. 85~86.
11) 용조조(容肇祖), 『이탁오평전(李卓吾評傳)』, pp. 2~10; 『명대명인전(明代名人傳)』 「이지(李贄)」.
12) 『분서(焚書)』 2권, p. 52; 4권, p. 42; 주겸지(朱謙之), 『이지(李贄)』, p. 2 참조.
13) 『분서(焚書)』 2권, p. 44.
14) 『분서(焚書)』 1권, pp. 30, 36, 40; 2권, p. 46.
15) 『분서(焚書)』 1권, p. 9; 2권, pp. 57, 77~78; 용조조(容肇祖), 『이탁오평전(李卓吾評傳)』, pp. 11~17.
16) 『분서(焚書)』 6권, p. 232. 이 시는 일찍이 소공권(蕭公權)에 의해 영문으로 번역되어 『명대명인전(明代名人傳)』, p. 809에 실려 있다.
17) 『분서(焚書)』 2권, p. 45.
18) 『분서(焚書)』 3권, p. 84.
19) 『사우재총설적초(四友齋叢說摘抄)』 176권, p. 2; 『귀유광전집(歸有光全集)』, p. 96.
20) Ho, Ping-ti, *Ladder of Success* 참조.
21) 『귀유광전집(歸有光全集)』, p. 231 참조.
22) 주겸지(朱謙之), 『이시(李贄)』, p. 29.
23) 『분서(焚書)』 2권, pp. 52~53; 용조조(容肇祖), 『이탁오평전(李卓吾評傳)』, p. 25.
24) 이탁오의 일족이 그에게 가한 압력은 비록 직접적인 증거는 없지만 현존하는 족보 중에서 약간의 실마리를 찾을 수 있다. 족보 원고의 필적을 보면 여러 사람이 쓴 것으로 보이는데, 가장 이른 것은 이탁오가 죽은 지 4년째 되는 해인 1606년의 것이다. 족보 편찬은 이미 이탁오 말년에 진행되고 있었고, 그가 가족의 내부 단결을 위해 노력했다는 사실을 보여준다. 족보의 발견과 정황에 대해서는 「이탁오의 가세(李贄的家世)」『문물(文物)』 1975-1, p. 34 참조.
25) 『분서(焚書)』 4권, p. 181.
26) 『분서(焚書)』 1권, p. 25.
27) 『분서(焚書)』 2권, p. 65; 4권, pp. 150~153.
28) 『분서(焚書)』 2권, pp. 16, 82; 4권, p. 182; 「부록(附錄)」 2권, p. 269; 『속분서(續焚書)』 1권, pp. 8, 11, 19, 26.

29) 이탁오가 남경에 있을 때 이미 왕기(王畿), 나여방(羅汝芳), 초횡(焦竑) 및 경(耿)씨 형제와 친교를 맺어 이미 당대 일류 명사가 되었다.『분서(焚書)』3권, p. 123; 4권, p. 142 참조.
30) 이탁오와 교유한 사람 중 유동성(劉東星), 주사경(周思敬), 고양겸(顧養謙), 매국정(梅國楨), 이세달(李世達) 등은 관직이 각각 조무(漕撫), 시랑(侍郎), 총독(總督), 도어사(都御史)였다.『분서(焚書)』2권, pp. 57, 66, 69, 73, 77, 82 참조.
31)『분서(焚書)』3권, pp. 118, 123;『속분서(續焚書)』1권, pp. 29~30; 2권, pp. 55~56.
32) de Bary가 이 문제에 대하여 일찍이 비판한 바 있다. *Self and Society*, pp. 5~8.
33)『분서(焚書)』6권, p. 243.
34)『분서(焚書)』4권, p. 143.
35)『분서(焚書)』6권, p. 229;『속분서(續焚書)』1권, pp. 17, 22~23, 41, 45; 용조조(容肇祖),『이탁오평전(李卓吾評傳)』, p. 11. 경씨 형제에 대해서는『명대명인전(明代名人傳)』, p. 718 참조.
36)『명유학안(明儒學案)』35권, pp. 7~8.『명사(明史)』221권, p. 2253 참조.『명사(明史)』의 이탁오에 대한 기록은 부정확한 것이 많다.
37)『분서(焚書)』1권, p. 4.
38) 용조조(容肇祖),『이탁오평전(李卓吾評傳)』, p. 11;『분서(焚書)』4권, p. 143.
39)『명유학안(明儒學案)』35권, pp. 1~7. 명대 사람들은 윤리(倫理)의 이(理)와 물리(物理)의 이(理)를 천리(天理)로 통칭하였다. Joseph Needham의 경우는 이른바 자연의 법(Law of Nature)과 자연법(Natural Law) 간의 구분이 명확하지 않다(*Science and Civilization in China*, 2권, pp. 540~542). 간우문(簡又文)도 진헌장(陳獻章)이 이미 양자를 하나로 묶어 논하는 것이 불가능하다는 사실을 발견했다고 인정했으나 구체적인 논증은 하지 않았다. de Bary, *Self and Society*, p. 70 참조.
40)『분서(焚書)』1권, pp. 27, 37; 4권, pp. 150, 182~183;『속분서(續焚書)』1권, p. 29; 2권, pp. 26~27; 용조조(容肇祖),『이탁오평전(李卓吾評傳)』, p. 13.
41)『분서(焚書)』2권, p. 26; 3권, p. 130; 4권, p. 187.
42)『분서(焚書)』4권, p. 185.『사우재총설적초(四友齋叢說摘抄)』176권, p. 8 참조.
43)『분서(焚書)』권수(卷首) p. 3; 1권, p. 8; 4권, p. 192; 용조조(容肇祖),『이탁오평전(李卓吾評傳)』, p. 18.
44)『속분서(續焚書)』1권, p. 11; 2권, p. 59. 용조조(容肇祖)는 이탁오가 1582년 이후 비로소 저술에 전념했다고 한다(『이탁오평전(李卓吾評傳)』, p. 12).
45)『용당소품(涌幢小品)』16권, p. 365.
46)『분서(焚書)』1권, p. 30.
47)『분서(焚書)』2권, pp. 50, 55; 3권, p. 130; 4권, p. 187;「증보(增補)」2권, p. 268.
48)『분서(焚書)』권수(卷首), p. 7.
49) Arthur Waley가 번역한『논어』의 소개, p. 28 참조.

50) 이것은 호적(胡適)의 의견이다. Mac Nair, *China*, p. 230 참조. de Bary, *Sources of Chinese Tradition*, pp. 479~502.
51) 진영첩(陣榮捷) 역(영문본), 『근사록(近思錄)』 참조. de Bary, *Sources of Chinese Tradition*, pp. 479~502 참조.
52) 『주자전서(朱子全書)』 43권, pp. 2~3.
53) 진영첩(陣榮捷) 역(영문본), 『근사록(近思錄)』, pp. 12, 93.
54) 중국의 도학자들은 통상 이렇게 오해하고 있다. 필자도 일찍이 예원로(倪元璐)를 논평할 때 이를 지적했다. de Bary, *Self and Society*, p. 438 참조.
55) de Bary, *Self and Society*, p. 9.
56) 『주자어류(朱子語類)』.
57) de Bary, *Sources of Chinese Tradition*, p. 9.
58) 『근사록(近思錄)』 영문판 서언 참조.
59) 『분서(焚書)』 권수(卷首) pp. 4~5.
60) 안균(顔鈞)에 대해서는 『명유학안(明儒學案)』 32권, p. 1; 34권, pp. 1~2, 18, 28에서 볼 수 있다. de Bary, *Self and Society*, pp. 178~179, 249~250. 경정향의 편지와 이탁오의 회신은 『분서(焚書)』 「증보(增補)」 1권, pp. 260~263에서 볼 수 있다.
61) 『분서(焚書)』 「증보」 1권, pp. 260~264.
62) 『명유학안(明儒學案)』 32권, p. 4. 중국의 전통 관념으로는 자주 사제관계와 지리 구역을 학파 구분의 기준으로 하지만, 실제로 이것으로써 학술 사상의 차이를 적절하게 표시할 수 있다는 의미는 아니다. 이런 상황은 양명학에서 특히 현저하다.
63) de Bary, *Sources of Chinese Tradition*, pp. 514~526; 『명대명인전(明代名人傳)』, p. 1409.
64) 당군의(唐君毅)가 이 점에 관하여 상세하게 다루었다. de Bary, *Self and Society*, pp. 103~105; 진영첩(陳榮捷) 영역본 『전습록(傳習錄)』에서도 볼 수 있다.
65) 『전습록(傳習錄)』.
66) 양명학의 이러한 결점은 이미 황종희, 고염무가 지적하고 있고, 진영첩(陳榮捷), Charles Hucker, Joseph Levenson과 같은 현대 중국 국내외 학자들도 논술한 바가 있다.
67) 왕양명은 '양지(良知)'와 '의념(意念)' 어느 것에 대해서도 명확한 정의를 내리지 않았다. 그는 다만 양자가 포괄될 수 있다는 뉘앙스만 풍긴 데 불과하고, 문장 중에서 자의적으로 취사한 이러한 뉘앙스를 미화시킨 여지도 있다. 이렇기 때문에 독자는 그가 일종의 대략적인 개념을 소개하고 있는 것인지, 정밀한 분석을 하고 있는 것인지 확정할 수 없다. 이것은 과거 철학자들의 공통된 결점이지만, 왕양명의 학설에서는 특히 심하다.
68) 왕기(王畿)의 양지와 의념은 『명유학안(明儒學案)』 12권, pp. 2, 7 참조. 이 관계에 대해 정확한 설명을 행한 사람으로 당군의(唐君毅)가 있다(de Bary, *Self and Society*, p. 114). 이러한 관념이 개인의 사상 체계에 있어서 새로운 길을 여는 작용을 하고, 인생에 대한 새로운 인식을 이끌어낼 수 있기 때문에, 많은 철학자가 자주 현대적인 방법으로 이러한 관념에 대해서 계속 해석하고 있다. 본서는 명대 후기 역사를 연구 범위로 하고

있으므로 이러한 사상이 미치는 의의는 개인에게 한정될 뿐, 사회 전체적으로 말하면 현실 도피라고 생각할 수 있다. 이러한 다른 의견은 다른 각도에서의 관찰에서 나오는 것으로 왕양명에 대한 모든 긍정적인 시각에 반대한다고는 말할 수 없다.
69) 『분서(焚書)』 3권, pp. 117, 123.
70) 『분서(焚書)』 「증보(增補)」 1권, p. 259; 용조조(容肇祖), 『이탁오평전(李卓吾評傳)』, p. 25에서도 이탁오가 기녀들을 데리고 논 것이 근거 없는 것은 아니라 하고 있다.
71) 『명유학안(明儒學案)』 32권, pp. 69~70; de Bary, *Self and Society*, pp. 162~170. 특히 p. 165는 중요하다.
72) 『장서(藏書)』 3권, p. 43; 57권, p. 953.
73) 『장서(藏書)』 「세기총론(世紀總論)」, p. 2.
74) 『장서(藏書)』 9권, pp. 146, 156, 162, 169. 경정력이 이 책에 쓴 서문에서도 이 관념을 지적하고 있다.
75) 『장서(藏書)』 9권, p. 146; 17권, pp. 292~296. 『분서(焚書)』 5권, p. 217.
76) 『분서(焚書)』 5권, p. 217.
77) 『분서(焚書)』 4권, p. 162.
78) 『속분서(續焚書)』 4권, p. 99.
79) 『분서(焚書)』 1권, p. 15.
80) 『분서(焚書)』 2권, p. 69.
81) 연구자의 이러한 관점은 이탁오 본인의 사상과는 거의 일치하지 않는다고 할 수 있다. 이탁오의 소위 '천의홀반(穿衣吃飯)'은 인민 자신이 가지고 있는 생활의 권리를 가리키는 것이 아니라, 사대부 계급이 피통치자에게 주는 안전감을 말한다. de Bary는 *Self and Society*, pp. 195, 213에서 만약 이탁오가 현대적인 평등 관념을 가지고 있었다고 생각한다면, 그것은 의심스럽고 잘못된 결론이라고 지적하였다. 그와 다른 관점은 주겸지(朱謙之), 『이지(李贄)』, p. 25; 용조조(容肇祖), 『명대사상사(明代思想史)』, pp. 250~255; 오택(吳澤), 『이탁오(李卓吾)』, p. 32를 참조.
82) 『분서(焚書)』 1권, p. 31; 2권, pp. 52, 69; 4권, pp. 134~144; 『속분서(續焚書)』 1권, p. 23; 『마성현지(麻城縣志)』 8권, pp. 17~19; 9권, p. 32의 기재가 특히 상세하다.
83) 『속분서(續焚書)』 2권, p. 61.
84) 『속분서(續焚書)』 1권, p. 42.
85) 『속분서(續焚書)』 4권, p. 96.
86) 『속분서(續焚書)』 1권, p. 30.
87) 『장서(藏書)』 9권, p. 158, 「적인걸전(狄仁傑傳)」. 다만 측천무후를 종래대로 '당태종재인무씨(唐太宗才人武氏)'라고 부르고 있다. 또한 이탁오는 측천무후의 자기 찬미를 "사실이다"라 하고, "훌륭함이 고종의 10배, 중종의 1만 배이다"라고 칭송하고 있다(『장서(藏書)』 63권, pp. 1049~1050).
88) 이탁오가 미망인의 정절을 강조한 것은 『장서(藏書)』 64권, pp. 1063, 1066. 반대로 채염(蔡琰)을 "절개를 지키지 못하고 비천함에 떠돌고 이민족과도 통교하니 비록 절세미

인이면서 재능을 겸하였다 한들 어찌 도에 족하다 하리요(流離鄙賤, 朝漢暮羌, 雖絶世才學, 亦何足道)"라고 한 것에 대해서는 『속분서(續焚書)』 4권, p. 95 참조.
89) 『장서(藏書)』「세기열전총목전론(世紀列傳總目前論)」, p. 1.
90) 『속분서(續焚書)』 4권, pp. 94~95, 100; de Bary, *Self and Society*, pp. 210 ~211 참조.
91) 『속분서(續焚書)』 2권, p. 76.
92) 『장거정서독(張居正書牘)』 4권, pp. 7, 18, 21; 5권, pp. 3, 7에 주사경에게 보낸 5편의 편지가 실려 있고, 경정향에게 보낸 8편의 편지는 1권, p. 1; 4권, p. 26; 5권, pp. 1, 4, 8, 18; 6권, pp. 5, 27에 실려 있다.
93) 『신종실록(神宗實錄)』, pp. 1651, 1732; R. Huang, *Taxation and Governmental Finance*, p. 299~301.
94) 이원양에 대해서는 『국조헌징록(國朝獻徵錄)』 89권, p. 39; de Bary, *Self and Society*, p. 397; 『명대명인전(明代名人傳)』, p. 721. 이탁오가 이원양을 언급한 것은 『분서(焚書)』 3권, pp. 119~122 참조.
95) 『명유학안(明儒學案)』 32권, pp. 2, 11.
96) 『분서(焚書)』 1권, p. 15.
97) 『장거정서독(張居正書牘)』 2권, p. 16; 주겸지(朱謙之), 『이지(李贄)』, p. 33 참조. 또한 Robert Crawford도 이 문제를 취급하였다(de Bary, *Self and Society*, p. 400).
98) 『장서(藏書)』 37권, pp. 624~626.
99) 『속분서(續焚書)』 2권, p. 54; 『용당소품(涌幢小品)』 16권, p. 365.
100) 『속분서(續焚書)』 1권, p. 45; 『장서(藏書)』「유동성서(劉東星序)」.
101) 주겸지(朱謙之), 『이지(李贄)』, p. 9; 『명대명인전(明代名人傳)』, pp. 813~814.
102) 『분서(焚書)』 4권, pp. 167, 183, 184; 6권, p. 229; 『속분서(續焚書)』 1권, p. 5.
103) 이것을 원중도(袁中道)는 '화축명기(禍逐名起)'라고 하였다. 주 48) 참조.
104) 주겸지(朱謙之), 『이지(李贄)』, p. 8; 『속분서(續焚書)』 1권, pp. 4, 17, 18, 25.
105) 용조조(容肇祖), 『명대사상사(明代思想史)』, p. 232; 『분서(焚書)』 3권, p. 126; 6권, p. 228; 『속분서(續焚書)』 2권, p. 61; 4권, p. 98.
106) 『분서(焚書)』 2권, p. 79.
107) 『속분서(續焚書)』 2권, p. 68; 4권, p. 95; 5권, p. 118.
108) 『분서(焚書)』 권수(卷首), p. 4.
109) 장문달의 상소는 『신종실록(神宗實錄)』, pp. 6917~6919 참조. 『실록』에서는 이탁오가 죄가 부끄러워 굶어 죽었다고 하는데, 아마도 당시 만력제에 대한 보고 내용 중 취사선택한 것으로 보인다.
110) 1587년 만력제는 예부의 청원에 따라 과거 답안에 불경을 인용하지 못하게 하였으나 『신종실록(神宗實錄)』, pp. 3415, 3455, 3548) 1599년에는 만력제 스스로가 불교 경전과 도교 경전을 읽고 연구한다고 밝혔다『신종실록(神宗實錄)』, pp. 6107~6108).
111) 『분서(焚書)』 권수(卷首), pp. 4~5.